兰州大学人文社会科学类高水平著作出版经费资助

兰州大学中央高校基本科研业务费专项资金
重点研究基地建设项目『甘肃石窟与历史文化研究』
（2022jbkyjd006）

兰州大学中央高校基本科研业务费专项资金
重点研究基地项目『敦煌与丝绸之路历史文化』
（2023jbkyjd001）

兰州大学中央高校基本科研业务费专项资金
学科交叉创新团队建设项目
（2023lzujbkyjc002）

敦煌与丝绸之路石窟艺术丛书·第二辑

郑炳林　主编
王百岁　著

陇南石窟研究

读者出版传媒股份有限公司
甘肃教育出版社

图书在版编目（CIP）数据

陇南石窟研究 /王百岁著. -- 兰州 : 甘肃教育出版社，2024.1

（敦煌与丝绸之路石窟艺术丛书 / 郑炳林主编. 第二辑）

ISBN 978-7-5423-5733-5

Ⅰ. ①陇… Ⅱ. ①王… Ⅲ. ①石窟－研究－陇南 Ⅳ. ①K879.204

中国国家版本馆CIP数据核字(2023)第202797号

陇南石窟研究

郑炳林　主编　王百岁　著

策　　划　薛英昭　孙宝岩
项目负责　孙宝岩
责任编辑　丁宗艳
封面设计　张小乐

出　版　甘肃教育出版社
社　址　兰州市读者大道568号　730030
电　话　0931-8436489（编辑部）　0931-8773056（发行部）
传　真　0931-8435009

发　行　甘肃教育出版社　　印　刷　兰州新华印刷厂
开　本　787毫米×1092毫米　1/16　印　张　41.5　插　页　2　字　数　610千
版　次　2024年1月第1版
印　次　2024年1月第1次印刷
书　号　ISBN 978-7-5423-5733-5　　定　价　128.00元

图书若有破损、缺页可随时与印厂联系：0931-2607208

总　序

丝绸之路是中西文明交流的永恒通途，也是连接中外的一条艺术之路。西域地区的音乐舞蹈、佛教艺术都是通过这条道路传入中国的。隋代“九部乐”、唐代“十部乐”中的西凉、高昌、龟兹、疏勒、康国、安国、天竺等风格的乐舞都来自西域地区，也都是通过这条路线进入中原地区的，特别是《西凉乐》，就是《龟兹乐》与传入河西的中原古乐融合之后形成的一种乐曲。佛教壁画艺术和雕塑艺术通过丝绸之路进入中原，形成自己的特色后又回传到河西及西域地区。丝绸之路石窟众多，各有特色，著名的有麦积山石窟、北石窟、南石窟、大像山石窟、水帘洞石窟、炳灵寺石窟、天梯山石窟、马蹄寺石窟、金塔寺石窟、文殊山石窟、榆林窟、莫高窟、西千佛洞等。祆教艺术通过粟特人的墓葬石刻被保留了下来，沿着丝绸之路和粟特人聚落分布于古代天水、长安等商贸城市。体现中原文化特色的墓葬壁画艺术，也分布于丝绸之路上的河西走廊沿线和吐鲁番地区。文化的交融和碰撞通过艺术内容和风格充分体现出来，所以将丝绸之路称为“艺术之路”一点也不为过，反而更能体现出它的特色。

丝绸之路沿线星罗棋布地分散着大大小小的石窟殿堂，让人叹为观止。丝绸之路把古代印度地区，中亚地区，我国的新疆地区、甘青宁地区、中原地区、东北地区乃至朝鲜半岛和日本，都串联了起来。如果说石窟殿堂是耀眼的珍珠，那么丝绸之路就像一条线，经过它的串接，亚欧大陆的颈项上出现了一副华美的璎珞，耀眼而又迷人。百年以来，丝绸之路及其沿线的石窟殿堂以其独特的气质和魅力，吸引着来自世界各地一代又一代的学者，前赴后继，投身于相关的研究领域。

敦煌与丝绸之路石窟艺术是教育部人文社科重点研究基地——兰州大学敦煌学研究所多年来研究的主要内容。30 多年来，我们不但有一批专家持之以恒地进行石窟考古和石窟艺术研究，同时我们还培养了一批从事石窟艺术研究的博士、硕士研究生和留学生，他们在这个领域作出了卓越的贡献。1980 年，我们创办了敦煌学专业刊物《敦煌学辑刊》，截至 2015 年年底已经发行了 90 期，石窟艺术研究专栏连同敦煌文献研究、敦煌历史地理研究等板块共同构成了刊物内容的主体，已然成为国内石窟艺术研究成果发布的重要平台。2008 年，沙武田的博士学位论文《敦煌画稿研究》获得该年度全国百篇优秀博士学位论文提名奖；《吐蕃统治时期敦煌石窟研究》进入“国家哲学社会科学成果文库”。与此同时，为了进一步对敦煌与丝绸之路石窟艺术研究进行梳理和总结，兰州大学敦煌学研究所启动了“丝绸之路石窟研究文库”项目。其中《天水麦积山石窟研究论文集》《永靖炳灵寺石窟研究论文集》和《河西陇右石窟研究论文集》已经陆续出版，龟兹地区和陕西地区石窟研究论文集正在收集、整理过程之中。这种工作虽然耗费人力和物力，但若能对学界研究有所裨益，也是我们最大的荣光。

结合目前学术研究动态，兰州大学敦煌学研究所启动了“敦煌与丝绸之路石窟艺术”丛书项目，研究内容涵盖丝路沿线的大部分石窟，既有石窟群整体性研究，又有石窟个案研究；一方面多层次地透视丝绸之路石窟艺术文化的博大精深，另一方面紧抓学术研究前沿，集中体现了未来丝绸之路石窟艺术研究的方向。

一、石窟艺术专题研究

学界在过去50多年中进行了大量基础的测绘调查和壁画内容考释，这种研究基本上是以单个题材壁画为重点，按照时间顺序或者空间划分来对某种特定题材进行考察。这项研究是基础。无数前辈已经为我们做出了榜样。本套丛书中的《敦煌石窟彩塑艺术概论》则是一个新的案例。该书以敦煌石窟彩塑为主要研究对象，同时涉及中国其他石窟的雕塑。其结合洞窟建筑、壁画，以时代为线索，展示出了敦煌石窟彩塑独特的艺术魅力。此类研究还包括《敦煌石窟中的少数民族服饰研究》《敦煌藏经洞出土绘画品研究史》《敦煌隋代石窟壁画样式与题材研究》《北周石窟造像研究》等。

二、石窟艺术与社会历史研究

石窟艺术与社会历史研究丝丝相扣。对于敦煌石窟而言，藏经洞出土的敦煌遗书，包括记录敦煌社会开窟造像的功德记、敦煌历史人物的邈真赞等，都是不可或缺的研究材料。史苇湘先生《敦煌社会历史与莫高窟艺术》提出敦煌本土文化论和石窟皆史论，成功运用艺术社会学研究敦煌石窟，这种研究方法意在最大程度地把莫高窟考古资料和藏经洞遗书结合起来，还原敦煌社会历史。本套丛书中的《敦煌阴氏与莫高窟研究》就是运用石窟与文献相结合的方法，在石窟营建史的背景下对阴氏家族开凿或参与开凿的7个洞窟进行全面研究，从而分析阴家窟所反映出来的佛教思想、佛教功能以及社会和艺术功能。

三、佛教洞窟与寺院仪轨的综合研究

丝绸之路佛教寺院中的壁画造像题材，不同于博物馆藏品，它没有像藏品一样脱离原来的空间关系。这就为学者通过壁画造像所在的空间位置探索古代佛教仪轨提供了可能。本套丛书中的《麦积山石窟初期洞窟调查与研究》《马蹄寺石窟群汉传佛教图像研究》《陇东北朝佛教造像研究》等主要研究对象集中于甘肃北朝洞窟，其综合造像内容、佛教经典以及中古时期寺院仪轨，系统阐释了图像与寺院生活的密切关系。这一研究方向是未来石窟艺术研究方向之一。

四、洞窟个案研究

专题性研究是基础，不过其弊端也清晰可见。这种研究割裂了一个洞窟之中壁画和壁画、壁画和塑像之间的互动关系。而实际上所有的造像题材都是一个有机的整体，它们共同诠释了主尊乃至整个洞窟的造像设计理念，同时也反映了洞窟背后的历史信息。因此，我们在过去数十年工作的基础上，将某一特定洞窟的诸种壁画造像题材作为一个整体进行研究，这也是未来丝绸之路佛教艺术研究的大势。本套丛书就包含了莫高窟第 61 窟、第 100 窟、第 454 窟、第 98 窟，麦积山第 127 窟以及瓜州榆林窟第 25 窟的个案研究。这些成果选取特定历史时期极富代表性的洞窟作为研究对象，全面透视洞窟设计理念，深层次构建了石窟艺术发展史。

五、特定历史时期特定区域图像的普查与研究

随着新资料的不断公布以及学者对洞窟历史背景认识的加深，部分特定阶段的佛教洞窟研究有待再探讨。本套丛书中的《敦煌十六国至隋石窟艺术》《川北佛教石窟和摩崖造像研究》和《吐蕃统治时期敦煌密教研究》即属于此类。以敦煌为例，学者们认为，敦煌石窟的晚期，由于西藏后弘期佛教的兴起和广泛流传，敦煌石窟营造被推进到了一个崭新的时期。目前随着藏语文献的整理和藏学研究队伍的壮大，学界对敦煌中唐到元代的历史有了更深的认识，原来对敦煌藏传佛教艺术的认知需要重

新架构。如本套丛书中的《吐蕃统治时期敦煌密教研究》就对相关问题作了探讨，整理了与吐蕃统治敦煌时期密教有关的大量文献与图像资料，对汉藏文献以及图像作了初步的分类与对比；讨论了吐蕃时期敦煌密教与其他信仰的关系；总结了中唐密教在整个敦煌密教发展史上的里程碑意义。

本套丛书以丝路沿线石窟整体为研究对象，既注重梳理其内在的逻辑关系，又注重对个别石窟的重点探究，以开放的、广阔的研究视野，重新审视西到龟兹，东到天水、西安，西南到川北的石窟寺遗址，探索石窟艺术风格的发展演变。

本套丛书主要汇集了兰州大学敦煌学研究所近年在敦煌与丝绸之路研究方面的最新成果，希望借此出版机会倾听学界的批评和指正。

郑炳林

2015 年 12 月

目　录

前　言

一、陇南石窟

“陇南石窟”中的“陇南”有不同的含义和理解，有笼统地指“陇山以东”、甘肃南部大范围的，有指今陇南市、天水市的，有专指今陇南市的，有指今陇南市及天水市、甘南藏族自治州、定西市各一部分的。陈启生先生在《陇南地方史概论》中谈及“陇南”的地理范围时说：“陇南，一般是指陇山以南的甘肃南部地区，包括今天水、陇南两市、地。根据历史上的政治、经济联系和历史发展的实际进程，我们所指的陇南是狭义的，仅指今陇南市九县（区）和甘南藏族自治州的迭部、舟曲二县及定西市岷县。宋以前，还包括陕西凤县、略阳二县，即今长江流域的白龙江、西汉水、嘉陵江上游的甘肃地区和陕南西北角。[①]”多数相关学者所理解的“陇南石窟”指今“天水麦积山石窟”等。如，董玉祥先生所著《梵宫艺苑——甘肃石窟寺》中提到陇南“西和的法镜寺、八峰崖”石窟，而该书中“陇南石窟，神姿华茂”一

---

①陈启生编著《陇南地方史概论》，兰州：兰州大学出版社，1992 年，第 1 页。

目中讲的“陇南石窟”是“麦积山石窟”“拉梢寺石窟”“大象(像)山石窟”等,而这些正是天水市所辖范围内的石窟;[①]张弓先生在其所著《汉唐佛寺文化史》中的“陇南石窟”一目下讲的是天水“麦积山石窟”和“武山石窟群”;[②]胡同庆、安忠义先生所著《佛教艺术》把天水石窟和陇南石窟联系为一个整体,统称为“陇南石窟群”,书中说:“陇南石窟群,即以今甘肃省南部的天水麦积山石窟为主体,包括麦积山附近的仙人崖石窟、甘谷的大像山石窟和华盖寺石窟、武山的木梯寺石窟、水帘洞石窟和禅殿寺石窟、西和的法镜寺石窟和八峰崖石窟等。”[③]显然,这些著作都是把“天水石窟群”或“麦积山石窟”等当作“陇南石窟”。这些记载、述论或界定错了吗?没有。实际上,这种划分或界定有一定道理,因为在整个陇东南石窟群中,无论从石窟(龛)、塑(雕)像、壁画数量之多,窟龛开凿、塑绘创作时间之早,艺术水平之高,在国内外影响之大等方面而言,今陇南市境内的石窟都很难与“天水麦积山石窟群”“天水石窟群”或“武山石窟群”相比,甚至不能与“甘谷大像山石窟”或“甘谷石窟群”相比。本书所谓“陇南石窟”之“陇南”主要指今行政区划意义上之陇南市,包括武都区、西和县、成县、徽县、礼县、宕昌县、康县、文县、两当县,故所谓“陇南石窟”即主要指此八县一区境内之石窟(寺、观)。

陇南市位于甘肃省东南部,地理坐标在东经 104° 1′—106° 35′,北纬 32° 38′—34° 31′之间,处于秦巴山地西部与青藏高原东侧边缘交汇地带,中国大陆第二级阶梯向第三级阶梯的过渡地带,西北高而东南低,一般海拔为 1800—3500 米。雨多河密,主要河流有嘉陵江及其支流西汉水(犀牛江)、白龙江、白水江等,是甘肃境内唯一的长江流域地区。依次从河谷亚

①董玉祥著《梵宫艺苑——甘肃石窟寺》,兰州:甘肃教育出版社,1999 年,第 212—242 页。

②张弓著《汉唐佛寺文化史》,北京:中国社会科学出版社,1997 年,第 566—570 页。

③胡同庆、安忠义著《佛教艺术》,兰州:敦煌文艺出版社,2004 年,第 3 页。

热带湿润气候，经暖温带湿润气候、温带半湿润气候，逐渐过渡到高寒湿润气候。年平均气温 8.4℃—14.9℃，年平均降水量 450—800 毫米。自然灾害如暴雨、冰雹、泥石流等较多。东部与陕西秦岭和汉中盆地连接，南部向四川盆地过渡，西部向青藏高原北侧边缘过渡，北部向陇中黄土高原过渡。东连陕西，南接四川，西邻甘肃甘南藏族自治州，北依甘肃定西市和天水市。高山丘陵、河谷盆地纵横交错，地域差异明显。东部为浅中切割浅山丘陵盆地地貌区，包括徽成盆地的成县、徽县、两当县三县全境；南部为中深切割中高山地貌区，系南秦岭西延部分和岷山山系东延部分相互交错地带，包括康县、武都(区)、文县三县(区)全境；北部为全切割中高山地貌区，包括宕昌县、礼县、西和县三县全境。资源丰富，气候宜人，山清水秀，人杰地灵。有汉、回、藏等 21 个民族。面积 27923 平方千米。截至 2020 年，常住人口约有 241 万人。扼甘、陕、川三省要冲，有“秦陇锁钥，巴蜀咽喉”之称，被人们誉为“陇上江南”。

陇南市境内有多处石窟，除了历史文化本身的因素以外，地理环境也是一个不可忽视的因素。齐德利先生等认为，陇南市的主要石窟诸如金莲洞、佛爷崖、八峰崖、法镜寺等都位于丹霞地貌区。“丹霞地貌与石窟雕塑紧密相伴，由于构成丹霞地貌的岩层是紫红色、红色的较坚硬的砂岩、砾岩，特别是紫红色、红色砂岩易于雕刻佛像(不宜雕刻的砂砾岩，可石胎泥塑)，而佛像又是庄重的紫红色，所以在红砂岩的丹霞地貌区，常与石窟、佛像、雕塑联系，特别是丝绸之路的丹霞地貌更与石窟紧密相伴”。正所谓“丹霞为宗教增秘，佛光为丹霞生辉”[①]。

按照宿白先生的观点，“根据洞窟形制和主要造像的差异”，中国的石

①齐德利、肖星、陈致均《甘肃省丹霞地貌空间分析及旅游开发布局研究》，《地理与地理信息科学》2003 年第 3 期，第 88—93 页。黄可光、张勃《甘肃丹霞地貌的特征及其旅游开发》，《西北师范大学学报(自然科学版)》1994 年第 4 期，第 57—61 页。张林源、刘朝阳《甘青地区丹霞地貌资源的特点与开发》，《热带地貌》1992 年增刊，第 153—161 页。

窟寺可分为“新疆地区、中原北方地区、南方地区和西藏地区四大地区”①；笔者以为，虽然今陇南市属于长江流域，但由于其境内石窟寺距麦积山等处石窟较近，而距四川、重庆诸石窟相对较远，且陇南市境内历史上佛教的传播、石窟寺的凿建、石窟寺的风格等方面更接近麦积山及其以西、以东、以北诸石窟寺，或陇南石窟更多地受到西域、中原北方地区的经济、政治、文化、民族、佛教、石窟艺术等的影响，故应将陇南诸石窟划入“中原北方地区”石窟范围，具体来说，划入中原北方地区中的“陇东区”较恰当。②不过，一定要和今天所谓“陇东石窟”③区别开来。

陇南地区是文化、佛教及佛教艺术（石窟寺）自中原北方向四川及西南地区传播的中间地带。陇南各石窟寺均受到中原北方石窟寺（含麦积山石窟寺）的影响。按佛教及佛教艺术的传播过程，应该是佛教主要沿陆上丝绸之路传播，由古印度传至中亚、新疆，再由中亚、新疆传至中原北方，同时向南方传播。汤用彤先生指出：“佛教东渐，首由西域之大月氏、康居、安息诸国。其交通多由陆路，似无可疑。”④杜继文先生断言，佛教是经由西域传入中国内地的。⑤荣新江先生也认为，“佛教从西北印度大月氏（今阿富汗和巴基斯坦）经陆路传入汉代中国的说法最为合理”⑥。在由中亚、新疆传至中原北方的过程中，又由西北、中原、关中和天水一带传至四川和西南。而在地理位置上，陇南正好位于关中、天水与四川之间，所以，陇南的佛教、石窟寺必定是受了关中、天水及四川两个方向佛教、石窟寺的影

---

①宿白著《中国石窟寺研究》，北京：文物出版社，1996 年，第 16—17 页。

②任继愈主编《中国佛教史》第 3 卷，北京：中国社会科学出版社，1988 年，第 692—698 页。

③敦煌研究院、甘肃省文物局编《甘肃石窟志》，兰州：甘肃教育出版社，2011 年，第 350—413 页。董玉祥著《梵宫艺苑——甘肃石窟寺》，第 243—261 页。

④汤用彤著《汉魏两晋南北朝佛教史》（增订本），北京：北京大学出版社，2011 年，第 48 页。

⑤杜继文主编《佛教史》，南京：江苏人民出版社，2008 年，第 86—88 页。

⑥荣新江著《中国中古史研究十论》，上海：复旦大学出版社，2005 年，第 43 页。

响，而且成为两地之间佛教及佛教艺术的中介；所以，陇南石窟寺兼具两地佛教艺术风格。当然，西南地区的佛教及佛教艺术也会影响到关中、天水、陇南地区，但这种影响相对来说要小得多。佛教传入西南地区是很早的，大概在东汉、三国时期就已经传入四川[①]，但西南地区佛教及佛教艺术的发展比中原北方地区相对滞后。所以，从总体上看，中原北方地区对西南地区在佛教及佛教艺术方面的影响相对于西南地区对中原北方地区的影响占有绝对优势；而这种相互影响是部分通过陇南佛教及其石窟艺术实现的。

佛教传入今陇南市境内，不仅在甘肃省内，而且在国内都算是比较早的。据《陇右金石录》“凤凰山摩崖”条引王象之《舆地碑记目》曰：“大云寺碑在凤凰山上，去成州七里，创始莫考。殿后崖上有刻字云‘汉永平十二年’，又修经阁崖上刻云‘梁大同九年’。”[②]然今已寺毁碑亡，无处可考。[③]笔者根据此条记载初步判定，东汉时期佛教就已经传入今陇南市境内。[④]《甘肃省志·宗教志》亦谓：“在东汉明帝时，成县已经有佛寺。”[⑤]既然已经有佛寺，安能没有佛教？这等于说东汉明帝时成县已经有佛教。

北魏时期是陇南石窟开凿的一个非常重要的时期。正如董玉祥先生所说：“随着北魏佛教的兴盛与发展，开窟造像之风盛行。文成帝拓跋濬于和平初（460）命沙门统昙曜在平城以西的武州塞开凿了著名的云冈石窟。北魏孝文帝拓跋宏于太和年间开凿了洛阳的龙门石窟。于是北方各地兴

---

①温玉成《蜀汉至隋代的四川佛教》，《重庆师院学报（哲学社会科学版）》1991年第1期，第10 13，9页。

②［民国］张维编著《陇右金石录》，兰州：甘肃省文献征集委员会，1943年，第15979页。

③成县地方志编纂委员会编纂《成县志》，西安：西北大学出版社，1994年，第835页。

④王百岁《成县大云寺石窟调查与研究》，《天水师范学院学报》2014年第4期，第21—26页。

⑤甘肃省地方史志编纂委员会、甘肃省志宗教志编纂委员会编纂《甘肃省志》第71卷《宗教志》，兰州：甘肃人民出版社，2005年，第89页。

起建石窟寺的高潮，对石窟艺术的繁荣产生了深刻的影响。”[①]

陇南石窟按朝代来划分，可分为两汉魏晋南北朝、隋唐五代两宋、元明清等不同时期。始凿于魏晋南北朝时期的石窟主要是法镜寺石窟、大云寺石窟、八峰崖石窟、竹林寺石窟，始凿于隋唐五代两宋时期的石窟主要是佛爷崖石窟、水帘洞石窟、仙人崖石窟、五仙洞石窟、罗汉洞石窟，始凿于元明清时期的石窟主要是金莲洞石窟、佛孔石窟、黑虎桥石龛、朝阳洞石窟、真空寺石窟、广佛寺石窟、西姑庵石龛、千佛洞石窟、土峰沟石窟。

陇南石窟按地区来划分，分属于西汉水流域、嘉陵江流域和白龙江流域。西汉水流域的石窟寺主要是法镜寺、八峰崖、黑虎桥，嘉陵江流域的石窟寺主要是佛孔、大云寺、仙人崖、龙洞、五仙洞、泥功山、金莲洞、甸山（达摩洞、菩萨洞）、广佛寺、竹林寺、真空寺、佛爷崖、罗汉洞、西姑庵、千佛洞、土峰沟，白龙江流域的石窟寺主要是水帘洞、朝阳洞。

陇南石窟按不同的宗教派别或学术门类划分，可分为以佛教、道教或儒教等为主要内涵（或唯一内涵）的石窟寺，或者以佛教、道教为主要内涵的石窟寺，或者为儒、释、道三教合一或三教并存的石窟寺。陇南石窟寺中，依现存情况分析，法镜寺、佛爷崖、竹林寺、甸山（达摩洞、菩萨洞）等完全是佛教石窟寺，其他石窟多是释、道合一或儒、释、道三教合一的石窟寺。八峰崖、大云寺、五仙洞、真空寺、罗汉洞等是以佛教为主要内容的石窟寺，张果老洞、金莲洞、仙人崖、千佛洞等是以道教为主要内容的石窟寺，佛孔、龙洞、泥功山、广佛寺、水帘洞、朝阳洞、西姑庵、土峰沟等是佛教和道教内容大体相当的石窟寺。从陇南石窟的总体情况看，佛教内容多于道教内容；从佛教自身内容看，汉传佛教占绝对优势，藏传佛教较少。

---

①董玉祥《北魏时期的甘肃石窟寺（摘要）》，《敦煌研究》1988 年第 2 期，第 27—28 页。

陇南石窟寺除了主要反映汉民族文化以外，还与氐、羌、鲜卑、吐蕃（藏）、金（女真）、蒙古族、满族等民族有一定关系，这方面具有相当的研究空间。这些民族都曾统治或占据过陇南，或曾在陇南立足，或曾过境陇南，都直接或间接地留下了他们关于佛教、道教等宗教以及石窟寺的印记。有些印记很明显，比如在法镜寺石窟、八峰崖石窟、金莲洞石窟等，这些印记在一定程度上体现了他们的思想和文化，也反映了当时的社会历史状况。

二、选题缘由

（一）学术背景

依据笔者的理解，现有的各种记述、调查报告、研究陇南石窟的辞典、著述、论文等主要围绕以下六个方面的内容展开，兹整理归纳如下（凡所涉论文，内容有重复者略去，论证同一问题则择其典型者引述）：

第一，对于陇南石窟的介绍和宣传。

张宝玺先生早在20世纪60年代和20世纪80年代就做过调查，他在《甘肃石窟艺术壁画编》之《甘肃石窟一览表》中将甘肃石窟分为“河西”“陇中”“陇南”“陇东”四个部分，其中“陇南”部分按照“时代”“窟数”“造像”进行排列（此处姑且不论各处石窟窟龛数、朝代名是否正确）：西和县法镜寺石窟（北魏至唐），31窟，造像3身；西和县八峰崖石窟（明、清），12窟，造像12身；徽县佛爷崖石窟（北魏、西魏），1窟，造像7身；徽县广佛寺石窟（唐），3窟；徽县罗汉洞石窟（宋、明），1窟；成县大云寺石窟（唐），皆毁。[1]张宝玺先生不仅多次考察陇南石窟，拍摄了大量珍贵照片，而且对陇南石窟及相关问题进行了一定研究和深入思考，为以后的陇南

[1]张宝玺主编《甘肃石窟艺术壁画编》，兰州：甘肃人民美术出版社，1997年。

石窟研究打下了坚实基础,提供了很大便利。李永良先生主编的《河陇文化——连接古代中国与世界的走廊》借用了《甘肃石窟艺术壁画编》中《甘肃石窟一览表》关于"陇南"石窟的内容。[①]

介绍陇南石窟的短文主要有:张希仁《成县金莲洞》[②]《徽县佛爷崖石窟》[③]《西和八峰崖石窟》[④]《西和八峰崖石窟》[⑤]《西和八峰崖石窟》[⑥],徐武淅《武都朝阳洞》[⑦],杨田金《西和八峰崖石窟》[⑧]《西和法镜寺石窟》[⑨]《西和法镜寺石窟》[⑩]《西和法镜寺石窟》[⑪],杨田全[⑫]《西和法镜寺石窟》[⑬]《西和佛孔石窟》[⑭]等。

《甘肃窟塔寺庙》介绍了成县金莲洞、徽县佛爷崖、武都朝阳洞、武都水帘洞、西和八峰崖、西和法镜寺 6 处石窟。

《中国石窟图文志·石窟志编》介绍了成县金莲洞、武都朝阳洞、徽县佛爷崖、西和八峰崖、西和法镜寺、西和佛孔 6 处石窟。

---

①李永良主编《河陇文化——连接古代中国与世界的走廊》,上海:上海远东出版社,香港:商务印书馆(香港),1998 年,第 275 页。

②李焰平、赵颂尧、关连吉主编《甘肃窟塔寺庙》,兰州:甘肃教育出版社,1999 年,第 93—95 页。

③李焰平、赵颂尧、关连吉主编《甘肃窟塔寺庙》,第 95—96 页。

④雪犁主编《中国丝绸之路辞典》,乌鲁木齐:新疆人民出版社,1994 年,第 114 页。

⑤王尚寿、季成家等编著《丝绸之路文化大辞典》,北京:红旗出版社,1995 年,第 345 页。

⑥西北师范大学古籍整理研究所编《甘肃古迹名胜辞典》,兰州:甘肃教育出版社,1992 年,第 188 页。

⑦李焰平、赵颂尧、关连吉主编《甘肃窟塔寺庙》,第 96—98 页。

⑧李焰平、赵颂尧、关连吉主编《甘肃窟塔寺庙》,第 101—104 页。

⑨雪犁主编《中国丝绸之路辞典》,第 113 页。

⑩王尚寿、季成家等编著《丝绸之路文化大辞典》,第 345 页。

⑪西北师范大学古籍整理研究所编《甘肃古迹名胜辞典》,第 188—189 页。

⑫"杨田全",原文如此,而非如上文之"杨田金"。

⑬李焰平、赵颂尧、关连吉主编《甘肃窟塔寺庙》,第 104—107 页。

⑭西北师范大学古籍整理研究所编《甘肃古迹名胜辞典》,第 189 页。

关于陇南石窟，正史无载，其他史籍类目前也未见记载。但是，在明、清、民国、当代的甘肃省志，天水市、陇南市等地方市志和西和县、成县、徽县等县志中有一些零星记载，有些是直接关于石窟的内容，有些是与石窟相关的内容，这些记载显得相对重要。

一些非学术性书刊、报纸（如《甘肃旅游》《天水名胜》《陇南史话》《成县史话》《徽县史话》《武都史话》《两当史话》《陇南文化》等），都或多或少、或详或略地述及陇南石窟。

以上辞典、著述、短文类（含通俗读物）等凡涉及陇南石窟的内容，基本上都是一般性的介绍、记录或宣传，有不少是转载、转引、摘录，至多是进行了简单调查或有限改动，都还谈不上研究，但它们为以后的调查和研究提供了某些线索，或有裨益。

经笔者检索，截至 2016 年 6 月，直接以陇南石窟为研究对象且已经公开发表的论文有 19 篇。

《八峰崖石窟散记》[①]：对八峰崖石窟的概况作了介绍。该文貌似非严格意义上的研究性论文，但也并非纯粹的通俗性文章。文章对八峰崖石窟进行了一定程度的研究，堪称研究陇南石窟的第一篇文章。笔者以为该文章提出的一些看法迄今都能成立，令人信服。以后断续有研究文章出现，故该文功莫大焉。

《甘肃天水、陇南地区中小石窟的初步考察》[②]《甘肃陇南几处中小石窟调查简报》[③]《甘肃省两当县西姑庵佛教遗址考察》[④]《唐〈李叔政题壁〉墨

①孙晓峰《八峰崖石窟散记》，《丝绸之路》2000 年第 5 期，第 35—36 页。

②孙晓峰《甘肃天水、陇南地区中小石窟的初步考察》，《敦煌学辑刊》2006 年第 4 期，第 42—51 页。

③孙晓峰《甘肃陇南几处中小石窟调查简报》，《敦煌研究》2008 年第 2 期，第 3—11、115、117 页。

④孙晓峰《甘肃省两当县西姑庵佛教遗址考察》，《石窟寺研究》2012 年第 1 期，第 24—36页。

迹考略》[①]《甘肃省陇南境内石窟寺概述》[②]《试论陇南石窟、石刻与陇蜀交通》[③]《杜甫〈石龛〉诗与八峰崖石窟》[④]《氐羌遗韵:八峰崖石窟造像艺术的文化解析》[⑤]《陇南八峰崖石窟内容总录》[⑥]《甘肃陇南石窟寺》[⑦]等,似乎都是在调查或研究一些具体问题,实则皆具介绍和宣传作用。

第二,对于陇南石窟的考古测量和数量调查。

《八峰崖石窟散记》:八峰崖石窟现存窟龛 15 个,有宋、元、明、清及近现代造像 122 身,清以来壁画 50 平方米,明碑 1 通,清碑 4 通,民国碑刻 2 通。

《甘肃天水、陇南地区中小石窟的初步考察》:法镜寺石窟窟龛 24 个,造像 11 身,碑刻 3 通;八峰崖石窟开凿于唐代,古建 14 座,造像 70 余身,壁画 100 多平方米,碑刻 2 通;大云寺石窟开凿于唐代,仅存少许摩崖浮雕及题记;达摩石窟开凿于清代,窟龛 1 个,造像 3 身;菩萨石窟开凿于清代,窟龛 1 个,造像 6 身,清代题记 1 方;广佛寺石窟开凿于明代,窟龛 3 个,造像 20 余身;佛爷崖石窟有摩崖大龛 1 个,小龛 14 个,造像 18 身;罗汉洞石窟造像全部残毁;真空寺石窟有窟龛 1 个,摩崖造像 5 身。法镜寺石窟窟龛形制主要以平面呈横长方形、圆拱顶或平圆顶的摩崖浅龛为主,其次为平面方形窟和平面马蹄形穹隆顶窟,此外,个别窟为中心柱窟或三壁三龛窟。

《甘肃陇南几处中小石窟调查简报》:法镜寺石窟中心柱窟属在天水、

---

①蔡副全《唐〈李叔政题壁〉墨迹考略》,《敦煌研究》2009 年第 2 期,第 45—49,122 页。

②史轲《甘肃省陇南境内石窟寺概述》,《丝绸之路》2010 年第 2 期,第 24—27 页。

③苏海洋《试论陇南石窟、石刻与陇蜀交通》,《丝绸之路》2011 年第 16 期,第 14—17 页。

④刘雁翔《杜甫〈石龛〉诗与八峰崖石窟》,《敦煌学辑刊》2013 年第 1 期,第 141—150 页。

⑤刘吉平《氐羌遗韵:八峰崖石窟造像艺术的文化解析》,《成都大学学报(社会科学版)》2015 年第 4 期,第 73—78 页。

⑥王百岁《陇南八峰崖石窟内容总录》,《敦煌学辑刊》2005 年第 4 期,第 88—91 页。

⑦王百岁《甘肃陇南石窟寺》,郑炳林主编《佛教艺术与文化国际学术研讨会论文集》,西安:三秦出版社,2009 年,第 154—180 页。

陇南石窟群中首次发现；三壁三龛窟的出现可能标志着法镜寺石窟窟龛开凿进入尾声。佛爷崖石龛系一处摩崖仿帐式大龛，现存大龛4个，小龛14个，各类浮雕造像18身。其龛形与麦积山石窟西魏至北周阶段流行的帐形龛较为相似。广佛寺石窟现存窟3个，除2号窟门外两侧浮雕的青狮、白象外，原作基本无存。

《甘肃省两当县西姑庵佛教遗址考察》：两当县云屏乡境内的佛教遗址主要由塔院寺、骑龙寺和西姑庵石龛组成，现仅存西姑庵石龛。

第三，对于陇南石窟的总体述论。

《甘肃陇南石窟寺》：对陇南市境内的主要石窟寺作了一般性介绍，就陇南石窟所处的特殊环境、陇南石窟与其他石窟寺的关系、陇南石窟与民族关系、陇南石窟的特点与文化特色等进行了初步思考。

《甘肃省陇南境内石窟寺概述》：陇南市由于地理位置偏僻，社会经济发展水平相对落后，石窟的开凿较省内其他地区偏晚。境内的石窟可以划分为北朝、隋唐、明清三个时期，始于北魏末年，发展于隋唐阶段，兴盛于明清时期。石窟寺集中分布于西汉水流域、嘉陵江流域和白龙江沿岸一带。主要石窟有西和县法镜寺、八峰崖，成县大云寺、达摩洞、菩萨洞，徽县广佛寺、真空寺、佛爷崖、罗汉洞，武都区水帘洞、朝阳洞，两当县西姑庵（佛教遗址）、千佛洞、土峰沟等。其窟龛形制、造像题材受到了天水麦积山石窟等毗邻地区佛教艺术的影响，呈现出不平衡的分布特征，明清时期这种局面得以改变，并最终形成以儒、释、道三教为核心的多神信仰体系，反映出当地人们信仰观念的多元化趋势。

《甘肃天水、陇南地区中小石窟的初步考察》：陇南市境内的中小石窟寺主要分布在西和县、成县和徽县境内。陇南山大沟深，交通不便，目前所发现的石窟寺多分布在与天水交界的县区及嘉陵江流域，从某种意义上说，陇南市境内石窟寺的开凿与分布和天水地区有密切关系。陇南市境内的石窟寺分布松散，但基本分布在古代通往四川的道路沿途。陇南市、天水市境内的中小石窟寺在窟龛形制、造像题材和内容等方面表现出鲜明的时代特点和地方性特征。其中最早的开凿于北魏中晚期，此后，北周、隋唐、宋、元、明、清等历代均有不断开凿和重修。很多中小石窟寺残损严重，管理滞后，正面临着湮灭的危险，如果不尽快采取相应的保护措施，其本身所蕴含的历史信息将会很快消失。

第四，对于陇南石窟开凿时间的探讨。

《八峰崖石窟散记》：八峰崖石窟是否凿建于南北朝时期，目前尚无法认定；至少在唐代，窟龛已经有了一定的规模；从当时的种种情况推测，该石窟当开凿于北朝末年或隋唐之际。

《甘肃天水、陇南地区中小石窟的初步考察》：法镜寺石窟开凿于北魏晚期，佛爷崖石窟开凿于隋代，罗汉洞石窟开凿于宋代，真空寺石窟开凿于明代。

《甘肃陇南几处中小石窟调查简报》：结合窟龛形制、题材组合和造像特征，并与麦积山石窟同时期的窟龛造像相比较，大致可推定法镜寺石窟的开凿年代应在北魏中晚期，其佛事活动至少在唐代时仍很兴盛。佛爷崖石龛开凿时代大致应在隋末唐初。从其窟龛分布和窟龛形制上看，广佛寺石窟的开凿时代大致在明清之际。

《甘肃省两当县西姑庵佛教遗址考察》：两当县最早的佛教活动始于唐代，明景泰五年（1454）正式营建寺院，弘治年间又进行重修和扩建。清代末年，当地信众又重新修补了西姑庵石龛内的造像及壁画。

第五，对于陇南石窟从历史、宗教诸角度进行的探讨。

《八峰崖石窟散记》：远在仇池国时期，当地已形成礼佛的风气，近在咫尺、风景秀丽的八峰崖当然就成为立寺修禅的绝佳去处了。

《甘肃天水、陇南地区中小石窟的初步考察》：陇南石窟的开凿与分布和天水地区有密切关系。法镜寺石窟的窟形、造像题材等与麦积山相比，在时代共性的前提下，表现出一定的差异性和地方特性。这可能与当时的历史环境有一定关系。

《甘肃陇南几处中小石窟调查简报》:佛爷崖石龛在造像题材和内容上表现的仍然是北朝晚期盛行的大乘佛教思想。该石龛处于唐宋时期由秦地入川的交通要道上,具有一定的研究价值。广佛寺石窟原来窟龛内造像极有可能反映的是以华严思想为核心的佛教信仰,这一点与八峰崖石窟中所反映的华严信仰是一致的。

《试论陇南石窟、石刻与陇蜀交通》:法镜寺石窟与河陇、四川石窟之间的联系说明石窟所在的石堡村乃至西和县处于川蜀与河陇地区的交通要道上。《新路颂并序》刻于唐初,其所在石峡镇坦土关即历史上北通陇右、西控仇池、南吞巴蜀的龙门戍、龙门镇或龙门关。佛爷崖石窟窟形、造像与天水麦积山、法镜寺及四川广元、巴中石窟有联系,证明秦蜀古道与陇蜀古道在徽县会合后经姚坪村翻越青泥岭入川,该石窟所在的徽县南水阳乡姚坪村处于陇蜀交通的大道附近,应该为唐代秦州经同谷(成县)、河池(徽县)至四川的道路,和散关通汉中、剑南的驿道必经之地。北宋嘉祐二年(1057)开通了白水路,河池(徽县)至长举(治今白水镇)的道路绕开青泥岭经白水峡至兴州(治今略阳),镌刻于今徽县城南大河店乡石牌村徽白公路左侧断崖上、由雷简夫撰文并书写的《新开白水路记》迄今尚存。该文将陇南石窟与甘、川、陕之间交通联系起来进行研究,重视并挖掘出石窟包含的一些历史地理信息,开启了重要的研究思路。

《甘肃省两当县西姑庵佛教遗址考察》:西姑庵、塔院寺等遗址原为修建于明景泰五年(1454)的观音堂遗址,与当时的云坪寺有着密切的关系。塔院寺、骑龙寺和西姑庵石龛等几处寺院彼此相距不远,是明代佛教所特有的"丛林"制度的真实再现。寺院里供奉的造像以观音、华严三圣和罗汉为主,并带有强烈的世俗化倾向。明代中期以后,由于行政建制的变化及地震等自然灾害影响,云坪寺逐渐淡出了人们的视线。西姑庵龛内原有造像是迦叶和阿难,从他处移入者为华严三圣组合。当时造像体现出"诸宗合流”和“三教合一”特征。西姑庵佛教遗址是明清时期当地文献所载云坪寺的重要组成部分，展现了明清时期陇南地区佛教寺院的规模和结构特点。寺院本身具有官寺性质。佛教已有一定的世俗化倾向，信徒多为当地的普通民众。该文能于细微之处显功夫，从几乎不为人们注意或发现的遗迹遗物中发现问题，推断出明清时期当地佛教与寺院的状况，是一篇很有价值的文章，也是研究佛教遗址个案的典范，应该推广至对所有陇南石窟（宗教遗迹遗物）的研究。

《杜甫〈石龛〉诗与八峰崖石窟》：由于有关八峰崖石窟的史志记载不多，能说明问题的资料更少。研究者最大的争议是杜甫《石龛》诗所咏是否为八峰崖石窟。旧注对石龛地望不清楚，致使关于杜甫的传记无所适从。《大明一统志》、清乾隆元年版《甘肃通志》、清乾隆三十九年邱大英纂修的《西和县志》，或未载八峰崖石窟，或未说明八峰崖石窟与《石龛》诗的关系，唯 1947 年朱绣梓撰《西和县志》表明《石龛》所咏正是八峰崖石窟，将论《石龛》诗与八峰崖石窟关系者分为“肯定派”“犹豫不决派”和“另找出路派”。把握诗作情景，结合相关资料综合考察，作者从三个方面进行论证：第一，石龛不是普通的石穴，而是石龛。凡为“石龛”者，必与佛教、石窟有关。第二，诗句“驱车石龛下”是特殊情境下的虚写，没必要死扣驱车的石窟和《石龛》对应。第三，清代牛运震《徽县寄究郡亲友书》的相关记载可为旁证。牛运震在其信中所言石峡河谷状况与杜甫《石龛》诗中所描述情况相同。最后得出结论：杜甫《石龛》诗所咏就是八峰崖石窟。

《唐〈李叔政题壁〉墨迹考略》：李叔政，史籍无载，由题壁知，李叔政作为御史台成员之一的侍御史，于元和八年（813）六月十五日出任成州刺史，其官阶至开府仪同三司，或称开府，品级从一品，为最高级别之阶官，并“使持节成州诸军事”。成州刺史一职，之所以用高官兼任，大概因为与成州特殊的地理位置有关。《题壁》所说的“搀抢”一事，或指发生在大云寺境内的“唐蕃之战”。

《甘肃陇南石窟寺》：陇南石窟既有人工的，也有天然的；既有佛教内容，也有道教、儒教、社会历史和世俗生活等方面的内容。陇南石窟一部分开凿很早。陇南石窟中古代壁画年代不会早于明清时期。石窟碑碣和题记多少提供了一些可供研究的材料。陇南、天水地区的石窟寺在中国石窟东西横向及南北纵向的连接中起了纽带作用。研究陇南石窟，不能无视仇池国的历史。陇南石窟的开凿与发展，肯定与氐族有关，也可能与羌族有关。陇南石窟还可能与藏族有关，陇南石窟与藏传佛教的关系需要探讨。陇南石窟是民族融合的历史见证。佛教和佛教艺术是各民族之间沟通和联系的重要纽带。陇南石窟是多元文化的统一体，是中国古代文明的组成部分，是古代劳动人民勤劳和智慧的结晶。《甘肃陇南石窟寺》对陇南石窟研究在某些问题上提出的一些见解和论断具有全局性和前瞻性，确定了推进陇南石窟研究的框架和方向，对于今后的研究具有借鉴意义。

第六，对于陇南石窟从艺术角度进行的探讨。

《陇南八峰崖石窟内容总录》：刊布了八峰崖石窟 14 窟（龛）的基本情况，每一窟现存的造像内容，介绍、分析了现存壁画的内容。

《甘肃天水、陇南地区中小石窟的初步考察》：法镜寺石窟造像多为单身立佛或一铺三身的组合形式。佛像面部棱角分明，五官雕凿紧凑，神情庄严肃穆，体态敦厚矮壮，身穿交领袈裟，衣带自胸前打结后下垂，衣纹简洁流畅。从人物体态及服饰特征上看，佛像形体厚重中偏于清秀，服饰明显带有北魏孝文帝改制后的特点。窟龛形制、造像特点等都与毗邻的麦积山北魏同时期窟龛及造像特征差异很大，彰显出鲜明的地方特色。遭自然和人为破坏严重。

《甘肃陇南几处中小石窟调查简报》：佛爷崖石龛系一处摩崖仿帐式大龛，龛形与麦积山石窟西魏至北周阶段流行的帐形龛较为相似。龛内四佛并列的造像组合形式很有特点，从造像特征、衣着服饰等方面看，具有较多隋唐造像的特征：佛螺纹高髻，面形圆润，端庄挺拔，穿垂领式或圆领通肩式袈裟，衣纹雕刻刀法为减地直平阶梯式，倚坐或结跏趺坐，2—3重仰莲瓣式莲花座。护法天王身材魁梧，肌肉发达，动感十足。在龛形上继承了北朝晚期流行的垂幔式帐形龛。

《甘肃陇南石窟寺》：陇南虽位于长江流域，但属于石窟寺分区中的中原北方地区，这就决定了陇南石窟与这一区域内的其他石窟寺在风格上有较多共同点。陇南诸石窟与天水诸石窟关系十分密切。陇南石窟兼有甘、川二省石窟的风格。陇南石窟总体上零碎、分散、破坏较严重。陇南石窟中古代塑像有泥塑、石胎泥塑、石雕等种类；古代壁画很少，具有代表性的是八峰崖石窟壁画，其内容大多为经变故事、历史故事、世俗生活等。

《唐〈李叔政题壁〉墨迹考略》：介绍了成县大云寺石窟现存唐宪宗元和九年(814)《李叔政题壁》的位置、现状及书法艺术特征。从书法艺术角度着手，对《李叔政题壁》的文字等进行了研究，间或联系一些史事。认为《李叔政题壁》墨迹是考察唐代题壁书法的重要实证，有着珍贵的文物价值。

《杜甫〈石龛〉诗与八峰崖石窟》将唐代大诗人杜甫的《石龛》诗与八峰崖石窟联系起来进行研究，结合诗作、诗注和史地资料等，考论了八峰崖石窟始凿的时间范围，重点考证了杜甫《石龛》诗与八峰崖石窟之间的关系。这种研究令人耳目一新，此法可资借鉴，从某些独特角度研究陇南石窟会取得突破。

上述已取得的调查研究成果无疑具有积极意义，它们是我们推进陇南石窟研究的重要基础。但是，一些客观上需要引起注意的问题，要求我们注意以下几点：

第一，调查研究需讲究系统性、全面性。一些论文对陇南市境内的石窟寺作了概括介绍并进行了简要分析，但有些属于个案考察或研究，系统性、综合性似嫌不足。如果能够做到对历史、民族、宗教、民俗、交通、建筑、窟龛、壁画、书法、地理等进行广泛联系或互证，将研究扩展领域，将研究引向深入，一定能解决更多悬而未决的问题。由于学者或论文作者的环境条件、学科背景、学术基础和研究特长有所不同，兴趣有所不同，机缘有所不同，技能有所不同，掌握的资料有所不同，着力研究的方向或领域有所不同，致使其研究皆有所侧重，如有些研究着重于从历史地理学方面，有些从考古学方面，有些从艺术学方面，有些从宗教学方面，有些从文学方面，等等。关于陇南石窟现有的研究成果也各有侧重，以后的研究要尽可能把各学科、各方面结合起来，把各学者联系起来，使研究具有综合性，以期达到理想的效果。

第二，调查研究需有针对性，亟待拓展和深入。调查研究不能片面追求大而全，否则全而空矣。从某个或某些角度对于某个或某些石窟的调查研究是必不可少的，但部分调查研究着重于对某一个或某几个石窟本身的考古调查或简单研究，并未对一些相关问题从历史学、宗教学、考古学、艺术学、文献学、社会学等方面进行深入探讨。

第三，调查研究应尽量尊重事实、修正错误。笔者以前的文章对一些历史或其他问题诸如石窟寺的开凿年代和历史背景等没有真正涉猎或论证；对一些问题虽有所涉猎，或进行了叙说和推测，但未作进一步研究；对一些问题虽有所涉猎或论证，但缺乏严密的考证，没有得出令人信服的结论。

第四，调查研究需改进方法。个别论文的研究思路还需改进。个别论文中提出的某个或某些问题与石窟、历史相割裂，就事论事，如此研究，则无论其考证正确与否，似与该石窟和历史、宗教、艺术、社会等已没有多大关系。个别文章的体例（编排方法）或部分表述似欠妥，某些观点尚可商榷。个别论文对已有史料的整合或利用不够，对一些问题的考证不够科学或有所欠缺。新的材料有待寻找、挖掘。

(二)研究动因

1. 陇南市境内石窟需要进行全面调查和系统深入研究

甘肃作为“中国石窟艺术之乡”,河西诸石窟(含敦煌莫高窟等)、陇中诸石窟(含永靖炳灵寺石窟等)、陇东诸石窟(含庆阳南北石窟寺等)、天水诸石窟(含麦积山石窟等)早已为中外学者注意并取得丰硕的研究成果。就连距离陇南较近的天水武山石窟群,不仅受相关政府部门重视,开发保护得好,而且研究成果也多。然而陇南市境内的石窟,虽然具有联系陇、蜀,沟通南、北,体现社会历史演变、宗教及其艺术传播历程的重要作用,但本身规模很小、数量有限、分布零散、精品不多,加之保护不力,破坏严重,并没有引起人们足够的重视。近年来,虽有个别学者开始关注和研究,但任重而道远。在促进文化大发展大繁荣、文化兴省、文化兴市的今天, 亟须对现今陇南市境内的石窟进行全面的调查和深入系统的研究,企望多出研究成果;同时切实采取有力措施开始或加大力度进行保护与开发,保存这份祖先留给我们的宝贵文化遗产。正如长广敏雄先生所说,对于中国石窟寺 “保护工作的根本目的是通过遗留下来的历史遗产,使人民认识自己的历史。保护工作应以调查为前提,首先必须确实了解各地各种类型石窟寺的现状”。他所说关于“中国石窟丛书”的出版,“其首要的目的”,在于提高“全世界人民对中国石窟寺这一光辉文化遗产的认识,还在于通过此举医治这一文化遗产的不幸伤痕,即期望它能促进这一修复工作的进展”。[①]这些论述同样适用于对陇南石窟的调查与研究、保护与开发。

---

①[日]长广敏雄《中国的石窟寺》,敦煌文物研究所编《中国石窟·敦煌莫高窟》第 1 卷,北京:文物出版社,东京:株式会社平凡社,1982 年,第 3—7 页。

2. 企望通过对陇南石窟的研究解决相关历史问题

本书最重要目的不是就石窟论石窟，而是以调查为基础，以研究为重心，将石窟作为学术研究的切入点，尽力挖掘窟龛、建筑、构件、塑像、壁画、碑文等所蕴含的历史线索或博大精深的历史文化内涵，并将中原北方各石窟、天水石窟群、川渝石窟群，仇池国历史，诸多政权更迭，中央与地方的战与和、复杂的民族关系，经济发展，阶级状况，官制官职，社会心理，佛教史、道教史，艺术史，川、陕、甘历史地理等联系起来，扩大视野、拓展领域，结合各种形式、各个方面的材料进行研究，以便更好地解决一些相关历史问题。还可以此和历史文献的记载相印证，补充不足，更正错误。

3. 陇南佛教史、道教史需要梳理，“三教合一”现象值得注意和研究

陇南石窟是历史上当地（或外地）人们宗教信仰和宗教活动的重要载体。迄今我们也未看到系统、专门介绍陇南佛教、道教的史著或论文，但是可以通过对于石窟（结合其他资料）的研究，大致勾勒出陇南道教史和佛教史的框架、进程或脉络。本书以陇南石窟的“三教合一”现象作为重点研究内容之一。无论是天水石窟群、川渝诸石窟，还是陇南石窟，宋代以后都有一个共同的特点，那就是儒、释、道结合——尤其是佛、道融合倾向渐趋明显和普遍，而陇南石窟中“佛、道并存”或“儒、释、道三教合一”地域特征较明显，是地方历史文化的写照。这是一个值得注意的现象，我们不仅要从艺术方面观察和研究，更要从宗教方面和历史方面观察和研究。

4. 为研究其他石窟寺及相关问题提供方便

众所周知，陇南石窟寺数量有限、规模都很小，特色不十分明显，在国内石窟寺中没有重要地位和很大影响，甚至在甘肃省内的石窟寺中亦不占重要地位，几乎没有引起省内外有关研究机构和学者的注意，极少被列为研究项目，只有极少数学者注意到并进行了初步的、零散的调查或研究。终究，陇南石窟是整个中国石窟寺链条上的一个环节，客观存在，不可或缺。所以，笔者企望通过对陇南石窟寺进行比较系统的调查、整理和初步的、有一定深度的研究，为国内外、省内外学者们开展和推进相关问题的研究提供必要的资料，打下进一步研究的基础。笔者的努力和成果可以为学者们进一步的研究提供一定的方便；退一步讲，即使某些数据或观点需要继续斟酌或核实，也可以使研究者尽快地、较准确地得知什么是正确的、准确的，也只有在纠正错误的过程中，才能使真理愈辩愈明。

三、主要内容

（一）基本内容

1. 对现今陇南市境内的所有石窟进行全面调查，掌握真实情况、准确数据（见表 0–1）。

表 0–1　陇南市境内石窟寺一览表

序号	县区	石窟名称	所在地方	开窟时代	窟龛数目
1	西和县	八峰崖石窟	石峡镇石峡村	北魏（一说唐）	14
		法镜寺石窟	石堡镇石堡村	北魏中、晚期	24
		佛孔石窟	马元镇佛孔村	明	7
		黑虎桥石龛	洛峪镇马河村	明（暂定）	1
2	成县	大云寺石窟	城关镇庙湾村	北魏（一说唐）	4
		金莲洞石窟	店村镇新村村	元	4
		达摩洞石窟	红川镇北渠村	清	1
		菩萨洞石窟	红川镇北渠村	清	1
		五仙洞石窟	小川镇乱山村	宋	1
		仙人崖石窟	鸡峰镇南山村	宋	1
		龙洞石窟	鸡峰镇南山村	宋	1
		云梯寺（石窟）	二郎乡店子村	西魏	（已毁）

续表

序号	县区	石窟名称	所在地方	开窟时代	窟龛数目
3	徽县	广佛寺石窟	江洛镇下寨村	明(一说唐)	3
		罗汉洞石窟	虞关乡穆坪村	宋	1
		真空寺石窟	柳林镇磨沟村	明	3
		佛爷崖石龛	水阳镇姚家山村	初唐、盛唐(一说北魏、西魏、北周)	1(14 小龛)
		竹林寺石窟	榆树乡火站村	十六国、北魏早期	6
4	武都区	水帘洞石窟	城关镇殿沟村	唐	8
		朝阳洞石窟	角弓镇陈家坝村	唐(一说明)	22
5	两当县	西姑庵石龛	云屏镇棉老村	明	1
		千佛洞石窟	广金乡贺家坝村	清	3
		土峰沟石窟	杨店镇土峰沟村	清	7
		张果老洞石窟	杨店镇灵官殿村	唐	1

2. 对主要石窟逐一进行详细、具体的研究，将陇南石窟与其他石窟联系起来进行研究。

3. 从历史、考古、宗教、艺术、地理、民族、民俗、科技、经济、文字、文化等方面进行研究。就石窟本身而言，主要关注方位、年代(朝代)、建筑、形制、塑像、壁画、碑文、题记、特点等。

4. 对尚未发现、记录、研究的石窟、塑像、壁画、碑文、建筑等进行调查和研究，对错误的记录和论断进行纠正。

(二)重点难点

1. 重点

(1)全面调查、真实记录、系统研究、深挖内涵、找出特点、厘清脉络，掌握准确数据、确定窟龛塑绘年代、甄别艺术风格、确定历史文化价值等。

(2)侧重历史、地理、交通、民族、艺术、宗教、社会等方面的研究。

(3)深入挖掘晚期石窟儒、释、道结合现象的背景、内涵、特点、意义等。

2. 难点

背景的了解,年代的判定,内涵的理解,窟龛、塑绘、建筑特点的分析等。

四、研究方法

争取全面地调查、系统地整理;全方位入手、多角度研究;多方法并用、多学科渗透;广泛地联系、深入地挖掘。研究会涉及考古、历史、地理、宗教、艺术、民族、民俗、文学、文字、科技、经济、文化等领域,但本书主要涉及以下四种学科研究方法:

考古学方法:地层学和类型学方法,包括调查与研究石窟的有无,石窟的数目,石窟的方位,石窟的性质,石窟自身的历史,窟龛、塑像、壁画的创始朝代与年代,现存塑像、壁画的创作年代,历代扩建、重建、修补、重塑、重绘、重刻的具体情况,窟龛、塑像、绘画的相互打破、重层叠压关系;对洞窟进行的分类排比,窟龛数目的核实,对窟龛进行的编号,窟龛形制的判定,塑像、壁画具体数目及创作时间的确定,窟龛、塑像、壁画大小尺寸的测量,等等。

艺术学方法:包括调查与研究塑像和壁画的风格特点以及与此相联系的历史、时代特征,与其他石窟塑像和壁画的联系、区别,等等。

宗教学方法:包括调查与研究和窟龛、塑像、壁画相联系的佛教、道教发展史,塑像和壁画所依据的佛典、道经,石窟所涉及的宗教或其派系,石窟所涉及的宗教人物、宗教史实、宗教文献、民间传说,等等。

历史学方法:包括调查与研究石窟、塑像、壁画的题记,题记的时代与真伪,石窟寺的碑,碑文的释录,碑文所涉及的内容、历史、线索,石窟寺的其他文物或遗迹,石窟的社会历史背景,石窟、塑像、壁画所反映的思想、愿望,石窟所涉及的民族、历史人物、民俗、历史事件,和其他石窟寺的关系,我们能够根据石窟搞清的悬而未决的历史和宗教问题,等等。

对于图片的处理原则：根据陇南石窟的整体情况和各石窟的具体情况,特作如下处理:第一,对八峰崖石窟和法镜寺石窟,在书中相关部分画出立面图和平面图;第二,对陇南市境内其他石窟,在书中尽可能画出立面图或示意图(有些石窟不便于画出立面图或平面图);第三,对陇南各石窟,在书中相应地方选附照片。

第一章

西和县境内石窟调查与研究

西和县境内现存的石窟寺主要有法镜寺、八峰崖、佛孔等。其中，法镜寺石窟与八峰崖石窟均为陇南石窟中具有代表性的石窟寺，因为八峰崖石窟是陇南市境内现存诸石窟中保存古代塑像和壁画最多的石窟，而法镜寺石窟是陇南市境内现存诸石窟中已知开凿最早的石窟之一。

第一节　法镜寺石窟调查与研究

法镜寺石窟是陇南市境内现存石窟寺中开凿时间最早的石窟之一，也是陇南市境内现存诸石窟中保存古代塑(雕)像较多的一处石窟。虽有前人记述或研究①，但仍感学术研究较为滞后，文物管理部门重视程度不

①[清]叶昌炽著《缘督庐日记》，南京：江苏古籍出版社，2002 年，第 7 册，第 4036、4085 页，第 8 册，第 4762、4866—4868 页。董玉祥著《梵宫艺苑——甘肃石窟寺》；敦煌研究院编、卢秀文编著《中国石窟图文志》，兰州：敦煌文艺出版社，2002 年；雪犁主编《中国丝绸之路辞典》；王尚寿、季成家主编《丝绸之路文化大辞典》；西北师范大学古籍整理研究所编《甘肃古迹名胜辞典》；李焰平、赵颂尧、关连吉主编《甘肃窟塔寺庙》；马天彩著《甘肃旅游》，兰州：甘肃人民出版社，2002 年；甘肃省天水地区博物馆编《天水名胜》，天水：甘肃省天水地区博物馆内部资料，1984 年；(西和县在 1956—1985 年间属于“天水专区”“天水地区”。见甘肃省地方史志编纂委员会、甘肃省志民政志编纂委员会编纂《甘肃省志》第 9 卷《民政志》，兰州：甘肃人民出版社，1994 年。)罗卫东主编《陇南史话》，兰州：甘肃文化出版社，2004 年；胡同庆、安忠义著《佛教艺术》；李永良主编《河陇文化——连接古代中国与世界的走廊》；蔡副全《从叶昌炽〈缘督庐日记〉看杜甫陇右行踪》，《杜甫研究学刊》，2011 年第 4 期，第 62—72 页等。迄今为止，从已经发表的成果看，从专业角度调查该石窟且有代表性的应该是张宝玺先生、(张宝玺主编《甘肃石窟艺术壁画编》；张宝玺主编《甘肃石窟艺术雕塑编》，兰州：甘肃人民美术出版社，1994 年)孙晓峰先生及其所在的麦积山石窟艺术研究所。(孙晓峰《甘肃陇南几处中小石窟调查简报》，第 3—11 页)

图 1-1　五台山上法镜寺

图 1-2　法镜寺石窟第 13-21 窟

够。本节公布笔者对其现状的调查所得，并对相关问题进行初步研究。

一、法镜寺石窟现状调查

法镜寺（或作发镜寺、发境寺、发禁寺、法境寺、法禁寺）石窟，又名石堡石窟，位于甘肃省西和县县城以北 12 公里处石堡镇石堡村五台山支脉飞来峰崖壁上、西和县至天水市公路（国道 567）两侧、十天高速公路西侧。1978 年被公布为县级文物保护单位。

图 1-3　法镜寺石窟第 1、2、3 窟

图 1-4　法镜寺石窟第 4、5、6 窟

据1997年版《西和县志》载，石窟分南、北崖[①]两处，现存31窟，南崖15窟，北崖16窟，造像13身。最大的7号窟，高、宽各8米，深1米；最小的11号窟，高、宽各0.8米，深0.5米。窟形主要有长方平顶形、方楣四面坡形、穹隆形、中心塔柱形四种。第16窟内有石雕三世佛像，居中者为保存较完整的"寒山笑世佛"，高6米，高发髻，双耳与下颌齐，面容古拙，胸平扁呈直壁形，手施大无畏印，整体造型质朴厚重，雄浑肃穆。造像有石雕、石胎泥塑、彩绘泥塑三种。[②]现已很难将这一编号与新的编号、现存窟龛、造像对应起来。

据孙晓峰先生等2008年的考察，法镜寺石窟现存大小窟龛24个，造像11身，对现存窟龛重新进行了编号(以下简称"孙编号")。他指出，窟龛形制以摩崖浅龛为主，兼有平面方形窟、中心柱窟和三壁三龛窟，造像多为单身立佛或一铺三身的组合形式。他还推断了大致的开凿年代(北魏中晚期)，绘制了窟龛平、立面图，刊布了3通清碑碑文。孙晓峰先生等调查所获数据与1997年版《西和县志》的记载不完全相同，主要是因为"1962年改建西(和)徐(家店)公路时，南侧山崖被拦腰劈开[③]，部分洞窟遭到破坏"，以致比原来减少了7个窟。雕(塑)像被破坏的具体情况不明，不过据当地人介绍，1962年修路炸崖时，被炸处没有石窟和佛像。至于洞窟形

①人们通常所说的飞来峰之"东崖""南崖""西崖""北崖"按道路、河流、山脉走向并不十分对应，即不准确，因此西和县志编纂委员会编纂之《西和县志》(西安：陕西人民出版社，1997年，第644、733页)与近年有关文章"东崖""南崖""西崖""北崖"所指(或各人理解)范围并不完全一致。孙晓峰先生所称"东崖"笔者理解为"北崖"，亦即笔者认同西和县志编纂委员会编纂之《西和县志》所述走向。为了叙述及理解的方便，为了不导致混乱，结合孙晓峰先生等的调查情况及笔者的考察情况，兹规定：本文不用"东崖"这一概念；"北崖"指国道567东侧、飞来峰北侧的一面崖壁；"南崖"指国道567东西两侧、飞来峰南侧的一面崖壁。

②西和县志编纂委员会编纂《西和县志》，第644、733页。

③事实上五台山余脉大体上呈东—西走向，从中间劈开后，就会形成一个豁口，被劈开后的五台山余脉被截成东、西两段，而这两段各有自己的南、北坡。

制，笔者以为，1997年版《西和县志》的记载是有道理的，孙晓峰先生等的调查也很详细、很专业。

2003年7月以来，笔者多次考察法镜寺石窟。但笔者随导师施萍婷先生（2012年）、冯培红先生（2016年）等的考察结果与上两次考察结果均稍有不同。笔者获知法镜寺石窟现存24个窟，可见造像（含残骸）19身。孙编号与窟龛之间的对应关系是清楚的，一部分具体信息和我们考察所获内容基本吻合。①

图1-5 法镜寺石窟6号窟一佛二菩萨残骸

图1-6 法镜寺石窟第7、8、9窟

北崖：

第1窟：位于北崖北侧崖面，平面马蹄形，圆拱顶形龛，窟高1.7米，宽2米，进深1.5米。无塑（雕）像和壁画。距地面约10米。

第2窟：位于北崖北侧崖面，平面马蹄形，圆拱顶形龛，窟高1.5米，宽1.8米，进深1.2米。无塑（雕）像和壁画。距地面约8米。

第3窟：位于北崖北侧崖面，平面长方形，圆拱形顶，摩崖浅龛，窟高1.6米，宽1.54米，进深0.81米。龛内正壁现存坐佛1身，残损严重，仅可

①为了不带来混乱和便于学者们进行研究，本文沿用孙编号，并将补充或矫正之内容与孙晓峰先生等调查所获之内容进行整合。

辨识下半身，上半部分仅存一半圆柱形石胎，残高 0.88 米。无壁画和其他塑像。龛顶已残，龛内地面有约 0.2 米的沙土堆积层。距地面约 7 米。

图 1-7 法镜寺石窟第 7、8、9、10、11、12 窟

图 1-8 法镜寺石窟第 13 窟

第 4 窟：位于北崖中部，平面马蹄形，穹隆顶形窟，窟高 2.2 米，宽 2.3 米，进深 2 米。现存正壁坐佛 1 身，佛像头部风化严重，两侧各 1 身胁侍菩萨（残骸），坐佛残高 1 米，菩萨（残骸）均高 0.4 米。无壁画和其他塑像。窟形基本完好，窟内泥皮无存。距地面约 11 米。

第 5 窟：位于第 4 窟下方，平面横长方形，圆拱形顶，摩崖浅龛，窟高 2.67 米，宽 3.06 米，进深 0.53 米。正壁有 1 身佛及 2 身菩萨残骸，正中坐佛残高 2.1 米，两侧胁侍菩萨残高均为 2 米。无壁画和其他塑像。窟内可见小长方体形桩眼 2 孔，大孔高 0.1 米，宽 0.05 米，进深 0.04 米；小孔高 0.07 米，宽 0.04 米，进深 0.04 米。该龛残损严重，龛顶已坍塌，仅存大形。距地面约 7 米。

第 6 窟：位于北崖中部，平面横长方形，拱形顶，摩崖大龛，窟高6.9 米，宽 8.5 米，进深 2.2 米。龛内正壁原塑 1 身佛 2 身胁侍菩萨立像，其中主尊残高 5.8 米，左侧菩萨残高 4.6 米，右侧菩萨残高 4.7 米。从构成、神态、服装看，当系“西方三圣”。本为石胎泥塑，现仅存残损石胎，唯头部及

图 1-9　法镜寺石窟第 14 窟

图 1-10　法镜寺石窟第 15 窟

躯干可见，轮廓较清晰。3 身像似被竖直平削过一层，虽立面平整，然头部、躯干、四肢原貌已不见。据当地农民说，这 3 身大像在“文革”中被炸，遭到严重破坏。3 身塑像胎体上有许多桩眼，当是塑造之初为了固定塑像而开凿的。无壁画和其他塑像。该龛残损严重，仅存大形。距地面约 4 米。

第 7 窟：位于北崖中部，平面横长方形，穹隆顶形龛，高 2.02 米，宽 2.3 米，进深 2 米。无塑（雕）像和壁画。窟形基本完好，窟顶前部微有残损。距地面约 8 米。

第 8 窟：位于北崖中部，平面横长方形，穹隆顶形浅龛，高 3.5 米，宽 2.5 米，进深 1.5 米。正壁正中塑 1 身坐佛，高 2.5 米，左手施与愿印，手臂及下半身残损无存，面庞方形，高隆肉髻，双耳垂肩，短颈端肩，秀骨清像，法相庄严，穿袒右袈裟，虽经风雨剥蚀，面部模糊，但轮廓保存较好。无壁画和其他塑像。窟形基本完好，龛门风化严重。距地面约 9 米。

第 9 窟：位于北崖中部，平面横长方形，平顶形小龛，高 0.8 米，宽 1 米，进深 0.8 米。正壁正中有 1 身造像残骸，高 1 米。无塑（雕）像和壁画。龛形基本完整，窟门口及窟内地面有厚约 0.4 米的沙土堆基层。距地面约 7 米。

第 10 窟：位于北崖南侧，平面横长方形，穹隆顶形浅龛，高 1.2 米，宽 1.2 米，进深 1 米。正壁正中有 1 身造像残骸，高 1.2 米。无壁画和其他塑

图 1-11 法镜寺石窟第 20 窟外景

图 1-12 法镜寺石窟第 20 窟(中心塔柱窟)(局部)

图 1-13 法镜寺石窟第 17、18、19、21 窟

图 1-14 法镜寺石窟第 21 号窟一佛二菩萨残骸

(雕)像。窟门顶部及右侧坍塌严重,窟内壁面泥皮全部剥落。距地面约8米。

第 11 窟:位于北崖南侧,平面方形,平拱顶形龛,高 1.9 米,宽2.14 米,进深 1 米。龛内正壁正中有一佛座残迹,高 0.8 米,推测原有 1 身坐佛。现仅存大形。无塑(雕)像和壁画。距地面约 4 米。

第 12 窟:位于北崖南侧,平面方形,平拱顶形窟。高 2 米,宽1.6 米,进深 1 米。无塑(雕)像和壁画。残损严重,窟内约三分之二已被沙土掩埋,并长有杂草和灌木。距地面约 8 米。

综上所述,北崖共 12 个窟,13 身造像(含残骸)(见于 3、4、5、6、8、10 号龛),比孙晓峰先生等的调查多出 8 身造像(含残骸)(孙晓峰先生的统

图 1–15　法镜寺石窟第 22 窟佛像

图 1–16　法镜寺石窟第 23 窟佛像

计可能未包括部分造像残骸)。

南崖:

第 13 窟:位于南崖中上部、南崖窟区东部,平面长方形,圆拱顶形大龛,高 6.5 米,宽 3.4 米,进深 1.9 米。龛内 1 身立佛,石胎泥塑,高 5.3 米,磨光高肉髻,宽额方脸,弯眉凸目,直鼻阔口,目视前方,双唇紧闭,短颈端

图 1–17　法镜寺石窟第 24 窟内景

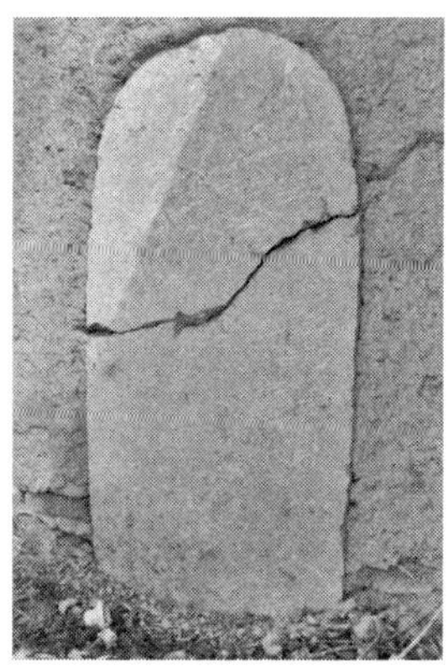

图 1–18　五台山法镜寺《重建五台山法境寺碑》碑

肩，挺胸而立，内穿交领衫，外穿“V”形领袈裟，衣带于胸前打结分两缕下垂，服饰上阴刻稀疏刚劲的衣纹线，左手施与愿印，右手施无畏印。[①]无壁画和其他塑像。龛内泥皮全部脱落无存，两侧壁外缘残损严重。窟基与窟前小道基本平齐。

第 14 窟：位于南崖上部、第 13 窟西侧、南崖窟区东部，平面方形，圆拱顶形窟，高 2.5 米，宽 2.4 米，进深 2.7 米。无塑(雕)像和壁画。该窟残损严重，窟内泥皮全部脱落，仅右壁较为平整。距地面[②]约 4.5 米。

第 15 窟：位于南崖上部、第 14 号窟西侧、南崖窟区东部，平面方形，圆拱顶形窟，高 2.5 米，宽 2.95 米，进深 3.1 米。未见塑(雕)像和壁画。但据当地农民称，该窟原有佛像，只是被农民放置于窟中的柴草覆盖了。由于崖面险峻难以攀登，故笔者无法考知详情。该窟残损严重，除右壁外，窟内泥皮全部无存，在右壁尚可见一排排整齐划一的凿痕。距地面约3.5米。

第 16 窟：位于南崖上部、第 15 窟西侧、南崖窟区东部，平面横长方形，圆拱顶形浅龛，高 1.8 米，宽 1.6 米，进深 0.4 米。无塑(雕)像和壁画。该龛残损严重，仅存龛形。距地面约 4.5 米。

第 17 窟：位于南崖上部、第 16 窟西侧、南崖窟区东部，平面横长方形，圆拱顶形浅龛，高 2.4 米，宽 1.8 米，进深 0.8 米。无塑(雕)像和壁画。龛内泥皮全部脱落，仅存龛形。距地面约 3.5 米。

第 18 窟：位于南崖上部、第 17 窟西侧、南崖窟区东部，平面横长方形，圆拱顶形浅龛，高 2.1 米，宽 2.1 米，进深 1.2 米。无塑(雕)像和壁画。龛内泥皮全部脱落，仅存龛形。距地面约 4.5 米。

---

①孙晓峰先生在《甘肃陇南几处中小石窟调查简报》中对其所编号的第 13 号窟中的佛像特征的描述——左手施与愿印，右手施无畏印”是符合实际情况的。

②孙晓峰先生文中第 13、14—第 19、21 号窟，所谓窟龛“距地面”实际上是窟龛地基“距窟龛前小道”，因为这条小道也是延展于崖壁上的，窟龛前小道距离南崖下漾水河道(河床)尚有几十米高的悬崖。

图 1-19 五台山法镜寺《复建五台山发境寺碑文叩献》碑

图 1-20 五台山上鄢雨民书杜甫《法镜寺》诗碑

第 19 窟：位于南崖上部、第 18 窟西侧、南崖窟区东部，平面横长方形，圆拱顶形浅龛，高 2.3 米，宽 2.2 米，进深 0.9 米。无塑（雕）像和壁画。龛内泥皮全部脱落，仅存龛形。距地面约 4.5 米。

第 20 窟：位于南崖下部、第 15 窟下方、南崖窟区东部，中心柱窟，即“平面近横长方形中心柱穹隆顶”窟，似非“平面方形平顶”窟，高1.7 米，宽 4.82 米，进深 3 米。中心柱（残损）长 1.05 米，柱体正面上端（东西向）宽 1.2 米，柱体正面下端宽 1 米（不规则，微斜向），柱体侧面（南北向）上端宽 1 米，柱体侧面（南北向）下端宽 0.65 米，柱体距窟室地面 1 米。无塑（雕）像和壁画。窟形残损严重，前壁已坍塌，左、右壁大部分残损，仅窟内中心柱的上半部分保存较完整。窟基与窟前小道基本平齐。

第 21 窟：位于南崖下部、17 号窟右下方、南崖窟区东部，平面方形，圆拱顶形窟，高 1.44 米，宽 1.52 米，进深 1.51 米。非“空窟”，正壁塑 1 身佛 2 身胁侍菩萨。佛为坐姿，石胎泥塑，现存残骸，高 1.05 米，面形方圆，低平肉髻，细长目，直鼻，双耳紧贴后颊，短颈端肩，胸以下部分仅存石胎。左、右壁内侧各塑 1 身立像，现均仅存石胎，残高 0.81 米。二菩萨半转（侧）身面向佛。佛微高于二菩萨。无壁画和其他塑像。窟门残损，窟内泥皮无存，壁面风化严重。距地面约 1.8 米。

第 22 窟：位于南崖西部、国道 567 西侧崖壁下（紧挨公路）、第 23 窟左侧，平面长方平顶形窟。残高 4.77 米，宽 3.7 米，进深 2.9 米。龛内塑 1 身立佛，残高 4.75 米，石胎泥塑，现仅存大形。佛像头部已于 2000 年 7 月被当地村民用水泥重新修补，面目全非。无壁画和其他塑像。窟基与窟前小道基本平齐。

第 23 窟：位于南崖西部、国道 567 西侧崖壁下、第 24 窟左侧（而非“24 号龛右侧”[①]）、第 22 窟右侧，平面长方平顶形窟，高 5.2 米，宽 3 米，进深 2.6 米。正壁塑 1 身立佛，残高 5.15 米，石胎泥塑，现仅存大形。佛像头部已于 2000 年 7 月被当地村民用水泥重新修补，面目全非。无壁画和其他塑像。龛形基本完整，龛内泥皮全部脱落。窟基与窟前小道基本平齐。

第 24 窟：位于南崖西部最西端、国道 567 西侧崖壁下、第 23 窟右侧，平面长方圆拱顶形窟，圆拱顶中间为盝顶，套斗顶，三壁三龛窟，窟高 3.2米，宽 3 米，进深 2.4 米。窟内正、左、右三壁各开一圆拱形浅龛，其中正壁龛高 2.1 米，宽 2.9 米，进深 0.6 米，左壁龛高 2.15 米，宽 1.85 米，进深 0.65米，右壁龛高 2.1 米，宽 1.85 米，进深 0.6 米。该窟已被罩在当地村民房中，外壁已成为村民房屋的后墙，而该窟即成为房屋后壁上的石窑，虽今人已在该窟外表涂以泥皮并糊上一层薄纸，但原有龛形仍在。无壁画和塑像。窟基与窟前小道基本平齐。

综上所述，南崖共有 12 个窟，6 身造像（含残骸）（见于第 13、21、22、23 窟）。

总之，北崖、南崖共有 24 个窟，19 身造像（含残骸），均无壁画。

五台山上法镜寺现有碑 5 通，其中清碑 3 通，当代碑 2 通。3 通清碑

---

①孙晓峰《甘肃陇南几处中小石窟调查简报》，第 3—11 页。

是：清康熙岁次戊辰（1688）孟夏之月《复建五台山发境寺碑文叩献》、清康熙岁次丁亥（1707）仲吕梅月《法禁寺碑记》、清雍正三年（1725）四月初八日《重建五台山发境寺碑》。[①]

二、法镜寺石窟相关问题研究

（一）关于法镜寺石窟始凿时间及法镜寺石窟相关史事

1. 关于法镜寺石窟的始凿时间

清代与民国县志均无佛教传入今西和县境时间的记载。[②]据《西和县志》载："佛教何时传入本县，尚无确切记载。但从西和法镜寺佛教造型推知，最迟也在北魏时期。"法镜寺石窟始凿于北魏太和年间（477—499）。[③]当代学者多认为该石窟始凿于北魏（中晚期）。[④]

北魏太武帝于太平真君四年（443）平定仇池，后仇池国遂归北魏统辖。麦积山石窟的主要窟龛和造像开凿或塑造于从该年北魏占据秦州（今天水市）到534年北魏灭亡的近一个世纪里。[⑤]北魏统治者鲜卑拓跋氏笃信佛教，且在云冈、龙门、麦积山等地大量开窟造像。故从历史背景分析，法镜寺石窟开凿于北魏时期是有可能的。

辰闻先生认为，"佛像的磨光高肉髻、方圆面型、大眼细眉、高鼻短颈、

①关于法镜寺石窟三通清碑碑文的释读与校录，请参本书附录一。

②西和县志办公室校点《西和县志》（康熙三十六年王殿元撰：《西和县新志》，乾隆三十九年邱大英撰《西和县志》，1947年朱绣梓撰《重修西和县志》，三《志》合编本），西和：内部编印，2006年，第1—487页。（以下简注为"西和县志办公室校点《西和县志》，第……页"。）

③西和县志编纂委员会编纂《西和县志》，第732、644页。

④西和县志编纂委员会编纂《西和县志》，第643页。张宝玺主编《甘肃石窟艺术雕塑编》，第184页。敦煌研究院编，卢秀文著《中国石窟图文志·石窟志编》，兰州：敦煌文艺出版社，2002年，第244页。孙晓峰《甘肃陇南几处中小石窟调查简报》，第10页。孙晓峰《甘肃天水、陇南地区中小石窟的初步考察》，第42—51页。王百岁《甘肃陇南石窟寺》，第154—180页。

⑤董玉祥《麦积山石窟的北魏窟龛及其造像》，阎文儒主编《麦积山石窟》，兰州：甘肃人民出版社，1984年，第61页。

厚胸宽肩等"大都与"平城模式"类似①。笔者所理解的"平城模式"当是指北魏灭北凉，所谓"太延中，凉州平，徙其国人于京邑，沙门佛事皆俱东，象教弥增矣"②，此后北魏以平城为中心的佛教造像，既保留了印度、西域、河西（凉州）的风格，又吸收了中国传统文化因素、中原既有模式的风格，由此形成的新的模式即为"平城模式"。法镜寺石窟造像凝练简括，大劈大开，写意传神，肃穆庄重，睿智慈悲，故从北魏石窟造像的一般特征分析，法镜寺石窟亦属这一时期。

如果说八峰崖石窟的造像风格同以麦积山石窟为中心的周边各地方石窟同时代造像没有明显的差异，且人物服饰与麦积山石窟彩塑服饰如出一辙，③那么距离麦积山石窟更近的法镜寺石窟亦当如此。麦积山石窟大多为北朝时期所开凿，徽县佛爷崖石窟凿造于"北魏、西魏"④时期（或"隋末唐初"⑤），武山拉梢寺石窟群大多始凿于北朝时期，那么法镜寺石窟开凿于北魏时期绝非偶然，与上述石窟有一种必然联系，它们基本上开凿于同一或相近历史时期。

杜甫于乾元二年（759）从秦州赴同谷（今成县）路经法镜寺（石窟）时所作《法镜寺》诗描写了法镜寺当时的宏丽情状。《法镜寺》诗曰：

身危适他州，勉强终劳苦。神伤山行深，愁破崖寺古。婵娟碧鲜（一作藓）净，萧摵寒箨聚，回回（一作洄洄）山（一作石）根水，冉冉松上雨。泄云蒙清晨，初日翳复吐。朱甍半光炯，户牖粲可数。拄（一作柱）策忘前期，出萝已亭午。冥冥子规叫，微径不复

①辰闻著《宗教与艺术的殿堂——古代佛教石窟寺》，大连：辽宁师范大学出版社，1996年，第21页。

②[北齐]魏收撰《魏书》卷114《释老志》，北京：中华书局，1974年，第3032页。

③孙晓峰《八峰崖石窟散记》，第35—36页。

④张宝玺主编《甘肃石窟艺术壁画编》。

⑤孙晓峰《甘肃陇南几处中小石窟调查简报》，第10页。

(一作敢)取。[①]

《法镜寺》诗印证了前述“北魏说”并非虚言(当然还应结合窟龛及造像风格等)。正如汤用彤先生所言,隋唐佛教,“承汉魏以来数百年发展之结果”“可称为极盛时期也”[②]。初、盛唐时期佛教在当地很盛行,法镜寺不仅仍在开窟造像,而且已有了相当的佛事活动基础和规模。

法镜寺石窟原属五台山下整个法镜寺的一部分,今北崖下原建有结构宏伟的法镜寺正殿,因“明清之际,崖前建筑毁于大水,寺院遂移建五台山”[③]。据民国《西和县志》载:“法境寺,县北三十里石堡镇西山上,崇祯三年建。”[④]此当是指明末移建于五台山之后的法镜寺,反映了法镜寺历史变迁的轨迹。

据当地村民称,北崖前平地古代原有寺庙建筑名“大佛寺”或“大佛殿”,早已不复存在。现在位于大佛寺故址前大路旁、居民院墙边的一口水井,就是古代大佛寺留下来的,当地村民传称“五台山下一清泉”(无题字)。还有关于“三片半截瓦”“沙土埋两大石础”等传说。这些虽是传说,却多少反映出古代这里曾有大型寺庙建筑(寺院),印证了《法镜寺》诗中“神伤山行深,愁破崖寺古”“朱甍半光炯,户牖粲可数”“拄(一作枉)策忘前期,出萝已亭午”“冥冥子规叫,微径不复(一作敢)取”所描述的状况。

2. 法镜寺石窟相关史事

首先,法镜寺石窟或与仇池国氐族杨氏统治者有关。法镜寺石窟所在地及其周围一带历史悠久,文化积淀很深。法镜寺石窟与八峰崖石窟北南

①[唐]杜甫《法镜寺》,见[清]彭定求、杨中讷等修纂《全唐诗》卷218,北京:中华书局,1960年,总第2296页。另见[唐]杜甫《法镜寺》,宋刻本《杜工部集》卷3,上海图书馆藏。

②汤用彤著《隋唐佛教史稿》,北京:北京大学出版社,2010年,《绪言》第1—2页。

③西和县志编纂委员会编纂《西和县志》,第644页。

④中国西北文献丛书编辑委员会编《中国西北文献丛书·西北稀见方志文献》第47卷《西和县志》,兰州:兰州古籍书店,1990年,第182页。

呼应，二者当不无关系。八峰崖石窟南与仇池山相望。仇池山位于今大桥镇境内，主峰伏羲崖高 1793 米。史载，“太昊伏羲氏……生于仇夷，长于起城”[①]。西和一带和天水一样，被视为“羲皇故里”，故“仇池山本身就是一处积淀深厚的文化符号”。[②]因为仇池国的名称来源于仇池山，所以人们又习惯将今西和一带称为“仇池古国”或“仇池故国”。氐族杨氏仇池政权“自杨驹居仇池开国至杨永安亡国，其间凡五国，三十三主，约三百八十余年”[③]。《括地志》云：“陇右成州、武州皆白马氐，其豪族杨氏居成州仇池山上。”[④]仇池国强盛时疆域包括今陕、甘、川等省的大片地区。统治者杨氏是虔诚的佛教徒，曾经参与了洛阳龙门石窟和天水麦积山石窟的开凿，因而法镜寺石窟和八峰崖石窟皆开凿于北魏统治仇池时期的可能性较大。

其次，石窟所在地地理位置很重要，它联系着自古以来许多重要的事件和人物。以下略举数例。《史记》载：“二十七年，始皇巡陇西、北地，出鸡头山，过回中。焉作信宫渭南，已更命信宫为极庙，象天极。”《史记正义》引《括地志》云：“鸡头山在成州上禄县东北二十里，在京西南九百六十里。”[⑤]三国时代，陇南一带成为蜀汉与曹魏争夺之战略要地，诸葛亮北出祁山、征伐曹魏时曾几次经过。[⑥]唐代大诗人杜甫在安史之乱时于唐

---

①[南宋]罗泌《路史》卷 10，永瑢、纪昀等编纂文渊阁《四库全书》第 383 册《史部别史类》，上海：上海古籍出版社，2003 年，第 73 页。“仇夷”即今仇池山（见赵逵夫《仇生·仇维·仇池山》，《天水师范学院学报》2000 年第 4 期，第 40—41 页），“起城”即今天水秦安。

②王蓬《寻访仇池古国》，《丝绸之路》2005 年第 4 期，第 6 页。

③杨建新著《中国西北少数民族史》，北京：民族出版社，2003 年，第 176—186 页。李祖桓编著《仇池国志》，北京：书目文献出版社，1986 年，第 5—208 页。

④[唐]李泰著，贺次君辑校《括地志辑校》，北京：中华书局，1980 年，第 220 页。

⑤[西汉]司马迁撰，[南朝·宋]裴骃集解，[唐]司马贞索隐，[唐]张守节正义《史记》卷 6《秦始皇本纪第六》，北京：中华书局，1982 年，第 241 页。

⑥[西晋]陈寿撰，[南朝·宋]裴松之注《三国志》卷 35《蜀书·诸葛亮传》，北京：中华书局，1959 年，第 911—931 页。

肃宗乾元二年(759)从关中经秦州、过同谷、入川,沿途作诗多首,《法镜寺》诗即其中之一。

再次,法镜寺石窟与历史上民族活动、民族融合有一定关联。陈启生先生说:“陇南古代历史,实际上是先后进入陇南地区的各民族相互融合的历史。所以,我们既把古代陇南的开发看作当时陇南各民族共同努力的结果,也把陇南古代各民族相互融合看作陇南古代历史的重要内容。”[①]而法镜寺石窟多少反映了陇南历史上的民族活动和民族融合情况,留下了民族活动的印记。由于法镜寺石窟所在的西和及其周围一带不仅受到中原以汉族为代表的政权的管辖,也曾先后受到前秦、后秦、仇池、北魏、西魏、吐蕃、元、清等民族政权的统治,所以法镜寺石窟的开凿和保存至今与氐、羌、鲜卑、吐蕃(藏)、蒙古、满等民族及其政权之间存在一定程度的联系,而且苻秦、姚秦、鲜卑拓跋部、吐蕃(藏)、蒙古、满等民族都信仰佛教。因为仇池国曾统治陇南(西和)一带,而氐、羌联系密切,所以有学者认为法镜寺石窟“对我们研究氐羌族文化和佛教的传播情况提供了宝贵的资料”[②]。唐朝安史之乱爆发后,吐蕃曾一度统治陇南。宝应元年(762),“吐蕃寇秦、成、渭三州”。广德元年(763),“吐蕃陷陇右诸州”[③]。建中四年(783),唐蕃盟于清水,“唐地泾州右尽弹筝峡,陇州右极清水,凤州西尽同谷,剑南尽西山、大度水。吐蕃守镇兰、渭、原、会,西临洮,东成州,抵剑南西磨些诸蛮、大度水之西南”[④]。故法镜寺石窟所在的陇南大片地方曾为吐蕃占领。据民国《重修西和县志》载:“在县北二十五里石堡城以南,石壁间镌有佛像三尊,其形神相貌颇类番僧,唐时为吐蕃所据,其佛像疑为吐蕃所镌

①陈启生编著《陇南地方史概论》,第1页。

②马天彩著《甘肃旅游》,第26页。

③[北宋]欧阳修、宋祁撰《新唐书》卷6《本纪第六·代宗》,北京:中华书局,1975年,第169页。

④[北宋]欧阳修、宋祁撰《新唐书》卷216下《吐蕃下》,第6093页。

也。"①这里说"其佛像疑为吐蕃所镌也",意思是"佛像三尊"为唐代吐蕃占领时期所雕刻,但我们不明确"佛像三尊"是指哪三尊佛像,而现存佛像中并无唐代所造者。不过,被毁佛像中是否包括吐蕃时期所造"佛像三尊",亦未可知。当地居民中至今流传着"蕃子建佛寺""唐宋赶蕃子"之类的说法。

第四,法镜寺(石窟)的佛教信徒遍及陕、甘等省。现存三通清碑不仅记载了清康熙、雍正年间重建法镜寺"一举而众喜,共襄效力","补葺宫殿,圣像辉煌"的情况,而且载明组织者、参加者、功德主姓名等。《重建五台山发镜寺碑》载:

> ……新任知县杜启运、恩贡生王爵、生员张翅遥……原任知县贾泽浩、监生赵大□、生员王永盛,临潼县…… / 客商高陵县张文珍……韩城县……礼泉县吴奇生……咸宁县田生斗……渭南县……功德主赵大造、张荣宗 / …… / □碑,石匠 □大成、□大德、木匠白生彩、何生龙、白成福、白珍,泥水匠赵养志、扬子奉 / 十方 □会善人等,张官人坡,会首张成…… / 王家崖,会首郭士成…… / 崔家沟,会首 陈起圣……/雍正三年四月初八谷旦 伏羌县,庠生刘继章题并书。

碑文中有"新任知县""原任知县""恩贡生""生员""监生""客商"等类人,来自临潼、高陵、韩城、礼泉、咸宁、渭南、伏羌等县。除了伏羌县在今天水地区以外,其余均在今陕西省境内,可见清朝前期信仰佛教者遍及官、学、农、工、商等类人,法镜寺佛教活动受到重视,功德主(信徒)跨陕、甘等省。

①西和县志办公室校点《西和县志》,第45页。

图 1-21　四川广元皇泽寺第 8 号窟中心塔柱　北魏[①]

图 1-22　四川广元皇泽寺第 45 号窟中心塔柱　西魏[②]

（二）关于中心塔柱窟

1. 中心塔柱窟的存在本身就具有重要意义。也就是说，在法镜寺石窟发现中心塔柱窟本身就值得重视，至少说明陇南（西和）佛教在北朝时期就已经非常兴盛，而且有了窟龛和造像。孙晓峰先生认为，“特别是中心柱窟，在天水和陇南一带的石窟群中尚属首次发现，其意义有待于进一步探讨”[③]。《西和县志》亦谓，法镜寺石窟“造像有石雕、石胎泥塑、彩绘泥塑三种。窟形有矩形、薄叶形、半圆形、中字形四种。唯中字形（即中心柱形）最独特，全国少有”[④]。

2. 中心塔柱窟反映了佛教石窟艺术中印度风格的遗留及佛教石窟艺术由印度风格向中国风格的转化。宿白先生指出：“中心柱窟一般分主室、

①中国美术全集委员会编《中国美术全集·雕塑编·12，四川石窟雕塑》，北京：人民美术出版社，1988 年，第 3 页。

②刘长久主编，中国石窟雕塑全集编辑委员会编《中国石窟雕塑全集》第 8 卷，重庆：重庆出版社，2000 年，第 4 页。

③孙晓峰《甘肃陇南几处中小石窟调查简报》，第 9 页。

④西和县志编纂委员会编纂《西和县志》，第 644 页。

后室和中心柱三部分。”[①]在规模、构成、风格上，法镜寺石窟固然不能和新疆、河西的中心柱窟[②]相比，且由于年代久远，风化、塌毁，人为破坏较为严重，变化很大，但如宿白先生所说这些基本构成部分还是能够看得出来的。李裕群先生说，中心柱窟“是模仿寺院主要建置佛塔而开凿的”[③]。林从华、张兴国二位先生进一步分析道：“中心柱窟在石窟寺中是具有划时代意义的窟形，印度佛教是以塔为中心，佛像在石窟出现以后是以像塔一体进入的，仍然表现出印度佛教的一贯观念：涅槃。中心柱窟传入中国后不是简单地接受佛教思想及其窟龛形制，而是在不断地批判中汲取中国传统文化，形成以赐福避灾为目标的偶像崇拜，塔空间转向地面的寺庙建筑。巴西摩崖石刻中心柱窟（在）承传西域、河西走廊及中原北方等地石窟的基础上，表现出浓烈的民族性、地域性及其时代性的文化特征。”[④]可以肯定地说，中心柱窟形是通过丝绸之路传播至中原北方（天水），再向南传播到陇南（西和），然后经陇南（西和）传播至四川的。法镜寺石窟的中心柱窟具有过渡性质，不仅具有由印度风格向中国风格转化的过渡性质，而且具有由中原北方风格向中国南方风格转化的过渡性质。

3. 证明法镜寺石窟开凿于北朝（北魏）时期。众所周知，中国境内最早的石窟寺出现在新疆地区。根据马世长、丁明夷二位先生的研究，中原北方窟龛的发展演变，大体可分为四期。第一期即 5 至 6 世纪，是这个地区开凿石窟的盛期，多大像窟、佛殿窟、塔庙窟，也有少数禅窟和禅窟群；第

---

①宿白《新疆拜城克孜尔石窟部分洞窟的类型与年代》，宿白著《中国石窟寺研究》，第 23 页。

②张善庆《马蹄寺千佛洞第 8 窟法华造像观世音菩萨图像考》，《华夏考古》2012 年第 3 期，第 127—135 页。张善庆《马蹄寺千佛洞第 1 窟“梨车”榜题释论——甘肃马蹄寺石窟群千佛洞第 1 窟北朝壁画考(一)》，《敦煌学辑刊》2012 年第 4 期，第 109—115 页。

③李裕群著《北朝晚期石窟寺研究》，北京：文物出版社，2003 年，第 265 页。

④林从华、张兴国《巴蜀摩崖石刻中心柱窟探源》，《重庆建筑大学学报》2006 年第 3 期，第1—3 页。

二期即 7 至 8 世纪，主要盛行佛殿窟、大像窟，较晚出现佛坛窟；第三期即 9 至 10 世纪，石窟开凿渐趋衰落，石窟制作临摹地上佛殿的情况日益显著，佛坛后面凿出了背屏，窟前接建木构堂阁的做法开始流行；第四期即自 11 世纪以后，开凿石窟的地点愈来愈少，石窟模拟地上佛殿的做法，年代愈晚愈突出。[①]1997 年版《西和县志》载："从西和法镜寺佛教造型推知，最迟也在北魏时期。"[②]法镜寺石窟始凿于北魏太和年间（477—499）。[③]当代学者基本认为该石窟始凿于北魏时期（中晚期）。[④]之所以得出这样的结论，自然有几方面的理由，而笔者在这里要谈的是法镜寺石窟中心塔柱这一洞窟形制对于判定法镜寺石窟开凿时间的重要意义。林从华先生说得很明确，他说，中心柱窟源自古印度，在中国新疆、甘肃河西走廊及中原北方地区等北朝时期的石窟寺中占有主流地位，隋唐以后中心柱窟被汉式覆斗顶窟所替代，佛塔膜拜变成了佛像膜拜，终于完成佛教石窟从印度文化向汉文化的彻底转变。[⑤]由于法镜寺石窟中的中心塔柱形窟是所有陇南石窟中绝无仅有的，故该窟的存在，成了我们判定法镜寺石窟开凿时间的重要依据。这一判定也会影响我们对于陇南佛教的传入、传播及传承、演化过程，陇南石窟始凿时间、传承、演变等相关问题的分析和判断。

4. 中心塔柱窟是佛教和石窟艺术传播路线的重要明证。中心塔柱窟起源于印度，经中亚，新疆，河西，甘宁黄河以东等地辗转传至陇南[⑥]，法镜

---

①马世长、丁明夷著《中国佛教石窟考古概要》，北京：文物出版社，2009 年，第 18—25 页。

②西和县志编纂委员会编纂《西和县志》，第 732 页。

③西和县志编纂委员会编纂《西和县志》，第 644 页。

④西和县志编纂委员会编纂《西和县志》，第 643 页。张宝玺主编《甘肃石窟艺术雕塑编》，第 184 页。敦煌研究院编，卢秀文编著《中国石窟图文志·石窟志编》，第 244 页。孙晓峰《甘肃陇南几处中小石窟调查简报》，第 10 页。孙晓峰《甘肃天水、陇南地区中小石窟的初步考察》，第 42—51 页。王百岁《甘肃陇南石窟寺》，第 154—180 页。

⑤林从华、张兴国《巴蜀摩崖石刻中心柱窟探源》，第 1—3 页。

⑥李裕群著《古代石窟》，北京：文物出版社，2003 年，第 8—13 页。

寺石窟平面长方平顶中心塔柱窟虽然难免具有一定的地方性，但还是多少带有印度、西域、河西的风格，与“凉州模式”的窟形接近。法镜寺石窟所在之祁山古道即为陇蜀交通要道，法镜寺石窟中心塔柱窟的发现进一步证明了这一交通要道在佛教及石窟艺术由西北、中原地区向西南地区传播过程中具有极为重要的意义。佛教石窟艺术从天水向四川的传播，肯定要经由陇南这个中间地带。天水与四川两地的石窟及造像具有许多共同特征。[①]四川广元地区6世纪的石窟，形制虽多属佛殿窟，但也有少量的塔庙窟。[②]广元皇泽寺北魏第8号窟[③]、西魏第45号窟[④]，大足北山南宋第136号转轮经藏窟[⑤]等俱为中心塔柱窟。蒲向明先生研究认为，祁山古道广泛的历史文化显于三段：北段、中段和南段，以长道—天水为主的北段，附着有早秦文化发展的痕迹，至明清一直为军商要地；以长道—汉武都（今成县）为主的中段呈主辅分布，文化遗存广泛，在南北丝路的连接和枢纽方面有重大作用；以汉武都—川蜀为主的南段，有较多分支和走向，发挥沟通丝路的南北走廊作用。故“法镜寺今存佛窟（中心柱窟）表明，祁山道自汉魏至唐宋时期处于河西走廊、四川北部连接线的文化、经济、军事重要关节点上，属于联系川蜀与河陇地区的要道”。[⑥]作为陇南市境内两个代表性石窟，法镜寺石窟和八峰崖石窟恰好都位于祁山古道的中段，八峰崖石窟位于西和县南境，法镜寺石窟位于西和县北境，杜甫陇蜀纪行诗中

①项一峰《试论天水与四川佛教石窟之关系》，《敦煌学辑刊》2002年第2期，第104—108页。

②马世长、丁明夷著《中国佛教石窟考古概要》，第20页。

③中国美术全集委员会编《中国美术全集·雕塑编，12，四川石窟雕塑》，第3页。

④刘长久主编，中国石窟雕塑全集编辑委员会编《中国石窟雕塑全集》第8卷，第4页。

⑤中国美术全集委员会编《中国美术全集·雕塑编·12，四川石窟雕塑》，第160页。

⑥蒲向明《祁山古道：沟通南北丝路之陇蜀要津——以陇南祁山古道的文献和文学考察为视角》，《西南科技大学学报（哲学社会科学版）》2015年第1期，第30—36页。

关于这两个石窟的诗作即《法镜寺》和《石龛》[①]，印证了"文化遗存广泛""在南北丝路的连接和枢纽方面有重大作用"的历史文化、地理交通状况。

（三）法镜寺石窟与文殊菩萨信仰

法镜寺石窟所在的五台山之名及佛教信仰必与对文殊菩萨的崇拜和对山西五台山的敬仰有关。依据大乘《法华经》和《华严经》，在石窟造像中，作为左胁侍的文殊菩萨与作为右胁侍的普贤菩萨，侍立于主尊释迦牟尼佛或毗卢遮那佛的两侧，分别组成"释迦三尊""华严三圣"。敦煌本《五台山赞》云："浮生踏着清凉地，寸土能消万劫灾。"[②]"唐开元以后，五台山佛教已极盛。"[③]这说明人们对巡礼五台山的渴望。不仅中国人，来大唐的外国人也极为崇拜五台山，如《礼五台山偈四首》中云："故来发意远寻求，谁为明君不暂留，将身岂惮千山路，学法宁词度百秋。何期此地却回还，泪下沾衣不觉斑，原身长在中华国，生生得见五台山。"[④]古代交通不便，或有战争、民族政权、割据势力等阻隔，人们为了满足前往五台山、拜谒文殊菩萨的愿望，遂到处命名五台山。中国有很多五台山，外国也有五台山。[⑤]吐蕃曾向唐求取《五台山图》；敦煌莫高窟第 9、61、144、159、222、237、361 等窟都有中晚唐至五代的《五台山图》，其中第 61 窟的规模最大，最有代表性，[⑥]第 61 窟原名文殊堂，西壁有巨幅壁画《五台山图》，该窟就是山西五台山在敦煌的"缩写"；[⑦]石堡乡"五台镇"之名当是在人们崇拜文殊菩萨、

---

①李济阻《杜甫陇右诗中的地名方位示意图》，《杜甫研究学刊》2003 年第 2 期，第 44—51 页。

②杜斗城著《北凉译经论》，兰州：甘肃文化出版社，1995 年，第 32 页。

③任继愈主编《佛教大辞典》，南京：江苏古籍出版社，2002 年，第 236 页。

④敦煌文书 P.3644，见杜斗城著《敦煌五台山文献校录研究》，太原：山西人民出版社，1991 年，第 215—216 页。

⑤杜斗城著《敦煌五台山文献校录研究》，第 108—132 页。

⑥赵声良《莫高窟第 61 窟五台山图研究》，《敦煌研究》1993 年第 4 期，第 88—107 页，124—127 页。

⑦杜斗城著《北凉译经论》，第 36—38 页。

渴求巡礼五台山的背景下产生的。法镜寺石窟虽是北魏时期开凿的，现今五台山上的法镜寺并没有文殊菩萨塑像，但人们对于五台山的崇拜说明，唐代及以后，法镜寺一带的佛事活动曾经相当兴盛，经历了历史风云的变幻，而当地百姓对佛教的热情从唐代至明清乃至当代一直存在。据1993年立《重建五台山法镜寺碑记》载："……公元一九八七年……大兴土木，重建庙宇，遗址未变，字向仍旧，壬申塑彩像，画栋更装形色……"碑文说明现存法镜寺是1987年以后重建的，却没有说明此次重建以前是否曾塑(雕、绘)文殊菩萨，然而这种可能性不能排除。

(四)叶昌炽先生笔下的法镜寺石窟

清末曾任甘肃学政的著名金石学家、文献学家叶昌炽先生将"沿途所见陇右石窟尽录于《缘督庐日记》"，这些石窟中包括陇南的法镜寺石窟。叶昌炽先生曾两回(1903年、1905年两次从兰州去阶州即今武都区，按往返路程来算，共有四个单程)路过法镜寺石窟，并将其所见情况作了较为详细的记述。今人蔡副全先生对叶昌炽先生"所见陇右石窟"进行了列举，但并未逐一展开深入研究。[①]《缘督庐日记》载：

> (光绪二十九年三月十五日)并无城堞，一村落耳。乱峰环列，西山左折而南高插青冥，适为屏障。[②]
>
> (光绪二十九年四月十六日)……三十里至石苞城……来至前二里庙儿山有古刹，其下石壁，两面皆造像。城在山阳。三世佛大象一龛，在人家屋后。小象林立，皆凿龛于壁。石质本粗，岁久风雨剥蚀已甚。据村民云，尚是唐以前物。不应无题识，然远视无波磔可寻，县中一纪纲尚晓事，属访之。[③]

---

①蔡副全《叶昌炽〈缘督庐日记〉与陇右石窟》，《石窟寺研究》2012年第1期，第274—286页。

②[清]叶昌炽著《缘督庐日记》，第7册，第4036页。

③[清]叶昌炽著《缘督庐日记》，第7册，第4085页。

(光绪三十一年三月初二日)又五里至石包城……山顶有古庙,以高峻不果游,观壁间佛象,亦无字。[①]

(光绪三十一年五月初十日)

石包城(包字疑当作苞)

上禄三十里,有城曰石苞。颇疑晋仲容,治兵驻此郊。西皮起持节,誉擅无双姣。筑垒谨斥候,虑无屯前茅。至今齑蜡蓄,如奏凯旋铙。岘首[②]羊叔子,怀古同嘐嘐[③]。蓄畬痛金谷,汤沐非石窌。绝顶有栋宇,高处悬橧巢。精蓝筑已古,剥落丹青淆。白云自来往,不见僧打包。在昔魏齐代,正筮元黄爻。君臣共佞佛,不惜金钱抛。佛龛盛伊阙,风雨古二崤。其次宋临安,灵鹫与虎跑。凿石为巨像,宫殿开豁庨。莲台千百亿,涌现层岩坳。观音大势至,璎珞垂绀髾。清信佛弟子,里俗逮斗筲。磨崖纪岁月,笔力蟠螭蛟。至令欧赵辈,辑录相訾謷。此山像亦古,颇愿订石交。毡椎倘有字,口诵还手抄。岂知岁漫漶,没字碑同嘲。过者莫护惜,牧童尝火敲。几如偃师像,解散类革胶。屠门过大嚼,毕竟非充庖。山河大地幻,起灭成影泡。摩挲三太息,且归酌用匏。[④]

笔者对以上材料有以下几点看法:

第一,从“据村民云,尚是唐以前物”“古刹”“古庙”“岁久风雨剥蚀已甚”“此山像亦古”“怀古”“精蓝筑已古,剥落丹青淆”“在昔魏齐代,正筮元

①[清]叶昌炽著《缘督庐日记》,第8册,第4762页。

②“首”,原文为“首”。蔡副全先生录为“道”(蔡副全《叶昌炽〈缘督庐日记〉与陇右石窟》,第274—286页)。

③“嘐嘐”,原文为“嘐嘐”。蔡副全先生录为“胶胶”(蔡副全《叶昌炽〈缘督庐日记〉与陇右石窟》,第274—286页)。

④[清]叶昌炽著《缘督庐日记》,第8册,第4866—4868页。

黄爻。君臣共佞佛，不惜金钱抛。佛龛盛伊阙，风雨古二崤”“此山像亦古，颇愿订石交”等语可以推知，叶昌炽先生所见法镜寺石窟和寺庙已经很古老了，出现寺院塑绘色彩剥落、皮层混杂的情况，这种所谓“古老”可能已经是经历多次圮毁与重建之后的状况，显现出年代的久远；联系北朝君臣佞佛、不惜花费巨额钱物于佛寺建筑的史实，推测法镜寺（石窟）当是北朝晚期所建寺院、所开石窟的遗留，其年代之久甚至可与云冈石窟、龙门石窟媲美。当时看起来，当至迟在唐宋或以前时期，故言法镜寺石窟开凿不晚于北朝自在情理之中。

第二，从“绝顶有栋宇，高处悬橧巢”“凿石为巨像，宫殿开豁庨。莲台千百亿，涌现层岩坳。观音大势至，璎珞垂绀髾”等语亦可知，北朝至唐宋时期，法镜寺（石窟）一带佛教经历过辉煌，从山脚、山坳到山顶都有寺庙建筑，或窟龛及其塑像，佛教造像配置齐全、塑造水平很高，寺院规模宏大，寺庙建筑高大华丽。

第三，所谓“三世佛大象一龛”或是指现编东崖第 6 窟雕（塑）像，叶昌炽先生将该窟中一佛二菩萨识别成了“三世佛”造像。从“其下石壁，两面皆造像”“小象林立，皆凿龛于壁”“壁间佛象” 等语结合现今具体情况可知，此处“两面”并非指“将五台山飞来峰拦腰截断”后的两个断面，而应指今天我们所说的东崖、西崖和南崖，即前述北崖、南崖原有很多窟龛、塑（雕）像。

第四，根据“不应无题识，然远视无波磔”“观壁间佛象，亦无字”“岂知岁漫漶，没字碑同嘲”等语可知，叶昌炽先生路过清末法镜寺石窟时，就已见不到法镜寺石窟各窟龛或崖壁有碑刻文字。我们无法知道古代历史长河中的具体风云变幻，叶昌炽先生也无从知晓不见碑刻文字的具体原因，但无论如何，当是多少反映了历史的沧桑。

第五，叶昌炽先生从兰州出发，前往阶州，来回都要经过法镜寺石窟，说明古代史上——至于清代，祁山道一直是甘肃省内、陇南市内至关重要的通道，也是陇蜀古道的重要路段，包含法镜寺石窟在内的陇南各石窟寺，都离不开陇蜀——南北通道对于佛教及其石窟艺术传播的意义。

第六，据“三世佛大象一龛，在人家屋后”一语可知，清末时期，法镜寺石窟的一些窟龛和造像，就已经被堵截、遮蔽于当地居民的房屋后面或里面，这反映了明清时期、近代史上社会发展的曲折艰难；也反映出自清代起，佛教石窟及造像的保护并不是一帆风顺的。

小结

第一，法镜寺石窟始凿于北魏中晚期，是陇南市境内现存石窟寺中开凿最早且保存古代窟龛、造像较多的石窟（群）之一，是陇南诸石窟的一个典型，是陇南市境内最重要的石窟之一，是陇南一处重要的历史文化遗存。法镜寺石窟尚存 29 个窟、19 身造像、3 通清前期所立碑，保存了一定的历史信息，对研究陇南佛教史、佛教造像、社会历史等具有积极意义。

第二，中心塔柱窟在法镜寺石窟的发现具有重要意义。中心塔柱窟是我国北朝时期石窟的一种典型形制，隋唐以后逐渐消失。法镜寺石窟的中心塔柱窟得到一些佛教石窟考古专家的确认和认同。既然法镜寺石窟的中心塔柱窟在天水、陇南地区首次发现，且在全国石窟寺中并不多见，我们就应该从独特的视角去观察它，研究它。它对研究印度佛教艺术的中国化、中国中原北方地区与南方地区石窟艺术的联系、佛教文化沿丝绸之路的传播、陇蜀古道在佛教及石窟艺术交流中的地位、法镜寺石窟较为准确的始凿时间等都具有一定的价值。

第三，虽然叶昌炽先生不研究石窟，不可能对法镜寺石窟进行详尽的专业调查，他的记载也带有游记兼日记的性质，具有一定的随意性，但是他记录了自己所看到的情形，他的记载真实而直接地反映了明清——尤其是清末时期法镜寺石窟的大体状况，间接地反映了古代史上陇南（西和）一带佛教的信仰与传播，思想文化的碰撞与融合，国家民族的变乱与兴旺，阶级矛盾的激烈与缓和，法镜寺窟龛与造像的创始与传承，陇、蜀、陕之间地理交通的集中与分散等。所以，《缘督庐日记》对于研究包括法镜寺石窟在内的窟龛造像、历史遗迹、历史文化等具有积极意义。

第四，法镜寺石窟自然风化和人为破坏严重，当地有关部门和群众基本上没有采取有效的保护措施。县内的普通群众都知道“法镜寺石窟”所在的“石堡城”（即今石堡镇石堡村），但一部分人不知道“法镜寺石窟”为何物、位于什么地方。部分窟龛被阻隔于农民房屋后面，致使游人、科考人员等无法攀登崖壁或抵达窟龛近处（乃至进入窟龛）；一些窟龛虽不在民房的后面，却也位于悬崖峭壁，险不可攀；一些窟龛已成为当地百姓盛装柴草、木椽、杂物等的场所；个别窟龛被覆盖于当地百姓的住房当中，作了房屋的后墙（或窑洞）、屋内盘炕，成为堆放粮食、农具的储藏室或供家人睡觉。故法镜寺石窟现状堪忧。建议有关方面尽快行动起来，采取有效措施进行修复与保护，并支持（或组织）相关学者开展考察研究。

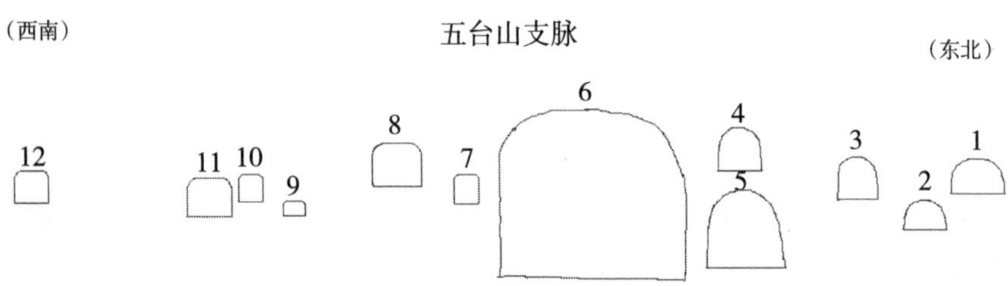

图 1-23　法镜寺石窟东崖第 1—12 窟立面略图

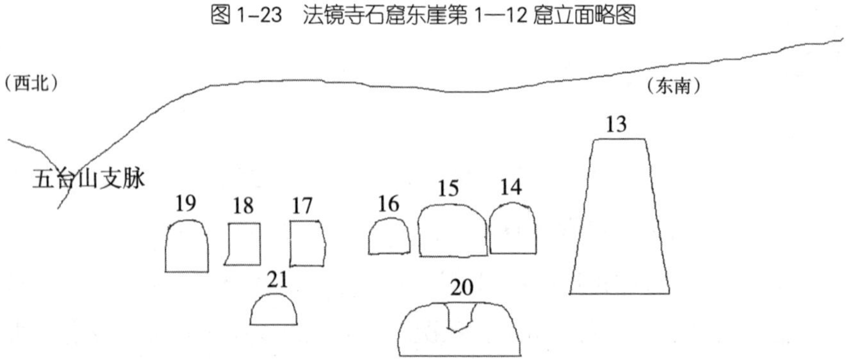

图 1-24　法镜寺石窟西崖第 13—21 窟立面略图

第二节　八峰崖石窟内容总录

八峰崖石窟位于西和县县城以南约35公里处、石峡镇石峡村西南方向的崇山峻岭之上，是保存陇南市境内最早、最多、最高艺术水平古代泥塑造像、壁画的一处石窟，是陇南石窟的一个典型。经综合分析，我们认为八峰崖石窟最早开凿于北魏时期，以后各代继续开凿或重建、重塑、重绘。虽屡次遭劫，但窟龛尚存，相当一些造像、壁画得以保存下来。各窟龛皆为平面纵（或横）长方形窟，窟顶多不规则。现存14窟，窟内各类大小造像175身（其中宋、元、明、清造像142身），第8窟“华严三圣”系宋代原塑，明、清重要壁画约18平方米，明、清、民国碑7通（含缀合碑）。

一、八峰崖石窟内容总录

附：从山门到石窟的小龛

名称：可暂定为“窟东小龛”。

位置：八峰崖窟区山门内通向石窟的栈道的西侧崖壁。这些小龛基本上面东南而背西北。

大小：皆为小龛。

图 1-25 八峰崖石窟外景

图 1-26 八峰崖石窟第 1 窟王灵官塑像

时代：北魏以来断续凿修，栈道几经兴废，现存崖壁小龛都经过了当代加工改造（部分或为新开），现有塑像、壁画、画像板皆系当代作品。

形制：因地制宜，因陋就简，较为随意，多不规则。

塑像：有 10 身塑像。从八峰崖主峰东北侧翼开始，沿着由东北向西南的悬崖峭壁小道前行，进了山门，顺着有栏杆的栈道向里走，可见右侧小石龛中的小塑像，大体上皆面东南而背西北，依次是门神，东、西、南、北四海龙王，牛王菩萨、马王善神，文魁星、武魁星，伽蓝世事菩萨（土地神）。皆为当代作品。

壁画：门神的后（西）壁、右（南）壁，四海龙王的左（北）壁、右（南）壁、后（西）壁，伽蓝世事菩萨的后（西北）壁，有壁画、项光、背光等，皆为当代作品。四海龙王右（南）壁外（南侧）的小龛内放置 3 幅画像板，文魁星、武魁星的左（东北）壁放置 1 幅画像板。皆为当代作品。

第 1 窟[1] 灵官殿

时代：宋（清重修）；灵官为清塑，北、西壁壁画为清绘。

---

①此处对八峰崖石窟窟龛的编号沿用了笔者《陇南八峰崖石窟内容总录》一文中的编号。

形制：平面横长方形。窟宽 240 厘米，高 218 厘米，进深 130 厘米。

内容：

(1)塑像：1 身。北龛：灵官高 113 厘米，身穿甲胄，左手握凿下垂、右手执鞭上举，左脚前蹬、右脚踏轮，作腾空状，黄脸白须，三目怒视，张口大吼；龛台长 106 厘米，宽 64 厘米，高 54 厘米。

(2)壁画：北壁、西壁装饰图案(模糊)以红色为底色，可见树枝、树叶等。

图 1-27　八峰崖石窟第 2 窟哼将塑像

图 1-28　八峰崖石窟第 2 窟哈将塑像

第 2 窟　哼哈殿

时代：唐(宋、清重修)；哼将为清塑，北壁壁画为清绘。

形制：平面横长方形。窟宽 295 厘米，高 217 厘米，进深 233 厘米。

内容：

(1)塑像：2 身。北坛：哼将高 132 厘米，头戴宝冠，上身裸露，丰满劲健，面相愤怒，左前臂为断后新补；坛长 206 厘米，宽 87 厘米，高 52 厘米。

南坛:哈将为当代新塑,坛长 229 厘米,宽 58 厘米,高 47 厘米。

(2)壁画:北壁以红色为底色,有项光、云纹、火焰纹、花草纹。

图 1–29 八峰崖石窟第 3 窟南坛天王塑像

图 1–30 八峰崖石窟第 3 窟北坛天王塑像

第 3 窟 天王殿

时代:唐(宋、清重修);四大天王为清塑,南、北壁壁画为清绘。

形制:平面纵长方形。窟宽 298 厘米,高 224 厘米,进深 373 厘米。

内容:

(1)塑像:4 身。北坛:东侧西方广目天王高 136 厘米,左手托塔、右手抚腿;西侧北方多闻天王高 140 厘米,左手抚腿,右手拄长柄幡;坛长343 厘米,宽 80 厘米,高 60 厘米。南坛:东侧南方增长天王高 139 厘米,左手按腿、右手持剑置胸腹前;西侧东方持国天王高 142 厘米,左手握琵琶、右手作弹拨状;坛长 284 厘米,宽 79 厘米,高 55 厘米。

(2)壁画:北壁、南壁有项光、花草纹、火焰纹、云纹。

第 4 窟 玉皇殿

时代:唐(宋、清重修);关帝、华佗为清塑,西、北、东壁壁画为清绘。

形制:平面横长方形。窟宽 373 厘米,高 214 厘米,进深 264 厘米。

内容:

(1)塑像:3 身。西坛:当代新塑玉帝像。北坛:东侧华佗高 122 厘米,

图 1–31　八峰崖石窟第 4 窟关圣帝君和药王塑像

图 1–32　八峰崖石窟第 5 窟三世佛塑像

西侧关帝高 128 厘米；坛长 207 厘米，宽 102 厘米，高 71 厘米。

（2）壁画：西壁北端画周仓，面积为纵 120 厘米，横 71 厘米。北壁正中画盆中花草。东壁北端画关平，面积为纵 124 厘米，横 68 厘米；南端画山水、花鸟、草树等（模糊），面积为纵 134 厘米，横 61 厘米，边缘可见重层迹象。

图 1–33　八峰崖石窟第 5 窟南壁塑像壁画

图 1–34　八峰崖石窟第 5 窟北壁塑像壁画

第 5 窟　三世佛殿

时代：唐（宋、元、明重修）；三佛为元塑，十六罗汉为明塑，西、北、东、南壁壁画为明绘。

形制：平面纵长方形。窟宽 332 厘米，高 232 厘米，进深 516 厘米。

内容：

(1)塑像：22 身。西坛：塑三世佛，皆结跏趺坐于莲台上；中间为释迦牟尼佛，南侧为阿弥陀佛，北侧为药师佛，分别高 90 厘米、84 厘米、85 厘米；三佛莲台分别高 26 厘米、25 厘米、26 厘米；坛长 342 厘米，宽 52 厘米，高 90 厘米；佛坛左、右①前侧分站当代新塑迦叶、阿难。北坛：塑坐姿十六罗汉(8 身)，每身高57 厘米左右；坛长 327 厘米，宽 78 厘米，高 43 厘米。东龛：东面窟门处朝西龛内小方台上当代新塑韦驮护法，面对三佛而立。南坛：塑坐姿十六罗汉(8 身)，每身高 57 厘米左右；坛长 289 厘米，宽 35 厘米，高 64 厘米。

(2)壁画：西壁北端画背光、云纹、花草纹等，面积为纵 108 厘米，横 84 厘米；中间画(模糊)大部残缺；南端画(模糊)残损严重。北壁西端画草树、花鸟、山水等，面积为纵 142 厘米，横 54 厘米；中间、东侧画二十四诸天(12 身)，有背光、花草、云纹等(模糊)，面积为纵 105 厘米，横 347 厘米。东壁北侧画山岩、花草、动物等。南壁西端画山水、草树、云纹、房屋、人物、动物等(模糊)，面积为纵 164 厘米，横 47 厘米；中间、东侧画二十四诸天(12 身)，有背光、花草、云纹等(模糊)，面积为纵 108 厘米，横 351 厘米。

第 6 窟　娘娘殿

时代：唐(宋、清重修)；三位娘娘、三个蹲坐小孩为清塑，北、南壁壁画为清绘。

形制：平面横长方形。窟宽 310 厘米，高 215 厘米，进深 253 厘米。

内容：

(1)塑像：12 身。东坛：中间送子娘娘、南侧金花娘娘、北侧催生娘娘

---

①本书所谓“左”“右”等方位概念，除特别说明的，皆以各窟(龛)、塑(雕)像或壁画本身作为观察的立足点或参照物。

分别高 117 厘米、120 厘米、110 厘米；坛长 277 厘米，宽 65 厘米，高 67 厘米；坛北端长方体台基上一泥塑圆柱体（高 14 厘米、直径 26 厘米）上塑 3 身蹲坐小孩，自前向后分别高 18.8 厘米、20 厘米、14.5 厘米，前面的小孩右臂残损，中间的小孩躯体有裂缝。南坛：当代新塑站姿女侍者 2 身。北坛：当代新塑坐姿女神 2 身，各抱 1 身小孩。

（2）壁画：东壁壁画（模糊）绝大部分残损，唯见边缘极少部分。南壁、北壁、西壁（北端）壁画（模糊）有残损。

图 1–35　八峰崖石窟第 6 窟三位娘娘塑像（孙晓峰提供）

图 1–36　八峰崖石窟第 8 窟毗卢遮那佛塑像（孙晓峰提供）

第 7 窟　药王殿

时代：唐（宋重修）。

形制：平面横长方形。窟宽 336 厘米，高 338 厘米，进深 289 厘米。

内容：

（1）塑像：4 身。北坛：（自东向西依次为）当代新塑药王、药王右侧侍者、太阳神、月亮神。

（2）壁画：（无）

第 8 窟　华严殿 1

时代:唐(宋重修);一佛二菩萨为宋塑。

形制:平面横长方形。窟宽 437 厘米,高 338 厘米,进深 330 厘米。

内容:

(1)塑像:3 身。北坛:中间高 138 厘米的毗卢遮那佛结跏趺坐于双层仰莲台座上,佛左侧高 128 厘米的文殊菩萨倚坐于青狮上,佛右侧高 124 厘米的普贤菩萨半跏趺坐于白象上,二菩萨微侧向佛;莲台、青狮、白象分别高 27 厘米、40 厘米、34 厘米;莲台下须弥座(有 4 身呈背负、托举姿势的力神影塑)、青狮基座、白象基座分别高 68 厘米、50 厘米、58 厘米;坛分两层,第一层长 403 厘米,宽 211 厘米,高 148 厘米;第二层长 403 厘米,宽 140 厘米,高 50 厘米。

(2)壁画:(无)。

图 1-37　八峰崖石窟第 8 窟文殊菩萨塑像（孙晓峰提供）

图 1-38　八峰崖石窟第 8 窟普贤菩萨塑像（孙晓峰提供）

第 9 窟　华严殿 2

时代:唐(宋、明重修);一佛二菩萨为明塑,北、东、西壁壁画为明绘。

图 1-39　八峰崖石窟第 8 窟“华严三圣”塑像

图 1-40　八峰崖石窟第 8 窟毗卢遮那佛莲花座（孙晓峰提供）

形制：平面纵长方形。窟宽 255 厘米，高 338 厘米，进深 288 厘米。

内容：

（1）塑像：3 身。北坛：中间高 122 厘米的毗卢遮那佛结跏趺坐于双层仰莲台座上，佛左侧高 116 厘米的文殊菩萨半跏趺坐丁青狮上，右侧高 80 厘米的普贤菩萨半跏趺坐于白象上，二胁侍菩萨侧身向佛；莲台及其下基座分别高 20 厘米、28 厘米，青狮、白象分别高 38 厘米、43 厘米；坛长 191 厘米，宽158 厘米，高 155 厘米。

（2）壁画：北壁、西壁背光等大部残损。东壁背光、花草纹、云纹等残损较轻。

图 1-41　八峰崖石窟第 9 窟“华严三圣”塑像

图 1-42　1997 版《西和县志》所载八峰崖石窟第 10 窟布袋和尚塑像（“洗脸”前）（孙晓峰提供）

第 10 窟　地藏殿

时代：唐（宋、明重修）；布袋和尚为明塑，北、西壁壁画为明绘。

形制：平面横长方形。窟宽 496 厘米，高 338 厘米，进深 264 厘米。

内容：

（1）塑像：15 身。西坛：双层仰莲台座上的坐姿布袋和尚高 124 厘米；莲台高 23 厘米；坛长 145 厘米，宽 50 厘米，高 93 厘米。北坛：当代新塑地藏菩萨、观音菩萨、十王、判官、鬼卒等 14 身（二菩萨坐于高坛上，其余坐或站于低坛或小方台上）。

（2）壁画：西壁画背光及山水、花草、树木（模糊），面积为纵 93 厘米，横 132 厘米。北壁西端画山水、花草、树木（模糊），面积为纵 158 厘米，横 64 厘米。

图 1-43　八峰崖石窟第 11 窟真武大帝塑像

图 1-44　八峰崖石窟第 12 窟三官塑像（孙晓峰提供）

第 11 窟　真武殿

时代：北魏（唐、宋、明重修）；真武大帝、金童、玉女、三位神将为明塑，北、东壁壁画为明绘。

形制：平面近纵长方形。窟宽 284 厘米，高 305 厘米，进深 294 厘米。

内容：

（1）塑像：7 身。北坛：真武大帝高 176 厘米，坐于台座，形体饱满，身穿铠甲，左脚缠蛇，右脚踏龟，左臂前举，右手持剑，目视前方，威武庄严；真武大帝左、右侧分站金童、玉女，分别高 100 厘米、107 厘米；坛长 208 厘米，宽 96 厘米，高 81 厘米。东坛：北、南侧分站龟将、蛇将，分别高 131 厘米、133 厘米；坛高 30 厘米。西坛：南侧神将（原为北侧神将）高 26 厘米；坛高 133 厘米。

（2）壁画：北壁有背光、火焰纹、海水纹、云纹。东壁南侧背光、花草纹、火焰纹、云纹残损近半。

图 1–45　八峰崖石窟第 12 窟三官殿西壁壁画（局部）（孙晓峰提供）

图 1–46　八峰崖石窟第 12 窟三官殿东壁壁画（局部）（孙晓峰提供）

第 12 窟　三官殿

时代：北魏（唐、宋、明重修）；三官与文官武将为明塑，北、东、西壁壁画为明绘。

形制：平面纵长方形。窟宽 246 厘米，高 305 厘米，进深 428 厘米。

内容：

（1）塑像：7 身。北坛：中间天官、东侧地官、西侧水官，分别高131 厘米、135 厘米、130 厘米，皆倚坐于高 112 厘米的台座上；坛分两层，第一层长270厘米，宽164厘米，高25厘米；第二层长242厘米，宽60厘米，高138厘米。东台：北侧文官，南侧武将，分别高118厘米、136厘米；长方体站台分别高62厘米、55厘米。西台：北侧文官，南侧武将，分别高118厘米、131厘米；长方体站台分别高70厘米、59厘米。

（2）壁画：北壁画桌案、官印、令牌、宝剑、书籍等。东壁北侧背光、云纹等残损较重；南侧画中牌坊高耸，衙门肃然，官员危坐，骆驼过市，山青水绿、海浪翻滚，不同行业、等级、民族的人熙来攘往，人和物均大小错落、图景远近结合（模糊），面积为纵103厘米，横134厘米，详情待考。西壁北侧背光、云纹等局部残损；南侧画《龙车凤辇马舆图》（模糊），一只凤凰、一匹马、一条龙各拉一辆车，三辆车分别在画面上部、中部、下部，车上有帐子，车前有华盖，车后有掌扇，同向（面对壁画的观画者左侧方向）并进，兵将簇拥，旗幡招展，画的南缘残损，边缘可见重层迹象，面积为纵145厘米，横124厘米，详情待考。

第13窟　东方三圣殿

时代：北魏（唐、宋、明重修）；一佛二菩萨及佛左、右前方侍者为明塑，佛前方供养人为明雕，北壁背屏为明雕（绘），东、西壁浮塑为明塑。

形制：平面纵长方形。窟宽386厘米，高305厘米，进深457厘米。

内容：

（1）塑像：65身。北坛：中间高70厘米的药师琉璃光王如来佛结跏趺坐于莲台（两品相叠，上品为单层仰莲台座，下品为双层仰莲台座），佛左侧高82厘米的观世音菩萨倚坐于飞龙，右侧高80厘米的文殊菩萨半跏趺坐于青狮（两坐骑均站立于双层仰莲台座）；药师如来佛、观世音菩萨、文殊菩萨莲台分别高36厘米、19厘米、23厘米；佛稍前左、右侧各有1位侍者，面侧向佛；佛正前方为1石雕供养人（原有头部断裂丢失，今人补以泥塑头部），与足下小型方形石台连为一体；坛两端各有当代新塑侍者1身；坛长352厘米，宽60厘米，高96厘米。东壁、东坛：主体部分《渡海图》

中有塑像12身，包括站、坐于坛上和附着于壁上之菩萨、罗汉、天王等（浮塑、影塑）；上部北侧《皈依图》、南侧《八仙图》和《西游图》有塑像19身；北端塑一棵大菩提树。西壁、西坛：主体部分图案构成似东壁、东坛，有塑像12身；上部北侧《猴子捞月图》、南侧《八仙图》和《取经图》有塑像14身；北端塑一棵大菩提树。

（2）壁画：（无）。

图1-47 八峰崖石窟第13窟东方三圣塑像

图1-48 八峰崖石窟第14窟普贤菩萨塑像（孙晓峰提供）

第14窟 普贤殿

时代：北魏（唐、宋、明重修）；普贤菩萨、观世音菩萨、文殊菩萨及普贤左前方胁侍菩萨为明塑，菩萨背屏为明雕、明塑、明绘，东、西壁塑绘结合图案为明代所塑、绘。

形制：平面横长方形。窟宽470厘米，高305厘米，进深361厘米。

内容：

（1）塑像：27身。北坛：中间头戴宝冠、高160厘米的普贤菩萨半跏趺坐于白象（白象下面是双层仰莲台座），普贤菩萨左侧高117厘米的观音菩萨结跏趺坐于双层仰莲台座，右侧高130厘米的文殊菩萨结跏趺坐于双层仰莲台座；普贤菩萨、观音菩萨、文殊菩萨莲台分别高18厘米、16厘米、19 厘米、莲台下须弥座分别高 39 厘米、80 厘米、78 厘米;普贤菩萨左前方 1 名胁侍菩萨高 169 厘米,其所站莲台、莲台下小方台分别高 10 厘米、8 厘米;普贤菩萨右前方当代新塑 1 名侍童;普贤菩萨、观音菩萨、文殊菩萨背后有塑、雕、绘结合的龛式莲花背屏;坛分两层,第一层长 358 厘米,宽 182 厘米,高 27 厘米;第二层长 456 厘米,宽 109 厘米,高 51 厘米。东壁、东坛、西壁、西坛:《腾云图》中人物包括站于坛上者和附着于壁上者(浮塑、影塑)为菩萨、皈依佛教者、供养人等,每壁(坛)11 身(上 6 下 5),合 22 身。

(2)壁画:北壁三菩萨龛式莲花背屏各自分立,皆为绘、塑、雕结合图案。东壁、东坛、西壁、西坛绘、塑结合的《腾云图》有菩萨、皈依者、供养人,大量云纹等。

图 1-49 八峰崖石窟第 14 窟观音菩萨塑像(孙晓峰提供)

图 1-50 八峰崖石窟第 14 窟文殊菩萨塑像(孙晓峰提供)

图 1-51 八峰崖石窟第 14 窟普贤菩萨左前方胁侍菩萨(局部)(孙晓峰提供)

图 1-52 八峰崖石窟第 14 窟普贤菩萨左前方胁侍菩萨塑像(侧面)(孙晓峰提供)

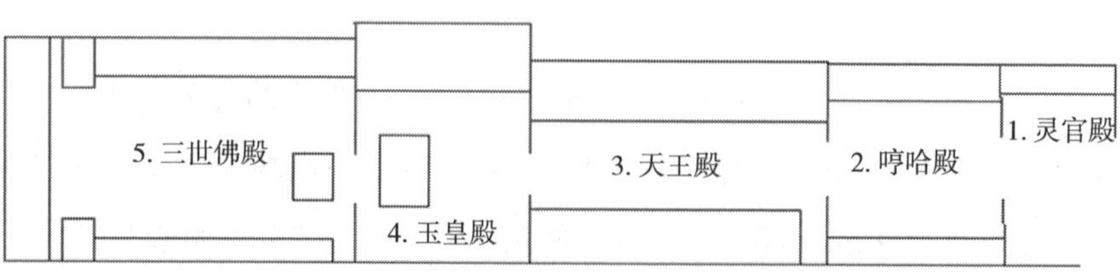

图 1-53 八峰崖石窟第 1—5 窟平面略图

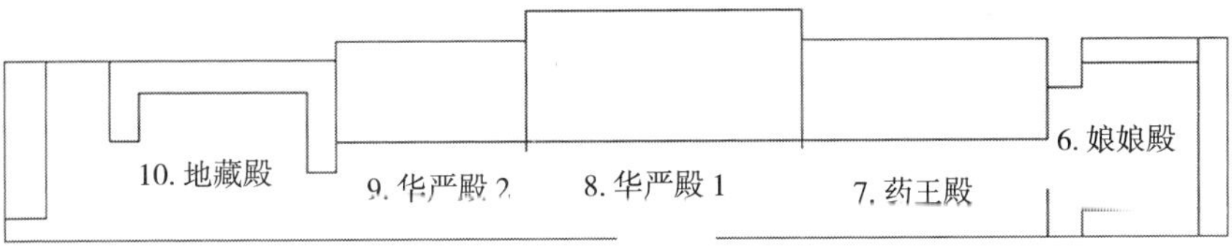

图 1-54　八峰崖石窟第 6—10 窟平面略图

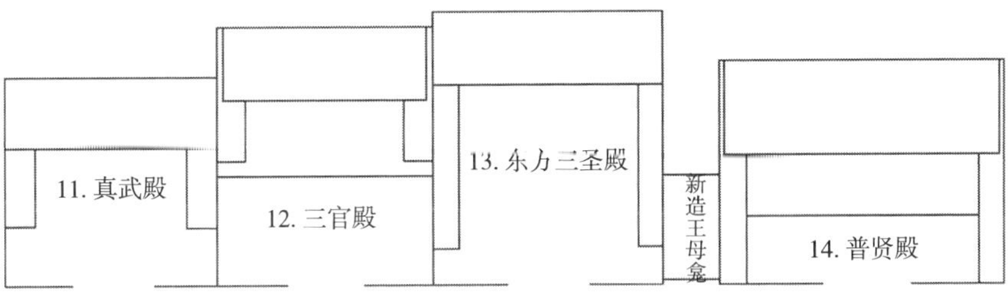

图 1-55　八峰崖石窟第 11—14 窟平面略图

二、关于几个问题的说明

（一）关于开凿年代

八峰崖石窟的开凿年代，学术界存在争议，迄今尚无定论。此前很多学者（如张学荣、张宝玺、刘永增、魏文斌、孙晓峰等）认为，八峰崖石窟现存佛、菩萨塑像及壁画等不会早于明代（张学荣、孙晓峰等先生认为部分塑像具有宋代风格，孙晓峰先生又认为八峰崖石窟保存有宋代塑像），但笔者导师施萍婷先生认为，八峰崖石窟现存最具代表性的佛、菩萨（如第 8 窟一佛二菩萨）是宋代的原塑，其塑造艺术水平甚至不亚于敦煌莫高窟

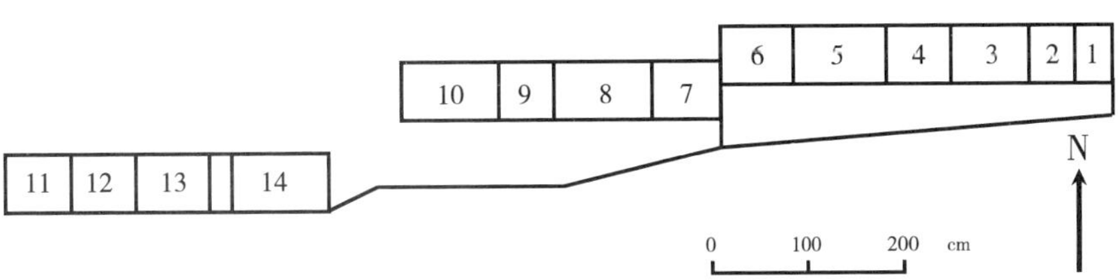

图 1-56　八峰崖石窟第 1—14 窟示意略图

同时期的部分塑像。本书关于窟龛始凿、重修，塑像、壁画创作年代的观点系笔者和施老师综合分析后得出的结论，反映了目前的认识水平。

（二）关于窟龛形制

八峰崖石窟分上、下两层，系利用天然石隙凿建而成。可将 14 个窟（龛）看作一个整体，但各个窟（龛）又是相互独立的。具体地说，第 1—5 窟各窟之间、第 6—10 窟各窟之间有廊道（或台阶）连通（窟与窟之间有隔墙，但隔墙不影响廊道的通畅）；第 11—14 窟每窟各自相隔，门前共有一条长廊。第 2—6、第 10—14 窟每窟有 2—3 个（或更多）坛（龛），而第 1、第 7—9 窟每窟只有一个坛（龛），故各单元可笼统地称为“窟龛”或“窟（龛）”。各窟（龛）都是以崖壁（北壁）为依靠，以砖石、水泥、土木、屋瓦等为材料建成的，由一间或多间构成的殿堂，除第 1 窟半掩半敞外，其他各窟（龛）均由房屋覆庇，故亦皆可称为“殿”。第 1、第 2 窟窟顶为崖体岩石，第 1 窟窟顶较平，第 2 窟窟顶北半部稍平、南半部稍向南上倾斜；第 3—6 窟为极薄的压缩木板平顶或纸板平顶，完全遮蔽了窟顶岩石；第 7—13 窟为半披岩石、半披木椽窟顶（实为宽度较大的木质窟檐），侧看窟顶呈人字披状，岩石部分凹凸不平，或严重倾斜，极不规整；第 14 窟为木椽窟顶，亦完全遮蔽了窟顶岩石。第 1、第 7—14 窟坐北朝南，第 2—5 窟坐西朝东，第 6 窟坐东朝西。若原有壁画由于墙体坍塌、被剥离、被焚毁、被掩盖以致看不见，则内容总录原则上不提及。

（三）关于部分造像

1. 第 1 窟：灵官一般为红脸，龛内塑像为黄脸者，恐因年代长久而变色所致。其他塑像或有类似情况。2. 第 9 窟：二胁侍菩萨与中间的主尊（毗卢遮那佛）构成“华严三圣”组合，二胁侍头顶被塑成貌似佛的肉髻，但据笔者推测二胁侍本来应是被当作文殊菩萨和普贤菩萨来塑造的，所以此处二胁侍应理解为“菩萨”而非“佛”。3. 第 10 窟：此前许多学者和信众、游人称“布袋和尚”为“弥勒佛”，施萍婷先生则认为，称其为“布袋和尚（罗汉)”更妥当。另外,根据造像内容及窟内结构,并参照其他各窟例,布袋和尚(罗汉)与地藏菩萨似应相互分开,即本殿应分出“地藏殿”和“布袋和尚殿”,但为避免造成窟号的混乱,并考虑到罗汉所在空间实际上很小,故本窟名称姑且一仍其旧。4. 第 13 窟:药师如来佛的胁侍一般为日光菩萨和月光菩萨,但也有以观世音、大势至二菩萨为胁侍,或以药王、药上二菩萨为胁侍,或以观世音、文殊、大势至、宝檀华、无尽意、药王、药上、弥勒等菩萨为胁侍的。5. 第 14 窟:在三大菩萨殿中,一般是观世音菩萨居中,文殊菩萨居左,普贤菩萨居右,但此殿则不同。当地群众称此窟为普贤殿。

(四)关于碑文内容

明、清、民国碑简况,尤其是碑文内容,字数较多,皆置于本书附录中。

(五)关于维修保护

1976 年,八峰崖石窟被公布为县级文物保护单位;2007 年,八峰崖石窟被公布为陇南市市级文物保护单位。

从石峡镇政府所在地石峡街至八峰崖的道路有 3 条，分别经过八峰沟、部家山、高灯村,以前皆为人行小道,十分难走。2006—2012 年,由县政府筹措经费,陆续修通了八峰沟道路的大部分路段;目前,坐农用车或摩托车可沿八峰沟行至八峰崖东麓，或可沿盘山农用车道经高灯村行至八峰崖北面,然后再沿狭窄陡峭的步行道走进窟区。

与麦积山、麦积山石窟一样,八峰崖是陇南西河一带一处著名的旅游风景区,八峰崖石窟融历史文化与自然风光于一体。每年,自发旅游者和信徒们络绎不绝地到八峰崖石窟观光游览或敬香礼佛。所以,八峰崖石窟一年四季香火不断,人气很旺。但是,保护文物和文化古迹并未形成人们的共识,没有引起普遍的重视。当地农民大都只为农业生产、日常生活和经济利益奔忙,这当然是求之不得的好事,但这些农民大都认识不到文物古迹、石窟艺术的价值。一些信徒倒是注意到要保护洞窟和神佛菩萨塑像、壁画,但他们的出发点在于宗教信仰,立足点在于自己的利益,而非保护历史文化古迹，且不知道怎样保护。20 世纪 80 年代前半期以前，八峰崖石窟尚无能够负责任的人员进行管理，一片破烂景象；20 世纪 80 年代后半期，当地信众集资捐物，新修了屋檐门楣。自 20 世纪 80 年代后半期起，始有僧人或居士由县文化馆授权管理，开始改变了以前残破不堪、无专人负责的局面。

历史上，八峰崖石窟栈道几经兴废，窟龛、殿宇屡圮屡兴，塑像、壁画或损或补（由于现存各窟龛均有当代重修迹象，故内容总录略去"当代重修"字样）。1960 年一场大火烧毁了窟前建筑，损毁极其严重。20 世纪 80 年代，县内有识之士及当地群众捐款重修，得到了县乡有关部门的支持。5·12 大地震使窟龛、塑绘受到一定破坏和影响，由西和县发展和改革局申报灾后重建维修项目，甘肃省人民政府和国务院批复立项，国家拨款 90 万元，县文化局具体负责，湖北某园林古建有限公司承建，历时两年（2009—2010 年），对八峰崖石窟的山门、栈道、殿宇、僧房等进行了整修重建，不仅使窟区景观焕然一新，而且大大提高了窟区的安全性，有利于对窟龛、塑像、壁画的保护。

（六）关于当代塑绘

从山门通向第 1 窟的栈道右侧崖壁小龛中有当代新塑门神，四海龙王，牛王菩萨、马王菩萨，文魁星、武魁星，土地神 10 身像，新绘壁画、板画多幅；在第 13 窟与第 14 窟之间有一个近年新凿的王母龛，内置新塑王母像；第 11 窟外西侧，又有一个近年新开窟，内塑一佛二菩萨（塑了又毁，毁了又塑，题材不确定）。但石窟主体是 14 个窟（龛），内容总录中有关窟龛、塑像、壁画的统计数字中未包括这些新造窟龛及其中塑绘。至于 14 个窟中的当代新塑像、新绘壁画或不提及或必要时提及。

第三节　八峰崖石窟创始年代考论

学术界对八峰崖石窟的开创时间持不同观点，有学者认为创始于“魏晋”时期[①]。本节根据塑像、壁画、窟龛、建筑本身的内容及特点进行分析，结合考古资料和方志记载进行证明，比照其他石窟进行推断，依据氐族杨氏仇池政权信仰佛教且开窟造像的史实进行论证。

解决八峰崖石窟的开创年代问题是现今陇南市境内石窟研究中一个非常重要的问题，因为它影响着八峰崖石窟其他问题及陇南市境内其他石窟相关问题的解决。本节依据现有资料，从以下几个方面进行考论，断定八峰崖石窟开创于北魏中晚期至初唐期间。

关于八峰崖石窟的始凿时间，学术界有“魏晋”、唐[②]、宋、元、明、

①所谓“魏晋”，一般是指三国和两晋。但此处提到的一些学者的观点，认为八峰崖石窟始凿于北魏时期，则其所言“魏晋”之“魏”当是指“后魏”或“元魏”。

②孙晓峰《甘肃天水、陇南地区中小石窟的初步考察》，第51页。史轲《甘肃省陇南境内石窟寺概述》，第24—27页。

清[①]等不同观点，迄今尚无定论。黄英先生认为八峰崖石窟开凿于北魏时期的公元452年至486年之间（笔者以为这大概是借鉴了金维诺先生关于麦积山第76窟供养人像创作时间的推测方法[②]）；孙晓峰先生没有下结论，他的意思似乎是“有可能，但没有实物资料可以证明”。然而笔者质疑“八峰崖石窟现存塑像和壁画是魏晋时期的作品”的论断，且没有找到被公布为“国家级文物”的证据。或许有些学者确实认为八峰崖石窟创始于“魏晋”时期；有些学者认为八峰崖石窟创始于“北魏”时期，则是误认“北魏”或“元魏”之“魏”为“曹魏”之“魏”。依国内各地石窟寺开凿的历史进程，结合八峰崖的实际情况进行分析，笔者以为似不可能。此外，石窟、塑像、绘画的创始年代与现存塑绘作品的创作年代也是截然不同的两个概念。可以肯定的是，八峰崖石窟现存塑像和壁画根本不是魏晋时期的作品，而应该分别是宋、元、明、清时期，近代、现当代的作品，但这并不能否定八峰崖石窟的始创年代要早得多的可能。

一、根据塑像、壁画、窟龛、建筑本身的内容及特点进行分析

由于历史的沧桑，自然与人为，打破与重塑、损毁与新建，可能八峰崖石窟原有塑像和壁画被地震、火灾、气候、虫害、战争、“灭佛”、盗窃等破坏了，还可能历次补塑(绘)、重塑(绘)、新塑(绘)取代或掩盖了原貌，目前我们很难从现存塑像、壁画、窟龛、建筑本身找到有关八峰崖石窟创始年代

---

①李永良主编《河陇文化——连接古代中国与世界的走廊》，第275页。西和县志编纂委员会编纂《西和县志》，第644—645、733—734页。另外，张宝玺、刘永增、魏文斌、陈菊霞等认为八峰崖石窟现存最早塑像是明、清时期的作品；施萍婷先生认为现存最早佛、菩萨塑像为宋代作品；张学荣先生、孙晓峰先生认为现存个别塑像具有宋代风格。但对于石窟的创始时间，他们都没有得出肯定的结论。

②金维诺《麦积山石窟的兴建及其艺术成就》，麦积山石窟艺术研究所编《中国石窟·天水麦积山》，北京：文物出版社，东京：株式会社平凡社，1998年，第166页。

的直接证据，但我们可以从它们的演变轨迹试作分析。

整个八峰崖石窟（吉祥寺）以普贤菩萨为第一敬奉对象主尊。普贤菩萨为释迦牟尼右胁侍，专司理德，表“大行”，“虽善无征”。“在晚期造像中，普贤菩萨多乘白象。”普贤菩萨所乘六牙白象，表大慈力。“言六牙白象者，是菩萨无漏六神通。牙有利用如通之捷疾。象有大力表法身荷负。无漏无染称之为白。”①“菩萨便从兜术天上，垂降威灵化作白象，口有六牙诸根寂定。”②故普贤所骑白象，是一种象征。③佛和菩萨本无性别之分。唐以前普贤多为男身女相，宋以后多为女身女相。隋、唐、宋、元时期，中国佛教石窟艺术已进入晚期发展阶段。④

八峰崖石窟普贤菩萨骑坐白象，又现女身女相，故可据以断定其为宋代或以后塑像。但值得注意的是，四川峨眉山是普贤菩萨的道场，甘肃成县鸡峰山（嵋洛峰）亦以普贤菩萨为本山主要敬奉对象。《鸡山生佛阁》碑载：

> 同谷僻在秦陇之一隅，地连全蜀，富于山水。郡城之西南二十里许，一峰屹然独出，父老相传为鸡头山。旧有罗汉洞，极深邃，不得其底。里洞之左右有佛像，亦不知始于何时。其中有泉，渊源湛净，活活然流出洞处，声满岩谷，水旱不加损益，真斯境之胜绝处也。居民之好事者，亦或时往，以为游观之所。唯从义郎赵清臣笃于好善，奉佛尤谨。政和壬辰春，属以大旱，二麦垂槁，饥

①［南朝·宋］昙无蜜多译《佛说观普贤菩萨行法经》，No.277，《大正大藏》第 9 册，第 389 页下栏—390 页中栏。［隋］天台智者大师说，门人灌顶记《摩诃止观卷第二》（上），No.1911，《大正藏》第 46 册，第 14 页上栏。

②［西晋］竺法护译《佛说普曜经》，No.186，《大正藏》第 3 册，第 491 页上栏。

③马书田著《中国佛菩萨罗汉大典》，北京：华文出版社，2003 年，第 96—99 页。

④辰闻著《宗教与艺术的殿堂——古代佛教石窟寺》，第 37 页。

歉之患,近在朝夕。君随同僧□□□率众诣洞请水,至诚所感,越三日大雨,人人欢喜无量,悉心归依。比其迎返也,几数千人。然山巅草莽之间,尊像埋没,风雨剥蚀,岁月滋久,君视之恻然,念念不已。至政和丁酉岁,乃发誓愿、舍财出力,建□生佛阁,与僧□慈惠、谌宝□共为经营,阅数月而工毕。阁成之二年,忽一日,画父母兄嫂身容,背赴峨嵋山,于普贤示现处,力为忏悔,且复默祷,愿于吾州之鸡头山以显灵异。是年七月十四日,设大会于洞前,俄顷布五色圆光,人所共睹,鸡山佛现,自兹始也。厥后,人益信法而住持者更五六人,惟善法义法证法用洪雅之徒,前后相继,仅三十年,次第而普治之,曰殿曰堂,与夫寮舍厨库之属,亦略具矣。然非君倡之于始,则安能成此一段事哉?噫!西方之教,行于中华久矣,其大率以孝慈忠信为本,济时拯弱为心,诱人为善,恐其沦于恶道而不自知也。若究其所以然而不泥于末习,则可谓善学矣。赵氏以孝义著名乡里,是得佛之心法者。来求记于予,遂为之书其本末云。

绍兴十四年正月二十八日金台　丁彦师记。①

从“山巅草莽之间,尊像埋没,风雨剥蚀,岁月滋久”等语可以推知,在建造生佛阁以前,鸡峰山之奉佛,至少已有几百年的历史。复据碑文可知,今成县鸡峰山嵋洛峰以普贤菩萨为主要供奉对象之信仰状况源于四川峨眉山,始自宋代。而距鸡峰山仅约60公里的八峰崖石窟的普贤崇拜也极有可能是受峨眉山普贤崇拜的影响。这种现象反映了历史上这一广阔地

①[南宋]丁彦师记《鸡山生佛阁碑》,成县地方志编纂委员会编纂《成县志》,第940—941页。

域《法华经》和普贤信仰的流行，各窟寺之间的相互联系。同时间接证明了八峰崖普贤殿的修建时间可以上溯到宋代以前。

八峰崖石窟第 14 窟有普贤菩萨、观音菩萨、文殊菩萨“三大士”组合塑像，但更值得注意的是，第 8 窟和第 9 窟分塑“华严三圣”和“释迦三尊”，在这两个组合中，毗卢遮那佛和释迦牟尼佛的左右胁侍皆为文殊菩萨和普贤菩萨。据《大方广佛华严经》卷 60《入法界品第三十九之一》载：

> 尔时，世尊在室罗筏国逝多林给孤独园大庄严重阁，与菩萨摩诃萨五百人俱，普贤菩萨、文殊师利菩萨而为上首……[①]

文殊菩萨和普贤菩萨作为毗卢遮那佛或释迦牟尼佛的左、右胁侍，早在南北朝中晚期的造像中就已经出现，但那时的塑像并不多[②]，且作为释迦牟尼佛二胁侍菩萨的文殊与普贤并不同时骑狮或骑象，“骑狮、象的文殊与普贤像，是从初唐才开始出现的”。“从初唐时起，开始有了乘狮、乘象二菩萨，但只是作为佛的胁侍”；“华严宗是以毗卢遮那为主，文殊、普贤为胁侍，合称‘华严三圣’的。密宗尤其重视毗卢遮那（大日如来）修行供养像。从初唐时起，就出现了以密宗供养为主要题材的十一面观音像。骑狮文殊菩萨与骑象普贤菩萨，作为佛（大日如来）的胁侍也出现在石窟造像中。”[③]八峰崖石窟的“华严三圣”和“释迦三尊”组合为宋代塑造，但一定是继承了初唐以来的造像题材，且不排除凿窟造像更早而后来改变内容（题材）或原塑被毁而宋代重塑的可能性。

---

①［唐］实叉难陀译《大方广佛华严经卷第六十》，No.279，《大正藏》第 10 册，第 319 页上栏。

②阎文儒著《中国石窟艺术总论》，桂林：广西师范大学出版社，2003 年，第 128—129 页。

③阎文儒著《中国石窟艺术总论》，第 204—205 页。

第 5 窟“十六罗汉”塑像虽为元代作品[①]，但表现出了唐末以前石窟塑像构成的特点。因为从五代直到近代，壁画中“由十六罗汉发展为十八罗汉”；尽管增加的另外两名罗汉的名号为谁，各处所塑所绘形貌不同，学者观点相异，但多为十八罗汉无疑。[②]依此可知，至迟在唐末，八峰崖石窟或有十六罗汉塑像，那么从时间上推断，八峰崖石窟可能开创于初唐或更早。

第 5 窟“三世佛”（释迦牟尼佛、阿弥陀佛、药师佛），第 8 窟“华严三圣”（毗卢遮那佛、文殊菩萨、普贤菩萨），第 10 窟罗汉[③]的塑造，表明华严、药师、弥勒净土思想的传播和信仰的流行。这些思想和信仰在唐代已经普遍流行，而这些较晚的造像在八峰崖石窟的出现，说明至迟于唐代，这些思想和信仰在当地已有一定的社会基础，因而就有了相应的石窟造像组合，这种情况和敦煌莫高窟“华严三圣”塑像、壁画或塑绘组合的情况[④]相类似。这种现象也为八峰崖石窟开创于初唐或更早提供了一则证据。

第 12 窟西壁南部壁画，绘制细腻，场面宏大，上绘龙、马、凤各拉一辆辇车，每辆车辇前（侧）各有一华盖，车上均有帐子，凤拉的车帐后侧有掌扇。龙拉车辇中坐的很可能是皇帝或国王，凤拉车辇中坐的很可能是国王、王后或诸侯，马拉车辇中坐的很可能是诸侯、将相、贵族等类人物。画面上旌旗飘扬，兵刃铿亮，炫耀尊贵，彰显威武。马拉车辇前华盖近处的一匹马上有一位将军，正在沉着指挥，其他官员、将军们手拿武器，前簇后拥，围拢在车子周围，共同向着西壁画面向南的方向前进。显然这是一幅中国传统神话故事画。而在石窟造像中，“这种把中国传统的神话故事和

①王百岁《八峰崖石窟内容总录新编》，《敦煌研究》2014 年第 5 期，第 29—34 页。

②李鼎霞、白化文编著《佛教造像手印》，北京：中华书局，2011 年，第 217—218 页。

③此前有关学者和信众、游人多认为此尊像为“弥勒佛”。施萍婷先生则认为是罗汉。

④殷光明《从释迦三尊到华严三圣的图像转变看大乘菩萨思想的发展》，《敦煌研究》2010 年第 3 期，第 1—10 页。

传说”与佛教题材的塑像或壁画“交织融汇在一起的现象”,“大多出现于北魏西魏的壁画之中”,“在莫高窟初唐以后的壁画中，才逐渐销声匿迹”。[①]此画必是继承了历史传统。被这幅壁画所覆盖的还有两层壁画,绘制时间当更早。这样的题材构成和壁画重层现象为我们判定八峰崖石窟始凿于北魏至初唐时期,又找到了一则重要证据。

八峰崖石窟既有佛教造像,又有道教造像(如王灵官、玉皇大帝、关圣帝君、送子娘娘、药王、真武大帝、三官等),历史(包括儒家、科技等)人物造像(如王恶[②]、关公、药王、华佗等),真实地反映了释、道、儒之间相互影响、相互融合、和平共处,宗教文化和世俗文化相互结合、相互渗透的状况,“三教合一”现象明显,这是宋代以后石窟造像的明显特征和趋势。晚唐五代以后,佛教石窟体现出更多人间化的特点。[③]麦积山石窟同一时期造像亦更多地体现出人间化、人格化、地方化、汉族化等倾向。[④]八峰崖石窟菩萨尤其是普贤、文殊、观音菩萨塑像比例匀称、色调适度、肌肤丰满、仪容优美,不同于往昔之令人望而生畏,而是具有人情味、亲切感,缩短了神与人的距离,反映了佛教进一步世俗化、民间化、大众化的倾向。说明八峰崖石窟造像已很成熟,而如果没有佛、道文化的长期发展以及造像经验的积累、艺术水平的提高是做不到的。这又为八峰崖石窟创始于北朝至初唐时期提供了宗教和历史的依据。

八峰崖的窟龛形制包括崖阁形、廊庑形、前廊后室形、方形平顶形、殿堂形等。是否有圆券形、马蹄形、穹隆形等,似不明显,或有被风化及被以

---

①董玉祥著《梵宫艺苑——甘肃石窟寺》,第 51 页。

②传说王灵官即唐太宗时的王恶或宋徽宗时的王善。

③郑炳林《晚唐五代敦煌佛教转向人间化的特点》,郑炳林主编《敦煌归义军史专题研究续编》,兰州:兰州大学出版社,2003 年,第 533—556 页。

④郑炳林、沙武田《麦积山石窟北朝雕塑艺术体现的佛教人间化倾向》,郑炳林主编《敦煌佛教艺术文化国际学术研讨会论文集》,兰州:兰州大学出版社,2002 年,第 256—277 页。

其他形式破坏的情形，反映了历史的厚重感，如果原来就有这类窟形，则多属北朝时期。从现有窟形来看，天然成分明显，地方特色浓厚，多数窟龛呈不规则形状，但是木构建筑在很大程度上改变了原来的不规则形状。看来，最早开窟者一方面是利用了现成的、横向的天然缝隙提供的便利，另一方面也是受到这种条件的限制。而殿堂形窟为隋唐及其以后新兴的主要窟形。虽然八峰崖石窟在历史上被多次破坏与重修，但迄今外形上主要还是木构建筑殿堂。从八峰崖石窟窟龛形制的演变过程和规律可以看出，八峰崖石窟始凿于北朝的可能性最大，而在隋唐时期获得了重大发展，宋代以后延续了这种发展势头，继承了唐代风格。唐宋时期，八峰崖石窟曾达到历史上的鼎盛时期，则说明石窟创始必然很早。八峰崖和麦积山的窟龛形制的发展进程不谋而合。[①]这种情况为八峰崖石窟创建于北朝时期提供了新的证据。

二、比照其他石窟进行推断

新疆拜城克孜尔石窟“大约开凿于 3 世纪，4—5 世纪是其盛期，最晚的洞窟大约属于 8 世纪”[②]；甘肃敦煌莫高窟开创于先秦或前凉时期[③]；甘肃天水麦积山石窟开创于后秦时期[④]，西秦、北魏、西魏、北周、隋、唐、五

①孙晓峰《麦积山北朝窟龛形制的演变规律》，《敦煌研究》2003 年第 6 期，第 48—53 页。

②宿白《中国石窟寺考古》，宿白著《中国石窟寺研究》，第 16—20 页。

③宿白《武周圣历李君莫高窟佛龛碑合校》，宿白著《中国石窟寺研究》，第 262—269 页。《P.2551 李君莫高窟佛龛碑并序》，郑炳林编著：《敦煌碑铭赞辑释》，兰州：甘肃教育出版社，1992 年，第 9—13 页。荣新江著《敦煌学十八讲》《第二讲》“注释”第[18]条，北京：北京大学出版社，2001 年，第 45 页。

④阎文儒《麦积山石窟》《麦积山石窟的历史、分期及其题材》，阎文儒主编《麦积山石窟》，第 1—58 页。魏文斌《麦积山石窟初期洞窟调查与研究》，兰州大学博士学位论文，2009 年。

代、宋、元、明、清，均有开凿与修缮[①]；沮渠蒙逊于凉州“开窟造像在 412 年至 429 年之间”[②]；炳灵寺石窟开创于西秦时期[③]。八峰崖石窟属于石窟寺分区中的中原北方地区，中国四大石窟都处于这一地区[④]，这就决定了八峰崖石窟与这一区域内的其他石窟寺有一定联系。八峰崖石窟第 8 窟北壁主尊毗卢遮那佛须弥座中间部分的力神与始凿于北魏时期的洛阳龙门石窟宾阳北洞正壁主尊阿弥陀佛佛座中间部分的力神神态和风格[⑤]极为相似。这也为八峰崖石窟始凿于北魏时期提供了一则旁证。

由于莫高窟、炳灵寺、麦积山等石窟距八峰崖石窟相对较近，势必造成八峰崖石窟与之有较多共同点；其中麦积山石窟距离最近、影响最大。麦积山石窟现存大量十六国北朝时期的塑像和壁画，不排除麦积山石窟直接影响了八峰崖开窟造像的可能性。麦积山石窟对八峰崖石窟的影响一直延续到清代。孙晓峰先生说，八峰崖石窟“造像风格同以天水麦积山石窟为中心的周边各地方石窟明清造像相比较而言，没有明显的差异。人物服饰与麦积山石窟明清彩塑服饰如出一辙”。从“八峰崖现存的实物资料看，最早不会超过宋代，这也是许多当地学者的观点……虽然没有充分的实物资料，但从当时的种种情况推测，八峰崖石窟当开凿于北朝末年或隋唐之际”[⑥]。

---

①董玉祥《麦积山石窟的北魏窟龛及其造像》，阎文儒主编《麦积山石窟》，第 60 页。

②宿白《凉州石窟遗迹与“凉州模式”》，宿白著《中国石窟寺研究》，第 42 页。

③阎文儒、王万青《炳灵寺石窟总论》，阎文儒、王万青编著《炳灵寺石窟》，兰州：甘肃人民出版社，1993 年，第 1—93 页。

④宿白《中国石窟寺考古》，宿白著《中国石窟寺研究》，第 16—20 页。敦煌研究院编，卢秀文编著《中国石窟图文志·石窟志编》，第 165—169 页。辰闻著《宗教与艺术的殿堂——古代佛教石窟寺》，第 7 页。

⑤龙门文物保管所、北京大学考古系编著《中国石窟·龙门石窟》第 2 卷，北京：文物出版社，1992 年，图版第 7、11、12。

⑥孙晓峰《八峰崖石窟散记》，第 35—36 页。

陇南地区与川北地区相互连接,那么川北的石窟及造像如何呢?金维诺先生认为:“四川广元地处南北交流的孔道，由于接受河西佛教石窟的影响,南北朝时期就开始兴建石窟,千佛崖、皇泽寺摩崖造像就是其中的代表。”[①]而“千佛崖和皇泽寺石窟始凿于北魏晚期”,“它们是四川地区唯一的北魏造像”[②]。《广元皇泽寺文物保护维修工程报告》指出:

> 寺庙创建于北魏晚期,南朝梁武帝天监四年(505年),北魏政权派遣尚书邢峦为镇西将军,都督征梁、汉诸军事,其统军王足将兵入剑阁,所至皆捷,梁州十四郡地,东西七百里,南北千里,皆入于北魏,北魏在广元置西益州进行统治。随着军事上的占领，在北魏境内盛行的开窟造像的传统也很快传入广元。1983年在广元老城区出土的北魏延昌三年(514年)造像碑就是由来自梁、秦(今陕西汉中、甘肃天水一带)的显明寺比丘惠楞与平都寺比丘僧政所造。皇泽寺45、38号窟就开凿于这个时期……带有更多的北方石窟因素，可以明显反映出来自京城洛阳的影响。[③]

这段材料证实了北魏时期开窟造像之盛以及开窟造像之风从洛阳(经陕西和甘肃南部)向川北传播的情况。按佛教及石窟艺术传播先陇南而后川北的入蜀进程[④],既然更“南”的广元在南北朝时期就有石窟的开

---

①金维诺著《中国古代佛雕——佛造像样式与风格》,北京:文物出版社,2002年,第109页。

②雷玉华著《巴中石窟研究》,北京:民族出版社,2011年,第283页。

③皇泽寺博物馆编,罗宗勇主编《广元皇泽寺文物保护维修工程报告》,北京:文物出版社,2010年,《前言》第5页。

④阎文儒《四川广元千佛崖与皇泽寺》,《江汉考古》1990年第3期,第87—93页。马世长、丁明夷著《中国佛教石窟考古概要》,第279—295页。项一峰《试论天水与四川佛教石窟之关系》,第104—108页。萧易《广元千佛崖 佛祖入川前码头》,《看历史》2010年第6期,第125—129页。

凿，那么就有理由认为八峰崖石窟的开凿不会晚于川北，也就是不会晚于北魏。

八峰崖所在地自上古时期就和中原地区相联系，或为中原王朝辖地，或为中原与边境少数民族地区联结的纽带。魏晋南北朝及隋唐以后，河西、陇右等地僧人“西行南下”，有许多僧人经过甘肃东南部，加强了各地佛教和石窟寺艺术的相互联系和影响。[①]八峰崖等陇南市境内石窟是沟通甘、川两地石窟艺术的桥梁，兼有两地石窟风格。时至今日，八峰崖南面的仇池山伏羲庙在修复壁画时还聘请了陕西宝鸡的师傅。[②]所以陇南、川北、陕南等地在窟龛、塑绘方面相互影响自在情理之中。

目前所知陇南境内开凿最早的石窟为始凿于北魏中晚期的西和法镜寺石窟[③]、徽县佛爷崖石窟[④]；笔者认定成县大云寺石窟的开创亦不晚于北魏；[⑤]另外，虽然西和佛孔石窟始凿于明万历年间(1573—1620)，但佛孔寺则始建于北魏太和年间(477—499)。[⑥]那么，与麦积山石窟、法镜寺石窟、佛爷崖石窟、大云寺石窟、佛孔(石窟)寺相距很近的八峰崖石窟也很有可能始凿于北魏时期。

---

①杜斗城著《陇右高僧录》，兰州：兰州大学出版社，1993 年，第 1—289 页。

②王蓬《寻访仇池古国》，第 9—10 页。

③敦煌研究院编，卢秀文编著《中国石窟图文志·石窟志编》，第 244 页。孙晓峰《甘肃陇南几处中小石窟调查简报》，第 3—11 页。西和县志编纂委员会编纂《西和县志》，第 644 页。

④关于佛爷崖石窟的创始年代，有南北朝(敦煌研究院编，卢秀文编著《中国石窟图文志·石窟志编》，第 243 页)，北魏、西魏(张宝玺主编《甘肃石窟艺术雕塑编》，第 186 页。李永良主编《河陇文化——连接古代中国与世界的走廊》，第 275 页。王百岁《甘肃陇南石窟寺》，第 154—180 页)，隋(孙晓峰《甘肃天水、陇南地区中小石窟的初步考察》，第 42—51 页)，隋末唐初(孙晓峰《甘肃陇南几处中小石窟调查简报》，第 3—11 页)等不同观点。

⑤王百岁《成县大云寺石窟调查与研究》，第 21—26 页。

⑥王百岁《甘肃西和佛孔石窟调查与研究》，《敦煌学辑刊》2012 年第 3 期，第 115—123 页。

第四节 八峰崖石窟与仇池国

八峰崖石窟究竟开凿于何时？由谁开凿？迄今尚无定论。不过笔者以为，八峰崖石窟的开凿可能与北朝时期鲜卑拓跋氏北魏政权以及位于今甘、川、陕交界地区的古代氐族杨氏仇池政权有关。虽然我们目前还没有找到仇池国与八峰崖石窟开凿之间关系的直接证据，但我们的探讨无疑会逐渐接近真相。散布于今甘肃南部及四川西北部的白马藏族人实际上是古代氐族在漫长的历史中通过与周围的羌、汉、藏等民族长期接触、交往而逐渐形成的一个特殊族群。这一观点现已为大多数有关历史学、民族学的学者所认同。信仰佛教和开窟造像是魏晋南北朝时期氐族仇池国杨氏宗教、文化、政治活动的一项重要内容。据笔者考证，八峰崖石窟即为北魏统治下的仇池氐人所开凿。本节试就此观点进行探讨。

一、同为氐族政权的前秦和后凉俱信仰佛教或开窟造像

氐族是一个汉化程度很高的民族。十六国时期，“佛教大兴，每一个少数民族君主的身边几乎都有一个大和尚帮助他‘教化’百姓，如后赵时的佛图澄，前秦时的道安，北凉的昙无谶，后秦时的鸠摩罗什等。就是汉人建

立的前凉张氏政权，亦开始修建寺塔”[①]。前秦提倡汉化，“及坚之僭，颇留心儒学，王猛整齐风俗，政理称举，学校渐兴，关陇清晏，百姓丰乐”[②]，这些措施为信仰佛教和开窟造像创造了有利条件。前秦统治者重视并信仰佛教。《中国佛教史》谓：“前秦继后赵之后，成为中原佛教中心。苻坚信佛不下于石虎，在他的积极提倡下，道安晚年在长安译经，前秦统治的河西地区佛教势力也得到进一步发展。”[③]释道安“在邺城时曾遍注安世高所译禅经”，“还提出过禅行中‘弥勒决疑’的问题”，“他相信禅修可往生兜率天之说”[④]。故对于高僧道安，“苻坚甚重之”[⑤]。《高僧传》载：“时苻坚素闻安名，每云：‘襄阳有释道安，是神器，方欲致之，以辅朕躬。’后遣苻丕南攻襄阳，安与朱序俱获于坚。坚谓仆射权翼曰：‘朕以十万之师取襄阳，唯得一人半。’翼曰：‘谁耶？’坚曰：‘安公一人，习凿齿半人也。’既至，住长安五重寺，僧众数千，大弘法化。……坚敕学士内外有疑，皆师于安。故京兆为之语曰：‘学不师安，义不中难。’……安终后十六年，什公方至，什恨不相见，悲恨无极。”[⑥]《甘肃省志·宗教志》载，“前秦苻坚统治的44年当中，是佛教在西北最盛的时期”[⑦]。据甘肃省武威市现存《罗什寺碑》载：“凉地建塔始自于秦。”[⑧]这里的“秦”，无论指前秦还是后秦，都是信仰或笃信佛教的。世

---

①齐陈骏主编《西北通史》第2卷，兰州：兰州大学出版社，2005年，第576页。

②[唐]房玄龄等撰《晋书》卷113《苻坚载记上》，北京：中华书局，1974年，第2895页。

③任继愈主编《中国佛教史》第3卷，第663—664页。

④任继愈主编《中国佛教史》第3卷，第666页。

⑤汤用彤著《汉魏两晋南北朝佛教史》（增订本），第125页。

⑥[南朝·梁]释慧皎撰，汤用彤校注，汤一玄整理《高僧传》第5卷《义解二·晋长安五级寺释道安王嘉》，北京：中华书局，1992年，第177—188页。

⑦甘肃省地方史志编纂委员会、甘肃省志宗教志编纂委员会编纂《甘肃省志》第71卷《宗教志》，第89页。

⑧甘肃省地方史志编纂委员会、甘肃省志宗教志编纂委员会编纂《甘肃省志》第71卷《宗教志》，第88页。

界上现存最大的佛教艺术宝库——敦煌莫高窟，就开凿于前秦时期。据唐代武周圣历元年(698)立于莫高窟的《李君莫高窟佛龛碑》载，前秦建元二年(366)，沙门乐僔“杖锡林野行至此山”，“开凿了莫高窟的第一所佛窟”。随后禅师法良东来，又营造了一个洞窟。“从此，开始了近千年的敦煌石窟艺术创造。”[①]冯培红先生独辟蹊径，研究了石窟的早期功能，认为“五凉时期的佛教一直得到发展，塔寺林立”，其中“在前秦统治时期，河西的佛教进一步得到发展，特别是武威太守赵政极为崇佛，推动了河西佛教的发展及其与关中地区的交流”，终于在五凉后期，佛教“就趁机占据了祁连山一带的石窟，开始佛教石窟的时代”[②]。前秦统治时期对于佛教的重视及佛教之盛由此可见一斑。无独有偶，后凉亦重视佛教。据《高僧传》载：“什既道流西域，名被东川。时苻坚僭号关中……太史奏云：‘有星见于外国分野，当有大德智人，入辅中国。’坚曰：‘朕闻西域有鸠摩罗什，襄阳有沙门释道安，将非此耶。’即遣使求之。至十七年(公元三八一年)二月，善善王、前部王等，又说坚请兵西伐。十八年(公元三八二年)九月，坚遣骁骑将军吕光、陵江将军姜飞，将前部王及车师王等，率兵七万，西伐龟兹及乌耆诸国。临发，坚饯光于建章宫，谓光曰：‘夫帝王应天而治，以予爱苍生为本，岂贪其他而伐之乎，正以怀道之人故也。朕闻西国有鸠摩罗什，深解法相，善闲阴阳，为后学之宗，朕甚思之。贤哲者，国之大宝，若克龟兹，即驰驿送什。’”[③]吕光奉苻坚之命攻下龟兹后，携鸠摩罗什东返凉州，得知前秦已亡，乃在河

---

①荣新江著《敦煌学十八讲》，第 39—40 页。宿白《武周圣历李君莫高窟佛龛碑合校》，宿白著《中国石窟寺研究》，第 262—269 页。

②冯培红《五凉的儒学与佛教——从石窟的早期功能谈起》，《兰州学刊》2006 年第 1 期，第 50—54 页。

③[南朝·梁]释慧皎撰，汤用彤校注，汤一玄整理《高僧传》，第 45—60 页。另可参[唐]房玄龄等撰《晋书》卷 95《艺术·鸠摩罗什传》，第 2499—2502 页。[唐]房玄龄等撰《晋书》卷 122《吕光载记》，第 3053—3064 页。

西建立后凉。鸠摩罗什在凉州滞留十七年之久，充当了吕氏父子备问吉凶的工具。[①]鸠摩罗什留居河西期间，“吸引了一批佛学家到河西求师问道”[②]。故陆庆夫先生认为，“共存一时的凉州政权有一个共同特点，即都崇信佛教”[③]。“五凉时期，各凉国大都统辖西域，保证了中西交通的畅达。更多的佛教徒也都沿着这条贯通河西的古丝绸之路，或东来传经布道，或西行取经求法，他们中有很多人滞留凉州，布道译经，发展徒众，兴窟建寺，极大地影响并促进了凉州佛教的繁荣。”“佛教的东传不仅造成五凉佛教的繁荣，而且通过五凉又进一步传入南北朝，并对那里的佛教产生了重大影响。”[④]据《晋书·吕光载记》载：“是时麟见金泽县，百兽从之，光以为己瑞，以孝武太元十四年僭即三河王位，置百官自承郎已下，赦其境内，年号麟嘉。光妻石氏、子绍、弟德世至自仇池，光迎于城东，大飨群臣。”[⑤]这些材料反映出，吕凉政权也对传播和发展佛教做出了积极贡献，且后凉政权和仇池国是有联系的。由此可知，同为氐族的前秦和后凉都信仰佛教，或开窟造像，所以，同处魏晋南北朝时期的氐族仇池杨氏信仰佛教（或开窟造像）是基于共同的时代背景的、自然而然的事情。

二、仇池杨氏的汉化趋势及仇池氐人的佛教信仰

仇池国由十六国时期的略阳清水氐族杨氏始建。杨建新先生认为，秦汉之际氐族居住在今甘肃天水以南至四川茂县的涪江、白龙江、西汉水流域等地。白马氐应在今甘肃文县一带活动。杨先生据李泰《括地志》“陇右

①陆庆夫《五凉佛教及其东传》，陆庆夫著《丝绸之路史地研究》，兰州：兰州大学出版社，1999 年，第 244 页。

②赵向群著《五凉史探》，兰州：甘肃人民出版社，1996 年，第 285 页。

③陆庆夫《五凉佛教及其东传》，第 244 页。

④陆庆夫《五凉佛教及其东传》，第 243—261 页。

⑤[唐]房玄龄等撰《晋书》卷 122《吕光载记》，第 3059 页。

成州、武州皆白马氐，其豪帅杨氏居成州仇池山上”[①]认为“自汉至唐，甘肃东南部陇南山区皆有氐族活动，而且这里也应该是氐族最初的活动中心”[②]。《北史·氐传》云：“氐者西夷之别种，号曰白马……秦、汉以来，世居岐、陇以南，汉川以西……”[③]《史记》曰：“自冉駹以东北，君长以什数，白马最大，皆氐类也。”[④]《后汉书》认为：“自冉駹东北有白马国，氐种是也。”[⑤]杜佑亦谓：“氐者，西戎之别种，在冉駹东北，广汉之西。君长数十，而白马最大。”[⑥]当代许多学者也持这种观点。[⑦]《汉书》载：“武都郡，户五万一千三百七十六，口二十三万五千五百六十。县九：武都，上禄，故道，河池，平乐道，沮，嘉陵道，循成道，下辨道。”[⑧]汉代“……邑，有蛮夷曰道”[⑨]。这些道、县皆在武都郡治武都道附近。《水经注》云：“汉献帝建安中，有天水氐杨腾者，世居陇右，为氐大帅，子驹，勇健多计，徙居仇池，魏拜为百顷氐王。”[⑩]《资治通鉴》载：“初，略阳清水氐杨驹始居仇池。仇池方百顷，其旁平地二十余里，四面斗绝而高，为羊肠蟠道三十六回而上。（仇池，《汉书·地理志》所谓天池大泽，在武都郡武都县西，《水经注》所谓瞿塘者也。贤曰：“仇池山，在今

---

①[唐]李泰等著，贺次君辑校《括地志辑校》，第220页。

②杨建新著《中国西北少数民族史》，第181页。

③[唐]李延寿撰《北史》卷96《氐传》，北京：中华书局，1974年，第3171页。

④[西汉]司马迁撰，[南朝·宋]裴骃集解，[唐]司马贞索隐，[唐]张守节正义《史记》卷116《西南夷列传》，第2991页。

⑤[南朝·宋]范晔撰，[唐]李贤等注《后汉书》卷86《南蛮西南夷列传》，北京：中华书局，1965年，第2844页。

⑥[唐]杜佑撰《通典》卷189《边防五·氐》，北京：中华书局，1988年，第5141—5142页。

⑦黄烈《有关氐族来源和形成的一些问题》，《历史研究》1965第2期，第97—114页。杨建新著《中国西北少数民族史》，第180页。

⑧[东汉]班固撰，[唐]颜师古注《汉书》卷28下《地理志下》，北京：中华书局，1962年，第1609页。

⑨[东汉]班固撰，[唐]颜师古注《汉书》卷19上《百官公卿表上》，第742页。

⑩[北魏]郦道元著，[清]王先谦校《水经注》卷20《漾水》，成都：巴蜀书社，1985年，第352页。

成州上禄县南。"《三秦记》云:"仇池山,在仓、洛二谷之间,常为水所冲激,故下石而上土,形似覆壶。"《仇池记》曰:"仇池百顷,周回九千四十步。天形四方,壁立千仞,自然楼橹却敌,分置调均,竦起数丈,有逾人力。东西二门。盘道下至上凡有七里。上则岗阜低昂,泉流交灌,煮土成盐。")至其孙千万附魏,封为百顷王。千万孙飞龙浸强盛,徙居略阳。飞龙以其甥令狐茂搜为子,茂搜避齐万年之乱,十二月,自略阳帅部落四千家还保仇池,自号辅国将军、右贤王。关中人士避乱者多依之,茂搜迎接抚纳;欲去者,卫护资送之。是后杨氏遂世据仇池。"①然则仇池国初建时的政治中心在仇池山,仇池山位于今西和县南部大桥镇境内。北面与石峡镇境内的八峰崖石窟相望,两山顶(八峰崖石窟山顶与仇池山伏羲崖山顶)之间路程约 20 公里,直线距离约10 公里。仇池山主峰伏羲崖高 1793 米。仇池山所在地系今陇南市武都区、康县、成县、礼县、西和县等县(区)的交界处。仇池国疆域大体包括今甘肃东南、陕西西南和四川西北部一带。②秦汉以来,整个中国兴衰成败、分合更替;这一区域或从属于中原王朝,或名义上奉中原王朝正朔而实际上是地方独立王国;当地或为少数民族所建政权,或为汉族所建政权。无论如何,少数民族与汉族之间在政治、经济、军事、文化、科技、宗教、语言、习俗等方面相互影响是毋庸置疑的。仇池国小力弱,然介于南北之间、控扼陇蜀通道,故南北政权皆欲争夺。这种南北相争局面反而使仇池得到了在夹缝中生存的空间。特殊的环境、独特的外交势必促成仇池国与中原王朝的接触交往,提高仇池氐族民众的汉化水平。宗教方面,其与汉族及其他民族有一定的不同,但相当程度上受到汉文化的影响。关于仇池人的汉化问题,笔者在《仇池氐人汉化初探》一文中作了初步

①[北宋]司马光编著,[元]胡三省音注《资治通鉴》卷 82《晋纪四》,北京:中华书局,1956 年,第 2616—2617 页。

②李祖桓编著《仇池国志》,第 3、24、56、57、88 页。

研究，认为杨氏所处环境、自身血统变化、模仿汉人官制等因素都会促使杨氏逐渐汉化，杨氏生产生活方式、语言文字、风俗习惯、宗教信仰等方面都有不同程度的汉化。①今天文县白马藏族人的祖先崇拜、道拜信仰、杨氏爷信仰、行业神崇拜等绝非白马藏族人的专利，现今陇南许多汉人亦有相同或类似的信仰，按说汉人对于白马藏族人在宗教信仰方面的影响比起其他民族对氐人的影响及氐人对汉人的影响要大得多。今天白马藏族人的佛教信仰很明显主要来自汉传而非藏传。②佛教是古代氐人和今天的白马藏族人一脉相承的信仰。虽然笔者尚未找到有关仇池杨氏与八峰崖石窟之间关系的直接的、确凿的证据，但我们相信，相关的文献记载与民间传说绝非无稽之谈、空穴来风。随着佛教石窟寺考古、历史文献研究，八峰崖石窟与仇池国关系研究的推进，一定会有真实具体的情况被揭示出来。

三、北魏统治仇池国时期正好是北魏统治者信仰佛教、开窟造像的高潮时期

前秦和后秦对于佛教的信仰、宣扬和发展，为北魏时期的佛教大兴创造了有利条件。有意思的是，《晋书》记载的一段话引起了笔者的注意：

> 兴遣其将姚硕德、姚敛成、姚寿都等率众三万，伐杨盛于仇池。寿都等入自宕昌，敛成从下辩而进。盛遣其弟寿距成，从子斌距都。都逆击擒之，尽俘其众。杨寿等惧，率众请降。硕德还师。
>
> 晋汝南太守赵策委守奔于兴。
>
> 兴如逍遥园，引诸沙门于澄玄堂听鸠摩罗什演说佛经。罗什

①王百岁《仇池氐人汉化初探》，古元章、张金生、邱雷生等主编《首届中国白马人民俗文化研讨会论文集》，兰州：甘肃人民出版社，2013年，第492—505页。

②王百岁《白马人民俗文化：一种独特的的旅游文化》，邱正保、邱雷生、田佐主编《陇南白马人民俗文化研究》（论文卷），兰州：甘肃人民出版社，2009年，第36—45页。

通辩夏言，寻览旧经，多有乖谬，不与胡本相应。兴与罗什及沙门僧略、僧迁、道树、僧睿、道坦、僧肇、昙顺等八百余人，更出大品，罗什持胡本，兴执旧经，以相考校，其新文异旧者皆会于理义。续出诸经并诸论三百余卷。今之新经皆罗什所译。兴既托意于佛道，公卿已下莫不钦附，沙门自远而至者五千余人。起浮图于永贵里，立波若台于中宫，沙门坐禅者恒有千数。州郡化之，事佛者十室而九矣。

使姚硕德及冠军徐洛生等伐仇池，又遣建武赵琨自宕昌而进，遣其将敛俱寇汉中。[①]

从这段资料可以看出，当时姚兴进攻仇池政权时的路线、仇池山及其周围一带所在位置恰与今天的实际方位吻合，这也和八峰崖石窟位置相合；再说，后秦姚兴时期佛教大兴，必然影响到仇池国辖区及其附近地区，虽然后秦的统治时间较短，但是必然为以后北魏统治仇池故地奠定了坚实的基础。

杨建新先生研究认为，“自杨驹居仇池开国至杨永安亡国，其间凡五国，三十三主，约三百八十余年”。仇池五国包括前仇池国（296—371）、后仇池国（386—442）、武都国（443—477）、武兴国（478—553）、阴平国（479—580）等[②]。仇池国总是介于南、北方国家（力量）之间，努力在夹缝中求得生存，曾较长时期臣服于北魏或在宗教、文化等方面受北魏的影响。据《资治通鉴》载：

（宋文帝元嘉）二十年……春，正月，魏皮豹子等进击乐乡，

①［唐］房玄龄等撰《晋书》卷117《姚兴载记上》，第2984—2985页。

②杨建新著《中国西北少数民族史》，第176—198页。

将军王奂之等败没。魏军进至下辩，将军强玄明等败死。①

二月，胡崇之与魏战于浊水，崇之为魏所擒，余众走还汉中。将军姜道祖兵败，降魏，魏遂取仇池。杨保炽走。②

三月……壬戌……魏河间公齐与武都王杨保宗对镇雒谷，保宗弟文德说保宗，令闭险自固以叛魏。或以告齐，夏四月，齐诱执保宗，送平城，杀之。③

《魏书》载：

（魏太武帝太平真君）四年正月，豹子进击乐乡，大破之，擒义隆将王奂之、王长卿等六人，斩首三千余级，俘获二千人。豹子进军下辨，义隆将强玄明、辛伯奋弃城遁走，追斩之，悉获其众。义隆使其秦州刺史胡崇之镇仇池，至汉中，闻官军已西，惧不敢进，方明益其兵而遣之。豹子与司马楚之至于浊水，击擒崇之，尽虏其众。进至高平，义隆将姜道祖降，仇池平。④

弼等从祥郊山南入，与东道将皮豹子等讨仇池，遣永安侯贺纯攻义隆，塞狭道。守将姜道祖退守狭亭。诸将以山道崄峻，时又雪深，用马不便，皆迟留不进。弼独进军，使元齐、贺纯等击狭亭，道祖南走，仇池平。⑤

《宋书》载：

---

①[北宋]司马光编著，[元]胡三省音注《资治通鉴》卷82《晋纪四》，第3898—3899页。

②[北宋]司马光编著，[元]胡三省音注《资治通鉴》卷82《晋纪四》，第3899页。

③[北宋]司马光编著，[元]胡三省音注《资治通鉴》卷82《晋纪四》，第3899页。

④[北齐]魏收撰《魏书》卷51《皮豹子传》，第1130页。

⑤[北齐]魏收撰《魏书》卷28《古弼传》，第690—691页。

以辅国司马胡崇之为龙骧将军、秦州刺史、平羌校尉，守仇池。索虏拓跋焘遣安西大将军吐奚弼、平北将军拓跋齐等二万人邀崇之。二十年二月，崇之至浊水，去仇池八十里，遇齐等，战败没，余众奔还汉中。①

以上三种文献都记载了北方的北魏政权与南方的宋、齐等国争夺仇池国领地或在仇池国外围展开争斗的过程，具体经过大同小异。有三点值得注意：第一，仇池国在南、北方大国的夹缝中求生存，处境艰难；第二，北魏与宋、齐对仇池国的争夺异常激烈，仇池国面对来自南、北两方面的压力，摇摆不定；第三，在北魏与南朝宋、齐争夺仇池的战争中，北魏多居于优势，而南朝宋、齐则败多胜少。

北魏太武帝于太平真君四年(443)平定仇池，仇池国遂归北魏统辖。从该年北魏占据秦州到孝武帝永熙三年(534)北魏灭亡的近一个世纪里，几次变革促使政治、经济、文化诸方面发生了深刻变化。麦积山石窟的北魏窟龛和造像，主要也是在这一期间开凿和修造的。②北魏鲜卑拓跋氏统治者笃信佛教，且在云冈、龙门、麦积山等地大量开窟造像，故笔者推测八峰崖石窟即开凿于北魏统治仇池时期。

北魏是中国佛教发展和佛教石窟开凿史上极其重要的一个朝代，正如任继愈先生主编之《中国佛教史》中所说："在我国石窟艺术的发展中，北魏和隋唐是具有划时期意义的重要阶段。"③氐族杨氏仇池政权统治者亦笃信佛教，积极开窟造像。北魏与仇池这两个方面的佛教因素为我们探寻八峰崖石窟的始凿者和始凿时间提供了极其重要的线索。

①[南朝·梁]沈约撰《宋书》卷98《氐胡传》，北京：中华书局，1974年，第2409页。

②董玉祥《麦积山石窟的北魏窟龛及其造像》，阎文儒主编《麦积山石窟》，第61页。

③任继愈主编《中国佛教史》第3卷，第747页。

董玉祥先生在《麦积山石窟的北魏窟龛及其造像》中说："麦积山石窟现存窟龛共一九四个，分别为后秦（或西秦）、北魏、西魏、北周、隋、唐、五代、宋、元、明、清各代开窟或修缮。其中属于北魏时期开凿的窟龛就达八十九个，几乎占全部窟龛的二分之一。"①

宿白先生在《中国佛教石窟寺遗迹——3至8世纪中国佛教考古学》中指出：

> 大约从太和十八年（494年）北魏迁洛以来的二十年间，北中国好像兴起了一个"石窟热"，许多地方官跟着皇室也在地方上开凿起石窟来了。根据现存资料，我们初步统计一下：洛阳龙门最早的纪年铭记是太和十九年（495年）；辽宁义县万佛堂最早的是太和二十三年（499年）；巩县大约开凿于景明中（500—503年）；炳灵、麦积开始虽早，但现存北魏铭记，前者最早是延昌二年（513年），后者是景明三年（502年）。此外，庆阳寺沟石窟是永平二年（509年）；泾川王家沟石窟是永平三年（510年）。除了响堂、天龙兴凿较晚，北中国一些重要石窟和次要石窟，大都开始兴建或继续兴建于495—513年这一阶段。这一阶段正是北魏迁洛初期，统治集团还有力量控制老百姓的时期，过了这个阶段各地起义风起云涌，北魏统治者已没有新建石窟地点的实力了。②

又阎文儒先生在《中国石窟艺术总论》中云：

①董玉祥《麦积山石窟的北魏窟龛及其造像》，阎文儒主编《麦积山石窟》，第60页。

②宿白著《中国佛教石窟寺遗迹——3至8世纪中国佛教考古学》，北京：文物出版社，2010年，第37页。

> 北魏太和年中，鲜卑统治集团为了加速北魏政权的封建化过程……反映到石窟艺术上，以云冈、龙门为中心，无论何种形象，都采取了汉族形式的衣饰。由北魏首都平城、洛阳向外发展，西至秦陇、河西各石窟，南至巴蜀，东北至营州（义县万佛堂），东南至青、徐（云门山至驼山）都受到了影响。这是中国石窟艺术发展历程中的一大变化。根据这样的发展道路，全国最大的石窟群，如莫高窟、麦积崖、炳灵寺、寺沟等石窟北朝中期后的造像，完全可以说受到云冈、龙门造像的影响。北朝末年，四川广元千佛崖第七十二窟的佛、菩萨等造像，与甘肃天水麦积崖中晚期的造像风格是完全相同的，因此可以说，四川地区早期的石窟造像是受到麦积崖、炳灵寺石窟造像影响的。①

以上材料提供的有关八峰崖石窟的两个重要信息是：第一，正是在北魏时期，开窟造像之风从云冈、龙门向中原北方其他广大地区（含位于黄河以东以南的今陇南市一带）扩展；第二，四川地区早期石窟与造像正是受到了麦积山石窟造像的影响，而这一影响只能是通过今陇南市一带的传播实现的。这也是今陇南西和一带开窟造像较早的历史、地理、宗教艺术理论根据之一。

既然极有可能是仇池国统治者氐族杨氏开凿了八峰崖石窟，那么为什么一般不说是仇池国统治时期开凿了八峰崖石窟而常说是“北魏时期开凿了八峰崖石窟”或“北魏统治仇池国时期开凿了八峰崖石窟”呢？笔者认为主要有两个理由：第一，在魏晋南北朝时期，北魏的佛教信仰和开窟造像在当时诸政权中最为隆重、时间最长、最具代表性，因而北魏开窟造像是历史上的一个典型，是一个时代和一种风格的集中体现；第二，八峰

---

①阎文儒著《中国石窟艺术总论》，第 11 页。

崖石窟开凿最为可能的时间是在北魏统治（即后仇池国灭亡以后）时期，且仇池国的佛教信仰和开窟造像必是受到了北魏造像风气及造像风格的影响。所以，我们一般认为，最大的可能是“北魏统治时期开凿了八峰崖石窟”。

以下所述仇池国杨氏在洛阳龙门、天水麦积山及西和八峰崖开窟造像亦都极有可能发生在北魏拓跋氏统治前、后仇池国故地时期。

四、仇池氐人、北魏名将杨大眼在洛阳龙门开窟造像

河南洛阳龙门石窟古阳洞现存北魏“仇池杨大眼为孝文皇帝造像记”①。《金石萃编》载：

> 杨大眼造像记：（碑连额高三尺九寸，广一尺七寸四分；十一行，行廿三字；正书，额题“邑子像”三字，亦正书；在洛阳伊阙。）邑主仇池杨大眼为孝文皇帝造像记：夫灵光弗曜，大千怀永夜之悲；玄踪不遘，叶生含靡导之忏。是以如来应群缘以显迹，爰暨□□，□像遂著，降及后王，兹功厥作。辅国将军、直阁将军、□□□□、梁州大中正、安戎县开国子仇池杨大眼诞承龙曜之资，远踵应符之胤，禀英奇于弱年，挺超群于始冠。其□也，垂仁声于未闻，挥光也，摧百万于一掌。震英勇则九宇咸骇，存侍纳则朝野必附。静王衢于三纷，扫云鲸于天路。南秽既澄，震旅归阙，军次□行，路径（经）石窟，览先皇之明踪，睹盛圣之丽迹。瞩目□霄，泫然流感。遂为孝文皇帝造石像一区，凡及众形，罔不备列。刊石记功，示之云尔。武。②

①宫大中著《龙门石窟艺术》，上海：上海人民出版社，1981年，第214页。

②［清］王昶辑《金石萃编》卷28，北京：中国书店，1985年。

温玉成先生在论及“龙门北朝小龛”时也部分引用了“杨大眼造像记”内容。[①]此材料说明，原仇池氏人、北魏名将杨大眼在洛阳龙门石窟为魏孝文帝造石像龛（约完工于公元502—503年）的史实。《魏书》载：“杨大眼，武都氐难当之孙也……太和中，起家奉朝请……从高祖征宛、叶、穰、邓、九江、钟离之间，所经战陈，莫不勇冠六军……以功封安成县开国子，食邑三百户。除直阁将军，寻加辅国将军、游击将军。”“大眼虽不学，恒遣人读书，坐而听之，悉皆记识。令作露布，皆口授之，而竟不多识字也。”[②]毋庸置疑，杨大眼在龙门造像，只能是自己出资、雇用石匠操作。“杨大眼造像记”却可笼统地被视作北魏统治者及民众信仰佛教及开窟造像情况的证明。杨大眼虽然不读书、识字不多，但在仇池地区及北魏王朝中，难免会受到当时整

图1-57　龙门石窟古阳洞杨大眼造像龛[③]

图1-58　麦积山石窟第78龛正壁坐佛（部分）　北魏[④]

①温玉成《龙门北朝小龛的类型、分期与洞窟排年》，龙门文物保管所、北京大学考古系编《中国石窟·龙门石窟》第1卷，北京：文物出版社，东京：株式会社平凡社，1991年，第212页。

②[北齐]魏收撰《魏书》卷73《杨大眼传》，第1633—1636页。

③龙门文物保管所、北京大学考古系编《中国石窟·龙门石窟》第1卷，图版第159。

④天水麦积山石窟艺术研究所编《中国石窟·天水麦积山》，图版第6。

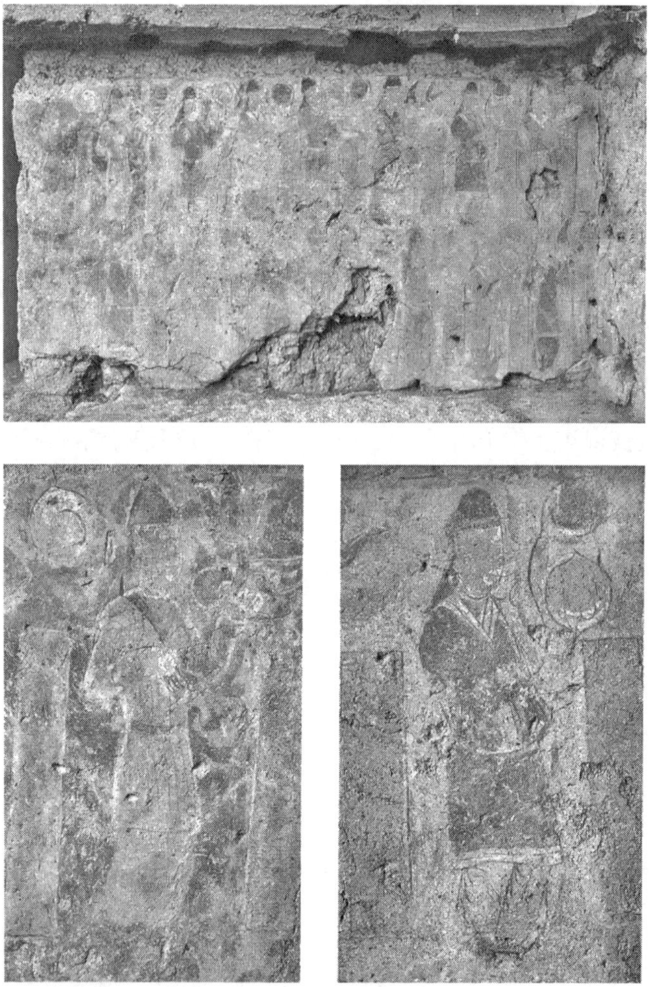

图 1-59　麦积山石窟第 78 龛佛坛　供养人　北魏[①]

个北魏社会的文化氛围尤其是佛教文化的熏陶。由此观之，正是由于杨大眼受到北魏社会信仰佛教及开窟造像大环境的影响，他才能够在龙门石窟“为孝文皇帝造石像一区，凡及众形，罔不备列”。在当时的环境中不仅是自然而

①天水麦积山石窟艺术研究所编《中国石窟·天水麦积山》，图版第 11、12、13。

然的事情，而且看来很虔诚、很严肃、很隆重。这间接反映出仇池国统治者及民众或亦信仰佛教、具有开窟造像的意识和行动。

以此来推定仇池杨氏在八峰崖开窟造像当然是在情理之中。

五、仇池杨氏在天水麦积山石窟的凿窟、塑像、绘画和题记

为了论述的方便，兹摘引《中国石窟·天水麦积山》之《图版说明》7 条内容如下：

第 6[①]："第 78 龛　正壁　坐佛（部分）　北魏"条云："第78 龛位于西崖下部，高 4.5 米，宽 4.7 米，龛内宽大而高敞。进深较小，拱顶，拱弧较缓。正壁和两侧壁起凹字形佛坛，坛高 0.9 米，坛上造坐佛三尊一铺。正壁主尊坐佛高 3.25 米，高肉髻，面形略方，鼻直，双目平视，神情庄重。身躯挺拔雄健，穿右袒式袈裟，衣纹为不规则的平行阴刻线，结跏趺坐，两手残，疑作说法印。坐佛两侧原塑胁侍菩萨各一。两侧上部有小龛各一，约高 0.6 米，宽 0.7 米。右壁坐佛与正壁略同，高 3.18 米，作禅定印，无胁侍。左壁造像已毁。此龛佛像的风格与云冈石窟昙曜五窟相近似，应是大体同一时期的作品。根据佛坛壁画供养人题名，可知此龛现存塑像和壁画作于北魏仇池镇时期，当在文成帝恢复佛法到孝文帝太和十二年罢仇池镇之际（452—488），至于洞窟始建，据龛内迹象判断应更早。一些研究者认为这是麦积山现存最早的洞窟之一。"[②]

第 11："第 78 龛　佛坛　供养人　北魏"条云："在龛内凹字形佛坛上，1965 年从后代覆盖层之下清理出坛壁上原绘供养人行列，大多漫漶，难以辨识。现仅西面保存稍好，画高 0.55 米，宽 1.5 米，为上下两列、共十六身男供养人像，均头包巾帻，上身着交领窄袖大衣，腰束带，下身为宽腿

---

①此处"第 6"是"图版说明"之序号。下同。

②天水麦积山石窟艺术研究所编《中国石窟·天水麦积山》之《图版说明》，第 230 页。

束口裤，足穿尖头乌皮靴。每身供养人都有题名。有两则题名中可辨认出“仇池镇”字样。据此可知，此龛经过仇池镇氏族供养人的修造。公元446年至488年，北魏在天水以南置仇池镇，这一时间界限为考证该龛的修建年代提供了重要依据。在这一时间界限之内，若作更具体的考虑，公元446年即北魏太武帝太平真君七年，置仇池镇，同年下诏灭佛法；此后，只有到了公元452年即正平二年，文成帝即位后，于年底下诏复法，麦积山石窟才有可能继续修造，因此可以确定这一批壁画供养人的绘制时间，当以公元452年为上限。又据清理这些壁画的记录，认为这并非最底层的遗迹，在它的叠压之下，应还有一层更为古老的壁画。据史籍记载，后秦姚兴[①]封杨盛为都督益、宁二州诸军事征南大将军益州牧。公元431年西秦亡国之后，仇池氏王杨难当据秦州几达五年之久。所以，此龛初建于北魏仇池镇之先的可能性是值得认真考虑的。”[②]

第12：“第78龛　佛坛　供养人　北魏”条云：“这是佛坛西面上列右起第七身男供养人像，高0.23米，着浅色窄袖袍，领缘黑色镶边，手持花枝。身后的第八身供养人题名为“仇池镇……□(经)生王□□供养十方诸佛时。”[③]

第20：“第74龛　正壁左侧　菩萨(部分)　北魏”条云：“第74龛和第78龛，距离相近、规模相仿、形制相同，造像的艺术风格也相似，应是一组关系密切的双龛。此龛平顶。正壁主尊坐佛因残损过甚，经晚近重修，已面目全非，但雄健的身躯仍表现出如云冈石窟昙曜期造像般的浑厚和力量。正壁两侧二胁侍菩萨基本保存完好，长发，戴宝冠、项圈、臂钏，上半身裸，斜披右袒袈裟，一手拈花枝于胸前，另一手下垂提巾带或净瓶。其面形

①原文此处有两个“姚兴”，疑其中“姚兴”两字衍。

②天水麦积山石窟艺术研究所编《中国石窟·天水麦积山》之《图版说明》，第230—231页。

③天水麦积山石窟艺术研究所编《中国石窟·天水麦积山》之《图版说明》，第231页。

长圆而略方，鼻较高；身体扁平，紧贴壁面，衣褶细密流畅；造型特点与炳灵寺石窟西秦造像比较，仍有相当多的类似之处，表明自十六国至北魏早期，造像风格并无显著的演化，二胁侍菩萨上方各开一小龛，分别塑交脚或思维菩萨像，亦与第78龛正壁情况相同。左壁龛高0.62米，宽0.8米，右侧龛高0.65米，宽0.71米。"①

第21："第74龛　右壁　坐佛（部分）　北魏"条云："此龛左右两侧壁各塑一坐佛，均作禅定印。左壁坐佛头部已残毁。右壁坐佛保存较好，高2.8米，与第78窟一样，同为波纹高肉髻，面形方圆，着右袒袈裟、僧祇支，无胁侍。其造型概括，鼻孔未塑出，嘴角凹陷，体面转折清晰，衣褶为平行阴刻线。"②

第46："第76窟　左壁　菩萨　北魏"条云："第76窟位于第74窟左上方，是一个约1米余见方的小窟。正壁须弥座上塑坐佛一身，着通肩袈裟，作禅定印，面形略方。二胁侍菩萨塑在左右两壁，高0.8米，已不纯是北魏早期胁侍菩萨一手抚于胸前，一手伸直下垂的刻板僵硬的姿态，而增加了动作的变化，尤其胯部稍稍向侧方的扭动，丰富了形体轮廓的曲线。正壁两侧上部小龛中，现存塑像均为坐佛。左壁上部小龛三个，右壁上部小龛四个，两壁前部又有小龛各两个，全窟共计小龛十三个，其中泥塑坐佛均为禅定相。正壁佛坐前面曾剥出底层造窟铭记，据金维诺先生识读，铭文起首有'南□（燕）□（主）安都侯'六字。这一铭记曾被涂盖，现表层白地上画有栏格，但未书写。显然此窟经过重修，由窟内形制和布局的早期形式与现存造像表现出的较晚期的因素之间的矛盾状况，也可得到证明，其建窟的时间也许可以追溯到很早。"③

第50："第76窟　正壁左侧下部　供养人　北魏"条云："正壁和左、右壁下部的影塑供养人制作精致。这些采用模制方法塑成后贴于壁上的

①天水麦积山石窟艺术研究所编《中国石窟·天水麦积山》之《图版说明》，第231页。

②天水麦积山石窟艺术研究所编《中国石窟·天水麦积山》之《图版说明》，第231页。

③天水麦积山石窟艺术研究所编《中国石窟·天水麦积山》之《图版说明》，第232页。

影塑，一般高约0.21米，生动活泼。正壁下部佛座右侧的女供养人，梳高髻，穿交领襦、长裙，面部塑造简练含蓄，微笑俯视的神态，十分感人。佛座左侧的男供养人，头戴冠，穿交领袍，表情庄重。这男、女窟主的形象所表现的是北魏有一定社会地位的上层人物。右壁下部菩萨圆台里侧的女供养人亦保存完好，肩披风衣，是当时现实生活中年青美丽的女子形象。”[①]

仇池国氐族杨氏曾在天水麦积山石窟第78窟凿窟、造像、绘画。按照郑炳林、花平宁先生的说法，“第78窟是天水麦积山石窟中最早的石窟，就其造像艺术风格来说，应当早于第76窟，属于西秦所开凿的石窟，与第74窟为同期作品”[②]。尽管如此，第78窟现存北魏“仇池镇”供养人画像及题记，保存了抹不掉的历史事实。该窟佛坛右侧坛基上的18身仇池镇供养人画像左侧上列第一身男像墨书榜题被多位专家释读为“仇池镇……□(经)生王□□供养十方诸佛时清信士……”[③]，各种识读大同小异；下列第三身男像榜书被金维诺先生释读为“仇池镇杨□□□养□□□□□”等[④]。张锦秀等先生认为，该榜题“是北魏太平真君七年(446)至太和服饰改制(486)期间的作品”。而且“右壁坛基前绘男供养人两排……均以巾帻包头，抹额束带于脑后作结，巾角披肩，手持莲蕾、忍冬等。上穿高领窄袖大衣，其中多为白领黑衣，有的为红领红袖口，腰间束带，下穿长裤，足蹬尖头靴，为当时活动在秦州一代的氐人服饰”。在“仇池镇供养人”榜

①天水麦积山石窟艺术研究所编《中国石窟·天水麦积山》之《图版说明》，第233页。

②郑炳林、花平宁《麦积山石窟第76窟建窟时代考》，郑炳林、花平宁主编《麦积山石窟艺术文化论文集》(上)，兰州：兰州大学出版社，2004年，第49—65页。

③金维诺《麦积山石窟的兴建及其艺术成就》，第166页。麦积山石窟艺术研究所编，李西民、蒋毅明整理《麦积山石窟内容总录》，天水麦积山石窟艺术研究所编《中国石窟·天水麦积山》，第281页。麦积山石窟志编纂委员会编纂，张锦秀编撰《麦积山石窟志》，兰州：甘肃人民出版社，2002年，第138页。魏文斌《20世纪早中期甘肃石窟的考察与研究综述》，《敦煌学辑刊》2005年第1期，第75页。

④金维诺《麦积山石窟的兴建及其艺术成就》，第166页。

题右侧，“亦剥出同一风格的供养人画像，头戴软脚幞头，穿尖领右衽袴褶，衣饰青色，有竖条纹，面部长圆，造型清瘦，形体稍有曲线，双手端高足灯，表现出虔诚恭谨的神态”[①]。

仇池国氏族杨氏亦曾在麦积山石窟第76窟凿窟、造像、绘画。郑炳林、花平宁先生认为：“东晋十六国南北朝时期天水地区曾经一度属仇池国杨氏政权管辖，杨氏在管辖天水期间不但在天水设置护军镇进行行政军事管辖，而且在麦积山石窟进行开凿石窟的活动，留下很多佛教遗迹，对于我们研究仇池佛教史有很重要的意义。”“麦积山石窟第76窟是麦积山诸石窟中最早开凿的石窟之一，时间稍晚于第78窟和第74窟，根据学术界的研究成果，第78窟是北魏早期或者十六国时期开凿的石窟，而第76窟按照石窟的艺术风格应当是十六国石窟向北魏石窟风格过渡时期的石窟。”[②]“仇池地区北魏时期称之为南秦，仇池王经常被封为南秦州刺史。……在整个北朝时期，始终把仇池地区称作南秦州。……南□主，识读作南燕主还不如识读作南秦主更贴切。”[③]郑炳林先生说：“杨氏建立的仇池国曾经一度占领了天水，把天水作为其二十部护军镇之一。”[④]407年前后，秦州是仇池杨氏政权的一个护军镇，属于仇池政权管辖的范围；或“管辖权是在后秦手中”，而慕容超妻呼延氏没有任何理由，也不可能到仇池管辖的秦州命人开龛建窟。从登国四年（389）起，到太平真君三年（442），仇池管辖天水地区54年，而这一时期正是麦积山石窟佛教造像艺术从西秦向北魏的转型时期，仇池杨氏政权在这样长的时间里，不可能在麦积山石窟无所建造。据《梁书·诸夷传·武兴国》载：“武兴国，本仇池。……

①麦积山石窟志编纂委员会编纂，张锦秀编撰《麦积山石窟志》，第107页。

②郑炳林、花平宁《麦积山石窟第76窟建窟时代考》，第49—65页。

③郑炳林、花平宁《麦积山石窟第76窟建窟时代考》，第49—65页。

④郑炳林《仇池国二十部护军镇考》，《西北民族研究》1991年第2期，第207—215页。

其国东连秦岭，西接宕昌，去宕昌八百里，南去汉中四百里，北去岐州三百里，东去长安九百里。本有十万户，世世分减。其大姓有苻氏、姜氏。言语与中国同。著乌皂突骑帽，长身小袖袍，小口裤，皮靴。地植九谷。婚姻备六礼。知书疏。种桑麻。出绸、绢、精布、漆、蜡、椒等。山出铜铁。”[①]《南史·夷貊传下》记载同一史实内容与《梁书》所记基本相同。[②]郑炳林、花平宁先生指出：“在第76窟右壁下方泥塑三身女供养人像，就其服装来说，上身穿交领长身小袖袍，下身穿裙摺，头挽高髻。两身皂衣绿裙，一身绿衣皂裙。单从上衣来说，完全符合仇池氐族人的服装特点。”[③]可见第78、76窟供养人像的仇池氐族人服饰与历史文献所记相同。据此，郑炳林、花平宁先生推断：“麦积山石窟第76窟的开凿……很可能与在陇南地区建立政权并一度管辖天水的仇池国有关，是仇池管辖天水时期开凿的石窟。”“麦积山石窟第76窟是仇池杨氏政权所建。”“第76窟所表现的艺术风格与第74、第78窟相去比较远，这说明麦积山石窟佛教造像艺术通过仇池也接受了南朝的风格。”“麦积山石窟第76窟是仇池杨俊时期所开凿，由于受当时政治形势的影响，所以窟龛建造得比较小；从供养人的服饰看是典型的仇池装束，从造像风格上说更多地接受了南朝的影响。因此，第76窟是十六国时期开凿的石窟，与南燕没有任何关系。”[④]郑炳林、花平宁先生否定了金维诺先生关于麦积山石窟第76窟题铭“安燕主安都侯□□□/姬□□□后□造……”的识读[⑤]，认为应该识读为“南□主安都

---

①[唐]姚思廉撰《梁书》卷54《诸夷传·武兴国》，北京：中华书局，1973年，第816—817页。

②[唐]李延寿撰《南史》卷79《夷貊传下·武兴国》，北京：中华书局，1975年，第1979—1980页。

③郑炳林、花平宁《麦积山石窟第76窟建窟时代考》，第63页。

④郑炳林、花平宁《麦积山石窟第76窟建窟时代考》，第49—65页。

⑤金维诺《麦积山石窟的兴建及其艺术成就》，第165—180页。

侯□右谕□俊敬造”→“南秦主安都侯□陇右诸□□俊敬造”。[①]笔者以为，金维诺先生对麦积山石窟相关问题的研究具有相当深度，是研究麦积山石窟的必读篇章，但在金维诺先生研究的基础上，郑炳林、花平宁先生结合史地知识进行解读，其得出的结论亦令人信服。

不排除北魏或以前时期仇池国人在麦积山石窟第74窟开窟造像的可能性。据马千先生等研究，麦积山石窟第74窟位于西崖中下部，为一摩崖平拱敞口大龛。内作凹字形高坛基。现存大小泥塑11身，残损严重。塑像主要有三佛及主尊两侧两胁侍菩萨等。塑像庄严、肃穆，塑造手法纯熟，塑像造型优美。壁绘飞天、千佛、莲花等。与炳灵寺石窟第169窟在艺术风格上属同一类型。与麦积山石窟第78窟同为后秦时期所开凿，北魏时期重修。是麦积山石窟现存洞窟中开凿最早者之一，具有极高的研究价值。[②]笔者以为，既然第78、76窟都留下了仇池镇统治者或民众信仰佛教及开窟造像的遗迹，而第78、74窟同为麦积山石窟开凿最早的石窟，两窟距离、规模、形制、开窟年代、坛基形状、造像内容、塑像风格等又极为接近，学者们将二窟称为“双窟”[③]，同处第76窟两侧[④]，故第74窟极有可能为仇池镇氐族杨氏所开凿，或仇池镇氐族杨氏曾在窟中进行塑像与绘画。

第78、76窟的壁画和题记是仇池氐人信仰佛教且具有开窟造像意识和行动的铁证。金维诺先生认为，虽然吐谷浑和仇池等相继在今天水一带进行过统治，但是“由于战乱连年，都不会有大规模开凿石窟的可能”。即便如此，金先生也没有否认仇池国人在麦积山凿窟、塑像、绘画的事实，因

---

①郑炳林、花平宁《麦积山石窟第76窟建窟时代考》，第49—65页。

②马千、张萍《麦积山石窟第74窟现状调查及研究》，《丝绸之路》2010年第16期，第32—35页。

③天水麦积山石窟艺术研究所编《中国石窟·天水麦积山》之《图版说明》，第231页。

④郑炳林、花平宁《麦积山石窟第76窟建窟时代考》，第59页。

为石窟题记迄今犹存,金先生得以在文中确认之。[①]这启发我们推想,既然当时天水一带比陇南一带战乱更频繁、更猛烈,那就有可能仇池杨氏族人将注意力转移到与仇池山近在咫尺、位于仇池山东北方位、与仇池山对峙相望的八峰崖,从而在八峰崖开窟造像。刘晓毅、项一峰二位先生推断,"据有关专家考证仇池人北魏时在麦积山可能存造一批窟龛造像,由此反映仇池氏人北魏时已深信佛教"的结论。我们固然对"仇池氏人北魏时已深信佛教"一事确信不疑,却以为刘、项二位先生此处的论证理由似不充分。但他们提到,释玄高、释法生、杨大眼、陈晕、李冲、胡太后、皇甫度等曾在麦积山石窟或龙门石窟开窟造像,沟通了两地在佛教信仰、开窟造像方面的交流,增进了两地的相互影响,其中包括将中原一带的造像风格大量地传播到天水地区,这说明麦积山石窟与龙门石窟之间存在相互影响的关系,他们所叙说的这种情况是存在的。而既然龙门(或其他地区)的开窟造像之风能够影响到麦积山的开窟造像,那么麦积山的开窟造像之风怎么就不会影响到八峰崖的开窟造像(或是八峰崖与麦积山同时开窟、造像、绘画、建筑)呢?

图 1-60 麦积山石窟第 76 窟 内景 北魏[②]

根据以上理由,我们推定仇池氏族杨氏在八峰崖开窟造像之事

①金维诺《麦积山石窟的兴建及其艺术成就》,第 165—180 页。

②天水麦积山石窟艺术研究所编《中国石窟·天水麦积山》,图版第 42。

图 1-61　寺湾里古代寺院遗址(孙晓峰提供)

亦属顺理成章。

六、关于在八峰崖开窟造像的部分文献佐证和历史遗迹

西汉分全国为十三州刺史部,分辖郡国及县、邑道、侯国。武帝元鼎六年(前 111)平西南夷后,从白马氐聚居区析置武都郡,此为西和置郡之始。[①]蜀汉诸葛亮北伐时多次经过陇南(西和)。[②]据《路史》载,"太昊伏羲氏……生于仇夷长于起城"[③]。据《魏书》载:"仇池方百顷,因以为号,四面斗绝,高七里余,羊肠蟠道三十六回,其上有丰水泉,煮土成盐。"[④]仇池山是仇池国的发祥地和仇池氐人的活动中心之一。[⑤]由此可见,仇

①西和县志编纂委员会编纂《西和县志》,第 123 页。

②[西晋]陈寿,[南朝·宋]裴松之注《三国志》卷 35《蜀书·诸葛亮传第五》,第 911—931 页。

③[南宋]罗泌《路史》卷 10,永瑢、纪昀等编纂文渊阁《四库全书》第 383 册《史部别史类》,第 73 页。

④[北齐]魏收撰《魏书》卷 101《氐、吐谷浑、宕昌、高昌、邓至、蛮、獠》,第 2227 页。

⑤杨建新著《中国西北少数民族史》,第 193—198 页。

池山地位和影响力非同一般。正所谓“仇池山本身就是一处积淀深厚的文化符号”。①

关于佛教最先传入西和及八峰崖石窟始凿年代的问题，康熙三十六年(1697)《西和县新志》、乾隆三十九年(1774)《西和县志》、中华民国三十六年(1947)《重修西和县志》均无载。②西和县志编纂委员会编纂之《西和县志》载:“佛教何时传入本县,尚无确切记载。但从西和法镜寺佛教造型推知,最迟也在北魏时期……唐朝时,佛教在本县就很盛行。”“明代以前窟龛建造已臻完善。”③由此可知,佛教最早传入西和及在西和境内开窟造像,当不晚于北魏。唐代大诗人杜甫于肃宗乾元二年(759)从关中经秦州(今天水),过成州同谷(今成县)至剑南(今四川),路过西和石峡时写了一首《石龛》诗。《石龛》诗曰:

> 熊罴哮我东,虎豹号我西。我后鬼长啸,我前狨又啼。天寒昏无日,山远道路迷。驱车石龛下,仲冬见虹霓。伐竹(一作木)者谁子,悲歌上(一作抱)云梯。为官采美箭,五岁供梁齐。若云直簳(一作笴)尽,无以充(一作应)提携。奈何渔阳骑,飒飒惊烝黎。④

《石龛》诗是否针对八峰崖石窟而作,颇有争议。陈贻焮先生认为,“石龛”只是指“自秦州到同谷途中经过之处,不可确指”⑤。不过笔者持

①王蓬《寻访仇池古国》,第6页。

②西和县志办公室校点《西和县志》,第1—487页。

③西和县志编纂委员会编纂《西和县志》,第732、733页。

④[唐]杜甫《石龛》,[清]彭定求、杨中讷等修纂《全唐诗》卷218,第2297页。另见[唐]杜甫《石龛》,宋刻本《杜工部集》第3卷,上海图书馆藏。

⑤陈贻焮主编《增订注释全唐诗》第2册,北京:文化艺术出版社,2001年,第56页。

肯定态度。[①]刘雁翔先生明确说："杜甫所咏石龛就是八峰崖石窟。"[②]赵逵夫先生亦认为，"杜甫写的《石龛》，是指现在的八峰崖（石窟），（这一点）应该是毫无疑问的，那么由这一点就说明，这个八峰崖（石龛）是在唐代以前就已经有了的"。事实上，多数相关学者现已达成共识，认为《石龛》诗写的就是八峰崖石窟。[③]可以肯定的是，至迟在唐代以前，八峰崖就已开窟造像并有了相当的佛事活动基础和规模。

《甘肃古事：石龛悬疑》中有这样一段话："仇池国王杨茂搜，能在150公里之外的麦积山开窟雕凿佛像，为何不在距离仇池山只有 5 公里的八峰崖天然石龛塑造佛像呢？"笔者以为，节目解说词除了直接依据麦积山第 78 窟的榜题以外目前恐怕还没有掌握其他的资料。然则不能仅仅依据这一榜题及仇池杨氏在麦积山造像供养一事就断定麦积山第 78 窟窟主或供养人就是当时仇池政权的最高统治者杨茂搜（以便和杨茂搜在八峰崖建寺开窟的传说联系起来），因为仅此还不能确定麦积山第 78 窟开窟造像者为仇池国哪位首领，也不能因为仇池政权统治者在麦积山开窟造像就断言他们一定首先会在近在咫尺的八峰崖开窟造像。当然不排除由于发现八峰崖石崖天然缝隙可以开窟造像的特征较晚，或者虽发现八峰崖石崖天然缝隙较早但产生在该处开窟造像的想法较晚，而由氐族杨氏仇池政权自杨茂搜以后的统治者或其他民族（包括汉族）政权统治者（或地方大族）在八峰崖开窟造像。

---

①可参王百岁《陇南八峰崖石窟内容总录》，第 88 页。王百岁《甘肃陇南石窟寺》，第 156 页。

②刘雁翔《杜甫〈石龛〉诗与八峰崖石窟》，第 141—150 页。

③李济阻、王德全、刘秉臣注析《杜甫陇右诗注析》，兰州：甘肃人民出版社，1985 年，第 269—271 页。西北师范大学古籍整理研究所编《甘肃古迹名胜辞典》，第 188 页。李焰平、赵颂尧、关连吉主编《甘肃窟塔寺庙》，第 101 页。孙晓峰《八峰崖石窟散记》，第 35—36 页。敦煌研究院编，卢秀文编著《中国石窟图文志·石窟志编》，第 243 页。高天佑编著《杜甫陇蜀纪行诗注析》，兰州：甘肃民族出版社，2002 年，李济阻《序二》部分第 3 页。

仇池杨氏族人名字中带有“佛”字的情况也能从侧面印证仇池氐族杨氏统治者笃信佛教、因地制宜在仇池近处开窟造像的可能性。仇池杨氏政权成员杨宋奴二子分别取名佛奴、佛狗，名字中带有“佛”字。《宋书》载：

> 宋奴之死也，二子佛奴、佛狗奔逃关中，苻坚以佛奴为右将军，佛狗为抚夷护军。后以女妻佛奴子定，以定为尚书、领军将军。①

《魏书》亦载：

> 宋奴之死，二子佛奴、佛狗逃奔苻坚，坚以女妻佛奴子定，拜为尚书、领军……佛狗子盛，先为监国，守仇池，乃统事，自号征西将军、秦州刺史、仇池公，谥定为武王。②

以上两则材料说明，杨佛奴、杨佛狗逃奔苻坚，被授以官职、委以重任。另外，“氐帅”杨佛嵩名字中亦有“佛”字。《资治通鉴》载：

> 氐帅杨佛嵩叛，奔后秦，杨佺期、赵睦追之，九月，丙戌，败佛嵩于潼关。后秦将姚崇救佛嵩，败晋兵，赵睦死。③

《晋书》载：

---

①[南朝·梁]沈约撰《宋书》卷98《氐胡传》，第2404页。李祖桓编著《仇池国志》，第37页。
②[北齐]魏收撰《魏书》卷101《氐、吐谷浑、宕昌、高昌、邓至、蛮、獠》，第2228页。
③[北宋]司马光编著，[元]胡三省音注《资治通鉴》卷108《晋纪三十》，第3410页。

太元十九年……封征虏绪为晋王，征西硕德为陇西王，征南靖等及功臣尹纬、齐难、杨佛嵩等并为公侯，其余封爵各有差。[①]

以上两则材料说明，杨佛嵩叛晋投后秦。而后秦在姚兴统治时期大兴佛教，对鸠摩罗什待以国师之礼，讲论经籍，组织进行大规模的佛经翻译活动，为以后北魏统治时期佛教的兴盛及普遍的开窟造像创造了有利的社会条件。

前述材料虽然不能直接说明仇池国杨氏开创了八峰崖石窟，但至少可以证明仇池杨氏族人是虔诚的佛教徒，既然曾经在龙门石窟和麦积山石窟造像供养，那么也极有可能在八峰崖开窟造像供养。

民间传说与方志记载相互印证，八峰崖石窟确曾有崖前建筑。[②]相传西晋元康年间（291—299），国中大旱，氐王杨茂搜在寺湾里[③]督建寺院、延僧祈雨。适逢大雨滂沱，山洪暴发，一夜之间将寺院冲毁无存。茂搜嗟叹，郁闷不乐。忽有大臣发现寺湾殿宇已完整无损地移至离地百仞的悬崖之上，遂成八峰崖石窟。[④]这是一传说，但也是一定历史真实情况的曲折反映。

20 世纪在西和县境内发现了三枚金质封印，即"魏归义氐侯""晋归义氐王"和"晋归义羌侯"。其中，"晋归义氐王"和"晋归义羌侯"发现于紧邻石峡镇和大桥镇（仇池山）的西和县西高山镇，1962 年收藏于甘肃省博物馆；"魏归义氐侯"系 1991 年由国家海关部门在查获的一批文物中所收缴，这批文物经文物部门组织专家考证，确认金印为西和县出土文物，遂移交甘肃省博物馆收藏。关于三枚金质封印的基本情况，蒲立先生在其所撰《三枚仇池"封印"》一文中作了介绍：

---

①[唐]房玄龄等撰《晋书》卷 117《载记第十七·姚兴上》，第 2976 页。

②西和县志编纂委员会编纂《西和县志》，第 734 页。

③八峰崖石窟山脚下较为开阔的山湾被当地人称为"寺湾里"。

④西和县志编纂委员会编纂《西和县志》，第 734 页。

图 1–62　“晋归义氐王”“魏归义羌侯”“魏归义氐侯”金印[①]

图 1–63　从八峰崖石窟眺望仇池山

三枚金印基本呈方形，重量大致接近。“魏归义氐侯”印，尺寸为 2.2厘米×2.2 厘米×3 厘米，重量为 153g，三国魏。方形，羊钮。凿白文篆书“魏归义氐侯”五字，分列三行，“魏”字独居一行；“晋归义氐王”印，尺寸为 2.3 厘米×2.3 厘米×3 厘米，重量为 153g，西晋。方形，驼钮（有专家认定为羊钮，待考）。凿白文篆书“晋归义氐王”五字，分列三行，“晋”字独居一行。“晋归义羌侯”印，尺寸为 2.3 厘米×2.3 厘米×3 厘米，重量 161g，西晋。方形，驼钮（有专家认定为羊钮，待考）。凿白文篆书“晋归义羌侯”五字，分列三行，“晋”字独居一行。

有学者研究认为，三枚金质封印中之魏印当与千万附魏相吻。[②]

寺湾里古代寺院遗迹遗物迄今犹存。

第一，不仅有多块庄稼地，而且有大面积荒闲地（这些荒闲地现在栽上了树，且已渐长高），地势较为平缓开阔。这些庄稼地和荒闲地在古代不

①甘肃省博物馆编，俄军主编《甘肃省博物馆文物精品图集》，西安：三秦出版社，2006 年，第 169 页。

②三枚封印现藏甘肃省博物馆，“出土时间及收藏时间为 1948 年至 1991 年期间”，此据蒲立《陇南西和三枚仇池“封印”表明氐、羌民族辉煌》，《陇南日报》2009 年 7 月 30 日。

图 1-64　在八峰崖石窟前栈道远望仇池山(孙晓峰提供)

1-65　寺湾里疑似明代碑(孙晓峰提供)

仅可用于农业生产,而且完全具有建筑较大规模庄园或寺院的空间。

第二,荒闲地(树林)里随处可见(可适用于建筑较大型寺庙的)陶质屋脊构件或砖瓦残片,甚至在高耸峰尖、半山荒地、斜坡陡路亦能见到残破瓦片。

第三,笔者于 2012 年 1 月考察时发现两块柱石,较大的放置在荒闲地里(经询问当地农家得知,前些年尚有半截埋于地下,现已被整体挖出,直径 48 厘米,厚 25 厘米),较小的放置在农家院落外边羊肠小道边(直径 25 厘米,厚 24.5 厘米),皆比例匀称,雕刻美观,沉稳坚实,形貌颇为古旧。

第四,荒闲地里立一块石碑,下端埋于土中,露出地面部分宽 99 厘米,(碑顶半圆形凸出部分)高出地面 155 厘米,碑阳与碑阴皆非常粗糙,字迹漫漶不清,碑阳上部 4 个大字,当为碑额,难以识读,似可释读为"万事戬磬"(?)。碑阳余部及碑阴尚有密密麻麻的小字,笔者勉强读出碑阴几个字:"……石……西……历施修……石……而□八佛……"(?)。根据文献记载、当地传说、石窟周围环境,并结合石窟碑文推测,此碑或即所谓明万历年间(1573—1620)碑,然详情待考。

第五,一块用以固定门槛的石板,上有豁口,或是为了铆接而专门凿开的,槛石已破为两半(两片),一半被当地农民用来砌筑地埂,另一半置于路边。据以上情况推断,寺湾里在古代曾经修建过规模较大、气派非凡的庄园或寺院。在当时的情况下,非一般富商、地主、官员所能建造,更非贫苦农民所能建造,或只有政府(或王室)才能建造。

总之,北魏拓跋氏、仇池杨氏笃信佛教。北魏迁都洛阳以后在全国范围内弘扬佛教、开窟造像,曾一度占领今天水、控制仇池,笃信佛教及开窟造像之风由中原北方向四川及南方其他广大地区扩展。向川地扩展时必然经过陇南地区,而在这一过程中自然会向今陇南市境内扩展。八峰崖石窟当开凿于北魏消灭仇池国,统治前、后仇池国故地时期。这一时期恰是北魏及仇池信仰佛教、开窟造像达到高潮的时期。北魏名将、"仇池杨大眼"曾在洛阳龙门石窟古阳洞为当时已故魏孝文帝"造石像一区"。"仇池镇"杨氏亦曾在麦积山石窟今编第 78 号窟中题写榜题、绘像、供养"十方诸佛"。西和一带迄今流传的杨茂搜建寺修庙、开窟造像的传说与地方志的相关记载相得益彰,文献记载与考古发现相互印证。今大同云冈石窟、洛阳龙门石窟、广元皇泽寺石窟、西和法镜寺石窟及麦积山石窟诸石窟的大量北魏石窟、造像等,都可作为北魏统治者及以仇池杨氏开凿八峰崖石窟的证据。八峰崖石窟、仇池国遗址、仇池国的历史文化,相关的历史文献等对于我们研究陇南民族关系史、陇南佛教史、陇南历史文化等提供了宝贵资料和重要证据,且"八峰崖石窟"与"仇池国"可以互证。①

关于八峰崖石窟始凿年代的不同观点。有学者认为,"始建于魏晋时期",笔者以为没有确凿证据,可能性不大。不能误把"北魏"(或元魏)时期当作"曹魏"或三国时期。或认为创始于唐、五代时期,也不符合实际情况;或认为创始于宋或元、明、清时期,为时太晚。目前我们主要依据塑像、壁画、窟龛、建筑本身的内容及特点、考古资料和方志的记载,并联系、比照其他石窟进行推断;从仇池政权的历史,仇池政权信仰佛教、立庙建寺、开

①王百岁《甘肃陇南石窟寺》,第 154—180 页。

窟造像的史实进行考论。可以肯定的是，八峰崖石窟很早就被开凿了，开凿时间当至迟在隋朝以前——即魏晋南北朝时期，北魏统治仇池时期——孝文帝太和年间的可能性最大。

如果能够进行地下文物挖掘，一定能找到新的材料，不过这要动员多方面的力量才能实现，绝非易事。当然也不是挖掘出新的文物或找到新的蛛丝马迹就能确定八峰崖石窟的始凿年代，但可据以知道更多的相关史实。另外，笔者相信，在丰富的历史文献中，很有可能会找到关于八峰崖石窟创始年代的新证据，正所谓“他山之石，可以攻玉”。事实上，地下文物的发掘，新的塑像、壁画、窟龛、建筑、文字资料的发现，新的研究成果的问世，也可以弥补相关宗教史、社会史研究的不足。

第五节　佛孔石窟调查与研究

佛孔石窟是今西和县境内除八峰崖石窟和法镜寺石窟之外又一较为重要的石窟,但是历史的风尘已经淹没了这处石窟昔日的风采,除了极少数资料提及外，绝大多数文献未予记载，也未引起广大民众和学者的重视。近年来,一些学者开始关注陇南市境内的石窟,并陆续有成果发表[①],但鲜有学者提及佛孔石窟,此前尚无研究成果问世。笔者于 2012 年 8 月 12 日至 13 日考察了佛孔石窟。

据《中国石窟图文志·石窟志编》所载,佛孔石窟位于西和县城向东 22.5 公里的马元镇佛孔寺。崖前早年建有寺院,名佛孔寺,今殿宇尚存,塑像全毁,被改为学校。悬崖间有窟龛 10 多个,塑像无存。崖底有天然石穴,高 4米,宽 18 米,深 5 米。崖旁有石泉,滴水不断。佛孔寺向西约 1.5

①孙晓峰《甘肃天水、陇南地区中小石窟的初步考察》,第 42—51 页。孙晓峰《甘肃陇南几处中小石窟调查简报》,第 3—11 页。王百岁《甘肃陇南石窟寺》,第 154—180 页。王百岁《陇南八峰崖石窟内容总录》,第 88—91 页。

图 1-66　佛孔石窟外景

图 1-67　佛孔石窟真武殿中石雕真武大帝坐榻与榻前坛台

公里，有窟龛 7 个。造像已无存，当年凿在悬崖上的数百孔栈道桩眼仍存。[①]

《中国石窟图文志·论著目录编》记述了对佛孔石窟的载录情况[②]，《甘肃古迹名胜辞典》收录了"西和佛孔石窟"词条[③]。清乾隆年间《西和县志》载，佛空寺（即佛孔寺）在"县东六十里，明万历年建，有大钟一架，有楼，在寺内玉皇阁侧"[④]。

最新《西和县志》《寺院庙名称一览表》"寺名"栏列有"佛孔寺"，其坐落地点为马元镇，原有房间为空白（不详），建庙时间为明朝，备注为石窟。[⑤]《西和县志》记载"佛孔寺石窟"曰：

> （属代待考）位于县东 25 公里马元乡佛孔村悬崖。有窟龛 5 处，塑像早年全毁。崖底有天然石穴，穴壁残存壁画，穴中有一石

①敦煌研究院编，卢秀文编著《中国石窟图文志·石窟志编》，第 244 页。

②敦煌研究院编，卢秀文编著《中国石窟图文志·论著目录编》，兰州：敦煌文艺出版社，2002 年，第 618 页。

③西北师范大学古籍整理研究所编《甘肃古迹名胜辞典》，第 189 页。

④［清］邱大英等纂修《甘肃省西和县志》，据［清］乾隆三十九年抄本影印，台北：成文出版社有限公司，1970 年，第 93 页。

⑤西和县志编纂委员会编纂《西和县志》，第 734 页。

泉,不竭不溢,名曰:“石缶泉”。当地流传:“佛洞清泉常不断,二柏炉中起香烟,祖师观星大河岸,石鱼变化飞九天,闻听珊瑚无人见,一洞有水三洞干。”寺西 1 公里处的上坦湾崖腰有 1 处窟龛遗址,布局宏伟,现仅余殿檐桩眼百余孔。①

看来,各种文献资料所记不尽相同。但它们都没有就佛孔石窟的始凿年代作出明确的判断。

本文即根据相关资料记载及考察所得信息介绍佛孔石窟现状，探讨研究相关问题,刊布 4 通明、清时期碑碑文,敬请方家教正。

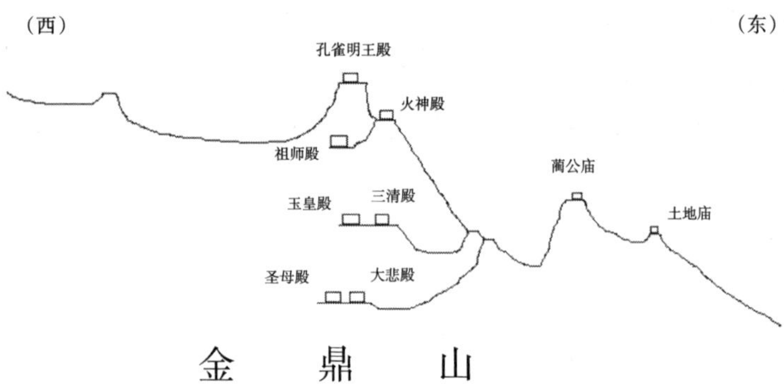

图1 60 佛孔石窟分布示意图

一、佛孔石窟现状调查

佛孔石窟位于西和县马元镇佛孔村佛孔寺北面的金鼎山上，金鼎山为赤砂岩质,有“小麦积山”之称,地处西和县、礼县、成县、徽县等县和秦州区交界地区。传说,唐代玄奘天竺取经返归长安途中,经书掉落于通天

①西和县志编纂委员会编纂《西和县志》,第 645 页。

河，师徒们奋力抢救，遂在佛孔寺整理、捆扎经书，故佛孔寺又名“佛捆书”。当然，玄奘取经往返并未路过西和[①]，但这种传说也反映了当地的佛教文化背景。据2006年立《碑记》及2007年立《重建佛孔寺竣工碑记》所载（住寺道姑及当地居民亦称），“文革”时期部分碑刻被埋藏于本寺新建戏楼地基中，被埋碑载“佛孔寺始建于北魏太和年间（477—499）”，“再建于唐玄宗开元三年（715）”。从逻辑上推断，佛孔石窟的始凿时间若与县内法镜寺石窟、八峰崖石窟大体相当，当不为奇；此事难以得到证实，但佛教曾长期兴盛应是不争的事实。

近年来，附近信众建筑庙宇，整修窟龛，重新塑绘，现今寺院开阔，布局整齐，雕梁画栋，景象庄严。每年举办庙会，信徒商旅如织。佛孔寺旁边是村民房舍、村党支部及村民委员会活动场所、村九年制学校、商店、农田等。金鼎山现存古代石窟7个，东崖有5窟（可以登临）、可见桩眼约50个，西崖有2窟（不可登临）、可见桩眼约8个。原有塑像、壁画、建筑全毁。据上述《碑记》《重建佛孔寺竣工碑记》和后附“明清碑4”《重建佛孔寺碑记》记载，清末遭受兵燹之灾，后遇地震、水灾等，损毁严重，“文革”中毁坏殆尽。据当地几位年长的老人介绍，在他们年轻时，西崖两窟尚有路可通，并且他们曾经进入石窟，但未见佛像、菩萨像、其他神像。不过笔者推测，最先可能有造像。

金鼎山下佛孔寺院内，山上庙外、窟中共有碑13通。山下有11通，山上有2通；近年立9通，原有4通；山下佛孔寺11通中当代新立7通，明、清时所立4通；寺院内碑，从东往西，第一、二、四、五、六、十、十一通为近年所立，第三、七、八、九通为明、清时所立。明、清碑碑文见附录。

新建寺院背依山崖，从西向东依次为森罗殿（正中靠北坛台上塑地藏

---

①［唐］慧立、彦悰著，孙毓棠、谢方点校《大慈恩寺三藏法师传》第1卷至第5卷，北京：中华书局，1983年，第1—125页。

菩萨，左右壁画地府十王及地狱变）、三佛宫（正中坛台牌位上书“三清古佛十八罗汉诸圣天尊”，正中坛台上塑燃灯古佛、释迦牟尼佛、弥勒佛，左右壁塑十八罗汉，屋内门两侧画四大天王）、关圣宫（正中坛台牌位上书“协天大帝关圣帝君”，正中坛台上塑关羽，关羽两侧塑关平、周仓，左右壁及屋内门两侧画东汉、三国时期与关公有关的故事，如“三英战吕布”等）、丑午宫（正中坛台牌位上书“牛马慈潭好生大帝”，正中坛台上塑二神像，靠东的文官装束，靠西的武将装束、三头六臂）、水晶宫（正中坛台上塑龙王及龙宫诸神，正中依崖处有深泉）。院落正中小庙门上匾额书“龙王宫”。龙王宫正中桌坛牌位上书“本境有感八海龙王合殿尊神位”。东墙上首悬匾，篆书“风调雨顺”4 个大字，首末署合为“岁在丙子，吉时九月竣工，黄金鼎敬书”。西墙上首悬匾，魏碑体书“积善成德”4 个大字，末署“丙子九月宁世忠书”。门西侧上首悬匾，行楷体书“功颂千秋”4 个大字，末署“中华人民共和国公元一九九四年六月二十日立，赵格外敬书”。

沿金鼎山东侧山脊及北面（东北面）陡峭山路蜿蜒而上，先后经过土地庙和蔺公庙。土地庙正面坛桌牌位上书“本山山神土地贺翁神位”。蔺公庙正面坛桌牌位上书“金顶仙山蔺翁土祇”。

上述佛孔寺院及金鼎山上的寺庙虽为当代所建，但也多少反映了历史传承关系。

从蔺公庙向西北走下小峁到达小山垭，再向西沿第一条悬崖小道，首先可到大悲殿和圣母殿。大悲殿正面坛台牌位上书“观音圆通自在天尊、救苦救难观世音菩萨”，正面坛台正中塑观音菩萨，观音菩萨左侧为文殊菩萨，右侧为普贤菩萨。圣母殿正面坛台牌位上书“九天卫房圣母元君”，正面坛台正中塑九天卫房圣母元君。大悲殿窟宽 232 厘米，高 228 厘米，进深 238 厘米；窟顶微凹，近崖处微高。圣母殿窟宽 318 厘米，高 228.5 厘米，进深 219 厘米；窟顶微凹，近崖处微高。圣母殿中圣母面前的香案为立面梯形状物。此二窟皆为长方平顶窟。圣母殿外西侧的悬崖上有曾经开窟

（似为半途而废，亦似曾被地震震塌）或宗教活动的痕迹，崖面刻有文字，且释读为“佛（？）衙（？）宫”。返回东面山脊，稍向上行走，再向西沿第二条悬崖小道，可到三清殿和玉皇殿。三清殿正面坛台牌位上书“三清道祖十极高真玉皇”，正面坛台上塑“三清”（元始天尊、灵宝天尊、道德天尊）。玉皇殿正面坛台上塑玉皇大帝。三清殿窟宽 307.5 厘米，高 196.5 厘米，进深 198.5 厘米。玉皇殿窟宽 323.5 厘米，高 198 厘米，进深 190 厘米。此二窟皆为长方平顶窟，窟顶或有烟熏火燎痕迹，说明窟内或曾住人或曾遭其他方式的破坏。返回东面山脊，稍向上行走，再向西沿第三条悬崖小道，可到祖师殿。正面坛台牌位上书“雷祖真武天师大帝”，正面坛台上塑真武大帝，真武大帝两侧塑金童、玉女。此窟宽 314 厘米，高 231.2 厘米，进深 319.3 厘米。此窟为平面方形平顶窟。上述 5 窟全为原来开凿，并非近、现代所开。各窟窟顶、窟壁、坐榻、坛台、香案等皆为石雕，雕凿痕迹明显，开窟工程较大。

返回东面山脊，可到路旁火神殿。火神殿正面坛桌牌位上书“监坛官将护道灵官”。沿山路向上走，可到最高处的孔雀明王殿，正面坛桌牌位上书“无上圣母孔雀明王”。

二、佛孔石窟开凿年代试探

虽然迄今已经确认的陇南市境内创建最早的石窟即开创于北魏中晚期[①]的法镜寺石窟，距佛孔石窟约 30 公里。还有西和八峰崖石窟（不排除创建于北魏中晚期至隋代期间的可能性[②]）、徽县佛爷台摩崖石龛（有学者

---

①敦煌研究院编，卢秀文编著《中国石窟图文志·石窟志编》，第 244 页。孙晓峰《甘肃天水、陇南地区中小石窟的初步考察》，第 42—51 页。孙晓峰《甘肃陇南几处中小石窟调查简报》，第 3—11 页。

②孙晓峰《八峰崖石窟散记》，第 35—36 页。王百岁《八峰崖石窟内容总录新编》，第 29—34 页。

认为开凿于北魏[①],也有学者认为开凿于隋末唐初[②])、麦积山石窟(开创于后秦时期[③],历经西秦、北魏、西魏、北周、隋、唐、宋、元、明、清,屡有开凿与修缮)等都相距较近。或认为佛孔石窟的始凿时间可能早于明朝。

现有7窟皆为平面(长)方形平顶窟。这种窟形主要见于陇南隋、唐以后的石窟中。从窟龛中雕凿的痕迹来看,既不是很古旧,也不是很新鲜,现有的塑像、绘画作品,皆是新作,据笔者判断,不会早于明朝,也不会晚于清朝。

本书《附录一》有佛孔石窟现存4通"明清碑"碑文。"明清碑1"名为《佛孔寺碑记》,刻立于清光绪三十四年(1908);"明清碑2"名为《重建佛孔寺碑记》,刻立时间不详;"明清碑3"名为《碑记》,刻立于明万历三十九年(1611);"明清碑4"名为《重建佛孔寺碑记》,刻立于清光绪六年(1880)。佛孔寺、佛孔石窟创始于什么年代,目前尚未找到别的直接证据,所幸"明清碑"为我们提供了重要信息。"明清碑1"碑文"……余邑佛孔寺碑记嘉靖创建……"揭示出佛孔寺再建于明嘉靖年间(1522—1566)。

第一,我们应该正确理解这句话的含义。此碑开首几句话最佳标点似为:

> 夫神赖人新,而人遂得沐神庥,是庙貌巍峨、神威赫圣,神与人二而一者也。余邑佛孔寺,碑记嘉靖创建。/然隆庆年并无人迹也。有碑记初,知何人创建,虽善无征。欲考明元何……

不能将这段话误解为在记述"佛孔寺碑记"的创建。碑的刻立一般不

①张宝玺主编《甘肃石窟艺术雕塑编》,第186页。

②孙晓峰《甘肃陇南几处中小石窟调查简报》,第10页。

③阎文儒《麦积山石窟》、《麦积山石窟的历史、分期及其题材》,阎文儒主编《麦积山石窟》,第1—58页。魏文斌《麦积山石窟初期洞窟调查与研究》,第123—135页。

说“创建”，而说“树立”“竖立”云云；“创建”“碑记”就更说不通了；再说，记述“碑记”的“创建”有什么意义呢？只有寺庙或石窟的创建，“碑记”才显得有意义。故如果标点为“……神与人二而一者也，余邑佛孔寺碑记，嘉靖创建……”无论是联系上下文还是从情理上分析，似都讲不通。又据“明清碑3”碑文曰：

> 巩昌府西和县佛孔寺，古察院贪损坏，重发愿，开石洞，别改换。再生世，重想见。奉陕西巩昌府，西和县地方打虎坝佛孔寺，古察寺院，年久贪损，有长者员外王浩，发心，重叫化俗僧陈万喜、张氏、王氏，引领合会善男信女，舍工价、米面，开打石洞一座，塑庄圣像，以卑竖立碑记……

碑文中明确记载：“……贪损坏，重发愿，开石洞，别改换。……年久贪损……开打石洞一座，塑庄圣像……”笔者将这句话理解为“（佛寺、道观）年久失修、坍塌损坏，（现在）重发愿心，采用新的方法、以新的方式创建寺、观，开凿窟龛。这样一来，窟寺、洞观可以经久不坏，后世的人们还能够看到”。揭示出佛孔石窟寺创始于明万历年间（1573—1620）。

第二，事实上在这4通碑中，“明清碑1”竖立最晚，但叙述很清楚，明确提到了这4通碑中所见最早年号“嘉靖”，标志着佛孔寺在明代的复兴，而“隆庆”（1567—1572）期间的状况紧接其后；“明清碑2”之碑名就点明该碑内容为“重建佛孔寺”，必定竖立于“嘉靖”之后；“明清碑3”的刻立时间“万历”显然晚于嘉靖年间，但“开打石洞”实为具有历史意义的创举；“明清碑4”的内容亦属“重建佛孔寺”，且时间在这4通碑中仅晚于“明清碑1”。

第三，无论是已埋和新立碑碑文的记载，还是当地的传说，“佛孔寺始建于北魏孝文帝太和年间、再建于唐玄宗开元年间”（亦依据原有碑文）的说法与“佛孔寺再建于明嘉靖年间、佛孔石窟创始于明万历年间”的论断并不矛盾，而且二者正和北朝，隋、唐、宋、元、明佛教长期发展，周边多处石窟断续开凿的史实相符合。史载，明朝时社会各阶层对佛教法事具有强烈的兴趣，佛教已经深入民间，日益变成民俗。代宗以后，“僧尼剧增，寺院竞建”[①]。故可断定，佛孔寺初创于北魏太和年间，唐开元年间、明嘉靖年间都曾重建；明万历年间，佛孔石窟得以开创。前述乾隆年间及最新《西和县志》所谓“明万历年建”或“明朝”“建庙”，当指佛孔寺的“重建”，其中包括明万历年间石窟的开凿。结合石窟现状可知，从万历以后到清朝，直到近、现代，屡有圮毁与损坏，屡有新建与新塑绘。

作为明、清时期的石窟寺，佛孔石窟明显具有儒、释、道“三教合一”特征，其中释、道特征更为明显，释、道中渗透着儒家思想。从现存情况可以推知当时亦必如此，这种现象进一步印证了从宋、元直到明、清时期中国石窟寺内容与思想的基本走向。前述清乾隆年间《西和县志》就记载明万历年间“寺内”有“玉皇阁”，证明至少从万历时起，佛孔寺（及石窟）中，道教就占有重要地位。今金鼎山下佛孔寺中的森罗殿、三佛宫、关圣宫、丑午宫、水晶宫、龙王宫，金鼎山上石窟寺及寺外的蔺公庙、土地庙、大悲殿、圣母殿、三清殿、玉皇殿、祖师殿、火神殿、孔雀明王殿等，有的属于佛教，有的属于道教，有的属于儒教，有的属于民间信仰或地方信仰，有的儒、释，儒、道，释、道，儒、释、道兼而有之。况今佛孔寺（及石窟）的住持是一位老道姑，她佛、道兼信。故佛孔寺（及石窟）完全是三教合一的状况，这也是陇南明清、现当代一些石窟或寺院的普遍特征。附近的石窟中，法镜寺石窟是北朝（北魏）开凿的佛窟，不存在三教合一情况。法镜寺石窟近旁五台山上的法镜寺，建于明崇祯三年（1630）[②]，自然是三教合一的状况。八峰崖石

---

①杜继文主编《佛教史》，第 450 页。

②中国西北文献丛书编辑委员会编《中国西北文献丛书·西北稀见方志文献》第 47 卷《西和县志》，第 182 页。

窟,成县金莲洞、甸山寺庙群(含达摩洞和菩萨洞石窟)、大云寺石窟等都属于三教合一的窟(寺),可作为佛孔石窟三教合一特征的旁证。另外,佛孔寺也受到藏传佛教的某些影响。

小结

西和佛孔石窟现存7窟,可登临者5窟,原有塑绘全毁,明、清时期碑4通。佛孔石窟的衰败当是反映了清嘉庆以后至民国时期社会的动荡、自然灾害的破坏以及宗教活动本身的衰落。佛孔寺初建于北魏太和年间(477—499);唐开元三年(715)重建;明嘉靖年间(1522—1566)再次修建;明万历年间(1573—1620),首次在原佛孔寺北面的金鼎山上开窟造像。在明、清时期的窟寺建构及宗教活动中,儒、释、道三教走向合流。以上所述年代等皆有碑文和地方志记载为证。事实上,当地信徒和群众很难厘清儒、释、道相互之间尤其是释、道之间的绝对界限,造像组合也极具地方特色,所以,佛孔石窟是明、清时期佛、道信仰及窟、寺、观进一步民间化、世俗化、地方化的一个例证。

处于陇蜀交通要道上的佛孔石窟,一方面无疑受到中原北方、四川、陇南当地宗教活动、开窟活动、造像内容、造像思想的影响;另一方面,中原北方的宗教及开窟造像活动正是通过陇南(西和)而影响四川地区的。传播路线大体是:中原北方(诸石窟)——天水(诸石窟)——西和(法镜寺石窟、八峰崖石窟、佛孔石窟等),成县(大云寺石窟、金莲洞石窟、达摩洞石窟、菩萨洞石窟等),徽县(佛爷台石龛、罗汉洞、广佛寺石窟、真空寺石窟等),两当(西姑庵石龛、土峰沟石窟、千佛洞石窟等),武都(水帘洞石窟、朝阳洞石窟等)——川渝(诸石窟)。

第六节 黑虎桥石龛调查与初探

黑虎桥石龛位于西和县洛峪镇马河村。笔者于 2015 年 3 月上旬、8 月中旬先后两次考察了该石龛。

一、黑虎桥石龛现状调查

据《西和县志》载:

> 黑虎桥石龛位于县南洛峪乡马河村以南黑虎峡东侧南崖。建造年代不详,现仅存木构佛龛 1 座,石窟 2 处,塑像 1 尊。因古时山崩石坠,栈道全毁,游人望攀莫登。①

那么实际情况怎么样呢?

黑虎峡东侧南崖南侧的悬崖上有一个佛龛,系木结构小建筑,经在悬

①西和县志编纂委员会编纂《西和县志》,第 645 页。

崖上钻孔打钉木桩后用木椽和木板构筑而成，大体上面南背北。现残存上、中、下 3 层，上层、中层较端正，下层向西北方向倾斜——第一、二层龛楼实际上是用搭建的一副木梯相互连接。现在游人或研究者已无法登临木龛，只能拍照和观望，而从远处观望龛内终究比较模糊。佛龛距崖壁下荒废田地约 2000 厘米，中、下层同宽约 300 厘米，上层宽约 200 厘米，龛本身（上、中、下三层共）高约 600 厘米，进深约 180 厘米。上层龛中隐隐约

图 1–69　黑虎桥石龛（从公路上眺望）

图 1–70　黑虎桥石龛
（从崖壁下观看可见 2 尊佛像）

约似有佛像，笔者看到了主尊佛，面南背北。主尊佛右侧又有一尊佛，稍低于主尊佛，亦面南背北；龛中似还有一些塑像（菩萨），济济一堂；笔者疑主尊佛左侧原来亦有一佛，已被风化或被毁坏或被盗；现在能看到的就只有此二尊佛。是否还有佛像及其他塑像，不得而知。从侧面看，第二、三层龛中崖壁上似有若干小石龛或桩眼、椽眼。二佛皆结跏趺坐，身材比例匀称，主尊佛高约 100 厘米，手印状况无法看清，面部丰满，高螺髻，正坐庄严，似原为组成三世佛像，笔者初判定为三世佛像。佛龛周边崖壁有大面积垮塌痕迹，似自然垮塌，且地面上已无明显的垮塌痕迹，推测垮塌似发生在清朝。据调查，该木龛在七八十年前就已存在，所以笔者认为该龛极有可能是清朝以前（含）所建；当地很多人说，“文革”时期有人用长梯登上去捣毁了一些佛龛及佛像，据此可知该龛在“文革”以前就已经存在，现在所能

看见的是被捣毁以后的残存部分;有人以为龛中的塑像是“神像”,也有人以为是“阎王爷像”,甚至有人认为该龛是“悬棺”;木龛“足”下还有两垒用泥巴、小石块筑成的支撑物,大体上呈圆柱状,直径约 100 厘米,高约 100 厘米;在佛龛以下约 1800 厘米处有一用泥巴、小石块筑成的长条形支撑物,其中断续间杂着几截短、矮土墙,支撑物已大部残毁。说明该崖壁原有很多佛龛、佛像和其他佛教塑像;地面上或原建有配套的寺庙。再根据《西和县志》所载“古时山崩石坠,栈道全毁,游人望攀莫登”,联系到洛峪镇一带历史上的交通、民族状况及距八峰崖石窟较近,西和一带开窟塑像历史悠久,陇南一带明清时期佛道造像很多,远观该龛造像神情形貌等情况,笔者推测其似塑造于明代,开凿佛龛及开始塑像或更早。木龛以上崖石向前凸出,对龛有保护作用,这也是推断该佛龛建立年代的理由之一。

崖壁石龛东侧有一大石洞,洞深 800 厘米,洞口右凸左凹,乍一看外观有点像徽县罗汉洞石窟。洞口宽 900 厘米,高 250 厘米;洞中部宽 770 厘米,高 335 厘米;洞中地面呈纵长方形,宽 650 厘米,纵长 700 厘米;越往里洞越小,后部有一较高平台,台前边所砌石垄大部已垮塌,平台高于底层地面 100 厘米,呈横长方形,横宽 550 厘米,纵长(纵深)110 厘米;洞里端部分亦稍高,呈纵放等腰三角形状,横宽同平台,纵深 810 厘米;第二层即中间层平台边缘与两侧崖壁相接处有夯土痕迹; 第一层即底层地面有些较大石头,多被熏黑;洞内右壁(北壁)有 2 个人工凿小孔,横宽 12 厘米,高(上下向)8 厘米,进深 8 厘米;洞口有一残毁石砌墙,高(残)80 厘米;洞口又有一块平地,呈横长方形,横宽 560 厘米,进深(纵宽)490 厘米;洞口朝西平台外,北侧有一堵石墙,高 205 厘米,长 320 厘米;洞口平台外南侧(石墙以东过道处)宽 420 厘米;洞口外崖壁有烟熏痕迹;洞口外缘左侧、右侧、上方岩石有垮塌迹象,洞门外上部东侧有 2 个人工凿小圆孔,直径 8 厘米,进深不超过 10 厘米。洞门以外有一块荒闲平地,石砌边垄,呈横长方形,横长 1500 厘米,纵宽 600 厘米。荒地向南延伸,面积较大，可建寺庙。笔者疑此口石洞及洞外平地或是古代佛教活动的遗址，不过目前没有进一步的证据材料。

石洞南侧有一口土窑，呈平面横长方形，穹窿顶形，横长 380 厘米，高 220 厘米，进深 270 厘米；窑中有烟熏火燎的痕迹，当为人们曾经生活居住遗迹，但是否与佛教有关，不得而知；窑前现为一块荒废庄稼地，窑内前半部分已经塞满了土壤和石块。此土窑南侧又有一口土窑，顶部已垮塌，窑内大部已塞满土壤和石块；窟形、大小似前者；详情未知。

木龛右下方向较远处（近公路处）有一个石洞，洞口圆形，直径300 厘米，越往里越小，但似乎非常深，从洞口往里 690 厘米处有一堵已被毁坏的土墙，高（残）100 厘米，从已残毁墙的上缘望过去可以看见洞的另一端已穿透崖体、洞外射向洞内的亮光，石洞有多处小孔，疑为凿洞时所遗留，凿（或扩）洞痕迹仍较清晰，不知该洞与佛教有无关系，但可以肯定的是，该洞是当代所开凿（或扩大）的。

二、黑虎桥石龛相关问题初探

黑虎桥正是古代的鹫峡，是三国时期魏、蜀争夺，南北朝时期仇池国与南、北各政权之间争斗的战略要地，是古代陇蜀交通的重要关隘所在、重要线路所经之地。迄今在西和县至武都区公路（洛峪道）的东侧、黑虎桥东侧南崖南侧最低处仍可清晰地看见古代修建栈道的痕迹（桩眼）。兹举例说明。据《资治通鉴》载：

秦西县侯雅、杨安、王统、徐成及羽林左监朱肜、扬武将军姚苌帅步骑七万伐仇池公杨纂。

代将长孙斤谋弑代王什翼犍，世子寔格之，伤胁，遂执斤，杀之。

夏，四月，戊午，大赦。

> 秦兵至鹫峡;杨纂帅众五万拒之。梁州刺史弘农杨亮遣督护郭宝、卜靖帅千余骑助纂,与秦兵战于峡中;纂兵大败,死者什三、四,宝等亦没,纂收散兵遁还。西县侯雅进攻仇池,杨统帅武都之众降秦。纂惧,面缚出降,雅送纂于长安。以统为南秦州刺史。加杨安都督南秦州诸军事,镇仇池。
>
> 王猛之破张天锡于枹罕也,获其将敦煌阴据及甲士五千人。秦王坚既克杨纂,遣据帅其甲士还凉州,使著作郎梁殊、阎负送之,因命王猛为书谕天锡曰:"昔贵先公称藩刘、石者,惟审于强弱也。今论凉土之力,则损于往时;语大秦之德,则非二赵之匹;而将军翻然自绝,无乃非宗庙之福也欤!以秦之威,旁振无外,可以回弱水使东流,返江、河使西注,关东既平,将移兵河右,恐非六郡士民所能抗也。刘表谓汉南可保,将军谓西河可全,吉凶在身,元龟不远,宜深算妙虑,自求多福,无使六世之业一旦而坠地也!"天锡大惧,遣使谢罪称藩。坚拜天锡使持节、都督河右诸军事、骠骑大将军、开府仪同三司、凉州刺史、西平公。
>
> 吐谷浑王辟奚闻杨纂败,五月,遣使献马千匹、金银五百斤于秦。秦以辟奚为安远将军、漒川侯……[①]

这段文献资料反映的是仇池国与前秦之间的一段战事,最激烈的战斗就发生在鹫峡,结果是前秦胜而仇池败。复据《魏书》载:"南秦州,真君七年置仇池镇,太和十二年为渠州,正始初置。治洛谷城[②]。"[③]关于北魏与萧梁对仇池的争夺,发生在鹫硖(鹫硖即鹫峡)的战事,《魏书》载:

---

①[北宋]司马光编著,[元]胡三省音注《资治通鉴》卷103《晋纪二十五·太宗简文皇帝咸安元年》,第3244—3245页。

②"洛谷城"位于今西和县洛峪镇镇政府所在地。

③[北齐]魏收撰《魏书》卷106下《地形志下》,第2611页。

后车驾南讨汉阳，崇行梁州刺史。氐杨灵珍遣弟婆罗与子双领步骑万余，袭破武兴，与萧鸾相结。诏崇为使持节、都督陇右诸军事，率众数万讨之。崇槎山分进，出其不意，表里以袭。群氐皆弃灵珍散归，灵珍众减大半。崇进据赤土，灵珍又遣从弟建率五千人屯龙门，躬率精勇一万据鹫硖。龙门之北数十里中伐树塞路，鹫硖之口积大木，聚礌石，临崖下之，以拒官军。崇乃命统军慕容拒率众五千，从他路夜袭龙门，破之。崇乃自攻灵珍，灵珍连战败走，俘其妻子。崇多设疑兵，袭克武兴。萧鸾梁州刺史阴广宗遣参军郑猷、王思考率众援灵珍。崇大破之，并斩婆罗首，杀千余人，俘获猷等，灵珍走奔汉中。高祖在南阳，览表大悦，曰："使朕无西顾之忧者，李崇之功也。"以崇为都督梁秦二州诸军事、本将军、梁州刺史。高祖手诏曰："今仇、陇克清，镇捍以德，文人威惠既宣，实允远寄，故敕授梁州，用宁边服。便可善思经略，去其可除，安其可育，公私所患，悉令芟夷。"及灵珍偷据白水，崇击破之，灵珍远遁。①

复据《资治通鉴》载：

李崇槎山分道，出氐不意，表里袭之；群氐皆弃杨灵珍散归，灵珍之众减太半，崇进据赤土。灵珍遣从弟建屯龙门，自帅精勇一万屯鹫峡；龙门之北数十里中，伐树塞路；鹫硖之口，聚礌石，临崖下之，以拒魏兵。崇命统军慕容拒帅众五千从他路入，夜，袭龙门，破之。崇自攻鹫峡；灵珍连战败走，俘其妻子，遂克武兴，梁

①[北齐]魏收撰《魏书》卷66《李崇传》，第1466—1467页。

州刺史阴广宗、参军郑猷等将兵救灵珍；崇进击，大破之，斩杨婆罗阿卜珍，生擒猷等，灵珍奔还汉中。魏主闻之，喜曰："使朕无西顾之忧者，李崇也。"以崇为都督梁、秦二州诸军事、梁州刺史，以安集其地。①

此两段文献资料大同小异，反映的是仇池国与北魏之间战争的同一段经过，最激烈的战斗亦发生在鹫峡，结果还是北魏胜而仇池败。黑虎桥石龛所在地方的军事意义、历史文化意义由此可见一斑。所以该石龛的发现，对于研究古代西南、西北地区的社会史、战争史、民族史、交通史、宗教史等都具有一定积极意义。今后应该注意搜集、积累关于黑虎桥石龛的资料，并逐次开展研究。

①[北宋]司马光编著，[元]胡三省音注《资治通鉴》卷141《齐纪七》，第4414页。

第二章

成县境内石窟调查与研究

第一节　成县大云寺石窟调查与研究

大云寺石窟位于今甘肃省陇南市成县县城以东城关镇所属庙湾村（庙湾村原属支旗乡）。虽然古代建筑、塑像、壁画全部被毁，但是多处相关文献记载及现存古代开窟、建寺、造像、宗教活动遗迹，“大云寺”名称，佛经石幢，唐宋时期题壁、石刻等，包含着较为丰富的历史文化信息。

一、大云寺石窟简况及研究情况

大云寺，或称睡佛寺、凤凰山寺等。《方舆胜览》云：“凤凰山，在州东南十里。下为凤村溪，中有二石如阕。山腰有瀑布，名迸玑泉。天宝间，哥舒翰有留题刻半岩间。相传汉世有凤凰栖其上，号凤凰台。”[①]然哥舒翰题刻早已无存。传说大云寺历史上“三次毁于兵灾、两次毁于人祸”，其实这只是历史上大云寺石窟屡遭浩劫、破坏严重的一个缩影。石窟面北背南、山门朝东。门内外有 2 块碑座石、4 块柱石。崖壁多处可见累年烟熏

---

①[南宋]祝穆撰，祝洙增订，施和金点校《方舆胜览》(下)，北京：中华书局，2003 年，第 1222 页。

火燎痕迹。近地面部分崖壁多处被加工得或较为平整或呈小窑式。古代开窟建寺遗迹(如石孔、石槽等)布于崖壁,历历在目。石孔截面呈矩形(正方形)或圆形,多数长、宽、深、直径相差无几。从古代窟龛遗迹看,原有主要窟形似为圆拱顶式摩崖浅窟(龛)、露天摩崖式窟(龛)、殿堂式窟寺等,窟龛前一般都有木构建筑。实际上各窟(龛)多不规则,明显呈现地方特色,显系因地制宜使然或因受外力影响而发生改变。已经看不出明显的各窟(龛)单元分界线,映入眼帘的是当代新建的土木结构的庙宇,寺庙中心区自东向西依次有杨四爷殿、“卧佛殿”、大雄宝殿、财神爷殿、三大士(即三大菩萨)殿、地藏殿等。寺庙西侧有几间土木结构的僧房。殿内塑像多身,皆为近现代新塑;壁画多处,尽为近现代新绘。唯散布在观音殿和地藏殿上方悬崖峭壁的古代塑像(遗迹)无声地诉说着历史的沧桑,虽已残破不堪,观者却仍能辨识出佛像形貌,隐约显出“庞大阵容”,较为明显的、笔者能够确认的有造像残骸 6 身、造像遗迹 9 处(9 个小龛),笔者认为是“千佛”塑像(遗迹),2012 年 5 月来成县大云寺石窟考察的刘永增和王惠民二位先生(笔者随同其考察)也认为似“千佛”塑像(残迹)。倚崖库房内藏有一块残损石幢,上刻唐代罽宾国佛陀波利译《佛顶尊胜陀罗尼经》。另有多处唐、宋时期题壁、石刻(皆有残损),一些文字尚可辨认。

图 2-1　成县大云寺石窟远景

图 2-2　成县大云寺石窟古代开窟建寺遗迹(局部)

这些题刻录文，当代有《成县志》，张忠、高天佑、蔡副全以及笔者等的多种释录。

图 2–3　古代“千佛”造像残迹(局部)

图 2–4　宋代碑刻(残)

《成县志》卷 31《文物胜迹》中《石窟寺庙》一目下未载“大云寺石窟”，但在卷 35《宗教》中《佛教》一目下《1987 年以前知名寺院建置调查表》列有“大云寺”名目。《成县新志》载：“大云寺……明末流寇破城，官寓此治事，后居民避兵多处于此。”①近二三十年来，陆续有学者进行考察与研究。张忠先生于 20 世纪 80 年代考察了成县大云寺石窟，撰写了《仙山古刹胜迹多——成州大云寺唐代墨书题记和八棱碑发现记》一文，先载于甘肃《民主协商报》，后载于政协成县委员会编《成县文史资料选辑》。②张宝玺先生在《甘肃石窟艺术壁画编》之附表《甘肃石窟一览表》③中，李永良等先生在《河陇文化》之《甘肃石窟一览表》④中，皆谓成县大

①[清]黄泳纂修《成县新志》，乾隆六年(1741)刊本，台北：成文出版社有限公司，1970 年，第 363 页。

②张忠《仙山古刹胜迹多——成州大云寺唐代墨书题记和八棱碑发现记》，政协成县委员会编《成县文史资料选辑》第 3 辑，成县：政协成县委员会(天水新华印刷厂)，2007 年，第 273—276 页；同文载甘肃《民主协商报》2001 年 9 月 7 日第三版。

③张宝玺主编《甘肃石窟艺术壁画编》，第 188 页。

④李永良主编《河陇文化——连接古代中国与世界的走廊》，第 275 页。

云寺石窟“皆毁”。张宝玺先生曾考察、拍照，并给照片题名“大云寺石窟”。[①]魏文斌先生说，包括陇南诸石窟在内的整个甘肃170余处中小型石窟寺“与敦煌石窟在石窟艺术、佛教发展、历史等方面具有同等重要的价值”[②]，此中当含成县大云寺石窟。孙晓峰先生注意到了成县大云寺石窟，他认为陇南“境内的石窟寺分布在陇南市西和县、徽县和成县境内，主要有西和县法镜寺石窟、八峰崖石窟，成县大云寺石窟和徽县广佛寺石窟、佛爷崖石龛、罗汉洞石窟”，“其开凿时代早至北魏，晚至明代，除个别资料中提及外，鲜为人知。但其窟龛形制、造像特点等极具地方特色，对于研究陇南一带佛教的传承与发展具有重要价值”。[③]孙晓峰先生对大云寺石窟的始凿年代亦作了推断。[④]笔者在《甘肃陇南石窟寺》[⑤]和《甘肃西和佛孔石窟调查与研究》[⑥]两篇论文中简述或提及了成县大云寺石窟。《成县志》就大云寺石窟题壁和石刻作了记述。[⑦]高天佑先生根据自己的研究，就赞公与杜甫的关系、杜甫相关诗作作了注解和阐释，并公布了石幢、题壁和石刻的部分录文。[⑧]史轲先生断言大云寺石窟始凿于唐代。[⑨]蔡副全先生介绍了《李叔政题壁》的位置、现状及书法艺术特征，考证了作者及其相关问题。[⑩]这些调查研究成果是推进大云寺石窟研究的重要基础。笔者立足于

---

①张宝玺主编《甘肃石窟艺术雕塑编》，第188页。

②魏文斌《20世纪早中期甘肃石窟的考察与研究综述》，第72页。

③孙晓峰《甘肃陇南几处小石窟调查简报》，第3页。

④孙晓峰《甘肃天水、陇南地区中小石窟的初步考察》，第43、51页。

⑤王百岁《甘肃陇南石窟寺》，第154—180页。

⑥王百岁《甘肃西和佛孔石窟调查与研究》，第115—123页。

⑦成县地方志编纂委员会编纂《成县志》，第777页。

⑧高天佑编著《杜甫陇蜀纪行诗注析》，第125—151、193—231页。

⑨史轲《甘肃省陇南境内石窟寺概述》，第25页。

⑩蔡副全《唐〈李叔政题壁〉墨迹考略》，第45—49页。

已有成果，对大云寺石窟作进一步调查，并结合相关文献，力图在开窟时间、窟寺名称来历、立幢年代、古今造像、石窟内涵等方面作一分析探究。谨以此文就教于有关专家学者。

二、关于大云寺石窟的开窟造像年代

（一）据孙晓峰先生考察与研究，成县大云寺石窟始凿于唐代，现“已基本残毁”，“仅存少许摩崖浮雕及题记”。[①]然而《舆地碑记目》记载：“大云寺石碑在凤凰山上，去州七里，创始莫考，殿后崖上有刻字云：‘汉永平十二年’，又经阁崖刻云：‘梁大同九年’。”[②]《陇右金石录》“凤凰山摩崖”条引述《舆地碑记目》语同此[③]，“大云寺后摩崖”条所记亦略同。[④]今寺毁碑亡，无处可考。[⑤]《甘肃省志》载：“据《舆地胜记》记载：‘大云寺石碑在成州（成县）凤凰山上，去州七里，创始莫考，殿后崖上存刻字云：汉永平十二年。’按这一记载，说明在东汉明帝时，成县已经有佛寺。”[⑥]据此，佛教始于成县似自汉代。更值得注意的是，河南洛阳白马寺创建于汉永平十一年（68），若成县大云寺果真于洛阳白马寺建立的第二年创建，则成县大云寺必是中国最早的佛寺之一。《佛教史》谓：“根据信史的记载，佛教传入汉地，当在两汉之际，即公元前后。它是通过内地与西域长期交通往来和文化交流的结果。”[⑦]按自古以来陇蜀交流通道纵贯今陇南市境内，极便于佛教的传

①孙晓峰《甘肃天水、陇南地区中小石窟的初步考察》，第43、51页。

②［南宋］王象之撰《舆地碑记目卷四·成州碑记》，［清］纪昀总纂《文渊阁四库全书》史部14《史部目录类二》（电子版），上海：上海人民出版社，香港：迪志文化出版有限公司，1999年。

③［民国］张维编著《陇右金石录》，第15979页。

④［民国］张维编著《陇右金石录》，第15979页。

⑤成县地方志编纂委员会编纂《成县志》，第835页。

⑥甘肃省地方史志编纂委员会、甘肃省志宗教志编纂委员会编纂《甘肃省志》第71卷《宗教志》，第89页。

⑦杜继文主编《佛教史》，第88页。

播和石窟的开凿，且今天水市和成县相距很近，汉代以后丝路沿线佛教传播和石窟开凿之风肯定会较快波及成县，据此推测汉代（包括明帝时期）以后佛教传入今成县并在大云寺石窟所在地建立佛寺，完全有可能，不仅文献有记载，而且依逻辑推断也在情理之中。但既然“寺毁碑亡”，无法考实，那么汉永平年间在该地建立佛寺充其量只是一种可能。况《元一统志》亦谓“按永平年号，是时佛法始入中国，不同可疑”①，即汉永平年间佛教刚刚传入中国，还不能肯定成县大云寺是否创始于其时，可以有不同看法，那就只能存疑了。从更长的时间范围看，成县大云寺开创于两汉、三国、两晋时期是有可能的。无论如何，成县大云寺的始创，不会早于东汉永平年间，也不会晚于东晋时期。佛教石窟寺是佛寺的重要组成部分，正如张宝玺先生所指出：“石窟艺术兴起之时，外来的佛教艺术已经经历了一段在日益增多的佛寺内，基于中华民族文化基础上的创新过程……石窟艺术是承袭了佛寺艺术而继续发展到一个新的阶段，因为石窟寺本身就是建立在山崖河畔的佛寺，并互为作用。”②王骁勇先生也说，“石窟寺是佛教寺庙建筑的一种形式”③，佛寺不等于石窟寺，石窟寺的开凿要晚一些。《佛教史》中的一段话颇能引人深思：“魏晋南北朝是战乱频仍、灾难深重的历史时期，但在局部地区或短暂时期，又有相对稳定和繁荣的局面出现。这使佛教在全国范围得到了多方位的传播。它深入社会的各个阶层和生活的各个领域，与中国传统的思想文化冲撞激荡，参差交汇，形成了独具中国历史特色的佛教思想，影响甚至支配着南北朝一些大国的统治思想。”④北魏统治时期虽然整个国家处于南、北分裂状态，民族矛盾、阶级矛盾、统治

---

①［元］孛兰肹等撰，赵万里校辑《元一统志》，北京：中华书局，1966 年，第 482 页。

②张宝玺主编《甘肃石窟艺术壁画编·甘肃石窟壁画艺术》兰州：甘肃人民美术出版社，1997 年。

③王骁勇《陇右石窟的建筑形制》，《天水师范学院学报》2007 年第 4 期，第 21—24 页。

④杜继文主编《佛教史》，第 135 页。

阶级内部矛盾等均较尖锐，但是社会相对稳定、政权延续的时间较长，除了个别统治者短期灭佛兴道以外，北魏统治者多崇佛教，佛教活动空前发展、长期兴隆，这就为石窟寺的大量开凿、佛像的大量塑造创造了有利条件。另外，地方志中关于唐代武周时期“晨钟暮鼓萦回于崖壁间已数百十年”“今崖壁上唐、宋题记可约略推知之”[①]的记载，正好和北魏及其以后的崇佛活动相呼应。

（二）“大同”系南朝梁武帝萧衍年号，时当公元535年至546年，“大同九年”为公元543年，这年亦正是西魏文帝元宝炬大统九年。东汉以降，政治腐败，农民起义、军阀割据、魏蜀争夺、仇池起伏、胡汉交兵、南北相攻，局势不稳、权力更迭，隋朝一统，天下暂宁，然隋祚短促，隋亡唐兴。至迟在隋唐时期大云寺石窟已达到一定规模，初唐时窟前有庙宇建筑群。颇耐人寻味的是，大云寺石窟崖壁原刻字“汉永平十二年”“梁大同九年”，恰巧分别是在东汉明帝刘庄在位时期和南朝梁武帝萧衍在位时期，虽然相差474年，但是这两个帝王正好都与佛教有很深的因缘，确是不谋而合，这种巧合绝非人为造作，其实体现着宗教和历史的必然性。“汉明帝时曾派出使者去西域寻求佛经”[②]。“南朝佛教至梁武帝而全盛”。在汤用彤先生看来，“武帝一热烈之佛教信徒也”“在位四十八年，几可谓为以佛化治国”[③]，“南朝佛教势力之推广至梁武帝可谓至极”[④]，武帝博览群书，著述颇丰[⑤]。可见，大云寺石窟的这两则崖壁刻字绝非偶然，说明早期大云寺是当地佛教活动的中心之一，且该处的修庙建寺和佛教活动很早就开展了，这也是大云寺开窟较早的重要理由。同时，“梁大同九年”刻字亦是萧梁曾经统治

---

①成县地方志编纂委员会编纂《成县志》，第835页。

②任继愈主编《中国佛教史》第1卷，北京：中国社会科学出版社，1981年，第96页。

③汤用彤撰《汉魏两晋南北朝佛教史》，上海：上海书店，1991年，第474页。

④汤用彤撰《汉魏两晋南北朝佛教史》，第479页。

⑤汤用彤撰《汉魏两晋南北朝佛教史》，第704页。

或占有今陇南市部分区域的证据①，从宏观角度看，应是反映了氐族杨氏仇池国断断续续存在时期，十六国、北魏、西魏与南朝诸政权对峙状态下，位于犬牙交错地带的成州②所面临的政治形势和佛教延续发展情况。

（三）“千佛”塑绘是北朝（尤其是中晚期）比较普遍的一种造像题材③，莫高窟北朝塑绘也是如此④。又《成县志》曰：“据《舆地纪胜》，隋唐以前即建佛刹，梵宫横空，掩映于茂林之上，朝钟暮鼓，萦回于幽谷之中。香火旺盛，游人如织。”⑤但笔者根据《舆地纪胜》索引“大云寺”“凤凰山”“凤凰台”“凤凰台山”“凤凰山寺”“睡佛寺”“睡佛山寺”诸条详查其内容，竟无一处涉及“成州（同谷）大云寺（睡佛寺）”，该书中有记载曰：“大云寺，在庐山县北一里之大云山石上镌凿‘千佛’，其所刻年号则开元间造。”⑥这里所谓“大云寺”，实属雅州庐山县（今属四川省）而非成州同谷县。阎文儒先生说：“佛教艺术在中国的发展，从古代交通道路以及现存的各石窟群来看，可以说是由玉门关东传河西陇右，然后再东到中原，南下巴蜀。”⑦据此可知，在中国境内，佛教石窟艺术主要是从陆上丝绸之路起步，经由天水、陇

---

①谭其骧主编《中国历史地图集》第 4 册《东晋十六国·南北朝时期》，北京：中国地图出版社，1982 年，第 21—22、42—43 页。

②《元和郡县图志》载：“成州，禹贡梁州之域。古西戎地也，后为白马氐国。西南夷自冉駹以来什数，白马最大。有山曰仇池，地方百顷，其地险固，白马氐据焉。秦逐西羌，置陇西郡。秦末，氐、羌又侵据之。元鼎六年平西南夷，置武都郡，今州界二郡之地，晋宋间氐帅杨定、杨难当窃据仇池，自称大秦王，宋遣将军裴方明讨平之。后魏于此置仇池镇，理百顷岑上，后又改为郡。梁改为秦州，齐废帝改为成州。隋大业三年，改成州为汉阳郡。武德元年，复为成州。本属陇右道，贞元五年节度使严震奏割属山南道。今于同谷县西界泥公山上权置行成州。”见［唐］李吉甫撰，贺次君点校《元和郡县图志》，北京：中华书局，1983 年，第 571—572 页。另见谭其骧主编《中国历史地图集》第 5 册《隋·唐·五代十国时期》，第 61—62 页。

③阎文儒著《中国石窟艺术总论》，第 123—124 页。

④荣新江著《敦煌学十八讲》，第 305—307 页。

⑤成县地方志编纂委员会编纂《成县志》，第 759 页。

⑥［南宋］王象之撰《舆地纪胜》，北京：中华书局，1992 年，第 3977—3978 页。

⑦阎文儒《四川广元千佛崖与皇泽寺》，第 85—91 页。

南才传到四川境内的。当然,佛教石窟艺术也可能经由“河南道”较近且较早传至蜀地,或经过西南丝绸之路传入蜀地,或经过中南地区传入蜀地,或经过海上丝绸之路、再经由南方传入蜀地,但那不占主要地位。根据四川雅州的佛像塑造当晚于成州,而庐山大云寺之“千佛”尚为“开元间造”,故知同谷大云寺“千佛”造像至迟也应在初唐或更早。

(四)敦煌莫高窟开创于前秦或前凉时期[①],天水麦积山石窟开创于后秦时期[②],永靖炳灵寺石窟开创于西秦时期[③],近年有学者提出武山水帘洞石窟群“创建年代的上限为前秦后期,下限为北周明帝武成元年(559)2月”的新论。[④]目前相关学者中绝大多数认同今陇南市境内创建最早的石窟当是开创于北魏中晚期的西和县法镜寺石窟[⑤],也有学者认为徽县佛爷崖摩崖石龛开凿于北魏时期[⑥],同时不排除西和县八峰崖石窟创始于十六国、北朝时期的可能性。比照这些石窟,结合前述各条理由,可知成县大云寺石窟的开凿应该不会晚于陇南其他主要石窟。

综合以上几个方面的分析,我们认为,成县大云寺石窟开创于北魏时期的可能性最大。

---

①宿白《武周圣历李君莫高窟佛龛碑合校》,宿白著《中国石窟寺研究》,第262—269页。《P.2551李君莫高窟佛龛碑并序》,郑炳林编著《敦煌碑铭赞辑释》,第9—13页。荣新江著《敦煌学十八讲》《第二讲 敦煌在丝绸之路上的地位》“注释”第[18]条,第45页。

②阎文儒《麦积山石窟》《麦积山石窟的历史、分期及其题材》,阎文儒主编《麦积山石窟》,第1—58页。魏文斌《麦积山石窟初期洞窟调查与研究》,第123—135页。

③阎文儒、王万青《炳灵寺石窟总论》,阎文儒、王万青编著《炳灵寺石窟》,第1—93页。

④雍际春、张玉壁、张博《武山水帘洞石窟群创建年代新论》,《天水师范学院学报》,2012年第1期,第6—8页。

⑤孙晓峰《甘肃陇南几处中小石窟调查简报》,第10页。

⑥张宝玺主编《甘肃石窟艺术雕塑编》,第186页。

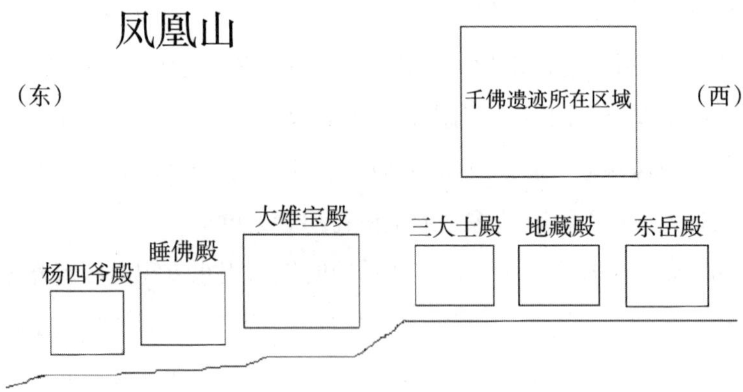

图 2-5　大云寺石窟主要殿宇(摩崖遗迹)立面略图

三、关于“大云寺”名称的来历及近现代部分塑像解析

(一)关于“大云寺”名称的来历。睡佛山寺石窟汉唐时似以凤凰山名，或为其时知名寺院。逮武则天临朝，颁示《大云经》。[①]《旧唐书》载，唐载初元年(689)，“有沙门十人伪撰《大云经》，表上之……”[②]沙门并造《经疏》，谓经中所云“即以女身当王国土”者，应在武则天身上。[③]武则天据此于天授元年(690)“壬申，敕两京、诸州各置大云寺一区，藏《大云经》，使僧升高座讲解，其撰疏僧云宣等九人皆赐爵县公，仍赐紫袈裟、银龟袋”[④]。关于《大云经》，《旧唐书》《新唐书》《长安志》等犯了一个常识性的错误(或是因撰写者未知此佛教史详情之故)，《大云经》并非武则天时沙门“伪撰”，早在十六国后秦时期就有昙无谶译本，并有晋竺佛念译本。陈寅恪先生对

---

①成县地方志编纂委员会编纂《成县志》，第 835 页。

②[后晋]刘昫等撰《旧唐书》卷 6《本纪第六·则天皇后》，北京：中华书局，1975 年，第 121 页。

③杜继文主编《佛教史》，第 249—251 页。

④[北宋]司马光编著，[元]胡三省音注《资治通鉴》卷 240《唐纪二十·则天顺圣皇后上之下》，第 6469 页。

《大云经》的传入及武则天颁行《大云经》于全国的背景、动机与武周革命的关系等考证甚详(含王国维先生对罗福苌先生《沙州文录补》的跋语):

据伦敦博物馆藏敦煌写本大云经疏(见罗福苌沙州文录补)中"伏承神皇幼小时已被缁服"……然则武曌幼时,即已一度正式或非正式为沙弥尼。其受母氏佛教信仰影响之深切,得此一事更可证明矣。后来僧徒即藉武曌家庭传统之信仰,以恢复其自李唐开国以来所丧失之权势。而武曌复转借佛教经典之教义,以证明其政治上所享之特殊地位。二者之所以能彼此互相利用,实有长久之因缘,非一朝一夕偶然所可致者,此本篇所讨论问题之第一点也……观此即知武曌以女身而为帝王, 开中国政治上未有之创局。如欲证明其特殊地位之合理,决不能于儒家经典求之。此武曌革唐为周,所以不得不假托佛教符谶之故也。考佛陀原始教义, 本亦轻贱女身。如大爱道比尼经下所列举女人之八十四态,即是其例。后来演变,渐易初旨。末流至于大乘急进派之经典,其中乃有以女身受记为转轮圣王成佛之教义。此诚所谓非常异义可怪之论也。武曌颁行天下以为受命符谶之大云经,即属于此大乘急进派之经典。其原本实出自天竺,非支那所伪造也。近岁敦煌石室发见大云经疏残卷。王国维氏为之跋尾, 考证甚确(并见沙州文录补)。兹节录其文与本篇主旨有关者于后,并略附以诠释……

卷中所引经曰及经记云云, 均见后凉昙无谶所译大方等无想经。此经又有竺法念译本,名大云无想经。昙公译本中亦屡见"大云"字,故知此为大云经疏也。(寅恪案,竺法念应作竺佛念,盖王氏偶尔笔误。至昙无谶所译,仅高丽藏本作大方等无想经,其余宋元明等藏及日本宫内省所藏诸本俱作大方等大云经也。)

案旧唐书则天皇后本纪:“载初元年,有沙门十人伪撰大云经,表上之,盛言神皇受命之事。制颁于天下,令诸州各置大云寺,总度僧千人。”又薛怀义传:“怀义与法明等造大云经,陈符命,言则天是弥勒下生,作阎浮提主,唐氏合微。故则天革命称周。其伪大云经颁于天下,寺各藏一本,令升高座讲说。”新唐书后妃传所纪略同。宋次道长安志记大云寺经亦云:“武太后初,光明寺沙门进大云经,经中有女主之符,因改为大云寺。”皆以此经为武后时伪造,然后凉译本之末,固详说黑河女主之事,故赞宁僧史略谓“此经晋代已译,旧本便曰女王,于时岂有天后云云”。颇以唐书之说为非。志磐佛祖统纪从之,故于武后载初元年书“敕沙门法朗九人重译大云经”,不云伪造。今观此卷所引经文,皆与凉译无甚差池。岂符命之说皆在疏中,经文但稍加缘饰,不尽伪托欤?又此疏之成,盖与伪经同颁天下。故敦煌寺中尚藏此残卷。

寅恪案,武曌之颁行大云经于全国,与新莽之“遣五威将军王奇等十二人班符命四十二篇于天下”(见汉书九九中王莽传)正同一政治作用。盖革命开国之初,对于民众宣传及证明其新取得地位之合理也……观昙无谶译大方等大云经之原文,则知不独史籍如旧唐书等之伪造说为诬枉,即僧徒如志磐辈之重译说,亦非事实。今取敦煌残本,即当时颁行天下以为受命符谶之原本,与今佛藏传本参校,几全部符合……又因此可知薛怀义等当时即取旧译之本,附以新疏,巧为傅会。其于昙本原文,则全部袭用,绝无改易。既不伪造,亦非重译。然则王跋以为“经文但稍加缘饰,不尽伪托”。又云:“此疏之成,盖与伪经同颁天下。”则尚有未谛也。盖武曌政治上特殊之地位,既不能于儒家经典中得一合理之证明,自不得不转求之于佛教经典。而此佛教经典若为新译或伪造,则必假托译主,或别撰经文。其事既不甚易作,其书更难取信于人。仍不如即取前代旧译之原本，曲为比附，较之伪造或重译者，犹为事半而功倍……佛教在李唐初期为道教所压抑之后，所以能至武周革命而恢复其杨隋时所享之地位者，其原因固甚复杂，而其经典教义可供女主符命附会之利用，要为一主因……凡武曌在政治上新取得之地位，悉与佛教之教义为证明，则知佛教符谶与武周革命之关系，其深切有如是者。此本篇所讨论问题之第二点也……武曌所据以女身得为帝王之教义，亦间接出自于阗，与谢灵运辨宗论及遮拘迦之华夏移民实有间接关系也。复曌因中国儒教等经典最重男轻女，不许女身得为帝王，故不得已求之于华夏民族以外之经典，藉资宣传。殊不知女身得为帝王之说，实源出华夏移民所主张，此俗所谓家有祖传之宝，苟为子孙所忘，而别从他人求乞。斯真为中外学说历史之一奇事也……关于武曌与佛教符谶之问题，可参考矢吹庆辉博士著三阶教之研究及汤用彤先生所作同书之跋文（载史学杂志第二卷第五六期合刊）。总而言之，大周刊定众经目录不著录新译大云经，尤足证薛怀义等无重译或伪撰此经之事也。①

陈寅恪先生将武则天利用佛教登上帝位与王莽篡汉称帝相比，姑且不论武则天对佛教是否诚心信仰，不争的事实是，佛教成为武则天夺取和巩固权力的工具。关于《大云经》最早传入中原一事，今人杜斗城先生亦有论述②。武则天只是令人为《大云经》作疏并颁示《大云经》，其神化自己、夺取李唐权力之企图昭然若揭。“凤凰山寺拟于彼时望风景从，易名大云

①陈寅恪《武曌与佛教》，《陈寅恪集·金明馆丛稿二编》，北京：生活·读书·新知三联书店，2001年，第153—174页。

②杜斗城著《北凉译经论》，第171—281页。杜斗城《关于武则天与佛教的几个问题》，《宗教学研究》1994年第Z1期，第26—33页。

寺”[①]。宋代“声名以鸡山、五仙山、凤凰山三寺为著”[②]。可见，唐宋时期，大云寺(石窟)佛教活动长期兴盛，大云寺(石窟)具有突出地位，产生了重要的社会影响。

(二)关于近现代部分塑像。当地人认为，“睡佛殿”里左胁而卧的塑像为“卧佛”，该“卧佛”地方特征明显。也有人认为其是道教的“陈抟老祖”。其卧势确非佛祖涅槃之势，难怪施萍婷先生 2012 年考察成县大云寺石窟时说，这身像“根本就不是佛像”。据《传法正宗记》载，佛祖涅槃时，“右胁而卧，泊然大寂”[③]。该“卧佛”头上布满“肉髻”，且两侧壁画中绘有迦叶、阿难、观世音菩萨、大势至菩萨、护法诸神，檐下门楣上有四大天王，说明此卧像确实是当作卧式佛像来塑造的，而非“陈抟老祖”。另据《佛祖统纪》载，佛涅槃前，与弟子阿难抵达波伐城河边的杧果林时疲惫至极，由阿难搀扶左侧而卧。后他们到达拘尸那城力士生地娑罗双树间，佛祖最终入于涅槃。[④]故此卧佛像反映的是佛祖涅槃前的一段经历。四川安岳卧佛意境当与此同，不过其为盛唐时期塑像。除此以外，二者的明显区别是此曲而彼直，或是因地制宜使然。大雄宝殿正中塑释迦牟尼佛巨像，两边塑十八罗汉、绘二十四诸天。三大士殿中塑观音菩萨、文殊菩萨、普贤菩萨像。杨四爷殿中塑杨四爷像。地藏殿中塑地藏菩萨、药王菩萨、真武大帝、送子娘娘像，神坛上供奉“大成至圣先师山东孔夫子、大成武圣先师山西关夫子、七十二贤、亚圣孟子、文昌帝君、点元魁星之神位”牌位。近年在地藏殿的西侧(千佛崖的左前方)新塑了观音菩萨立像。新塑观音菩萨像的西侧是僧房区，僧房区西侧是西端小龛(即东岳殿)，殿中塑鲁班爷、老君爷、玉皇

---

①成县地方志编纂委员会编纂《成县志》，第 835 页。

②成县地方志编纂委员会编纂《成县志》，第 835 页。

③[北宋]契嵩编修《传法正宗记》，No.2078，《大正藏》第 51 册，第 718 页上栏。

④[南宋]志磐撰《佛祖统纪卷第四》，No.2035，《大正藏》第 49 册，第 163 页下栏—169 页上栏。

爷、泰山爷、雷神爷像。看来,除了卧佛殿、大雄宝殿与三大士殿中塑像或壁画属于佛教内容外,其余大多数殿中塑像不仅将儒教、道教、民间信仰的神尊(含历史人物)等内容杂糅在一起,而且等次混乱。于是构成以佛教为主,儒、释、道融为一体的格局。以上塑像虽是近现代新塑,但窟龛造像内容构成多少反映了当地历史上的宗教继承关系,三教之间相互影响、相互融合以及历史(宗教)文化发展的某些轨迹,尤其是明、清时期的造像、壁画内容往往呈现"三教合一"的状态,基本上没有单一的佛教或道教的石窟寺了,大云寺石窟就是这样的一个实例。

四、大云寺石窟题刻释录

大云寺石窟现存碑(残块)碑文、石幢(残块)经文、石刻题记、粉壁题记至少有 13 处(其他或由后世游人刻写)。迄今所见题刻录文或不全面,或不尽一致。现整理公布如下[①]:

(一)《成县志》录文:

《郭子卿题记》(位于大云寺石窟附近"狮子洞"中):

> 三城郭子卿,陇干曲演,北幽马焕以绍兴戊午(1138)十二日朔日同游凤山大云寺。

正书,字径 4—5 厘米。[②]

《游师雄题记》:

---

①四处录文中,就每一题名下题刻内容而言,只出现一次,避免重复。"……"表示确知有文字但不知具体字数;每 1 个"口"表示确知有 1 个字但不能断定为某字;"/"表示另起一行。

②成县地方志编纂委员会编纂《成县志》,第 775 页。

元祐二年(1087)正月九日武功游师雄登凤凰山寺。

正书,字径4厘米。按《宋史》本传,师雄元祐初以边功迁“为陕西转运判官、提点秦凤路刑狱”,题记当在此时。

《蒋之奇题记》:

辛酉五月二十六日蒋之奇登大云寺。

正书,字径9—16厘米。按之奇字颖叔,盖狮子洞题记者。

《柴元瑾题记》:

题留凤凰寺,大理丞柴元瑾□□岧峣高阁迥崖临,下瞰仇池远望心。不见鸣岐嘉瑞凤,乱山空锁白云深。嘉祐庚子岁(1060)仲春清明后十日记。

行书,字径3厘米。按庚子即宋仁宗嘉祐五年,公元1060年。①

《李叔政题记》:(略)。②

(二)天佑先生录文:

《李叔政题记》:

元和八年(813)六月十五日 / 敕授成州刺史开府□侍御史李叔政 / □任其本州残破已经数载谷麦 / □收又汛水惟沫管思

①成县地方志编纂委员会编纂《成县志》,第776页。

②成县地方志编纂委员会编纂《成县志》,第776—777页。

百姓饥惶□/便衲裆□九年一境春夏大丰仓廪/盈溢以其年八月八日设清斋□□以/答前愿兼圣像坏者而报餝山□/其寺自搀[①]抢之后道路秽□此□/绵密废未久已遂□功□斫创□通行/其月七日送供到此寺宿□两夜晴天忽/云雾斗暗遂真心稽告瞬息之间云/收雾卷当时晴明其应必答其□必有/日蛇出长七八尺锦绣文成从□□□□/盘下大□出所此必龙像□而□□/道场之人□皆见也时元和□□□□/开府仪同三司持节成州□□□□/成州刺史充本州守捉使□□□□/记之/节广□开倚□……/检校……[②]

《八棱碑》[③]《郭子卿题记》《游师雄题记》《蒋之奇题记》《柴元瑾题记》:(皆略)。

(三)蔡副全先生录文:

《李叔政题壁》:(略)[④]。

(四)笔者录文:(见附录)。

小 结

第一,成县大云寺石窟是陇南石窟的重要组成部分,对该石窟的系统研究可以填补相关学术空白。石窟中古代建庙造像和宗教活动遗迹遗物,石窟轮廓,石刻题记、粉壁题记、碑及碑文、石幢经文等,是古代历史原貌

①依蔡副全先生录文当为“搀”。蔡副全《唐〈李叔政题壁〉墨迹考略》,第 45 页。

②高天佑编著《杜甫陇蜀纪行诗注析》,第 225—226 页。高天佑先生所录较《成县志》所录详细。

③高天佑编著《杜甫陇蜀纪行诗注析》,第 226—227 页。高天佑先生只录末署官职和地名。

④蔡副全《唐〈李叔政题壁〉墨迹考略》,第 45—46 页。高天佑先生、蔡副全先生录文大同小异。

的遗留,皆具有重要的历史文化和学术研究价值。

第二,虽然目前还没有直接、确凿的证据断定大云寺石窟最早开凿具体是在北魏、西魏或北周,但石窟创始于北朝则是可以肯定的;而且综合各种因素分析,其开创于北魏的可能性最大。石窟于隋唐时已达到一定规模,初盛唐时窟前已有庙宇建筑群。

第三,“千佛”造像之风始于北朝,大云寺千佛造像遗迹不晚于盛唐。“大云寺”之名始自唐武则天时期,具有浓厚的政治色彩。

第四,现存题刻多为唐、宋时人作品。石窟塑像虽为今人所做,抑或在原有塑像的表层涂上了新的颜色,但从造像的传承关系却能反映出宗教文化的发展脉络。石窟内容以佛教为主,却在一定程度上反映了道教及儒家文化、社会历史和世俗生活的内容,大云寺石窟“三教合一”特征明显。

第二节 大云寺石窟《佛顶尊胜陀罗尼经》石幢校录研究

甘肃成县大云寺石窟发现一块唐代石幢，上刻《佛顶尊胜陀罗尼经》，残损极为严重。经文今存 27 行，行 2—33 字①，字径 1.2—1.5 厘米，正书，漫漶不清，颇难释读。②高天佑先生、蔡副全先生均对该石幢作了介绍。③实际上二位先生并没有专门“考察《佛顶尊胜陀罗尼经》盛行的时间、残幢的形制特点及主修者官职”，而只是对立幢时间作了大致推测。笔者将石幢残缺经文与《大正藏》所收诸译本《佛顶尊胜陀罗尼经》经文比较，发现石幢经文与佛陀波利译《佛顶尊胜陀罗尼经》完全吻合。本节在对该石幢经

①蔡副全先生认为每行 3—35 字(蔡副全《唐〈李叔政题壁〉墨迹考略》，第 48 页)。

②蔡副全先生认为经幢“可识文字约 670 字”(见蔡副全《唐〈李叔政题壁〉墨迹考略》，第 48 页)，张忠先生认为共 640 字(张忠《仙山古刹胜迹多——成州大云寺唐代墨书题记和八棱碑发现记》，第 273—276 页；同文载甘肃《民主协商报》2001 年 9 月 7 日第三版)。笔者仔细释读、反复核对，数清可识读的有 566 字。

③高天佑编著《杜甫陇蜀纪行诗注析》，第 226—227 页。蔡副全《唐〈李叔政题壁〉墨迹考略》，第 48 页。

图 2-6 成县大云寺石窟
《佛顶尊胜陀罗尼经》石幢(残)

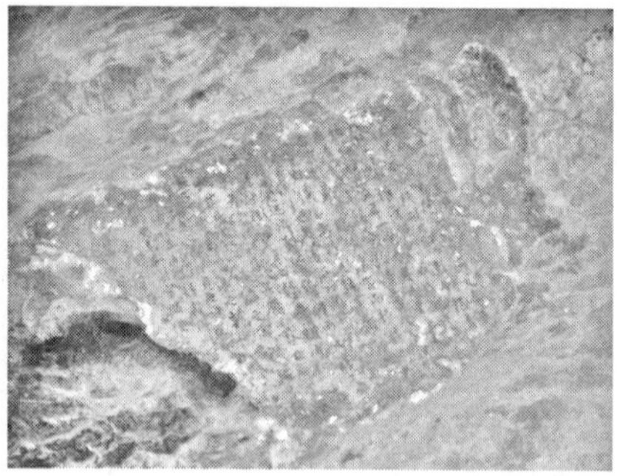

图 2-7 成县大云寺石窟唐代李叔政题壁(残)

文进行校录、补缺的基础上,对该经幢的树立时间进行了考证,并分析了这一石幢发现的意义。敬请方家教正。

一、大云寺石窟《佛顶尊胜陀罗尼经》石幢录文①

第一面:…… / ……急苦难…… / ……信善恶业失正道众…… / ……此陀罗尼印亦为一切诸天子故说此陀罗尼印付嘱…… / ……畜生阎罗王界阿修罗身夜叉罗刹鬼神布单那羯…… / ……

第二面:…… / ……生……处菩萨同会处生或得……罗门家生或得大刹利…… / ……提道场最胜之处皆由赞美此陀罗尼功德如是天帝此陀罗尼名吉祥…… / ……陀罗尼亦复如是亦如阎浮檀金明净……软令人喜见不为秽恶之所染…… / ……闻供养能如是者一切恶道……清净一切地狱苦……皆……灭……佛告…… / ……塞优婆姨族姓男族姓女于幢等上或见或与相近其……身或风吹陀罗尼…… / ……受亦不为……垢……众生为一切诸佛之……记……不退…… / ……罗尼……合掌……敬旋……

①参见[唐]佛陀波利译《佛顶尊胜陀罗尼经》,《大正藏》第 19 册,第 349 页下栏—352 页下栏。此处录文不用标点符号。“ / ”表示分行;“……”指缺失文字,但不知字数(也可能包括不确知行数)。

行……天帝……人……/……夜分来诣佛所……妙华涂香庄严供养佛已绕……七匝……佛……

第三面：……护念之……时护世四天大王……三匝白佛言世尊……愿如来为我广说持陀罗尼……/……圆满十五日时持斋诵此陀罗尼满其千遍……令短命众生还得增寿永离病苦一切业……/佛言若遇大恶病闻此陀罗尼即得永离一切诸病亦得消灭应堕恶道……/……佛言若人先造一切极重罪业遂即命终乘斯恶业应堕地狱或堕畜生……罗……/……尼二十一……散亡……骨上……生……若人能日日诵此陀罗尼二十一遍应消一切……/……常……会一处一切如来恒为演说微妙之义一切世尊即授其记身……/……一切……香右……陀罗尼印……/……赞言善哉……有真是佛子即得无障……心庄严三昧……

第四面：……/……寿命天帝汝去将我此陀罗尼授与善住天子……其七日汝与善住俱来见……/依法受持一切愿满应受一切恶道等苦……得……菩提道增寿无量甚大……/……子将诸天众严持华鬘涂香……幢幡……天衣缨络微妙庄严往诣佛所……/……色臂摩善住天子顶而为说法授菩提记佛言此经名净除一切恶道佛顶……/使持节成州诸军事兼成州刺史侍御史充本州守捉使上柱……/……功德……盖幢亭子等于成州凤凰寺创……/……菏前……

二、大云寺石窟《佛顶尊胜陀罗尼经》石幢与《大正藏》佛陀波利译《佛顶尊胜陀罗尼经》部分经文对照①

以下以《大正藏》所收佛陀波利译《佛顶尊胜陀罗尼经》对成县大云寺

①文中括号外为所录石幢《佛顶尊胜陀罗尼经》残缺经文，括号内为录用《大正藏》佛陀波利译《佛顶尊胜陀罗尼经》用以补缺的文字。为了不产生歧义，所录所引两处经文一律不用标点符号。

石窟石幢经文所缺文字予以补足：

〔如是我闻一时薄伽梵在室罗筏住誓多林给孤独园与大苾刍众千二百五十人俱又与诸大菩萨僧万二千人俱尔时三十三天于善法堂会有一天子名曰善住与诸大天游于园观又与大天受胜尊贵与诸天女前后围绕欢喜游戏种种音乐共相娱乐受诸快乐尔时善住天子即于夜分闻有声言善住天子却后七日命将欲尽命终之后生赡部洲受七返畜生身即受地狱苦从地狱出希得人身生于贫贱处于母胎即无两目尔时善住天子闻此声已即大惊怖身毛皆竖愁忧不乐速疾往诣天帝释所悲啼号哭惶怖无计顶礼帝释二足尊已白帝释言听我所说我与诸天女共相围绕受诸快乐闻有声言善住天子却后七日命将欲尽命终之后生赡部洲七返受畜生身受七身已即堕诸地狱从地狱出希得人身生贫贱家而无两目天帝云何令我得免斯苦尔时帝释闻善住天子语已甚大惊愕即自思惟此善住天子受何七返恶道之身尔时帝释须臾静住入定谛观即见善住当受七返恶道之身所谓猪狗野干猕猴蟒蛇乌鹫等身食诸秽恶不净之物尔时帝释观见善住天子当堕七返恶道之身极助苦恼痛割于心谛思无计何所归依唯有如来应正等觉令其善住得免斯苦尔时帝释即于此日初夜分时以种种花鬘涂香末香以妙天衣庄严执持往诣誓多林园于世尊所到已顶礼佛足右绕七匝即于佛前广大供养佛前胡跪而白佛言世尊善住天子云何当受七返畜生恶道之身具如上说尔时如来顶上放种种光遍满十方一切世界已其光还来绕佛三匝从佛口入佛便微笑告帝释言天帝有陀罗尼名为如来佛顶尊胜能净一切恶道能净除一切生死苦恼又能净除诸地狱阎罗王界畜生之苦又破一切地狱能回向善道天帝此佛顶尊胜陀罗尼若有人闻一经于耳先世所造一切地狱恶业悉皆消灭当得清

净之身随所生处忆持不忘从一佛刹至一佛刹从一天界至一天界遍历三十三天所生之处忆持不忘天帝若人命欲将终须臾忆念此陀罗尼还得增寿得身口意净身无苦痛随其福利随处安隐一切如来之所观视一切天神恒常侍卫为人所敬恶障消灭一切菩萨同心覆护天帝若人能须臾读诵此陀罗尼者此人所有一切地狱畜生阎罗王界饿鬼之苦破坏消灭无有遗余诸佛刹土及诸天宫一切菩萨所住之门无有障碍随意趣入尔时帝释白佛言世尊唯愿如来为众生说增益寿命之法尔时世尊知帝释意心之所念乐闻佛说是陀罗尼法即说呪曰佛告帝释言此呪名净除一切恶道佛顶尊胜陀罗尼能除一切罪业等障能破一切秽恶道苦天帝此大陀罗尼八十八殑伽沙俱胝百千诸佛同共宣说随喜受持大日如来智印印之为破一切众生秽恶道苦故为一切地狱畜生阎罗王界众生得解脱故临]急苦难〔堕生死海中众生得解脱故短命薄福无救护众生乐造杂染恶业众生得饶益故又此陀罗尼于赡部洲住持力故能令地狱恶道众生种种流转生死薄福众生不]信善恶业失正道众〔生等得解脱义故佛告天帝我说此陀罗尼付嘱丁汝汝当授与善住天子复当受持读诵思惟爱乐忆念供养于赡部洲与一切众生广为宣说]此陀罗尼印亦为一切诸天子故说此陀罗尼印付嘱〔于汝天帝汝当善持守护勿令忘失天帝若人须臾得闻此陀罗尼千劫已来积造恶业重障应受种种流转生死地狱饿鬼]畜生阎罗王界阿修罗身夜叉罗刹鬼神布单那羯〔咤布单那阿波娑摩啰蚊虻龟狗蟒蛇一切诸鸟及诸猛兽一切蠢动含灵乃至蚁子之身更不重受即得转生诸佛如来一]生〔补]处菩萨同会处生或得〔大姓婆]罗门家生或得大刹利〔种家生或得豪贵最胜家生天帝此人得如上贵处生者皆由闻此陀罗尼故转所生处皆得清净天帝乃至得到菩]提道场最胜之处皆由赞美此陀罗尼功德如是天帝此陀罗尼名为吉祥〔能

净一切恶道此佛顶尊胜陀罗尼犹如日藏摩尼之宝净无瑕秽净等虚空光焰照彻无不周遍若诸众生持此〕陀罗尼亦复如是亦如阎浮檀金明净〔柔〕软令人喜见不为秽恶之所染〔着天帝若有众生持此陀罗尼亦复如是乘斯善净得生善道天帝此陀罗尼所在之处若能书写流通受持读诵听〕闻供养能如是者一切恶道〔皆得〕清净一切地狱苦〔恼悉〕皆〔消〕灭佛告〔天帝若人能书写此陀罗尼安高幢上或安高山或安楼上乃至安置窣堵波中天帝若有苾刍苾刍尼优婆〕塞优婆夷族姓男族姓女于幢等上或见或与相近其影映身或风吹陀罗尼〔上幢等上尘落在身上天帝彼诸众生所有罪业应堕恶道地狱畜生阎罗王界饿鬼界阿修罗身恶道之苦皆悉不〕受亦不为〔罪〕垢〔染污天帝此等〕众生为一切诸佛之〔所授〕记〔皆得〕不退〔转于阿耨多罗三藐三菩提大帝何况更以多诸供具华鬘涂香末香幢幡盖等衣服璎珞作诸庄严于四衢道造窣堵波安置陀〕罗尼合掌〔恭〕敬旋〔绕〕行〔道归依礼拜〕天帝〔彼〕人〔能如是供养者名摩诃萨埵真是佛子持法栋梁又是如来全身舍利窣堵波塔尔时阎摩罗法王于时〕夜分来诣佛所〔到已以种种天衣〕妙华涂香庄严供养佛已绕〔佛〕七匝〔顶礼〕佛〔足而作是言我闻如来演说赞持大力陀罗尼故来修学若有受持读诵是陀罗尼者我常随逐守护不令持者堕于地狱以彼随顺如来言教而〕护念之〔尔〕时护世四天大王〔绕佛〕三匝白佛言世尊〔唯〕愿如来为我广说持陀罗尼〔法尔时佛告四天王汝今谛听我当为汝宣说受持此陀罗尼法亦为短命诸众生说当先洗浴着新净衣白月〕圆满十五日时持斋诵此陀罗尼满其千遍令短命众生还得增寿永离病苦一切业〔障悉皆消灭一切地狱诸苦亦得解脱诸飞鸟畜生含灵之类闻此陀罗尼一经于耳尽此一身更不复受〕佛言若人遇大恶病闻此陀罗尼即得永离一切诸病亦得消灭应堕恶道〔亦得除断即得

往生寂静世界从此身已后更不受胞胎之身所生之处莲华化生一切生处忆持不忘常识宿命〕佛言若人先造一切极重恶业遂即命终乘斯恶业应堕地狱或堕畜生〔阎〕罗〔王界或堕饿鬼乃至堕大阿鼻地狱或生水中或生禽兽异类之身取其亡者随身分骨以土一把诵此陀罗〕尼二十一〔遍〕散亡〔者〕骨上〔即得〕生〔天佛言〕若人能日日诵此陀罗尼二十一遍应消一切〔世间广大供养舍身往生极乐世界若常诵念得大涅槃复增寿命受胜快乐舍此身已即得往生种种微妙诸佛刹土〕常〔与诸佛俱〕会一处一切如来恒为演说微妙之义一切世尊即受其记身〔光照曜〕一切〔刹土佛言若诵此陀罗尼法于其佛前先取净土作坛随其大小方四角作以种种草华散于坛上烧众名〕香右〔膝着地胡跪心常念佛作慕〕陀罗尼印〔屈其头指以大母指押合掌当其心上诵此陀罗尼一百八遍讫于其坛中如云王雨华能遍供养八十八俱胝殑伽沙那庾多百千诸佛彼佛世尊咸共〕赞言善哉〔希〕有真是佛子即得无障〔碍智三昧得大菩提〕心庄严三昧〔持此陀罗尼法应如是佛告天帝我以此方便一切众生应堕地狱道令得解脱一切恶道亦得清净复令持者增益〕寿命天帝汝去将我此陀罗尼授与善住天子〔满〕其七日汝与善住俱来见〔我尔时天帝于世尊所受此陀罗尼法奉持还于本天授与善住天子尔时善住天子受此陀罗尼已满六日六夜〕依法受持一切愿满应受一切恶道等苦〔即〕得〔解脱住菩提道〕增寿无量甚大〔欢喜高声叹言希有如来希有妙法希有明验甚为难得令我解脱尔时帝释至第七日与善住天〕子将诸天众严持华鬘涂香〔末香宝〕幢幡〔盖〕天衣璎珞微妙庄严往诣佛所〔设大供养以妙天衣及诸璎珞供养世尊绕百千匝于佛前立踊跃欢喜坐而听法尔时世尊舒金〕色臂摩善住天子顶而为说法授菩提记佛言此经名净除一切恶道佛顶〔尊胜陀罗尼汝当受持尔时大众闻法欢喜信受奉行〕

三、大云寺石窟《佛顶尊胜陀罗尼经》石幢竖立年代考论

兹从以下五个方面考论之：

第一，根据《佛顶尊胜陀罗尼经》传入、翻译、流通及经幢流行时间进行考论。《佛顶尊胜陀罗尼经》简称《尊胜陀罗尼经》《尊胜陀罗尼》《尊胜经》等，系密教陀罗尼经典。[①]据《佛顶尊胜陀罗尼经序》载："婆罗门僧佛陀波利，仪凤元年（676）从西国来至此汉土，到五台山次……系念倾诚，回还西国。取《佛顶尊胜陀罗尼经》。至永淳二年（683）回至西京。具以上事闻奏大帝，大帝遂将其本入内，请日照三藏法师，及敕司宾寺典客令杜行顗等，共译此经[②]……其僧得梵本，将向西明寺，访得善解梵语汉僧顺贞，奏共翻译……僧遂对诸大德共顺贞翻译讫。僧将梵本，遂向五台山……今前后所翻两本并流行于代。……至垂拱三年（687），定觉寺主僧志静……遂就三藏法师谘受神咒，法师于是口宣梵音，经二七日，句句委授，具足梵音，一无差失。仍更取旧翻梵本勘校，所有脱错，悉皆改定。其咒初注云，最后别翻者是也，其咒句稍异于杜令所翻者，其新咒改定不错，并注其音……至永昌元年（689）八月，于大敬爱寺，见西明寺上座澄法师……"[③]据王惠民先生统计，"此经取来后，前后五译。另有若干陀罗尼单译（音译）本和数部仪轨译本流行于世"[④]。虽译本不同，然内容无别，都是帝释天为善住天子

---

①任继愈主编《佛教大辞典》，第633页。

②智昇记曰："宁远将军度婆及中印度三藏法师地婆诃罗证译。是时仪凤四年（679）正月也。"（[唐]智昇撰《开元释教录》第9卷，N0.2154，《大正藏》第55册，第564页中栏）魏郭辉先生归纳并论述了关于《佛顶尊胜陀罗尼经》翻译时间的四种说法（魏郭辉《佛陀波利译〈佛顶尊胜陀罗尼经〉相关问题考略》，《敦煌学辑刊》2007年第4期，第222—229页）。

③[唐]志静述《佛顶尊胜陀罗尼经序》，No.918，《大正藏》第19册，第349页中栏至下栏。另可参：[北宋]赞宁撰，范祥雍点校《宋高僧传》，北京：中华书局，1987年，第28—29页。

④王惠民《敦煌佛顶尊胜陀罗尼经变考释》，《敦煌研究》1991年第1期，第7页。

七返畜身、求佛解脱而说出能净除一切苦难。[①]《佛顶尊胜陀罗尼经》的“流行广布促成了经幢的始创建立”[②]。幢最早为中国古代仪仗中的旌幡，是在竿上加丝帛制成的伞盖状物，又称幢幡。由于佛教特别是中唐时期佛教密宗的传入，起先将佛经或佛像书写或绘制在丝织幢幡上。顶装摩尼宝珠，悬于长杆，供养佛前。后来为保持佛经或佛像经久不毁，改为雕刻于石柱上。柱身多为八面八棱体，因所刻绝大多数为《佛顶尊胜陀罗尼经》或佛像等[③]，因此被称为经幢。“由下至上，经幢一般可分为幢座、幢身和幢顶三部分”。[④]元念常曰：“禳罪集福净一切恶道。莫急于《佛顶尊胜陀罗尼经》。”[⑤]据经文述，经文写于幢上，幢影映于人身，则可不为罪垢染污。初唐始用石头模仿制作丝帛经幢。如意元年（692），史延福即在龙门摩崖上镌刻《佛顶尊胜陀罗尼经》。最迟在长安二年（702），就有《佛顶尊胜陀罗尼经》经幢出现。[⑥]陕西富平县莲湖小学内永昌元年八月造石幢为最早实例之一。[⑦]大历十一年（776）诏令：“代宗睿文武孝宝应元圣皇帝特　敕令天下僧尼诵尊胜真言奉　敕语京城修功德使李元琮。天下僧尼诵佛顶尊胜陀罗尼。限一月日诵令精熟。仍仰每日诵二十一遍。每年至正月一日。遣贺正使具所诵遍数进来。”[⑧]将《佛顶尊胜陀罗尼经》“全面性地推广及各地寺院，特别是

---

①阎文儒著《中国石窟艺术总论》，第307—308页。

②刘淑芬著《灭罪与度亡——佛顶尊胜陀罗尼经幢之研究》，上海：上海古籍出版社，2008年，第5页。

③阎文儒著《中国石窟艺术总论》，第250—251，307—308页。另可参：夏广兴、方海燕《佛顶尊胜陀罗尼信仰与唐代民俗风情》，《上海师范大学学报（哲学社会科学版）》2005年第6期，第81—86页；李彦、张映莹《〈佛顶尊胜陀罗尼经〉及经幢》，《文物世界》2007年第5期，第76—80页。

④刘淑芬著《灭罪与度亡——佛顶尊胜陀罗尼经幢之研究》，第60页。

⑤［元］念常集《佛祖历代通载》，N0.2036，《大正藏》第49册，第631页下栏。

⑥刘淑芬著《灭罪与度亡——佛顶尊胜陀罗尼经之研究》，第33页。

⑦阎文儒著《中国石窟艺术总论》，第250—251页。

⑧［唐］法崇述《佛顶尊胜陀罗尼经教迹义记》，No.1803，《大正藏》第39册，第1012页上栏。

那些位处偏远地区的寺院僧尼和信徒”，遂促成了中唐至宋建立《佛顶尊胜陀罗尼经》经幢的“风气之盛”[①]。吕建福先生在《中国密教史》中写道：“在敦煌遗存的写经中，佛顶尊胜陀罗尼经、咒、序、启请文共116种，其中大都是唐代写本，波利本最多。”[②]唐朝议大夫兼侍御史武彻称：“昔仪凤年中(676—679)。佛陀波利所传之本。遍天下幡刹。持诵有多矣。”[③]早在“武则天大力推崇华严宗之际，佛陀波利与五台山文殊信仰结合的传奇，对波利译本的广泛流传起了很大的作用。”“目前发现的敦煌写本及唐代石刻经幢上所刻，几乎全是波利的译本”[④]。正如《开元释教录》所云：“比诸众译此最弘布。”[⑤]可以肯定的是，敦煌莫高窟第55、454窟均有《佛顶尊胜陀罗尼经》经变画。第55窟是归义军节度使曹元忠的功德窟，而第454窟建于10世纪70年代，比第55窟晚10余年，窟主是曹延恭夫妇。[⑥]近年，下野玲子女士提出莫高窟第217窟“整个南壁内容应为《佛顶尊胜陀罗尼经变》的新解释”[⑦]，但对敦煌石窟、经变画颇有研究的施萍婷先生予以否定。她说，如果只把《佛顶尊胜陀罗尼经》的《序》画成壁画，那就不能称之为《佛顶尊胜陀罗尼经变》。如果是《佛顶尊胜陀罗尼经变》，至少有以下几点是不能付诸阙如的，即，第一，《佛顶尊胜陀罗尼经》只有一卷，故事不多，佛在何处说法，应是开宗明义的；第二，经文紧接着就说，“尔时三十三天于善法堂会”；第三，《佛顶尊胜陀罗尼经》出场的主要人物仅三个：佛、善

①刘淑芬著《灭罪与度亡——佛顶尊胜陀罗尼经幢之研究》，第35页。

②吕建福著《中国密教史》，北京：中国社会科学出版社，1995年，第357页。

③[唐]武彻述《加句灵验佛顶尊胜陀罗尼记》，No.974c，《大正藏》第19册，第386页上栏。

④尤李《房山石经〈佛顶尊胜陀罗尼经〉及其相关问题考论》，《暨南学报(哲学社会科学版)》2009年第2期，第215—223、248页。

⑤[唐]智昇撰《开元释教录》第9卷，《大正藏》第55册，第565页中栏。

⑥王惠民《敦煌佛顶尊胜陀罗尼经变考释》，第7—18页。

⑦[日]下野玲子著，牛源译，刘永增审校《莫高窟第217窟南壁经变新解》，《敦煌研究》2011年第2期，第21—32、125、128页。

住天子、帝释天；第四，按经文，佛把“佛顶尊胜陀罗尼”授予帝释天，并说，“若诵此陀罗尼法，于其佛前先取净土作坛，随其大小，方四角作”……而且“尔时善住天子，受此陀罗尼已，满六日六夜，依法受持”；第五，帝释天曾经“入定谛观”，看见了“善住天子当堕七返恶道之身”①。笔者除了认可先生的观点外，认为还有一个理由，那就是，莫高窟第217窟的时间被判定为“初唐”②，如果该窟南壁壁画真的是《佛顶尊胜陀罗尼经变》，则从时间上来说似不符，因为从“经”到“经变”应该是有一个过程的。综上所述，根据《佛顶尊胜陀罗尼经》及经幢、波利译本的流行时间推断，成县大云寺石窟经幢竖立于代宗以后的可能性很大（主要依据770年诏令）。

第二，根据石幢的结构特征进行考论。唐代经幢刚出现时，结构较为简单，一般为单层，装饰亦少，高度大都在二三米以下，中唐特别是宣宗大中年间（847—859）以后，经幢逐渐变成多层结构，装饰也趋于复杂，下置须弥座，上覆华盖，装饰渐趋华丽，高度多达4—5米。五代以后，华盖增至数层，高度也相应增大。③成县大云寺石窟石幢之幢顶、幢座均已不见，只剩幢身4面5棱（本为8面8棱）。第一面，长约48厘米，宽约17厘米；第二面，长约50厘米，宽约16.5厘米；第三面，长约47厘米，宽约16.5厘米；第四面，长约37厘米，宽约8.2厘米。虽然残损极其严重，但因为幢身即为石幢主体，高度有限，即使把残缺部分计算在内，石幢整体也不会很长。残幢末题“盖幢亭子”等语，说明开始立幢或后来补修的时候建有盖幢亭子，只是迄今看不出具有更为复杂的构件的迹象。可见大云寺

---

①施萍婷、范泉《关于莫高窟第217窟南壁壁画的思考》，《敦煌研究》2011年第2期，第12—20、125—128页。

②敦煌文物研究所编《中国石窟·敦煌莫高窟》第3卷，北京：文物出版社，东京：株式会社平凡社，1987年，图版第95—110。

③刘淑芬著《灭罪与度亡——佛顶尊胜陀罗尼经幢之研究》，第60页。

石幢的结构较为简单。据此推断，大云寺石幢的竖立，最迟不会晚于宣宗统治时期。

第三，依据当地的历史演变进行考论。史载，宝应元年(762)，“吐蕃寇秦、成、渭三州”。广德元年(763)，“吐蕃陷陇右诸州”①。建中四年(783)，唐蕃盟于清水，“约：唐地泾州右尽弹筝峡，陇州右极清水，凤州西尽同谷，剑南尽西山、大度水。吐蕃守镇兰、渭、原、会，西临洮，东成州，抵剑南西磨些诸蛮、大度水之西南”②。故同谷曾为吐蕃占领，中唐以后长期不宁。又大云寺石幢《佛顶尊胜陀罗尼经》功德主姓名与镌刻时间无存③，落款标明功德主所在行政区划名“成州”，而同石窟之“元和八年”《李叔政题壁》落款亦标明功德主所在行政区划名“成州”。《元和郡县图志》载：“……后魏于此置仇池镇，理百顷岑上，后又改为郡。梁改为秦州，齐废帝改为成州④。隋大业三年(607)，改成州为汉阳郡。武德元年(618)，复为成州。本属陇右道，贞元五年(789)，节度使严震奏割属山南道。今于同谷县西界泥公山上权置行成州。”⑤又《新唐书·地理志四》载：“成州同谷郡，下。本汉阳郡，治上禄，天宝元年(742)更名，宝应元年(762)没吐蕃，贞元五年，于同谷之西境泥公山权置行州，咸通七年(866)复置，徙治宝井堡，⑥后徙治同

①[北宋]欧阳修、宋祁撰《新唐书》卷6《本纪第六·代宗》，第168页。

②[北宋]欧阳修、宋祁撰《新唐书》卷216下《吐蕃下》，第6093页。

③张忠将落款释读为“使持节成州诸军事兼成州刺史侍御史充本州守捉使上□□牛方德并盖幢亭子于成州凤凰山寺创□永□官衙关□胡玉充”(张忠《仙山古刹胜迹多——成州大云寺唐代墨书题记和八棱碑发现记》，第273—276页；同文载甘肃《民主协商报》2001年9月7日第三版)。笔者以为，即使此录文无误，亦不能据此断定功德主姓名。

④《方舆胜览》云：“西魏改为成州。”[南宋]祝穆撰，祝洙增订，施和金点校《方舆胜览》(下)，第1221页。

⑤[唐]李吉甫撰，贺次君点校《元和郡县图志》(全二册)，第571—572页。

⑥蔡副全先生引《新唐书·地理志四》关于徙治宝井堡的时间，将其系于穆宗长庆三年(823)(见蔡副全《唐〈李叔政题壁〉墨迹考略》，第47页)。

谷。”[①]由此可知,大云寺石窟经幢刻立于代宗、德宗、顺宗、宪宗、穆宗、敬宗、文宗时期的可能性大,而顺宗在位时间很短,穆宗、敬宗在位时间也较短,武宗曾经灭佛,故石幢竖立于德宗、宪宗、文宗时期的可能性更大。

第四,依据经幢的书法风格进行考论。石幢经文点画腴雅,结字规整,运笔稳健,书体俊秀。蔡副全先生认为其书法风格与“遒丽处似虞,端劲处似欧”的褚书《孟法师碑》相近。[②]而虞世南(558—638)、欧阳询(557—641)、褚遂良(596—659),皆为初唐书法家,况且一种书法风格的传播总有个过程。据此推断,大云寺石窟经幢的刻立是在高宗以后的武则天统治时期(690—705)及其以后的盛唐、中唐、晚唐时期,这正好与《佛顶尊胜陀罗尼经》的传入、翻译、流传及经幢的产生、流传大体相符。

第五,依据功德主官职名称进行考论。唐代建造《佛顶尊胜陀罗尼经》经幢成一时风气,规模不小。有以个人、家庭、寺院、村社、地方、国家部门等名义建幢的,如天宝元年(742)由秘书省正字左光历撰序、醴泉县丞尹匡祚撰颂的经幢属吏部天官曹同僚所建,贞元十八年(802)元惟清所竖幢属率内府官员等为国家建造,元和六年(811)卫洵所撰赞序的经幢属内侍省众僚为国家建立,大中五年(851)淳化县梨园店特为宣宗及文武百官建造。[③]大云寺石幢《佛顶尊胜陀罗尼经》功德主姓名与镌刻时间无存,然末署功德主官职:[④]

> 使持节成州诸军事兼成州刺史侍御史充本州守捉使上柱(国)……/……切德……盖幢亭子等于成州凤凰寺创……

①[北宋]欧阳修、宋祁撰《新唐书》卷40《地理四》,第1035页。

②蔡副全《唐〈李叔政题壁〉墨迹考略》,第48页。

③吕建福著《中国密教史》,第360—361页。

④引文中下划线的部分表示“八棱碑”和“李叔政题壁”二则材料中所述官职基本一样。

而《李叔政题壁》末题：

……时元和……／开府仪同三司(使)持节成州诸(军事)／成州刺史充本州守捉使（上）柱国……／记之／节度……开倚□……／□检校……[①]

高天佑比较了“八棱碑”与“李叔政题壁”的内容，认为“八棱碑”所镌刻之主修者官衔与“唐人墨迹中李叔政之官衔基本相同，虽不能确定其人为李叔政，但说明此经幢应为唐物无疑”[②]。蔡副全先生比较了经幢与《李叔政题壁》，认为经幢落款中的官衔与《李叔政题壁》落款中的李叔政官衔“几乎完全相同”，因而断言“二者极有可能为一时之物，书丹者亦或都是成州刺史李叔政”[③]。我们注意到，“八棱碑”主修者官职有“侍御史”，而“李叔政题壁”末署官职有“开府仪同三司”。唐侍御史，从六品下[④]；唐开府仪同三司，文散官之最高官阶，从一品[⑤]。而且我们目前还无法尽列唐代同一时段、同一地域、同样官职的地方官员名单，并且没有其他的资料作进一步证明，所以我们就没有充足的证据肯定“八棱碑”之主修者即为李叔政。但是，我们至少可以肯定的是，该石幢必立于中唐时期，不排除宪宗元和时期(806—820)。

将以上考论内容综合起来，可知成县大云寺石窟《佛顶尊胜陀罗尼经》石幢刻立于中唐时期，竖立于宪宗元和时期的可能性最大。

---

①蔡副全《唐〈李叔政题壁〉墨迹考略》，第 46 页。高天佑编著《杜甫陇蜀纪行诗注析》，第 225—226 页。

②高天佑编著《杜甫陇蜀纪行诗注析》，第 227 页。

③蔡副全《唐〈李叔政题壁〉墨迹考略》，第 48 页。

④[唐]李林甫等撰，陈仲夫点校《唐六典》，北京：中华书局，1992 年，第 379 页。

⑤[唐]李林甫等撰，陈仲夫点校《唐六典》，第 29 页。

笔者对成县大云寺石窟现存残损石幢《佛顶尊胜陀罗尼经》经文进行释录。对该石幢《佛顶尊胜陀罗尼经》与《大正藏》佛陀波利译《佛顶尊胜陀罗尼经》经文作了对照，结果与《大正藏》佛陀波利译《佛顶尊胜陀罗尼经》完全吻合，只是文字残缺很严重。从《佛顶尊胜陀罗尼经》传入、翻译、流通及经幢流行时间，石幢的结构特征，当地的历史演变，经幢的书法风格、功德主官职名称等方面对成县大云寺石窟《佛顶尊胜陀罗尼经》石幢竖立年代进行考论，认为该石幢竖立于中唐时期，宪宗元和年间（806—820）的可能性最大。

关于成县大云寺石窟《佛顶尊胜陀罗尼经》石幢，笔者还有以下观点：

第一，成县大云寺石窟石幢是全国为数不多的石窟石幢之一。在石窟寺中竖立石幢，在全国都是罕见的（其他地方亦有）。因为石幢多立于"寺院""通衢大道""墓傍或墓中""佛塔之内或佛塔之侧""石窟内""其他"地方等。①而阎文儒先生指明，此前中原一带的石窟群中，还不见有石幢的造出，只有大足龙岗山第二百六十窟、第二百六十二窟、第二百七十一窟、第二百七十九窟、第二百八十一窟五个龛内，有摩崖雕在龛内密宗的佛顶尊胜陀罗尼经幢。把石幢雕凿在石窟内，还是其他各地石窟所没有见到的一种雕凿方式。②

第二，《佛顶尊胜陀罗尼经》及经幢的流行与历史上一定时期的政治、社会状况有关。经幢实物反映了五台山文殊菩萨信仰、佛陀波利传奇的深远影响，《佛顶尊胜陀罗尼经》修持简单、立竿见影的特色，亦以无可辩驳的事实证明了《佛顶尊胜陀罗尼经》佛陀波利译本在唐代及其以后最为流行的状况。既反映了武周前后权力争斗的情况，身陷阶级（或民族）压迫的下层民众及处于社会动荡中的贵族官僚们渴望获得解脱的心态，也反映了佛教宗派（包括宗派内部）的斗争及密宗的传播情况。

---

①刘淑芬著《灭罪与度亡——佛顶尊胜陀罗尼经幢之研究》，第 85—97 页。

②阎文儒著《中国石窟艺术总论》，第 251 页。

第三,这一发现以实物资料的形式再一次证实了唐、宋时期直到今天中国(陇南)一带佛教发展曾经的鼎盛与辉煌、间或的衰落与沧桑。经幢末署官职名称,提供了唐朝地方官员积极参与地方佛教活动的史实。

第四,《佛顶尊胜陀罗尼经》石幢的发现,证实了除了陇右、河西、西域以外,陇南一带历史上(唐朝时期)受长安及中原佛教影响之大。

第五,《佛顶尊胜陀罗尼经》石幢的发现,证实了位于陕、甘、川交界处的陇南地区在佛教发展过程中及古代(唐朝时期)交通、文化交流方面的重要性。这一发现,为研究中国(陇南)佛教史提供了又一实物资料。

第三节 金莲洞石窟调查与研究

金莲洞石窟位于甘肃省成县县城以东15公里处的店村镇新村村，是现今陇南市境内重要的石窟之一。近年来，一些学者开始关注和研究陇南石窟，并陆续有成果发表，但迄今尚无关于金莲洞的研究成果问世，甚至鲜有提及者，故外界知之者甚少。洞窟突出反映了全真道内容，保存有研究全真道史不可或缺的文字和实物资料。2005年以来，笔者已经先后20多次进入金莲洞考察。本文首先公布现状调查情况，然后重点分析洞窟全真道内容及相关问题。敬请方家教正。

一、金莲洞石窟现状调查

据元成宗大德六年（1302）《感应金莲洞记》碑载，金莲洞于世祖至元十四年（1277）动工兴建，至成宗大德五年（1301）基本告竣。又据明武宗正德二年（1507）《新修九皇洞记》碑载，元代道士刘道通、罗道隐于成宗元贞丙申（1296）至大德壬寅（1302）间修复古迹、创建洞观。复据《成县志》载，后世屡次修补扩建，明、清时香火旺盛，清末至民国间残破。原有塑像甚多，保存较好，然1966—1967年间皆毁，只有极少部分原有壁画保存了下来。20世纪80年代中期,群众捐资新修殿堂,再整窟龛,重塑神像。对照碑文①记载和洞窟塑绘现状可知,迄今远未达元、明、清建筑、塑绘规模,且新塑新绘之内容、位置与原来未必一致。

从县城去金莲洞,首先到店村镇,再从店村镇新村村绕行向西上山。越过堡子梁柏树垭豁,下山再向西上山,即到金连洞。洞窟所在地东、南、西、北四面有陵岗,金莲洞处于西岗之腰,后靠黑家山,前临石关沟。洞窟坐北朝南、东西伸展,整个窟顶宛如一块巨大的石板盖在上面,窟顶上面山峁突兀、绿树成荫,"石板"下面形成半敞巨窟。外廓显系天然形成,窟内经由人工修凿,配以砖瓦土木结构建筑,形成一个个相对较小的窟龛、殿堂。

图2-8　成县金莲洞石窟外景

图2-9　金莲洞石窟《感应金莲洞记》碑阳篆额

图2-10　金莲洞石窟院内景况(局部)

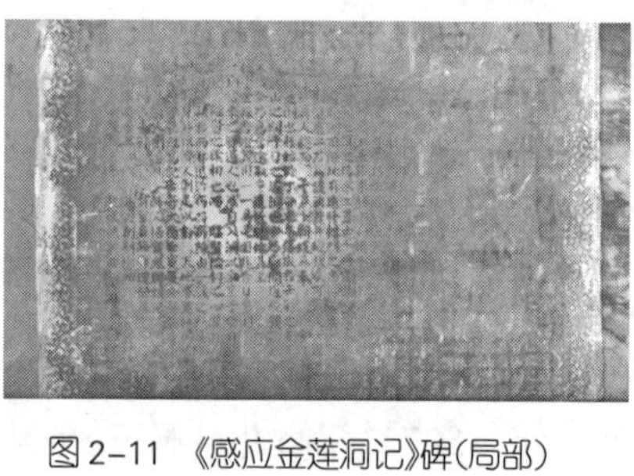

图2-11　《感应金莲洞记》碑(局部)

①金莲洞元、明时期碑文不见于《道家金石略》及《陇右金石录》。参见陈垣编纂,陈智超、曾庆瑛校补《道家金石略》,北京:文物出版社,1988年,第429—1315页;[民国]张维编著《陇右金石录》,第16092—16353页。

山门坐西朝东，山门内南侧朝西壁端绘有“南无大悲观世音菩萨”“南无大行普贤菩萨”“南无大智文殊师利菩萨”莲位。自院落经 11 级台阶(每级台阶高 21—23 厘米)通向山门楼二楼坐东朝西的三大士殿(当地亦有人称“观音殿”)，殿内由南向北依次塑面西背东的观音菩萨、普贤菩萨、文殊菩萨像，三菩萨皆结跏趺坐于双层仰莲台座之上，莲台分别由飞龙、白象、青狮驮负，南、北两壁画十八罗汉图。

院落靠近山门的北侧依崖处有 2 间僧房和 1 间储藏室。

老君殿坐北朝南，洞前建筑为玉皇楼，壮丽庄严。玉皇楼门额为“道法自然”。门额东、西分书“道通天地”“威镇神州”。玉皇楼一楼门东、西两侧塑青龙、白虎。通过玉皇楼一楼可进入老君殿。玉皇楼一楼地基高于院落 1 米。从玉皇楼一楼朝北斜向上走，经 11 级台阶即到老君殿。老君殿地基高于玉皇楼地基约 2 米，殿宽约 20 米，洞高约 12 米，进深约16.5 米。正中塑太上老君，老君须弥座高 77 厘米，直径 150 厘米，莲台高于须弥座 21 厘米，老君高 205 厘米。老君面南背北，身披五彩霞衣，头戴迭冠，手持八卦宝镜。西壁原塑北斗七星，造像遗迹尚存；东壁原塑南斗六郎，遗迹无存。北壁东部壁画纵 219 厘米，横 80 厘米；西壁南部壁画纵310 厘米，横 174 厘米；北部背屏残纵 345 厘米，横 543 厘米。唯此两处壁画皆为清代作品。同殿西南部塑文昌帝君，面东背西。老君对面玉皇楼二楼塑玉皇大帝，面北背南，正与老君相对。

从老君殿向北经 5 级台阶通往鸿钧老祖殿。老祖殿北依崖壁，高约 3.5 米，宽约 10 米，进深约 4 米。正中塑坐姿鸿钧老祖。老祖座下坛基高 47 厘米，老祖莲台高约 18 厘米，老祖面南背北，高 196 厘米，左、右两侧有侍者站立。西壁雷神面东背西、手持钢鞭，东壁真武大帝面西背东、手执宝剑。老祖、祖师、雷神皆有背屏。

玉皇楼前东侧依次为送子娘娘殿、关圣帝君殿、灵官殿。玉皇楼前西侧为四圣宫。在西向南延伸、露于洞外的瑶池楼二楼塑瑶池圣母、燃灯古佛、达摩祖师。瑶池楼以北靠崖处是三官殿,北壁塑三官,东壁原有塑像无(现绘太乙救苦天尊牌位),西壁原有塑像无(现绘五方五老天君牌位)。最早因以命名“金莲洞”之“金莲”所在小洞即在三官殿北壁近地平面处,因被墙堵,故难见到。三官殿西南部为地藏殿,塑地藏菩萨、阎君、判官、侍者、鬼卒、城隍爷等,地藏菩萨面东背西。

自院落经31级台阶(每级台阶高25厘米)通向三官殿西面的高台。高台北壁靠地平面处有一小洞,深不可测,人未敢进。小洞前方及东、西两侧有2间灶房和2间储藏室。再向西是八仙庙遗址,系殿堂式窟,3间房大小,北壁石墙雕凿平整,椽眼历历在目,塑绘痕迹明显,满地残垣断壁、废檩朽椽。

金莲洞主体建筑所在山岗的背面(东北方位)为九皇洞[①],洞中原塑三清、四帝、二后等,原有塑绘皆毁,遗迹尚存。

洞窟现存元、明、清、民国、当代记事、功德碑10通。[②]

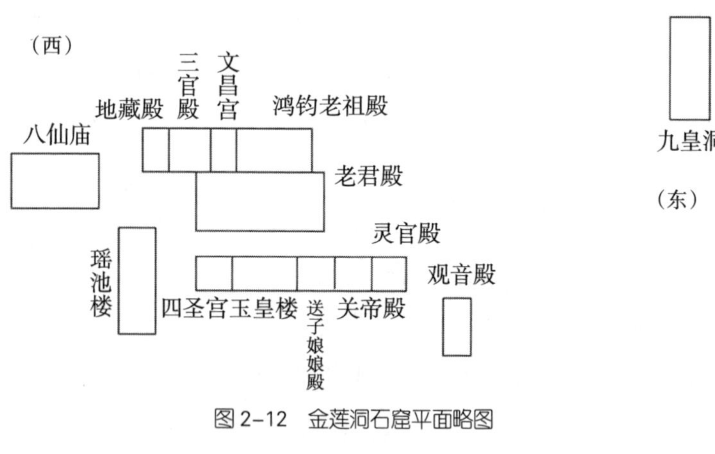

图2-12 金莲洞石窟平面略图

①九皇洞(遗迹)是整个金莲洞(石窟)的组成部分。

②以上内容主要依据笔者考察资料整理,并参考了敦煌研究院编,卢秀文编著《中国石窟图文志·石窟志编》,第241—242页;李焰平、赵颂尧、关连吉主编《甘肃窟塔寺庙》,第94页;成县地方志编纂委员会编纂《成县志》,第759页。

二、金莲洞石窟碑概况

现将金莲洞10通碑详情综合整理如下：

表2-1 金莲洞碑状况简表（按立碑年代先后为序）

序号	碑名	立碑年份①	现在位置	阳额	阴额	碑高（厘米）	碑宽（厘米）	碑厚（厘米）	碑座长（厘米）	碑座宽（厘米）	碑座高（厘米）	正文字径（厘米）	正文行数	备注
1	《感应金莲洞记》	大元“大德六年”（1302）	老君殿东侧	篆额：感应金莲洞记	篆额：金莲洞常清记	233（碑冠高84.2厘米）	84（碑冠宽125厘米）	19.5	120	76	77	2	28	可以卒读
2	《重修金莲洞三元圣像记》	大明“弘治戊申”（1488）	瑶池楼东侧	篆额：重修金莲洞三元圣像记	楷额：功德主	134.2	81	18.5	92	64	44	1.9	25	不可卒读

①关于立碑时间，10通碑中有9通系根据碑文明确记载而知。唯《重修金莲洞神像庙宇碑记》的立碑时间碑文未明言，乃由《重修金莲洞碑序文》及《重修金莲洞神像庙宇碑记》所记相同人名，《重修金莲洞碑序文》所记重修金莲洞时间范围及立碑时间推导而知。仅《重修金莲洞碑序文》碑阳之“督工会首”和《重修金莲洞神像庙宇碑记》碑阳之“会首人名”就有张锦堂、张金有、刘正伦、张世财、樊殿升、云山刚、张世海、黄效（孝）忠、杨天锡、张永新、云先知、刘现（宪）唐、刘清秀、刘世月、任新祯（贞）、任遇泰、任尽孝、张巨川等18人姓名相同；且《重修金莲洞碑序文》载明“自光绪三十四年兹值民国六年，一切告竣，立碑为记，以垂万世不朽云”，立碑于“中华民国六年仲春”。据此可知，《重修金莲洞神像庙宇碑记》与《重修金莲洞碑序文》二碑同立于“中华民国六年”（1917）。

续表

序号	碑名	立碑年份	现在位置	阳额	阴额	碑高（厘米）	碑宽（厘米）	碑厚（厘米）	碑座长（厘米）	碑座宽（厘米）	碑座高（厘米）	正文字径（厘米）	正文行数	备注
3	《新修九皇洞记》	大明“正德二年”（1507）	九皇洞东侧	篆额：新修九皇洞记	（无）	198	91.5	18.3	118	73	42	2.5	20	可以卒读
4	《重修金莲洞记》	“大明崇祯二年”（1629）	玉皇楼南侧	（无）	楷额：助缘勒铭	105	72	17.2	74	55	46	2	20	不可卒读
5	《重修金莲洞碑记》	大清“道光十二年”（1832）	瑶池楼东侧	楷额：皇清	篆额：碑记	135	62	13	75.6	47.2	30	1.9	12	可以卒读
6	《计开善缘布施姓名于后》	“大清宣统四年”①（1912）	瑶池楼东侧	篆额：金莲洞	楷额：碑记	128	61	11.7	79	40	38.5	1.9	22	可以卒读
7	《重修金莲洞碑序文》	“中华民国六年”（1917）	瑶池楼东侧	楷额：金莲仙洞	楷额：万善同归	159	73	14.8	87	59	41	2.3	13	可以卒读

①此处大清宣统四年表述疑误，1912 年即中华民国元年。

续表

序号	碑名	立碑年份	现在位置	阳额	阴额	碑高（厘米）	碑宽（厘米）	碑厚（厘米）	碑座长（厘米）	碑座宽（厘米）	碑座高（厘米）	正文字径（厘米）	正文行数	备注
8	《重修金莲洞神像庙宇碑记》	“中华民国六年”（1917）	瑶池楼东侧	篆额：三位菩萨[①]	隶额：好善乐施	134.8	62.2	13.8	81.5	47	40	2.4	12	可以卒读
9	《重修金莲洞玉皇楼记》	“公元二〇〇五年”（2005）	玉皇楼南侧	隶额：金莲洞	（无）	176	76.7	9	80	51.3	29.4	2.8—3.0	15	可以卒读
10	《重修金莲洞戏台记》	“公元二〇一二年”（2012）	金莲洞新建戏台西南侧	（无）	（无）	135.5	60.6	7.5	140.7	60.2	27	3.6	10	可以卒读

①此 4 字颇难释读，似为符篆图形，但因为碑阳、碑阴所记为重修金莲洞庙宇、重塑神像之背景、经过、情状、施主姓名等，再结合文字（图形）结构及笔画分析，笔者以为是篆字（碑一般不刻符篆），且释读为“三位菩萨”。

三、金莲洞石窟主要体现全真道内容

金莲洞之所以主要体现全真道内容,主要是因为:

(一)金莲洞殿宇,原有或现存塑像等凸显全真道内容

金莲洞主要体现道教(全真道)内容。“金莲洞”窟名,“道法自然”门额,显然是道教概念或观念。供奉的最高尊神是“三清”之一的“太清道德天尊”太上老君。玉皇楼、娘娘殿、关圣帝君殿、四圣宫、瑶池楼、三官殿等殿堂,鸿钧老祖,老子,四帝(昊天金阙至尊玉皇大帝、中天紫微北极太皇大帝、勾陈上宫南极天皇大帝、承天效法后土皇地祇),二后(金母和后土皇地祇),瑶池圣母,太乙救苦天尊(十方救苦天尊),五方五老天君,长生大帝,真武大帝,文昌帝君,北斗七星,南斗六星,三官大帝(天官、地官、水官),九耀星,娘娘,青龙、白虎,四圣(牛王、火星、马王、药王),关圣帝君,雷祖,王灵官,诸真尊,张祖,胡老等原有或现存塑像,所涉老子,关羽,孙思邈,王善[1],五祖七真(王玄甫、钟离权、吕洞宾、刘海蟾、王重阳、丘处机、马钰、谭处端、刘处玄、王处一、郝大通、孙不二),李道谦,刘道通,罗道隐,张三丰等历史人物,基本上属于道教(全真道)或民间信仰范畴。

图 2-13 《新修九皇洞记》局部

图 2-14 相传张三丰睡卧练功处

①关于王灵官,一说为唐太宗时的王恶,一说为宋徽宗时的王善。

(二)“金莲”之名源自全真道经典

《甘肃窟塔寺庙》《成县志》引《感应金莲洞记》碑文曰,“因洞内钟乳石形若莲蕊,在阳光照射下耀金泛彩,胜似金莲怒放,玉茎玖藕,珠蕊玉葩,故名‘金莲’”[①]。这种表述反映了早期洞内形状和李道谦命名的史实,但并没有点明“金莲”一词的本质含义。李道谦作为一位学术造诣很深的高道[②],决不会仅仅“因洞内钟乳石形若莲蕊”云云乃命名“金莲洞”,而一定有深层原因。其实,《感应金莲洞记》已经点明李道谦命名之缘由:

> 金莲之名提点秦蜀九路道教天乐李真人所命也……庚辰冬回重阳宫,以白掌教李真人。真人曰:“道之修成,虽由乎内道之著显,亦资于外宜。”从其请,使彼此两利矣;洞既朝东,为命其名曰“金莲”。昔吕祖师之授道也,命王祖师向东而观,王君曰:“某见东方有七朵金莲结子。”吕公曰:“即丘、刘、谭、马、郝、孙、王是也。”命名之义,盖取诸此况。“金”者,金刚不坏之性;“莲”者,离垢出尘之物。体此而行,则上契祖师相传之妙,下成内外修进之功,不亦宜乎?遂承教而回。[③]

这里指明了刘道通和罗道隐于世祖至元(1264—1294)间之庚辰年(1280)返回重阳宫接受李道谦命名“金莲洞”之事。

“金莲”之名源自全真道典籍。林间羽客樗栎道人所编《金莲正宗记》,李全正等所撰《金莲正宗仙源像传》,李道谦所著《七真年谱》《终南山祖庭

①李焰平、赵颂尧、关连吉主编《甘肃窟塔寺庙》,第 94 页。成县地方志编纂委员会编纂《成县志》,第 759 页。

②张应超《李道谦与全真道》,《中国道教》1996 年第 3 期,第 12—15 页。

③引文下划线标示重点或核心内容,下同。全部金莲洞碑文皆系笔者从洞中抄录而来,碑文全文见本文附录一。故本节下文凡引金莲洞碑文,其出处皆略。

仙真内传》《甘水仙源录》，皆载全真道历史、五祖七真事迹及全真道思想。[①]《甘水仙源录序》载："夫道家学以祖述黄老而宪章庄列者也，后之学者去圣逾远，所谓微妙玄通，大本大宗，闳衍博大之理，枝分派别，莫得其传，盖已数千余岁。今矣，道不终，否待时而行。我重阳祖师挺天人之姿，奋乎百世之下……开辟以来而道门弘阐未有如斯时之盛。呜呼，其重阳祖师暨门下诸君有功于玄教者为不浅矣。"[②]《金莲正宗记》载，金正隆四年（1159），王重阳在终南山甘河镇遇二仙，指东方言"见七朵金莲结子"，后去海边"徜徉数载，接诱训化，既得丘、刘、谭、马、郝、孙、王，以足满七朵金莲之数"。《金莲正宗记》平水长春壶天序文称全真道"专为性命之说"，"以柔弱谦下为表，以清净无为为内，以九还七返为实，以千变万化为权"，故名"全真"。是书记全真源流，以"金莲正宗"命名。[③]故李道谦命名"金莲洞"必是受到了全真道经典内容的启发，当然也反映了李道谦本人的思想。

（三）金莲洞碑文揭示全真道内容

地方志和洞窟多数碑文的记载、当地人的传说，似乎都表明，是由元代道士刘道通、罗道隐始开洞窟的。其实笔者根据碑文推断，洞窟的开创一定更早。《新修九皇洞记》载：

> 观斯洞幽深宏敞，规模亦远大矣。历汉、唐、宋几千余年，修而废，废而修。往绩虽不可考，遗址尚或可因。迄至于元贞丙申大德壬寅间，道士刘道通、罗道隐者，当世伟人也，云游寻真于斯，

---

①以上5部著作依次见[明]张宇初、张宇清编修，[明]邵以正校正增补，[明]张国祥编修《道藏》第3册，第19册，北京：文物出版社，上海：上海书店，天津：天津古籍出版社，1988年，第3册，第343—365、365—380、380—387页；第19册，第517—543、722—815页。

②[明]张宇初、张宇清编修，[明]邵以正校正增补，[明]张国祥编修《道藏》第19册，第722页。

③任继愈主编，钟肇鹏副主编《道藏提要》，北京：中国社会科学出版社，1991年，第127页。

慨然以复古为己责。乃募资觅工，抡材计料，建奉真之殿，构飞空之楼；圣贤有像，经典有阁，备豫有门，偃仰有舍。几尔，百具焕然维新，而又指授生徒，讲明道法。斯教为之一阐矣。自元迄今，又二百有余岁矣。

这段碑文反映了金莲洞宗教活动历史之悠久，此前洞窟已几经兴废；元成宗元贞丙申至大德壬寅间，刘道通、罗道隐为“复古”“维新”做出了重要贡献。但洞窟中的宗教活动究竟始于哪个朝代（似自汉代），洞窟始凿于什么年代、由何人开创、主要是道教内容还是佛教内容，还需要进一步论证。但可以肯定的是，作为以全真道为突出内容的洞窟，确是自刘道通、罗道隐建殿、塑像、修行、弘道开始的。然则此举绝非偶然，一定与全真道在元朝曾经拥有的尊崇地位有关。

张广保先生说：“对于地域性全真教研究虽然取得不小进展，然而仍需通过进一步发掘石刻、方志材料以奠定更为坚实的基础。”[①]陈明、吕锡琛二位先生主张，“对全真道的研究应该要有一个更大的社会环境、文化视野和更新的角度”[②]。笔者以为，依据石刻、方志资料研究全真道，是一个不断推进的过程。我们研究金莲洞与全真道的关系主要就是依据金莲洞碑文的记载。金莲洞碑文或直接或间接含有“全真道”“全真道人”等概念；老子、“五祖七真”、李道谦、张三丰等历史上道家、道教、全真道名人，不仅见于文献典籍，洞窟或有塑像或有遗迹，亦见载于金莲洞碑文。举例如下：

例一《感应金莲洞记》载：（见上文所引）。

例二《重修金莲洞三元圣像记》载：

①张广保《全真教研究述评》，《中国史研究动态》2009 年第 4 期，第 2—10 页。

②陈明、吕锡琛《全真道研究综述》，《世界宗教研究》2010 年第 5 期，第 179—182 页。

迨我天朝，太祖高皇帝，天纵之圣，削平海宇一统，其洞如常，而无虆坏矣，此感应之验也。永乐庚寅，敕礼部尚书胡荣[①]，捧香书拜谒，题诗、壁记。后复敕使张于恩、监生韩鹏，全真□□真，亦赍香书拜谒，非灵应矣。

例三《新修九皇洞记》载：

我皇明永乐初，太宗皇帝接至人张三丰于宣政殿，才数语，忽瞑晦不知所之。即遣礼部尚书胡荣遍天下名山、古洞而旁访焉。蹑迹至此，守洞者报曰：某年某月某日，有一赤脚道人，披氅衣，曳九节杖，昂昂而来，憩半晌，问其姓名，不答径去，随有异香芬馥，经旬不散。公曰："此非三丰仙师降临之时也？"即赍捧香书，惆怅留题而返。

例四《重修金莲洞记》载：

大明永乐五年九月九日，敕封真人三侔张卢龙到此，留诗一首："卢龙复遇金莲洞，疑是重来一洞天。功成名遂还居此，了达天机入太玄。"……天乐李真人，遍访天下名洞，撒履至此。见其诸峰攒拱，幽玄古峭，坚刚不坏，离垢出尘，乃命名为金莲洞……

①凡"胡荣""胡滐""胡潆"等当为"胡濙"之误，疑因形近致误，或"荣""滐""潆""濙"不分，或为求化繁为简而致误。《明史·胡濙列传》载："胡濙，字源洁，武进人……建文二年举进士，授兵科给事中。永乐元年迁户科都给事中。惠帝之崩于火，或言遁去，诸旧臣多从者，帝疑之。五年遣濙颁御制诸书，并访仙人张邋遢，遍行天下州郡乡邑，隐察建文帝安在。濙以故在外最久，至十四年乃还。所至，亦间以民隐闻。"见[清]张廷玉等撰《明史》卷 169《列传第五十七·高谷、胡濙、王直列传》，北京：中华书局，1974 年，第 4534—4537 页。

忽一全真道人，张其姓、三丰其号者，自北地而来。

例五《重修金莲洞碑记》载：

士女藉之作福本。自静穆清虚，克垂三丰之妙手，亦且威严壮丽，聿征四民之善心。真所谓地灵者人自杰也，人杰而地倍灵也。

例六《重修金莲洞碑序文》载：

始于宋、元，李、刘、罗三位真人建造诸洞、玉体金像，极其灵矣。上洞太上老君，左真武祖师，右太乙救苦天尊；中洞长生大帝，左七星、送子菩萨，右五祖七真、张三伴尊神，中文昌帝君。玉皇楼，青龙、白虎对门，左有关圣帝君殿、娘娘殿、灵官殿、三大士菩萨楼阁。

例七《重修金莲洞神像庙宇碑记》载：

彼万里终南[1]，山高水长，惟仙境不可胜数。独有鸡峰层凌畏尊，又有尖山，巍肤耸峻，低吊呼吸，绵延而来，脉结于山环水带之停，有金莲洞一所，路道崎岖，庙宇大雅，前有修竹屏藩，后有岭石遮掩，清洁森严，亦若别有大地间耳。

---

①"终南"即王重阳创立全真道处，作为全真道三大祖庭之首的"重阳万寿宫"就位于终南山北麓。

例八《重修金莲洞玉皇楼记》载：

> 自元代元贞二年，道士刘通、罗隐募资建殿修行，遂以道教仙洞闻名。明永乐年间，真人张三丰住修于此，明成祖曾派大学士胡荣相访，金莲洞名声大震。此后释道两教徒众住此修行者不断，楼宇殿阁，渐成规模。

上述8段碑文划线部分所见全真道信息可作如下解说：

例一《感应金莲洞记》元代全真道士李道谦为金莲洞命名。李道谦认为，只有主要立足于内修心性、外练功行，才能修行有成；为洞窟命名需兼顾这两个方面。“金莲”一词出自全真道经典，反映了全真道“五祖七真”的思想传承关系；该词寓含“金刚不坏”“离垢出尘”之义。遵此而行，则不仅契合祖师训导之要义，而且可达内外兼修、证真成仙之目标。

例二《重修金莲洞三元圣像记》明成祖先后敕礼部尚书胡濙、张于恩、监生韩鹏等赍捧香书拜谒（曾到金莲洞的）全真道士张三丰，终未得见。

例三《新修九皇洞记》明成祖曾于宣政殿接见张三丰，但三丰旋即隐迹，成祖遂遣礼部尚书胡濙四处寻访；张三丰曾到金莲洞。

例四《重修金莲洞记》李道谦遍访天下名洞，曾到此处，观洞窟幽玄古峭，离垢出尘，乃命名为“金莲洞”。明永乐九年（1411），敕封真人张三丰从北方来到金莲洞。

例五《重修金莲洞碑记》金莲洞本身清静幽雅，由于张三丰的到来和修行，使金莲洞香火更旺，愈显壮丽庄严。

例六《重修金莲洞碑序文》作为以道教为主要内容的洞窟，宋、元时期，李道谦、刘道通、罗道隐三位真人对洞窟的开创、命名，神像的塑造做出了历史性贡献，其时正值全真道创始与发展的重要时期；金莲洞曾有“五祖七真”、张三丰等全真道高道的塑像（今已不见）。

例七《重修金莲洞神像庙宇碑记》全真道三大祖庭之首陕西西安户县祖庵镇重阳万寿宫所在之终南山，绵延万里，峰岭高峻，河水流长，仙境栉比，不可胜数。

例八《重修金莲洞玉皇楼记》自元元贞二年(1296)刘道通、罗道隐募资、建殿、修行始，金莲洞逐渐成为远近闻名的道教仙洞；由于明永乐年间(1403—1424)张三丰住洞修行及明成祖派遣大学士胡濙寻访，金莲洞名声愈著。

总之，碑文记载了全真道在金莲洞的生根发芽、发展兴旺，全真道士的到来、住观、修行、弘道等史实。可知金莲洞与全真道关系密切。

(四)金莲洞突出反映之“三教合一”思想与全真道宗旨相吻合

阎文儒先生认为，宋代以降，佛教已离开单一形式而成为混合形式，或成为儒、释、道混合体。[①]而金莲洞创始和发展的历史正好与全真道兴起和发展的过程密切联系。金莲洞当时的窟龛造像，无论是道教神尊，还是释教佛菩萨、历史人物，全都渗透着儒家理念；释、道亦相互影响、相互吸纳、相互渗透。碑文所记之金莲洞历史、原有造像、当代塑绘等皆反映了“三教合一”思想。刘道通、罗道隐、李道谦、张三丰等人的言行所反映的立教宗旨、修持目标、修持方法、教规教制，皆与全真道教义教规一致。在张三丰未至时，金莲洞已经具有全真道性质；张三丰积极倡导“三教合一”，他的到来、修行、弘道，大大加强了金莲洞的全真道氛围，可视为全真道“三教合一”思想的实践之一，或可认为是个典型，无疑对金莲洞以后的历史产生了深远影响。故金莲洞即为突出反映全真道内容的一处石窟(碑文尚需进一步研究)。

全真道由京兆(今陕西)咸阳人王重阳(1112—1170)创立于陕西终南

---

①阎文儒著《中国石窟艺术总论》，第364—365页。

山。[①]卿希泰先生认为,全真道是南宋初年“在金人统治下的北方兴起的一个新道派”[②]。主张[③]“合一三教”,“全精、全气、全神”,“苦己利人”[④]。追求“阳神”“真性”不死。倡导“普济群生,遍拔黎庶”[⑤]。专主内丹,不尚符箓;性命双修,功行并重。除情去欲,识心见性,忍耻含垢,返璞归真,证道成仙。劝人“跳出樊笼”,专心学道。[⑥]制定了清规戒律,督促道士严格遵守。[⑦]全真道的出现是道教史上的重大事件。作为新道派的全真道,在思想上佛、道交融,正如刘立夫先生所说:“内丹学发展至全真教而一变,它不再像以前的道教宗派那样,只是在语境、境界上对佛教加以附会和融通,而是将其理论和修行实践直接建立在心性的基础之上。所以,这样的改变是根本性的。内丹与心性的紧密结合,使得内丹心性学至全真教而更为成熟。”[⑧]

全真道在金、元之际具有相当的社会影响。王重阳弟子丘处机于1222年在大雪山(今阿富汗兴都库什山)谒见成吉思汗,提出治国之方,建议“以敬天爱民为本”,成吉思汗颇为赞赏。[⑨]全真道为元统一事业发挥了积极作用,在元代享有极高的政治地位,发展迅猛。然则明统治者不太重视。值得注意的是,武当道士张三丰却备受明统治者优遇和崇敬,且全

①任继愈总主编,卿希泰、唐大潮著《道教史》,南京:江苏人民出版社,2006年,第212页。

②卿希泰《全真道是道教发展史上的一个革新派》,《社会科学战线》2010年第10期,第198—202页。

③此处所举部分“主张”主要参考了卿希泰《全真道是道教发展史上的一个革新派》,第198—202页;胡孚琛主编《中华道教大辞典》,北京:中国社会科学出版社,1995年,第66页。并参考了其他有关资料,综合整理而成。

④任继愈总主编,卿希泰、唐大潮著《道教史》,第213—216页。

⑤卿希泰《全真道是道教发展史上的一个革新派》,第201页。

⑥张广保《全真教研究述评》,第2—10页。

⑦胡孚琛主编《中华道教大辞典》,第66。

⑧赖永海主编《中国佛教通史》第10卷,南京:江苏人民出版社,2010年,第133页。

⑨[明]张宇初、张宇清编修,[明]邵以正校正增补,[明]张国祥编修《道藏》第34册,第490页。[明]宋濂等撰《元史》卷202《释老列传》,北京:中华书局,1976年,第4524—4525页。

真道和正一道逐渐互相融合。但全真道对于道教本身的影响深入而持久。[①]正是在这种背景下，张三丰曾到金莲洞，金莲洞的全真道也获得继续发展。

（五）所涉主要人物皆为全真道士

1. 刘道通、罗道隐：金莲洞碑文载明二人事迹，已见前述。另《徽郡志》载：

> 刘道通，重阳万寿宫高真人[②]之弟子。由重阳宫来居金莲洞中修炼，兼晓符箓之法，凡有疾厄求救，辄效。及问雨旸祸福，无不奇验。大德中，守栗亭元帅田守章以事闻于朝，赐号曰："清净湛然真人。"[③]

此亦可证为金莲洞的历史性复兴和早期发展做了基础性工作的刘道通、罗道隐为全真道人。这部分内容尚需进一步分析，下同。

2. 李道谦（1219—1296）：元代高道，事迹（或著述）载于《道藏》《道家金石略》《陇右金石录》等。字和甫，号天乐道人，夷山（今河南开封市）人。1242年拜全真道祖庭重阳宫住持于志道为师，随之在陕、甘一带弘扬全真道。1251年被全真道掌门李志常命为代理重阳宫提点。1252年受李志常委派负责设醮祭祀及规划营建道观诸事。曾担任京兆路道录、京兆道门提点、诸路道教提举。1277年任陕西五路西蜀四川道教提点兼领重阳宫事（为金莲洞命名当在这以后）。成宗封其为"玄明文靖天乐真人"，并赐号

①任继愈总主编，卿希泰、唐大潮著《道教史》，第307—322页。

②"高真人"当为丘处机徒孙、于志道门徒、李道谦师兄、全真高道高道宽。

③［明］孟鹏年修，［明］郭从道纂《徽郡志》，嘉靖四十二年（1563）抄本，台北：成文出版社有限公司，1970年，第250页。

“崇玄大师”。其著述颇丰，价值很高，是第一位系统辑录全真道史料并研究全真道早期历史的高道，对全真道做出了多方面的卓越贡献。[①]故知李道谦为全真道人是毋庸置疑的。金莲洞碑文载明其事迹，亦见前述。

3. 张三丰：明代高道，事迹（或著述）载于《明史》[②]《道藏辑要》《道藏精华》《藏外道书》《道家金石略》《名山藏》《明史稿》《重刊道藏辑要》《张三丰先生全集》等。其身世虽不可详考，然确是一个内练有成的全真道士，且得到统治者崇敬。[③]有学者质疑张三丰是一个真正的全真道士，认为“若仔细推究，依然可以发现其传承与思想主张方面的一些差异”[④]。其实，张三丰提出了“经天纬地”的修道思想；“天人同构”生命论；对“三教合一”思想作了继承和发挥，主张三教同一“道”，清虚见心性，崇正以治世，修炼有同归。[⑤]正如卿希泰先生所言：“张三丰是一位别具一格的道教人物，其功绩在于开创了全真道武当‘隐仙’派系，深化了内外丹的修炼技术和基本理论。无论从道教史

---

①[元]宋渤《玄明文靖天乐真人李公道行铭并序》，陈垣编纂，陈智超、曾庆瑛校补《道家金石略》，第 713—715 页。任继愈主编《宗教大辞典》，上海：上海辞书出版社，1998 年，第 259 页。卿希泰主编《中国道教》第 2 卷，上海：上海知识出版社，1994 年，第 198 页。胡孚琛主编《中华道教大辞典》，第 66、162—163 页。张应超《李道谦与全真道》，第 12—15 页。

②《明史》载：“张三丰，辽东懿州人，名全一，一名君宝，三丰其号也。以其不饰边幅，又号张邋遢。颀而伟，龟形鹤背，大耳圆目，须髯如戟。寒暑惟一衲一蓑，所啖，升斗辄尽，或数日一食，或数月不食。书经目不忘，游处无恒，或云能一日千里。善嬉谐，旁若无人，尝游武当诸岩壑，语人曰：‘此山，异日必大兴。’时五龙、南岩、紫霄俱毁于兵，三丰与其徒去荆榛，辟瓦砾，创草庐居之，已而舍去。太祖故闻其名，洪武二十四年遣使觅之不得。后居宝鸡之金台观……乃游四川，见蜀献王。复入武当，历襄、汉，踪迹益奇幻。永乐中，成祖遣给事中胡濙偕内侍朱祥赍玺书香币往访，遍历荒徼，积数年不遇……天顺三年，英宗赐诰，赠为通微显化真人，终莫测其存亡也。”见[清]张廷玉等撰《明史》卷 299《方伎列传》，第 7641 页。

③任继愈总主编，卿希泰、唐大潮著《道教史》，第 308 页。

④卿希泰主编，詹石窗副主编《中国道教思想史》第 3 卷，北京：人民出版社，2009 年，第 440 页。

⑤卿希泰主编，詹石窗副主编《中国道教思想史》第 3 卷，第 437—451 页。

方面还是从哲学思想史方面看，张三丰都占有一席之地。”[①]以至有的学者直接称张三丰所创道教新教派为“全真新教派”[②]。所以，“向来，学者在言及张三丰的道派归属时往往将之划入全真道的系统”[③]。

那么，作为全真道士的张三丰是否真的曾经到达今成县金莲洞呢？

（1）碑文有载。张三丰到金莲洞居止、修炼、弘道、题诗，明廷寻访未果，后人曾塑其像于洞中等史实，《重修金莲洞三元圣像记》《新修九皇洞记》《重修金莲洞记》《重修金莲洞碑记》《重修金莲洞碑序文》《重修金莲洞玉皇楼记》等碑均载，前文述及。

（2）游隐无恒。张三丰的云游、隐逸风格，金莲洞地理位置的方便，具备了张三丰到达金莲洞的条件。全真道出世思想非常浓厚，且张三丰惯过隐逸生活，“游处无恒，或云能一日千里”，“踪迹益奇幻”。张三丰备受明帝尊敬并被多次赐号、遣使访求而未得见（见表2-2、2-3）。“张三丰的出名，与明室的访求及张三丰高蹈隐逸的行径有密切关系。他可谓因隐而著名，因著名而愈隐，表现出一种类似中国隐士作风的隐逸风范”[④]。“其‘隐仙’风范，上承陈抟，而更显示出全真道风格之一面。”[⑤]故亦有可能是张三丰来到金莲洞时当地信众不认识，而张三丰并没有说明自己的真实身份。再说，金莲洞所在之陇南徽成盆地正好位于相邻三省之间的交通要道上，是自宝鸡入川的必经路径之一。当代学者研究证实了今成县、徽县等地唐代以来在陇、蜀、陕之间交通中的重要地位。[⑥]既然张三丰曾“居宝鸡之金台

①卿希泰主编，詹石窗副主编《中国道教思想史》第3卷，第451页。

②张泽霖《张三丰与他创建的全真新教派》，《中国道教》1995年第2期，第14—16页。

③卿希泰主编，詹石窗副主编《中国道教思想史》第3卷，第440页。

④卿希泰主编《中国道教史》第3卷，成都：四川人民出版社，1996年，第467页。

⑤卿希泰主编《中国道教史》第3卷，第467页。

⑥严耕望撰《唐代交通图考》第3卷，台北：中央研究院历史语言研究所出版社，1985年，第755—800，811—861页。苏海洋《试论陇南石窟、石刻与陇蜀交通》，第14—17页。孙晓峰《甘肃陇南几处中小石窟调查简报》，第3—11页。高天佑《陇蜀古道考略》，《文博》1995年2期，第60—67页。

观……乃游四川，见蜀献王"，那么《重修金莲洞记》所谓其"自北地而来"或是指从陕西宝鸡而来(今宝鸡市在陇南市的东北方位)。又金莲洞距全真道祖庭今陕西西安户县重阳宫相对较近，距张三丰曾经长期修道之湖北十堰丹江口武当山亦不算很远。而对位于南下入川途经之地的全真道观，身为全真道士且"遍历荒徼"的张三丰不大可能绕道而行或擦肩而过。

表 2–2　明朝皇帝敕封张三丰称号简况

称号	时间
"通微显化真人"	英宗(朱祁镇)天顺三年(1459)
"韬光尚志真仙"	宪宗(朱见深)成化二十二年(1486)
"清虚元妙真君"	世宗(朱厚熜)嘉靖四十二年(1563)
"飞龙显化宏仁济世真君"	熹宗(朱由校)天启三年(1623)

表 2–3　明朝皇帝遣使访求张三丰简况

经过	时间
下诏征求张三丰入朝，不赴。又下诏命其弟子沈万三、丘玄清恭请，亦未获。①	太祖洪武十七年(1384)
"太祖故闻其名""遣使觅之不得"。	太祖洪武二十四年(1391)
遣给事中胡濙偕内侍朱祥赍玺书香币访求，"遍历荒徼，积数年不遇"。②成祖御书中说："真仙张三伴先生足下，朕久仰真仙，谒思亲承仪范"，"至诚愿见之心，夙夜不忘"。③	成祖永乐五年(1407)

①卿希泰主编《中国道教史》第 3 卷，467—468 页。

②[清]张廷玉等撰《明史》卷 299《方伎列传》，第 7641 页。

③胡道静、陈耀庭、段文桂等主编《藏外道书》第 32 册，成都：巴蜀书社，1992 年，第 827 页上栏。

续表

经过	时间
敕命正一道士孙碧云于武当山建宫住持，预候张三丰。①	成祖永乐十年（1412）
敕命安车迎请张三丰，不得。乃命工部侍郎郭琎、隆平侯张信督丁30余万人营造武当山宫观，供奉玄天上帝，费银以百万计。宫观落成，赐名“太和太岳山”。张三丰“此山异日必大兴”之预言遂应验。②	成祖永乐十四年（1416）

（3）遗迹尚存。张三丰睡觉、练功的遗物遗迹尚在。从店村镇前往金莲洞的半山腰处路边有一巨石，相传张三丰曾于其上睡觉、练功；金莲洞西边高台上八仙庙西面有一卧槽，卧槽东、西两侧有矮土墙，此卧槽亦称“神仙床”，相传张三丰曾于“床”上躺卧、练功。据文献记载，张三丰创造了一套内丹睡功“蛰龙法”。此蛰龙睡功，是以卧姿修炼内丹，凝神守窍调息，养性练功。可知张三丰继承了陈抟卧功之法。③且《渔父词》④《蛰龙吟》⑤之文辞、内容与全真道的主张，张三丰的思想、文才、习惯、个性相一致。故“睡觉石”“躺卧槽”与张三丰的功法相适应，可作为张三丰曾到金莲洞的物证。

---

①卿希泰主编《中国道教史》第3卷，第467页。

②卿希泰主编《中国道教史》第3卷，第467—468页。

③卿希泰主编《中国道教史》第3卷，第480页。

④[明]张三丰《渔父词》曰：“蛰法无声却有声，声声说与内心听。神默默，气冥冥，蛰龙虽睡睡还醒。”见[明]张三丰撰《张三丰先生全集》，《藏外道书》第5册，第449页下栏。

⑤《蛰龙吟》曰：“睡神仙，睡神仙，石根高卧忘其年，三光沉沦性自圆。气气归玄窍，息息任天然。莫散乱，须安恬，温养得汞性儿圆，等待他铅花儿现。无走失，有防闲；真火候，运中间；行七返，不艰难；炼九还，何嗟叹。静观龙虎战场战，暗把阴阳颠倒颠。人言我是朦胧汉，我却眠兮眠未眠。学就了，真卧禅；养成了，真胎元，卧龙一起便升天。此蛰法，是谁传？曲肱而枕自尼山，乐在其中无人谙。五龙飞跃出深潭，天将此法传图南。图南一派俦能继？邋遢道人张丰仙。”见[明]张三丰撰《张三丰先生全集》，《藏外道书》第5册，第450页上栏。

(4)方志有记。一些地方志记载了张三丰到达金莲洞一事。兹举数例:

①《成县新志》载:

金莲洞,县东三十里,旱麓之下,一名华阳洞,茂林修竹。张三丰养真于此,有诗云:"卢龙复寓金莲洞,始识人间有洞天。功成名就还居此,了达仙机入太元。"明永乐间礼科给事中胡潆奉旨访三丰到此。①

张三丰,明初遍著灵迹,后养真于县东三十里金莲洞中。山明水秀,林茂竹修,洵称仙境。永乐御极,乃使给事中胡潆访求于此。时三丰留诗避去,胡潆诗纪其事。今其迹具在,名人题咏甚多。②

②《成县志》载:

相传明成祖永乐初,卢龙张三丰曾蹑迹至此,户科都给事中胡潆有《金莲洞访张三丰不遇》七律云:"香书久慕嗟无缘,遍访丰师感应虔。万载红崖生玉笋,千年碧洞结金莲。云淡喜见通明日,雨骤只逢黯淡天。峭壁真光邀允劫,赤心愿睹白衣仙。"③

①[清]黄泳纂修《成县新志》,第134页。此处所载张三丰诗与《重修金莲洞记》碑文中诗稍有不同。

②[清]黄泳纂修《成县新志》,第349—350页。

③清代张伯魁纂修之《徽县志》所载胡潆撰写之《金莲洞》诗内容与此略同,唯将"云淡"写作"云深","只逢"写作"知逢","允劫"写作"永劫"。见[清]张伯魁纂修《徽县志》,嘉庆十四年(1809)刊本,台北:成文出版社有限公司,1976年,第619—620页。

后人[①]有《金莲洞访三丰仙迹》一律:"平生性僻耽山水,古洞幽闲喜再来。一径穿云踏碧草,半空倚石坐青苔。春风淡荡吹襟袖,仙佩逍遥堪溯洄。丹鳌芝房何必问,绿荫深处即蓬莱。"[②]

③《徽县志》载:

明代,著名道士张三丰隐居金莲洞,天顺三年(1459)诏授通微显化真人。[③]

④《徽县志》载:

金莲洞,西七十里,连成县界,崖高数十丈,周围数十洞相缀,有刘道通修真处,明胡濙奉命访张三丰于此。[④]

张三丰……洪武初,居武当山中,二十二年云游长安,既至陇右,居金莲洞。成祖遣官寻访,三丰题诗而去,后胡濙至,遍访,未见。[⑤]

洞名何事唤金莲,为有金仙洞中坐。山头不见采莲人,清气满空石上卧。春兰秋菊依石侧,西塞民萌待膏泽。不醒蓬壶醒世

---

①此指清康熙年间(1662—1722)成县籍太学生汪莲洲。《阶州直隶州续志》载:"汪莲洲,字淑人,成邑太学生。而岐嶷有巨人志。平居自持礼法,而待人和厚,乡里感化,有王彦方之风。所著有《钟墨楼集》,典雅有则,尤工于诗。其题咏山水者,已略见邑《志》云。"见[清]叶恩沛修,[清]吕震南纂,曾礼、樊执敬校点《阶州直隶州续志》,兰州:兰州大学出版社,1987年,第276—277页。另见西北师范大学古籍整理研究所编《甘肃古迹名胜辞典》,第181—182页。

②成县地方志编纂委员会编纂《成县志》,第759页。

③徽县志编纂委员会编《徽县志》,西安:陕西人民出版社,2003年,第905页。

④[清]张伯魁纂修《徽县志》,第49页。

⑤[清]张伯魁纂修《徽县志》,第433页。

人，如画溪山画难得。山形点点似螺浮，桃熟垂垂正好秋。堪笑龌龊死无数，未许探奇此地游。羽化超凡餐石髓，颓然倾倒呼不起。昔曾别君杭一苇，何日从君挈龙尾。自来仙佛心原赤，桃源不远春波碧。桂树横山吸露华，后来定有人飞舄。①

⑤《直隶秦州新志》载：

张三丰……洪武初，居武当山中，二十三年云游长安，继至陇上。成祖遣官于四方寻访，未见。封"通微显化真人"。②

⑥《岷州志校注》载：

张三丰……洪武初，修真太和山中，入武当。二十三年，云游长安，继至岷地，寓杨永吉家。遗一小鼓，虽击大镛，莫能混音。太祖致书四布，延访未获。特敕道士孙碧云于武当山建宫以俟。③

⑦《岷县志》载：

洪武二十三年(1390 年)，武当山道教创始人张三丰云游长安后来岷，寓居城内西门杨永吉家中。以后地方人士在城内西

①[清]张伯魁纂修《徽县志》，第 647—648 页。张伯魁纂修之《徽县志》所录此段短文为一首诗，诗名为《金莲洞》，作者为"前人"。

②[清]费廷珍纂修《直隶秦州新志》，乾隆二十九年(1764)刊本，台北：成文出版社有限公司，1976 年，第 1768 页。

③甘肃省岷县志编纂委员会办公室编纂《岷州志校注》，岷县：甘肃省岷县志编纂委员会办公室，1988 年，第 275 页。

北角神仙洞为其建祠塑像。有关他的传说在民间流传很广。①

⑧《阶州直隶州续志》载：

张三丰，明初，遍著灵迹。尝寓阶州城东五仙洞(即万象洞)，留有诗云："脉连地府三冬暖，窍引天光之日寒。"后养真于成县金莲洞中。山明水秀，林茂竹修，洵称仙境。永乐御极，乃使给事中胡濙访求于此。时，三丰留诗避去。胡濙诗纪其事，今其迹具在。名人题咏甚多。②

⑨《甘肃省志·宗教志》载：

著名道士张三丰，不愿赴明太祖之召，西行来甘肃，在平凉、兰州、陇西、成县、张掖等地传播道教，并行医看病，对甘肃道教的发展，也起了一定的推动作用。③

诸《志》所载，虽表述或有不同、细节或有出入，且不排除文辞照录、未加甄别之可能，但其共同之处是，都肯定张三丰曾经到达今成县金莲洞。综合相关各种因素分析，这种现象绝非偶然。《成县新志》《成县志》《徽县志》《阶州直隶州续志》俱明言张三丰到达金莲洞一事；《直隶秦州新志》《岷州志校注》《岷县志》所谓"云游长安，继至陇上"，"云游长安，继至岷地"，"云游长安后来岷"，都记述了同一过程，那就是张三丰从陕西关中西

①《岷县志》编纂委员会编纂《岷县志》，兰州：甘肃人民出版社，1995年，第718—719页。

②[清]叶恩沛修，[清]吕震南纂，曾礼、樊执敬校点《阶州直隶州续志》，第309页。

③甘肃省地方史志编纂委员会、甘肃省志宗教志编纂委员会编纂《甘肃省志》第71卷《宗教志》，第15页。

来，首先到达今甘肃天水、陇南境内，然后到达今定西岷县境内。往返都会路过金莲洞所在的地区，因此，曾经到达并养真于金莲洞，应该是顺理成章的事情。

（5）传说印证。关于张三丰到达金莲洞的传说迄今在当地民间延续。以上所述均与民间传说相联系。虽系传说，必有根由。当地民众凡知晓金莲洞及张三丰事迹者都知道张三丰到达金莲洞一事。据当地老人讲，正是由于张三丰的到来，金莲洞才逐渐出名，或竟能“名振陇右”。迄今在成县、徽县、武都区、漳县、岷县等地，民间流传着“疯子张爷”“张邋遢”蔑视富贵，劝人向善，为民治病的故事；[①]岷县城尚有“三丰寓”“三丰井”[②]“三丰祠”；又传说张三丰曾隐居岷州漳县遮阳山藏经洞内修真等。

综上所述，证明明代全真高道张三丰确实曾到今成县金莲洞。这在道教史、全真道史上都是一个不应忽略的环节。

创始于元代的道教石窟金莲洞原有建筑、塑像、壁画损毁殆尽，但依据碑文记载，遗物遗迹，传世文献，地方史志，民间传说，现有殿堂、造像构成等可综合推知历史上金莲洞与道教（全真道）的原有状况。元代高道李道谦为金莲洞命名，“金莲”之名源自《金莲正宗记》等全真道经典，大多数碑文载明了全真道在金莲洞发端、发展的经过，洞窟突出反映之“三教合一”思想与全真道宗旨正相吻合，与洞窟有关的主要人物李道谦、刘道通、罗道隐、张三丰等皆为全真道士，明代高道张三丰曾经到来并修真于洞中。莲花也是佛教的圣物，不过道教的使用频率较高。这些都强化了金莲洞三教融合的性质。元、明、清、民国时期的凿窟、建殿、造像、绘画遗迹、碑文是研究陇南及甘、陕、川交界地区全真道教、佛教、儒教、三教合一、经济

①左玉麟编著《成县史话》，兰州：甘肃人民出版社，2001年，第39页。

②《岷县志》编纂委员会编纂《岷县志》，第665页。

政治、历史地理、民族官制、民俗风情、绘画书法、建筑雕刻等的重要资料。这些当然也是我们今天研究“石窟文化”，建设“华夏文明传承创新区”[①]应该重视的，现亟须进一步结合碑文和其他历史文献对金莲洞相关问题进行深入研究。

①赵逵夫《论甘肃早期文化同华夏文明的关系》，《甘肃社会科学》2013 年第 4 期，第 131—133 页。

第四节 㽝山石窟调查与研究

㽝山石窟——达摩洞（石窟）和菩萨洞（石窟）位于甘肃省成县县城以东约22公里的红川镇北渠村东南约2.5公里的㽝山。二窟相邻，或总称为达摩洞（石窟），或统称为㽝山石窟（㽝山现存仅此2窟），是现今陇南市境内一处较有特色的石窟。迄今尚无关于达摩洞和菩萨洞的研究成果问世，甚至鲜有提及者，故几乎不为外界所知。2012—2015年，笔者先后多次前往达摩洞和菩萨洞考察。本文首先公布现状调查情况①，然后结合文献资料对相关问题进行探索研究。以此就教于方家。

一、㽝山石窟现状调查

（一）1号窟（达摩洞）现状调查

北侧窟为达摩洞，面东背西。清乾隆十八年（1753）以后由红川镇红川村郭氏家族开凿。现存洞前台阶和拱形洞门皆为2002年重修。从院落经

①笔者将调查所获材料参阅、比照了孙晓峰先生所提供的麦积山石窟艺术研究所调查所获材料，并对个别地方作了纠正及补充。

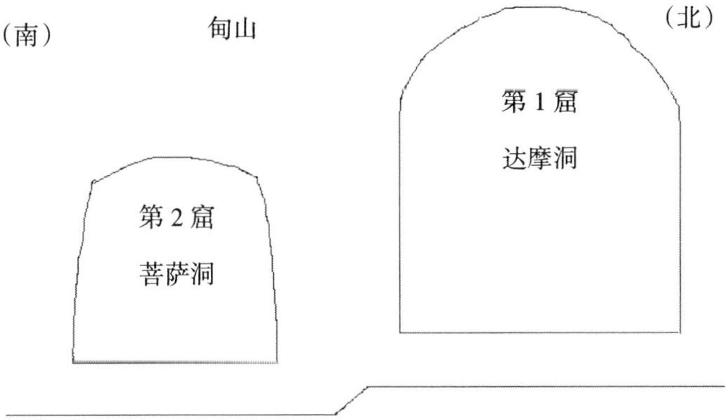

图 2-15　甸山石窟立面略图

7 级台阶可入洞内,每级台阶高 22 厘米。洞窟为平面纵长方形,券拱顶。洞门宽 300 厘米,高 324 厘米,洞窟中部宽 313 厘米,窟顶正中高 365 厘米,进深 369 厘米。正(西)壁石凿坛与窟壁崖体是相联的整体,坛南北长 316 厘米,东西宽 68 厘米,高 66 厘米。达摩面前用砖和水泥筑成的坛桌(案)南北长 122 厘米,东西宽 81 厘米,高 77 厘米。达摩坐在鼓形台座上,位于坛正中,南、北两侧各站立 1 胁侍弟子。3 身像俱为石雕,达摩与石座、石座与坛、2 弟子与崖壁均相连接。座台高 48 厘米。达摩高(于鼓形石座)98 厘米,南侧弟子高 111 厘米,北侧弟子高 101 厘米。石座东侧外露 3 个圆孔,每孔深 15 厘米,石座上雕刻卷云纹及兽面图案。达摩及台座皆外涂红色,两弟子外涂白色。当地村民说,"文革"时有人欲毁掉达摩右(南)侧弟子像而未得逞(因与崖壁连成一体不易损毁)。达摩面形长圆,浓眉倒竖,日张齿露,鼻高口阔,耳贴后颊,颈短肩端,左手抚左膝,右手抚右膝,右手掌下覆一串念珠(置右腿上),结跏趺坐,头戴风帽,胸腹袒露,下着长裙,腰部系带打结下垂,袈裟裹身,衣裾下摆,下垂衣边露出 5 瓣覆于座上(达摩正前面 3 瓣完全外露,两侧 2 瓣只露出约 1/4),服饰上阴刻稀疏而刚劲的弧形纹线。左(北)侧弟子面形方圆,弯眉,月牙目,高鼻小口,短颈削肩,头戴风帽,身穿宽袖长袍,胸部袒露,下着长裙,双手合捧一本经书于胸前，脚穿尖头履，立于方形台基。右侧弟子面形大致同前，略显苍老，身穿交领宽袖长袍，外系一带环袈裟，斜缠于左肩与右胯之间。左手贴膝下垂，右手持一长杖，杖头为手掌形。洞内前部紧靠洞门并紧贴南、北窟壁各有1头石狮立于石雕长方体台基，南侧石狮长52厘米，高47厘米，北侧石狮长52厘米，高48厘米，两头石狮体姿、装饰基本相同（唯北侧石狮略显肥壮），狮身浮雕宝相花纹，台基正面浮雕宝相花、两侧浮雕折枝菊花图案。洞外南、北两侧亦各有1头石狮立于石雕长方体台基，南侧石狮长58厘米，高65厘米，北侧石狮长66厘米，高72厘米。两头石狮均扁圆头形，圆眼，仰鼻，阔口，丰胸，颈部带饰垂系一组鸾铃，头部、四肢及台基上均浮雕宝相花纹。

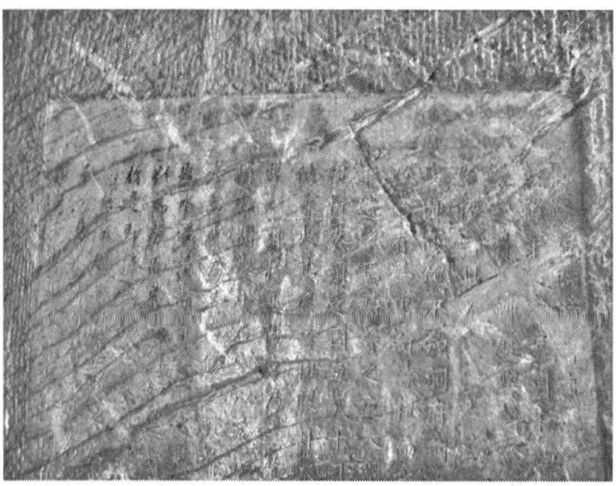

图2-16　甸山石窟石刻题记《创修祖师庙宇记》

图2-17　甸山石窟达摩塑像衣裾

1号窟（达摩洞）题记：

第一，北壁正中竖向石刻题记（《创修祖师庙宇记》）：

创修祖师庙宇记／乾隆十八年九月初五日夜余祖梦一道士披发／……而落成焉兹值告竣之辰爰谨识其始末俾余子／子孙

孙永传勿替焉是为记 / 生员何现玜沐手敬书 / 嘉庆壬申夏五月吉旦 弟子郭呈祥(中间略,题记全文见本文附录一)

崖壁刻字部分纵 164 厘米,宽 140 厘米,正文 314 字(含 4 字空格),楷书,字径 7 厘米。

第二,南壁中部竖向石刻题记(供养人郭氏开窟建庙造像供养简况):

虔心弟子郭遇瑞男 贻封 武德骑尉 斌 孙 / 长门 兆祥 宪泰 效泰 师泰 毅 荣 贤 翰 介 润邦 升邦 福厚 / …… / 住持 罗口云 石匠 马应 郑登财 马元福 / 大清道光二十年四月吉日起修 修岩刻洞神像献殿三间 观音楼 重修地藏楼建修 二十四年二月上浣 第子 郭庆清 告竣(中间略,题记全文见本书附录一)

崖壁刻字部分纵 164 厘米,宽 140 厘米,楷书,字径 3—5 厘米。

(二)2 号窟(菩萨洞)现状调查

南侧窟为菩萨洞,面东背西。清光绪三十四年(1908)由红川镇韩庄村韩氏家族开凿。自院落经 9 级台阶(石砌台阶,高低不匀)可入洞内。洞窟为平面近乎纵长方形,平拱顶。洞门宽 175 厘米,高 185 厘米,洞内地基高(于院落)138 厘米,洞窟前部宽 170 厘米,后部宽 270 厘米,窟顶正中高 280 厘米,进深 320 厘米。正(西)壁石凿坛与窟壁崖体是相联的整体,坛南北长 293 厘米,中间向东凸出部分东西宽 139 厘米(南北长 154 厘米),两侧窄处东西宽 114 厘米,高 65 厘米。坛上主尊所坐坛基下部为长方体,长 108 厘米,宽 96 厘米,厚(高)21 厘米;上部为圆柱体,直径 102 厘米,厚(高)18 厘米。坛基上并列 2 尊菩萨石像,均高 80 厘米。左(北)侧菩萨圆目、高鼻、阔嘴，缩颈端肩，左手抚膝，右手平置，上似托一物，盘腿坐姿，颈及右手腕各饰一串念珠，服饰上浮雕宝相花纹；右（南）侧菩萨头戴风帽，面容、身姿同前，双手抚膝，盘腿而坐。坛上南、北两侧又各置1身侍者石像，同高60厘米。两菩萨左侧（两菩萨与北侧侍者之间）有1个鼓形石座，上无塑像。二侍者均坐在高24厘米的鼓形石座上，头圆肩端，体形略呈长方体又似略呈梯形，雕工粗犷。左侧侍者头戴风帽，面容、身姿同于坛基上石像，双手抚膝，盘腿坐姿，服饰上浮雕菊花图案；右侧侍者光头，方圆面形，弯眉大眼，高鼻阔嘴，颌下有浓须，双手抚膝，游戏坐姿，胸前服饰浮雕一朵大圆莲，周身浮雕宝相花，颈及右手腕各饰一串念珠。不幸的是，2012年农历十一月，菩萨洞4身石像[①]全部被盗。现在洞中只剩西壁坛、坛上正中高坛基、坛两侧鼓形石柱，可谓“空寂”也。

2号窟（菩萨洞）题记：

第一，北壁正中竖向石刻题记：

八品军功/沙善官石岩古洞/养任天功/常护远□□福/禄子孙□月五十千文　先父韩虎/发心弟子韩建邦敬刊/新钱五百千文/□□□三千功□

楷书，字径6厘米。

第二，南壁中部竖向石刻题记：

万世/功名/大清光绪三十四年成

①据《成县志》载，菩萨洞“中供石菩萨6尊”。见成县地方志编纂委员会编纂《成县志》，第762页。

图 2-18 甸山达摩洞石窟
窟门及窟内状况

图 2-19 菩萨洞石窟
窟门及窟内状况(石像被盗之前)

楷书,字径 10—14 厘米。

(三)洞窟外题记

第一,陶万达诗刻一。在从“药王殿”前往达摩洞的小路右(西)侧靠山坡有一块巨石,巨石东北面竖向阴刻一首五言诗,系清代所刻:

> 横川有灵山/古石点苔斑/五载仅一访[①]/留句播人间/乾隆己卯冬月/邑令陶万达题

行书,凡 4 行,字径 7 厘米。

第二,陶万达诗刻二。巨石东面竖向阴刻陶万达诗一首,亦为清代所刻,可惜绝大多数文字已无法辨识,个别文字似是而或非,不敢臆断,故付阙如,难以列出。

---

①“访”,原石刻似为“坊”或“訪”,笔者以为,宜释读为“訪”而不能释读为“坊”,“坊”不通而“訪”可通;若释读为“访”,则应为“訪”的行书体。

第三，达摩洞、菩萨洞左前方垂直向下的崖壁明代刻字。刻字处轮廓尚存，上部为拱形，下部为长方形。拱形部分加长方形部分的总高度为170厘米（不含长方形部分下边至地面高度），长方形部分高度（不含长方形部分下边至地面高度）为112厘米，故拱形部分高度（不含长方形本身高度及长方形部分下边至地面高度）为170–112=58（厘米），拱形及长方形部分共同宽度为150厘米。拱形部分看不到文字，亦不知原本有无文字。长方形部分中文字概不清晰，皆为阴刻，顶部标题为“古迹玉阳宫碑记”7个大字，下面的小字密密麻麻，绝大多数颇难识读，唯可读出“三”“会”“马”“地”“此”“落”“业”等不多的几个，有些字似是而非，笔者不敢臆断，故仅据此处刻字无法解读刻碑年代。这块岩刻文字当是县志所谓“明代碑刻”。既然在明代就已经是“古迹”了，那么笔者推测，“玉阳宫”及甸山寺庙群的建立最大的可能当在宋代或更早。《成县新志》载：“玉阳宫，县东四十里横川镇，宋祥符间建，祀无为真人，明万历间张天师访此题额，苍松古柏，众壑环拱，绝顶有天池。”[①]既然玉阳宫建立于北宋真宗年间，且明代张天师也到访甸山寺庙群，则当地道教活动历史之悠久，宋明时期道教之盛况可见一斑。

二、甸山石窟相关几个问题研究

（一）关于开窟时间

达摩洞始凿于清乾隆十八年以后，窟前木构寺庙建成于清嘉庆十七年（1812）；菩萨洞开凿于清光绪三十四年。从洞窟题记可知，达摩洞之开凿，直接缘于乾隆十八年“郭呈祥”“祖”之梦境。《创修祖师庙宇记》[②]文曰：

---

①[清]黄泳纂修《成县新志》，第373页。

②达摩洞北壁题记处崖壁因有裂缝，加之当代人用水泥涂抹，致使题记题目中“廟”与“記”之间有1字看不清楚，但根据该字的下部残迹，并联系上下文进行推测，当为“宇”字（见本文所引题记内容）。故可命名该题记内容为《创修祖师庙宇记》。

乾隆十八年九月初五日夜，余祖梦一道士……因每岁十月间，不惮冰霜，辄步履以供香火。其后余祖眼目昏花，举步艰难，因卜筮以请神于玉阳宫……于是构工，于峭壁间凿小室，以妥神焉……敬奉益虔，乃又增修之，较前之石室更巍焕矣。近来岩水浸渍，渐有倾颓之患，恐非神所凭依也，余以为……何如建一庙宇，久则易于补修……于是即择吉鸠工……兹值告竣之辰，爰谨识其始末……嘉庆壬申夏五月吉旦……

由此可知，虽然始凿的具体年份不详，但可以肯定的是，供奉达摩祖师的石龛及后来较大的洞窟开凿于乾隆十八年以后，于嘉庆壬申(即嘉庆十七)年建成窟前木构寺庙。在“乾隆十八年”和“嘉庆壬申”年之间，曾“于峭壁间凿小室，以妥神”，这应该就是开凿了石龛。“敬奉益虔，乃又增修之，较前之石室更巍焕矣”，这应该就是把原来较小的“石龛”凿大扩展，变成了后来较大的“洞窟”。因鉴于“近来岩水浸渍，渐有倾颓之患，恐非神所凭依也，余以为劳而弗□(功？)，何如建一庙宇，久则易于补修□(焉？)。于是即择吉鸠工，众小儿等各踊跃赴功，不延月而落成焉”，乃于“嘉庆壬申”年“告竣”。由于清高宗弘历(乾隆)是中国历史上在位时间最长的皇帝之一(1736—1795 年在位)，而所谓“余祖”之寿命不会很长(乾隆十八年之后的乾隆之世尚有 42 年)，所以郭氏家族“凿小室以妥神”之事不会超出乾隆年间(即不会晚于乾隆六十年)，又因不知开凿窟龛之具体年份，故可断言，达摩洞始凿于乾隆十八年以后，先凿石龛、后开洞窟，于嘉庆壬申年建成窟前木结构寺庙。清道光二十年(1840)至二十四年(1844)，重修达摩洞，重塑尊像，建造献殿(三间)，重修观音楼，还建修了地藏楼。公元 2002 年，“郭门家族”再一次重修了达摩洞。

(二)关于家族开窟

达摩洞为郭氏家族窟，菩萨洞为韩氏家族窟，说明今陇南一带在古代、近代也出现了家族窟。古代的石窟，多数是由地主、豪强、贵族等开凿，也可能是由政府、王室、皇室等开凿，且所开石窟与窟主的社会地位、权力、财力等相适应。例如，"莫高窟主要的大型洞窟，基本上是由敦煌各个时期的世家大族所营造的，并被其后代视为祖先旧业而世袭相承"[①]。汤用彤先生在谈到伊阙武州（云冈）石窟和天龙山石窟之开凿时说，"此皆竭国家之力，惨淡经营"[②]。虽然达摩洞和菩萨洞远没有其他地区（如敦煌、云冈、龙门等）大型石窟（群）所具有的规模和气派，且仅为一般百姓所开，但两窟作为家族窟在古代晚期和近代的徽成盆地的出现，说明今陇南一带在古代就受到中原北方开凿家族窟传统的影响，也具体说明了清代佛教的进一步世俗化、民间化、平民化。

（三）关于禅宗、法华宗、净土宗信仰

禅宗曾在今徽县、成县等地流行，但最终为净土宗取代。专门为"中国禅宗之初祖"[③]达摩开窟造像供养在陇南十分罕见。关于达摩，汤用彤先生综合《洛阳伽蓝记》《续高僧传》《旧唐书》的记载简述如下：

> 菩提达磨（磨亦作摩）者，南天竺人，或云波斯人。神慧疏朗，闻皆晓悟。志存大乘，冥心虚寂，通微彻数，定学高之。其来中国，初达宋境南越，末又北度至魏。在洛见永宁寺之壮丽，自云年百五十岁，历涉诸国，靡不周遍。而此寺精丽，遍阎浮所无也。极佛境界，亦未有此。口唱南无，合掌连日。又尝见洛阳修梵寺金刚，亦称为得其真相。达磨先游嵩、洛。或曾至邺。随其所止，诲以禅教。常以四卷《楞伽》授学者，以天平年（公元534至537年）前灭化洛滨。或云，遇毒卒。[④]

①马德著《敦煌莫高窟史研究》，兰州：甘肃教育出版社，1996年，第241页。

②汤用彤著《汉魏两晋南北朝佛教史》（增订本），第285页。

③汤用彤著《汉魏两晋南北朝佛教史》（增订本），第432页。

④汤用彤著《汉魏两晋南北朝佛教史》（增订本），第432页。

但达摩是否曾经到来？禅宗何时传入今徽县、成县一带？我们目前无法证实。对达摩的膜拜及对观音菩萨的信仰，或能说明清代时陇南一带不仅流行佛教，而且流行禅宗、法华宗等信仰。据2003年版《徽县志》载，“西魏大统年间（535—551）在伏家镇北山修建北禅寺，南宋淳熙年间（1174—1189）重修……清道光年间（1821—1850）碑文载，徽县佛教属禅宗派”①。值得注意的是，如果如甸山达摩洞题记所揭示，迄今与甸山达摩洞相距约10公里的徽县（“河池”）伏镇豆坪村亦有“达摩洞”，只是清朝时传承下来的达摩洞、洞前寺庙、达摩塑像等均在“文革”时被毁坏（修河堤时达摩洞被炸毁），豆坪村群众于20世纪八九十年代在原址新建了木构寺庙建筑（现在寺庙背依石崖，庙后崖面已无洞窟），于庙中重塑了达摩像，并以达摩为主尊，寺庙仍被称为“达摩洞”。乾隆年间的郭呈祥“祖”正是从今豆坪村达摩洞请回达摩尊像在甸山凿窟龛安置的。另外，目前所知，“陇南市武都区城区药王殿发现达摩只履西归画像”②，西和县稍峪镇塔山、成县店村镇金莲洞等处寺庙都供奉着达摩像，且香火旺盛。由此说明，清代为止，今徽县、成县、西和县等地民众信仰禅宗却是事实。另外，根据笔者的调查，包括成县菩萨洞在内的今陇南绝大多数寺庙或石窟都供奉着观世音菩萨像，观音信仰的经典《法华经》③是天台（法华）宗的根本经典。“有关观世音菩萨的经典很多，但最基本的是《法华经》中的观世音菩萨普门品”④。据笔者对相关资料的查阅，对陇南市境内很多地方民众的走访，包括对两处达摩洞周围民众、信众的调查得知，从清代到现在的多数信众并不注意佛教

---

①徽县志编纂委员会编《徽县志》，第906页。

②李廷贤（陇南市委报道组新闻信息中心）《甘肃陇南武都城区药王殿发现达摩只履西归画像》。

③[十六国·后秦]鸠摩罗什译（长行），北天竺沙门阇那崛多译（重颂）《妙法莲华经观世音菩萨普门品第二十五》，No.262，《大正藏》第9册，第56页下栏—58页中栏。

④任继愈主编《中国佛教史》第3卷，第585页。

宗派及禅宗、净土宗、法华宗、华严宗等是怎么回事，即使对于本宗派的教义、特点甚至概念，也并不了解，如对于禅宗信仰而言，少数居士至多知道一些掺杂着神话传说的关于达摩的来历罢了。相当一些信徒唯知称念“观音”或“弥陀”名号，可知很多人信仰净土宗（或法华宗等）。事实上，今天徽县、成县等地的“大多数信徒修净土宗”。自元、明以后，法华宗学者往往兼倡净土，形成“教在天台，行归净土”之风。清代的内地佛教主要是禅宗和净土宗，而清初以禅宗最为活跃。新旧王朝交替使得禅宗的政治倾向日益鲜明。一般地说，今闽、粤、川、滇、黔、辽等地的禅众与明朝遗民联系紧密。笔者据此推断，清代前期今陇南一带流行的禅宗很可能传自四川等地。后来雍正王朝给予具有反满情绪的禅系以毁灭性打击。乾隆帝大力扶持士大夫学佛运动，使念佛净土在社会上深入推广，成为世俗学佛的基本内容，[①]禅宗的地位逐渐为净土宗取代。由此上溯到乾隆及其以后时期，在今天陇南境内流行禅宗，应主要出于对佛教本身的信仰，故达摩信仰能顽强地延续和流行，实非易事。这样看来，一般民众只是信佛（菩萨）或念佛（菩萨）。故有了达摩洞、达摩像，未必就等于在自觉地信仰“禅宗”，其实只是一般地信仰佛教而已。

（四）关于儒、释、道“三教合一”

达摩洞、菩萨洞和甸山寺庙群明显具有“三教合一”特征。甸山原本以道教为主。据地方志记载，早在北宋时期，甸山就建有道教宫观。明代万历年间，道士张三丰曾游历此地。道教活动至清代达于极盛，山门、戏楼、钟室、诸寺观等建筑已具有相当规模。至 20 世纪中叶遭到毁坏，80 年代以后始渐次修复。据常住甸山药王殿院落的老人说，甸山庙宇始建于唐代；甸山寺庙群除了达摩洞和菩萨洞，还有药王殿、观音殿、献殿（现无存）、老

①杜继文主编《佛教史》，第 455—459 页。

君殿(三清殿)、玉皇殿、地母殿等,多数殿宇都是重建;仅现在药王殿背后(西侧)原来就有娘娘殿、财神殿、火星殿、吕祖师殿、张果老殿、灵官殿、钟鼓楼等,“文革”时都被摧毁,原来供奉的吕祖师、张果老、王灵官、娘娘、财神、火星、牛王菩萨等像,今俱无存;现达摩洞北侧观音殿中原有塑像为观音菩萨、地藏菩萨等,现在新塑为观世音菩萨、大势至菩萨、韦驮护法等。上述达摩洞、菩萨洞,达摩祖师、观音菩萨、地藏菩萨、韦驮护法等属于佛教的内容(其实道教也敬奉观音菩萨),而药王殿、三清殿、玉皇殿、地母殿,元始天尊、灵宝天尊、道德天尊、玉皇、地母、药王、娘娘、财神、吕洞宾、张果老、火星、牛王菩萨、王灵官、伏羲、黄帝等属于道教、儒家或民间信仰的内容(其实明清时期地方的佛教、道教典籍、石窟、寺庙多包含儒家思想的内涵,释、道之间又相互渗透),而且现今“成县红川甸山道观管理委员会”的牌子就挂在药王殿门上,太上老君为甸山寺庙群最高尊神,玉皇、地母、药王等神尊亦颇受当地百姓敬信。这些情况说明,虽然达摩洞、菩萨洞位于甸山,但甸山寺庙群总体上还是以道教为主,兼含佛教和儒家内容,体现了达摩洞、菩萨洞本身具有“三教合一”的背景和思想文化特色。所以可以肯定的是,甸山寺庙群至迟在清朝时规模宏大,以道教为主,“三教合一”特征明显。

(五)关于佛教延续

今陇南一带至迟在魏晋南北朝时期就有佛教传播,且民间佛教信仰一直延续至今。达摩洞初凿时为一小龛,初凿不久就有窟前木构寺庙建筑。据达摩洞题记可知,初开洞窟的“余祖”首先因“达摩托梦”,乃请回达摩尊像诚心供奉;其次开凿石龛“以妥神”;再次“增修之,较前之石室更巍焕矣”,即在石龛的基础上扩大成为洞窟;最后于洞窟前立庙以便“久则易于补修”。据前引 2003 年版《徽县志》载,于“西魏大统年间在伏家镇北山修建北禅寺,南宋淳熙年间重修”,可知至迟在魏晋南北朝时期,佛教已经在今徽县、成县一带流行。如果没有佛教流传的悠久历史,如果没有当地民众的长期信仰，那么，即使“达摩托梦”之事属实，也必然是无源之水、无本之木。梦从何来？“达摩”从何来？从达摩洞、洞前寺庙建筑的兴废历史亦可知道，明清以来，陇南一带民众的奉佛崇道之风一直在持续，它有稳固的群众基础，即使局部的社会动荡①和鸦片战争、辛亥革命这样的重大事件也没有使民众的佛、道信仰发生动摇，故所谓“清末佛教衰落”等说法只是相对而言的。

甸山石窟——达摩洞和菩萨洞（尤其是达摩洞），体现了地方和时代特色。红川镇红川村郭氏家族郭呈祥（清嘉庆间人）之“祖”（于清乾隆十八年）梦见东土禅宗初祖达摩从今徽县（即河池）伏镇豆坪村敬奉乃至请回达摩尊像在北渠村甸山凿石龛安置之，以后扩大规模，终于凿成了保存至今的达摩洞，并于嘉庆十七年建成窟前木构寺庙（“文革”时木构寺庙被毁）；今红川镇韩庄村韩氏家族祖上于清光绪三十四年凿成保存至今的菩萨洞。禅宗、法华宗、净土宗、华严宗（与成县邻接的西和县境内的石峡镇八峰崖石窟有“华严三圣”塑像）等信仰曾在古代、近代的陇南一带流行。达摩洞、菩萨洞的开凿直接与禅宗、法华宗相关。禅宗信仰可由达摩洞窟龛、塑像等实物以及部分文献资料的记载得到证明。在中古晚期和近代，禅宗的地位最终被净土宗取代；即使在当代，净土宗最为流行。而百姓无

---

①［清］黄泳纂修《成县新志》卷1《纪事条》载：“明正德七年（1512）秋八月，蜀盗来寇，焚掠劫杀，屋宇尽为灰烬……嘉靖十四年（1535）夏五月，回贼马兴犯徽成，杀指挥王煦。秋七月，巡抚黄臣督兵讨平之。崇正（祯）六年（1633）夏五月，流寇李闯将过天星、横天王等来犯，洪军门、杨总兵统兵至，群贼远遁。七年秋七月，寇又至署官，秦州经历张应举死之，并执典史孙如球骸骼满街血流盈城，时闯贼掳县民张氏女为妃，驻札碑张旗两寨。越八日，移宜阳后仍过县往西、礼。十月，内从秦（州）礼（县）突至，搜杀焚毁甚惨。”此据［清］黄泳纂修《成县新志》，第100—101页。张伯魁纂修《徽县志》卷2《兵戎条》载：“正德七年，蜀盗攻陷徽州城邑，焚掠殆尽……（正德）八年夏六月，蜀盗复至徽州南境，按察史俭事李璋率三卫兵迎击破之……嘉靖十四年，阶州回贼马兴犯徽州……崇正（祯）七年，洪承畴围流贼于汧陇间，贼复由徽州入两当，焚公私庐舍。”此据［清］张伯魁纂修《徽县志》，第118—119页。

论是信仰何种宗派，一般只是体现为对佛、菩萨的虔诚。达摩洞、菩萨洞和甸山寺庙群乃至整个陇南一带古代晚期的寺庙和石窟“三教合一”特征明显。达摩洞为郭氏家族窟，菩萨洞为韩氏家族窟，家族窟的开凿说明今陇南一带在古代就受到中原北方开凿家族窟风气的影响，同时说明清代佛教的进一步世俗化、民间化、平民化。陇南一带奉佛崇道之风从魏晋南北朝直至明清虽几经周折而长期未绝。这一切对于研究甘、川、陕交界地区的佛教史、道教史等具有一定的参考意义。

第五节 神山禅迹——对五仙洞石窟的调查兼《五仙洞记》碑部分内容的解读

成县五仙洞石窟宋代《五仙洞记》碑和《孚泽庙牒》碑为研究中国禅宗史提供了新的证据。宋代的五仙洞石窟是禅宗临济宗的一处活动场所。《五仙洞记》碑碑阴阴刻一尊极富禅意的观音菩萨像；碑文所含概念反映了宋代佛教、禅宗活动情况；“晦庵禅师” 为宋代高僧大慧宗杲弟子，属“福建阮氏”或“福建李氏”；宗辩按禅宗规制建造寺院；唐宋时期禅宗不重视造像而重视自悟；“轻举之术”兼有佛、道、儒三教因素，是南宋时期佛教禅学、道教内丹学派、儒学相互融合的一个例子，也体现出禅宗本身的时代特征；陇南佛教与四川地区佛教有一定联系；宋代五仙洞石窟寺祀奉佛菩萨、道教神仙及民间诸神，屡现所谓灵应事件；宋代国家对五仙洞石窟僧尼、庵舍、土地、财产、森林加强了管理；南宋时期陇南禅林由朝廷控制。

五仙洞石窟位于甘肃省陇南市成县县城西南约 17 公里的五仙山中。当今的五仙洞石窟释、道、儒三教兼容。洞中现存南宋时期《五仙洞记》碑[①]和《孚泽庙牒》碑[②]，碑文刻字精美，《陇右金石录》谓《五仙洞记》碑“书法极挺秀”[③]；更重要的是，二碑碑文揭示了一些重要信息。此二碑碑文未收入《金石萃编》，见载于《成县新志》《陇右金石录》《成县志》等。从洞窟名称看似为道教石窟，近现代以来也确实被看作道教石窟，然而笔者通过研读《五仙洞记》碑碑文得知，唐宋时期这里是一处佛教禅宗（临济宗）的活动场所，故二碑为研究中国禅宗史提供了新的证据。除了地方志简记五仙洞以外，迄今尚无任何关于该石窟本身及与之相关的宋代佛、道教内容的研究成果问世，唯有张忠先生介绍《五仙洞记》碑所载有关我国宋代（古代）寺庙森林管理情况的一篇短文，对研究相关问题具有启发意义。[④]由二碑碑文看，可研究的问题（线索）较多，其中对于唐宋时期尤其是宋代禅宗发展情况的研究，似具有无可替代的作用。2014 年 5 月和2015 年 12 月，笔者先后两次考察了该石窟，两次考察都对地理环境、交通状况、附近窟寺、宗教信仰、洞窟大小、碑文字径等进行了详细调查，主要是进行了碑文校录，第二次调查和校录较第一次更准确。本节主要是利用考察所获信息，依据二碑碑文，结合相关历史文献，就五仙洞石窟与宋代禅宗有关情况作一探讨。敬请专家们批评指止。

一、五仙洞石窟现状调查

五仙洞石窟位于成县鸡峰山西侧山系暨鸡峰山国家森林公园西南区域组成部分的五仙山。五仙山地形复杂，地貌奇特，道路崎岖，树木密布。

①张维在《陇右金石录》中将“《五仙洞记》碑”录为“《五仙洞碑记》”，碑文正文前云：“在成县五仙山，今存。”见[民国]张维编著《陇右金石录》，第 16076—16077 页。

②[民国]张维编著《陇右金石录》，第 16078 页。

③[民国]张维编著《陇右金石录》，第 16077 页。

④张忠《记载我国古代护林法规的〈遵奉圣旨住庵文据〉碑》，《甘肃林业》2002 年第 2 期，第 38 页。

从县城到五仙洞，目前不通车路，沿东、南、西、北 4 条小路可到达五仙洞；里程虽不算远，但道路坎坷难行，不花费一整天时间，是不能在县城和五仙洞之间往返一次的。五仙山地表山泉潺潺，地下潜流汩汩。除了几所新建寺庙，近处人烟几绝。溶洞广布，该山自古以来就有蛇洞、龟洞、白马洞、观音洞、相子洞、灵英洞、立佛洞、八仙洞、水洞、五仙洞、冰泉洞、灵隐洞、吴道子洞、灵光洞、龙洞等。多处石洞内石壁间有清溪溢出，清冽甘美。各洞洞顶怪石嶙峋，苍苔斑驳。险峰、奇石，嘉树、修竹，幽泉、古洞，神迹、传说编织成一幅美丽的图画。此处风景怡人，空气清新，远离尘世，寂静优雅，宛如世外桃源。诸洞中“五仙洞”影响最大，被视为集自然与人文因素于一体的代表性洞窟。五仙洞石窟洞口高 15 米，宽 10 米，进深 18 米。洞窟平面近梯形拱顶形，不是很规则，看起来是在天然洞窟的基础上稍作加工而成。除了洞窟轮廓、碑以外，古代其他遗迹遗物尚无发现。窟殿正中正面依屏壁（屏壁未与洞顶相接）神坛上面南背北、并列而坐的 3 身最高神尊自西向东依次是孔子、释迦牟尼佛、太上老君，屏壁背面依屏壁处无塑像。依洞窟北壁和东侧壁自西向东依次塑王母娘娘、斗宫圣母（或言为阿修罗）、嫦娥、地母、金母、天母、鸡鸡、玉皇大帝、关圣帝君、羲皇、真武大帝、长见祖师、地官、天官、水官、弥勒菩萨、地藏菩萨、观音菩萨一、普贤菩萨、文殊菩萨、观音菩萨二等，大体皆面南背北。将孔子、释迦牟尼佛、太上老君并列而塑，儒、释、道共存，三教合一，且含民间、地方诸神，塑像多而杂乱，没有严格按照传统的等级次序或三教经典规范塑造。这种塑像方式颇具地方特色，在陇南诸石窟中并不普遍，尤其是孔子、释迦牟尼佛与太上老君同坛并肩而坐的塑像方式，则是陇南诸石窟寺中所仅见。虽然现存塑像皆为新作，但其所反映的古代晚期宗教信仰状况当属一脉相承。《五仙洞记》碑系于南宋宁宗开禧二年（1206）由宜教郎、通判成州军州事、崇国赵希渊潜父撰并书，《孚泽庙牒》碑系于南宋宁宗嘉定八年（1215）由参政郑昭先、左丞相史弥远奉敕赐。《五仙洞记》碑高（含碑首）138 厘米，宽 80 厘米，厚12 厘米，碑阳“五仙洞记”四字字径 11 厘米，小字字径 1.5 厘米，碑阴碑首阴刻观音像高 18 厘米，“遵奉圣旨住庵文据”八字字径 6 厘米，“成州”二字字径 1.2 厘米，其余小字字径 1.2 厘米；碑座长 80 厘米，宽 56 厘米，高22.5 厘米。《孚泽庙牒》碑高 105 厘米，宽 67 厘米，厚 13 厘米；碑阳最大字径 17 厘米，小字字径 1.2 厘米；座长 72 厘米，宽 56 厘米，高 27 厘米。①

图 2–20　五仙洞石窟外景

图 2–21　五仙洞《五仙洞记》碑碑阴（局部）

图 2–22　五仙洞《五仙洞记》碑碑阳（局部）

图 2–23　五仙洞《孚泽庙牒》碑碑阳

①材料主要来自笔者考察，同时参考了西北师范大学古籍整理研究所编《甘肃古迹名胜辞典》，第 180—181 页。

二、宋代五仙洞石窟是禅宗(临济宗)的活动场所

(一)极富禅意的《五仙洞记》碑刻观音菩萨像

唐末五代以后,北宋和南宋相继统治中原地区。虽然两宋王朝统治者对佛教的态度既允许适度发展,又有所限制,但是由于社会政治变革的影响,这一时期的佛教出现了新的思想特色,即倡导入世报国,向儒家思想靠拢,并形成一股强大的时代思潮。当时一些著名的僧人如永明延寿、圆悟克勤、明教契嵩、天寿赞宁和大慧宗杲等都有入世报国的言论。这种思潮极大地推动了中国佛教世俗化的进程,对当时佛教艺术的世俗化也产生了广泛而深刻的影响。因此,两宋佛像在艺术风格、表现手法和造像题材上都出现了全新的面貌,开创了写实艺术鼎盛的时代,在中国佛像艺术史上有着重要地位和影响。[①]

《五仙洞记》碑碑阴碑额上部阴刻一尊观音菩萨像,似可称为"杨柳观音"。观音结跏趺端坐于一簇仰式莲花上,栩栩如生,跃然碑面,身体稍向右侧倾斜(其实是表现人们立足于观音左前侧角度观像状态),既非胁侍,又无侍者,女性形象,线条流畅,褒衣博带、垂领广袖、衣裙疏朗,头戴花蔓冠[②],胸部裸露,身体丰满而不臃肿,竖长方形脸,面庞圆润,相貌俊俏,身材端正,庄严而慈祥,自然洒脱,安详超凡,温柔娴静,姿态优美,左手拿净瓶置于左腿上而大部分被衣裙覆盖只露出瓶颈和瓶嘴,右手拿杨柳枝朝右前下方扬洒甘露,以消灾降福、慈悲救度。这尊像给人的感觉是似有非有,清新明快,淡雅轻柔,出淤泥而不染,作形神而飘逸。此像岂非充满了禅意?看似简单,实不简单!正如《六祖惠能示寂》曰:"识自本性,见自本

---

①黄春和著《汉传佛像时代与风格》,北京:文物出版社,2010 年,第 121 页。

②关于菩萨的头冠,可参考:赵声良《敦煌石窟北朝菩萨的头冠》,《敦煌研究》2005 年第 3 期,第 8—17、115 页。

性，无动无静，无生无灭，无去无来，无是无非，无住无往。”[①]王莲博士说：“到了宋代，观音形象的塑造更加世俗化和平民化，其服饰简单淡雅，神态含蓄自然，一改唐代的雍容华贵、富丽丰腴，因此，这种观音形象愈加温和朴素，其民间性的平民特征使其流播更加广泛。”宋代画家们立足于市井生活，借助禅宗艺术的表现手法，重返绘画的水墨传统，通过在画面上留白的方式，再现并传达“观音”的世俗与高远。宋代禅宗艺术追求高远淡泊、以意相尚的风气，直接影响了宋代观音图的艺术形象与审美意蕴。因禅宗主张居尘出尘、随缘悟道，反对偶像崇拜与神灵祈悟，因而禅宗艺术体系中的观音像，往往取材于世俗生活并注重在世俗生活中表现观音的神圣性，体现为一种是空非空、是有非有、清新超俗的审美意蕴。此种平淡天真、简朴素雅的观音形象正是宋代文人去繁求简、去伪求真的精神写照。[②]对此，杨春雨先生表达了近似的观点：“在社会、经济、地理等因素的综合影响下，宋代的观音带有浓郁的中国古代女性的婉约、柔美和自然之美，神态上较为宁静，形体上美而不妖。宋代观音具有文静典雅、秀丽俊逸的美学特征，充分展现了女性的亲善和慈悯之美，宋代观音形象的定格使得观音的这种形象成为中国民间百姓普遍接受的形象。”[③]他们对于宋代观音画（刻）像的评说入木三分，与《五仙洞记》碑观音刻像所体现的艺术风格和思想倾向正相吻合。一言以蔽之，宋代观音像是当时社会现实的反映，是佛教禅宗艺术升华的体现。大足石刻中宋代观音造像的数量、题材最为丰富，雕刻精美，姿态各异，体态娴雅，眉目慈善，璎珞、衣饰、佛冠等

---

①［明］朱时恩著《佛祖纲目卷第三十》，［日］前田慧云、中野达慧等编集《卍新纂续藏经》第85册，No.1594，上海：上海涵芬楼（影印），1923年，第615页中栏。

②王莲《宋代“观音图”的美学流变及其在日本的传播影响》，《西北大学学报（哲学社会科学版）》2015年第6期，第73—77页。

③杨春雨《大足石刻宋代观音造像的艺术特征》，《艺术科技》2013年第4期，第76页。

各不一致，宗教性和艺术性兼备，她们是宗教和艺术的完美结合。[①]而五仙洞石窟介于天水麦积山石窟与重庆大足石刻之间，具有过渡性质，故此尊碑刻观音像必然与两地的观音造像具有共同特征。

与碑刻观音像相关，南宋时期佛徒们在五仙洞石窟近处塑造观音像，建造观音阁。《五仙洞记》碑载："显又造观音像，为阁三间以覆之。"可见南宋时期在宗显的主持下塑造了观音像，并建造了容纳观音的庙宇。因为古代五仙洞近处有"观音洞"，故或可将专为观音造的庙宇视作观音洞（石窟）或五仙洞（石窟）之窟外建筑，可称为"观音阁（殿）"。观音是佛教的一大菩萨，由宗显"造观音像"并"为阁三间以覆之"之事反映出，观音在观音洞、五仙洞石窟，宗显及当地信众心目中具有重要地位，佛教在当时五仙山、五仙洞石窟具有突出地位。

（二）碑文所含部分概念反映宋代佛教、禅宗活动情况

此前，人们多以为，五仙洞纯属道教石窟，《五仙洞记》碑记载的内容属道教内容。但笔者在校录《五仙洞记》碑碑文过程中，发现《成县志》只是照录《陇右金石录》等的录文，并未拓碑或进行认真校录，更没有学者对碑文进行深入研究。事实上，《五仙洞记》碑载明诸多概念（或行动）皆与佛教、禅宗有关。

兹举《五仙洞记》碑碑文片段：

> 自昔佛家者流，草衣木食，宅幽而阻深，盖欲屏远嚣尘，离诸染着以学苦、空、寂灭之道，末世比丘知此者鲜。鉴也侍晦庵巾瓶最久，乃能于戒律陵迟之际，笃志自修，结茅岩洞，不与物接，其

①黄英华《对大足石刻宋代观音造像艺术特征的探讨分析》，《文物鉴定与鉴赏》2015 年第10期，第 64—65 页。

胸[1]中所得必有过人者。今子又增而大之，甍栋参差，户牖依约，炉香卷经，绝去俗累，视前人可谓无负。吾闻善学于师者，不于其迹于其心。谈空析妄，设为问答，剪荒除秽，化为殊胜，此皆其迹而非其心也。子诚能不忘鉴之勤，与夫子之师所以付嘱，盍自其心焉者。求之精进不已，则晦庵一灯之传，虽与此洞相为无穷可也。

显然，只这一段话就包括很多关于佛教、禅宗的概念，或状况、行动之陈说。兹不详述。

《五仙洞记》碑碑文中诸如"观音阁""观音塑像""精进""禅林""晦庵禅师""四月初八日""一灯之传""本僧""比丘""飞锡南游""报恩寺""庵舍""副图""僧寮""塔亭""重门""丈室""轻举""舍状"(古代以佛寺名义颁发的布告[2])"佛家者流""草衣木食""宅幽而阻深""屏远嚣尘""离诸染着""苦空、寂灭之道""末世""戒律""陵迟""笃志自修""结茅岩洞""不与物接""其胸中所得必有过人者""炉香卷经""绝去俗累""不于其迹于其心""谈空析妄""设为问答""剪荒除秽""化为殊胜""自其心焉"等，或明确提到"佛家者流"，或本身是佛家用语，或虽未必是佛教用语但明显反映了佛教、禅宗思想。如果把这些词语或短语串起来再加以充实，正好关联着禅宗自唐代中期始，经五代，至北宋、南宋前期的历史。事实上，禅宗相关概念、思想、历史贯穿碑文始终。从这段碑文亦可看出，从唐末五代经北宋直至南宋前期，五仙山一带一直是佛徒(禅众)修行的重地。

---

①"胸"，碑刻为"胷"，《陇右金石录》录为"胸"，《成县志》录为"胸"。见[民国]张维编著《陇右金石录》，第 16077 页；成县地方志编纂委员会编纂《成县志》，第 943 页。

②张忠《记载我国古代护林法规的〈遵奉圣旨住庵文据〉碑》，第 38 页。

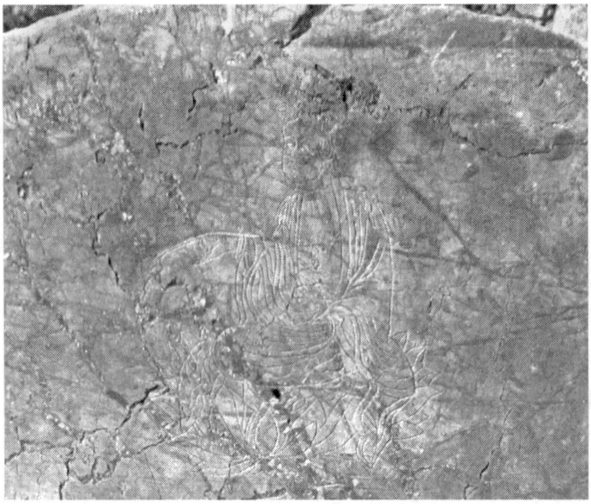

图 2-24 《五仙洞记》碑碑阴碑额上部阴刻观音像(放大)

图 2-25 五仙洞《孚泽庙牒》碑碑阳(局部)

图 2-26 五仙洞《孚泽庙牒》碑碑阳(局部)

关于五仙洞石窟,《成县志》有如下记载:

至宋代,除凤凰山寺外,知名寺院,郭外又有鸡山光祥寺、广化寺、五仙洞,郭内有兴教寺,声名以鸡山、五仙山、凤凰山三寺为著。知名释子有广化寺宗爽，五仙洞晦庵、宗鉴等。[①]

可见，宋代同谷（今成县）的知名佛教寺院中，影响最大的是鸡山光祥寺、五仙洞窟寺、凤凰山寺等，而五仙洞的晦庵、宗鉴等俱为当时“知名释子”。当时的五仙洞为一所“佛寺”，住持为“释子”，这已经说得十分明白了。

（三）关于宗辩所建寺院规制

据《五仙洞记》碑载，“今子又增而大之，甍栋参差，户牖依约，炉香卷经，绝去俗累，视前人可谓无负”。“宗辩不量力，营新葺旧，辛勤累年，始克创塔亭，建重门、丈室、僧寮，粗若备具。”按照笔者的理解，即是指，由宗辩主持，在极其艰难的条件下，筚路蓝缕，修旧造新，积年累月，终于建成了重门、丈室、僧寮（即寮舍）等，初具规模；此处“丈室”即指“方丈”。按照《佛教大辞典》的解释，“方丈为住持所居之室（取维摩诘菩萨所住卧室仅一丈见方而容量无限之意）；法堂为演说佛法之所；僧堂即禅堂，系禅僧昼夜参禅行道之处；寮舍置十务（十职），分司各事。寺院内，住持为一寺之主，以其所秉承的宗派教义传授学人。初期寺院尚无严格的宗派继承问题。唐末以后，由禅宗衣钵相传的习惯所决定，寺院的住持渐有按宗派世代相沿的标称”[②]。根据这种解释，结合碑文内容可知，对于塔亭、重门、丈室、僧寮等的建造，是克服了一切困难、按照禅宗的规制来建造的。具体地说，“塔亭”“重门”应是根据寺庙所在地的实际情况或由住持随意设计而建造的建筑物，应是不分佛教宗派或禅宗派系；“法堂”和“禅堂”在佛教寺院都是少不了的；丈室、僧寮在当时的五仙洞寺庙建筑中也都有了。

---

①成县地方志编纂委员会编纂《成县志》，第 835 页。

②任继愈主编《佛教大辞典》，第 427—428 页。

（四）五仙洞石窟寺僧主张自悟、自信、自主

一般地说，无论何种佛教宗派，大都有节衣素食、清贫乐道、甘于寂寞、远离尘世、超凡脱俗的倾向。但是，禅宗在唐代以后出现了新的情况，至“两宋社会”，甚至发生了“禅宗巨变”。[①]由于安史之乱、会昌“法难”在中原等地的摧残，王仙芝、黄巢起义在南方的打击，军阀混战在北方的破坏，致使以官寺庄园经济为基础的经院派诸宗一蹶不振，也迫使山林禅众不断扩散转移。但与此同时，由于外患内乱不断，国家控制能力大减，流入山林的人数愈增，禅宗在各种势力的夹缝中反而获得新的发展。[②]禅宗更加趋向于“隐遁山林、自食其力”。

唐宋时期五仙洞石窟不重视佛教造像而重视自悟、自信、自主。从《五仙洞记》碑碑文基本看不出宋代五仙洞石窟重视塑像、壁画等情况。《五仙洞记》碑云“显又造观音像，为阁三间以覆之”，亦述及宗辩所做功德，言“宗辩不量力，营新葺旧，辛勤累年，始克创塔亭，建重门、丈室、僧寮，粗若备具。且诱化信士，从成都置四大部经归镇山门”云云，此外不直接言及塑造佛、菩萨像之事，《五仙洞记》碑的这种记载和元代以后的成县金莲洞石窟碑文较为详细地记载了历代建造窟寺及塑造神像的情形明显地有所不同[③]，可见当时在五仙山、五仙洞石窟寺塑造佛菩萨像并不被住持和僧人们看重。五仙洞石窟现存塑像儒、释、道“三教合一”的状况不等于宋代塑像状况亦如此。笔者以此推测，宋代不重塑像的情况当是多少反映了禅宗“不读经”“不礼佛”“不坐禅”“直指人心，见性成佛”“反对偶像、轻蔑教条”，甚或“超佛骂祖”“呵佛骂祖、非经毁佛”的风气或亦存在。这正如临

---

①杜继文、魏道儒著《中国禅宗通史》，南京：江苏人民出版社，2007 年，第 397—482 页。

②杜继文主编《佛教史》，第 271—284 页。

③王百岁《甘肃省成县金莲洞石窟与全真道》，《宗教学研究》2014 年第 2 期，第 61—71 页。

济宗义玄的主张[①]，虽似极端，但其“根本目的，是要人们把解脱的希望寄托在‘自悟’‘自信’‘自主’的基础上，这可以说是禅宗创始以来的一贯主张”。[②]

（五）禅、道、儒思想与“轻举之术”

据《五仙洞记》碑载，“世传公孙氏五子尝于此学轻举之术”。虽然《成县新志》有云，“洞有五，传五仙各居其一”[③]，然人皆不知“五子”究竟为谁，各居何洞。此处的“轻举”似可理解为“飞升”“登仙”之类意思。如宋代李石《续博物志》云：“后世必有人主，好高而慕大，以久生轻举为羡慕者。”[④]又如清代葆光子《物妖志》云：“夫神仙轻举，皆假羽翼，不尔，何以倏忽而万里乎？”[⑤]依《成县新志》“五子丹成轻举”诸语[⑥]，可知公孙氏五子所学“轻举之术”似有道教之风。《五仙洞记》碑文丝毫没有正面提及道教功法或民间神仙信仰的修炼术，亦未直接提及俗世的武术、气功之类功夫，但事实上，中国古代的武术、气功与佛教或道教皆有不同程度的关系。笔者以为，自汉晋以降，佛、道、儒之间的相互影响是长期存在的。佛、道都有气功，并且是相通的。《庄子》中类似佛教禅定的说法就有很多，如“心斋”“一志”“用志”“凝神”“其息深深”“纯气”“全人”“坐忘”“朝彻”“见独”

---

①[南宋]赜藏主编集《古尊宿语录》(上)，北京：中华书局，1994年，第55—87页。

②杜继文主编《佛教史》，第283页。

③[清]黄泳纂修《成县新志》，第348页。同文见何建明主编《中国地方志佛道教文献汇纂·人物卷》第131册《甘肃省·陇南市》，北京：国家图书馆出版社，2013年，第210页。

④[北宋]李石撰[明]吴琯校《续博物志·卷第三》，[清]纪昀总纂《文渊阁四库全书》子部12《小说家类三·琐记之属》(电子版)。

⑤[北宋]葆光子撰《物妖志(全一卷)·禽类·鸟》，书殿网电子书店《笔记小说大观》第5编第8册，台北：新兴书局(影印)，1962年。

⑥[清]黄泳纂修《成县新志》，第348页。同文另见何建明主编《中国地方志佛道教文献汇纂·人物卷》第131册《甘肃省·陇南市》，第210页。

"守一""守神"等。[①]杜继文先生认为,从守"纯气"达到"至人"境界的想象,以及道教把呼吸吐纳当作神仙术的一种,就与佛教早期流行的"数息观"禅法在构思上十分相似。后来天台宗将数息观改编成《六妙法门》,被视为佛教气功的经典之作,并流通于社会至今。[②]"'安般'禅法的影响最为长远,自汉魏之际,迄至今日,从宗教修持到气功健身,一直流传于世。"[③]正如杜继文先生所说,此类功法佛教、禅宗本身就有,未必全是道教特有的。故"公孙氏五子"所练"轻举之术"或与禅宗所谓"神通""神迹""神异"功能有关[④],是指禅宗的一种修行修炼方法。在北宋末年宋徽宗统治时期,朝廷的宗教政策直接影响了禅学思想的变化。宋徽宗排佛崇道,力图利用道教来神化自己的政权,曾于晚年推行佛教道化的措施。完全按道教改造佛教,希望以此泯灭佛、道之间的差别。这些措施虽然实行的时间不长,但是对佛教却产生了相当程度的影响。它促使一些禅僧引道教入禅宗,形成了禅学发展中的另一个支流。其中最显著的是把修禅与道教的胎息、长生等联系起来,将修禅的目的归结为长寿永年、羽化升天;同时用道教的观点解释禅宗史上的神话,使禅宗发生了根本改观。[⑤]

值得注意的是,虽然《五仙洞记》碑自始至终没有提及"全真道"这一名词(或类似概念),但笔者认为,所谓"轻举之术"的精神实质与全真道的思想有共同的倾向性。而全真道恰好创建于南宋与金并立时期,即如卿希泰先生所言,"全真道是在南宋初年通过对旧道派的改造而在金人统治下的北方建立起来的新兴道派"。全真道以"三教合一"为创教宗旨,这在道

①杜继文、魏道儒著《中国禅宗通史》,第25页。

②杜继文、魏道儒著《中国禅宗通史》,第25页。

③杜继文、魏道儒著《中国禅宗通史》,第31页。

④杜继文、魏道儒著《中国禅宗通史》,第13—16页。

⑤杜继文、魏道儒著《中国禅宗通史》,第439—440页。

教的教派发展史上是一个非常鲜明的特点。[①]南宋时期,“内丹在道教内部和社会上却较北宋更为盛行,不仅各符箓道派吸收了内丹思想,分化出许多符箓新派,而且内丹学流派纷歧,丹法多样,内丹学发展到了一个新阶段”,“内丹学理论相当成熟”,“强调性命双修,融摄和会儒学、禅学是此一时期内丹学的普遍特征,尤其以金丹派南宗最为典型”。[②]此处所言“性命双修”“融摄和会儒学、禅学”不就是体现了“三教合一”吗?这种状态不就是全真道的最大特征吗?刘立夫先生高屋建瓴地指出:“在修炼心性的看法上,全真教与禅宗极为相似。”[③]后来“实现了由早期的以个体修炼证为基本目标的单纯的内丹修炼团体发展为在整个道教史中占据重要地位的一大道教宗派的飞跃”。[④]不过,“轻举之术”的思想水平还停留在全真道创立前夕,所以卿希泰先生说,“全真道在修炼方术方面的鲜明特点,是专主内丹,不尚符箓,也反对黄白之术”。在王重阳创教前,对成仙的理解,大多是指“长生不死”,即身成仙,追求肉体不灭和所谓“轻举飞升”,而王重阳在创立全真道时所提出的成仙概念完全不同,他虽然也讲“长生不死”,但他并不强调肉体的“不灭”,特别是他已经完全抛弃了“轻举飞升”之类的无稽之谈。[⑤]

更值得注意的是,宋元之际的陇南地区,佛教禅宗和道教全真道大体同一时期兴盛,这一现象绝非偶然。当然,禅宗已经有悠久的历史,而全真道还完全是一种新生事物。任何事物的存亡兴衰,都有一定的社会根据,禅宗和全真道也不例外。尽管我们目前没有在五仙洞石窟中找到全真道的直接证据,但全真道恰恰兴起于宋元时期。其实,儒、释、道三教是相通

①卿希泰《全真道是道教发展史上的一个革新派》,第198—202页。

②任继愈总主编,卿希泰、唐大潮著《道教史》,第390—404页。

③赖永海主编《中国佛教通史》第10卷,第134页。

④张广保著《全真教的创立与历史传承》,北京:中华书局,2015年,第201页。

⑤卿希泰《全真道是道教发展史上的一个革新派》,第198—202页。

的,释、道两教是相通的,禅宗与全真道是相通的。正如全真道士陈致虚所说:“三教之道,一者也。圣人无两心。佛则云:明心见性。儒则云:正心诚意。道则云:澄其心而神自清。语殊而心同。是三教之道,惟一心而已。”[①]宗教史、宗教思想发展的趋势不可逆转。无独有偶,与五仙洞石窟相距仅30公里路程的成县店村镇新村村金莲洞石窟元代就有全真道在活动。[②]余虹博士说:“就历史文化价值而言,禅宗与全真道是中国释道文化中具有代表性的流派,是中国文化的重要组成部分,在很大程度上代表了中国宗教的特色。”[③]虽然宋、元、明时期的儒家思想与佛、道两家的思想有所不同,且“陆王学派和程朱学派都激烈地批评佛学”,但是毫无疑问,无论是理学还是心学,都借鉴、吸收了佛、道两家的思想,冯友兰先生甚至认为:“我们可以说,新儒家比道家、佛家更为一贯地坚持道家、佛家的基本观念。他们比道家还要道家,比佛家还要佛家。”[④]由此可见,当时佛、道二教思想对儒家思想的影响之深以及儒、释、道三教相互融合程度之深。

五仙洞石窟这种不同文化体系的交融不是偶然的。陈寅恪先生曾说,“自晋至今,言中国之思想,可以儒释道三教代表之”。[⑤]诚然,以儒家文化为主体,以佛、道两家文化相辅,构成了中国传统文化的基本格局。余虹博士的观点很有见地、一语中的,她说:“三教之间既相互对立与冲突,又相互吸纳与融合,由三教对峙与鼎立而到三教合一,形成了中国传统文化的基本走向。佛教禅学从进入中国时起便大量吸收儒、道思想,最终在唐代形成了禅宗,率先完成了三教合一,实现了佛教中国化进程;宋代理学以

---

①[元]陈致虚撰《三教一家》,《上阳子金丹大要》卷14,[明]张宇初、张宇清编修,[明]邵以正校正增补,[明]张国祥编修《道藏》第24册,第56页。

②王百岁《甘肃省成县金莲洞石窟与全真道》,第61—71页。

③余虹著《禅宗与全真道美学思想比较研究》,北京:中华书局,2008年,《导言》第1页。

④冯友兰著《中国哲学简史》,北京:北京大学出版社,2010年,第254—255页。

⑤陈寅恪著《金明馆丛稿二编》,上海:上海古籍出版社,1980年,第251页。

儒为本而吸纳佛、道,使儒学实现了真正意义上的三教合一;到了金、元之际,全真道的产生标志着道教三教合一的最终完成。"[①]

故"轻举之术"是这一佛、道、儒融合历史背景下的产物,五仙洞石窟是南宋时期佛教禅学、道教内丹学派、宋明理学相互融合的一个例子,兼有佛、道、儒三教因素,也体现出禅宗本身的一些时代特征。这是判定宋代禅宗是否在五仙洞石窟活动的根据之一。

(六)宋代陇南禅林与四川地区佛教有一定联系

今陇南地区与四川地区,自古以来就有地理上天然的联系,而恰巧在五仙洞石窟二碑刻立时期,陇南部分地区与四川部分地区属于同一行政区域。《五仙洞记》碑载:

> 提刑使衙牒,准四川安抚制置使司牒。嘉泰二年八月空日,行在尚书刑部,符准检会案连送。嘉泰二年八月一日,敕中书门下省检会。嘉泰二年六月十三日,敕即文臣寮札子奏:"比年以来,有非给降度牒僧道所为,白衣道者私相庵舍,乞严立约束。"

此处反映的陇南地方向南宋朝廷出具的乞求"严立约束"的牒文,是由"四川安抚制置使司"向三省上奏,而且三省的批文亦下发予"四川安抚制置使司",这说明,当时的陇南地方属于"四川安抚制置使司"统辖。《宋史·地理五·成都府路》载:

> 利州路。府一:兴元。州九:利,洋,阆,剑,文,兴,蓬,政,巴。县三十八。关一:剑门。南渡后,府三:兴元,隆庆,同庆。州十二:利,金,洋,阆,巴,沔,文,蓬,龙,阶,西和,凤。军二:大安,天水。

---

①余虹著《禅宗与全真道美学思想比较研究》,《导言》第3页。

> 绍兴三十二年,户三十七万一千九十七,口七十六万九千八百五十二。
>
> 兴元府,次府,梁州,汉中郡,山南西道节度。旧兼提举利州路兵马巡检事。建炎二年,升本路钤辖。四年,兼本路经略、安抚使。后分利州路为东、西路:兴元、剑利阆金洋巴蓬、大安为东路,治兴元;阶、成、西和、凤、文、龙、兴为西路,治兴州。又置利州路阶、成、西和、凤州制置使,泾原、秦凤路经略、安抚使……①
>
> 同庆府,中下,同谷郡,军事。本成州,隶秦凤路。绍兴十四年,来属。宝庆元年,以理宗潜邸,升同庆府。县二:同谷(中),栗亭(中)。②

由上引《宋史·地理志》的记载可知,南宋时期五仙洞石窟所在的成都府利州路(或同庆府)成州同谷县,由四川安抚制置使司节制和管辖。关于这一史实,亦可参考谭其骧先生主编的《中国历史地图集》宋、辽、金部分内容。③显然,地理上的接壤,加上行政区划上的统一,对于陇南地区与四川地区在佛教及石窟艺术方面的交流提供了极大的便利。

一般地说,佛教主要是经过陆上丝绸之路,再经由陕西和甘肃传往四川的,这也确实是佛教传入四川、西南地区的重要途径。然而四川地区佛教的传入,应该有多条路径,其中经由西南国际通道入境再经过西藏、云南地区入川,或经由陆上丝绸之路(自西向东)再经过陕、甘、青、藏地区入川,或经由陆上丝绸之路、海上丝绸之路(自西向东)再通过中南、华南地

①[元]脱脱等撰《宋史》卷89《地理五·成都府路》,北京:中华书局,1977年,第2221页。

②[元]脱脱等撰《宋史》卷89《地理五·成都府路》,第2225页。

③谭其骧主编《中国历史地图集》第6册《宋·辽·金时期》,第69—70页。

区入川也是重要途径。事实上四川地区佛教的传入是比较早的[①]，佛教在东汉时期亦已传入陇南并且在魏晋南北朝时期获得很大发展，所以，陇、川之间在佛教方面的交流及相互影响早已有之。

据魏道儒先生研究，安史之乱以后，藩镇割据，地方势力大都视农禅为本地区的稳定因素，尤其是在岭南、四川和西北等边陲地区采取的宽纵政策，进一步促成了禅宗内部的宗派发展。[②]在两宋之际，由于金人南下，"社会的长期动荡和连年的战争，迫使许多人流入禅宗队伍，及至宋廷南迁，北方僧人也纷纷渡江，以杭州为中心的东南一隅再度成为禅宗的活跃中心"。[③]因此，禅宗重心的南移、禅宗在南方的繁荣发展，是唐宋之际的社会大背景。进一步讲，正是在唐宋时期四川禅宗迅速发展的大背景下，五仙洞石窟的僧人宗辩等从四川请进了佛经。《五仙洞记》碑碑文中有"飞锡南游"（此含南至五仙洞石窟，但陇南却是入川必经之地）、"从成都置四大部经归镇山门"等语，说明正是宗辩南游至四川，请回了佛教"四大部经"（或云"置四大部经"），然后才能以此"归镇山门"。

然则何为"四大部经"？据《佛学大辞典》载："禅林以《华严》《涅槃》《宝积》《般若》四经为《四大部经》。"《敕修清规·祈祷》曰："若看《藏经》，或《四大部经》，或三日、五日、七日，随时而行。《佛祖统纪》四十八曰：'凭楫问道于果佛日，顿悟心旨，南渡之后，所在经藏残阙，楫以奉资造大藏经四十八所，小藏四大部者亦如其数。'注：'世以《华严》《涅槃》《宝积》《珠林》为四大部。'按，'珠林'是'般若'之误。"[④]又据《佛祖统纪》卷四十七曰："二十三年十月。给事中知泸州凭楫（字济川，号不动居士）委漕使摄郡事，别僚佐、

①温玉成《蜀汉至隋代的四川佛教》，《重庆师院学报（哲学社会科学版）》1991年第1期，第10—13、9页。

③杜继文、魏道儒著《中国禅宗通史》，第4页。

③杜继文、魏道儒著《中国禅宗通史》，第439页。

④丁福保编纂《佛学大辞典》卷上，北京：中国书店，2011年，第749页。

具衣冠，望阙再拜，著僧衣升座，横柱杖膝上，说偈言而化。始楫问道于杲佛日，顿悟心旨。南渡之后，所在经藏残阙，楫以奉资（奉音凤，俸俗）造‘大藏经’四十八所，‘小藏’四大部者亦如其数（世以《华严》《涅槃》《宝积》《珠林》为四大部），所至与高僧、逸民、续莲社时贤，咸从其化。”[①]其中“珠林”当为“般若”之误传。又自北宋以后，《大藏经》之卷数渐多，不易齐备，遂以约为藏经六分之一之“四大部”为代用，渐成风气。房山石经中，有碑记载“辽清宁四年（1058，北宋嘉祐三年）成就四大部经”之语。（《禅林象器笺》卷十五《经录门》）由此可见，五仙洞宗辩等禅僧们从成都引进的《四大部经》即所谓“小藏经”，有时可以替代《大藏经》。从四川成都引进佛经，说明陇南的佛教不仅受到中原地区佛教的影响，而且也受到来自西南地区（四川等地）佛教、佛经和佛教艺术的影响。

宋代佛教及其造像的发展在时代和地域上呈不均衡状态。一方面，北宋自仁宗始推行限制佛教的政策，至徽宗时又信奉道教，佛教发展受到影响；南宋时期的南方具有佛教宏传的深厚社会基础，且统治者大多维护佛教，佛教发展明显盛于北宋，故南宋造像比北宋兴盛。另一方面，由于政治中心南移，在今苏、浙、川、渝等省市佛教造像空前兴盛，在北方则陷入停滞状态，有的地方甚至出现衰微迹象，因而全国开窟造像主要集中于川渝地区。南宋时期川渝 50 个县市所开石窟达 120 余处，是唐代以后全国石窟最为集中的地区。这些石窟造像题材丰富，其中密教和儒、释、道三教合流题材最具特色，形象肃穆端庄，风格清新自然，地域特色鲜明。[②]这就是南宋时期今成县五仙洞石窟禅宗兴盛，具有儒、释、道三教融合倾向，陇南佛教（禅宗）与四川佛教（禅宗）联系密切的原因。

---

①[南宋]志磐撰《佛祖统纪》卷第 47，《大正藏》第 49 册《史传部类》，No.2035，第 426 页中栏。

②黄春和著《汉传佛像时代与风格》，第 139 页。

(七)宋代五仙洞石窟寺祀奉佛、道教诸神和民间诸神的活动,及所谓灵应事件

《阶州直隶州续志》载:

> 公孙氏五子,不知何许人,尝学仙于县西封泉堡后岩五洞,五仙各居其一,修炼著灵蛇、曝日、神鱼、泳渊之异。后丹成轻举。今访其迹者,见流水、桃花犹恍,疑别有天地,非人间矣。①

《成县新志》载:

> 公孙氏五子,不知何代人,尝学仙于县西封泉堡后岩洞山,盘折以奥境幽邃而纡,苍松、古柏、瑶草、琪花,所在繁植。洞有五,传五仙各居其一,修炼著灵蛇、曝日、神鱼、泳渊之异。其洞白马,广容千人,八海深纳众水。冰泉凝结于盛夏,棋子流溢于溪口,尤称奇特。五子丹成轻举。今访其迹者,见桃花、流水犹恍,疑别有天地,非人间矣。②

“神仙洞府”之类,多指道教徒修行之所,或为道教所指神仙居处。③依笔者愚见,“洞”未必全为道教所居,因为有些“洞”本身就是以佛教为主或为佛教独居,“石窟寺”“窟龛”,佛、道教皆有之,“窟”即“洞”也。五仙洞“公

---

①[清]叶恩沛修,[清]吕震南纂,曾礼、樊执敬校点《阶州直隶州续志》,清光绪十二年(1886)修,抄本,引自何建明主编《中国地方志佛道教文献汇纂·人物卷》第131册《甘肃省·陇南市》,第206页。

②[清]黄泳纂修《成县新志》,第348页。同文见何建明主编《中国地方志佛道教文献汇纂·人物卷》第131册《甘肃省·陇南市》,第210页。

③任继愈总主编,卿希泰、唐大潮著《道教史》,第390—404页。

孙氏五子”修炼“灵蛇、曝日、神鱼、泳渊之异”，兼具气功、武术、特异功能的性质，更重要的是具有宗教性质，前已论及，与佛、道教皆有关系。“炼丹”是道教的重要修炼方法，古已有之，南宋更盛。五仙洞宗教及“修炼”活动中，渗透着、夹杂着民间诸神信仰活动，而民间信仰古已有之，一般的信神求神活动未必全与庞大的宗教体系有关。以上两种地方志的记载大同小异，从中均可看出，宋代的五仙洞石窟，不仅有佛教和道教活动，而且有对于民间诸神的信仰活动。

从《五仙洞记》碑和《孚泽庙牒》碑碑文可以看出，五仙山一带的佛、道教活动十分活跃。虽然碑文只叙南宋时事，但这种情况肯定是自唐代以后直至南宋时期长期形成的。

《五仙洞记》碑载：

> 五仙洞系州图所载，古迹名山。诸保人户，祈祷常获感应。监司□无不留题，守臣到，得□诗颂。次有乡村人，各舍己财，修立观音、龙神阁，妆塑尊像。

《孚泽庙牒》碑载：

> 伏见本县五仙山龙神，广有灵应事迹，乞备申转运司保奏朝廷颁降庙额，州司保明是实申乞施行，本司□行勘验，保明是实。今开具灵应事迹一复实。得成州同谷县□嘉青渠一保，境内有五仙山龙洞一所，灵光瑞露，示现非常，实列仙之居，神仙之宅也。自古以来，乡村祈祷，凡遇岁霖岁旱，民必祈求，时旸时雨，应如影响。兼自去冬及今春以来，民间祈祷，春干得雨，秋涝获晴，稔成丰熟，以助美政，委有功迹显著，惠利及民，无不感应。

笔者从这段话中解读出这么几个要点:第一,由“春干得雨,秋涝获晴,稔成丰熟”“惠利及民”等语可知,即使在南宋总体上充满内忧外患的艰难时期,即使在处于抗金(或宋金对峙)的前线的陇南地区(正值《五仙洞记》碑刻立的公元 1206 年,韩侂胄北伐失败,四川吴曦叛宋降金;公元 1208 年,宋金达成“嘉兴和议”),也仍然存在一定时段风调雨顺、稳定祥和的景象。第二,由“五仙山龙神”“灵光瑞露”“实列仙之居,神仙之宅也。自古以来,乡村祈祷,凡遇岁霖岁旱,民必祈求”,“兼自去冬及今春以来,民间祈祷”等语可知,当地流行乡村祈祷之风,迄至宋代,五仙山一带不仅有佛教,而且道教及民间信仰也长期存在。第三,由“五仙山龙神,广有灵应事迹”“今开具灵应事迹”“灵光瑞露,示现非常”“凡遇岁霖岁旱,民必祈求,时旸时雨,应如影响”“民间祈祷,春干得雨,秋涝获晴,稔成丰熟,以助美政,委有功绩显著,惠利及民,无不感应”等语可知,宋代位于成州境内的五仙洞,当地诸保人户常常敬香祈祷,龙神显灵,列仙示现,民获福报,事迹广布,名闻遐迩。由于五仙洞的神灵有求必应,十分灵验,以致监司留题,守臣诗颂,乡人各舍己财、修造殿阁、妆塑尊像,因而长期以来,五仙洞石窟香火旺盛。凡遇岁霖岁旱等情况,当地民众总会向龙神等神灵进行祈祷,而这种祈祷基本上都是围绕着祈求神灵保佑以期庄稼的正常生长与丰收进行的,与农业生产关系密切。第四,由“乞备申转运司保奏朝廷颁降庙额,州司保明是实申乞施行,本司□行勘验,保明是实。今开具灵应事迹一复实。得成州同谷县□嘉青渠一保……以助美政……”等语可知,当时当地的官民关系还是比较融洽的。地方当局热衷于向朝廷申奏灵应事迹,祈求朝廷颁降庙额,而朝廷给予批复并敕赐碑额,这种官民关系一定时段的融洽,奏文和碑文渲染灵应事迹,乃至朝廷的降敕赐额,大概有以下几种原因:一是地方官、民众、信众为了请求朝廷承认或默许佛、道教在当地的存在与适度发展;二是地方官借机向朝廷宣扬及上奏他们自己的“政绩”;三是朝廷借机加强对地方当局、民众及佛、道教力量的控制;四是朝廷欲借助所谓灵应事迹引导群众对佛、道教进行一定程度的信仰，以求化解矛盾、力促稳定，维持地方和平安宁。

（八）宋代国家对五仙洞石窟僧尼、庵舍、土地、财产、森林的管理

《五仙洞记》碑载：

提刑使衙牒，准四川安抚制置使司牒。嘉泰二年八月空日，行在尚书刑部，符准检会案连送。嘉泰二年八月一日，敕中书门下省检会；嘉泰二年六月十三日，敕即文臣寮札子奏："比年以来，有非给降度牒僧道所为，白衣道者私相庵舍，乞严立约束。"

三省同奉圣旨，令逐路监司，各行下所部州县，日下多出文榜，晓示道民[①]：私置庵舍有逆条法，自指挥到日，限半月许，令经本州、自陈出给公据，付住庵人收执；如出限不行，自陈出给公据及再有创置之人，许人告首，支给尝钱壹阡贯，先以官钱代支，都挨犯人名下，追纳其庵舍、产业，尽行籍没入官，候出给公据足日，逐州置籍，申监司类聚。

申尚书省，奉敕，如右牒到，奉行；牒请，遵奉。候出给公据足日，置籍，供申本州，以凭类聚。申尚书省，使州除已遵奉出榜。本州并二县镇，晓示道民，去后，今据前项状陈呈奉知府、朝散，判给。今出给公据，付五仙洞住持董宗辩收执照用，自今后不许创置庵舍，许人告首，以凭遵从前项。旨（指）[②]挥支给赏钱，其庵舍、产业尽行籍没，入官施行。

嘉泰二年　月　日给。

---

①此处碑面粗糙，文字难读，且依据上文识读为"民"。

②此处"旨"依上述应为"指"，大概是因为此处刻了一方印章图案，为了不影响印章图案中文字的效果，故而特减少笔画数，将"指"简化为"旨"。

付董宗辩。

……

自后本僧游礼于他处，不住此山。仕颜等乡村连名邀请到本州报恩寺住持、丹长老门人董宗辩于此扫洒焚献。及具状，经赴□同谷县，及使州陈告，给到就请住持。公牒约束文榜：如有斫毁林木之人，把拽赴官根治。今开具四至、下项，东至承宣地及王宅职田地，岭西至孟家谷岭及九般谷大岭，南至上仙洞大岭及九般谷源岭，北至杨家地大岭为界右。仕颜等今将四至内山地委是，不堪耕种殊无出产，更不椿坐，胜合官税，亦无诸般夫役。如有无图人毁斫林木，令住持一面作主。恐人无信，故立此舍状为凭。

由上引碑文可知：

南宋时期，由于社会矛盾尖锐，僧人道士数量很大，有些人在未得度牒的情况下私自出家，隐入寺观，或为栖身求生，或为躲避徭役、劳役、兵役，一些僧道私下建修庵舍，擅自扩大寺院规模。朝廷声明，如有不经官府有关部门批准，私下无度牒出家、建修庵舍者，是违背了国家的有关法律条例，限期向官府有关部门申请补办手续，如在期限内不申办手续，其所建修的庵舍等将被籍没入官。朝廷及各级（关于限期停止私建庵舍行为的）文据由住庵人接收保管。敢有继续私置庵舍者，允许别人告发，支付相当数量的偿钱，已建庵舍和财产全部没收入官，并按朝廷要求造籍登记。北宋以来实行的鬻牒、出售紫衣师号、征收寺院田产税等措施，至南宋中后期仍在执行，并得到进一步加强。由于度牒价格一再提高，度牒买卖也在民间进行，成为调剂官价的重要渠道。国家鬻牒就成了弥补国库亏空、增加财政来源的手段，而民间交易也多以谋利为目的。其实，宋代佛教在很多情况下是“利欲交征之地”，官场上的贪赃行贿也渗透到了佛教净土，败坏了佛教风气，给整个佛教（禅宗）以重大冲击。所以朝廷降敕进行限制，严加约束。[①]《五仙洞记》碑对当时当地存在的问题刻写得明明白白，“私置庵舍有逆条法”，“比年以来，有非给降度牒僧道所为，白衣道者私相庵舍，乞严立约束”。

一些寺观、僧人道士擅自占有数量不等的土地、财产、树木等。南宋朝廷的一些宗教政策促使丛林寺院普遍重视生产经营和经济效益，以致在禅僧中形成了“以清贫为耻，以厚蓄为荣”的风气。需要专靠国家供养的义学，在南宋境内进一步衰落。[②]孝宗以后诸帝，对佛教基本上采取既扶植又限制的政策，特别重视用经济手段进行调控。《五仙洞记》碑和《孚泽庙牒》碑树立时期，正值权相史弥远擅政时期，南宋政府全面加强了对全国寺观、佛道，僧籍、道籍，寺院树木，土地的管理。“公牒约束文榜”规定，对于砍伐树木、毁坏林木的人，要被抓到官府严肃处理。“公牒约束文榜”对五仙洞应属的土地、林木的四至作了明确、具体的划定，并规定对于出于故意或由于不知情而毁坏林木者，由窟寺住持做主负责处理。看来，在对佛寺、道观严加管束的同时，南宋政府还赋予佛、道教一定的权力。

故《五仙洞记》碑文所载内容，印证了正史及佛道教史籍所载南宋时期尤其是南宋中后期佛教、道教的情况，存在的问题，社会背景，以及政府对五仙山僧尼、庵舍、土地、财产、森林的管理情况。

（九）南宋时期陇南禅林由朝廷控制

经过唐末、五代的演变，“两宋的社会条件，促使禅宗的地位、性格和作风发生了巨大变化”。[③]无独有偶，南宋朝廷赐予五仙洞石窟《孚泽庙牒》碑额碑，该碑落款处云，“嘉定八年二月日牒签书枢密院事兼权参知政事郑正右丞相正”；又据该碑碑阳小字云，张维《陇右金石录》云，“考《宋史》，

①杜继文、魏道儒著《中国禅宗通史》，第477—479页。

②杜继文、魏道儒著《中国禅宗通史》，第477—479页。

③杜继文、魏道儒著《中国禅宗通史》，第402页。

嘉定八年参政为郑昭先，左丞相为史弥远”。《佛教大辞典》亦谓：“其时，史弥远奏请定江南禅寺等级，‘五山十刹’遂成为一个时期内禅僧游方参学的主要场所。”[①]试想，连《孚泽庙牒》碑额碑——一通位于偏远地方的、几乎不被县境外百姓知晓（县境内百姓亦未必知晓）的、一个小小的石窟寺中的碑额碑都要经由郑昭先和史弥远这样的朝廷重臣、权臣批准并署上官职名，这就说明像五仙洞这样的石窟寺都处在朝廷的关注和关照之下，其他的窟寺岂能例外？这些状况与佛教史记载的普遍情况是一致的。初唐以后直至宋代，禅宗逐渐“由朝廷直接控制”[②]。五仙洞石窟由南宋朝廷赐予《孚泽庙牒》碑额碑这件事本身，当是禅宗由朝廷直接控制的一个实例。我想这至少说明六种情况是毋庸置疑的：一是南宋时期五仙洞石窟寺受到朝廷的重视；二是南宋时期五仙洞石窟寺在朝廷及社会上有一定的地位和影响；三是南宋时期五仙洞石窟寺的某些住持在社会上有一定影响力，受到朝廷的敬重；四是南宋时期禅宗与朝廷的关系比较密切；五是南宋时期朝廷对于佛教、禅宗、佛寺普遍比较重视；六是南宋时期朝廷对于佛教、禅宗、佛寺普遍加强了控制。

宋代强化君主专制主义中央集权制度，禅宗与士大夫的联系全面加强。士大夫们将禅宗作为平衡心理的手段，把丛林当作避世、逃世的退路，政治失意者尤其从中寻找精神慰藉和人生出路。最有才能、最有抱负的士人不能不产生无可奈何的沮丧和无所作为的失望。官场变幻，宦海沉浮，促使士大夫们从禅中寻找精神寄托。[③]《五仙洞记》碑碑文有云：“闰八月，余被檄，虑囚武阶，因往游焉。”碑文透露出，碑文撰写者已经接到檄文的传唤，担心自己可能被囚禁到武阶、遭受到牢狱之灾，心境悲凉，于是决定

①任继愈主编《佛教大辞典》，第427—428页。

②杜继文主编《佛教史》，第273页。

③杜继文、魏道儒著《中国禅宗通史》，第397—398页。

去游五仙洞，乃心向禅。这是宋代文人士子、官僚贵胄们遭遇到宦海沉浮之坎坷路径的极好例证。

根据以上分析，可以肯定的是，唐宋时期在五仙山一带佛教盛行，占据主导地位的是佛教禅宗，《五仙洞记》碑所载内容实际上反映了唐末五代宋时期陇南禅宗临济宗的活动情况。佛教活动成为两宋时期五仙洞石窟宗教活动的主体内容。

小结

"隋唐以后，各派争道统之风渐盛，乃有各种教派之竞起"[①]。然"至唐末他宗衰歇，而禅风益竞矣"[②]。唐宋时期陇南境内的禅宗一直延续到明清时期[③]乃至当代[④]。但是，除了地方志的零星记载，间接、偶尔提及以外，长期以来在陇南各石窟寺没有发现关于禅宗的直接的文字记载。清代黄泳纂修的《成县新志》、叶恩沛纂修的《阶州直隶州续志》即公布了五仙洞石窟碑文，迄今已经过去几百年了；民国年间张维编著的《陇右金石录》也公布了五仙洞石窟碑文，差不多已快一个世纪了；直到当代，人们普遍在参阅新版《成县志》，其中同样有五仙洞石窟碑文公布。然而，时至今日，人们仍然没有注意到五仙洞石窟碑对于研究禅宗的重要性，甚至没有人注意到五仙洞石窟碑与佛教有关。长期以来，人们多把五仙洞石窟看作是道教石窟，现当代塑像及信众的信仰状况也展示出儒、释、道三教合一的格局，不过笔者以为，当代的信仰和造像已经与古代没有直接关系。笔者在研读五仙洞石窟碑文时豁然开朗，发现宋代的五仙洞石窟是禅宗的重要活动

---

①汤用彤著《隋唐佛教史稿》，第 164 页。

②汤用彤著《隋唐佛教史稿》，第 155 页。

③孙晓峰《甘肃省两当县西姑庵佛教遗址考察》，第 24—36 页。

④王百岁《甘肃成县达摩洞菩萨洞调查与研究》，《陇南师专学报》2013 年第 2 期，第 23—27 页。

场所，这一重要信息以五仙洞石窟《五仙洞记》碑阴刻观音菩萨像、《五仙洞记》碑和《孚泽庙牒》碑碑文所证实。宋代佛教是当时社会现实、社会矛盾的间接反映；碑刻观音像是宋代佛教发展状况的直接反映，是唐宋时期佛教、禅宗，思想与艺术进一步发展的体现。故此二碑具有一定的文物价值和历史、宗教研究价值，其为研究陇南佛教史、禅宗史提供了新的证据，也为研究中国禅宗史提供了新的资料。这正如杜继文先生所说："寺志和地方志也保留有禅宗的许多传说，尽管多属晚出，仍有参考价值。""遗憾的是，至今尚未把有关禅宗的部分单独汇集起来，加以考订，出版成册。"[①]如此看来，整理和研究这类珍贵历史遗存的重任就落在当代相关学者的肩上。

①杜继文、魏道儒著《中国禅宗通史》，第 18 页。

第六节　五仙洞石窟《五仙洞记》碑所载“晦庵禅师”考论

禅宗至迟在唐宋时期就传播到陇南，直到清代仍在流行。[①]根据笔者对《五仙洞记》碑文的解读，宋代的成县五仙洞石窟是禅宗临济宗的活动场所。碑文提到高僧晦庵禅师，此处晦庵禅师究竟是何人？据《中国佛教人名大辞典》记载，中国历史上有多个晦庵，但很难确定《五仙洞记》碑所谓晦庵究竟是《大辞典》中的哪一个，或者是否另有他人呢？笔者综合各种有效信息对此问题进行探讨，最后确定其为宋普济撰《五灯会元》所载宋代高僧、临济宗大慧宗杲的弟子“泉州教忠晦庵弥光禅师”[②]。敬请诸位学者不吝赐教！

---

①王百岁《甘肃省成县甸山石窟调查与研究》，《东方论坛》2018 年第 1 期，第 91—97 页。

②[宋]普济著，苏渊雷点校《五灯会元(下)》(全三册)，北京：中华书局，1984 年，第 1328—1329 页。

一、与晦庵禅师相关的部分概念的阐释

据《五仙洞记》碑载[①]：

(篆额：) 五仙洞记

同谷以景名者八，五仙洞其一也。世传公孙氏五子尝于此学轻举之术。往往灵蛇曝[②]日、神鱼泳渊。其事虽不经见，然意其林峦扶舆磅礴，必有如杨子云[③]所谓"山泽之臞"者居之。闰八月，余被檄，虑囚武阶，因往游焉。爱其雪崖苍古，烟岩隐翳，翠筱寒松，流泉飞瀑，映带左右，萧然若离尘浊。有道者宗辩揖余而言曰："昔吾晦庵禅师，崛起关西，道价甚高，飞锡南游，辄关禅林之口而夺之气。茶马赵公、太守毋公深相敬重。有《语录》行于世。游师门者众矣，而宗鉴实[④]为上首。异时，五仙洞蔽于榛棘苍莽中，

---

①碑文原刊《甘肃省成县五仙洞石窟与南宋禅宗》(《宗教学研究》2019 年第 1 期，第 107—116 页)，为了解读的方便，复录于此。见[民国]张维编著《陇右金石录》，第 16076—16077 页；[清]黄泳纂修《成县新志》第 409—412 页；成县地方志编纂委员会编纂《成县志》，第 942—943 页。

②"曝"，碑刻看起来不清晰，似为"暴"；字左上侧碑面部分有天然残损，似在刻字时有意避开残破之处。《陇右金石录》录为"曝"，《成县新志》录为"暴"，《成县志》录为"暴"。见[民国]张维编著《陇右金石录》，第 16077 页；[清]黄泳纂修《成县新志》，第 409 页；成县地方志编纂委员会编纂《成县志》，第 942 页。

③"杨"，碑刻为"杨"，《陇右金石录》录为"扬"，《成县新志》录为"扬"，《成县志》录为"杨"。见[民国]张维编著《陇右金石录》，第 16077 页；[清]黄泳纂修《成县新志》，第 409 页；成县地方志编纂委员会编纂《成县志》，第 942 页。笔者按：实际应为"扬"，"扬子云"当为东汉扬雄，传见[东汉]班固撰，[唐]颜师古注《汉书》《卷八十七(上、下)扬雄传(上、下)》，第 3513—3587 页。

④"实"，碑刻为"寔"，《陇右金石录》录为"实"，《成县新志》录为"实"，《成县志》录为"实"。见[民国]张维编著《陇右金石录》，第 16077 页；[清]黄泳纂修《成县新志》，第 410 页；成县地方志编纂委员会编纂《成县志》，第 943 页。

鹿豕昼游，狐狸夜嗥，蹊术[①]不通，人迹罕至，独樵叟、猎师，斧斤罝蔚，时肆蹂践。自鉴筚路蓝缕，以启山林，为之室庐，安处徒众，里人屈仕颜又举环洞之木章竹个，愿助清供，气象蓊郁。于是，五仙之胜，遂与鸡凤争雄。继鉴者曰宗岳、曰宗显，显又造观音像，为阁三间以覆之。显既游方，乃命宗辩主扫洒[②]之役。宗辩不量力，营新葺旧，辛勤[③]累年，始克创[④]塔亭，建重门、丈室、僧寮，粗若备具。且诱化信士，从成都置四大部经归镇山门。繇鉴迄今，盖三十余年矣。每惟开山之勤，未有纪述，使来者无所考信，愿以为请。"则告之曰："子之师晦庵，余不得而见之；于鉴也，又无晤言之暂，然尝读毋、赵二公若铭若赞，则知晦庵之为高；以其师信其徒，则知鉴之为贤。自昔佛家者[⑤]流，草衣木食，宅幽而阻深，盖欲屏远嚣尘，离诸染着，以学苦、空、寂、灭之道，末世比丘[⑥]，知此者

①"术"，碑刻为"術"，《陇右金石录》录为"術"，《成县新志》录为"径"，《成县志》录为"径"。笔者按：当为"径"。见［民国］张维编著《陇右金石录》，第16077页；［清］黄泳纂修《成县新志》，第410页；成县地方志编纂委员会编纂《成县志》，第943页。

②"扫洒"，碑刻为"扫洒"，《陇右金石录》录为"扫洒"，《成县新志》录为"洒扫"，《成县志》录为"洒扫"。见［民国］张维编著《陇右金石录》，第16077页；［清］黄泳纂修《成县新志》，第410页；成县地方志编纂委员会编纂《成县志》，第943页。

③"勤"，碑刻为"勤"，《陇右金石录》录为"苦"，《成县新志》录为"苦"，《成县志》录为"苦"。见［民国］张维编著《陇右金石录》，第16077页；［清］黄泳纂修《成县新志》，第411页；成县地方志编纂委员会编纂《成县志》，第943页。

④"创"，碑刻为"刱"，《陇右金石录》录为"创"，《成县新志》录为"剙"，《成县志》录为"创"。见［民国］张维编著《陇右金石录》，第16077页；［清］黄泳纂修《成县新志》，第411页；成县地方志编纂委员会编纂《成县志》，第943页。

⑤"者"，碑刻此处有"者"，《陇右金石录》无"者"，《成县新志》无"者"，《成县志》无"者"。见［民国］张维编著《陇右金石录》，第16077页；［清］黄泳纂修《成县新志》，第411页；成县地方志编纂委员会编纂《成县志》，第943页。

⑥"丘"，碑刻为"丘"，《陇右金石录》录为"邱"，《成县新志》录为"邱"，《成县志》录为"丘"。见［民国］张维编著《陇右金石录》，第16077页；［清］黄泳纂修《成县新志》，第411页；成县地方志编纂委员会编纂《成县志》，第943页。

鲜。鉴也，侍晦庵巾瓶最久，乃能于戒律陵迟之际，笃志自修，结茅岩洞，不与物接，其胸[①]中所得，必有过人者。今子又增而大之，甍栋参差，户牖依约，炉香卷经，绝去俗累，视前人可谓无负。吾闻，善学于师者，不于其迹于其心。谈空析妄，设为问答，剪荒除秽，化为殊胜，此皆其迹而非其心也。子诚能[②]不忘鉴之勤，与夫子之师所以付嘱[③]，盍自其心焉者，求之精进不已，则晦庵一灯之传，虽与此洞相为无穷可也。"辩曰："唯。"遂书之以为记。时开禧改元南至日也。[④]开禧元年，[⑤]宣教郎、通判成州军州事、崇国赵希逷[⑥]潜父撰并书，朝奉大夫、知成州军州事，嘉定辛槱之明[⑦]父篆额。

---

①"胸"，碑刻为"胷"，《陇右金石录》录为"胸"，《成县新志》录为"胸"，《成县志》录为"胸"。见[民国]张维编著《陇右金石录》，第16077页；[清]黄泳纂修《成县新志》，第412页；成县地方志编纂委员会编纂《成县志》，第943页。

②"能"，碑刻此处有"能"，《陇右金石录》无"能"，《成县新志》有"能"，《成县志》有"能"。见[民国]张维编著《陇右金石录》，第16077页；[清]黄泳纂修《成县新志》，第412页；成县地方志编纂委员会编纂《成县志》，第943页。

③"嘱"，碑刻为"嘱"，《陇右金石录》录为"嘱"，《成县新志》录为"属"，《成县志》录为"嘱"。见[民国]张维编著《陇右金石录》，第16077页；[清]黄泳纂修《成县新志》，第412页；成县地方志编纂委员会编纂《成县志》，第943页。

④《陇右金石录》此处在"改元南至日也"后有"《成县新志》《五仙洞碑记》在县西南三十里五仙山"。见[民国]张维编著《陇右金石录》，第16077页。

⑤《陇右金石录》《成县新志》《成县志》此处无"开禧元年"四字。见[民国]张维编著《陇右金石录》，第16077页；[清]黄泳纂修《成县新志》，第412页；成县地方志编纂委员会编纂《成县志》，第943页。《陇南金石校录》此处无"开禧元年"，见《陇南金石校录》第三册总第1035页；《陇南金石题壁萃编》此处无"开禧元年"，见《陇南金石题壁萃编》第312—313页。

⑥"逷"，碑刻为"逷"，《陇右金石录》录为"渊"，《成县新志》录为"逷"，《成县志》录为"逷"。见[民国]张维编著《陇右金石录》，第16077页；[清]黄泳纂修《成县新志》，第412页；成县地方志编纂委员会编纂《成县志》，第943页。

⑦"明"，碑刻为"明"，《陇右金石录》录为"明"，《成县新志》录为"明"，《成县志》录为"□"。见[民国]张维编著《陇右金石录》，第16077页；[清]黄泳纂修《成县新志》，第412页；成县地方志编纂委员会编纂《成县志》，第943页。

复据《成县新志》载：

僧晦庵，关西人，崛起禅林，道价甚高。宋开禧间率徒南游，住五仙洞。每阐扬教典，辄关论诘者之口而夺之气。时茶马赵公、太守毋公深相敬重，为刊语录行于世。嗣其教者，宗鉴、宗辩，戒律苦行，尤不坠宗风云。①

对于同一史实的两种记载虽表述不尽相同，但其含义基本一样。碑文或材料包含“晦庵禅师”“崛起禅林”“道价甚高”“锡”“禅林”“有道者”“《语录》”“观音像”“信士”“嗣其教者”“戒律苦行”等有关佛教、禅宗的概念或话语，“飞锡南游”“率徒南游”“每阐扬教典”“精进不已”“有《语录》行于世”“为刊语录行于世”“游方”“戒律苦行”“不坠宗风”等有关佛教、禅宗的活动或事务。此两段材料表明，高僧晦庵（晦庵既然堪当禅宗“一灯之传”重任，自然非高僧莫能，《五仙洞记》碑文有云，“尝读毋、赵二公若铭若赞，则知晦庵之为高”，即连当时的“毋、赵二公”也认为“晦庵为高”；且言“有语录行于世”）曾经住持五仙洞石窟寺，笃志修行，其言行影响了后来者，使禅宗后继有人。

兹据《佛学大辞典》《佛教大辞典》《辞源》等的解释，并结合笔者的理解，对部分概念或过程作如下解释：

①“禅师”：据《佛学大辞典》，“禅师”即“修禅定之师也。《善住意天子所问经》曰：‘天子问，何等比丘得言禅师？文殊师利答言，天子，此禅师者，于一切法一行思量，所谓不生，若如是知得言禅师。’独孤及文曰：‘间生禅师，俾以教尊。’《三教指归一》曰：‘修必静虑曰禅师。’《毗奈耶杂事十三》曰：‘经师律师论师法师禅师，不以同类令聚一处。’禅师之称号有二种，一

①[清]黄泳纂修《成县新志》第 350—351 页。同文见何建明主编《中国地方志佛道教文献汇纂·人物卷》（全一三三册）第 131 册《甘肃省·陇南市》，第 212—213 页。

系天子之褒赏，一禅僧呼前人为禅师，师家众僧通用之。天子之褒赏始于陈宣帝大建元年崇南岳慧思和尚为大禅师，唐中宗神龙二年赐北宗神秀上座以大通禅师之谥号。”[①]《佛教大辞典》中关于“禅师”的解释虽较简略，但实际上其意思与《佛学大辞典》的解释是一致的，只是有一句话需要注意：“禅宗以‘禅’命宗，但禅宗的主要流派并不以坐禅为主。”[②]故《佛学大辞典》和《佛教大辞典》中关于“禅师”的解释似都与后世“禅宗”不完全相同。不过笔者以为，唐代以后，随着禅宗的形成、发展、分化、演变，“禅师”应该包含“禅宗之禅僧”这一含义，换句话说，“禅师”有可能指或者在某种情形下只能指“禅宗之禅僧”。而《五仙洞记》碑所载“禅师”应该至少具有两种含义，即：既指一般意义上的“禅僧”即通称“师家众僧”（对和尚的尊称），也指“禅宗之禅僧”。

②“关西”：据《辞源》，“关西，指函谷关以西之地。”[③]《五仙洞记》碑文言晦庵于“宋开禧间率徒南游，住五仙洞”。以此推测，晦庵禅师当是“崛起”于五仙洞以北的地方，最大的可能是“崛起”于今陕西省关中地区，或今甘肃省天水市，或今甘肃省平凉市、庆阳市一带，或今陕西省关中地区以西某地，甘肃省陇右、河西某地。

③“禅林”：据《佛教大辞典》，“禅林”即“丛林”[④]，“通常指禅宗寺院。后来教、律各宗寺院也有仿照禅林制度而称丛林的。意为僧众和合一处，如树木之丛聚为林；或取喻于草木生长齐整，以示其中有规矩法度可循。禅宗初期，僧众多沿居穴处，或寄住律寺。后来因徒众日多，便往往聚于一处修禅问道。唐代百丈怀海见这种形式不合传统礼法制度，尊卑难分，对说

---

①丁福保编纂《佛学大辞典》卷下，北京：中国书店，2011 年，第 2779—2780 页。

②任继愈主编《佛教大辞典》，第 1226 页。

③广东、广西、湖南、河南辞源修订组，商务印书馆编辑部编《辞源》(修订本)，北京：商务印书馆，1988 年，第 3254 页。

④任继愈主编《佛教大辞典》，第 1227 页。

法住持等多有不便，于是折衷大、小乘经律，结合儒家伦理观念，别立禅居，成为丛林的最初形态。丛林规模开始不大，至唐末五代，随着禅宗在南方地区的繁荣而有所发展。入宋后，丛林建制日趋完备，禅僧也以集中居住为常；在著名禅师住持的丛林，往往聚集着数以百计的禅众。南宋时期，佛教重心继续南移，江南大丛林的僧众常达千人以上(如圆悟克勤所住的江西云居寺，大慧宗杲所住的浙江径山、天童正觉所住的泗州普照寺和明州天童寺、长芦清了所住的真州长芦崇福寺等)。"[①]据《佛学大辞典》解释，"禅林"指"僧徒和乐之园林。又禅院之丛林，丛林譬众之多"。[②]这两种解释中，《佛教大辞典》主要是从禅宗的角度来进行的，亦即突出"通常指禅宗寺院"之意。可见，宋代的五仙洞石窟是禅宗的活动基地，五仙洞一带乃至整个陇南地区聚集了一些禅僧，同样实行禅林规制。

④"精进"：《佛教大辞典》的解释是："教义名词。梵文 Virya 的意译，亦译作'精勤''勤''进'等，音译'毗离耶''毗梨耶'等。指对治怠惰、勇于修习的精神品德。在'三十七道品'中占有重要地位。为五位七十五法之一，五位百法之一，六波罗蜜之一。《成实论》卷一八：'精进者，行者若行正勤，断不善法，修集善法，是中勤行，故名精进。'相对懈怠而言。为坚持佛教修习之重要精神条件，名'念精进'：'所有今世后世、世间出世间利，皆因精进；一切世间所有衰恼，皆因懈怠。如是见懈怠过，精进利益，故念精进。'据传弥勒成菩萨比释迦牟尼早，但成佛要晚，原因就在于释迦比弥勒要精勤。"[③]《佛学大辞典》的解释是："又曰勤。小乘七十五法中大善地法之一，大乘百发中善心所之一。勇猛修善法、断恶法之心作用也。《唯识论六》曰：'勤谓精进，于善恶品修断事中勇悍为性。对治懈怠满善为业。'《辅行》二曰：'于法无染曰精，念念趣求曰进。'《慈恩上生经疏下》曰：'精，谓精纯

①任继愈主编《佛教大辞典》，第 427—428 页。

②丁福保编纂《佛学大辞典》卷下，第 2777 页。

③任继愈主编《佛教大辞典》，第 1297 页。

无恶杂故。进，谓升进不懈怠故。'《华严大疏五》曰：'精进，练心于法名之为精，精心务达目之为进。'《维摩经·佛国品》曰：'精进是菩萨净土。'案《汉书》召属县长吏，选精进掾史，注：精明而进趣也。此为精进二字之出处。"[①]《五仙洞记》碑谓，传承"晦庵一灯"者，"求之精进不已"，当指钻研禅理、修习善法十分勤奋、毫不懈怠。

⑤"一灯之传"：《佛教大辞典》中没有关于"灯"的解释。《佛学大辞典》中关于"灯"的解释似不合禅宗"灯"的含义。[②]根据笔者理解，"灯"当是禅宗独创的、反映本宗宗教风格和思想体系，且反映本宗传承关系的宗教系统或宗教史书。"灯录"是禅宗特有的"一种史论并重的文体。它以本宗的前后师承关系为经，以各代祖师倡言的思想为纬"。因灯能照亮黑暗，禅宗乃将以法传人、宗派传承比作"传灯"，将该宗派的"灯录"代代传承名之为"传灯录"。"灯录""原发端于唐代的《楞伽师资记》《历代法宝记》等书，至五代时编纂的《祖堂集》已经形成庞大的系统。而后来以'灯录'命名，尤其能够显示出禅宗标榜的'以心传心'、代代不绝的特性。最早以'灯录'形式出现的是北宋景德年间（1004—1007）道原编纂的《景德传灯录》（简称《景德录》）"。[③]《五仙洞记》碑中所谓"一灯之传"，说的即是晦庵禅师形成并代表了一代禅风，从他以后继续向后代传承。碑文反映的是南宋时期禅宗的活动情况，其中包括了禅宗的传宗接代。

⑥"道价甚高"：晦庵禅师佛学声望和禅宗修持非常高。

⑦"飞锡南游"或"率徒南游"：晦庵禅师带领弟子们向南云游，弘扬禅法。

⑧"每阐扬教典"：常常讲论经典，宣传佛教，弘扬禅宗。

⑨"崛起禅林"：晦庵禅师从禅林中崛起，出类拔萃，在禅林中占有一

---

①丁福保编纂《佛学大辞典》卷下，第 2511 页。

②丁福保编纂《佛学大辞典》卷下，第 2690 页。

③杜继文主编《佛教史》，第 424 页。

席之地，具有重要影响。

⑩“辄关禅林之口而夺之气”：宣讲一些禅理，并和当地的禅僧们交谈或辩论，总能让他们心服口服，于是就从气势上征服了他们。

⑪“有《语录》行于世”或“为刊语录行于世”：将晦庵禅师的“语录”印行，使它们能够在社会上传播乃至流传后世。

⑫“戒律苦行”：宗鉴、宗辩他们能够严守佛教戒律、苦苦修行。

⑬“不坠宗风”：继承了佛教、禅宗的教义和传统，使禅宗和晦庵禅师的思想、精神能够传承下去，不致坠落、失传。

由上述碑文所含概念及对其所做的解释可知，宋代的五仙洞石窟确为一处禅宗石窟。

二、关于晦庵禅师的文献记载

南宋理学家朱熹，字元晦，一字仲晦，号晦庵，又号晦翁，徽州婺源人。[①]但此处晦庵为禅宗僧人，绝非朱熹。在《佛学大辞典》和《佛教大辞典》中均无“晦庵”；《宋高僧传》亦无（《宋高僧传》记载高僧时间止于北宋太宗端拱元年，即公元988年）。[②]故要确认《五仙洞记》碑所载“晦庵禅师”并非易事。《大明高僧传》[③]《五灯会元》[④]等有载。以下依据《大正藏》及其他有关佛教文献，就关于晦庵的记载进行梳理。

《中国佛教人名大辞典》中关于“晦庵”的解释是：“①即佛灯。②即慧光④。③即弥光。”[⑤]

①[元]脱脱等撰《宋史》卷四百二十九《列传第一百八十八·道学三·朱熹、张栻传》，第12751—12776页。

②[北宋]赞宁撰，范祥雍点校《宋高僧传（上）（下）》，第1—763页。

③[明]释如惺撰《大明高僧传》，《大正藏》第50册，No.2062，第920页中栏—925页上栏。

④[宋]普济著，苏渊雷点校《五灯会元》（全三册），第1—1417页。

⑤《中国佛教人名大辞典》编辑委员会编《中国佛教人名大辞典》，上海：上海辞书出版社，1999年，第645页。

《中国佛教人名大辞典》中关于“佛灯”的解释是：“①宋僧。号晦庵。阮氏。出家建之登科院，主闽鼓山。旋归本里，造云居塔。宣和[①]间，闻诸朝，敕赐佛灯晦室禅师。见民国《福建高僧传》三。②即守珣。③即如胜。”[②]此处“建之登科院”当为“建宁之登科院”之省，“敕赐佛灯晦室禅师”当是“敕赐佛灯晦庵禅师”之误。

《中国佛教人名大辞典》中关于“守珣”的解释是：“守珣（？—1134），宋僧。号佛灯。安吉（今属浙江）施氏。初参广鉴行瑛不契。遂造太平，随众咨请，封其衾曰：不彻不展。于是昼夜峭立，逾七七日，凋佛鉴上堂曰：森罗及万象，一法之所印。豁尔开悟，述偈呈示，鉴许受法。出世初主禾山，次天圣，徙何山。见《五灯会元》一九、《五灯全书》四三、《南宋元明禅林僧宝传》一、《明高僧传》四、《新续高僧传四集》一三。”[③]

《中国佛教人名大辞典》中关于“如胜”的解释是：“宋僧。名佛灯。依净因继成受法。住台州瑞岩。见《五灯会元》一二、《续传灯录》二〇、《五灯全书》二五。《嘉泰普灯录》一七、《五灯严统》一二。”[④]

在《佛学大辞典》和《佛教大辞典》中均无“佛灯”和“弥光”，只有“慧光”；对于“慧光”，《佛学大辞典》言其为“北齐名僧”[⑤]，《佛教大辞典》言其为“北朝僧人”[⑥]。既然两部大辞典对“慧光”的解释都是北朝僧人，那么，这两个“慧光”均与南宋时期的“晦庵”无直接关系。

《中国佛教人名大辞典》中关于“慧光”的解释是：“……④宋僧。字晦庵。建宁（福建建瓯）陆氏。嗣法鸟巨道行。住信州龟峰。见《续灯正统》六、

①“宣和”是北宋末年宋徽宗第六个年号（1119—1125）——笔者注。

②《中国佛教人名大辞典》编辑委员会编《中国佛教人名大辞典》，第306页。

③《中国佛教人名大辞典》编辑委员会编《中国佛教人名大辞典》，第249页。

④《中国佛教人名大辞典》编辑委员会编《中国佛教人名大辞典》，第260页。

⑤丁福保编纂《佛学大辞典》卷下，第2533页。

⑥任继愈主编《佛教大辞典》，第1303页。

《续传灯录》三三、《统要续集》二二、《五灯会元》二〇。⑤宋僧。字潜庵。能文,依天童密庵咸杰受法。住杭州净慈。见《新续高僧传四集》六〇、《增集续传灯录》二、《续灯存稿》二、《五灯严统》二一。⑥宋僧。字寂室。钱塘(浙江杭州)夏侯氏。嗣法慧林怀深。住杭之灵隐。见《五灯会元》一六、《续传灯录》二四、《嘉泰普灯录》一二、《五灯严统》一六……”[①]

《中国佛教人名大辞典》中关于“弥光”的解释是:“宋僧。号晦庵。闽(福建)李氏。年十五依文慧薙染。常期悟证,而醉心俗典。历谒圆悟勤、黄檗祥、高庵悟、佛心才,皆无所契。自颇心愧,复诣大慧求决,疑情愈深,后入室,闻慧振威一喝,豁然大悟。自是名喧遐迩,出世泉州教忠寺。见《五灯会元》二〇、《续传灯录》三二、《明高僧传》六、《五灯严统》二〇。”[②]

三、关于对晦庵禅师身份的判定

综合推断如下:

第一,《中国佛教人名大辞典》“慧光”条中第①、②、③、⑦、⑧、⑨、⑩、⑪、⑫皆非“宋僧”,故从略。

第二,结合《中国佛教人名大辞典》中关于“晦庵”的解释“②即慧光④。③即弥光”,可知“慧光”条下之④或“弥光”条有可能指《五仙洞记》碑所载“晦庵”。

第三,“晦庵。阮氏。出家建之登科院”,“守珣”为“安吉(今属浙江)施氏”,“如胜”“住台州瑞岩”,“弥光”为“闽(福建)李氏”,“慧光”条下之“晦庵”“住信州龟峰”。上述地名,有些是出生地,有些是出家地,有些是暂住地。

第四,据《中国佛教人名大辞典》中“慧光”条下云,“⑤宋僧。字潜庵。能文,依天童密庵咸杰受法。”“⑥宋僧。字寂室。钱塘(浙江杭州)夏侯氏。

---

①《中国佛教人名大辞典》编辑委员会编《中国佛教人名大辞典》,第 961 页。

②《中国佛教人名大辞典》编辑委员会编《中国佛教人名大辞典》,第 1084 页。

嗣法慧林怀深。"既然⑤"宋僧。字潜庵"、⑥"宋僧。字寂室"分别"依天童密庵咸杰受法""嗣法慧林怀深",可知"潜庵""寂室"时间不吻合,且字、号不同,《五仙洞记》碑所载"晦庵"非"慧光"条下之"潜庵""寂室",故此处⑤⑥所指二人可排除。

第五,《五仙洞记》碑文所载"晦庵"只可能是"晦庵"条下之"①即佛灯""②即慧光④""③即弥光""佛灯"条下之"①宋僧。号晦庵。阮氏。……"(此处"晦庵""佛灯"系指同一人),"弥光"条,即以上"晦庵""佛灯""弥光"条之下划线部分才有可能指《五仙洞记》碑所载"晦庵"。

《中国禅宗通史》谓:"南方禅宗是临济宗的天下,有影响的禅师大多出自克勤弟子大慧宗杲和虎丘绍隆两支。""宗杲的嗣法弟子八十四人,大都在江浙、福建一带住持寺院。"[①]且《五仙洞记》碑文云,晦庵禅师曾游福建、四川等地,由此推测,五仙洞的禅宗属临济宗,晦庵禅师当为南宋禅宗临济宗大慧宗杲[②]的弟子("弥光"即是宗杲弟子)。最大的可能是:"晦庵"即"慧光","慧光"即"建宁(福建建瓯)阮氏",或"晦庵"即"弥光","弥光"即闽(福建)李氏;或可简化为"晦庵"即"福建阮氏"或"福建李氏"。

大慧宗杲禅师的事迹可参《五灯会元》。

在尚未找到其他资料的情况下姑且作这种推测,且待进一步研究。如果这种推测是正确的,则笔者将几种信息综合起来进一步整理如下:

南宋时期禅宗临济宗圆悟克勤禅师门下大慧宗杲禅师的弟子晦庵禅师出生于福建,俗姓李氏,生卒年不详。其出家于福建建宁登科院,担任过福建鼓山寺住持。曾在其家乡建造云居塔一座。撰写了《鉴妖记》一书。他的名声传到了朝廷那里,皇帝赐予其"佛灯晦庵禅师"称号。后来,他北游中原、关中等地。南宋宁宗开禧年间(1205—1207),他带领弟子们向南云

---

①杜继文、魏道儒著《中国禅宗通史》,第 479 页。

②[南宋]祖咏编《大慧普觉禅师年谱》,《嘉兴藏》第 1 册,No.A042,第 793 页上栏—807 页中栏。

游到甘肃陇南，住锡今成县五仙洞石窟。亦到过四川等地。所到之处，总是宣讲经典、弘扬佛教、禅宗，并且与其他禅僧、佛教学者进行交流、辩论，由于他渊博的学识和在禅宗方面高深的造诣，总是驳倒诘难者，使之心服口服，从气势上慑服对方，使对方哑口无言。其担任今陇南成县五仙洞石窟住持期间，在当时的陇南禅林具有很高声望。最后他圆寂于五仙山五仙洞石窟。当时朝廷任命的负责茶马古道商贸事宜的官员赵公，以及当地太守毋公等都对晦庵禅师深为敬佩和尊重，特地为晦庵禅师刊印禅师自己的语录使之流行于世。继承晦庵禅师禅宗衣钵的有宗鉴、宗辩等人，继承宗鉴的有宗岳、宗显等。晦庵去各处云游时，就安排宗辩负责寺内扫洒等各种杂事。宗鉴、宗辩等人严守戒律，苦苦修行，使禅宗及晦庵禅师的宗风得以传承，他们展现的宗风不在晦庵禅师之下。

晦庵禅师一系的传法世系是：释迦牟尼→迦叶→……（以下中土）初祖达摩→二祖慧可→三祖僧璨→四祖道信→五祖弘忍→六祖慧能→南岳怀让→马祖道一→百丈怀海→黄蘖希运→临济义玄→石霜楚圆→杨岐方会[①]→圆悟克勤→大慧宗杲→（晦庵→宗鉴、宗辩等→宗岳、宗显……）元叟行端→楚石梵琦[②]（笑岩德宝→幻有正传→密云圆悟→汉月法藏[③]）……

小结

《五仙洞记》碑所载晦庵禅师为宋代高僧、出于圆悟克勤禅师门下的临济宗杨岐派大慧宗杲弟子，出身于福建李氏，佛学造诣很深，弘扬禅宗不遗余力，对禅宗的贡献彪炳千秋。

结合五仙洞石窟，关于宋代禅宗及五仙洞石窟相关问题，我们得到以下初步认识：

---

①以上参考了[宋]普济著，苏渊雷点校《五灯会元（下）》（全三册），第 1411 页。

②杜继文主编《佛教史》，第 446 页。

③杜继文主编《佛教史》，第 450 页。

"'临济'的法席始终很盛"[1]。禅宗在宋代继续发展演变,临济宗成为禅宗主流,大慧宗杲就是一个杰出代表,其弟子晦庵禅师辗转云游至陇,是陇南川北地区一个相当重要的宗教人物。

研究敦煌石窟壁画半个多世纪的施萍婷先生说:"禅宗一向以'不立文字'自诩。但是,自唐初六祖慧能有《法宝坛经》之后,诸方记录(即《语录》)渐成巨帙,成了留传文献最多的一个宗派。这大概是始祖达摩做梦都没有想到的。更有甚者,敦煌石窟成为中国现存禅宗壁画品类最齐备的地方,更是禅宗高僧大德们始料未及的。这是一笔敦煌独有、举世无双的非物质文化遗产,值得我们更进一步保护、研究。"[2]机锋、语录、灯录、公案、颂古、禅诗等的普及,说明宋代禅宗与文学艺术之联系更加密切。"由于禅寺的经济发展和大寺禅院的兴盛,禅僧同官府及士大夫的结交日益密切,大大推动了禅风的变化",原来"不立文字""直指人心"的老传统转变成了以阐扬禅机为核心、"不离文字"的"文字禅"。其中,编纂"灯录"和"语录"成了宋代禅宗的主要事业。所以大慧宗杲禅师"对于这种禅风表示忧虑,以为'近年来,禅道佛法衰弊之甚',就表现在'专尚语言'的文字禅炽盛上"。大慧宗杲遂焚毁了《碧岩集》刻板,自己提倡"话头禅"。[3]大慧宗杲的禅风必然影响到晦庵禅师。

宋代禅僧都有着明确的为君主专制统治服务的政治目的。宋代禅宗与儒家思想日益融合,部分禅僧与士大夫、官僚贵族接近。一些禅僧忧国忧民,表现出强烈爱国的一面。

宋代禅宗倡导三教合一。如北宋契嵩主张儒、释两教融合,纳儒入佛,援佛入儒,契嵩的主张就是一个典型,也代表了两宋之际儒、释、道融合的趋向。南宋时期这种融合更加突出,五仙洞石窟显示出的禅风就是一个实例。

---

①杜继文主编《佛教史》,第 281 页。

②施萍婷《敦煌经变画》,《敦煌研究》2011 年第 5 期,第 1—13、125—129 页。

③杜继文主编《佛教史》,第 424—429 页。

第七节 成县境内其他石窟

一、仙人崖石窟

七仙崖，亦称仙人崖，在成县县城南3.5公里的南山之巅。这里峻岭横峙，列嶂为屏，茂林修竹，风景宜人。正面峭壁如削，岩缝折叠宛转，勾勒出一幅天然的"群仙出游图"。其中有七尊冠戴崔嵬，须眉清晰，衣带飘逸，栩栩如生，故以"七仙崖"之称载入《广舆记》。每当骤雨新霁或瑞雪初停，岩缝中的苍苔或积雪，则如流畅的工笔，将仙人群像描绘得更为逼真、生动。故此，又以"仙崖积雪"名列成县八景之中。据崖间残存的宋代乾道元年(1165)和元代至元辛卯(1291)秋所刻的两处摩崖碑碣记述内容判断，七仙崖至迟唐代即有寺庙之设，但多已圮。近年来，在已圮的寺庙原址上，陆续兴修了"北极阁""祥祖观""玉皇楼""瑶池宫"等仿古建筑。游人沿山路攀登而上，一路绿树弄影，山泉鸣琴，至高处，白日可望同谷两水(东河、南河)环邑山川如画；夜晚则万家灯火如星月璀璨。宋代游师雄有诗曰："玉作冠簪石作骸，道衣褐氅就崖裁。精神似转灵丹就，气象如朝玉帝回。两眼远观狮子洞，一身遥望凤凰台。自从跨鹤归仙去，直到如今不下来。”[①]雍正拔贡邑人汪于雍有《游仙人崖二首》，其二曰："到此真奇绝，恍然别一天。苍松时带雨，峭壁日浮烟。饮翠心如醉，忘形我亦仙。浩然频兀坐，何处著尘缘。”[②]

图 2-27　仙人崖古代寺庙遗址

图 2-28　仙人崖摩崖石刻《王康题记》

2014 年 7—8 月，笔者考察了成县仙人崖。从成县河东区北部到仙人崖，全程约 10 公里。在县城通往鸡峰山的车路经过南山北侧自东向西折转的最高弯道处，向东走一段路程，再沿台阶向南(上)走，就到仙人崖。2008 年 5·12 大地震时将巅峰处的巨石震落下来，并将崖下原有的玉皇阁震裂，塑像也受到严重破坏，通往原玉皇阁的道路因垮塌而断绝，那以后不时有石头掉落下来，险象环生，当地信众遂在靠东的一个山峁上新建了玉皇阁(新建玉皇阁中悬挂着一幅玉皇画像，尚无塑像)。从崖下向东行进，几步就到一处寺院，该寺院有 5 座庙宇，还有 2 间僧(尼、道、冠等)住

①成县地方志编纂委员会编纂《成县志》，第 756 页。

②西北师范大学古籍整理研究所编《甘肃古迹名胜辞典》，第 175—176 页。

房。寺庙中儒、释、道神皆供，塑像有释迦牟尼佛，桃山圣母，送子娘娘，普贤菩萨、观音菩萨、文殊菩萨，关圣帝君，文昌帝君，二郎神，真武大帝，药王，雷神，玉皇大帝，地母，黑八爷，山神、土地等。笔者据以上情况分析，从历史上看，仙人崖似以道教为主、佛教为次；但现今已经佛、道并存，儒、释、道三教合一，其中道教占有很大比重。笔者碰见了正在主持修建寺院接待室的庙会会长、成县书法家"陇南左臂"钟亮先生以及其他几位当地信众和民工。笔者向他们了解情况，得知仙人崖原本寺庙规模较大，塑像甚多，香火旺盛，但 1958 年以后，原有庙宇、塑像被破坏殆尽，现存庙宇和神像皆为 1978 年后新建、新塑。

二、龙洞石窟

据《成县志》载，龙洞在大坪乡（今属鸡峰镇）境内的鸡峰山腰，石洞天成，广可容百人。有水自洞内流出，旱不涸，涝不盈，不知其长。洞外云封雾绕，前有台地，可纳百人。台下悬崖百丈，而绿树屏蔽，不觉其险。洞内有道观，宋代而下，官绅多于此祈雨。洞内泥塑若干，屡塑屡圮。[①]笔者于 2012—2014 年间，多次考察龙洞，现将原《成县鸡山洞祷雨灵应记》碑立于洞门外。

三、云梯寺石窟

由于对杜甫写过的《泥功山》诗很有感触，并向往发现寺庙中宗教活动的痕迹（资料），故笔者于 2013—2014 年两次考察了成县二郎乡泥功山云梯寺。云梯寺，也称泥功山寺、泥功寺等，位于成县县城西北 25 公里处的泥功山。泥功山俗称"牛心山"（当地人一般叫"牛心山"而不叫"泥功山"），海拔 2016 米，绝巘凌空、峭壁千寻，周围群山起伏，到处绿海扬波，

①成县地方志编纂委员会编纂《成县志》，第 762 页。

图 2-29　鸡峰山龙洞石窟外景

图 2-30　《成县鸡山洞祷雨灵应记》碑(局部)

俯瞰县城如带。水泥硬化路通到山上（一般情况下不会再出现杜甫笔下“朝行青泥上,暮在青泥中”的情形)。高处庙宇分为山门区、山顶北区、山顶南区 3 处,共有 20 座房屋(多为庙宇)、1 座塔、1 座石棉瓦棚子。山门区有山神土地庙、灵官殿(灵官殿为上、下层楼阁式建筑,上层为殿堂,下层为走廊)、无名殿(无塑像,牌位上写“□新立□□世院七十二院是天盘位”)、玉皇殿(该殿坐东朝西,殿中玉皇塑像两侧塑四大天王,分列两侧,另有真武大帝居于玉皇右侧、天王外侧)等。北区有大佛殿(三世佛殿)、三大菩萨殿、三清宫、王公庙(为纪念曾为本山寺庙做出贡献的一位名叫“王公私”的道教徒,庙正中塑其像)、三大老母殿(也称瑶池宫,塑老母、金母、地母)、塔(现在第三层祀天母、地母,第一、二层供牌位,2008 年地震使其有明显裂缝)、梨[①]山老母殿。南区有王母娘娘殿、燃灯古佛殿。南区与北区中间有一排房,是庙倌的住房。寺庙群中未见到木雕神像、阶石、铜器、古刹遗迹、碑刻等(或已全毁),故笔者考察的结果和一些资料记载[②]有些出入。但可以肯定的是,此处宗教建筑与活动历史悠久;现在的宗教活动

①“梨”当为“黎”或“骊”之误。

②西北师范大学古籍整理研究所编《甘肃古迹名胜辞典》,第 179 页。政协成县文史资料委员会编《成县览胜》,天水:天水新华印刷厂印刷,甘肃省内部图书准印证:甘新出 037 字,总 001 号(88)001 号,第 31—32 页。

中，道教内容占绝对优势，佛教内容较少。

传说西魏大统年间，文帝文皇后乙弗氏因帝宠悼后，逊居别宫，出家为尼。乙弗氏徙居天水麦积山石窟时，曾慕名来到泥功山，并赐金银在山顶再建佛阁、重兴寺宇。因乙弗氏临幸的缘故，泥功山遂有了“泥姑山”的雅称。此后泥功山佛事不断，香火旺盛，僧尼最多时达500余人。乙弗氏是否曾到云梯寺，难以稽考，但无论如何，包括云梯寺在内的陇南各石窟寺一定受到麦积山石窟不同程度的影响。

图2-31 泥功山石窟寺庙遗址远眺

图2-32 泥功山上当代信徒生活区

据史料记载，仇池国氐人杨氏曾经统治这一地区。“建武二年，魏安南将军、梁州刺史、魏郡王元英寇南郑，梁州刺史萧懿遣军主姜山安、赵超宗等数军万余人，分据角弩、白马、沮水拒战。英遣军副南梁州刺史、仇池公杨灵珍据泥功山以相拒格”。①

泥功山曾是仇池杨氏盘踞的地方。武兴国的建立始于杨文弘升明二年(478)之移治武兴。当时北魏已经占领武都，于其地置梁州。武兴国在武都的东南一隅，只有武兴、葭芦、白水等地，疆土很小。武兴国的南边，从沮水(今陕西略阳南)经关城(略阳南)至白马戍(今陕西阳平关)一带称为沮

①[清]吴鹏翱纂修《武阶备志》卷15《仇池杨氏传》，此处转引自李祖桓编著《仇池国志》，第143页。

水氐。西北泥功山(在略阳西北 150 里)一带亦有氐族部落。他们的首领都姓杨,但各自为政,不相合作。宋末齐初,武兴国本来是归附南朝的。南齐永明五年(487),武兴国王杨集始叛齐归魏,建武二年(495),又与北魏合兵攻齐的汉中。当时泥功山氐帅杨灵珍和沮水氐帅杨馥之都帮助齐兵,围攻杨集始,拒绝魏军南下。梁天监四年(505),北魏攻下汉中,杨氏兄弟恐北魏灭武兴,始立集始子绍先为帝,反抗魏军。次年,魏遣傅竖眼攻下武兴,擒送杨绍先于洛阳,改武兴城为武兴镇,武兴国遂第一次灭亡。[①]

据《成县新志》载:"泥功山,县西北三十里。上有古刹,峰峦突兀,高插青霄。周围数十里,林木丰蔚,鸟兽繁多,采猎者无虚日。唐贞元五年,权置行成州。咸通中,成州刺史赵鸿诗云:'立石泥翁状,天然诡怪形。未尝私祸福,终不费丹青。'"[②]"泥功寺,县西北泥功山上,寺废址存。"[③]由此可见,唐代以前山上即有寺庙建筑和宗教活动,且似乎已历史久远。唐宋时期,由于成州经济发达,文化繁荣,佛教昌隆,群众性的朝山进香和游览活动相当盛行,云梯寺因此声名大振。复据寺中碑([清]赵增寅撰:《重修泥功山云梯岩全寺全观略序》)载,泥功山"崔巍卓立之势诚有奇而无有偶,周围数百里之遥神应故妙,巩、秦、阶、西礼之属,人皆钦仰,山顶有唐贞元间所建寺院三十二处。"此记载反映出,唐代中期,宗教活动仍然兴隆,泥功山寺影响遍及甘肃南部。清代以前的近千年中,泥功山一直以其寺庙繁多、佛事鼎盛而居于陇南名山之首,因后来毁于兵燹,才逊于鸡峰山,民间至今流传着"泥功衰,而鸡峰兴"的说法。

唐代诗人杜甫于乾元二年(759)由秦州流寓同谷时,路经此山,写下

①马长寿著《氐与羌》,桂林:广西师范大学出版社,2006 年,第 57 页。

②[清]黄泳纂修《成县新志》,第 125 页。

③[清]黄泳纂修《成县新志》,第 363 页。

了纪行诗《泥功山》。[①]据《通志》载:“泥功山在县西,上有旧城基,县境名山也……今址有泥功庙,其神像天成,古怪殊甚。”可知直至南宋时期,泥功山的宗教活动未减,影响力未衰。[②]

综上可知,原为古代石窟寺的泥功山寺,现今石窟(龛)已不存在,只有土地庙为新凿石龛,其余皆为新建寺庙,但历史上佛教、道教的存在和发展是不能被否定的。泥功山不仅植被繁茂、山势雄伟,而且曾经是古代交通要地和地方行政中心之一,这就给佛教、道教的传播与建寺造像活动提供了极为便利的条件。笔者推断,北魏时期,佛教就已传入泥功山;唐宋时期,佛教在泥功山(云梯寺)长期兴隆。从魏晋南北朝至唐宋,天水麦积山一带的佛教活动与造像风格对云梯寺产生了一定程度的影响。元明清时期,道教(虽亦呈衰势)发展之势逐渐超过了佛教,且由于交通道路的改变以及地方行政中心的迁移,泥功山昔日辉煌不再,此后影响渐衰。

---

①[唐]杜甫《泥功山》:“朝行青泥上,暮在青泥中。泥泞非一时,版筑劳人功。不畏道途永,乃将汩没同。白马为铁骊,小儿成老翁。哀猿透却坠,死鹿力所穷。寄语北来人,后来莫匆匆。”见[清]彭定求、杨中讷等修纂《全唐诗》卷218,第2297页。另见[唐]杜甫《泥功山》,宋刻本《杜工部集》第3卷,上海图书馆藏。

②以上部分内容依据考察所获材料,同时参考了西北师范大学古籍整理研究所编《甘肃古迹名胜辞典》,第179页;政协成县文史资料委员会编《成县览胜》,第31—32页。

第三章

徽县境内石窟调查与研究

第一节　佛爷崖石龛调查与研究

佛爷崖石龛（亦称“佛爷台石龛”“西禅寺摩崖石刻”等），位于甘肃省陇南市徽县水阳乡姚家坪村佛爷山。迄今极少有专门研究佛爷崖石龛尤其是该石龛涉及佛教传播、开凿时间、佛像雕凿诸问题的学术成果问世。本文主要就石龛开凿及佛像始凿时间问题作一探索，以此就教于方家。

图 3-1　佛爷崖石龛全景（施萍婷提供）

一、徽县佛爷崖石龛现状调查及研究情况

(一)徽县佛爷崖石龛现状调查①

佛爷崖石龛虽风化严重,但窟龛、浮雕石像尚存。佛爷崖石龛整体为一个摩崖帐形大龛,其中包括大龛 4 个(皆一龛一佛)。由于第 1 大龛1 号大佛“龛左侧下方”胁侍菩萨已被完全毁没,经笔者仔细察看与思考,认为第 1、2、3、4 大龛 4 尊大佛原本各自左、右侧皆各有 1 身胁侍菩萨,1 号大佛所在的第 1 大龛左侧小龛及龛中菩萨痕迹仍可见,故实际上小龛共 16 个(4 尊佛各自左、右两侧胁侍菩萨所在小龛共8 个)+(1 号佛和 4 号佛各自头顶小佛所在小龛共 6 个)+(帐形大龛南北两侧力士所在龛共 2 个)(亦皆一龛一佛);无造像长方体形桩眼 4 孔(帐形大龛左、右侧上方各 2 孔);佛、菩萨、力士等各类雕像共 20 身(含被毁没的1 号大佛左胁侍菩萨 1 身)。

帐形大龛左侧前地面靠崖壁处竖立着一块碑,碑阳表面长方形、阴刻着徽县人民政府命名“县级文物保护单位”等文字,碑文有点模糊,且释读如下:

图 3-2　佛爷崖石龛 1 号大佛(施萍婷提供)

县级文物
保护单位 / 佛
爷崖 / 徽县人
民政府 / 一九

①关于大龛、小龛、大佛、小佛、菩萨、力士等的测量数据,鉴于孙晓峰先生等已有详细的调查结果公开发表,所以本文此部分内容从略。

图 3-3　佛爷崖石龛 2 号大佛(施萍婷提供)

图 3-4　佛爷崖石龛 3 号大佛(施萍婷提供)

九〇年十一月七日公布

(二)佛爷崖石龛研究情况

清代张伯魁《徽县志》记曰,“姚家坪,西南十五里”[①],对“佛爷崖石龛”本身未作叙述,甚至没有提及,但佛爷崖石龛就在姚家坪无疑。明代郭从道所纂之《徽郡志》云,“古佛崖,南四十里”[②],从“古佛崖”之方位及里程看,或亦指佛爷崖石龛,只是里程异于前者所记。不过,不同时代依据的单位长度不同或考察者所走的线路不同,得出的里程就会不同。张宝玺先生于 20 世纪 80 年代考察了佛爷崖石龛,他认为该石龛开凿于“北魏、西魏”

①[清]张伯魁纂修《徽县志》,嘉庆十四年(1809)刊本,第 41 页。

②[明]孟鹏年修,[明]郭从道纂《徽郡志》,第 14 页。

图 3-5 佛爷崖石龛 4 号大佛(施萍婷提供)

图 3-6 佛爷崖石龛北侧力士(施萍婷提供)

时期;[①]《河陇文化——连接古代中国与世界的走廊》一书也认为佛爷崖石龛开凿于"北魏、西魏"时期;[②]李焰平等所撰之《甘肃窟塔寺庙》对佛爷崖石龛作了简介;[③]王宗光先生综述了甘肃石窟文化,认为佛爷崖石龛开凿于北魏时期;[④]孙晓峰先生等对佛爷崖石龛进行了考古测量,绘制了立面图,在其调查简报中对佛爷崖石龛作了介绍,并认为"在龛形上继承了北周晚期流行的垂幔式帐形龛,在造像题材和内容上表现

①张宝玺主编《甘肃石窟艺术雕塑编》,第 186 页。

②李永良主编《河陇文化——连接古代中国与世界的走廊》,第 275 页。

③李焰平、赵颂尧、关连吉主编《甘肃窟塔寺庙》,第 95—96 页。

④王宗光《甘肃石窟文化综述》,《西北民族学院学报(哲学社会科学版)》2002 年第 4 期,第 33—36 页。

的仍然是北朝晚期盛行的大乘佛教思想。所以其开凿时代大致应在隋末唐初。更值得注意的是,其位置处于唐宋时期由秦地入川的交通要道上,对于了解早期的道路交通、佛教信仰、文化交流、北方石窟和川北地区石窟之间的相互影响、川陇交界地带佛教发展情况等都具有一定的研究价值”,[①]这些见解对以后开展相关研究具有很大启发,奠定了重要基础,苏海洋先生的研究显然受到了这些观点的影响。苏海洋先生对佛爷崖石龛与陇蜀交通的关系作了初步研究,认为“佛爷台石窟窟形、造像与天水麦积山、法镜寺及四川广元、巴中石窟有联系,它的发现证明秦蜀古道与陇蜀古道在徽县汇合后,经姚坪翻越青泥岭入川”;[②]笔者在研究陇南石窟的系列论文中亦多次提及佛爷崖石龛。[③]

许占虎先生分别从“史学观点上分析”,从“北周各地石窟造像特征对比分析”,从“出土文物证实分析”,将“佛爷崖石窟佛造像推定为北周时期”。[④]但其“史学观点”未必与佛爷崖石龛开凿的真实历史及其时间相关,“对比分析”并没有列出具体的比较项,“出土文物”亦未必与佛爷崖石龛的开凿有关。故其“科学依据”似不能“充分证明”或必然得出“佛爷崖石窟开凿于北周时期”的结论。

关于石龛始凿及佛像雕凿的年代,2012 年到佛爷崖石龛考察的几位专家进行了讨论。施萍婷先生和王惠民先生俱认为佛爷崖石龛石佛像雕凿于唐代。刘永增先生认为佛爷崖石龛始凿于唐宋时期:佛爷崖石龛是帐形龛,龛凿于唐代;按力士塑像来说,左肩偏高之状、天衣上袒下束之形、

---

①孙晓峰《甘肃陇南几处中小石窟调查简报》,第 3—11 页。

②苏海洋《试论陇南石窟、石刻与陇蜀交通》,第 14—17 页。

③王百岁《甘肃陇南石窟寺》,第 154—180 页。王百岁《成县大云寺石窟调查与研究》,第 21—26 页。王百岁《甘肃西和佛孔石窟调查与研究》,第 115—123 页。

④许占虎《蜀道青泥岭北周佛爷崖石窟石造像考述》,《陇南日报》2014 年 6 月 18 日副刊。

长带后甩侧摆之态，体现出唐代武周时期的风格，唐玄宗先天元年（712）以后就没有这种形态了，但该龛石雕佛像又似不会很早，佛头部形象具有宋代风格，形式化的佛首螺髻亦属于宋代风格，故将其看作是宋代的就已经算很早了；壁面石雕莲花座上部呈立面长方形（元代的为方形）；佛像当中应含阿弥陀佛，等等。

上述成果，有的做了介绍，有的只是提及，有的为以后的研究提出了思路，有的作了初步研究，这些成果为学者们深入研究佛爷崖石龛及相关问题提供了重要基础。在这一基础上，本文主要围绕佛爷崖石龛及佛像的雕凿时间展开论述。

二、对于佛爷崖石龛及其造像始凿时间的探讨

关于佛爷崖石龛的始凿时间，笔者以为是初、盛唐时期。兹从以下几个方面论述之：

（一）帐形龛为北朝、隋、唐时期常见龛形

帐形龛主要流行于北朝中晚期，如果排除其他因素，至少可以假设佛爷崖石龛可能开凿于北朝或隋唐时期。我们也可以根据石龛的帐形特点来进行分析。董广强先生认为，以绘画或石胎泥塑的方法做出帐杆、帐柱等构件，或凿造帐形结构，在麦积山石窟北魏中期窟龛中开始出现，“麦积山石窟最早出现的帐形洞窟是第 89 窟，其年代应在孝文帝改革以后到北魏宣武帝景明二年（501）之前”[①]。西魏时帐形窟龛渐多，北周时大量出现，甚至成为主流窟形，[②]如麦积山第 127 窟前壁“七佛变”中的坐佛龛[③]、第

①董广强《麦积山北朝帐形洞窟浅议》，《敦煌研究》2003 年第 6 期，第 42—47 页。

②董广强《麦积山北朝帐形洞窟浅议》，第 42—47 页。孙晓峰《甘肃陇南几处中小石窟调查简报》，第 10 页注释②。

③天水麦积山石窟艺术研究所编《中国石窟·天水麦积山》，图版第 162。

133 窟第 11 龛[①]、第 16 造像碑中的释迦多宝并坐说法像龛[②]、第4 窟后室大龛[③]等，均采用了帐形龛的装饰手法。按照董先生的说法，在麦积山石窟第 4 窟"还反映出了帐的外观形象。此窟外观为七间八柱庑殿顶的大型崖阁，在其后部并列七个大帐，内供七佛。帐内有帐杆、帐柱、柱础，饰莲蕾等，外部有山花、蕉叶、垂帐，上部伸出龙、凤、象首，口衔垂地流苏，整体造型精致华丽，是北朝时期石窟中最完整的帐形象"。华丽的装饰和"后赵、北齐时期宫室中的帐可以相互印证，是直接模仿当时最华贵的帐"。"帐外的装饰，第 4 窟表现得淋漓尽致"。麦积山石窟第 133 窟第 10 造像碑的左下侧雕一个建筑物形象，上部有单檐庑殿顶，下部立两柱，檐口下方雕饰有横向垂帐纹，上布成排的三角形或菱形图案，另有蕉叶、流苏等形象，这完全是模仿了洞窟的帐顶装饰。帐本是世俗生活中的一种家具形式，此时期却成为佛寺或窟龛的首选。帐结构简单，组合自由，配置灵活，具有富丽堂皇、色彩绚丽的装饰效果。徽县佛爷崖石龛龛形则与麦积山石窟帐形窟龛类似。虽然"麦积山石窟北周之后，由于洞窟形制的变化，帐形洞窟消失"[④]，但佛爷崖石龛仍然可以雕凿北周式帐形龛，当然，从更大的时间跨度来说，雕凿于北周，隋，初、盛唐或以后时期都是可能的。《甘肃窟塔寺庙》一书亦认为，"据初步考证，佛爷崖石窟与邻近的天水麦积山、武山水帘洞、四川广元等地的石窟造像类似，具有北周造像特点"[⑤]。这种说法不无道理。"具有北周造像特点"未必就等于窟龛和佛像为北周时期凿造，不过最早也应被推断为是北周或隋唐时期的窟龛或造像。地域上和时间上

①天水麦积山石窟艺术研究所编《中国石窟·天水麦积山》，图版第 90。

②天水麦积山石窟艺术研究所编《中国石窟·天水麦积山》，图版第 101。

③天水麦积山石窟艺术研究所编《中国石窟·天水麦积山》，图版第 224、234。

④董广强《麦积山北朝帐形洞窟浅议》，第 42—47 页。

⑤李焰平、赵颂尧、关连吉主编《甘肃窟塔寺庙》，第 96 页。

比较近的例子还如，西安北草滩出土的北周“白石龛像包括帐形龛九件”。不仅如此，5 世纪末中国北方地区出现的大量造像碑上的小龛亦“以各种帐形龛居多，造像题材、装饰图案等也十分丰富”。“北周宇文毓二年(558)四面石造像，其中交脚弥勒龛为典型的仿帐形龛”。“北周宇文邕保定四年(564)王翁生四面造像记碑，正壁凿一帐形龛”。[①]巴中石窟与佛爷崖石龛距离亦比较近。雷玉华女士认为，巴中石窟中有许多帐形龛，其中代表龛就如北龛第 01 龛，水宁寺第 03、37 龛，南龛第069、071、077、083 龛等，它们的开凿时间范围是初唐、盛唐、中唐、晚唐时期，最迟不晚于“九世纪后半叶”。[②]另外，云冈石窟和龙门石窟亦有北朝时期帐形龛，如云冈石窟第 35 窟窟口东侧帐形龛和龙门石窟古阳洞南壁帐形龛。[③]根据以上叙述，我们认为，徽县北禅寺、南禅寺(佛爷崖石龛东北方向约 250 米处)、佛爷崖石龛所在地原有寺庙继承了北朝开龛、造像风格，故佛爷崖石龛最早凿造于初、盛唐时期的可能性是存在的。

(二)三世佛造像在初、盛唐时期流行

笔者以为，佛爷崖石龛 1、2、3、4 号大佛分别是过去世燃灯佛、现在世释迦牟尼佛、未来世弥勒佛、西方极乐世界阿弥陀佛，反映的是三世佛观念，弥勒净土、西方净土思想。这四尊大佛可分为两组，靠北的一组(共 3 尊佛)为纵三世佛(此为第一组)，靠南的一组(共 1 尊佛)为阿弥陀佛(此为第二组)。之所以将第一组认定为纵三世佛，主要理由有二：第一，3 号大佛是倚坐佛，即为弥勒佛，根据佛经内容和传统造像组合，可知 1 号大

①孙晓峰、曹小玲《长安与麦积山石窟北周佛教造像比较研究——以西安北草滩出土的北周白石龛像为中心》,《敦煌研究》2014 年第 1 期，第 53—61 页。

②雷玉华著《巴中石窟研究》，第 16—186 页。

③贺世哲《关于十六国北朝时期的三世佛与三佛造像诸问题(一)》,《敦煌研究》1992 年第 4 期，第 1—20、105、125、128 页。

佛就是过去世燃灯佛，2 号大佛就是现在世释迦牟尼佛；第二、三尊大佛紧密相连，1 号大佛与 2 号大佛之间、2 号大佛与 3 号大佛之间间隔匀称，3 号大佛与 4 号大佛之间的一道呈左上—右下走向的斜向裂隙为天然“鸿沟”，在雕凿佛像之前此“鸿沟”就已存在，雕凿者在造像时故意“避开岩石裂隙”[①]，这道裂缝是将第一组和第二组佛像分隔开来的界线，第一组三尊大佛中间的一尊（2 号大佛）明显地较两侧的两尊大佛高大，2 号龛比 1 号龛和 3 号龛更高，1 号大佛和 3 号大佛则高度相近。显然，这 3 尊大佛形成以释迦牟尼佛居中、燃灯佛和弥勒佛居于两侧，呈对称之势的结构。

佛爷崖石龛三世佛即第 1、2、3 号大佛构成的组合类似于麦积山石窟第 74、78 窟三世佛造像，[②]但二者最明显的区别是：第一，麦积山第 74、78 窟呈每窟三壁三佛（每壁一佛）结构，而佛爷崖石龛则是在同一崖面上相邻三个大龛中凿造并列三尊佛（一龛一佛）；第二，佛爷崖石龛三世佛造像呈中间佛高、两侧佛低的结构，从这个意义上说，似乎与炳灵寺石窟第 169 窟三世佛造像并列的情况较为接近，炳灵寺石窟“西秦的三佛造像一般为三佛并列，甚至有中间一佛较为高大的现象”，而麦积山石窟第 74、78 窟则均为三身佛等高。[③]当然，佛爷崖石龛造像无疑受到了麦积山石窟造像（思想、技术、风格等）的影响。造成两处造像差异的原因之一，恐怕是佛爷崖石龛是将三世佛像雕于大体呈立体平面状态的同一崖面，而麦积山石窟第 74、78 窟则因空间较大，三世佛像呈立体三壁状态。虽然两处造像都借助了已有的崖面，均受到了客观自然条件的直接影响，使造像有些

---

①孙晓峰《甘肃陇南几处中小石窟调查简报》，第 3—11 页。

②天水麦积山石窟艺术研究所编《中国石窟·天水麦积山》，图版第 3—6、16、19、21。

③杜斗城《麦积山早期三佛窟与姚兴的〈通三世论〉》，《敦煌学辑刊》2007 年第 1 期，第 119—124 页。贺世哲《关于十六国北朝时期的三世佛与三佛造像诸问题（一）》，第 1—20 页，105、125、128。

差异，但是同样达到了宣扬三世佛思想的目的。

佛爷崖石龛 4 身大佛的螺纹高髻等特点亦颇似麦积山石窟第74、78窟之北魏三世佛塑像组合[①]，只是麦积山此两窟北魏三世佛塑像显得更加清俊、“雄健、敦实、庄严”[②]，而佛爷崖石龛石雕佛像已经明显具有亲近人类的特征。郑炳林先生说，麦积山石窟雕塑艺术品体现出了“佛教人间化倾向”，“这些雕塑艺术品中的主尊佛及其弟子、菩萨、僧人、沙弥、护法神等，都极具人情味，一改神那种威严的神情，变得非常慈祥，非常人格化”。[③]表明麦积山（及其他）石窟三世佛造像或壁画在隋唐时期大量增加。同样地，与麦积山石窟相距不远的佛爷崖石龛的石雕佛像“人间化”“人格化”倾向已很明显。由此可知，佛爷崖石龛及其石雕佛像承袭了麦积山石窟北魏三世佛造像的风格，又具有隋唐及以后石窟造像的风格。这就增加了佛爷崖石龛开凿于隋或初、盛唐时期的可能性。

实际上北朝十六国时期的三世佛造像是很复杂的。根据贺世哲先生的研究，三世佛有纵三世佛和横三世佛，三世佛造像有多种组合形式，包括“由千佛组成的三世十方诸佛”“由八佛（或七佛[④]一菩萨）组成的竖三世佛”“由形象雷同的三佛组成的竖三世佛”“由迦叶佛、释迦佛与弥勒佛组成的竖三世佛”“由定光佛、释迦佛与弥勒佛组成的三世佛”“由多宝佛、释迦佛与弥勒佛组成的三世佛”“由卢舍那佛、阿弥陀佛与弥勒佛组成的三佛造像”“由释迦牟尼佛、阿弥陀佛与弥勒佛组成的三佛造像”，等等。另外，在北朝佛教造像中，虽然七佛大多与释迦、弥勒有关，但也有少数将阿

①天水麦积山石窟艺术研究所编《中国石窟·天水麦积山》，图版第 3—6、16、19、21。

②贺世哲《关于十六国北朝时期的三世佛与三佛造像诸问题（一）》，第 1—20 页。

③郑炳林、沙武田《麦积山石窟北朝雕塑艺术体现的佛教人间化倾向》，第 256 页。

④此处“七佛”是笔者根据贺世哲先生在文章中论述的意思加上去的。

弥陀佛与七佛造于一龛的实例。[1]那么佛爷崖石龛的三世佛造像属于哪一种类型呢？笔者根据佛爷崖石龛释迦牟尼佛居中、弥勒佛居于释迦牟尼佛左侧的格局和该石龛佛造像的具体特征与风格，并参考天水、陇南、广元等近处石窟的诸造像实例，判定其为过去世燃灯佛、现在世释迦牟尼佛和未来世弥勒佛的造像组合。

在十六国北朝时期的佛教造像中，"三世佛"类题材大量出现。[2]贺世哲先生指出："我国地域辽阔，历史复杂，三佛造像因时因地而异。今人研究，需要从当时的历史实际出发，区别对待，不宜一概而论。"[3]贺世哲先生根据东山健吾先生判定阿富汗肖特拉库石雕三佛的观点解释道："三世佛，即过去世燃灯佛、现在世释迦牟尼佛、未来世弥勒佛。"[4]姚兴《通三世论》"论证过去世（前生）、现在世（今生）、未来世（来生）三世真实存在，以明佛教因果报应、三世轮回理论的正确，并以此送鸠摩罗什请教"。[5]《通三世论》云：

> 曾问诸法师，明三世或有或无，莫适所定。此亦是大法中一段处所，而有无不泮，情每慨之。是以忽疏野怀，聊试孟浪言之，诚知孟浪之言不足以会理。然胸襟之中欲有少许意。子不能默已，辄疏条相呈。匠者可为折衷。余以为三世一统，循环为用。过

①贺世哲《关于十六国北朝时期的三世佛与三佛造像诸问题（一）》，第1—20、105、125、128页。

②杜斗城《麦积山早期三佛窟与姚兴的〈通三世论〉》，第119—124页。

③贺世哲《关于十六国北朝时期的三世佛与三佛造像诸问题（一）》，第1—20、105、125、128页。

④贺世哲《关于十六国北朝时期的三世佛与三佛造像诸问题（一）》，第1—20、105、125、128页。[日本]邓健吾《麦积山石窟的研究及早期石窟的两三个问题》，天水麦积山石窟艺术研究所编《中国石窟·天水麦积山》，第219—229页。

⑤任继愈主编《中国佛教史》第2卷，北京：中国社会科学出版社，1985年，第270页。

去虽灭,其理常在,所以在者,非如《阿毗昙》注言:五阴块然,喻若足之履地,真足虽往,厥迹犹存。当来如火之在木,木中欲言有火耶,视之不可见;欲言无耶,缘合火出。经又云:圣人见三世。若其无也,圣无所见;若言有耶,则犯常嫌。明过去、未来,虽无眼对,理恒相因。苟因理不绝,圣见三世,无所疑矣。[①]

可知三世佛思想由来已久。

杜斗城先生认为,“麦积山早期石窟的题材都选择了‘三佛’”[②]。麦积山石窟中大规模的“三世佛”窟的营造、“三世佛”像的塑造,正是由于在反佛、排佛思潮甚嚣尘上的背景下为了弘扬佛法、维护后秦王朝的统治而采取的应对措施。[③]这样看来,佛爷崖石龛与相距很近的徽县榆树乡火站村竹林寺石窟(遗址)等处历史上所发生的毁佛事件[④]或有某种联系。就佛爷崖的窟龛、造像,周围的石窟、寺庙、造像,以及当时的佛教发展或受挫情况,佛爷崖及周围地区的交通情况等进行推测,或是在经历北魏太武帝、北周武帝相继“灭佛”之后于隋,初、盛唐时期雕凿“三世佛”像,来对抗北朝的“灭佛”行为,否定“末法思想”,宣扬“三世实有”“三世有佛”的思想。

(三)弥勒倚坐姿势在北朝,隋,初、盛唐时期盛行

弥勒倚坐像在我国南北朝时期佛教造像中十分盛行,倚坐佛中除了弥勒像,还有释迦像。[⑤]不过,唐以前的弥勒造像呈交脚状者非常多,隋唐

①[十六国·后秦]姚兴《通三世论》,[唐]道宣撰《广弘明集》卷第18,No.2103,《大正藏》第52册《史传部类》,第228页a29。

②杜斗城《麦积山早期三佛窟与姚兴的〈通三世论〉》,第119—124页。

③杜斗城《麦积山早期三佛窟与姚兴的〈通三世论〉》,第119—124页。

④王百岁《徽县竹林寺石窟调查与研究》,《甘肃高师学报》2016年第1期,第54—60页。

⑤贺世哲《关于十六国北朝时期的三世佛与三佛造像诸问题(一)》第1—20、105、125、128页。

以后的弥勒造像中呈倚坐姿势者更多，这也是判定佛爷崖石龛石雕佛像雕凿于初、盛唐时期的依据之一。当然，这只是视角之一，并不是充分条件。从“两晋到隋唐”，在中国社会有相当多的弥勒经典的翻译和流行，如“弥勒六部经”，即西晋竺法护译《弥勒下生经》，后秦鸠摩罗什译《弥勒下生成佛经》《弥勒成佛经》，失译《佛说弥勒来时经》，唐义净译《弥勒下生成佛经》，南朝（北凉、高昌）刘宋沮渠京声译《观弥勒菩萨上生兜率天经》，其中影响较大的有《弥勒下生经》《弥勒成佛经》《弥勒上生经》，此所谓“弥勒三部经”。[①]“弥勒信仰传入内地以后得到迅速传播，其中以往生兜率净土的信仰尤为盛行。”[②]弥勒信仰主要是“虚构美妙的‘兜率天’净土，以迎合佛教信徒求生天堂，达到摆脱苦难的心理”“编造弥勒将下降人间成佛，建立光明圆满的佛国的神话，以吸引广大信徒把希望寄托于虚无缥缈的未来”。[③]与此同时，弥勒信仰广为流行，“东晋以来，特别是南北朝时期的北方广大地区，弥勒造像十分普遍，数量也较多”。[④]正如叶昌炽所言：“所刻之象，以释迦、弥勒为最多。”[⑤]本来，“弥勒的造像形态，既有交脚菩萨像，也有释迦牟尼佛样式的弥勒佛像（弥勒下生成佛像）”[⑥]。“弥勒下生信仰的兴起也在弥勒造像的形象中表现了出来。……北魏以后，可能出于与释迦佛相区分的需要，显然受弥勒菩萨交脚坐姿的影响，在石窟中的弥勒佛造像大多采取了双腿下垂的倚坐姿势。这种姿势，在相当长时间里，成了弥勒佛的典型形象。”[⑦]敦煌地区的弥勒信仰，在北朝至隋代间，主要流行弥

①任继愈主编《中国佛教史》第 3 卷，第 592—600 页。

②任继愈主编《中国佛教史》第 3 卷，第 600 页。

③任继愈主编《中国佛教史》第 3 卷，第 593—599 页。

④任继愈主编《中国佛教史》第 3 卷，第 602 页。

⑤[清]叶昌炽撰，韩锐校注《语石校注》卷 5，北京：今日中国出版社，1995 年，第 453 页。任继愈主编《中国佛教史》第 3 卷，第 602 页。

⑥任继愈主编《中国佛教史》第 3 卷，第 603 页。

⑦干树德《弥勒信仰与弥勒造像的演变》，《宗教学研究》1992 年第 Z2 期，第 26—31 页。

勒上生信仰;在初、盛唐时期,则上生、下生信仰并行,而以下生信仰为主,表现形式之一即为倚崖壁而坐的弥勒佛像。[①]敦煌地区弥勒信仰及石窟造像的变化逐渐传于中原北方地区,陇南石窟一定会受到影响。弥勒信仰的演变过程亦为判定佛爷崖石龛3号大佛雕凿于初、盛唐时期提供了依据。故佛爷崖石龛3号大佛是弥勒无疑。

佛爷崖石龛中4尊大佛的左、右胁侍菩萨(共8身),有的为结跏趺坐姿,有的为交脚坐姿,有的为站姿,当然其中有的菩萨已被毁而无法看到其坐姿或已残而难以看清其姿势,但无外乎这几种姿势。弥勒的这几种姿势在北凉石塔中得到了印证,"成熟的北凉石塔"七佛一菩萨(相当于"竖三世佛")[②]中的弥勒造像,大部分菩萨"是交脚坐,也有个别是结跏趺坐,或者站立"[③]。总之,敦煌和中原北方地区三世佛造像盛行于北朝时期,其变化逐渐向隋唐时期延展,对佛爷崖石龛、造像的影响是不可避免的。

(四)小龛及造像组合彰显佛爷崖石龛初、盛唐时期风貌

初、盛唐佛像艺术迎来了它的黄金时代,造像丰腴肥美,风格成熟,技法高超,形式多样,展现出生机勃发的盛世气象。[④]笔者则认为佛爷崖石龛开凿及佛像雕凿于初、盛唐时期,原因有四:第一,佛爷崖石龛纵三世佛(或十方佛或千佛)雕像,符合相关佛经的内容。佛爷崖石龛雕像中的小佛表示"千佛"。"千佛"造像是北朝(尤其是中晚期)比较普遍的一种造像题材。[⑤]就佛爷崖石龛全部佛像来说,大佛、小佛相配,高处、低处佛像相互照应,这就具有"三世十方佛"的意境。隋唐时期北方的佛像无疑都直接继承

---

①胡同庆《从天上到人间:敦煌艺术中的弥勒信仰》,《法音》2014年第2期,第61页。

②"七佛一菩萨"。

③贺世哲《关于十六国北朝时期的三世佛与三佛造像诸问题(一)》,第1—20、105、125、128页。

④黄春和著《汉传佛像时代与风格》,第93页。

⑤阎文儒著《中国石窟艺术总论》,第123—124页。

了北朝的风格，莫高窟隋代洞窟中就出现了大型三世佛题材的塑像。[①]佛爷崖石龛佛像虽具有北朝晚期的风格，但结合其他因素来看，最早也当雕凿于隋代以后。第二，任何佛教塑像都不可能脱离一定的社会环境，“各个时期的社会形势对造型艺术产生了微妙的影响”[②]。邓健吾先生认为，敦煌莫高窟第 96 窟“北大像”和洛阳龙门石窟奉先寺卢舍那大佛“表现手法”“近似”。他说：“初唐的造像，与在传统造型上混杂外来因素的北魏样式不同，它是不破坏传统样式的结构和内容而又吸收外来造型优点的产物。进入盛唐以后，则又加入了在唐帝国雄厚经济实力的基础上发展起来的现实主义倾向，并融合了长安、洛阳两都唐朝贵族的风雅习俗，从而生产了绚丽豪华的理想化的盛唐样式。”[③]就佛爷崖石龛佛像的风格特征来说，其状态和风貌甚至要晚于初唐时期，具有盛唐时期造像的某些特征，[④]四尊大佛皆螺纹高髻，或着双领下垂式袈裟，或着圆领通肩式袈裟，比例匀称，体态敦厚、丰满，肌肤圆润，短颈端肩，面形方圆，弯眉细长目，高鼻小嘴，现白毫相，雄健端庄，形神兼备，结跏趺坐或倚坐于二重或三重仰莲台座上，神秘氛围中透露着世俗气息，庄严之中蕴含着慈祥，体现了唐代盛世的历史风貌和当时人们的审美观念。同时，佛像与菩萨像之大小相差很大，表现了早期的佛教造像风貌以及自北朝到隋唐的历史继承关系；造像突出了佛的“庄严高大”及“仁爱慈祥”，这是北朝以后传承的造像特征；“一佛二菩萨立像成为窟龛主体，中心塔柱退居次要的地位，反映了北朝

①郑炳林、沙武田编著《敦煌石窟艺术概论》，兰州：甘肃文化出版社，2005 年，第 115 页。

②[日本]邓健吾《莫高窟彩塑的发展》，敦煌文物研究所编《中国石窟·敦煌莫高窟》第 3 卷，第 198—210 页。

③[日本]邓健吾《莫高窟彩塑的发展》，敦煌文物研究所编《中国石窟·敦煌莫高窟》第 3 卷第 198—210 页。

④敦煌文物研究所编《中国石窟·敦煌莫高窟》第 3 卷，图版第 114、120、126、147、165。甘肃省文物工作队、炳灵寺文物保管所编《中国石窟·永靖炳灵寺》，北京：文物出版社，东京：株式会社平凡社，1989 年，图版第 192、193。

小乘思想主导下个人静修思想的衰落”①和大乘思想的盛行。第三,佛爷崖石龛雕像中的弥勒佛为倚坐姿势，这是从隋代开始的石窟壁画或造像中大量出现的形象。②第四,佛爷崖石龛雕像中佛、菩萨、弟子、力士的配置,近似于“一铺一佛二弟子二菩萨二天王二力士,人物配置齐全”③的敦煌莫高窟盛唐时期造像,又很似龙门石窟奉先寺中卢舍那佛、菩萨、弟子、天王、力士等组合的布局④。于是,以佛陀为中心,形成一个济济一堂、秩序井然的佛国大家庭。显然,这种塑(雕)像体现的是大乘佛教思想。佛爷崖石龛佛像和他处石窟如天水麦积山石窟、武山木梯寺石窟、重庆大足石刻同期造像在风格上很是接近。故笔者以为佛爷崖石龛石佛像雕凿于初、盛唐时期。力士身体健壮,肌肉发达,上身袒露,下穿战裙,披帛绕臂摆动飞舞,凸显盛唐特征。像佛爷崖石龛这种阿弥陀佛及与三世佛(含弥勒佛)之组合为初、盛唐时期常见造像模式。佛爷崖石龛佛、菩萨、力士的配置虽有因地制宜、受制于条件的情况,但更重要的当是在一定程度上反映了当时佛教的发展状况。

当然,也许当时的雕凿佛像者或供养人未能严格区分释迦牟尼佛、弥勒佛、三世佛、阿弥陀佛、千佛、十方佛等,只是笼统地表明了他们的佛菩萨信仰思想、忠君爱国思想、敬祖孝亲观念,或是“凡佛、菩萨都信,对佛经上所说的它们之间的区别并不理会，因此造弥勒而发愿往生西方弥陀净土者有之,造释迦像而愿生往弥勒佛前者也有之”⑤。

有人认为,佛爷崖石龛除了 4 尊大佛,其余雕像皆为小佛,笔者以为

---

①荣新江著《敦煌学十八讲》,第 303—339 页。

②胡同庆《从天上到人间:敦煌艺术中的弥勒信仰》,第 56—61 页。

③郑炳林、沙武田编著《敦煌石窟艺术概论》,第 116 页。

④龙门文物保管所、北京大学考古系编著《中国石窟·龙门石窟》第 2 卷,图版第 109—138。

⑤任继愈主编《中国佛教史》第 3 卷,第 605 页。

非也，小像中还包含菩萨、力士等。也有学者认为，现存14个小龛雕像中“应该”包括十八罗汉，笔者亦以为非也，现有雕像最迟都应该是盛唐以前的，而中国造像或壁画中十八罗汉（或十六罗汉）是五代、宋代以后才陆续出现的，也不是所有的佛教石窟（或寺庙）的塑像（壁画）中都有十八罗汉（或十六罗汉），[①]且就佛爷崖石龛造像本身来看，没有十八罗汉。

（五）与其他石窟窟龛、造像比较，凸显佛爷崖石龛初、盛唐时期特点

干树德先生列举了我国一些著名石窟中的弥勒经变画和塑像，其中以唐代弥勒像最具代表性：“隋唐时期弥勒下生信仰得到广泛传播。这突出地反映在大量弥勒经变画的出现上。……从数量上看，据《下生经》绘制的‘弥勒经变’壁画，敦煌隋窟中出现了5铺，唐窟则达60铺之多，五代时有11铺，宋代也有10铺。……其次也突出表现在弥勒佛像的广泛塑造上，特别是这个时期所凿的大型佛像均为倚坐弥勒，如甘肃麦积山石窟高10多米的摩崖大佛，浙江绍兴石佛寺高15米多的弥勒像，敦煌莫高窟高33米的‘北大像’和高26米的‘南大像’，陕西彬县庆寿寺高24米的弥勒像，甘肃炳灵寺第171窟高28米的大佛，以及四川乐山高62米[②]居世界第一的乐山大佛。所有这些无疑都反映了弥勒下生信仰的广泛程度。”[③]由干树德先生的这段话首先可以想到的是：第一，唐代倚坐弥勒的塑造，在古代各个历史时期的弥勒造像中数量最多；第二，从南北朝到隋唐五代，全国范围内弥勒塑造很普遍。如果结合佛爷崖石龛4尊大佛的组合和外貌特征，我们认为佛爷崖石龛开凿于初、盛唐时期是最有可能的。董玉祥

①李鼎霞、白化文编著《佛教造像手印》，第210—219页。

②关于乐山大佛的高度，绝大多数的记载是71米。另可参《乐山大佛究竟有多高？》，《法音》1988年第3期，第36页；徐杉《乐山弥勒大佛造像中几个问题的探讨》，《宗教学研究》2013年第1期，第150—155页。

③干树德《弥勒信仰与弥勒造像的演变》，第23—28页。

先生说，北魏时期，甘肃石窟寺的造像与壁画的内容大大丰富了。造像题材有一佛、二佛（释迦多宝佛）、一佛二菩萨、三佛、思维菩萨、弥勒菩萨、千佛、七佛等。[①]与麦积山石窟相距很近的徽县佛爷崖石龛造像正好与这一趋势相吻合，故判定其凿造于初、盛唐时期，从时间范围来看是合适的。

（六）从佛教盛行情况看，佛爷崖石龛龛像始凿于初、盛唐时期

石窟的盛衰与佛教的盛衰存在一定的关联性和对等性。正如邓健吾先生所说，"在长达千年的悠久岁月里建成的敦煌石窟，随着历代王朝和地方政权的兴衰以及佛教本身的变化，发生过多次变迁。……塑像的内容和样式随时代潮流而发展……"[②]同样地，佛爷崖石龛本身的发展状况与相应时代的佛教发展状况具有内在的关联性和对等性。徽县伏镇北禅寺是迄今徽县最大的佛教寺院。依笔者分析，佛爷崖石龛不仅与北禅寺邻近，而且二者之间佛事联系密切。据《徽郡志》载："永昌寺，一名北禅寺。北三十里，至元四年建。元文宗封僧人张氏为'真慧国师'，掌国师印。国朝洪武初，天下僧册皆贮于此，实胜区也。岁久倾圮，僧册遗失。予昔读书，其中曾许重构之，近竟为新建。视昔改观时，嘉靖三十三年孟秋朔日也。从道志。"[③]可知《徽郡志》并没有明确记载北禅寺的始建时间。复据徽县志编纂委员会编纂之《徽县志》载，"西魏大统年间（535—551）在伏家镇北山修建北禅寺，南宋淳熙年间（1174—1189）重修……清道光年间（1821—1850）碑文载，徽县佛教属禅宗派"[④]。今有人怀疑北禅寺始建于"西魏大统年间"的说法。笔者以为，十六国北朝时期的佛教传播及开窟造像方兴未艾、日益兴盛，而徽县就位于北方丝路古道的南侧，又处于陇蜀交通之必经之

①董玉祥《北魏时期的甘肃石窟寺（摘要）》，第20—21页。

②［日本］邓健吾《莫高窟彩塑的发展》，敦煌文物研究所编《中国石窟·敦煌莫高窟》第3卷，第198—210页。

③［明］孟鹏年修，［明］郭从道纂《徽郡志》，第39—40页。

④徽县志编纂委员会编纂《徽县志》，第906页。

地，既然天水有麦积山石窟，四川有千佛崖石窟，两处(主要是麦积山石窟)均有大量的北魏、西魏造像，那么为什么徽县就不能有北魏、西魏时期的造像呢？而且既然地方志都已经记载了，想来必有缘由。与西魏时期北禅寺的建立相联系的是近处南禅寺的建立。南禅寺遗址较为开阔和平坦，现为庄稼地，庄稼地里和地边坡上随处可见残砖断瓦等遗物，说明遗址在古代原有一定规模的寺院建筑。北禅寺现存清碑3通，但碑文没有记载北禅寺始建及佛教最早传入徽县的时间。笔者推测，既然北禅寺创建于西魏时期，那么与北禅寺并存且十分接近的南禅寺也极有可能创建于西魏时期；而且佛爷崖石龛与南禅寺遗址距离更近(几乎在一起)，则佛爷崖石龛与南禅寺的联系更为密切。很可能在南禅寺最初建立时还没有开凿佛爷崖石龛，只在现在石龛所在地一带创建了寺庙或宗教活动场所(即所谓西禅寺)；隋唐之际佛教极盛，在这样的大背景下，初、盛唐时期于今天石龛所在地开凿石龛、雕凿佛像，当是顺理成章的事情。

小结

敦煌佛教石窟艺术的历史分期与中国古代史和唐诗的分期有一定区别[①]，但相差不大。陇南佛教石窟的分期则与中国古代史和唐诗的分期相吻合。从窟龛形制、衣着服饰、造像题材、造像特征、造像思想，具体地说，从帐形大龛，各龛布局，造像组合，大小相配，三世佛、阿弥陀造像，弥勒倚坐姿势，“三世有佛”观念，弥勒净土、西方净土思想，与其他石窟窟龛及造像的比较，石窟寺盛衰与相应时代佛教发展状况的对等性和关联性等方面进行观察与思考，佛爷崖石龛及造像属于北朝至隋唐这一历史时期。结

①史苇湘《关于莫高窟内容总录》，敦煌文物研究所整理《敦煌莫高窟内容总录》，北京：文物出版社，1982年，第177—202页。

合相关文献资料记载,综合分析认为,徽县北禅寺、南禅寺、西禅寺初建于西魏时期,佛爷崖石龛始凿于初、盛唐时期。该石龛佛像可以说是陇南市境内现存诸石窟中基本保持原状、独具特色、最为精美的石雕佛像。从社会历史、地理交通、佛教史、艺术史、文化史等方面来看,都具有一定的研究价值。

第二节　竹林寺石窟调查与研究

竹林寺石窟位于徽县榆树乡火站村马磨自然村西山东麓，坐西朝东。明代郭从道纂之《徽郡志》载："火钻峪[①]，北六十里。"[②]马磨自然村距榆树乡政府所在地约7.5公里，榆树乡政府所在地距徽县县城约35公里。竹林寺石窟因破坏极为严重，原有塑像绝大多数已不存在，原有窟前建筑毁坏殆尽。笔者于2013年7月至2015年2月间先后3次前往考察，并就该石窟及窟前建筑诸事进行调查得知，自2008年以来，当地佛教信众开始自发筹资维修竹林寺石窟，并于2012年在第6窟外缘修建了禅房（笔者以为似便于罩护石窟），并在窟前平地（农田）施工建造"千手千眼观音殿"。石窟规模小，所处位置较为偏僻，加之历史原因等，长期以来不被政府有关部门、专家学者、香客游人所重视，此前没有任何保护措施，除了当地人以外，外界几乎无人知晓。竹林寺（石窟）现由中共徽县县委统战部、

①"火钻峪"即指今徽县榆树乡火站村。

②［明］孟鹏年修，［明］郭从道纂《徽郡志》，第15页。

徽县民族宗教事务局、徽县佛教协会等单位共同管理。迄今没有任何正式调查研究成果问世,该石窟简况亦不见于任何传世史籍或地方志。现将笔者调查情况公布于众,并对该石窟始凿时间等相关问题进行初步探讨,敬请专家同仁不吝赐教。

一、竹林寺石窟现状调查

徽县竹林寺石窟现存一大五小共 6 个窟,皆为平面(纵或横)长方形圆拱顶窟。唯紧挨第 6 窟(大窟)南缘的第 5 窟中保留 1 尊依正(西)壁壁面雕凿的石佛像,其余各窟俱已无任何雕(塑)像。

第 1 窟:位于第 2—6 窟的上方。窟前有一平台,长(沿南北向)433 厘米,宽(沿东西向)221 厘米。窟门与窟内同宽 171 厘米,窟高 217 厘米,进深 154 厘米。靠正(西)壁有一坛台,长(沿南北向)174 厘米,宽(沿东西向)90 厘米,高 33 厘米。窟前似原有沿南北向下披房屋建筑痕迹。如今在第 1 窟(即上层窟)前平台上新建了窟前建筑,由空心青砖、木椽、木板、石棉瓦构成,内供 1 尊观世音菩萨小铜像(2014 年请自徽县北禅寺)。

第 2 窟:下层西端窟。窟门与窟中间同宽 197 厘米,窟中间高176 厘米,进深 267 厘米。靠正(西)壁有一坛台,长(沿南北向)191 厘米,宽(沿东西向)54 厘米,高 32 厘米。如今第 2 窟已变成住寺居士的临时灶房。

第 3 窟:位于第 2 窟北侧。窟门顶圆拱形,门宽 89 厘米,高 139 厘米。窟中间宽 143 厘米,高 93 厘米,进深 200 厘米。

第 4 窟:位于第 3 窟北侧。窟门顶圆拱形,门残宽 143 厘米,高190 厘米。窟中间宽 244 厘米,高 215 厘米,窟顶越近窟后壁越高,进深312 厘米。靠正(西)壁有一坛台,长 271 厘米,宽 60 厘米,高 51 厘米,似原有 3 身塑像(或三世佛,或一佛二菩萨,或三菩萨)。三座莲台残迹犹存,中间莲台(残)直径 79 厘米,南侧莲台(残)直径 76 厘米,北侧莲台(残)直径 85 厘米。笔者就原有塑像进行调查,结果证实了关于原有 3 身塑像的推测。

第5窟:位于第4窟北侧。敞口形窟,窟门宽151厘米,高267厘米,进深111厘米;窟中间宽167厘米,高250厘米,进深110厘米;正(西)壁现存1身坐佛,当为释迦牟尼佛;佛座下坛台、香案皆呈横长方形,佛座(残)长(沿南北方向)110厘米,(残)宽(沿东西方向)60厘米,高于佛座下坛台18厘米;佛座下坛长(沿南北方向)170厘米,宽(沿东西方向)55厘米,高80厘米;佛面前香案长(沿南北方向)170厘米,宽(含佛坐坛宽)(沿东西方向)90厘米,高56厘米;佛高160厘米,佛高于佛座152厘米,佛双腿盘坐处身宽120厘米。佛、坛、案、窟皆石质雕凿而成。窟中地平面系由今人用砖铺垫,窟顶、窟壁古代凿痕仍存。窟及造像大劈大开,做工粗糙,佛头部及身材轮廓明显,法相庄严,身体呈秀骨清像形,方圆脸形,两耳下垂,双眼及鼻梁可见,结跏趺坐,双臂局部损毁,双手似结禅定印,衣服(上半身)袈裟似为双领下垂式。

第6窟:位于第5窟北侧。游览者或考察者到达竹林寺石窟对面一眼就能看见最醒目的景观是窟区东端的第6窟窟前所建砖、木、水泥、瓦结构的房屋,窟前建筑遮蔽了该窟(原窟窟门独具特色)。有人认为,第6窟窟前建筑“似乎影响了石窟的整体外观效果”,但笔者以为,修建窟前建筑的目的之一是保护窟龛及窟中新请或新立佛像、菩萨像、佛坛等,该窟窟前建筑类似于敦煌莫高窟第96窟前的九层楼,其笼罩下的古代原有窟、龛,无论大小,俱无新的损害。但笔者认为该窟前建筑距离窟、龛太近,几乎是倚崖依窟,紧挨着窟、龛外缘而建的,观者无法看到窟、龛外景及外况,且不利于保护原有窟龛,故也有美中不足之嫌。窟前建筑后面至窟前壁(外侧)之间有空隙,宽度约在100厘米以上,此段空间用木板隔为上、下两层。人们通过新置木门就面对原有石质窟门,石质窟门分上、下两层,下宽上窄,上部呈圆拱形,立2圆柱,下层呈立面近横长方形,开3小门,人们可由下层窟门进入,内部为一通间(上下贯通)。窟前壁外侧壁面有小

图 3-7　竹林寺石窟外景

图 3-8　竹林寺石窟第 6 窟窟门及八十八佛小佛龛

龛共 88 个（笔者第一次考察时即数到共有 88 个小龛），以供“八十八佛”。现在下层窟外壁面仅能见到 28 个小龛，以此推断，上层窟外壁面应该能见到 60 个小龛，由于房屋上、下层间隔板堵住了上层的 60 个小龛，下层看不见，所以上层应该能看见。但笔者在窟前外侧壁面上层只数到 58 个小龛，缺 2 个小佛龛，2 个小佛龛当是被蒿草、泥土掩埋或掩蔽，或被窟前房屋遮蔽。此处的“八十八佛”龛与别处的不同，如山西羊头山石窟，供八十八佛的小龛共 87 个，连同窟中主佛共有 88 尊佛，如此构成“八十八佛”。竹林寺石窟所有小龛皆呈平面横长方形，圆拱形顶。从地面至上、下层间隔板部分，高 229 厘米，隔板及上、下层连接处石板（实际上是两层间石质连接带，与整个石窟连接为一个整体）厚 20 厘米，在石窟上层部分，石板以上至窟顶高 204 厘米，故整个大龛高度为453厘米，窟宽465厘米，进深400厘米。上层窟左、右侧两根石柱大小、形状、外貌相同，皆下端稍粗、上端稍细，下端直径68厘米，上端直径58厘米，高190厘米。两柱酷似塔状，或有佛塔之意。窟北、西、南壁及两石柱上皆分布有许多小圆孔（小洞），每个圆孔直径约6厘米，笔者只看（数）到156个小圆孔。据调查，窟壁和柱上圆孔系古代凿窟时为安置支架所凿用。下层三道门，皆呈圆拱形，中间门大、两侧门小，两侧小门左、右对称，各宽90厘米，高180厘米，三门道本身南北长同为100厘米，中间门较大，东西宽120厘米，高200厘米。按照释隆严法师的说法，北侧门名“般若门”，南侧门名“解脱门”（此即所谓“左般若、右解脱”），中间门名“（佛光）普照门”。虽然窟内原塑佛像被损毁无存，但佛像雕塑痕迹尚存，现供新塑释迦三尊小像。佛徒们既可礼佛，又可观佛、念佛、坐禅，故该窟既是礼拜窟，又是禅窟。

二、关于竹林寺石窟的始凿时间

竹林寺石窟的修建年代目前尚难以确知，但据笔者初步分析认为，石窟当开凿于北魏前期。理由如下：

（一）从窟龛及造像特征看，竹林寺石窟当初创于北朝时期

竹林寺石窟窟龛及造像在陇南市及徽县境内现存石窟寺中至为古朴。其窟形与造像（单身佛龛），似与近在咫尺的麦积山、法镜寺石窟北朝时期窟龛风格相近。大、小窟错落配置，似在体现“千佛”观念；而在南北朝中晚期，“千佛”“是石窟造像中最常见的一种题材”。[①]

笔者以为，洞窟门口呈上、下两层网格状，上立两柱、下开三门的结构，虽体现了一定的佛教思想，但主要是为了加固窟体，确保洞窟（及窟门）的安全与稳定，当然窟门也表现出对称性，明显地体现出地方性和特

①阎文儒著《中国雕塑艺术纲要》，桂林：广西师范大学出版社，2003年，第120—124页。

殊性。窟门外面高处分布着88个小佛龛,每小龛原有1身佛,共88身,应是构成“八十八佛”,但现在各龛中佛像已全部无存。竹林寺“八十八佛”造像及小石龛遗迹在陇南市境内是仅有的,在全国也不多见,所以其的发现具有重要意义。“八十八佛”系由“五十三佛”加“三十五佛”组成。“五十三佛”出自刘宋西域三藏畺良耶舍(宋言时称)译《佛说观药王药上二菩萨经》①,“三十五佛”出自“群录皆云敦煌三藏译”《佛说决定毗尼经》②。五十三佛是娑婆世界的过去佛,三十五佛是十方世界的现在佛。根据《大正藏》,《佛说决定毗尼经》译者为“群录皆云敦煌三藏”,说明《大藏经》编者对此经译者是谁尚不十分肯定;但据《乾隆大藏经》,“敦煌三藏”系指“西晋竺法护”。虽然《佛说决定毗尼经》后来又由“大唐三藏法师菩提流志奉诏”译(《大宝积经》卷第十九),但早在西晋时期就已由竺法护译出该经。可见北朝时期对于“八十八佛”的信仰与崇拜已比较普遍。其实,“八十八佛”与“千佛”“十方三世佛”主要精神是相通的。赖文英曾说,“就禅法的发展而言,十方佛与三世佛各自有其发展的体系,到5世纪初,这两大系禅法则出现合流的趋势”③。《大正藏》中至少有18处提到“八十八佛”。《佛说观药王药上二菩萨经》有曰:

尔时,释迦牟尼佛,告大众言:我曾往昔,无数劫时,于妙光佛末法之中,出家学道,闻是五十三佛名,闻已合掌,心生欢喜,复教他人,令得闻持,他人闻已,展转相教,乃至三千人,此三千

①[南朝·宋]畺良耶舍译《佛说观药王药上二菩萨经》卷1,No.1161,《大正藏》第20册《密教部类》,第660c—666b页。

②“群录皆云敦煌三藏”译《佛说决定毗尼经》卷1,No.325[No.310(24)],《大正藏》第12册《宝积部类》,第37b—42c页。

③赖文英《论炳灵寺北魏石窟的“十方三世佛”——以126、128、132窟为例》,郑炳林、花平宁主编《麦积山石窟艺术文化论文集》(下),兰州:兰州大学出版社,2004年,第327—328页。

人，异口同音，称诸佛名，一心敬礼，以是敬礼诸佛因缘功德力故，即得超越无数亿劫生死之罪。其千人者，花光佛为首，下至毗舍浮佛，于庄严劫，得成为佛，过去千佛是也。此中千佛者，拘留孙佛为首，下至楼至如来，于贤劫中次第成佛。后千佛者，日光如来为首，下至须弥相，于星宿劫中当得成佛。佛告宝积，十方现在诸佛，善德如来等，亦曾得闻是五十三佛名故，于十方面各皆成佛。①

同样塑八十八佛，山西羊头山中的八十八佛塑造于齐、隋间，而宁夏石空寺石窟中的八十八佛塑造于唐代，这说明八十八佛的塑造一般都出现于南北朝至隋唐间。而根据竹林寺石窟受周围石窟——尤其是西和法镜寺石窟（笔者将竹林寺石窟仅存塑像与西和县法镜寺石窟塑像作了对比，法镜寺石窟开凿于北魏中晚期）和天水麦积山石窟的影响，及竹林寺石窟第5窟佛像明显具有北朝风格（已见前述）等特点，可以断定竹林寺石窟第6窟开凿于北朝时期，则竹林寺石窟之八十八佛当塑造于北朝时期。故可以肯定的是，竹林寺石窟开凿于北朝时期，开凿

图3-9　竹林寺石窟第6窟窟门上层圆柱

①［南朝·宋］畺良耶舍译《佛说观药王药上二菩萨经》卷1，《大正藏》第20册《密教部类》，第664c页。

图 3–10 竹林寺石窟第 5 窟坐佛

于北魏中晚期的可能性最大。

（二）曾遭北魏太武帝“灭佛”之浩劫，故竹林寺石窟当创始于十六国时期、北魏早期

竹林寺石窟附近迄今流行“火烧竹林寺，马踏尹家庄。石门对石虎，银子二万五”等民谣，有“火烧竹林寺”等传说，“杀僧地”等地名。虽然该石窟受自然因素影响是难免的，但是窟龛和佛像被有计划、有组织地，又近乎毁灭性地破坏，僧人较多地被杀戮，应是人为造成的。由于损毁如此严重，以致很容易使人联想到历史上的“法难”。针对竹林寺石窟的破坏情况，排查中国历史上的“三武一宗灭佛”事件，笔者以为，其既不发生在北周武帝“灭佛”时期，也不发生在唐武宗“灭佛”或后周世宗“灭佛”时期，更不发生在“文革”时期，而只能是发生在北魏太武帝“灭佛”时期，据此推知竹林寺石窟当开凿于北魏前期。以下试考论之。

1. 竹林寺石窟被破坏的情形恰与北魏太武帝“灭佛”情状相符。北魏太武帝“灭佛”是名副其实的“灭佛”。据《魏书·释老志》载：“世祖即位，富于春秋……诏诛长安沙门，焚破佛像，敕留台下四方，令一依长安行事。又诏曰：‘彼沙门者，假西戎虚诞，妄生妖孽，非所以一齐政化，布淳德于天下也。自王公以下，有私养沙门者，皆送官曹，不得隐匿。限今年二月十五日，过期不出，沙门身死，容止者诛一门。’”[①]“时恭宗为太子监国，素敬佛道……

①[北齐]魏收撰《魏书》卷 114《释老志》，第 3033—3034 页。

金银宝像及诸经论，大得秘藏。而土木宫塔，声教所及，莫不毕毁矣。"[①]然而笔者以为，竹林寺石窟的绝大多数佛像、菩萨像、其他佛教遗物都已不见，而大小窟龛尤其是第6窟的小佛龛却能几乎完整无损地保存下来，说明原有佛像、菩萨像、其他佛教遗物的毁坏（或掩藏）极有可能不是因为政府的毁佛行为而直接使之毁坏或消失，而是在政府毁佛政策与行为的巨大压力之下，由当地（或外地）一些佛徒，其他信佛、护法者埋藏于某处设法保存下来的。从这个角度来分析，那些佛像、菩萨像、其他佛教遗物可能迄今还埋藏在附近什么地方，说不定终有一天会被有缘者挖掘出来，使其重见天日。

2. 北周武帝"灭佛"时并没有杀戮僧尼。北周武帝"灭佛"，准确地说，是"废佛"。据《周书》载："建德元年春正月戊午，帝幸玄都观，亲御法座讲说，公卿道俗论难，事毕还宫。"[②]建德二年"十二月癸巳，集群臣及沙门、道士等，帝升高座，辨释三教先后，以儒教为先，道教为次，佛教为后"[③]。建德三年五月"丙子，初断佛、道二教，经像悉毁，罢沙门、道士，并令还民。并禁诸淫祀，礼典所不载者，尽除之"[④]。建德三年六月"戊午，诏曰：'至道弘深，混成无际，体包空有，理极幽玄。但歧路既分，派源逾远，淳离朴散，形气斯乖。遂使三墨八儒，朱紫交竞；九流七略，异说相腾。道隐小成，其来旧矣。不有会归，争驱靡息。今可立通道观，圣哲微言，先贤典训，金科玉篆，秘迹玄文，所以济养黎元，扶成教义者，并宜弘阐，一以贯之。俾夫玩培塿（喽）者，识嵩岱之崇崛；守磧砾者，悟渤澥之泓澄，不亦可乎'"。[⑤]看来，此次"灭

①[北齐]魏收撰《魏书》卷114《释老志》，第3035页。

②[唐]令狐德棻等撰《周书》卷5《帝纪第五·武帝上》，北京：中华书局，1971年，第79页。

③[唐]令狐德棻等撰《周书》卷5《帝纪第五·武帝上》，第83页。

④[唐]令狐德棻等撰《周书》卷5《帝纪第五·武帝上》，第85页。

⑤[唐]令狐德棻等撰《周书》卷5《帝纪第五·武帝上》，第85页。

佛”事件中，佛、道俱遭打击；当然，实际上周武帝对道教是有所庇护的，只是名义上“断佛、道二教”。

3. 唐武宗“灭佛”时没有大量杀戮僧尼。唐武宗“灭佛”，准确地说，是“禁佛”。竹林寺石窟附近的所谓“杀僧地”是不是就是因为唐武宗“灭佛”“杀僧”而得名呢？笔者以为答案是否定的。关于唐武宗“灭佛”，《新唐书》记载极为简略，唯曰，会昌五年（845）八月壬午，“大毁佛寺，复僧尼为民”。[①]即便如此，也没有“杀僧”的内容。据《旧唐书》载，会昌四年（844）三月，“以道士赵归真为左右街道门教授先生。时帝志学神仙，师归真。归真乘宠，每对，排毁释氏，言非中国之教，蠹（蠹）耗生灵，尽宜除去，帝颇信之”。[②]会昌五年（845）正月，“归真自以涉物论，遂举罗浮道士邓元起有长年之术，帝遣中使迎之。由是与衡山道士刘玄靖及归真胶固，排毁释氏，而拆寺之请行焉”[③]。会昌五年夏四月，“敕祠部检括天下寺及僧尼人数。大凡寺四千六百，兰若四万，僧尼二十六万五百”[④]。会昌五年“秋七月庚子，敕并省天下佛寺。中书门下条疏闻奏：‘据令式，诸上州国忌日官吏行香于寺，其上州望各留寺一所，有列圣尊容，便令移于寺内；其下州寺并废。其上都、东都两街请留十寺，寺僧十人。’敕曰：‘上州合留寺，工作精妙者留之；如破落，亦宜废毁。其合行香日，官吏宜于道观。其上都、下都每街留寺两所，寺留僧三十人。上都左街留慈恩、荐福，右街留西明、庄严。’中书又奏：‘天下废寺，铜像、钟磬委盐铁使铸钱，其铁像委本州铸为农器，金、银、鍮石等像销付度支。衣冠士庶之家所有金、银、铜、铁之像，敕出后限一月纳官，如违，委盐铁使依禁铜法处分。其土、木、石等像合留寺内依旧。’又

①[北宋]欧阳修、宋祁撰《新唐书》卷8《本纪第八·武宗》，第245页。

②[后晋]刘昫等撰《旧唐书》卷18上《本纪第十八上·武宗》，第600页。

③[后晋]刘昫等撰《旧唐书》卷18上《本纪第十八上·武宗》，第603页。

④[后晋]刘昫等撰《旧唐书》卷18上《本纪第十八上·武宗》，第604页。

奏:'僧尼不合隶祠部,请隶鸿胪寺。如外国人,送还本处收管'"[①]。会昌五年八月制曰:

> 朕闻三代已前,未尝言佛,汉魏之后,像教浸兴。是由季时,传此异俗,因缘染习,蔓衍滋多。以至于蠹耗国风而渐不觉;诱惑人意,而众益迷。洎于九州山原,两京关,僧徒日广,佛寺日崇。劳人力于土木之功,夺人利于金宝之饰,遗君亲于师资之际,违配偶于戒律之间。坏法害人,无逾此道。且一夫不田,有受其饥者;一妇不蚕,有受其寒者。今天下僧尼,不可胜数,皆待农而食,待蚕而衣。寺宇招提,莫知纪极,皆云构藻饰,僭拟宫居。晋、宋、齐、梁,物力凋瘵,风俗浇诈,莫不由是而致也。况我高祖、太宗,以武定祸乱,以文理华夏,执此二柄,足以经邦,岂可以区区西方之教,与我抗衡哉!贞观、开元,亦尝厘革,剷(铲)除不尽,流衍转滋。朕博览前言,旁求舆议,弊之可革,断在不疑。而中外诚臣,协予至意,条疏至当,宜在必行。惩千古之蠹(蠹)源,成百王之典法,济人利众,予何让焉。其天下所拆寺四千六百余所,还俗僧尼二十六万五百人,收充两税户,拆招提、兰若四万余所,收膏腴上田数千万顷,收奴婢为两税户十五万人。隶僧尼属主客,显明外国之教。勒大秦穆护、祆三千余人还俗,不杂中华之风。于戏!前古未行,似将有待;及今尽去,岂谓无时。驱游惰不业之徒,已逾十万;废丹雘无用之室,何啻亿千。自此清净训人,慕无为之理;简易齐政,成一俗之功。将使六合黔黎,同归皇化。尚以革弊之

① [后晋]刘昫等撰《旧唐书》卷18上《本纪第十八上·武宗》,第604—605页。

始，日用不知，下制明廷，宜体予意。[①]

会昌五年“十月乙亥，中书奏：‘……今缘定觉寺例合毁拆。望取寺中大殿材木，于东峰以造一殿，四面置宫墙，伏望名为昭武庙，以昭圣祖武功之盛”。[②]会昌六年“三月壬寅，上不豫，制改御名炎。帝重方士，颇服食修摄，亲受法箓”。[③]《旧唐书》卷十八上《本纪第十八上·武宗》末尾有“史臣曰：……然后迂访道之车，筑礼神之馆，栖心玄牝，物色幽人，将致俗于大庭，欲希踪于姑射。于是削浮图之法，惩游惰之民，志欲矫步丹梯，求珠赤水。徒见萧衍、姚兴之谬学，不悟秦王、汉武之非求，盖惑于左道之言，偏斥异方之说。……一朝隳残金狄，燔弃胡书，结怨于膜拜之流，犯怒于鄙夫之口。哲王之举，不骇物情，前代存而勿论，实为中道。欲革斯弊，以俟河清，昭肃明照，听斯弊矣”[④]。可见“会昌灭佛”是逐步推行的，打击佛教的重点在于经济和思想。今人李硕先生认为：“会昌禁佛的进程是相对缓慢的，同时行动也是温和的。”[⑤]同时，他认为日僧圆仁所著《入唐求法巡礼行记》所载 “为数不多的流血事件”“的发生主要是由于僧侣拒不执行统治者的宗教政策而引起”“另外还会有一些零星的关于这次‘灭佛’中流血事件的记载，还往往与当时藩镇割据势力与中央王朝的政治斗争有关”[⑥]。笔者以为，学者们所指会昌三年所下“杀沙门令”大概是根据日僧圆仁所记会昌三年“四月中旬，敕下，令煞天下摩尼师。剃发，令着袈裟，作沙门形而煞

①[后晋]刘昫等撰《旧唐书》卷 18 上《本纪第十八上·武宗》，第 605—606 页。

②[后晋]刘昫等撰《旧唐书》卷 18 上《本纪第十八上·武宗》，第 607 页。

③[后晋]刘昫等撰《旧唐书》卷 18 上《本纪第十八上·武宗》，第 610 页。

④[后晋]刘昫等撰《旧唐书》卷 18 上《本纪第十八上·武宗》，第 610—611 页。

⑤李硕《从“三武一宗”灭佛看当朝统治者的宗教政策及其影响》，新疆师范大学硕士学位论文，2008 年，第 16 页。

⑥李硕《从“三武一宗”灭佛看当朝统治者的宗教政策及其影响》，第 16 页。

之。摩尼师即回鹘所崇重也”[①]。由此可知，“杀沙门”之举并非完全是由于佛教背景，“杀沙门令”则主要针对“摩尼师”“沙门”（沙门不全是佛徒）等，而非主要针对佛教信徒。

4. 唐后期藩镇割据严重削弱了唐武宗“灭佛”的威力。尽管唐武宗“灭佛”是“三武一宗灭佛”事件中仅有的一次全国性统一政权的“灭佛”事件，但是“安史之乱”及其以后的朋党之争、宦官干政、藩镇割据等几大痼疾已经严重削弱了唐朝中央政府的权威，所以，武宗的“灭佛”措施并没能在全国范围内普遍推行，即使在唐朝中央政府控制的范围内也打了折扣。

5. 唐武宗“灭佛”事件对麦积山石窟几乎没有影响。孙晓峰先生对此有专门研究。[②]竹林寺石窟距麦积山石窟很近，直线距离最多也就是几十公里，而“地处秦州（今甘肃天水市）的麦积山石窟东距长安仅三百多公里”[③]，如果当年唐政府决心要毁灭麦积山悬崖上的石窟和塑（雕）像，那么无论什么人怎样去“抵制”或“保护”石窟都是无济于事的。麦积山石窟与徽县竹林寺石窟应该是“命运共同体”，在唐武宗“灭佛”事件中名扬天下的麦积山石窟尚且未受到影响，可知偏于一隅、几乎默默无闻的竹林寺石窟在该次事件中自然亦未受到影响。

6. 后周世宗“灭佛”是“三武一宗灭佛”事件中最为温和的，亦没有杀戮僧尼。后周世宗“灭佛”，准确地说，是“限佛”。据《旧五代史》载，显德二年（955）五月甲戌，

> 诏曰：
>
> “释氏贞宗，圣人妙道，助世劝善，其利甚优。前代以来，累有

---

①［日］释圆仁原著，［日］小野胜年校注，白化文、李鼎霞、许德楠修订校注《入唐求法巡礼行记校注》（原书名为《入唐求法巡礼行记の研究》），石家庄：花山文艺出版社，1992年，第416页。

②孙晓峰《三武灭佛对麦积山石窟的影响》，《敦煌学辑刊》1998年第2期，第106—111页。

③孙晓峰《三武灭佛对麦积山石窟的影响》，第106—111页。

条贯,近年已降,颇紊规绳。近览诸州奏闻,继有缁徒犯法,盖无科禁,遂至尤违,私度僧尼,日增猥杂,创修寺院,渐至繁多,乡村之中其弊转甚。漏网背军之辈,苟剃削以逃刑;行奸为盗之徒,托住持而隐恶。将隆教法,须辨否臧,宜举旧章,用革前弊。

诸道州府县镇村坊,应有敕额寺院,一切仍旧,其无敕额者,并仰停废,所有功德佛像及僧尼,并腾并于合留寺院内安置。天下诸县城郭内,若无敕额寺院,只于合停废寺院内,选功德屋宇最多者,或寺院僧尼各留一所,若无尼住,只留僧寺院一所。诸军镇坊郭及二百户已上者,亦依诸县例指挥。如边远州郡无敕额寺院处,于停废寺院内僧尼各留两所。今后并不得创造寺院兰若。王公戚里诸道节刺已下,今后不得奏请创造寺院及请开置戒坛。男子女子如有志愿出家者,并取父母、祖父母处分,已孤者取同居伯叔兄处分,候听许方得出家。男年十五已上,念得经文一百纸,或读得经文五百纸,女年十三已上,念得经文七十纸,或读得经文三百纸者,经本府陈状乞剃头,委录事参军本判官试验经文。其未剃头间,须留发髻,如有私剃头者,却勒还俗,其本师主决重杖勒还俗,仍配役三年。

两京、大名府、京兆府、青州各处置戒坛,候受戒时,两京委祠部差官引试,其大名府等三处,只委本判官录事参军引试。如有私受戒者,其本人、师主、临坛三纲、知事僧尼,并同私剃头例科罪。应合剃头受戒人等,逐处闻奏,候敕下,委祠部给付凭由,方得剃头受戒。应男女有父母、祖父母在,别无儿息侍养,不听出家。曾有罪犯,遭官司刑责之人,及弃背父母、逃亡奴婢、奸人细作、恶逆徒党、山林亡命、未获贼徒、负罪潜窜人等,并不得出家剃头。如有寺院辄容受者,其本人及师主、三纲、知事僧尼、邻房同住僧,并仰收捉禁勘,申奏取裁。

> 僧尼俗士，自前多有舍身、烧臂、炼指、钉截手足、带铃挂灯、诸般毁坏身体、戏弄道具、符禁左道、妄称变现还魂坐化、圣水圣灯妖幻之类，皆是聚众眩惑流俗，今后一切止绝。如有此色人，仰所在严断，递配边远，仍勒归俗，其所犯罪重者，准格律处分。每年造僧帐两本，其一本奏闻，一本申祠部，逐年四月十五日后，勒诸县取索管界寺院僧尼数目申州，州司攒帐，至五月终已前文帐到京，僧尼籍帐内无名者，并勒还俗。其巡礼行脚，出入往来，一切取便。”
>
> 是岁，诸道供到帐籍，所存寺院凡二千六百九十四所，废寺院凡三万三百三十六，僧尼系籍者六万一千二百人。①

复据《资治通鉴》载，显德二年，“敕天下寺院，非敕额者悉废之。禁私度僧尼，凡欲出家者必俟祖父母、父母、伯叔之命。惟两京、大名府、京兆府、青州听设戒坛。禁僧俗舍身、断手足、炼指、挂灯、带钳之类幻惑流俗者。令两京及诸州每岁造僧帐，有死亡、归俗，皆随时开落。是岁，天下寺院存者二千六百九十四，废者三万三百三十六，见僧四万二千四百四十四，尼一万八千七百五十六”②。由《旧五代史》和《资治通鉴》的记载可以看出，所谓后周世宗“灭佛”，看起来具有一定的必要性，主要是针对佛教本身或因佛教而出现的一些现实社会问题而采取的相应措施，而且实际上只是将佛教限制在一定范围内，对佛教进行了一定程度的整顿而已，并没有禁绝佛教的存在及其活动，故杀戮僧尼之疑无从谈起。

①[北宋]薛居正等《旧五代史》卷115《周书·世宗纪第二》，北京：中华书局，1976年，第1528—1531页。

②[北宋]司马光编著，[元]胡三省音注《资治通鉴》卷292《后周纪三·世宗显德二年》，第9527页。

7. 从遗迹分析,竹林寺石窟被破坏并非发生在“文革”时期。据曹鹏雁先生调查,20 世纪 70 年代“农业学大寨”中修建水平梯田,当地农民在山麓地带掘运土方过程中首次发现了许多灰陶脊兽等建筑构件、小石佛等佛教遗物。1990 年暴雨过后发生滑坡,遂使被掩埋在黄土坡中的石窟露出地面,伴随出土的还有一些灰烬、青砖、方块莲花灰陶砖等。笔者由此推断,直到“文革”时期那些佛教遗物才被发现,说明它们在当时就已经是历史遗物了。由这件事本身就可以直接排除竹林寺石窟及其造像的毁坏系发生于“文革”时期的可能性。

8. 古代史上氐族人、吐蕃人、金人、蒙古人,农民起义,其他多种力量曾经占领或路过陇南徽县(竹林寺石窟一带),但因为他们多数信佛,故可排除对他们破坏佛寺(石窟)、杀戮僧尼之猜疑。近代亦有少数民族曾经路过或据有今榆树乡一带,但他们主要是与清朝或民国的统治者、军阀进行斗争,虽然其间也可能夹杂着宗教矛盾,但这种矛盾主要不是由于宗教或民族争端而引起的,根本上当是由阶级矛盾所引起,且他们无暇顾及佛寺佛像,即使他们破坏窟寺,也不会只毁佛像、不毁窟龛,故亦可排除对他们破坏佛寺(石窟)、杀戮僧尼之猜疑。此外,当地也有人说竹林寺石窟是为朱棣毁坏,但我们没有掌握这方面证据,也不能自圆其说。如果朱棣派人以毁佛为名找到并杀死建文帝,那么根据明代统治者实行佛、道俱奉的政策,也不会做出“毁佛”的事情来,根本用不着毁坏佛像,更不会只毁佛像、不毁窟龛。

由以上论述我们得出结论:竹林寺石窟被毁,最大的可能是发生于北魏太武帝毁佛时期。

(三)从历史地理及佛教遗迹的分布看,竹林寺石窟当始凿于北朝时期

竹林寺石窟北侧一处崖壁上摩崖文字因年久风化,多已模糊,唯“大明、徽州”几字尚可辨认。笔者推测此处摩崖文字或与明代官方茶马事务

有关，而官方茶马事务与地理交通有关，佛教传播及石窟开凿则恰与地理交通有关。古代火站村就是位于河池市南北交通要道上一处驿站所在。明代火站村是通往秦州的茶马古道上的徽州茶叶批验所、巡茶察院所在地，负责朝廷的茶叶专卖事务，这件事本身就说明了火站村在古代地理交通方面的重要性。“明嘉靖十七年，监察御史沈越担任巡茶陕西御史，下令在徽县火钻峪修建巡茶察院行台，作为巡茶御史驻扎办公之所，由此可见该地在茶马古道上的重要地理位置”。[①]《徽郡志》曰：“州北六十里火钻峪，系运茶要路。旧制设有茶引所衙门在焉，其汉中府所属五州县课茶俱由此地运送秦州三十五里店交割。”[②]吕楠的《新修巡茶察院行台记》记载了嘉靖十八年（1539）朝廷派来负责监察徽州茶院事务的官员沈越负责新修火站镇巡茶察院行台的情况，文中述及明代茶马交易的政治、军事、经济意义及火站村在当时茶马交易中的重要地理交通地位。[③]《徽郡志》又载：“徽自汉魏以来为河池地，往迹可考。明兴，置郡。顾山河佳丽，风物宣朗，且介于

---

①李欣瑶、周者军、罗卫东《茶马古道·穿越千年的商贸走廊》，《甘肃日报》2013年12月31日第5版。

②[明]孟鹏年修，[明]郭从道纂《徽郡志》，第59页。

③吕楠《新修巡茶察院行台记》曰：“徽州火钻镇，旧设批验所，与秦州骆驼巷、稍子镇同，后至巡茶刘君俱奏革去。惟火钻镇，官虽革而印未缴也。嘉靖戊戌（“嘉靖戊戌”年即嘉靖十七年，公元1538年），犹铨注一大使，然而于所无衙、于官无事，如虚衔耳。戊戌之秋，应天沈君中甫奉命巡茶陕西，至火钻镇，叹曰：‘此地去徽六十里程，去秦二百里程，而茶马由是通焉，岂可以无官守与公署哉！况虏酋一寇，众逾十万。近者吉囊、俺答之种，最号精强；而哈喇慎亦黠虏也，不时南侵，墙堵而来，虽有秦、巩、临、平、甘、宁、固、靖诸路之兵，然众寡不敌，又多软脆，望尘奔遁，莫敢支持。人徒以为虏强而我弱也，殊不知御虏在士，奋士在马，畜马在茶，行茶在公署。公署不立，而欲茶之行者鲜矣。茶课不足，而欲马之畜者鲜矣。马力不齐，而欲士之奋者鲜矣。军士不奋，外欲攘敌以却虏，内欲安夏而保邦者，未之前闻也。然则火钻镇察院行台之建，岂可少且缓乎？’君乃先行广、宁、开、城七苑，查见在大小儿课、驹马，万有四千有零，其倒、死、拐、逃、被盗者，皆备查，其数比之原额率亏损十三焉。如是而茶课犹缩，保寨犹敝，马之不寖耗以亡者几希。虽有塞渊之心，其如云锦之群，何哉？尔乃令汉中府岁办地亩，课茶五十四万，依期起运，禁茶园、店户盗卖欺隐，而中茶商人领引之后，不得辗转兴贩、别务生理，久不完销，以稽国课。虽山西诸处，各该原籍亦必监候家

陇、蜀之间,天然四塞,实称形胜,视他郡,亡多让焉。”①“先年议,在秦州、秦安、清水、礼县四处佥编运茶脚户刘文光等百有余名住居本镇。”②“运茶脚户”“百有余名”,可见当时通过火钻峪的茶叶运输交易量之大。据清代张伯魁纂修之《徽县志》载:“火钻站③,明初置察院行台(与秦州稍子店同设),按验茶马于此。”④王邦《宿火钻行台》诗曰:“下马孤亭客路长,万峰回绕郁苍苍。山川不尽皆文物,禾黍犹存几战场。峡口远连江水白,陇头近是塞云黄。危途总有登临兴,无奈猿啼欲断肠。”⑤这首诗反映了火站村一带的历史遗迹、自然环境和道路交通状况等。陈棐的《火钻岭辞》以写实的风格、夸张的口吻、生动的笔触描写了火站镇周围原始、艰险的环

(接上页)属。又令洮、河、西宁三道督察三茶马,官吏于运到茶斤,不得收粗恶者于库内以易马,而以甘美之茶给商人,又令守、巡、参将诸官,责各衙门巡捕官,即理巡茶。而西戎土番,迭、溪、松、茂以至西宁、嘉峪诸处私贩茶徒,不得肆行潜通番人易其马。又令各驿递衙门,于发到摆站、瞭哨,茶徒、纳工、拘役及贫病者,各有所处。又令甘、肃二行太仆寺及陕西都、行二司,严视官军马匹,不得走失、疮瘙;而椿朋、地亩、马价,亦皆及时完征;并禁官马,不得驮载私物、减其粮料。又令派定空闲牧军、守候,茶马一到,即时俵领,勿得守至旬月,致马瘦损至啮柱槛,其各苑亦必相水草之宜,而腾驹、游牝,各得其所,圉长、群头,皆不得惰偷、闲旷,以废其业。又令苑马寺通行分管三路官员,亲诣各该监苑,巡视寨堡,务必高墙深暂(堑)、坚实完厚,保障地方收敛马匹,勿致损失。夫汉茶有招马之令,番人有市马之乐,监苑有饲马之实,寨堡有护马之所。行之数年,虽騋牝千亿,亦可睹也;比物四骊,不啻言矣。徽守、刺史王时雍言:‘沈君存心正大,行事严明,合省官员皆敬慕之,宜其锡马,蕃庶强壮,’边圉如此也,行台正厅三楹,东西厢房共六楹;后厅三楹,东西厢房亦六楹;三门、大门各三楹;若大使之宅第,则行台之西亦不下一、二十楹。器用诸物皆具。是役也,始于嘉靖十八年五月初十日,落成于本年九月二十七日。未几,沈君已竣事,去还朝矣。去行台之第二年庚子七月,徽人来速记,予遂述其所闻美政一、二以告后来。沈君,讳越,中甫其字也,别号鹿村,南京锦衣卫人起家,嘉靖壬辰进士。”文见[明]孟鹏年修,[明]郭从道纂《徽郡志》,第207—212页。

①[明]孟鹏年修,[明]郭从道纂《徽郡志》,第9页。

②[明]孟鹏年修,[明]郭从道纂《徽郡志》,第59页。

③“火钻站”即指今徽县榆树乡火站村。

④[清]张伯魁纂修《徽县志》,第69—70页。

⑤[清]张伯魁纂修《徽县志》,第630页。

境状况。[①]张伯魁纂修之《徽县志》又载:“徽县,古河池,从来用武之地也,襟要陇蜀,形胜险阻,百二疆场,实有赖焉。”[②]徽县“治在秦州南一百七十里,广一百八十里,袤一百二十里,城东……至簸箕湾,距城七十里,交两当县界;城西……至烟墩,距城四十里,交成县(横川)界;城西南……至大石碑,距城七十里(自王家河经大石碑至江口,人马厉度、单身负贩者由石碑行),交汉中府略阳县界;城北少东十里银杏镇,又二十里峡门,又十里火钻站,又二十里榆树坝……至高桥,交秦州界,距城一百里;城北……至大门镇,距城一百九十里,交秦州(黑林沟)界”。[③]“岩山环峙,江水合流,东接连云,西盘百顷,关隘扼嵘,溪谷张翼,为秦陇之藩屏,控巴蜀之门户。(巩昌旧志·形胜)县接秦陇,本汉河池故县,而地控天水、连汉中,称为要害,陇蜀有事,河池在所必争。”[④]“火钻峪,北五十里,峪之东,联属平顶山。”[⑤]“火钻峪,骆坝诸峰联属。”[⑥]“榆树镇,北六十里。”[⑦]“前人”撰写之

---

①陈斐《火钻岭辞》曰:“山尖石丹兮,火钻巃嵸而在旁;春馆一宿兮,寒气栗烈而侵床;阴风吹林兮,孤月照窗;仇池洞兮,陈元光;刿藤灿兮,兔颖霜;呵冻疾书兮,缩袖忙;晨旆北出兮,惊飚凉;悬流洒雪兮,怪石如房;岩峦云蔽兮,势飞张;卉木胶轕兮,兼丛篁;石枣兮,间乌桑;铁杠兮,杂黄杨;槲叶干兮,蔓荆长;不见天日兮,虎豹藏;白狐立兮,或跳梁;时挂树兮,崖之羊;人上栗兮,怵彷徨;转折登岭忽开豁兮,北瞰万垒而青苍;瞻蓬莱之楼观兮,红云一望以迷茫;明堂拱勋华之圣兮,皋夔布列于岩口恐无辜之或杀分致矜恤于遐方;叮咛纶命兮,分遣刑郎;布德宣意兮,和气靡伤;顾尔狞恶之兽兮,吮血牙枪;使一夫被尔吞噬兮,是抗违万乘之天王;宣口鱼之戮逐兮,锁支祁于隍洋;枯树崩崖兮,蟒横虬口;愿取此木为薪燎兮,散边隅寒苦之乡;使家如温室兮,比屋春阳;留蒨郁之松盖兮,斤斧勿戕;结茯苓之千岁兮,琥珀凝光;采菖蒲于太华兮,劚黄精于洛商;并持献于圣主兮,俾万寿之延长;稍分金匕之羹兮,贻我慈堂;使萱寿纪蟠桃之历兮,海内同不老之方;副圣主好生之德兮,遍万里而周八荒;辞曰‘山高林深势险恶’兮,驱兽焚林;下民攸托兮,献太平乐兮,俾万年祚兮。”此据[清]张伯魁纂修《徽县志》,第627—629页。

②[清]张伯魁纂修《徽县志》,第25页。

③[清]张伯魁纂修《徽县志》,第26—28页。

④[清]张伯魁纂修《徽县志》,第28—29页。

⑤[清]张伯魁纂修《徽县志》,第45页。

⑥[清]张伯魁纂修《徽县志》,第48页。

⑦[清]张伯魁纂修《徽县志》,第71页。

诗文《火钻道中》云:“满空猿鹤笑劳人,江上浮鸥未可驯。水驿蒙蒙化气永,山程叠叠鸟声亲。最怜瘠苦连三郡,着意经营又七春。往日兵戈今已息,扶犁仆仆劝斯民。”①由诗名中“火钻道”及诗意可以推知,古代的火站村就是一个交通要地。以上材料记载并说明了古代徽县榆树乡火站村(竹林寺石窟)的周围环境、道路里程,在政治、军事、商贸、地理交通尤其是在陇蜀交通方面的重要性等。

竹林寺石窟所在的火站村一带自古以来即是交通要道所经,有“庙湾里”“娘娘石”“炮台”等充满历史或宗教色彩的古地名,至今在由316国道通往榆树乡的公路上尚能见到“普陀村”等地名提示牌,在徽县县城通往永宁镇的公路上尚能见到“石佛村”等地名提示牌,类似的情况在徽县其他地方及陇南其他各县都存在,由此可略知古代佛教的传播和兴盛程度。郑国穆先生认为,陇南是川茶入甘的必经之路,陕西、湖广、福建等地的茶叶也都从陇南进入,源源不断地运往各地。②而在这条线性文化遗产中,所蕴含的不仅仅是与茶、马等关联的物质文化遗产,还包括沿着茶马古道来往传播的宗教、信仰、语言、服饰、风俗等非物质文化遗产。③由于境内外交通的通畅以及自东汉以来佛教流行渐久的缘故，北朝时期竹林寺石窟周围一带开凿了很多石窟寺,竹林寺受到影响是毋庸置疑的。火站村东北方向有中国四大石窟之一的天水麦积山石窟，其对竹林寺石窟的影响无疑是最大的。今天水市、陇南市境内还有仙人崖、豆积山、大像山、华盖寺、木梯寺、拉梢寺、千佛洞、水帘洞、显圣池、法镜寺、八峰崖、佛孔、大云寺、金

①[清]张伯魁纂修《徽县志》,第664页。

②李欣瑶、周者军、罗卫东《茶马古道:穿越千年的商贸走廊》,《甘肃日报》2013年12月31日第5版。

③李欣瑶、周者军、罗卫东《茶马古道:穿越千年的商贸走廊》,《甘肃日报》2013年12月31日第5版。

莲洞、甸山、广佛寺、真空寺、佛爷崖、罗汉洞、西姑庵、千佛洞、董真庵等佛教(或以佛教为主的)石窟(或佛教遗址),距竹林寺石窟最近的是真空寺石窟和广佛寺石窟,迄今尚存。这些石窟中,一部分开凿于北魏(或北魏以前)时期;至迟在后秦时期,麦积山石窟已经被开凿。仅在今徽县境内,古代佛教寺院(石窟寺)遗址就遍布各处。徽县志编纂委员会编纂之《徽县志》载:

……清末佛教衰落……1949 年底……有佛教寺院 13 处,分别为坐落在伏家镇北的北禅寺、水阳乡新寺村的南禅寺、柳林镇江口的真空寺和甘沟村的圣泉寺、永宁乡三泉村的三泉寺、泥阳镇的铁佛寺和福兴寺、江洛镇下寨村的广佛寺、麻沿河乡麻沿河村的清凉寺、榆树乡王庄村的东禅寺、东关乡石佛村的石佛寺、银杏树乡中川村的庆寿寺以及城关镇西寺村的兴善禅院。①

这些佛寺大多数留存到现在，虽是对 1949 年前至当代的佛寺的统计,但其实都具有自南北朝以来的传承关系。竹林寺石窟不仅受到了其他佛寺(石窟寺)的影响,而且是甘肃东南部地区众多佛寺(石窟寺)之一。今天有的佛寺可能连寺址和寺名都难以稽考了,即使有名称记载的佛寺(石窟寺),其具体始建年代或也难以确知,但这些情况并不影响现存不多的地方志史料对于古代广建佛寺史实的实证作用。天水、陇南一带北朝时期佛教就很兴盛,发展迅猛,开窟造像活动较为普遍,其一部分佛寺(石窟寺)创始于北朝时期(或更早),如麦积山、拉梢寺、法镜寺、八峰崖等石窟的部分窟龛及造像,所以竹林寺石窟开凿于北朝时期是极有可能的。

---

①徽县志编纂委员会编《徽县志》,第 906 页。

小结

本节除了刊布调查竹林寺石窟所获材料以外，主要围绕竹林寺石窟的开窟年代问题，从窟龛及造像特征、中国古代史上的“三武一宗灭佛”、地理交通及佛教传播、窟龛开凿等方面进行了考论。窟形（单身佛龛）及造像与麦积山、法镜寺北朝至隋唐间的窟龛及造像风格相近。现存六个窟中唯第 5 窟一佛独坐；第 6 窟现存古代八十八佛造像小龛仍在。八十八佛造像遗迹是陇南各石窟寺中所仅存，故其被发现本身就具有重要意义。竹林寺石窟宣扬十方三世佛（千佛）观念。竹林寺石窟与陇蜀交通有着不可分割的关系。我们根据多种因素得出竹林寺石窟开凿于十六国时期、北魏早期的结论，相关问题尚待进一步研究。历史上被埋藏的那些佛像、菩萨像、其他佛教遗物，可能早已被盗掘、被毁坏，也可能迄今还秘藏于竹林寺石窟附近某个地方，或许终有一天会被有缘者挖掘出来而使之面世。无论如何，竹林寺石窟具有一定的研究价值。

第三节　真空寺石窟调查与研究

甘肃省徽县境内佛教遗迹属陇南市最多县份之一，诸如佛爷崖石龛[①]、竹林寺石窟[②]、广佛寺石窟[③]、罗汉洞石窟、清凉洞石窟、郇家庄白塔、北禅寺[④]、南禅寺、圣泉寺、三泉寺、铁佛寺、福兴寺、东禅寺、石佛寺、庆寿寺、兴善禅院等。[⑤]

①孙晓峰《甘肃陇南几处中小石窟调查简报》，第 3—11 页。苏海洋《试论陇南石窟、石刻与陇蜀交通》，第 14—17 页。王百岁《甘肃省徽县佛爷崖石龛研究》，《甘肃高师学报》2017 年第 8 期，第 78—84 页。

②王百岁《徽县竹林寺石窟调查与研究》，第 54—60 页。

③孙晓峰《甘肃陇南几处中小石窟调查简报》，第 3—11 页。

④孙晓峰《甘肃徽县境内佛教遗迹与青泥道之间相关问题的考察与研究》，张承荣、蒲向明主编《陇蜀青泥古道与丝路茶马贸易研究》，成都：四川大学出版社，2018 年，第 341—351 页。

⑤徽县志编纂委员会编《徽县志》，第 906 页。

而且附近的天水[①]、成县[②]、西和[③]、两当[④]、武都[⑤]等都有很多佛教石窟。位于徽县柳林镇磨沟村的真空寺石窟，别称“真宫寺”，即为徽县诸石窟之一。宋代智圆法师曾说：“始以般若真空荡系著于前，终依净土行门求往生于后”，故“真空”之名当与主张儒、释、道“三教合一”的孤山智圆等的净土归趣有关。

一、真空寺石窟现状

史轲先生对真空寺石窟作了如下介绍：

> 真空寺石窟，明代开凿，位于徽县柳林镇磨沟村北 300 米的崖壁上，现存 5 个摩崖浅龛和 1 个平面方形平窟。龛内造像多已风化残损，窟内造像残毁无存。[⑥]

那么实际情况如何呢？

经笔者考察得知，真空寺石窟现存 1 座新建楼阁式庙宇（观音菩萨、普贤菩萨、文殊菩萨殿）（1 间），2 座依崖新建庙宇（九天玄女宫、横三世佛殿）（2间），1座新建灶房（内有明清遗留造像坛台，坛台上有 2 身残像）（3

---

①郑炳林、魏文斌主编《天水麦积山石窟研究文集》（全 2 册），兰州：甘肃文化出版社，2008 年。董玉祥《仙人崖石窟（上）》，《敦煌研究》2003 年第 6 期，第 32—37 页。董玉祥《仙人崖石窟（下）》，《敦煌研究》2004 年第 1 期，第 23—26 页。孙晓峰、臧全红《甘肃武山木梯寺石窟调查简报》，《敦煌研究》2008 年第 1 期，第 27—34 页。

②王百岁《甘肃省成县五仙洞石窟与南宋禅宗》，第 107—116 页。

③王百岁《甘肃省西和县法镜寺石窟调查与研究》，《敦煌学辑刊》2017 年第 3 期，第 154—167 页。

④孙晓峰《甘肃省两当县西姑庵佛教遗址考察》，第 24—36 页。

⑤王百岁《武都朝阳洞石窟调查与研究》，《甘肃高师学报》2022 年第 4 期，第 69—76 页。

⑥史轲《甘肃省陇南境内石窟寺概述》，第 24—27 页。

间),1 座新建僧房(2 间),1 座新建柴房(3 间),1 座新建山神土地庙(1 间);明清时期遗留佛龛 2 个、完整石窟 1 个,造像残骸 5 身(头颅全被损毁)、残迹 4 处,造像衣裾残骸 2 身,壁画无存,明、清碑共 4 通。

笔者对现存明清窟龛进行了编号,为了其他学者研究的方便,特与孙晓峰师兄的编号保持一致,将北部的完整石窟编为 1 号窟,南部的大龛编为 2 号龛,中部的小龛编为 3 号龛。

图 3-11 真空寺石窟 2 号龛

图 3-12 真空寺石窟 3 号龛残损塑像

图 3-13 真空寺石窟 1 号窟内景(局部)

图 3-14 真空寺石窟 1 号窟外景

1 号窟:窟门部分分上下两层,上层为木框明窗,下层为窟门。明窗长 245 厘米,宽(高)130 厘米;洞门高 130 厘米,宽 73 厘米。窟呈平面纵长方平顶(中间略微拱起)形,窟中间部分宽 375 厘米,高 343.5 厘米,进深 625 厘米。原有造像无存,无壁画。

2 号龛:长 983 厘米,高于龛下路面 884 厘米。从造像残迹看,原有造像似有 10 身,现存明清时期造像残骸 5 身、衣裾残骸 4 身。自南向北,5 身残像高依次为 79.5 厘米、83 厘米、90 厘米、82.5 厘米、89 厘米, 衣裾残骸均高 17 厘米。无壁画。

3 号龛:长约 575 厘米,高于龛下地面 145 厘米。从造像残迹看,原有造像似有 3 身,现存明代造像残骸 2 身、衣裾残骸 1 身。自南向北,2 身残像高依次为 85 厘米、77 厘米。无壁画。

共有 4 通碑,砂砾岩石碑,粗糙、易风化,系镌刻发愿文或记录修葺功德。字迹皆已模糊不清,能释读的文字亦可披露一些有效信息。依由外往里的顺序对碑进行编号。1 号碑碑阴无字,碑阳碑额为“万古千秋”,落款有“皇清道光二十二年九月”字样。3 号碑因紧靠崖壁,碑阳末纵行部分文字被崖体掩盖,不能全部看清,但能释读如下文字:“……见在者吉如意……治二年正月石匠……”仅这几个字,却提供了十分重要的线索,可以据此推测本石窟创始的大致时间。那么“治二年”是“弘治二年”(1489)还是“同治二年”(1863)呢? 恰好 3 号碑碑阴有“弘治①二年正月吉日石匠张善万造”等字样,故可以肯定,“治二年”是指“弘治二年”。这说明,真空寺的始凿,应不晚于明弘治二年。(碑文见附录)

将现存石窟与造像和明代的相比,变化很大,可见历史的沧桑在该石窟留下了明显的痕迹,但除了自然的风化,肯定还有人为的破坏。

二、真空寺石窟反映了明清时期陇南、天水一带佛教传播和发展状况

经查阅地方志,证实笔者的推断是正确的。清代张伯魁纂修《徽县志》载:“真空洞,东北六十五里,山石崚嶒,三、四里达其巅,茂树郁葱,不易登

①弘治:明孝宗朱祐樘年号(1488—1505 年)。

陟。洞中铁佛三十有二，今失其一。悬崖佛像，殆以百数，明成化[①]间重修。碑记犹存。其下为穆家坪。”[②]“真空寺，东北八十里，在江口川北，无寺宇，洞中铁佛三十有一，悬崖皆有佛像，明宏治[③]中修。案真空寺、铁山寺、罗汉洞皆流遗久远，而旧志所不载，今虽荒落，迹尤[④]存焉，故列之。”[⑤]“群峰不肯下，卓立势堪吁。仰面天应小，低身地欲无。兽禽愁附着，草木强荣枯。浮世自相逐，谁能哀鄙夫。”“步履随僧指，冷风铁佛威。峰峦逼霄汉，岩洞落光辉。万象森如动，孤云耿自依。只因最深处，识者古来稀。”[⑥]

根据以上记载，结合石窟的现状，至少可以想到如下几点：

第一，不同的地方志书对真空寺一些具体内容的记述不尽相同，同一方志对同一事情的记载也可能有出入。

第二，明清时期，真空寺及其周围一带佛教相当兴盛，信仰者众多。真空寺原有佛像数量众多，但这些佛像今天已经见不到了。据《徽县志》载，1949 年底，全县有和尚 7 人，尼姑 7 人，居士 543 人，信教群众 300 余人。有佛教寺院 13 处。[⑦]

第三，真空寺石窟在明代多次重修。佛教在一定时期的活动状况也可以反映出当时的政治状况以及统治阶级的政策和对待老百姓的态度。根据碑文记载，明孝宗朱祐樘弘治年间（1488—1505），即重修了真空寺。明孝宗朱祐樘是一个开明、宽仁的皇帝，在位期间，其革新吏治、罢黜冗官、安抚边境、慎施刑罚、减免赋税、赈济饥民，尝言：“凶岁当损上益下。必欲

①成化：明宪宗朱见深年号（1465—1487）。

②[清]张伯魁纂修《徽县志》，第 47 页。

③“明宏治”应为“明弘治”。

④“尤”应为“犹”。

⑤[清]张伯魁纂修《徽县志》，第 195 页。

⑥[清]张伯魁纂修《徽县志》，第 675—676 页。

⑦徽县志编纂委员会编《徽县志》，第 906 页。

取盈,如病民何。""敕法司曰:'……务存心仁恕,持法公平,详审其情罪所当,庶不背于古圣人钦恤之训。'"①政策比较宽松,百姓能够安居乐业,社会矛盾缓和,故佛教也比较兴盛。

第四,原有窟龛、塑绘被破坏程度相当严重,所剩残骸寥寥无几,说明窟龛、佛像是被人为破坏的,这种情况很可能发生在"灭佛"或"毁佛"等的背景下,笔者以为发生于民族矛盾(此时往往是民族矛盾和阶级矛盾交织在一起)尖锐时期的可能性是存在的;"三武一宗灭佛"事件早已成为历史;清朝虽发生过"文字狱",但统治者却信仰佛教;不过据真空寺里的僧人说,真空寺石窟里的塑像在20世纪六七十年代被毁。

三、真空寺石窟发现了净土宗第八代祖师云栖袾宏大师和第九代祖师蕅益智旭大师塑像(残骸)

净土宗亦称莲宗,主要依据《无量寿经》《观无量寿经》《阿弥陀经》立宗。源于东晋慧远,后经东魏昙鸾、隋唐之际道绰、唐初善导,正式创立。自中唐以后广泛流行,宋代出现了"禅净一致"和"台净合一"局面,宋明以后与禅宗融合,明清时期至为兴盛。汤用彤先生云:"净土宗者,因修持而借他力以往生之教也。""有唐一代,净土之教深入民间,且染及士大夫阶层。""盖当时士大夫根本之所以信佛者,即在作来生之计,净土之发达以至于几独占中华之释氏信仰者盖在于此。"②"宋代的净土信仰已经遍及佛教各派,成为共同趋向。其中,禅与净土的结合、天台与净土的融会,又是这一共同趋向中的主流。"③"明代净土独盛。""明代已是净土宗的天下。"④

①[清]张廷玉等《明史》卷十五《本纪第十五·孝宗》,北京:中华书局,1974年,第183—197页。

②汤用彤著《隋唐佛教史稿》,第155—158页。

③杜继文主编《佛教史》,第434页。

④陈扬炯著《中国净土宗通史》,南京:凤凰出版社,2008年,第436—467页。

"各宗归汇于净土。禅宗、天台宗、华严宗、法相宗等都成为净土的弘传者，净土普及于佛门，又通过佛门普及于民间，成为中国民众宗教的砥柱，形成取代大乘佛教的态势。"①即使是当代佛学泰斗、被誉为"玄奘以来第一人"的印顺法师尚言："净土为大小乘人所共仰共趋的理想界，如天台、贤首、唯识、三论以及禅宗，都可以修净土行，弘扬净土。这是佛教的共同倾向，绝非一派人的事情。站在全体佛教的立场说，与专弘一端的看法，当然会多少不同。"②

真空寺第2龛现存造像残骸5身、衣裾残骸4身，加起来是9身。以之咨询真空寺内的僧人，得知此原为13位祖师塑像。13位祖师，据笔者理解，从东晋到明末清初，净土宗共9位祖师；然后，从清初到近代有4位祖师，合起来总共是13位祖师。既然真空寺石窟为明代所开凿，那么，这正好与现存9身残骸（5身祖师塑像残骸加4身衣裾残骸）相吻合。这9位祖师当是：初祖慧远、二祖善导、三祖承远、四祖法照、五祖少康、六祖延寿、七祖省常③、八祖袾宏、九祖智旭④。塑造从慧远大师到省常大师的尊像，是将其作为历史人物或净土宗圣人或净土宗远祖来奉祀的，而塑造作为"明末四大高僧"的云栖袾宏大师和蕅益智旭大师即净土宗第八代祖师和第九代祖师的尊像是作为近祖来奉祀的。当然，二人塑像具体是哪两尊，已无从知晓，但肯定包括于上述9身之中。云栖袾宏和蕅益智旭的生卒年分别为1535—1615年和1599—1655年，而孝宗弘治期间为1488—1505年，说明此处祖师塑像，在弘治年间重修结束后，又于二位祖师先后圆寂后塑造，用来奉祀和纪念两位大师。蕅益智旭跨明、清两朝，说明真空

①陈扬炯著《中国净土宗通史》，第369—370页。

②释印顺著《净土与禅》，北京：中华书局，2011年，第1页。

③［南宋］志磐撰，释道法校注《佛祖统纪校注》（全3册），上海：上海古籍出版社，2012年，第533—574页。杜继文主编《佛教史》，第433—436页。

④杜继文主编《佛教史》，第433—436、448—462页。

寺此处在明代弘治年间重修后又于清代再修再塑，故可以笼统地说，真空寺石窟净土宗九代祖师尊像塑造于明清时期。

云栖袾宏，别号莲池，俗姓沈，杭州人。他的思想，继续贯彻宋、明以来教禅并重、三教合一的主张，而以净土为归趣。云栖袾宏对净土实践也非常重视，他提倡戒杀放生、慈悲众生，以传统道德约束徒众。他一生的著作有30余种，后人集为《云栖法汇》。清代释悟开《莲宗九祖传略》将他列为莲宗第八祖。

蕅益智旭，别号“八不道人”，俗姓钟，江苏吴县(今苏州)人。少年时曾著《辟佛论》，后读云栖袾宏之书，改变了看法。[①]先阅律藏，后学法相、禅、华严、天台、净土诸宗。蕅益智旭从宗派上说属于天台宗，但鉴于“近世台家与禅宗、贤首、慈恩各执门庭，不能和合”，故而不愿为天台宗人。他的思想被人以“融会诸宗，归极净土”概括。他由儒佛的调和进而达到三教一致。蕅益智旭曾根据阅读经藏20年的资料积累编成《阅藏知津》一书。该书兼具佛经目录和经籍提要的特点，对后世的刻经和阅藏有一定影响。[②]故真空寺当地佛徒所谓“净土宗十三代祖师塑像”之说不确，实际上没有塑造第十至第十三位祖师尊像。第十代祖师为行策大师，第十一代祖师为实贤大师，第十二代祖师为际醒大师，第十三代祖师为印光大师。[③]净土宗诸位祖师的塑像反映了明清时期陇南（徽县）、天水一带佛教及其宗派——主要是净土宗的传承情况和民众的佛教信仰状况。

四、真空寺石窟的开凿反映了陇蜀古道曾经兴盛

佛教与石窟艺术的传播与发展，都是通过道路交通实现的。如果没有

---

①陈扬炯著《中国净土宗通史》，第451页。

②杜继文主编《佛教史》，第452—455页。

③陈扬炯著《中国净土宗通史》，第468—480页。

丝绸之路的开通，甘肃一系列石窟的开凿都是不可能的，[①]徽县真空寺石窟也不例外。因佛爷崖石窟的发现证明秦蜀古道与陇蜀古道在河池（今徽县）汇合后经姚坪翻越青泥岭入川，[②]故真空寺石窟的开凿必与陇蜀古道、秦蜀古道相关，只有在陇蜀古道和秦蜀古道兴盛时佛教及其艺术传播才更通畅、更便捷。陇南自古以来处于丝绸之路与陇蜀道、秦蜀道的交叉点。[③]关于真空寺石窟，杨发鹏先生的《两晋南北朝时期河陇佛教地理研究》和介永强先生的《西北佛教历史文化地理研究》均未提及具体的交通线路[④]，但一定与宋明及以后时期的茶马古道有关。[⑤]距真空寺石窟不远的徽县火钻镇明清时期一度成为巡茶御史的官署之地，成为全国茶马交易管理中心。况自唐宋以来，茶与佛教就有着不可分割的关系。在艰险的陇蜀古道上行走的人们需要心理的慰藉。[⑥]“陇南地处河陇东南部，是丝绸之路向东、向南的重要通道”[⑦]。处于丝绸之路中段与陇蜀古道北段的陇南、天水一带在明代以前就已成为茶马互易的中心地带。[⑧]徽县境内有很多佛教遗

①敦煌研究院、甘肃省文物局编《甘肃石窟志》，第 2—9 页。

②苏海洋《试论陇南石窟、石刻与陇蜀交通》，第 14—17 页。苏海洋《祁山古道南秦岭段研究》，《西北工业大学学报（社会科学版）》2009 年第 2 期，第 48—52 页。

③赵逵夫《蜀道变迁与陇南交通》，《兰州交通大学学报》2017 年第 5 期，第 1—4 页。吴景山《丝绸之路在甘肃的线路述论》，《兰州大学学报（社会科学版）》2013 年第 3 期，第 1—10 页。

④杨发鹏著《两晋南北朝时期河陇佛教地理研究》，成都：四川出版集团巴蜀书社，2014 年，第 1—354 页。介永强著《西北佛教历史文化地理研究》，北京：人民出版社，2008 年，第 1—321 页。

⑤孙晓峰《甘肃徽县境内佛教遗迹与青泥道之间相关问题的考察与研究》，第 283—299 页。王义、熊双平《茶马互市与徽州述略——以郭从道〈徽郡志〉为主要考察对象》，《天水师范学院学报》2017 年第 6 期，第 14—18 页。郑国穆《甘肃陇南地区有关茶马古道文化遗产的考察和研究——甘肃茶马古道文化线路遗产考察之一》，《丝绸之路》2011 年第 16 期，第 18—27 页。

⑥王义、熊双平《茶马互市与徽州述略——以郭从道〈徽郡志〉为主要考察对象》，第 14—18 页。

⑦杨发鹏著《两晋南北朝时期河陇佛教地理研究》，第 275 页。

⑧赵逵夫《茶马古道说陇南》，《档案》2016 年第 12 期，第 52—54 页。

迹和石窟、寺庙、佛塔，诸如广佛寺石窟、清凉洞石窟、罗汉洞石窟、佛爷崖石龛、竹林寺石窟、北禅寺、白塔寺（白塔）等，还有与徽县毗邻的成县红川甸山石窟和甸山寺庙群等，恰好都处在陇蜀古道沿线或附近。[①]正如孙晓峰先生所说，无论是石窟寺的开凿、寺院的兴建，还是佛塔的修筑，均与徽县境内古代交通路网的形成与变迁有密切关系，同时也与不同时期历史地理、经济、文化状况等紧密相关。[②]高天佑先生率先对陇蜀古道作了探索，他认为陇蜀古道主要可以分为嘉陵道、祁山道、沓中阴平道、洮岷迭潘道等，[③]其中的洮岷迭潘道，根据佛教历史地理专家的观点，习惯上多称为吐谷浑道或河南道，或称为羌氐道、雍梁道、羌中道。[④]真空寺石窟当与祁山道和嘉陵道关系最为密切。[⑤]真空寺石窟和位于徽县榆树乡火站村的竹林寺石窟[⑥]相距较近，与二者相关的路径应该是一样或相近的。距真空寺石窟不远处就是永宁河上游，永宁河向南注入嘉陵江，徽县柳林段永宁河畔峭壁上有一段挂壁公路，这段挂壁公路也叫江峡洞天公路，沿挂壁公路是自天水南下的交通古道，这条古道至迟在宋明时期即成为茶马古道的一部分，也是陇蜀古道的一条支线。既可以沿此路由秦州经皂角、娘娘坝向徽县柳林一带直接将佛教艺术传入，也可以由秦州沿祁山道经汉源（今西和）而入同谷（今成县），再由同谷折向东南，将佛教艺术传入柳林、真空寺一带，还可以由长安经宝鸡沿陈仓道向西南，再经由嘉陵道进入徽成盆地而通过永宁河谷北向将佛教艺术传入柳林、真空寺。

---

①孙晓峰《甘肃徽县境内佛教遗迹与青泥道之间相关问题的考察与研究》，第 341—351 页。

②孙晓峰《甘肃徽县境内佛教遗迹与青泥道之间相关问题的考察与研究》，第 283—299 页。

③高天佑《陇蜀古道考略》，第 60—67 页。

④郭盛《青海“河南道”佛教传播源流考释》，《青海师范大学学报（哲学社会科学版）》2010 年第 1 期，第 91—99 页。

⑤蒲向明《祁山古道：沟通南北丝路之陇蜀要津——以陇南祁山古道的文献和文学考察为视角》，第 30—36 页。

⑥王百岁《徽县竹林寺石窟调查与研究》，第 54—60 页。

五、真空寺石窟是一处儒、释、道三教合一石窟

自宋代以后，石窟三教合一成为一种趋势。陇南有不少石窟属于三教合一石窟①，真空寺石窟即是。云栖祩宏和蕅益智旭都倡导三教合一。云栖祩宏的思想，继续贯彻宋、明以来教阐并重、三教合一的主张，而以净土为归趣。关于三教关系，云栖祩宏认为，佛教可阴助王化，儒教可显助佛法，两者可相资而用。②他说，"核实而论，则儒与佛，不相病而相资，……是阴助王化之所不及者佛也。……是显助佛法之所不及者儒也。……则不当两相非，而当交相赞"③。三教"理无二致，而深浅历然；深浅虽殊，而同归一理。此所以为三教一家也"④。蕅益智旭少事理学，进入佛门后，仍对理学抱有感情，他提倡"以禅入儒，诱儒知禅"，著《周易禅解》《四书蕅益解》。他把"孝"作为二者调和的基础，认为"世出世法，皆以孝为宗""儒以孝为百行之本，佛以孝为至道之宗"。他由儒佛的调和进而达到三教一致，谓："道无一，安得执一以为道？道无三，安得分三教以求道？特以真俗之迹，姑忘拟焉。则儒与老，皆乘真以御俗，令俗不逆真者也。释乃即俗以明真，真不混俗者也。故儒与老主治世，而密为出世阶；释主出世，而明为世间祐。"⑤后世净土宗信仰者、功德主、工匠们在开窟造像时自然继承了云栖祩宏大师

---

①王百岁《甘肃省成县甸山石窟调查与研究》，第91—97页。王百岁《陇南石窟与儒道佛三教合一研究》，《甘肃高师学报》2021年第6期，第24—29页。王百岁《甘肃西和佛孔石窟调查与研究》，第115—123页。

②杜继文主编《佛教史》，第452—455页。

③[明]云栖寺沙门祩宏著《云栖法汇（选录）·竹窗二笔·儒佛交非》，《嘉兴藏》第33册，No.B277，第12—15卷，第45页上栏—中栏。

④[明]故杭云栖寺沙门祩宏著《云栖法汇（选录）·正讹集·三教一家》，《嘉兴藏》第33册，No.B277，第12—25卷，第77页上栏。

⑤[明]古歙门人成时编辑《灵峰蕅益大师宗论》卷第五之三《儒释宗传窃议序》，《嘉兴藏》第36册，No.B348，第10卷，第346页下栏。

和蕅益智旭大师的思想。再者,从现有造像看,除了上述佛龛中所塑佛像(残迹)外,还有横三世佛(中央释迦牟尼佛、东方药师佛、西方阿弥陀佛)、三大菩萨(观音菩萨、文殊菩萨、普贤菩萨)、九天玄女等塑像。九天玄女虽是道教神尊,但与中国历史文化直接相关,所以亦可以认为其是属于儒家的人物。[①]据清代张伯魁《徽县志》记载,洞中、悬崖皆有很多佛像,说明后来都被破坏了。真空寺石窟佛、道都有,而佛像居多,证明了这是一个以佛教为主的石窟,但明清时期的佛、道教造像都体现了儒家精神,这也是历史上三教合一发展到最后阶段的体现。[②]

小结

根据真空寺石窟碑文记载,真空寺石窟重建于明孝宗弘治年间(1488—1505)。又据《陇右金石录》所载《徽县真空寺碑》(碑已佚)有“成化”二字,说明很有可能至迟在明宪宗成化年间,《徽县真空寺碑》已被刻立;当然,先有真空寺石窟开凿,然后才可立碑纪念。故石窟开凿当更早。如此来说,不排除唐宋时期就有佛道活动的可能性。现存明清时期遗留残损佛龛 2 个、完整石窟 1 个,造像残骸 7 身、衣裾残骸 5 身,壁画无存,明、清碑共 4 通。

造像残骸中有净土宗第一代祖师慧远大师至第七代祖师省常大师塑像残迹,也包括第八代祖师云栖袾宏大师和第九代祖师蕅益智旭大师塑像残迹,可证明清时期陇南徽县一带净土宗盛行。故真空寺石窟对研究佛教在陇南的演变及净土宗的历史具有一定的积极意义。

---

①马书田著《中国道教诸神》,北京:团结出版社,1996 年,第 120—127 页。[西汉]司马迁撰,[南朝·宋]裴骃集解,[唐]司马贞索隐,[唐]张守节正义《史记》卷三《殷本纪第三》,北京:中华书局,1982 年,第 91—92 页。

②王百岁《陇南石窟与儒道佛三教合一研究》,第 24—29 页。

真空寺石窟塑像以佛教为主，但也有些道教造像和带有儒家性质的神仙、人物的塑像，反映了儒、释、道三教合一状况，可证此石窟为三教合一石窟。这对研究古代陇南佛教传播与交通道路、茶马古道发展变化，三教融合情况等，都具有一定价值。

第四节 徽县境内其他石窟

一、广佛寺石窟

广佛寺石窟位于甘肃省徽县江洛镇下寨村，镇政府西侧、国道316西侧的低矮山坡上。由土地庙、灵官庙、(新立)功德碑、三眼洞(关圣帝君殿、菩萨殿、三霄娘娘殿)、龙王庙、僧房等构成。

2012年5月，笔者随导师施萍婷先生及刘永增研究员、王惠民研究员、邰惠利副研究员、陈菊霞副研究员、宋利良老师、朱成录司机等第一次考察了该石窟。2013—2015年，笔者又多次前往进行考察，总共不少于10次。

原有塑像多被毁，但保存了3个原有窟。

第一窟：自然窟形。原有16罗汉已不全，现存有罗汉14身，或在部分保存原塑的基础上新塑新补。关圣帝君、关平、周仓等，均为新塑。

第二窟：阙形窟形。有文殊菩萨、普贤菩萨、观音菩萨，三佛、金刚、罗汉、唐僧师徒等塑像，均为新塑。窟门前左、右侧有石狮、石象各1身，虽已风化，但概貌仍存。

第三窟：拱顶窟形。鬼子母、送子娘娘等，均为新塑。

本处石窟之洞窟为古代（或认为明清时期，或认为清代）传承下来。但具体开凿时间及所体现的佛教思想、所反映的佛教史内容有待研究。张宝玺先生认为始凿于唐代①；孙晓峰先生认为“明或清代开凿，2003年重修”②；笔者认为始凿于唐代，复建于明代。

据调查，广佛寺寺庙（石窟）的创始时间不详，但三个洞窟可能都是在隋朝开凿的。广佛寺的主体部分原本位于山下，即现在江洛镇政府所在地一带（包括现在镇政府礼堂所在地），原来规模很大，“破四旧”时全被摧毁，就连现存石窟也遭到严重破坏，石窟中的塑像基本全部被毁。除了历史上政治运动性的、自然因素的破坏以外，1949年后一段时间（大概是60—80年代），曾有人住于洞窟内，对洞窟糟蹋破坏，洞窟（含窟顶、窟壁等）被熏黑。现存石窟还是古代遗留下来的石窟，只是个别地方进行了修补加固；现存石窟中的塑像基本上是新塑的。

三个洞窟皆坐西朝东。当地人是按照自上而下的次序对洞窟排序的，现存3个洞窟，即当地有名的“三眼洞”，上面的窟称作“大洞”（即第1窟），中间的窟称作“中洞”（即第2窟），下面的窟称作“二洞”（即第3窟）。第1窟门匾上书“乾坤正气”，第2窟门匾上书“菩萨洞”，第3窟门匾上书“卫房宫”。第1窟供奉的是关圣帝君等，第2窟供奉的是观音菩萨、文殊菩萨、普贤菩萨等，第3窟供奉的是三霄娘娘等。

第1窟：也称大洞、财神殿、关圣帝君殿、“乾坤正气”殿等。原石质前壁、窟门已毁坏殆尽，无明显痕迹。新建砖砌窟门外框宽168厘米，高245厘米，外框以内有木框及木板门。平面方形，顶部不规则。门宽140厘米，高206厘米。窟正中高310厘米，宽393厘米，进深392厘米。无壁画。依

①张宝玺主编《甘肃石窟艺术壁画编》。

②孙晓峰《甘肃陇南几处中小石窟调查简报》，第3—11页。

图 3-15 广佛寺石窟第 1 窟关帝殿十六罗汉(局部)

图 3-16 广佛寺石窟第 2 窟菩萨殿门外右侧石雕青狮首部

正(西)壁塑关帝、关平、周仓像 3 身，依南壁塑罗汉 14 身，皆为原塑，共 17 身。北壁无塑像。不过关帝北侧有文昌帝君牌位。笔者疑这些罗汉原为十六罗汉（十八罗汉的可能性不大,因为 14 身罗汉外所余空间似不够容纳 4 身罗汉)。依正壁坛基长 393 厘米,宽 140 厘米,高 67 厘米。北坛基长 260 厘米,宽 75 厘米,高 72 厘米。南坛基长 260 厘米，宽 90 厘米,高76 厘米。罗汉皆为站姿，其身高自东向西分别为:第一身,55 厘米;第二身,50 厘米;第三身,46 厘米;第四身,48 厘米;第五身,52 厘米;第六身,55 厘米;第七身,55 厘米;第八身,60 厘米;第九身,58 厘米;第十身,64 厘米;第十一身,68 厘米;第十二身,69 厘米;第十三身,46 厘米;第十四身,40 厘米。窟顶不规则,经常潮湿,有时漏水。

第 2 窟:也称菩萨殿、三大菩萨殿、三大士殿等。平面纵长方形,顶部不规则。有两重门,即原有石质窟门与新建木质窟门,石质窟门至木质窟门距离为 40 厘米,原窟门高 192 厘米,宽 97 厘米,原窟门也可能是拱形,因塌毁已看不出来原有窟门的形状。圆拱形(又近似穹窿形)顶,有破损。

20 世纪 90 年代重凿窟顶、窟壁，使之焕然一新。窟正中高210 厘米，宽 342 厘米，从石质窟门至窟后壁距离即进深为 470 厘米。无壁画。正壁坛基长 342 厘米，宽 113 厘米，高 68 厘米。两侧坛基均长 305 厘米，高 68 厘米，北侧坛基宽 50 厘米，南侧坛基宽 65 厘米。依正（西）壁新塑观音菩萨、文殊菩萨、普贤菩萨（分别坐或骑莲台、狮子、白象）。紧挨正壁坛基北端之北壁西侧塑唐僧、孙悟空、猪八戒、沙和尚。依西壁坛基南侧新塑达摩祖师。唐僧师徒四人、达摩皆新塑（或在原来基础上补塑）。南壁塑比丘、弟子、佛（或比丘——因头饰不像佛）、菩萨、天王等。三佛（或比丘）、菩萨、天王基本为原塑，但三佛（或比丘）亦似修补过；菩萨、天王身材为原塑，头皆为新补，其余皆为新塑。天王高 102 厘米，菩萨高 45 厘米，三佛（或比丘）高 19 厘米。北壁塑佛、菩萨、天王、比丘、弟子、旗手等。菩萨高48 厘米，天王高 115 厘米，旗手高 70 厘米，旗子长 80 厘米，旗杆长 60 厘米。菩萨、旗手、旗子皆为原塑，天王身材为原塑，头为新补，其余皆为新塑。依正壁塑像 4 身，北壁 10 身，南壁 12 身，共 26 身，北壁有一小龛为原来所凿，不知原塑何像，龛高 102 厘

图 3–17　广佛寺石窟第 2 窟菩萨殿内塑像及窟顶

图 3–18　广佛寺石窟第 3 窟娘娘殿内塑像及窟顶

米,宽 65 厘米,进深 13 厘米。窟门外近门处南、北两侧崖壁上有古代遗留下来的、固定于崖壁的石雕白象和青狮,已很模糊,象居北,狮居南,二兽皆呈蹲卧状,首部朝向窟门,均已被历代风雨剥蚀,现仅剩轮廓,象身长 170 厘米,头(含鼻子)高 76 厘米,身高 113 厘米,身宽 70 厘米;狮身长 120 厘米,头高 50 厘米,身高70 厘米,身宽 50 厘米。青狮与白象的雕凿,当与华严思想有一定关系。

第 3 窟:也称卫房宫、娘娘殿、送子娘娘殿、送子菩萨殿。有两重门,即原有石质窟门与新建木质窟门,石质窟门至木质窟门距离为 110 厘米,从石质窟门至窟后壁距离即进深为 198 厘米,窟中间部分高 156 厘米,窟宽 180 厘米,石质窟门高 167 厘米,宽 90 厘米,石质窟门顶呈拱形。里层的拱形石洞门是在原来的基础上修补过的,高 165 厘米,宽 87 厘米。平面略呈梯形,顶稍平,似圆拱形,又似穹窿形。洞窟系原凿,后代或补凿,但塑像是新的。窟正中高 160 厘米,宽 180 厘米,进深 220 厘米。无壁画。近正(西)壁处坛基长 180 厘米,宽 90 厘米,高 40 厘米。正中塑送子娘娘,两侧为金花娘娘、催生娘娘,或总叫三霄娘娘。北、南壁各塑一身童子。正壁送子娘娘背 1 个小孩,抱 1 个小孩。本窟共塑 7 身(含小孩)。塑像皆为新塑。

第 2、3 窟门前台阶下砌“五节石”(原有五个石头,有说法为“五庙合一庙”——或始建于隋、唐、明时期),五块石头连为一体,通长 680 厘米,从高往低(自北往南),第一块石长 130 厘米,高 100 厘米;第二块石长150 厘米,高 105 厘米;第三块石长 215 厘米,高 105 厘米;第四块石长 95 厘米,高 46 厘米;第五块石长 120 厘米,高 36 厘米。

龙王庙:北侧小院中为龙王庙,门匾上书“神恩浩荡”。奉祀地方神。正(西)壁坛基,从北向南,依次塑持沙爷、高皇爷(高皇太子)、刘爷、九天娘娘(九天娘娘只供牌位)。此处高皇爷为最大神(或叫作主子)。这几位塑像或牌位所表示的神,除九天娘娘外,皆为龙神。本庙中还有一位神,没有塑像或牌位,但敬神者必须呼之、敬之,此神名为赵爷。据说赵爷本为成县黄渚关人，其生活的朝代皆不可考，死后在此庙中享用香火。

据调查，江洛镇一带自古以来就是陇南境内及甘、川之间的交通要道，所以佛教及开窟造像艺术传入该地一定很早且长时期兴盛(虽或有间断)，南北朝至隋唐时期当地就有佛教活动。当地人至今仍流传着一种说法，即“寺前蜂儿崖，寺后三眼洞”，这里所谓“寺”应该就是原建立于现在江洛镇政府所在地的“广佛寺”，据说原来其规模很大，对面就是河对岸的“蜂儿崖”，而寺院后(寺院西面)就是今天所见广佛寺石窟。另外，镇政府对面现在河床一带原来还建有“奎星楼”，可能“文革”以前就存在，现早已被毁。以此推测，原广佛寺历史悠久、长期存在，佛事频繁，庙宇屡圮屡建。

二、罗汉洞石窟

位于徽县虞关乡穆坪村的罗汉洞始凿于宋代。原有洞窟尚在，原有塑像(五百罗汉等)全无，未见原有壁画。洞口宽 990 厘米，洞口最高处高 402 厘米，洞中最高处高 900 厘米，进深5000 厘米。洞窟最里面还有一小洞，深度莫测。洞中西壁有题记：“……行兵到此……／……百户萧／……守备金／……此此……明嘉□申……”或许此题记并非原有题记，但对于研究中古佛教史、石窟开凿史、社会历史、军事斗争、民族关系、官制等都有一定的意义。

据明代郭从道纂《徽郡志》载：“南五十里，四面陡绝，崩裂石门以通出入，中有石佛及罗汉像。”[①]另据清代张伯魁纂修《徽县志》载：“罗汉洞，南五十里，在虞关西山，自青泥岭盘折西南至此，崖壁临江，有栈道攀缘而上。宋刘子羽谓，蜀口有铁山，栈道之隘是也，其洞幽深宏坦，三宝庄严，两排石佛像甚古，左右壁大小罗汉五百余躯，当是宋吴氏所为，旧有藏经全板，今仅有存，又东十里至仙人关。”[②]“石虚空四大，五百列一寺。西方有世尊，

①[明]孟鹏年修，[明]郭从道纂《徽郡志》，第 15 页。

②[清]张伯魁纂修《徽县志》，第 40 页。

图3-19 罗汉洞石窟窟门

图3-20 徽县罗汉洞石窟题记

奇观分序次。凿山伊谁力，吴氏善功德。况乃集万灵，造化焉能秘。此洞万古传，一兴不复弃。天地郁精华，神光现舍利。沸腾耀日彩，能免下阿鼻。遗像表冠裳，轮回塑大帅（谓吴氏兄弟）。云霞上九霄，金身姿坐睡。指点世人迷，超凡法不二。”①可知罗汉洞中佛、法、僧三宝庄严；原有两排石佛像；由“甚古”推知罗汉洞始凿当在唐代以前；由“当是”知作者推测洞窟中五百罗汉塑像等可能是吴昕、吴玠、吴璘兄弟所为；“旧有藏经全板”说明洞中原佛齐全；原有佛、菩萨、五百罗汉等塑像，后来也有历史人物（如吴氏兄弟）塑像；宋金战争时期吴氏兄弟为开凿洞窟与塑造神像作出了贡献（但非首创），至清代张伯魁任徽县知县时洞中的佛、菩萨、罗汉等像仍在，但自那以后就被损毁或偷盗了，原有藏经亦被摧残或偷盗。这也说明，明清时期，陇南及陕甘交界一带佛教仍在延续、发展，但由于民族矛盾和阶级斗争的此伏彼起、错综复杂，战争的破坏，罗汉洞中的佛教造像和藏经被彻底毁坏或偷窃。

①[清]张伯魁纂修《徽县志》，第649—650页。张伯魁纂修之《徽县志》所录此段为一首诗，诗名为《罗汉洞》，作者未知。

第四章

武都区境内石窟调查与研究

第一节　朝阳洞石窟[①]调查与研究

朝阳洞石窟位于甘肃省陇南市武都区[②]城以西35公里处的角弓镇白龙江南岸朝阳山高约400米的仙人崖上，坐西南朝东北。2012年5月和2014年3月，笔者先后两次进入该洞窟考察。本节内容首先公布现状调查情况，然后就一些问题进行初步研究，敬请方家赐教。

一、朝阳洞石窟现状调查

朝阳洞原名仙佛洞，亦名朝阳仙洞，因为洞中有端竹和尚遗体，加之供有诸仙圣塑(绘)像，后改名为朝阳洞。关于“朝阳洞”洞名的来历，大体有两种说法：第一种说法是，清康熙三年(1664)，洮岷道道台马朝阳(今陕西周至人)曾到洞中游览，施银整修，后当地人便将此洞以马道台之名“朝

---

①《甘肃石窟志》(敦煌研究院、甘肃省文物局编，甘肃教育出版社出版，2011年)、《梵宫艺苑——甘肃石窟寺》(董玉祥著，甘肃教育出版社出版，1999年)没有记载。

②2004年，原“陇南地区”改为“陇南市”，原“武都县”改为“武都区”。

图 4-1 朝阳洞石窟远景

图 4-2 朝阳洞石窟窟区外景

阳”命名为朝阳洞；[①]第二种说法是，因洞窟方向朝阳，故曰朝阳洞。今洞前有一片树林，林中有两株巨大的古青杨，树围6米左右，高60多米，其上栖居世界珍禽哇乌鸟30多只，树和鸟给洞窟增添了些许神秘氛围。相传洞窟始凿于唐朝。[②]据史轲先生研究，朝阳洞石窟开凿于明代。[③]明、清、民国时香火旺盛。“文革”时原有塑像全毁，壁画亦多毁。现存洞窟24个（与原有洞窟数目同），自北向南、从下往上依次排列。

①张梓舫先生记曰：“至清初，有渭川（洮岷）道马朝阳过此，入洞瞻拜，见睡佛右目被蜘蛛网蒙被甚厚，遂用指拭去，适值马亦患右目疾久不愈，除蛛网后，顿时觉得右目乍明，宿疾若失，遂布施重新庙宇，以后，改名为朝阳洞，洞口曾立有碑碣记叙缘起。”——摘自《红柳居随笔》（1944）——转引自刘佐才编著《朝阳洞——武都风景名胜丛书》，武都：陇南艺海印刷厂，[准印证：甘新出036字总82号（2000）004号]，2000年，第57页。

②李焰平、赵颂尧、关连吉主编《甘肃窟塔寺庙》，第96—98页。

③史轲《甘肃省陇南境内石窟寺概述》，第24—27页。

现有窟龛状况如下：

1. 弥勒天王殿：新土木建筑，迎面可见坐南朝北的弥勒佛，弥勒佛左（西）侧塑东方持国天王、南方增长天王，右（东）侧塑西方广目天王、北方多闻天王。

2. 韦驮菩萨殿：从天王殿中弥勒佛莲座下进入洞门，穿过一条长约 6 米的洞（左、右两壁有新绘观音救八难图），出洞后回头可见洞口上方面南背北的韦驮殿塑韦驮尊天菩萨像。

3. 山神土地窟：平面长方形，圆拱顶。窟宽 300 厘米，进深 220 厘米，高 302 厘米。正（西）坛长 300 厘米，宽 102 厘米，高 84 厘米。从北向南依次塑土地、山神。南、北壁画卧虎，西壁画山石，顶绘云纹。

4. 灵官窟：单龛，平面长方形，拱（稍平）形顶。龛高 172 厘米，宽 126 厘米，进深 110 厘米。正（西）坛长 126 厘米，宽 165 厘米，高 20 厘米。西壁塑王灵官。无壁画。

5. 老君窟：平面方形，平（稍拱）形顶。高 262 厘米，宽 283 厘米，进深 362 厘米。正（西）坛长 283 厘米，宽 112 厘米，高 82 厘米。正中塑太上老君，老君左、右分塑女、男童。南、北壁上部画八仙，下部绘山水、花草、树木等，顶画太极阴阳图。

6. 原牛王菩萨、马王菩萨窟：从残留两壁大小、形状推测，原窟应为平面方形，现已无顶。现仅存北、西两壁，西壁有松鹤延年画。北壁（残）横 286 厘米，纵 230 厘米。西壁（残）横 272 厘米，纵 200 厘米。

7. 原家佛窟：平面长方形，覆斗顶。现供奉佛、菩萨（西方三圣、释迦牟尼佛、阿弥陀佛、观世音菩萨等）画像（皆用镜框封装）。窟高 220 厘米，宽 315 厘米，进深 103 厘米。

8. 原睡佛窟：平面长方形，平顶。高 213 厘米，宽 190 厘米，进深 100 厘米。

9. 原地藏王菩萨窟：平面长方形，平顶。高 200 厘米，宽 290 厘米，进深 265 厘米。

10. 原僧房窟：平面长方形，平顶。现为生活窟，系和尚道士睡觉处。但笔者推测明清时或曾塑像。高 195 厘米，宽 278 厘米，进深 330 厘米。

11. 无名龛：南侧空龛。平面长方形覆斗顶龛。高 160 厘米，宽 185 厘米，进深 138 厘米。据庙倌、附近群众讲，笔者推测，原来可能有塑像。

12. 三霄圣母窟：窟前依崖有两层楼阁，名观鹤楼。平面长方形，拱形顶。窟高 333 厘米，宽 408 厘米，进深 440 厘米。正（西）壁正中塑云霄、琼霄、碧霄 3 位娘娘，南、北两壁分塑送子、转花、催生、乳母、痘疹、启蒙 6 位神像。南、北两壁画《封神榜》等故事，顶画云纹、星斗等。楼前摆放 4 通碑（含 1 块残碑），从北向南依次为：（1）乾隆四十三年（1778）残碑，高 20 厘米，宽 33 厘米，厚 5 厘米，碑文纵 11 行，行 2—7 字，字径 1.5 厘米；（2）明成化十六年（1480）碑，高 53 厘米，宽 39 厘米，厚 7 厘米，碑文纵 13 行，行 13—16 字，正文字径 1.4 厘米；（3）民国十六年（1927）仿制明成化十六年碑，高 53 厘米，宽 28 厘米，厚 6 厘米，碑文纵 11 行，行 14—24 字，字径 1.4 厘米；（4）清雍正二年（1724）碑，高 66 厘米，宽34 厘米，厚 3.8 厘米，碑文纵 13 行，行 8—31 字，字径 1 厘米。

13. 地藏王菩萨窟：平面横长方形。高 258 厘米，宽 154 厘米，进深 190 厘米。西坛长 154 厘米，宽 75 厘米，高 62 厘米。西壁塑地藏菩萨。

14. 睡佛窟：又称卧仙宫。平面横长方形。高 256 厘米，宽 234 厘米，进深220 厘米。西坛塑“卧佛”。洞内暖阁深 160 厘米，阁内平卧坐化老僧一身，身长 170 厘米，头部靠北，左胁而卧。“睡仙原身未化，在洞内长眠达五百多年，是陇南地区唯一的一具木乃伊。1966—1967 年间原身受损，仅存骨骼。后经当地群众用泥补塑，基本恢复原貌”。①

---

①李焰平、赵颂尧、关连吉主编《甘肃窟塔寺庙》，第 96—98 页。

15. 燃灯古佛窟：平面横长方形，圆拱顶。高 298 厘米，宽 170 厘米，进深 120 厘米。西坛长 169 厘米，宽 105 厘米，高 64 厘米。

16. 大雄宝殿窟：平面横长方形，圆拱顶。高 355 厘米，宽 415 厘米，进深 386 厘米。西坛长 415 厘米，宽 165 厘米，高 81 厘米。西壁塑释迦牟尼佛、文殊菩萨、普贤菩萨。

17. 药王窟：平面近方形，圆拱顶。高 398 厘米，宽 455 厘米，进深 428 厘米。西坛长 455 厘米，宽 132 厘米，高 87 厘米；南坛长 370 厘米，宽 97 厘米，高 76 厘米；北坛长 370 厘米，宽 100 厘米，高 76 厘米。西壁塑药王孙思邈和 2 童子，南、北壁分塑钱乙、葛洪、皇甫谧、华佗、李时珍、李东垣、王叔和、张仲景等。此窟被命名为药师佛殿[①]。

18. 白云菩萨窟：平面圆拱形。高 228 厘米，直径 290 厘米。西坛长 280 厘米，宽 116 厘米，高 72 厘米。

19. 玉皇窟：平面椭圆形，圆拱顶。中间高 178 厘米，宽 256 厘米，进深 380 厘米。西坛长 256 厘米，宽 134 厘米，高 71 厘米。西壁塑玉帝与其两侧 2 男童。

附：二灵官窟：位于玉皇窟的东面，与玉皇窟东西相通。现存清代 2 龛和 3 幅壁画。北壁龛塑王灵官，龛高 88 厘米，宽 48 厘米，进深 70 厘米。龛外西侧壁画横 143 厘米，纵 74 厘米，画面内容模糊不清，布满了游人题记，有“刘洋清”等字样。靠窗户处墙壁上题写：

灵祖果然有神通，除妖斩邪不留存。/正直为神无私弊，手执金砖佑黎民。/为人果有诚心意，斋戒沐浴祀上神。/□□孝

①由“美国加州大学伯克利分校 Kathleen Johnson 和 Cliff Riebe 博士、中国科学院兰州地质研究所张平中教授 2002 年 5 月 15 日测量和制图”命名。

弟合忠信，灵祖保护万事(？)亨。

南壁龛中塑黑虎赵灵官，龛高77厘米，宽47厘米，进深71厘米。龛外西侧壁画横135厘米，纵75厘米，画面内容模糊不清，隐约可见人物形象，布满了游人题记，中有“庞爱平”等字样。靠窗户处墙壁上题写：

元帅灵威却有名，赏(？)善罚恶最公(？)平。/赤心忠良无暗隐，主掌天曹佑下民。/为人清洁其身正，焚香祝拜叩礼(？)□。/将行礼仪合廉耻，元帅扶持百事通。/辛酉年菊月吉日无极道人赵□□。

图4-3 朝阳洞石窟壁画(已模糊不清)

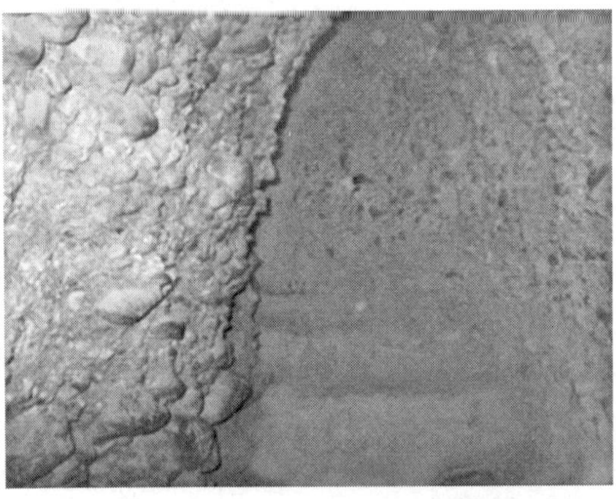

图4-4 朝阳洞石窟各窟之间通道

窗户下面的墙壁上有一幅壁画，横180厘米，纵70厘米，保存较好，虽然残破，但大部分画面尚存，画面内容较清晰，可见3头鹿，另有山石水畔、花草树木等。

20. 孔子殿：平面长

方形，圆拱顶。高 260 厘米，宽 276 厘米，进深 336 厘米。西坛长 276 厘米，宽 125 厘米，高 75 厘米。西壁塑孔子像。

21. 三官窟：平面方形，圆拱顶。高 266 厘米，宽 248 厘米，进深 320 厘米。西坛长 248 厘米，宽 97 厘米，高 74 厘米。西壁塑天官、地官、水官。

22. 无量功德佛窟①：平面梯形，平顶。高 270 厘米，宽 350 厘米，进深 450 厘米。西坛长 350 厘米，宽 224 厘米，高 70 厘米。西壁塑无量功德佛，金童、玉女，水火二将。

23. 观音菩萨窟：平面椭圆形，拱顶。高 283 厘米，宽 344 厘米，进深 505 厘米。西坛长 344 厘米，宽 80 厘米，高 71 厘米。清雍正二年（1724）开凿，西壁塑观音菩萨、龙女、善财童子等。

24. 瑶池王母宫窟：平面椭圆形，拱顶。高 430 厘米，宽 420 厘米，进深 459 厘米。西坛长 420 厘米，宽 183 厘米，高 103 厘米。西壁塑瑶池金母及侍者等。窟顶绘天文星斗图。窟东侧高处保留着原有塑绘结合的二猴抱仙桃图案。瑶池宫南壁假门上写“仙缘有路”，北侧门上写“人间天上”，此 8 字系民国二十一年（1932）由陈家坝村董士彦书写而经今人描写的。本窟门侧有题字，文曰：

时在/民国壬申二十一年壬寅元月/初旬谷旦告厥成功/丹青　李兴堂率涂/首事人/李国香　王聚川/董士彦　赵赐福/李玉明　刘宗堂/庆治平　陵桂英/史宗鸿　刘桂英/马成德　白秀英/仝感敬立

附：立佛窟：位于瑶池王母宫东面，与瑶池王母宫东西相通（瑶池王母

①根据造像及其组合（如披发执剑、脚踏龟蛇、金童玉女、水火二将等），此窟应为“真武大帝窟”或“真武祖师窟”或“无量祖师窟”。

宫窟在西而立佛窟在东)。平面方形,平顶。高 215 厘米,宽 177 厘米,进深 176 厘米。塑一文人立像,名曰立佛。

二、关于朝阳洞石窟窟龛数目

关于朝阳洞窟龛数的统计或说法迄今不确。史轲先生认为有 22 窟[①];据 Kathleen Johnson 和 Cliff Riebe 博士、张平中教授测量和制图,认为共 17 殿,但没有说明窟龛数及其开凿时代;多数庙倌或附近群众认为现存 14(17、18、21)窟;《武都县志》、韩博生、陈启生、曾礼、董生贵等都持 26 窟之说[②];庆清平先生认为有 18 窟[③];杨万华先生认为有 20 窟[④];刘佐才先生认为中华人民共和国成立初共有 26 窟,除僧、膳占用之外,有遗体、塑像的有 17 窟[⑤]。故对于朝阳洞窟龛数目,已经搞乱。第一,明、清、民国时期遗留下来的究竟有多少个窟龛,是哪几个?现在和以前有什么变化?这需要弄清。第二,所谓 26、22、21、20、18、17、14 窟之说,或把明、清、民国时期原有的窟龛,当代砖瓦土木结构的殿宇,当代在原址上改建的窟龛、新开的窟龛混杂在一起。第三,此前无具体编号,不好排列对应,不同考察者的认识未必一致,所以很难统一,也给学者研究造成了一定麻烦。

---

①史轲《甘肃省陇南境内石窟寺概述》,第 26 页。

②甘肃省武都县地方志编纂委员会编纂,曾礼主编《武都县志》,北京:生活·读书·新知三联书店,1998 年,第 925 页。韩博生、陈启生著《陇南风物志》,兰州:兰州大学出版社,1996 年,第 65 页。曾礼《朝阳仙洞》,《陇南报》1986 年 6 月 10 日。董生贵《武都名胜朝阳洞》,《甘肃日报》1995 年 7 月 26 日。

③庆清平《朝阳洞》,《甘肃日报》1989 年 4 月 16 日。

④杨万华《朝阳洞》,《陇南报》1990 年 6 月 27 日。

⑤刘佐才编著《朝阳洞》,武都风景名胜丛书,第 5 页。

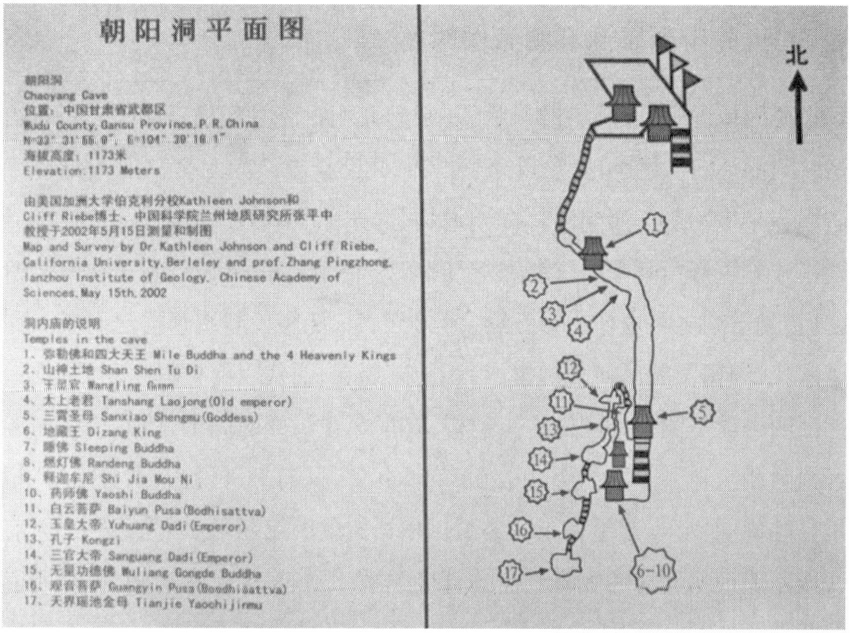

图 4-5　朝阳洞石窟平面图①

据笔者 2014 年 3 月考察所知，朝阳洞石窟共有 24 个窟，其中除第1、2 窟是新建砖瓦土木结构的殿宇外，其余皆为明、清时期所开的窟龛，虽然不排除遭遇地震、人为破坏、今人整修或废弃的可能性，但可以肯定的是，大多数窟龛还是明、清、民国时期原有的，至少还在原位。玉皇窟和二灵官窟相联通，瑶池宫与立佛宫相联通。因此，明、清、民国时期窟龛共24 个，对应是明确的。但为了避免将新建庙宇、原有窟龛搞混，也为了顾及当地文旅事业发展的方便，笔者认为目前还是不再编号为好（以免造成更大的混乱），但石窟研究者必须将原有窟龛一一核实。

①本图采自安置于武都区角弓镇朝阳洞石窟窟区过道一侧墙壁的指示牌《朝阳洞平面图》，注明："'美国加州大学伯克利分校 Kathleen Johnson 和 Cliff Riebe 博士、中国科学院兰州地质研究所张平中教授 2002 年 5 月 15 日测量和制图'"。

三、关于朝阳洞石窟始凿时间

民间传说，朝阳洞始凿于唐朝。目前我们没有发现足以证明该石窟始凿时间的证据。《阶州直隶州续志》[①]和《武都县志》[②]均无载。《甘肃窟塔寺庙》云“相传始凿于唐朝”[③]。《陇南风物志》亦称“相传，洞窟始凿于唐代”。[④]刘佐才先生认为朝阳洞“始凿建于唐贞观年间(627—649)。它是在南北朝之后，受丝绸之路麦积山等石窟文化的影响，从唐代起逐渐凿建而成。到了宋代，洞窟发展已初具规模。后因地震坍塌，明代以前史料无存。”“唯一能证明的就是洞前的两株古青杨树，在凿窟建殿的时间上，按照传说和考证树龄相吻合”[⑤]，两树“历经 1200 年以上”[⑥]。又有一种说法，古青杨树“相传与睡佛同岁”[⑦]。但笔者不认为可以依据树龄断定窟龄。因为，第一，目前我们不能证明石窟和古青杨树的直接关系。不过，据笔者推测，古青杨树的栽培不会早于洞窟开凿，因为根据常识，只有开凿了洞窟，才可能栽培古青杨树，用古青杨树美化环境、净化空气，使石窟避免风吹日晒、严寒酷暑、滑坡垮塌。第二，古青杨树的树龄众说不一。一方面，或云“此二青杨树植于唐代”[⑧]，或云“相传此树早于睡佛”[⑨]。另一方面，或云古青杨树“植于

①[清]叶恩沛修，吕震南纂，曾礼、樊执敬校点《阶州直隶州续志》，兰州：兰州大学出版社，1987 年。

②甘肃省武都县地方志编纂委员会编纂，曾礼主编《武都县志》，第 925 页。

③李焰平、赵颂尧、关连吉主编《甘肃窟塔寺庙》，第 96 页。

④韩博生、陈启生著《陇南风物志》，第 65 页。

⑤刘佐才编著《朝阳洞武都风景名胜丛书》，第 4 页。

⑥刘佐才编著《朝阳洞武都风景名胜丛书》，第 1 页。

⑦李焰平、赵颂尧、关连吉主编《甘肃窟塔寺庙》，第 96—98 页。

⑧庆清平《朝阳洞》，《甘肃日报》1989 年 4 月 16 日。

⑨杨万华《朝阳洞》，《甘肃日报》1990 年 6 月 27 日。

明代，距今已逾500余年”[①]，“已有500多年”[②]，或云“树龄已在600年以上”[③]，或云“相传是仙佛亲自植的树”[④]。“传说是朝阳洞睡佛所植……1983年甘肃省副省长朱宣人游朝阳洞时，对此古树作了考证，确认树龄已有1200年以上，是全国稀有的杨树品种，并指示县上编号保护”[⑤]。这种说法有一个明显的矛盾，既然此两树已被考证为“已有1200年以上”，又怎能“是朝阳洞睡佛所植”呢？因为“老禅”“坐化”距今不过500多年。如果洞窟果真开凿于唐代，也极有可能唐代就植有青杨树。也许唐代青杨树已为后代所植树取代，且像古青杨树这样的树种不同于松柏之类的树种更可长久，很难达到1200年以上的树龄，所以两棵古青杨树已有五六百年的说法似较合情理。无论如何，树龄不等于窟龄。但石窟的开凿一定早于明代。

相传，觉空和尚隋末唐初云游武都将利(即今石门)，一日来到陈家坝，斋后信步到此，观其地其境，山峰秀丽，丛林茂密，且遍山野果，山下潺潺流水，清泉映影，半崖奇峰后有一天然洞窟可居，真乃一仙境也，于是择其地而修行。并在灌木丛中植青杨树，营造林木，养仙鹤，乘其出游……唐贞观年间(640年左右)，由佛教徒提议，村上头目主持，组织工匠，开山凿洞，雕塑释迦牟尼、观世音、地藏王、白云菩萨、王母娘娘、三霄圣母等，竣工后定名为仙佛洞。由村民推举洞管，住持此洞，世代相传。[⑥]

①甘肃省武都县地方志编纂委员会编纂，曾礼主编《武都县志》，第925页。

②韩博生、陈启生著《陇南风物志》，第65页。

③中华人民共和国民政部、中华人民共和国建设部编《中国县情大全·西北卷》，北京：中国社会出版社，1993年，第470页。

④董生贵《武都名胜朝阳洞》，《甘肃日报》1995年7月26日。

⑤董生贵《好大一棵树》，《陇南报》1998年5月2日。

⑥刘佐才编著《朝阳洞武都风景名胜丛书》，第16—18页。

这段话对我们探究朝阳洞石窟始凿时间或有启示。

还有一个情况或可证明朝阳洞石窟开凿于唐代：

> 陈家坝村农民刘自祥（作者父亲），1953年春在距古青杨树约50米处种地时，挖出一个钟耳子（钟口残片），约五六十斤重，上面铸有“唐贞观”字样。一直保存到1958年，被交了废铁。
>
> 挖出来的佛像、壁画颜色非常鲜艳，全都砸了。只有把挖出来的古砖和石条由双洞管搬到洞上利用了。①

这条材料是根据作者刘佐才与其父亲的回忆记录的，应当具有一定的真实性。如果回忆可靠，因为钟耳子是发现于古青杨树近处，则此钟耳子很有可能是朝阳洞古代遗留下来的东西，且朝阳洞的宗教活动已有相当长的历史，不排除洞窟开凿于唐贞观年间的可能。

根据朝阳洞多平面长方拱顶的窟形，有关朝阳洞的零星材料，南北朝、隋唐时期中国佛教发展兴盛的历史背景，当地的民间传说，并以麦积山石窟开凿于十六国后秦时期，现存造像以北朝作品居多，从北魏至清历代皆有开凿和修缮②，西和法镜寺石窟开凿于北魏时期③，西和八峰崖石窟

---

①刘佐才编著《朝阳洞武都风景名胜丛书》，第41页。

②阎文儒主编《麦积山石窟》，第3页。麦积山石窟艺术研究所编《中国石窟·天水麦积山》，第165—292页。董玉祥著《梵宫艺苑——甘肃石窟寺》，第212—215页。敦煌研究院、甘肃省文物局编《甘肃石窟志》，第273—326页。郑炳林、魏文斌主编《天水麦积山石窟研究文集》（全2册），兰州：甘肃文化出版社，2008年，上册第1—894页，下册第1—865页。

③张宝玺主编《甘肃石窟艺术壁画编》。张宝玺主编《甘肃石窟艺术雕塑编》，第184页。孙晓峰《甘肃陇南几处中小石窟调查简报》，第3—11页。王百岁《甘肃省西和县法镜寺石窟调查与研究》，第154—167页。

开凿不晚于隋唐时期[①]，成县大云寺石窟开凿不晚于唐代[②]，武都水帘洞石窟“始建于唐朝”[③]，古代朝阳洞所在之白龙江河谷地带正处于陇蜀交通古道上，便于佛教及石窟艺术在北、南之间的传播、影响，川北甚至有北朝时期所开凿的洞窟（如有学者认为“千佛崖和皇泽寺石窟始凿于北魏晚期”[④]）等周边石窟开凿情况作为参照，可证朝阳洞石窟始凿于唐代的可能性很大，而后宋代延续，明清时期续有开凿和塑绘。

四、关于朝阳洞石窟的“睡佛”“坐佛”“立佛”

朝阳洞有所谓“睡佛”“坐佛”“立佛”。根据地方志记载，笔者推断其都有原型，或者可以说都曾真有其人，原本是影响很大的僧人。关于“睡佛”的生平事迹，据《明故大善知识端竹大士省告脱化碑记》载，“睡佛”本为“苏敬次男”，法号端竹，于成化元年（1465）剃度，曾在藏族聚居区弘教15年，僧俗徒弟有闫玉等，于成化十六年三月二十五日坐化。后世尊之为“睡佛”或“睡仙”。据说，端竹遗体曾被保留达500余年，但“文革”中被损坏，骨骼尚存，后当地群众以泥补塑完整，且置于原来上述“原睡佛窟”址，遭1993年地震破坏，“原牛王菩萨、马王菩萨窟”“原家佛窟”“原睡佛窟”“原

---

①孙晓峰《甘肃天水、陇南地区中小石窟的初步考察》，第42—51页。王百岁《八峰崖石窟内容总录新编》，第29—34页。

②张宝玺主编《甘肃石窟艺术壁画编》。孙晓峰《甘肃天水、陇南地区中小石窟的初步考察》，第42—51页。王百岁《成县大云寺石窟调查与研究》，第21—26页。

③李焰平、赵颂尧、关连吉主编《甘肃窟塔寺庙》，第99—101页。西北师范大学古籍整理研究所编《甘肃古迹名胜辞典》，第171—172页。甘肃省武都县地方志编纂委员会编纂，曾礼主编《武都县志》，第921页。

④广元市千佛崖石窟艺术博物馆编《千佛崖》，成都：四川美术出版社，2016年，第5页。四川省文物管理局、成都文物考古研究所、北京大学中国考古学研究中心、广元千佛崖石刻艺术博物馆编著《广元石窟内容总录》（千佛崖卷）（上卷），成都：巴蜀书社，2014年，第17、226—230页。《广元石窟内容总录》（千佛崖卷）（下卷），第300—309页。雷玉华著《巴中石窟研究》，北京：民族出版社，2011年，第283页。

图 4-6　朝阳洞石窟第 20 窟孔子殿

图 4-7　朝阳洞石窟第 14 窟睡佛殿（“睡佛”躺卧窟中）

地藏王菩萨窟”“原僧房窟”“无名龛”都不同程度受损，后来遂将“睡佛”移至现址，现睡佛窟系由旧窟改建而成。端竹一生弘扬佛法，教化众生，应该是当地一个德高望重的人。“卧佛”这一概念，一般指佛祖（或佛）的涅槃状态，寺庙或石窟造像中指侧躺或侧卧的佛。据佛经载，佛祖涅槃时，“右胁而卧，泊然大寂”[①]。诚然，只乔达摩·悉达多一人成佛，绝非佛教之本意或主旨。复据佛典载，佛者，“既能自觉，复能觉他，觉行穷满，故名为佛”[②]。“自觉者，简于凡夫；觉他者，简于二乘；觉行穷满，简于菩萨。何则？以凡夫不能自觉，二乘虽自觉而无觉他之行，菩萨自觉、觉他而觉行未为圆满故也”[③]，这是大乘佛教和小乘佛教不同的地方。“虽俱求一解脱门，而有自利利他人之别，是故有大小乘差别。”[④]《大般涅槃经》虽云“一切众生悉有佛性……即当定得阿耨多罗三藐三菩提”[⑤]，但“众生”与“佛”还是有天壤之别的。无论是信仰还是不信仰，无论什么宗派，无论主“顿”还是主“渐”，“佛”有特定的内涵。如果随便将一个僧人称为佛，那佛教还有多少神秘的地方，能发挥多少正能量？对僧、俗两界还有多大的吸引力？佛教还能吸引众生信仰、皈依而成为世界三大宗教之一，流传至今，长期延续吗？同样的道理，“众生”亦不同于道教原本所追求的长生不死的神仙。[⑥]故古人或前人称端竹为睡仙或睡佛，想来其必有过人之处或令人敬仰的地方或真已修成正果。又据传说，“坐佛”俗名朱青，法名觉空，隋末唐初益州江油（今四川江油）人；“立佛”俗名董维君，法名普静，宋朝时今武都区角弓镇下候子人。二人俱原为僧人。

五、从朝阳洞石窟“三佛”行迹看甘、川、陕佛教与石窟相互交流

陇南市（武都区）位于甘肃、四川、陕西的交界地区，三省境内的佛教、

①[宋]契嵩撰《传法正宗记》，No.2078，《大正藏》第51册，第718页上栏。

②[隋]远法师撰《大乘义章卷第二十》，No.1851，《大正藏》第44册，第864页下栏。

③丁福保编纂《佛学大辞典》卷中，第1152页。

④丁福保编纂《佛学大辞典》卷上，第376页。

⑤[十六国·北凉][天竺]昙无谶译《大般涅槃经》，No.374，《大正藏》第12册，第554页上栏。

⑥任继愈总主编，卿希泰、唐大潮著《道教史》，第390—394页。

道教、石窟艺术之间会相互影响,“三佛”的亲身经历正好可以说明这一点。“睡佛”端竹是明代陕西省西安府咸宁县(原县城所在地现为杜城村,属西安市雁塔区电子城街道办事处管辖)白良村人。明天顺七年(1463)正月,端竹于本县石佛寺出家,拜喇嘛金敦领占为师,后随师傅离开西安,越过秦岭,去四川广元游历千佛崖,经成都到峨眉山拜佛。数月后下山,经成都北返,历经数月,来到今甘肃武都区角弓镇陈家坝龙兴寺,往来于龙兴寺和仙佛洞之间拜佛诵经。[①]可见,端竹把关中佛教带到了四川,又把四川成都、峨眉山、广元千佛崖的佛教和石窟艺术带到了甘肃陇南。“坐佛”觉空先是从益州江油等地云游至武都将利(今武都石门),后至今角弓镇陈家坝,见此地风景优美,“半崖奇峰后有一天然洞窟可居,真乃一仙境也,于是择其地而修行”。[②]“立佛”普静到达陈家坝龙兴寺不久,便去峨眉山拜佛受戒。三年多后返回,在今武都角弓镇陈家坝龙兴寺担任了住持,80多岁时移居至仙佛洞。[③]由此可知,陕西、四川、甘肃三省之间不仅人员往来比较方便、频繁,佛教、石窟艺术也由北向南传播。但由于四川省境内佛教的迅速发展,再加上政治、文化等因素的影响,峨眉山、广元千佛崖等地佛教及其艺术的重要影响力,北方陕西、甘肃等地的佛徒或学者也经常到南方(含今成都、峨眉山、广元等地)去弘法或学习交流,于是川蜀地区的佛教向北传播至陕西、甘肃境内(含陇南武都等地)。这与晚唐五代时期敦煌等地的僧侣巡礼五台山、朝拜文殊菩萨,敦煌与五台山关系密切,五台山佛教对敦煌地区佛教具有重大影响[④]一样。

明清时期,佛教、道教与石窟艺术呈现衰落之势,但也有一定的发展,

---

①刘佐才编著《朝阳洞武都风景名胜丛书》,第20页。

②刘佐才编著《朝阳洞武都风景名胜丛书》,第16页。

③刘佐才编著《朝阳洞武都风景名胜丛书》,第18—19页。

④郑炳林、徐晓丽《敦煌写本P.3973〈往五台山行记〉残卷研究》,《敦煌学辑刊》2002年第1期,第1—12页。

朝阳洞石窟包含一定的藏传佛教因素。如，碑文曰："……苏敬次男……受礼大恩师喇嘛金敦领占为师，成化元年四月内削发为僧，番教十五年……"又如，"睡佛"端竹来到陈家坝龙兴寺后，"在村南大山之中，……坪牙[①]村西端，林木繁荫之处择一仙境，名曰卧虎崖……在那里又收徒弟数人，诵经修行，继而在洞口崖边悬木立柱，建一小寺，名曰卧虎寺"[②]。今天朝阳洞睡佛窟崖壁上藏文六字真言犹在，虽是新书，但也是历史的传承。现在武都区境内（朝阳洞石窟近处等地）就有不少藏族民众，也常到朝阳洞石窟敬拜佛、菩萨。因此，可以肯定，历史上的朝阳洞石窟也多少受到了藏传佛教的影响。

六、从朝阳洞石窟看儒、释、道三教融合

朝阳洞石窟是今陇南石窟中三教合一石窟之一。其实，古代晚期的儒、释、道三教相互渗透更加深入，但在朝阳洞石窟中三教相对独立、相互影响。具体来说，弥勒天王、韦驮等殿，地藏王菩萨、睡佛、燃灯古佛、大雄宝殿、观音菩萨、立佛等窟大体属于佛教内容，山神土地、灵官、老君、原牛王菩萨、马王菩萨、原家佛、三霄圣母、药王、白云菩萨、玉皇、二灵官、三官、无量功德佛、瑶池王母宫等窟大体属于道教内容，儒教的有孔子殿等。但也存在佛、道不分或佛道融通的情况，如道教中也有观音菩萨等；佛教中也有牛王菩萨、马王菩萨等；药王窟主尊，Kathleen Johnson 和 Cliff Riebe 博士、张平中教授命名此窟为药师佛殿，是将道教的药王孙思邈认作佛教的药师琉璃光王如来佛。无量功德佛窟主尊——无量功德佛是道教的真武大帝。无名窟不能肯定是属于三教中的哪一教，但僧房窟统管三教各窟。我们也不能简单地以窟数来判定三教中每一教各处于什么地位、在整

①"坪牙"，今为"坪垭"。

②刘佐才编著《朝阳洞武都风景名胜丛书》，第 20 页。

个朝阳洞中所占比重有多大。从表面看,道教的窟数最多;实际上,佛教、儒教分量并不逊色。陇南(武都)自古及今佛教信徒多于道教信徒;且朝阳洞影响最大的(或者说最具特色的)则是所谓"睡佛窟",其属于佛教系统;儒教只有一窟,那就是孔子殿,但古代晚期陇南石窟中的三教合一造像已经达到了历史上的最高峰,儒教思想是贯彻、渗透于佛、道思想之中的。"随着儒、释、道三教的渐趋合一,佛教与儒学传统的意识形态和价值体系日益趋同,世俗的君臣关系、忠孝之儒家道德观念,成了佛教知识及其价值体系的重要内容"[①],且在西汉中期以后漫长的封建社会,儒家、儒教始终居于主导地位——尤其是宋元明清时期;而广大民众(包括相当多的信众)不能将佛教、道教截然分开,对儒教也缺乏判别力。从中国历史上看,儒、释、道三家都有其传统,儒家对其他学术有着较多的包容性,主张"万物并育而不相害,道并行而不相悖"。政治化的儒学曾长期与中国历代专制政治结合,所提倡的"三纲六纪"无疑对专制统治起过重要作用。儒家特别重视道德教化,因而在一定程度上对中国社会起着稳定的作用。[②]总而言之,朝阳洞石窟是一处名副其实的三教融合石窟,在一定程度上反映了儒、释、道三教的关系,也可以说在一定程度上反映了当时社会的一个侧面。

小结

朝阳洞石窟管理人员比较重视保护石窟、塑像、壁画,石窟及周围环境优美,自然生态与历史文化和谐统一。现存大多数塑像、壁画属当代作品,部分文字也是近代或当代人所写。现存明清时期窟龛 24 个,如睡佛窟、老君窟、无量功德佛窟、孔子殿等。其中也包括残损尚未修复的窟龛6

①魏迎春《敦煌佛教与禅宗学术研讨会综述》,《敦煌学辑刊》2006 年第 3 期,第 186—190 页。

②汤一介、李中华主编《中国儒学史》第 1 卷,北京:北京大学出版社,2011 年,第 8 页。

个，另 2 个附属窟计入主窟，未单独计数。清代壁画 3 幅，其中 1 幅相对清晰，2 幅模糊不清。4 通碑（并非原来所说的 3 通），含 1 通明碑、2 通清碑、1 通民国仿制明碑，清碑中 1 通为近年发现，残损严重，但大多数碑文可以释读。玉皇窟和瑶池王母宫窟尚有部分题壁文字。洞窟或开凿于唐贞观年间（627—649），至宋代形成规模。

明代老僧端竹坐化于洞中。佛经云：佛者，“既能自觉，复能觉他，觉行穷满，故名为佛”。所谓“卧佛”“坐佛”“立佛”原本俗人，虽修行有成，在地方上有一定影响，但未必就是真正意义上的“佛”。“三佛”造像反映了封建时代的科举制度、等级制度、阶级对立、价值观念等。只有认真研究、准确定位才能取信于人，使佛教发挥应有的积极作用。从“三佛”经历可窥知甘、川、陕之间佛教与石窟艺术的相互影响和交流互动。儒、释、道三教造像并存于石窟中，三教虽相互对立、相互排斥却又相互吸收、相互融合，各得其所，和平共处。朝阳洞石窟是陇南石窟中一处重要的三教合一石窟。

药王窟中除了孙思邈塑像以外尚有钱乙、葛洪、皇甫谧、华佗、李时珍、李东垣、王叔和、张仲景等历史上著名的药学家、医学家的塑像，这在陇南石窟中为仅见，表明历史上陇南一带人们对于历史文化的重视、对于医疗精英的敬重，以及对于生命安全和身体健康的珍视，具有一定的积极意义，但也折射出统治阶级以及自然因素对人民群众生命健康造成威胁的一面。

石窟题壁间接反映了古代的社会状况与阶级矛盾、当地人们对于不公平社会现象的不满和对于美好生活的向往。石窟碑文反映了宗教活动状况以及石窟凿建的历史，也间接反映了一定的社会历史面貌。朝阳洞石窟对于研究佛教史、道教史、儒学史、民间信仰、三教合一、石窟艺术、历史地理、民族关系等都具有一定的价值。

第二节 水帘洞石窟[①]

水帘洞石窟也叫红女祠，位于今武都区城北 3 公里的五凤山南麓、北峪河北岸，洞窟与楼阁依山形建在高约 200 米的山崖上，坐北朝南。据地方志载，水帘洞始建于唐朝，明末清初重建，雍正六年(1728)再建，康熙、乾隆年间补修。光绪五年(1879)地震破坏后再次修建。20 世纪六七十年代洞窟及建筑多有毁坏，古代塑像基本不存。1981 年后群众仿古重新整修。洞窟属半壁半洞式建筑，洞前有楼阁 3 层，嵌于半壁峭岩上，悬空立柱，斗拱飞檐。楼阁及窟龛分两路，自下而上，左路依次为三霄殿、关帝殿、伏羲殿，右路依次为天王殿、观音洞、桥廊、大雄宝殿，两路交会顶点为红女洞。此外还有地藏王菩萨殿、灵官殿、子孙殿等。建筑面积总计 300 多平方米。塑像 31 身，均为泥塑。每殿有壁画。现存清碑 2 通，已难释读。[②]关帝殿内塑关圣帝君、周仓、关平；殿西侧为伏羲殿，内塑伏羲、神农、大禹。

---

①《甘肃石窟志》(敦煌研究院、甘肃省文物局编，甘肃教育出版社出版，2011 年)、《梵宫艺苑——甘肃石窟寺》(董玉祥著，甘肃教育出版社出版，1999 年)没有记载。

②笔者考察水帘洞石窟时未见到这两通碑。

从关帝殿东北角进入天然洞穴,洞穴内300厘米处塑韦驮护法。大雄宝殿内释迦牟尼端坐在四个力士承托的莲座之上,迦叶、阿难侍立两侧。龛前青、黄二龙攀绕梁柱守护,阁顶金翅大鹏凌空显威。红女洞高500厘米,宽550厘米,进深500厘米。洞前阁楼宽650厘米,进深200厘米。洞内正中为阿弥陀佛坐像,左侧为观世音菩萨,右侧为大势至菩萨。“西方三圣”前后有四龙盘绕护卫。左侧巨龙上方端坐红女塑像,像高150厘米,全身披红,顶戴银冠,手着彩绢。塑像除头部受损新补外,其余保持原貌。传说,红女为初唐人,父母早丧,寄人篱下,舅父母视为不亲,督以苦工。忽一日,狂风大作,女随风去,人寻其迹,见“坐化”于水帘洞岩石之上,神气昂然,宛若生时,乡民遂在此塑其像并立祠祀之。每年农历三月二十八日是红女成仙的日子,庙会极盛,一连7日,游人

图4-8 5·12地震后的水帘洞石窟(2012年5月)

图4-9 震后维修中的水帘洞石窟(2015年12月)

不绝。该石窟现为县(区)级文物保护单位。[①]

笔者2003年8月初次考察武都水帘洞石窟时,洞窟可以登临,洞中古代塑像、壁画、碑俱无,洞窟、楼阁尚存,只是未作详细调查和记录。2008年“汶川大地震”使洞窟及窟前建筑受损严重,部分塑像亦毁,残毁建筑已被当地信众拆毁,酝酿重建。2012年5月,笔者随导师施萍婷先生等一行共8人前往考察,但由于阶梯被毁、路径断绝、险峻异常,未能进入洞窟。2014年2月,笔者只身前往考察,那时正在重建,因与上次同样的原因而没有进入洞窟。2015年11月和12月,笔者又先后两次前往水帘洞,但因各种原因均未能进入。今后还需对水帘洞石窟作进一步的调查与研究。

---

①西北师范大学古籍整理研究所编《甘肃古迹名胜辞典》,第171—172页。李焰平、赵颂尧、关连吉主编《甘肃窟塔寺庙》,第99—101页。甘肃省武都县地方志编纂委员会编纂,曾礼主编《武都县志》,第921页。

第五章

两当县境内石窟调查与研究

第一节 西姑庵佛教遗址与石龛

2013年9月16—17日,2014年10月2—7日,笔者两次考察两当县云屏镇棉老村西姑庵石龛等佛教遗址,所获要点如下:

塔院坪石塔:

第一塔:包括塔基在内,共8层。塔通高约224厘米。露出地面的第一层莲台(实际为第二层,以下以此类推)(双层仰莲台座)高22.5厘米,周长237厘米。第二层高80厘米,中间凸出部分周长260厘米。第三层高23厘米,周长252厘米。第四层高23.5厘米,周长219厘米。第五层高26.5厘米,周长205厘米。第六层高30厘米,周长146厘米。第七层高20厘米,周

图5-1 西姑庵石龛3号菩萨像

图 5-2 西姑庵佛教遗址 1 号佛塔

图 5-3 西姑庵石龛碑

长 212 厘米。第二莲台亦为双层仰莲台座(第五层)。第四层有罗汉像,共 12 身。

第二塔:未见塔基。第一层莲台高 22 厘米,直径 105 厘米(第一层莲台半截埋入土中)。第二层高 88 厘米,周长 255 厘米。第二层朝南面有佛龛,龛高 43.5 厘米,中间宽 22.5 厘米,佛高 30 厘米。第三层高 20 厘米,直径 75 厘米(半块缺)。第四层高 16 厘米,八棱形,周长220 厘米。第五层高 21 厘米,四棱形,边长分别为 45 厘米、45 厘米、45 厘米、48 厘米。第六层高 18 厘米,八棱形,周长 202 厘米。第二、四、六层有像。第四、六层周边有像,共 14 身,缺 1 身,故总应为 15 身;第八层 9 身。

地里有一块佛塔部件,八边形,直径 70 厘米,八边每边长 27 厘米,周边亦有像。

地里又有一八棱柱残骸,上有文字,很难释读。棱柱残高 85 厘米,每面长 16 厘米(共八面)。

西姑山上有西姑庵佛爷洞(即西姑庵石龛)。窟形似为由天然洞窟稍作加工而成。窟门高 260 厘米,宽 268 厘米,进深 440 厘米。正中坛台长 313 厘米,宽 128 厘米,高 80 厘米;坛台至窟顶高 208 厘米,南侧壁画残

图 5-4　西姑庵石龛内景

图 5-5　西姑庵石龛木雕神像

横 270 厘米，纵 97 厘米；东侧壁画残横 177 厘米，最高处（靠西）纵 115 厘米，西侧壁画横 90 厘米，纵 110 厘米。无佛（菩萨）座，现存 1 身残菩萨像，无头，高 56 厘米，双手似端一钵置于腹前，又有 1 身残木雕山神像，高 44.5 厘米，结跏趺坐。笔者考察时未见手持书卷菩萨像残骸、手持如意菩萨像残骸、迦叶像、阿难像和石磬等①。

农舍后又有一塔，下半部残，通高 74 厘米，莲座第一层高 19 厘米，直

图 5-6　西姑庵骑龙寺遗址八棱柱碑

图 5-7　西姑庵佛教遗址 2 号佛塔

①孙晓峰《甘肃省两当县西姑庵佛教遗址考察》，第 24—36 页。

图 5-8　西姑庵佛教遗址 2 号佛塔塔身佛像

图 5-9　西姑庵佛教遗址 1 号佛塔塔轮佛像

图 5-10　西姑庵佛教遗址 1 号佛塔塔身刻字

径 46 厘米；第二层凸出部分直径 56 厘米，第二层侧面有佛龛，佛龛高 30 厘米，宽 28 厘米，佛像高 27 厘米。

庄稼地边上有一碑座，（连同形似龟头的部分）长 86 厘米，宽 55 厘米，高 27 厘米；方框深 5 厘米，长 30 厘米，宽 28 厘米。

图 5-11　西姑庵佛教遗址佛塔顶部佛像

图 5-12　西姑庵佛教遗址碑座

第二节 千佛洞石窟

千佛洞石窟位于两当县广金乡贺家坝村。过河，沿台阶而上，有牌坊，分两条岔路，朝右走，进入生活（办会）区，朝左而上，进入千佛洞。洞坐西朝东。洞里先是一个平台，有新建庙宇。西壁南侧坛台新塑三大菩萨，北壁所塑似三官。西壁中间（近新塑三菩萨处）壁画（屏风）横 290 厘米，纵 160 厘米，此壁画属原绘。西壁北侧壁画辨识不清，横同前，纵 250 厘米，坛台上有 1 身无头小佛像，高 20 厘米。西壁中间及西壁北侧坛台高 100 厘米，长 540 厘米。坛台北侧角有造像残迹。

图 5-13 千佛洞石窟古代塑像绘画痕迹

稍高处有 3 身像残骸，似道教塑像，无法辨识。靠西崖壁有 1 身像残骸，高 110 厘米，依南面墙壁诸像皆

图 5-14　千佛洞石窟被毁塑像

残，靠东、西残像分别高 60 厘米，76 厘米。顺木梯而上，为一天然窟（似有钟乳石），有塑像残骸。东壁龛台第一残像高 60 厘米，另外 2 身小残像同高 60 厘米；靠南小窟残像高 50 厘米；靠南矮墙新塑王灵官；东龛高 80 厘米，长 268 厘米，宽 80 厘米。西壁钟乳石洞龛台高38 厘米，长 140 厘米。小洞中造像遗迹尚存。此处东、西壁小圆眼分别约 10 个、15 个。以上依次有关圣帝君殿和三佛殿。关帝殿北侧有 1 通清碑，无碑额，碑阴无字，内容见附录。

第三节　董真庵石窟

董真庵石窟也叫土峰沟石窟，位于杨店镇土峰沟村。史轲先生在《甘肃省陇南境内石窟寺概述》一文中对甘肃省两当县杨店镇土峰沟村土峰沟（董真庵）石窟作了这样的介绍：

> 又称董真庵或黄花寺，清代开凿。位于两当县杨坪乡土峰沟村北侧约 1 公里处[①]的半山腰上。系利用一天然内凹的崖壁开凿了三个窟，崖壁正中为现代重建的三清殿。[②]

那么实际情况如何呢？

通过考察得知，“杨坪乡”应为杨店镇。其并非只有 3 个窟，事实上原有窟龛较多，保持原址的洞窟（殿堂）不少于 7 个，且有大型窟、龛残迹及巨型造像遗迹；并非完全如以前所说的，两当县境内“东部地区以道教为

---

①实际里程在 0.75—1 公里之间。

②史轲《甘肃省陇南境内石窟寺概述》，第 24—27 页。

图 5-15 董真庵石窟远眺

主”“土峰沟石窟是一处道教石窟”，事实上土峰沟石窟中的佛教内容不少于道教内容，具有“三教合一”“释道兼容”的特征；也不是以前所称“土峰沟石窟原有造像全毁”，事实上存在着大量的原有残毁造像、原有壁画（多已残缺）等；碑文虽不可完全释读，但提供了诸如“贞观”“成化”“康熙”“龙门丘祖门下全真道人”“寇兵燹后”等十分重要的信息，对于研究相关社会历史、地理交通、道教史、全真道史、道教石窟开凿史、本洞窟始凿时间等具有重要意义。

庵下路边有一空窟，进深 287 厘米，宽 358 厘米，窟中心高254 厘米。平面平顶方形窟，石凿。

近僧房处有一磨盘，直径 124 厘米，高约 16 厘米。有几个方形石块。

山门处有一碑，无字，系原碑。

山门处有两小龛，小龛一宽 38 厘米，进深 28 厘米，高 60 厘米；小龛

图 5-16 董真庵石窟大佛殿塑像损毁殆尽

二宽 63 厘米，进深 38 厘米，高 90 厘米。又有一碑座，长 82 厘米，宽 32 厘米，高 32 厘米。

以下为寺院内石窟：

第一窟：观音殿。窟高 270 厘米，宽 186 厘米，进深 260 厘米。两壁绘观音菩萨救八难壁画。现代重装修。

第二窟：财神殿。北壁画高 204 厘米，宽 201 厘米。

第三窟：三佛诸天窟。窟高 315 厘米，宽 508 厘米，进深 648 厘米。正壁佛像已无，中间有移入诸天残像，叠涩束腰，中间座长 130 厘米，宽 98 厘米，高 78 厘米。三座大小同，均残。诸天现存 4 身，北 1 南3，北高 65 厘米，残；南 73 厘米（其一），微残。本窟共有残像 7 身，北上层 1，北下层 1（残），东中 1，南上 4。余皆残骸（物）、塑像身体零部件。正（东）壁龛台（石雕）长 448 厘米，宽 108 厘米，高 70 厘米。北壁龛台长 540 厘米，宽 44 厘米，高 55 厘米。南龛台同。正中龛桌面长 125 厘米，宽 78 厘米，高 85 厘米，土质桌。本窟为平面长方平顶窟。石壁窟。地面亦石雕。窟外室内南侧壁画高 264 厘米，残宽 190 厘米。

第四窟：三清殿。殿右侧有一碑座，长 82 厘米，宽 42 厘米，高 38 厘米。

第五窟：大佛殿。原塑佛、菩萨、罗汉等。中间佛（东）残高 50 厘米（似弥勒），佛座基高 17 厘米；北侧佛残高 58 厘米，座下台基高 52 厘米，南侧佛残高 60 厘米（包括 13 厘米高莲台），南侧座基高同。南壁菩萨高 46 厘米，座基高 9 厘米，北壁高同。北壁小影塑高 28 厘米（其中之一，余同。此类像 14 身）。靠北壁有一移入残站像，无首，高 120 厘米。十八罗汉多毁，现存皆残，十八罗汉现存 10 身，南 4 北 6，其中一倚坐罗汉高 60 厘米。共有残像（含移入者）21 身，皆原塑（残）。十八罗汉殿顶上有巨佛残骸，残骸上有董真人牌位（画像）——原有像，据说其与张果老赌输赢，董赢，故坐向阳处。顶上空中原塑巨像背光仍在，3 大 2 小。有很多桩眼。

第六窟：地藏殿。南侧“神仙床”上面有一小禅窟帐形（南北撇下），石凿禅窟，平均高 112 厘米，宽 96 厘米，进深 54 厘米。神仙床上面呈梯形，长处宽 170 厘米，窄处宽 117 厘米，炕面宽 117 厘米，高 70 厘米。

地藏殿左（南）侧《重修董真蓭（庵）碑记》碑高 130 厘米，宽 70 厘米。碑基座长 100 厘米，宽 62 厘米，高 23 厘米。有一碑座，长58 厘米，宽 43 厘米，高 28 厘米。

殿外壁画一宽 158 厘米，高 200 厘米。壁画二宽 54 厘米，残高200 厘米。壁画三残宽 78 厘米，高 54 厘米。

第七窟：白云洞。从洞门中间直入庵中，在董真庵最后，“子孙宫殿”左（东）壁。高222 厘米，宽 152 厘米，进深 168 厘米。拱形窟。主尊莲座高于窟基 68 厘米，座基高 36 厘米。

平面方形平顶窟，门里窟壁间宽 410 厘米，高 358 厘米，窟宽263 厘米，高 358 厘米，进深 480 厘米。正壁是东面，地藏殿主尊为新塑。两侧15 个龛台，北侧龛台高 57 厘米，南侧龛台高 59 厘米，北、南侧龛台均长 385 厘米。现存 15 个龛中共有 5 身像，南 3 北 2，平均高 114 厘米。

第四节　张果老洞石窟调查与研究

张果老洞石窟即甘肃省两当县县城以东 15 公里处杨店镇灵官峡灵官殿村鹫鹫山登真洞，传说为唐通玄先生张果修真处。张果，俗称张果老，“老”是敬辞。张果是道教著名的八仙（明朝中后期以来，八仙定型为钟离权、吕洞宾、李铁拐、张果老、蓝采和、韩湘子、曹国舅、何仙姑）[①]之一。“唐玄宗时人”[②]，民间传说很多，传世历史文献及地方志有记载，研究者亦不乏其人。他是在唐朝统治者极力崇奉道教[③]的背景下登上历史舞台的。2021 年 1 月 15 日和 2023 年 4 月 9 日，笔者考察了两当县张果老洞石窟。张果老洞石窟是陇南唯一一处纯粹的道教石窟[④]。从洞中出土宋、元残碑等情况分析，登真洞的开凿很有可能在唐代，至迟亦在宋代。据蔡副全先生推测，佚名《登果老洞有感》“约刊于登真洞敕封之前”，而“‘登真洞’

---

①浦江清《八仙考》，《清华大学学报（自然科学版）》1936 年单行本，第 89—136 页。孟乃昌《张果考》，《宗教学研究》1985 年第 1 期，第 15—27 页。

②浦江清《八仙考》，第 89—136 页。

③任继愈总主编，卿希泰、唐大潮著《道教史》，第 94—158 页。卿希泰主编《中国道教史》第 2 卷，第 1—345 页。

④王百岁《陇南石窟与儒道佛三教合一研究》，第 24—29 页。

约敕封于宋徽宗政和初年”。“至宋宣和[1]年间，黄冠孙洞达，乃……僻此洞”[2]。故可断定，登真洞石窟之开凿，当在唐宋时期。

一、灵官峡张果老洞石窟现状调查

灵官峡是316国道通过灵官殿村至杨店镇之间的一条峡谷，长约3公里。由于在316国道南侧直接向西登上登真洞的台阶已被堵死，所以只能由鸑鷟山西北侧灵官峡村头向东北方向步行，走游览通道。越过316国道，先自西向东，绕道上旋，再自东向西，横越316国道上面的天桥，在天桥西端尽头，再登82级台阶，即到登真洞门口；在主洞门所在平台向南侧登25级台阶即到三清龛阁。

（一）张果老洞石窟现状

登真洞石窟现存1个大窟，内含4个小窟。[3]

图5-17　张果故居

图5-18　登真洞门口

①宋宣和年间为公元1119—1125年。

②蔡副全《张果事迹新考》，《世界宗教研究》2019年第4期，第92—105页。

③以下窟龛号由笔者所编。

图 5-19　第 2 窟张果洞张果卧榻塑像

图 5-20　第 1 窟八仙洞吕洞宾塑像

图 5-21　第 3 窟无量祖师洞无量祖师塑像

图 5-22　第 4 龛三清阁三清塑像

第 1 窟：亦名八仙洞。位于大窟西侧。洞门高 263 厘米，洞门宽 510 厘米，进深 1490 厘米，后部是水泥隔墙，水泥隔墙到洞的尽头约 1000 厘米。张果老像的后面有一个水池，水池外径 206 厘米，内径 154 厘米，水池深 42 厘米。洞中心及洞后壁三处渗水。张果塑像背面有三个小洞，均不知深度。洞中有许多蝙蝠静伏在崖壁上。何仙姑高 186 厘米，铁拐李（坐姿）高 153 厘米，汉钟离高 190 厘米，蓝采和（坐姿）高 120 厘米，韩湘子（坐姿）

高 146 厘米，吕洞宾高 176 厘米，张果（坐姿）高 143 厘米，曹国舅（坐姿）高 143 厘米，鹿身长 117 厘米，高 60 厘米。北侧空洞，前高后低，前部高 330 厘米，后部高 136 厘米，宽 410 厘米，进深（南北向）850 厘米。没有塑像，有些废弃瓶子、生活用品、涂料罐等。八仙洞门前有1 幅《八仙图》，墙面总高 264 厘米，宽 243 厘米，厚 13 厘米；图横 220 厘米，纵 120 厘米。

第 2 窟：亦名张果洞。位于大窟中部。宽 580 厘米，进深 940 厘米，中心部位高 351 厘米，果老卧像长 270 厘米，高 146 厘米，果老卧榻长 470 厘米，高 56 厘米，驴塑像（坐姿）身长 130 厘米，高（连同座台）90 厘米，果老卧榻后盘蛇塑像直径约 100 厘米，未知其长，果老左（西）侧梅鹿童子与果老右（东）侧仙鹤童子塑像身高同为 170 厘米。

第 3 窟：亦名无量祖师洞。位于大窟东侧。高 200 厘米，宽 435 厘米，进深 1233 厘米。张健塑像高 126 厘米，关公高 126 厘米，雷公高 118 厘米，龟将高 115 厘米，电母有牌位无塑像，笔光高 96 厘米，无量祖师（坐姿）高 133 厘米，庞乔高 96 厘米，蛇将高 120 厘米，高铜高 116 厘米，赵公明残骸高 47 厘米，辛江高 110 厘米。

第 4 龛：亦名三清阁。位于大窟外的上层靠前（东）偏右（南）。从地面到龛台高 43 厘米，龛高 173 厘米，宽 225 厘米，进深 117 厘米，坐像中间太清太上老君高 104 厘米，西侧上清灵宝天尊高 102 厘米，东侧玉清元始天尊高 102 厘米。

（二）登真洞石窟残碑及部分文献载录情况

鹙鹭山登真洞历来游人不绝，文人学士题咏极多，仅清乾隆《两当县志》选录的宋、明及清乾隆以前的著名诗作就有 9 首之多。其中宋代 3 首。北宋政和二年（1112）提举秦凤等路常平等事鲁百能《登真洞》："三千行满未骖鸾，闲卧空山不计[①]年。云镇[②]洞门清扣玉，石流甘液冷[③]飞泉。青驴去踏红尘里，白鹤来归玉柱前。试看高真栖隐处，此中疑是蔚蓝天。”两当县令王令图《前题》：“偶因公事便，仙岛亦追游。鹫鹫名犹在，丹砂事已休。雷声惊石鼓，琼乳洴[④]灵湫。便觉[⑤]凡尘迥，超然物外俦。”刘景文《前题》：“鹫鹫山前古洞深，仓崖老木共[⑥]阴森。游人看取溪中水，只此无尘是道心。”[⑦]明代两当邑令马在田《前题》两首：“洞口烟霞五色文，洞深一窦杳难分。桃花乱落涧中水，芝草自生崖畔云。去去白驴何日返，寥寥石鼓几回闻。谁人

①“计”，《陇南风物志》录为“计”（韩博文、陈启生著《陇南风物志》，第95—97页），赵逵夫先生录为“记”（赵逵夫主编《陇南金石校录》，第三册，北京：社会科学文献出版社，2018年，第869—870页），《两当县志》录为“记”（[清]德俊等纂修《两当县志》，[清]道光二十年抄本，台北：成文出版社有限公司影印，1970年，第222页），蔡副全先生录为“记”（蔡副全《张果事迹新考》，第99页）。

②“镇”，《陇南风物志》录为“镇”（韩博文、陈启生著《陇南风物志》，第95—97页），赵逵夫先生录为“锁”（赵逵夫主编陇南金石校录》，第三册，第869—870页），《两当县志》录为“锁”（[清]德俊等纂修《两当县志》，[清]道光二十年抄本，第222页），蔡副全先生录为“锁”（蔡副全《张果事迹新考》，第99页）。

③“冷”，《陇南风物志》录为“冷”（韩博文、陈启生著《陇南风物志》，第95—97页），赵逵夫先生录为“泠”（赵逵夫主编《陇南金石校录》，第三册，第869—870页），《两当县志》录为“冷”（[清]德俊等纂修《两当县志》，[清]道光二十年抄本，第222页），蔡副全先生录为“冷”（蔡副全《张果事迹新考》，第99页）。

④“洴”，《两当县志》录为“洴”（[清]德俊等纂修《两当县志》，[清]道光二十年抄本，第222页），《陇南风物志》录为“汧”（韩博文、陈启生著《陇南风物志》，95—97页），《陇南金石校录》未录该诗，《张果事迹新考》未录该诗。

⑤“觉”，《两当县志》录为“觉”（[清]德俊等纂修《两当县志》，[清]道光二十年抄本，第222页），《陇南风物志》录为“知”（韩博文、陈启生著《陇南风物志》，95—97页），《陇南金石校录》未录该诗，《张果事迹新考》未录该诗。

⑥“共”，《两当县志》录为“其”（[清]德俊等纂修《两当县志》，[清]道光二十年抄本，第223页），《陇南风物志》录为“共”（韩博文、陈启生著《陇南风物志》，第95—97页），《陇南金石校录》未录该诗，《张果事迹新考》未录该诗。

⑦[清]德俊等纂修《两当县志》，[清]道光二十年抄本，第222—223页。

传得长生术，我欲相从一问君。”“先生尽谈[①]朝元去，一入天台路不还。故灶空余烟洞在，真丹不与世间传。春风笑傲莺歌界，云水逍遥荡漾天。仙去仙来人不识，江湖朝市总超然。”[②]清代 4 首：屠文焯《鹫鹫仙山》：“青崖[③]百尺削成峰，叠巘危峦绕几重。一自仙鸾归去后，丹砂空有白云封。”[④]两当知县秦武域《鹫鹫仙山》：“闻说先生[⑤]有旧坛，参差玉笋凤笙攒。千年鹤影青山寂，万树松荫白日寒。雨溜[⑥]新苔鸣石鼓，云封故[⑦]鼎埋[⑧]金丹。人间衮衮何为者，一啸孤峰天[⑨]地宽”；《登真洞》：“洞穿鹫鹫岭，屏列岚光好。解听山

①“尽谈”，《陇南风物志》录为“尽谈”（韩博文、陈启生著《陇南风物志》，第 95—97 页），《两当县志》录为“只说”（[清]德俊等纂修《两当县志》，[清]道光二十年抄本，第 223—224 页），《陇南金石校录》未录该诗，《张果事迹新考》未录该诗。

②[清]德俊等纂修《两当县志》，[清]道光二十年抄本，第 223—224 页。

③“崖”，《陇南风物志》录为“崖”（韩博文、陈启生著《陇南风物志》，第 95—97 页），《两当县志》录为“岸”（[清]德俊等纂修《两当县志》，[清]道光二十年抄本，第 239—240 页），《陇南金石校录》未录该诗，《张果事迹新考》未录该诗。

④[清]德俊等纂修《两当县志》，[清]道光二十年抄本，第 239—240 页。

⑤“先生”，《陇南风物志》录为“先生”（韩博文、陈启生著《陇南风物志》，第 95—97 页），《两当县志》录为“仙翁”（[清]德俊等纂修《两当县志》，[清]道光二十年抄本，第 227 页），《陇南金石校录》未录该诗，《张果事迹新考》未录该诗。

⑥“溜”，《陇南风物志》录为“溜”（韩博文、陈启生著《陇南风物志》，第 95—97 页），《两当县志》录为“洒”（[清]德俊等纂修《两当县志》，[清]道光二十年抄本，第 227 页），《陇南金石校录》未录该诗，《张果事迹新考》未录该诗。

⑦“故”，《陇南风物志》录为“故”（韩博文、陈启生著《陇南风物志》，第 95—97 页），《两当县志》录为“古”（[清]德俊等纂修《两当县志》，[清]道光二十年抄本，第 227 页），《陇南金石校录》未录该诗，《张果事迹新考》未录该诗。

⑧“埋”，《陇南风物志》录为“埋”（韩博文、陈启生著《陇南风物志》，第 95—97 页），《两当县志》录为“护”（[清]德俊等纂修《两当县志》，[清]道光二十年抄本，第 227 页），《陇南金石校录》未录该诗，《张果事迹新考》未录该诗。

⑨“天”，《陇南风物志》录为“天”（韩博文、陈启生著《陇南风物志》，第 95—97 页），《两当县志》录为“大”（[清]德俊等纂修《两当县志》，[清]道光二十年抄本，第 227 页），《陇南金石校录》未录该诗，《张果事迹新考》未录该诗。

水音，不必问果老。”[1]罗暲《鹫鹫仙山》：“鹫鹫名山秀色奢，奇如削就带晴霞。岚光远映浮天际，瑞气全瞻出岭崖。丹穴何年舒彩凤，灵芝几度吐仙葩。今朝欣际文明会，五色云呈自不差。”[2]《大唐新语》《旧唐书》《新唐书》《续仙传》(《云笈七签》卷一百三十下)等传世文献及地方志均有张果方士活动的记述。后者虽略具神秘色彩，但“并无荒诞不经之语”。“张果并不是云端里的神仙，而是人间世的一个方士”。“《明皇杂录》《宣室志》中也有张果的事迹，白蝙蝠精混沌初开等，甚为不经，不录”。[3]长期致力于道教、中国古代炼丹术、化学史研究的孟乃昌先生一针见血地指出：“八仙之称可能加强了张果的地位，尽管他是人而不是神仙。”[4]《元和郡县志》《太平寰宇记》《元丰九域志》《大明一统志》《嘉庆重修一统志》《巩昌府志》《两当县新志》《两当县志》等史籍或方志均详细记载了鹫鹫山登真洞，大同小异。《通志》载“张果气诀一卷”[5]。《通志》载：“登真洞，高一丈，深百尺，有水自顶注入石池，池旁有石，振之有声，俗名石鼓洞，上有朝阳亭、碧桃轩。”《元丰九域志》云：“张果老祠，《图经》云：张果先生夏居豆积，冬居鹫鹫山，唐明皇征之，制加先生之号。”[6]《大明一统志》曰：“登真洞在鹫鹫山，乃张果登真之所。洞高一尺[7]，深百尺，有水自顶注入石池，俗名石鼓洞。”[8]元中统五年(1264)《重修三清阁碑》文字完整，字迹清晰，详细记载了张果老在鹫

---

①[清]德俊等纂修《两当县志》，[清]道光二十年抄本，第 243 页。

②[清]德俊等纂修《两当县志》，[清]道光二十年抄本，第 243—244 页。

③孟乃昌《张果考》，第 15—27 页。

④孟乃昌《张果考》，第 25 页。

⑤[南宋]郑樵撰《通志·五卷·三皇真形图一卷森罗万象北斗星君图一·右符箓(一百三部一百五十九卷)》，[清]纪昀总纂《文渊阁四库全书》卷六十七《史部·别史类》(电子版)，上海：上海人民出版社，香港：迪志文化出版有限公司，1999 年。

⑥[宋]王存等撰《元丰九域志》(下)，北京：中华书局，1984 年，第 590—591 页。

⑦“尺”，疑为“丈”之误。——笔者注

⑧韩博文、陈启生著《陇南风物志》，第 95—97 页。

鹫山登真洞修炼的事迹和修建三清阁的过程。[1]宋、元残碑等遗留文物现存于两当县文化馆。[2]

二、张果与唐代道教

(一)唐代道教兴隆

唐代是中国历史上统一王朝中道教地位最高的朝代之一。李唐皇室以老子的后代自居,与道教互相利用,神化皇权。[3]在唐朝建立前,楼观道士岐晖即预言,“当有老君子孙治世,此后吾教大兴”[4]。茅山道士王远知向李渊“密传符命”[5]。出身道教家庭的李淳风借老君之口宣称李渊“乃受命之君”[6]。在唐朝建立之初,统治集团就“确立了‘三教’并用的政策,而在初盛唐时,除武周当权期间以外,均以扶持道教为重点,同时尊重儒学,对佛教则既有利用又有抑制。”借鉴隋代的做法而又有所改变,一方面促进了道、儒、释的相互融合,使三家都获得了很大的发展;另一方面又导致了道、儒、释的互相争雄,使它们之间展开了激烈的斗争。[7]随着道教被奉为李唐皇室的皇族宗教(在唐玄宗时几乎成为国教),道教在社会上的地位日益提高,在社会政治生活中扮演了重要角色。[8]唐代除了出现众多道士之外,还涌现了一大批道教学者,诸如岐晖、王远知、孙思邈、李淳风、成玄

---

①赵逵夫主编《陇南金石校录》,第三册,第 878—880 页。

②蔡副全《张果事迹新考》,第 92—105 页。

③卿希泰主编《中国道教史》第 2 卷,第 31—36 页。

④[明]张宇初、张宇清编修,[明]邵以正校正增补,[明]张国祥编修《道藏》,第 5 册,北京:文物出版社,上海:上海书店,天津:天津古籍出版社,联合出版,1988 年,第 267—288 页。

⑤[后晋]刘昫等撰《旧唐书》第 16 册卷 192《隐逸列传》,北京:中华书局,1975 年,第 5125 页。

⑥卿希泰主编《中国道教史》第 2 卷,第 31—118 页。

⑦卿希泰主编《中国道教史》第 2 卷,第 31—32 页。

⑧任继愈总主编,卿希泰、唐大潮著《道教史》,第 138 页。

英、王玄览、司马承祯、张万福、吴筠、李筌、李荣、潘师正、李含光、韦景昭、巨国珍、田仕文、尹文操、李玄则等。[①]

(二)张果在科技和道教方面的贡献

1. 张果在科技和道教方面的贡献

虽然张果后来被列入“八仙”,但其亦是唐代道士和道教学者之一。武则天征召、玄宗迎请,他都佯死。“张果与叶静能、叶法善一样为玄宗朝道术较高者”[②]。张果是个精通服气、修炼内丹的道士。但今存张果书目中又有外丹类,或即他是以内丹为主,内外兼修者。还善于胎息不食。何谓胎息?“一气者,胎息也。胎乃藏身之府,息乃胎化。元因息生,息因神为胎。胎不得息则不成,息不得神则无主。神乃息之主,息乃胎之根,胎乃息之宅,神乃胎之真。在腹之中谓之胎,一呼一吸谓之息,故名胎息也。胎者形中气之子,息者形中神之母,形中子母何不存守。存守者,存其神而守其气。”[③]“张果最有名的著作是《玉洞大神丹砂真要诀》,新唐志所录《丹砂诀》1 卷,即此书。”[④]张果提出内外丹兼修“九要”并作了阐释:第一,“真一密要”。第二,“橐籥密要”。第三,“三五一枢要”。第四,“三一机要”。第五,“日魂月魄真要”。第六,“日用五行的要”。第七,“七返还丹简要”。第八,“八卦朝元统要”,又名“八卦还元归根之道”。第九,“九还一气总要”。修炼至此,神仙之道便得了。纵观上述,实是一套服气的功夫,这在隋唐道教的服气理论中可算上乘之作,比较成体系。关于张果的服气思想,从《云笈七签》卷五十九《张果先生服气法》中也可看到一些。其中云:“每日常偃卧,

①任继愈总主编,卿希泰、唐大潮著《道教史》,第 94—158 页。卿希泰主编《中国道教史》第 2 卷,第 1—345 页。

②卿希泰主编《中国道教史》第 2 卷,第 331—345 页。

③[明]张宇初、张宇清编修[明]邵以正校正增补,[明]张国祥编修《道藏》,第 4 册,第 313 页。卿希泰主编《中国道教史》第 2 卷,第 343 页。

④卿希泰主编《中国道教史》第 2 卷,第 334—335 页。

摄心绝望，闭气握固，鼻引口吐，无令耳闻，唯是细微，满即闭，使足心汗出，一至二数至百已上，闭极微引少气，还闭，热呵冷吹。能至一二千，即不用粮食，不须药物，时饮一两盏好酒或水，通肠耳。数至五千，则随处出入，有功当自知也，则可入水卧矣。"[①]这是种胎息的功夫，具有可操作性。[②]《张果玉洞要诀》后列入明代医药学家李时珍著《本草纲目》之《本草纲目序例第一卷·引据古今经史百家数目》。[③]隋唐道教对当时的天文学、医药学、化学及养生学等各个方面均作出了突出的贡献，为我国古代科技的发展提供了丰富的材料，成为中华文化宝库中的无价之宝。[④]"三世纪和以前的中国炼丹术主要是铅汞术(也有天然朱[⑤]砂为药料)，而约略在四至六世纪左右才合成了硫化汞，到隋唐才发展了硫汞论。"[⑥]古代的道士们和道教学者们，对科学技术的发展，贡献还是很大的。据孟乃昌先生研究，中成药五子衍宗丸的"原方和源头"，即是张果献给唐玄宗的"五子守仙丸方"。[⑦]张果就是中国古代著名的化学家[⑧]。

2. 张果对全真道的影响

吕洞宾与张果等共为"八仙"成员，吕洞宾授道于王重阳，王重阳创立全真道，凝阳董(守志)真人感遇正阳帝君钟离权、纯阳帝君吕洞宾、纯佑帝君刘海蟾，"往来于德顺、秦陇间"[⑨]。故两当既有张果登真洞，又有董真人庵(俗名董真庵，也叫土蜂沟石窟)，由此我们通过考察两当道教石窟可以略知陕、甘一带道教从隋、唐、宋到元、明、清，从北五祖(王玄甫、钟离

①[明]张宇初，张宇清编修，[明]绍以正校正增补，[明]张国详编修《道藏》，第22册，第414页。

②卿希泰主编《中国道教史》第2卷，第344页。

③[明]李时珍著《本草纲目》(校点本上册)第2版，北京：人民卫生出版社，2021年，第29页。

④卿希泰主编《中国道教史》第2卷，第334—344页。

⑤原文此处为"宋"，疑误，当为"朱"。

⑥孟乃昌《张果考》，第23页。

⑦孟乃昌《五子衍宗丸的历史起源》，《中成药研究》1985年第2期，第29页。

⑧浦江清《八仙考》，第89—136页。

⑨[金]禄昭闻《凝阳董真人遇仙记》，《道藏》，第5册，第753—758页。

权、吕洞宾、刘海蟾、王重阳)到北七真(马钰、谭处端、刘处玄、丘处机、王处一、郝大通、孙不二)的传承及道教的兴盛。据登真洞《重修三清阁记》(佚名撰,元中统五年即1264年立)[①]记载,“惟能全道行于一身之内”,方可“积行而登仙”;登真洞后成为“全真道人”的修行之所。[②]元、明、清时期,陇南全真道兴盛。[③]所以说,张果开辟两当张果老洞石窟,为后来的全真道创造了条件。

3. 正确看待张果在道教和科技方面的贡献

赵逵夫先生在《陇南金石校录》中说:“北宋大中祥符元年(1008[④])十二月甲子真宗皇帝为弘扬道教下诏:‘天下宫观陵庙,名在地志、功及生民者,并加崇饰。’鹫鹭山果老洞得以受封为‘登真洞’。题诗洞中,后人刻石碑传永久。”[⑤]立于南宋高宗绍兴元年(1131)的两当《宋故崔公墓志铭》载:

> 公讳熙,字明远,环州方渠人也。……为两当邑书吏。……遂复两当邑。邑之东有鹫鹭山,一洞嵌深,流水泠然,唐张果先生隐居所也。提刑游师雄建祠洞侧,岁遇雨旸,祷之获应。然洞祠无额,公颇惜之。一日,率众乞于都大郭思,闻奏,朝廷嘉其惠,封其洞曰“登真”,祠曰“集休观”。更数岁,再乞申命先生为“冲妙真人”。敕诰具(俱)在,本观掌之。真不忘神惠有如此者。[⑥]

故知崔熙担任邑吏时,鉴于哲宗元祐六年(1091)前后秦凤路刑狱游师雄所建鹫鹭山张果祠无额,遂率众乞于徽宗,朝廷即以圣旨题其洞曰登

①赵逵夫主编《陇南金石校录》,第三册,第878—880页。

②蔡副全《张果事迹新考》,第92—105页。

③王百岁《甘肃省成县金莲洞石窟与全真道》,《宗教学研究》2014年第2期,第61—71页。

④大中祥符元年应为公元1008年,《陇南金石校录》误为1009年。

⑤赵逵夫主编《陇南金石校录》,第三册,第867页。

⑥赵逵夫主编《陇南金石校录》,第三册,第872—873页。

真,封其祠名集休观,此即登真洞名称的来历。后来地方官员又上书朝廷乞封张果先生神灵,得封冲妙真人。[①]

“两当的三清宫建于北宋以前,南宋重建;登真洞非仅为张果老修真之处,而且是今存陇南较早的三清宫之祀宫。”[②]登真洞迄今香火旺盛。

我们应该以公正客观的态度,将道教作为一种历史文化和社会现象来对待。据笔者多年来对历史,儒、释、道三教及石窟艺术的研究,认为宗教——尤其是道教,包含着丰富的、十分珍贵的资料。

三、张果极有可能是甘肃两当人

张果到底是哪儿人,此前没有统一的说法。《中国道教史》对张果的记载在道教史中算是最权威、最详细的记载之一,然而开头只是说:“张果,生卒年不详,其生平事迹,较早的见于《大唐新语》卷十:‘张果老先生者,隐于恒州枝条山,往来汾晋。时人传其长年秘术。’”在介绍完武则天、玄宗征召后说道:“后来《旧唐书·张果传》基本上取材于此。”[③]也就是说,《中国道教史》没有确定张果是哪儿人。虽然“张果的活动在今山西陕西一带”[④],“活动地点主要是恒山、中条山、洛阳”[⑤],甚至玄宗诏书亦称“恒州张果先生”[⑥]。浦江清先生、卿希泰先生、赵逵夫先生、孟乃昌先生、蔡副全先生等虽然确认了张果先生真有其人,但没有确定是哪儿人。[⑦]蔡副全先生列举

①赵逵夫《由石刻文献看陇南历史上的道教与民间宗教》,《宗教学研究》2020 年第 2 期,第 90 页。

②赵逵夫《由石刻文献看陇南历史上的道教与民间宗教》,第 86—93 页。

③卿希泰主编《中国道教史》第 2 卷,第 333 页。

④郭正谊《从〈龙虎还丹诀〉看我国炼丹家对化学的贡献》,《自然科学史研究》第 2 卷第 2 期,1983 年,第 112—117 页。

⑤孟乃昌《张果考》,第 15—27 页。

⑥[后晋]刘昫等撰《旧唐书》第 16 册卷 191(列传第 141)《方伎列传》,第 5106—5107 页。

⑦浦江清《八仙考》,第 89—136 页。卿希泰主编《中国道教史》第 2 卷,第 331—345 页。赵逵夫《由石刻文献看陇南历史上的道教与民间宗教》,第 90 页。孟乃昌《张果考》,第 15—27 页。蔡副全《张果事迹新考》,第 92—105 页。

了多处张果遗踪，诸如山西方志所载张果遗踪，包括《山西志辑要》所载中条山张果洞，《永济县志》所载五老峰张果洞，《祁县志》所载祁县温风岭张果老窑，《交城县志》所载古崖中穴，清朱子春、段澍霖主编《新修凤县志》所载陕西凤县豆积山果老洞（豆积山弈棋处、铁棋仙迹、《遁迹山石刻》、遇仙桥遗迹尚存），清德俊编纂《两当县志》所载甘肃两当县鹫鹭山登真洞（宋代刘景文《题张真人洞》、宋代鲁百能《题登真洞诗》、宋代宋京《游鹫鹭山登真洞二首》、佚名《登果老洞有感》、南宋《宋故崔公墓志铭》、元代《重修三清阁记》现存两当县文化馆）。

张果极有可能是甘肃两当人。理由如下：

（一）文献记载可证

传世文献、地方志等均有关于张果及其活动的记载。

1.《旧唐书》的记载：

张果者，不知何许人也。则天时，隐于中条山，往来汾、晋间，时人传其有长年秘术，自云年数百岁矣。尝著《阴符经玄解》，尽其玄理。则天遣使召之，果佯死不赴。后人复见之，往来恒州山中。开元二十一年，恒州刺史韦济以状奏闻。玄宗令通事舍人裴晤往迎之，果对使绝气如死，良久渐苏，晤不敢逼，驰还奏状。又遣中书舍人徐峤赍玺书以邀迎之，果乃随峤至东都，肩舆入东宫中。

玄宗初即位，亲访理道及神仙方药之事，及闻变化不测而疑之。有邢和璞者，善算人而知夭寿善恶，玄宗令算果，则懵然莫知其甲子。又有师夜光者，善视鬼。玄宗召果与之密坐，令夜光视之，夜光进曰："果今安在？"夜光对面终莫能见。玄宗谓力士曰："吾闻饮堇汁无苦者，真奇士也。"会天寒，使以堇汁饮果。果乃引饮三卮，醺然如醉所作，顾曰："非佳酒也。"乃寝。顷之，取镜视齿，则尽燋且黧。命左右取铁如意击齿坠，藏于带。乃怀中出神仙药，微红,傅坠齿之断。复寝良久,齿皆出矣,粲然洁白,玄宗方信之。

玄宗好神仙,而欲果尚公主,果固未知之,谓秘书少监王迥质、太常少卿萧华曰:“谚云娶妇得公主,真可畏也。”迥质与华相顾,未晓其言。即有中使至,宣曰:“玉真公主早岁好道,欲降先生。”果大笑,竟不奉诏。迥质等方悟向来之言。后恳辞归山,因下制曰:“恒州张果先生,游方外者也。迹先高尚,深入窈冥。是浑光尘,应召城阙。莫详甲子之数,且谓羲皇上人。问以道枢,尽会宗极。今特行朝礼,爰畀宠命。可银青光禄大夫,号曰通玄先生。”其年请入恒山,锡以衣服及杂彩等,便放归山。乃入恒山,不知所之。玄宗为造栖霞观于隐所,在蒲吾县,后改为平山县。①

2.《新唐书》的记载:

张果者,晦乡里世系以自神,隐中条山,往来汾、晋间,世传数百岁人。武后时,遣使召之,即死,后人复见居恒州山中。开元二十一年,刺史韦济以闻。玄宗令通事舍人裴晤往迎,见晤辄气绝仆,久乃苏。晤不敢逼,驰白状。帝更遣中书舍人徐峤赍玺书邀礼,乃至东都,舍集贤院,肩舆入宫。帝亲问治道神仙事,语秘不传。果善气息,能累日不食,数御美酒。尝云:“我生尧丙子岁,位侍中。”其貌实年六七十。时有邢和璞者,善知人夭寿。师夜光者,善视鬼。帝令和璞推果生死,懵然莫知其端。帝召果密坐,使夜光视之,不见果所住。

帝谓高力士曰:“吾闻饮堇无苦者,奇士也。”时天寒,因取

①[后晋]刘昫等撰《旧唐书》第16册卷191(列传第141)《方伎列传·张果》,第5106—5107页。

以饮果,三进,颓然曰:"非佳酒也。"乃寝。顷视齿燋缩,顾左右取铁如意击堕之,藏带中,更出药傅其断,良久,齿已生,粲然骈絜。帝益神之。欲以玉真公主降果,未言也。果忽谓秘书少监王迥质、太常少卿萧华曰:"谚谓娶妇得公主,平地生公府,可畏也。"二人怪语不伦。俄有使至,传诏曰:"玉真公主欲降先生。"果笑,固不奉诏。有诏图形集贤院,恳辞还山,诏可。擢银青光禄大夫,号通玄先生,赐帛三百匹,给扶侍二人。至恒山蒲吾县,未几卒,或言尸解。帝为立栖霞观其所。①

一般来说,《大唐新语》和《旧唐书》的记载是最早和最权威的,其他文献、地方志等都是在此基础上生发出来的。

(二)民间传说可证

虽然在今山西、陕西、河北等地都有登真洞和张果的传说,②但甘肃两当的传说也是由来已久、非常丰富。自唐以来,鹫鹫山登真洞即渐次闻名于世。当地民间对张果老在两当的活动有很广泛的传说,其中最普遍的,是说张果骑驴去后,此地再无驴,养驴亦难以存活。

(三)"归隐"两当可证

根据笔者的理解,"归隐"既可以指道教的修炼、修行,也可以指世俗之人晚年回归故里、终老故乡之意;词语凡有"归"者,必具"回家"之意,"隐"亦含有"回家"之意。这种解释,符合《老子》《庄子》等一系列道家经典的思想与道教的基本精神。其实,宗教的含义和世俗的含义是相通的。叶落归根是中国传统文化中人生的必然趋向。因为人生不易,人总有走到生命尽头的那一天,而当他死亡时,如果有知,自然而然就会想到自己的父

---

①[北宋]欧阳修、宋祁撰《新唐书》第 18 册卷 204(列传第 129)《方技列传·张果》,第 5810—5811 页。

②孟乃昌《张果考》,第 15—27 页。蔡副全《张果事迹新考》,第 92—105 页。

母和故乡。尽管张果是道人、出家人，但他也是一个实实在在、有血有肉的人，也会自觉不自觉地受到传统文化的影响，临终时难免会有"人生如梦""万事皆空"的感悟，即使他真能"得道"，那他的这种体悟也当更深。既然张果"累陈老病，请归恒州……无何寿终，或传尸解"[①]，"累陈老病，乞归恒州。……忽卒，弟子葬之。后发棺视之，空棺而已"[②]，"果陈病老，乞归常州[③]……忽卒，弟子葬之。后发棺，空棺而已"，[④]《旧唐书》亦云"乃入恒山"，晚年"栖隐"两当鹫鹫山登真洞[⑤]。况且据现存《重修三清阁记》云："或隐徽州鹫鹫山。时有洞号曰'登真'……养浩之所，居此岁月甚多，出入往来……"[⑥]说明张果在两当登真洞修行，养浩然之气，进进出出，居住了很长时间。只有故乡才可使张果如此安心修炼。那么就证明，两当很可能是他的生身故乡。从这个意义上说，终老故乡的张果极有可能是甘肃两当人。

（四）两当登真洞石窟及两当近处多地道教遗迹可证

东汉、三国时期，陕西汉中就有五斗米道广泛流行。[⑦]况且，两当东部的道教遗迹很多。[⑧]据赵逵夫先生研究，作为八仙之一的吕洞宾，本姓李，系唐宗室，因武则天杀害唐室子孙，乃改姓吕。唐宗室李氏祖籍天水，吕洞宾与张果都可以说是"陇右高道"，其迁延于陇右之地为多，陇右亦多有其祠庙。[⑨]在

---

①［唐］刘肃撰《大唐新语》，北京：中华书局，1984年，第157页。

②［唐］郑处诲、裴庭裕撰《明皇杂录》，北京：中华书局，1994年，第30—32页。

③蔡副全先生引用《续仙传》"张果"条时，于此处将"常州"误为"恒州"。见蔡副全《张果事迹新考》，第92—105页。

④《续仙传卷中》，［明］张宇初、张宇清编修，［明］邵以正校正增补，［明］张国祥编修《道藏》，第5册，第86页。

⑤韩博文、陈启生著《陇南风物志》，第95—97页。蔡副全《张果事迹新考》，第98页。

⑥赵逵夫主编《陇南金石校录》，第三册，第878—880页。

⑦［西晋］陈寿撰，［南朝·宋］裴松之注《三国志》第1册卷8《魏书八·二公孙陶四张传第八·张鲁》，北京：中华书局，1959年，第263—266页。

⑧孙晓峰《甘肃省两当县西姑庵佛教遗址考察》，第24—36页。

⑨赵逵夫《由石刻文献看陇南历史上的道教与民间宗教》，第90页。

登真洞的背面(西南面)就有董真庵石窟,[①]《两当县志》云:“董真庵,东南二十里。”[②]根据传说,登真洞中的大蟒蛇(塑像),就是通过穿越洞窟、往来东西,为张果与董真人传递信息。故两当的道教氛围很浓。[③]紧邻甘肃陇南的陕西宝鸡境内有全真道祖庭,[④]紧邻甘肃两当的陕西凤县亦有登真洞[⑤]。可见,自古以来,陕西和甘肃的道教活动连成一片,形成规模。因此,判定张果是甘肃两当人,自在情理之中。

(五)《全唐诗》张果小传中直言张果是两当人可证

《全唐诗》载有张果《题登真洞》诗一首:

> 修成金骨炼归真,洞锁遗踪不计春。野草谩随青岭秀,闲花长对白云新。风摇翠筱敲寒玉,水激丹砂走素鳞。自是神仙多变异,肯教踪迹掩红尘。

诗后附一小传:“张果,两当人。先隐中条山,后于鹫鹫山登真洞往来。天后召之,不起;明皇以礼致之,肩舆入宫。擢银青光禄大夫,赐号通玄先生。未几,还山。”[⑥]

虽然《旧唐书》《新唐书》《大唐新语》《明皇杂录》《续仙传》《通志》《道藏》等文献均没有言明张果是两当人,但值得特别注意的是,《全唐诗》既没有说其是山西人或陕西人,也没有说是河北人或恒州人、恒山人、中条山人、洛阳人、赵州桥　带人、常州人等,而载明是“两当人”。从张果生活

---

①史轲《甘肃省陇南境内石窟寺概述》,第24—27页。

②[清]德俊等纂修《两当县志》,[清]道光二十年抄本,第57页。

③孙晓峰《甘肃省两当县西姑庵佛教遗址考察》,第24—36页。

④王百岁《甘肃省成县金莲洞石窟与全真道》,第61—71页。

⑤蔡副全《张果事迹新考》,第92—105页。

⑥[唐]张果《题登真洞》,[清]彭定求、杨中讷等修纂《全唐诗》第24册第860卷,北京:中华书局,1960年,第9718页。

的初、盛唐时期到《全唐诗》问世的清朝前期，大约1000年左右。想来《全唐诗》的编纂者也是收集分析了各种信息而判定张果是甘肃两当人的。

综上所述，比较张果活动的其他地方，综合诸种因素可知，张果极有可能是甘肃两当人。

小结

两当张果老洞——鹫鹭山登真洞石窟现存1个大窟，内含4个较小窟龛。尚有部分文物残存，绝大部分碑文可以释读。石窟开凿于唐宋之际。石窟的开凿当是在借助天然洞窟的基础上经人力加工而成。洞窟内涵或夹杂民间信仰的成分，基本没有佛教或儒教的因素，所以是一处道教石窟，在陇南绝无仅有。

虽然终唐一代，佛教盛于道教，但是毫无疑问，唐王朝是中国历史上统一王朝中道教地位最高的朝代之一。道教、佛教、儒教是相互影响、相互借鉴的，道教中的一部分神仙本是在儒家文化熏陶下成长、佛教文化影响下成熟起来的人物，包括张果在内的八仙也不例外。张果以后，陇南全真道都受其影响，甚至在元朝时期"逆势发展"[①]。因而张果老洞石窟也是研究陇南石窟三教合一不能排除在外的，[②]是必须要借鉴的。

张果作为神仙，是传说中的人物，几乎是妇孺皆知。民间传说和道教文献多有虚构夸大之处，以致有些说法荒诞不经。但历史上的张果实有其人，正史及《道藏》等历史文献多有记载，其生卒年岁、籍贯道里均不可确考，主要活动于初、盛唐时期。

包括两当张果老洞石窟在内的诸多证据表明，张果极有可能是今天甘肃两当人。自唐宋以后，人们就信仰、礼拜、祭祀张果老。

---

①刘永明、牛丽丽《蒙元时期的陇南全真教》，《敦煌学辑刊》2022年第3期，第119—130页。

②王百岁《陇南石窟与儒道佛三教合一研究》，第24—29页。王百岁《甘肃省成县甸山石窟调查与研究》，《东方论坛》2018年第1期，第91—97页。

第六章

陇南石窟与佛教

佛教是何时传入今陇南市境内的,历史上的发展状况如何?正史没有专门、系统的记载,佛教史没有具体、详细的记述,地方志也多没有系统、详细的记载。所幸陇南市境内现存的一些佛教(或道教,或儒、释、道合一)石窟寺,直接或间接地为我们保存了这方面的一些资料,可以说其价值弥足珍贵。根据建筑、窟龛、塑像、壁画、碑文等,结合相关文献资料,我们可以在一定程度上复原陇南佛教史。

第一节　魏晋南北朝时期陇南石窟与佛教

魏晋南北朝时期是陇南佛教发展的第一个黄金时期，其获得了迅猛和长足的发展。就石窟始凿及其早期发展而言，主要有成县大云寺，西和县法镜寺、八峰崖，徽县竹林寺、佛爷崖等石窟。

一、佛教最早传入陇南成县等地

佛教传入陇南市各县的时间先后不尽相同，但大多数县域的传入时间在地方志中均没有明确或准确记载。从现有的石窟资料和文献资料来看，至迟于东汉明帝时期佛教就传入了今成县境内，成县理所当然成为今陇南市境内佛教传入最早的地区之一。

关于佛教传入时间的确定，位于今成县城关镇的大云寺石窟摩崖石刻和一些相关文献的记载功不可没。据孙晓峰先生考察与研究，大云寺石窟始凿于唐代，现“已基本残毁”“仅存少许摩崖浮雕及题记”①。《甘肃省志》在记述了敦煌、凉州等地佛教传入及译经情况后载：“随着佛教在甘肃的早期传播，佛教寺院也开始在一些地方兴建。据《舆地胜记》记载：‘大云寺碑在成州(成县)凤凰山上，去州七里，创始莫考，殿后崖上存刻字云：汉永平十二年。’按这一记载，说明在东汉明帝时，成县已经有佛寺。”②《成县志》载：“《元一统志》成州大云寺条谓，殿后崖上有刻字，云：汉永平十二年重修，寺主广昌记。又，经阁崖上刻云：梁大同九年。今寺毁碑亡，考察无门。若记载不误，则佛教之始于本县，似自汉代。”③《陇右金石录》“凤凰山摩崖”条引王象之《舆地碑记目》亦云：“大云寺碑在凤凰山上，去成州七里，创始莫考。殿后崖上有刻字云‘汉永平十二年’，又修经阁崖上刻云‘梁大同九年’。”④“学术界一般认为，汉哀帝元寿元年(前2年)，大月氏王使臣伊存口授《浮屠经》，当为佛教传入汉地之始”。但“在佛教界，则普遍把汉明帝夜梦金人，遣使求法，作为佛教传入中国的开始。”⑤《元一统志》虽谓“按永平年号，是时佛法始入中国，不同可疑”⑥，但没有否定永平年间佛教传入成县的可能性。事实上，西汉末年佛教已传入中国内地⑦。故准确的说法应该是，“根据信史的记载，佛教传入汉地，当在两汉之际，即公元前后”⑧。又据记录“汉永平十二年重修”之事者为“寺主”“广昌”，则说明今成县境内当时已经有了佛寺和住持僧人；且言“重修”，即是“创始更早”之

①孙晓峰《甘肃天水、陇南地区中小石窟的初步考察》，第51页。

②甘肃省地方史志编纂委员会、甘肃省志宗教志编纂委员会编纂《甘肃省志》第71卷《宗教志》，第89页。

③成县地方志编纂委员会编纂《成县志》，第835页。

④[民国]张维编著《陇右金石录》，第15979页。

⑤杜继文主编《佛教史》，第87页。

⑥[元]孛兰肹等撰、赵万里校辑《元一统志》，第482页。

⑦汤用彤著《汉魏两晋南北朝佛教史》(增订本)，第29—30页。

⑧杜继文主编《佛教史》，第88页。

意。因此可以断定，至迟在东汉明帝时期，佛教不仅已经传入了中原地区，而且已经传入了今成县——陇南市境内。

二、佛教渐次传入陇南各地并迅猛发展

清康熙三十六年(1697)王殿元撰《西和县新志》，乾隆三十九年(1774)邱大英撰《西和县志》，1947 年朱绣梓撰《重修西和县志》，均无佛教最先传入今西和县时间的记载。[①]北魏时期，陇南境内佛教有了很大发展，现存石窟中以位于今西和县石堡镇的法镜寺石窟为代表。据《西和县志》载，该石窟"分南北崖两处，现存 31 窟，南崖 15 窟，北崖 16 窟，有造像 13 尊"[②]。"佛教何时传入本县，尚无确切记载。但从西和法镜寺佛教造型推知，最迟也在北魏时期。"[③]据孙晓峰先生考察，法镜寺现存大小窟龛 24 个，造像 11 身。[④]当代学者研究认为，该石窟始凿于北魏(中晚期)。[⑤]

位于今西和县石峡镇的八峰崖石窟现存窟 14 个，塑像 170 余身(含新塑)，第 12 窟东壁南侧画纵 103 厘米，横 134 厘米；西壁南侧画纵 145 厘米，横 124 厘米。[⑥]关于石窟的创始时间，学术界存在争议，有"魏晋"、不

---

①西和县志办公室校点《西和县志》，第 1—487 页。

②"西和县地方志编纂委员会编"卷第 3《西和县志》，第 644 页。

③"西和县地方志编纂委员会编"卷第 3《西和县志》，第 732 页。

④孙晓峰《甘肃陇南几处中小石窟调查简报》，第 3 页。

⑤"西和县地方志编纂委员会编"卷第 3《西和县志》，第 643 页。张宝玺主编《甘肃石窟艺术雕塑编》，第 184 页。敦煌研究院编，卢秀文编著《中国石窟图文志·石窟志编》，第 244 页。孙晓峰《甘肃陇南几处中小石窟调查简报》，第 10 页。孙晓峰《甘肃天水、陇南地区中小石窟的初步考察》，第 42—51 页。王百岁《甘肃陇南石窟寺》，第 154—80 页。

⑥"西和县地方志编纂委员会编"卷第 3《西和县志》，第 643 页。王百岁《八峰崖石窟内容总录新编》，第 29—34 页。

晚于十六国后秦、[1]唐、[2]宋、元、明、清[3]等不同观点，迄今尚无定论。但有学者认为创始于北魏时期的可能性最大。[4]结合法镜寺石窟的始凿时间可知，迄至北魏时期，今西和县境内佛教兴隆，凿窟造像活动盛极一时。

西和县乌元镇佛孔寺始建于北魏太和年间(477—499)。[5]

据上述内容可知，至迟于北魏时期，佛教已传入西和——实际上可能更早，不排除东汉、魏晋、十六国时期传入西和县的可能性，因为佛教既然能够经由相对较远的天水市传入成县，那么也就能够从成县传入与其接壤的西和县，或者可以直接由天水市传入西和县，西和县东北部与天水市秦州区西南部相接壤，天水市与西和县分别从北、南两面紧邻礼县，礼县与西和县有时属于同一行政辖区，而且成县、西和县都处在陇蜀交通要道上，二县地有时亦可能属于同一行政辖区。[6]

据《宕昌县志》载："佛教何时传入宕昌无确切记载，但据传说和境内尚存的寺庙推断，大约在北魏末期传入本县。当时因宕昌系羌族驻地，羌人信仰天神、山神、石神、水神等，信仰佛教者不多。"[7]可知佛教传入宕昌县境内是比较早的，但因当时居住在宕昌一带的羌族信仰自然神，故佛教并不盛行。

---

①王百岁《甘肃陇南石窟寺》，第156页。

②孙晓峰《甘肃天水、陇南地区中小石窟的初步考察》，第51页。史轲《甘肃省陇南境内石窟寺概述》，第24—27页。

③李永良主编《河陇文化——连接古代中国与世界的走廊》，第275页。"西和县地方志编纂委员会编"卷第3《西和县志》，第644—645，733—734页。另外，张宝玺、张学荣、刘永增、魏文斌、孙晓峰等先生认为八峰崖石窟现存最早塑像是明、清时期的作品(其中张学荣、孙晓峰等先生认为现存个别塑像具有宋代风格)；施萍婷先生认为现存最早佛、菩萨塑像为宋代作品。但对于八峰崖石窟的始凿时间，目前学术界没有得出肯定、一致的结论。

④王百岁《八峰崖石窟内容总录新编》，第29—34页。

⑤王百岁《甘肃西和佛孔石窟调查与研究》，第115页。

⑥"西和县地方志编纂委员会编"卷第3《西和县志》，第123—135页。

⑦宕昌县县志编纂委员会编纂《宕昌县志》，兰州：甘肃文化出版社，1995年，第539页。

据《礼县志》载:“天水市麦积山石窟始建于两晋时期的后秦王朝,当时礼县的东北部属天水郡的始昌县……‘观音圣水牌’寺庙建于唐朝或更早些。”[①]根据今礼县(包括湫山坪)东北部与今天水市接壤、深受天水市佛教活动和开窟造像活动的影响,以及天水市、西和县、徽县三地佛教的传入都不晚于北魏或西魏的事实,可推知佛教传入今礼县境内当不晚于北魏或西魏时期。

据《徽县志》载,“西魏大统年间(535—551)在伏家镇北山修建北禅寺”。[②]这说明至迟在北魏或西魏时期佛教就传入了今徽县境内。与北禅寺对应的是南禅寺,南禅寺遗址在佛爷崖石龛近处(东北方位),出土有很多残砖断瓦等较大规模寺院建筑的遗物。南禅寺与北禅寺同时并存,可知南禅寺的创建不晚于西魏时期。南禅寺与位于今徽县水阳乡的佛爷崖石龛一定有密切关系。该石龛为一处摩崖帐式大龛,又分较大龛4个、小龛14个,佛、菩萨、力士等各类石质浮雕造像18身,风化严重。大龛龛形类似麦积山石窟西魏至北周阶段流行的帐形龛。[③]大龛、小龛,大佛、小佛、菩萨、力士等错落有致。佛陀螺纹高髻,面貌丰满,身材端庄,穿垂领式或圆领通肩式袈裟,倚坐或结跏趺坐于二重或三重仰莲台座上。力士肌肉发达,魁梧劲健。从窟龛形制、造像思想、造像特征、衣着服饰等方面分析,北朝晚期的特征更加明显。一些学者认为是唐或宋代凿龛塑像的,但笔者以为即使开凿于隋唐或以后,也是传承了北朝晚期的风格。

位于今徽县榆树乡的竹林寺石窟现有窟6个(1大5小)。笔者将该石窟仅存窟龛与塑像(残骸)同法镜寺石窟窟龛与塑像作了对比,认为其具有北朝中晚期的某些风格。那么徽县境内佛教传入、佛教活动、开窟造

①礼县志编纂委员会编纂《礼县志》,西安:陕西人民出版社,1999年,第782页。

②徽县志编纂委员会编《徽县志》,第906页。

③孙晓峰《甘肃陇南几处中小石窟调查简报》,第10页。

像的时间当与成县、西和县相差不远。

据《康县志》载，“康县古属氐人住地，氐族早就信奉佛教”，并引用《西北民族宗教史料文摘》称，“氐王苻坚尝遣兵征西域，其目的之一，乃在邀请僧鸠摩罗什”[①]，这种叙说并不能说明佛教最早传入今康县境内的确切或者大致时间，但可据以推知佛教初传和开始流行于氐民当中，时间大概是东晋十六国或南北朝时期。

综上所述，佛教至迟于东汉明帝时就传入今陇南市境内，但传入各县的具体时间不尽相同，传入成县、西和县、康县、宕昌县、徽县等较早，传入其他各县或较迟。在魏晋南北朝时期，虽然各县佛教传播与发展并不平衡，但陇南市境内的佛教流行与发展总体上十分迅速，北魏等时期的石窟就是见证。

---

①《康县志》编纂委员会编纂，黄俊武主编《康县志》，兰州：甘肃人民出版社，1989 年，第 780 页。

第二节 隋唐五代宋时期陇南石窟与佛教

隋唐五代宋时期的陇南佛教达到极盛，是其发展的第二个黄金时期。佛教活动及开窟造像较为活跃的有大云寺、法镜寺、八峰崖、水帘洞、罗汉洞等石窟。

一、成县、西和县境内佛教至盛

《成县志》载：

> 《元一统志》谓大云寺，汉唐时似以凤凰山名，或为其时知名寺院。逮武则天临朝后，颁示《大云经》，凤凰山寺拟于彼时望风景从，易名大云寺。而晨钟暮鼓萦回于崖壁间已数百十年，今崖壁上唐、宋题记可约略推知之。[①]

①成县地方志编纂委员会编纂《成县志》，第835页。

史载，唐高宗崩而中宗立，“武后乃亟谋篡位，遂大造符瑞图谶，以期移天下之观听”[①]“《大云经》盖此前已译数种，怀义等因其内有女主之文，故特改造表上之”。[②]载初元年(689)，“有沙门十人伪撰《大云经》，表上之，盛言神皇受命之事[③]。”沙门并造《经疏》，谓经中所云“即以女身当王国土”者，当应在武则天身上。[④]武则天据此于天授元年(690)“壬申，敕两京、诸州各置大云寺一区，藏《大云经》，使僧升高座讲解，其撰疏僧云宣等九人皆赐爵县公，仍赐紫袈裟、银龟袋”[⑤]。可见，成县窟寺“大云寺”之名，与“武周革命”有直接关系。在这一政治背景下，成县“凤凰山寺”遂有了“大云寺”之名，这一名称一直延续到现在。

《佛祖统纪》载：“大足元年，成州[⑥]言，有佛迹见甚大，诏改号大足。”[⑦]故知武周政权之年号“大足”实来源于当时的成州(今陇南市境域之一部分)[⑧]发现的所谓“佛迹”。无论“佛迹”今在何方，是真是假，也不论这一记

①汤用彤著《隋唐佛教史稿》，第17页。

②汤用彤著《隋唐佛教史稿》，第18页。

③[后晋]刘昫等撰《旧唐书》卷6《本纪第六·则天皇后》，第121页。

④杜继文主编《佛教史》，第242页。

⑤[北宋]司马光编著，[元]胡三省音注《资治通鉴》卷240《唐纪二十·则天顺圣皇后上之下》，第6469页。

⑥《元和郡县图志》载：“成州，禹贡梁州之域。古西戎地也，后为白马氐国。西南夷自冉駹以来什数，白马最大。有山曰仇池，地方百顷，其地险固，白马氐据焉。秦逐西羌，置陇西郡。秦末，氐、羌又侵据之。元鼎六年平西南夷，置武都郡，今州界二郡之地，晋末间氐帅杨定、杨难当窃据仇池，自称大秦王，宋遣将军裴方明讨平之。后魏于此置仇池镇，理百顷岑上，后又改为郡。梁改为秦州，齐废帝改为成州。隋大业三年，改成州为汉阳郡。武德元年，复为成州。本属陇右道，贞元五年节度使严震奏割属山南道。今于同谷县西界泥公山上权置行成州。”见[唐]李吉甫撰，贺次君点校《元和郡县图志》，第571—572页。

⑦[南宋]志磐撰，释道法校注《佛祖统纪校注》，上海：上海古籍出版社，2012年，第934页。[南宋]志磐撰《佛祖统纪》，《大正藏》第49册，页370下栏。

⑧关于“成州”，另见谭其骧主编《中国历史地图集》第五册《隋·唐·五代十国时期》，第61—62页。

载有何特殊背景和用意，可以肯定的是，它反映了初唐至盛唐间，陇南一带佛教之盛况，官、民信仰者自不在少数。

杜甫于乾元二年(759)经秦州(今甘肃省天水市)过同谷(今甘肃省成县)，[①]到成都(今四川省成都市)。在同谷时，杜甫曾到过“赞公土室”(与大云寺石窟相距二三里)，[②]还写了《宿赞公房》《西枝村寻置草堂地夜宿赞公土室二首》《寄赞上人》《别赞上人》等诗篇。[③]按赞公或称赞上人，曾为长安大云寺住持，与杜甫交情甚厚。至德二载(757)，安史叛军陷京师，乃掩护杜甫于长安大云寺避难。杜甫初入长安大云寺时曾作《大云寺赞公房四首》。[④]据《长安志》载，大云寺“在怀远坊东南隅。本名光明寺……武太后初幸此寺，沙门宣政进《大云经》，经中有女主之符，因改为大云经寺……”[⑤]赞公与宰相房琯亲善，后琯罢相遭株连，竟被远谪成州同谷大云寺。原长安大云寺住持赞公被远谪陇右同谷大云寺，这反映了成州大云寺在当时影响之大，初唐、盛唐时期成州乃佛教之盛地。

大云寺石窟现存一块《佛顶尊胜陀罗尼经》八棱石幢，大部残损，幢顶、幢座均已不见，现只剩幢身4面5棱。第一面，长48厘米，宽17厘米；第二面，长50厘米，宽16.5厘米；第三面，长47厘米，宽16.5厘米；第四

①[后晋]刘昫等撰《旧唐书》卷190下《文苑传下·杜甫传》，第5054页。

②高天佑编著《杜甫陇蜀纪行诗注析》，第222页。

③[唐]杜甫《宿赞公房》，[清]彭定求、杨中讷等修纂《全唐诗》卷225，第2419页；另见[唐]杜甫《宿赞公房》，宋刻本《杜工部集》第10卷，上海图书馆藏。[唐]杜甫《西枝村寻置草堂地夜宿赞公土室二首》，[清]彭定求、杨中讷等修纂《全唐诗》卷218，第2288页；另见[唐]杜甫《西枝村寻置草堂地夜宿赞公土室二首》，宋刻本《杜工部集》第3卷，上海图书馆藏。[唐]杜甫《寄赞上人》，[清]彭定求、杨中讷等修纂《全唐诗》卷218，第2288页；另见[唐]杜甫《寄赞上人》，宋刻本《杜工部集》卷第3，上海图书馆藏。[唐]杜甫《别赞上人》，[清]彭定求、杨中讷等修纂《全唐诗》卷218，第2293—2294页；另见[唐]杜甫《别赞上人》，宋刻本《杜工部集》第3卷，上海图书馆藏。

④[唐]杜甫《大云寺赞公房四首》，[清]彭定求、杨中讷等修纂《全唐诗》卷216，第2269页。另见[唐]杜甫《大云寺赞公房四首》，宋刻本《杜工部集》卷第1，上海图书馆藏。

⑤[元]骆天骧撰，黄永年点校《类编长安志》，西安：三秦出版社，2006年，第132页。

面，长 37 厘米，宽 8.2 厘米。据《大正藏》所收《佛顶尊胜陀罗尼经序》载，佛陀波利于“仪凤元年从西国来至此汉土到五台山次……系念倾诚回还西国，取《佛顶尊胜陀罗尼经》。至永淳二年回至西京，具以上事闻奏大帝。大帝遂将其本入内，请日照三藏法师，及敕司宾寺典客令杜行（顗）等，共译此经”[①]。初唐始用石头模仿丝帛造经幢。陕西富平武后永昌元年（689）石幢为最早实例之一。[②]据正史载，代宗宝应元年（762），“吐蕃寇秦、成、渭三州”。代宗广德元年（763），“吐蕃陷陇右诸州”[③]。德宗建中四年（783），唐蕃盟于清水，“约：唐地泾州右尽弹筝峡，陇州右极清水，凤州西尽同谷，剑南尽西山、大度水。吐蕃守镇兰、渭、原、会，西临洮，东成州，抵剑南西磨些诸蛮、大度水之西南”[④]。故同谷曾为吐蕃占领，中唐以后长期不宁。又据《佛顶尊胜陀罗尼经》经幢石刻“使持节成州诸军事兼成州刺史侍御史充本州守捉使上柱……／……切德……盖幢亭子等于成州凤凰寺创……”中所述行政区划名、官职名，书法风格等同于或近于“元和八年”之《李叔政题壁》。[⑤]综上可以断定该石幢立于中唐时期。

《成县志》载：

> 至宋代，除凤凰山寺外，知名寺院，郭外又有鸡山光祥寺、广化寺、五仙洞，郭内有兴教寺，声名以鸡山、五仙山、凤凰山三寺为著。知名释子有广化寺宗爽，五仙洞晦庵、宗鉴等。[⑥]

①[唐]志静述《佛顶尊胜陀罗尼经序》，No.967，《大正藏》第 19 册，第 349 页中栏至下栏。

②阎文儒著《中国石窟艺术总论》，第 250—251 页。

③[北宋]欧阳修、宋祁撰《新唐书》卷 6《本纪第六·代宗》，第 168 页。

④[北宋]欧阳修、宋祁撰《新唐书》卷 216 下《吐蕃下》，第 6093 页。

⑤蔡副全《唐〈李叔政题壁〉墨迹考略》，第 48 页。

⑥成县地方志编纂委员会编纂《成县志》，第 835 页。

可见，直至宋代，成县的宗教活动中佛教不仅突出，而且知名寺院众多、知名佛徒亦多，佛教活动兴隆，佛寺活动受到人们的重视。

据《成县志》之《1987 年以前知名寺院建置调查表》所列佛教寺院(庙)(因为基本上引自黄泳《成县新志》[①]等，故实际上皆为清代以前所建寺院)，创始年代不详的寺院(庙)有资福寺、柏林寺、方山寺、石泉寺、白马寺、清凉寺、成古寺、麒麟寺、华岩寺、朝阳寺、青龙寺、温凉寺、泥功寺、大云寺、东林寺、十方寺、石骨寺、麦磊寺、回龙寺、丰钟寺、普照寺(有 2 座)、马崖寺、石门寺、静宁寺、玉皇楼(寺)等，建于宋代的有兴教寺、资福寺(非上述)、广化寺、光祥寺等。[②]关于大云寺，似始建于东汉，大云寺石窟的开凿也不会晚于唐代(见前述)。[③]关于广化寺，据《成县志》称"黄泳《成县新志》谓：寺中有唐吴道子画观音像碑，宋元丰年间建。址今建学校，道子碑佚"[④]。上述寺院(庙)今多已圮毁，其遗址或存或无考。无论如何，足见唐宋时期，今成县一带佛教不仅长期流行，而且有时还相当隆盛。

据以上资料可知，初唐、盛唐、中唐及宋代，今成县乃至陇南境内佛教活动十分活跃。

据《西和县志》载："杜甫于乾元二年(759)从秦州赴同谷路经法镜寺所描写的'朱甍半光炯，户牖粲可数'的宏丽情状，说明唐朝时佛教在本县就很盛行。此后盛衰，无从稽考。"[⑤]杜甫的《法镜寺》诗印证了迄至盛唐时期法镜寺不仅在继续开窟造像，且已有了相当的佛事活动基础和规模。

据《重修西和县志》载："在县北二十五里石堡城以南，石壁间镌有佛

①[清]黄泳纂修《成县新志》，第 361—364 页。

②成县地方志编纂委员会编纂《成县志》，第 836 页。

③李永良主编《河陇文化——连接古代中国与世界的走廊》，第 275 页。孙晓峰《甘肃天水、陇南地区中小石窟的初步考察》，第 51 页。

④成县地方志编纂委员会编纂《成县志》，第 836 页。

⑤"西和县地方志编纂委员会编"卷第 3《西和县志》，第 732 页。

像三尊，其形神相貌颇类番僧，唐时为吐蕃所据，其佛像疑为吐蕃所镌也。”[①]今人研究已经证实，从窟龛形制、造像风格等方面分析，法镜寺石窟始凿于北魏中晚期。虽然此处记述似具有随意性、猜测性、片面性，但唐代（包括吐蕃统治时期）佛教长期兴盛是事实，不排除唐代继续在法镜寺大力开展宗教活动及开窟造像的可能性（被毁佛像中或包括吐蕃时期的造像）。

杜甫南下路过今西和县石峡一带时，写了一首《石龛》诗。[②]该诗是否针对八峰崖石窟而作，颇有争议，笔者目前持肯定态度，[③]而且多数相关学者已形成共识，认为《石龛》写的“石龛”就是八峰崖石窟。[④]无论杜甫在该诗中反映了怎样的社会现实，作为当时即具有悠久历史的佛教石窟寺，其存在本身就是佛教曾经长期兴盛的力证。且据施萍婷先生考证，八峰崖石窟部分佛、菩萨像系宋代原塑，是八峰崖石窟现存最早也是陇南市境内最具代表性的石窟塑像，其雕塑技能甚至不亚于敦煌莫高窟同时期的部分塑像。张学荣、孙晓峰等先生及当地一些学者也认为八峰崖石窟部分塑像具有宋代风格。[⑤]这就充分证实了唐宋时期八峰崖石窟及其周围一带佛教活动之兴隆、佛教艺术水平之高超。

据《西和县志》载，现存创始于唐代的佛教寺院（庙）有稍峪乡碧流寺、

---

①西和县志办公室校点《西和县志》，第 45 页。

②［唐］杜甫《石龛》，见［清］彭定求、杨中讷等修纂《全唐诗》卷 218，第 2297 页。另见［唐］杜甫《石龛》，宋刻本《杜工部集》第 3 卷，上海图书馆藏。

③王百岁《甘肃陇南石窟寺》，第 156 页。王百岁《陇南八峰崖石窟内容总录》，第 88 页。

④参见李济阻、王德全、刘秉臣注析《杜甫陇右诗注析》，第 269—271 页。西北师范大学古籍整理研究所编《甘肃古迹名胜辞典》，第 188 页。李焰平、赵颂尧、关连吉主编《甘肃窟塔寺庙》，第 101 页。孙晓峰《八峰崖石窟散记》，第 36 页。敦煌研究院编，卢秀文编著《中国石窟图文志·石窟志编》，第 243 页。高天佑编著《杜甫陇蜀纪行诗注析》，李济阻《序二》部分第 3 页。刘雁翔《杜甫〈石龛〉诗与八峰崖石窟》，第 141—150 页。

⑤王百岁《八峰崖石窟内容总录新编》，第 29—34 页。“西和县地方志编纂委员会编”卷第 3《西和县志》，第 643 页。孙晓峰《八峰崖石窟散记》，第 35—36 页。

晒经乡晒经寺、石峡镇双石寺(石龛)[①]等,不明始建年代的寺院(庙)有稍峪乡云华山寺庙群、石峡镇八峰崖吉祥寺(石窟)、苏合乡经落寺、何坝乡长安寺、十里乡千佛寺、石堡镇五台山法镜寺(石窟)、河口乡梳妆楼(寺)、蒿林乡蒿林寺等。[②]不明始建时间的寺院(庙)不排除有始建于隋唐、五代、两宋时期的可能性。据佛孔寺碑载,佛孔寺重建于唐开元三年(715)。[③]又据《西和县志》载,兴国寺(象龟寺)“民国13年(1924)《重建象龟寺碑》称,该寺为唐代米佛家喇嘛教派寺院”,白雀寺“从断碑中可看出‘嘉定时重建’字样”[④]。这些寺院(庙)有的现仅存遗址,有的遗址已难寻觅;未入载县志的寺院(庙)(遗址)还有很多。另据《西和县志》载:“皈依塔:宋代(制造),长道镇水泉村出土。红釉陶,身高80厘米,分座、阁、罐、顶四级组成,饰莲花及水波浪纹。”[⑤]“木塔:位于县城北川,宋绍定元年(1228)建。明崇祯七年(1634)毁于地震。”[⑥]这些寺院(庙)、窟龛、佛塔等皆证实唐宋时期今西和县佛教发展盛大。

北宋时西和高僧海渊,德行高迈,通于医术,又善于调度管理,在宋王朝收复熙、河、洮、岷、叠、宕等州,结束了这一带长达300多年的分裂局面后,受命兴建广仁禅院,导羌汉及吐蕃、党项民众崇德向善,取义归仁,和睦相处,其功业卓著,名播于当时而彪炳史册,不容遗忘。[⑦]《岷州禅院碑》载:

---

①目前所知,双石寺石龛未必与佛教有关。苏海洋《试论陇南石窟、石刻与陇蜀交通》,第14—17页。蔡副全《唐〈新路颂并序〉摩崖释考》,《天水师范学院学报》2011年第6期,第10—13页。何健《西和发现唐代石刻〈新路颂〉》,《甘肃日报》1989年10月29日第2版。“西和县地方志编纂委员会编”卷第3《西和县志》,第645页。

②“西和县地方志编纂委员会编”卷第3《西和县志》,第734—735页。

③王百岁《甘肃西和佛孔石窟调查与研究》,第115—123页。

④“西和县地方志编纂委员会编”卷第3《西和县志》,第653页。

⑤“西和县地方志编纂委员会编”卷第3《西和县志》,第651页。

⑥“西和县地方志编纂委员会编”卷第3《西和县志》,第652页。

⑦赵逵夫《宋代西和高僧海渊》,《天水师范学院学报》2006年第1期,第73—75页。

……《诗》《书》《礼》《乐》之外，盖有佛寺之道大焉，乃敕数州皆建佛寺。岷州之寺曰广仁禅院……以为不如是之宏大，则不足称佛宇之尊……又有药病咒水之术，老幼争趋，或以车致，或以马驮，健者则扶持而至，人大归信。郡之豪酋曰赵醇忠、包顺、包诚，皆施财造像。荆榛雉而宫殿巍然，门扉辟而金人焕然。次则范钟以鼓其时，藏经以尊其道。徒有常居，客有攸舍，储峙有廪，涓洁有庖，最其凡四百六十区……咸曰："壮哉！吾土之未尝有也。吾昔之所谓佛居而持其教，知为口矣。"……又得佛宫塔庙，以壮其城邑。凡言阜人物变风俗者，信无以过此也。西羌之俗，自知佛教，每计其部人之多寡，推择其可奉佛者使为之。其诵贝叶傍行之书，虽侏缺舌之不可辨，其音琅然，如千丈之水，赴壑而不知止。又有秋冬之间，聚粮不出，安坐于庐室之中，曰坐禅……传曰："用夏变夷。"信哉其言乎……知佛而不知戒，则塔庙尊严以示之……①

此段文字表明，北宋时在今陇南境内及周边地区，官方不仅尊崇儒教，而且崇尚佛教，重视经典的收藏与流通、佛教义理的研习和践行，敕令诸州建立佛寺，使得庙宇规模宏大、富丽堂皇，佛像庄严，什物齐全，官僚富户不吝施舍，民间信徒趋之若鹜，诚心皈依，琅音诵经，坐禅苦修，仰赖教化之推行，遂得移风而易俗。由此可见宋代佛教之盛况。

①[北宋]王钦臣《岷州禅院碑》，全文见[民国]张维编著《陇右金石录》，第16038页。赵逵夫《宋代西和高僧海渊》，第73—75页。

二、陇南各地佛教盛况与石窟寺凿建

《礼县志》载:

> 现存湫山坪古碑:《湫山观音圣境通济善惠王碑记》记载,湫山南海之滨古代建有观音寺庙“观音圣水牌”,遇有旱灾,诣山祈请,甘澍无虚。唐宋封为通济正佑福安王……从上述史料可见唐宋时代礼县佛教活动就盛况空前了。[①]
>
> 阳坡经幢:位于阳坡乡阳山村西,幢由顶、身、座三部分组成,缺顶部,身呈柱状,人称“八棱碑”,座呈础状,刻莲花图案,八面有3000多字,内容为“大悲心陀罗尼经”。北宋大中祥符元年(1008)建造,相传为当地古寺院遗物。[②]

另据《礼县志》载,南宋庆元二年(1196)立《妙圣院敕额古迹碑》,记述“唐贞观二十三年(649)至宋高宗绍兴十四年(1144)妙圣院多次受朝廷敕[③]赐和名称变更及寺院规模等缘由”[④]。根据《湫山观音圣境通济善惠王碑记》的记载,结合阳坡大悲心陀罗尼经幢的发现和《妙圣院敕额古迹碑》的记述,可知唐宋时期今礼县及其周围一带佛教活动“盛况空前”[⑤](虽曾遭唐武法难)。

据《宕昌县志》载,“直到唐代吐蕃占领宕昌后,当地人们对佛教的信

①礼县志编纂委员会编纂《礼县志》,第782页。
②礼县志编纂委员会编纂《礼县志》,第608页。
③“敕”,原为“勅”,今改正。
④礼县志编纂委员会编纂《礼县志》,第608页。
⑤礼县志编纂委员会编纂《礼县志》,第782页。

仰才兴盛起来”[①]。可见,由于今宕昌县一带原来信仰佛教者少,客观上正是由于吐蕃的占领和统治,才使当地的佛教兴盛起来;吐蕃是保护和扶持佛教的,后来藏传佛教的出现当与吐蕃的占领有关。

据《康县志》载:“唐孝文帝[②]大复年间(901—904),将利县犀牛镇(今豆坪乡境)‘百姓王师德施将空间土地一段’始建罗汉院……宋代修建了水洞寺(大堡乡境),同谷寺(迷坝乡同县坝)”[③]。另据《康县志》载,豆坪乡境之罗汉院(今名犀牛寺),于周显德三年(956)牒修,宋嘉佑[④]七年(1062)敕[⑤]黄一道,特赐“仁济院”为额,熙宁六年(1073)立石。是为全县修建最早的寺院。[⑥]大蟒寺“建寺时间无考。宋嘉佑五年(1060)和元佑六年(1091)四月十五日将利县转运使陈、黄二人先后曾题诗二首”[⑦]。这说明,至迟在唐末,今康县境内已有佛教流行;唐、五代、宋之际,当地佛教受到官、民的普遍重视。

《武都县志》卷十二《社会》之第五章《宗教》对武都区境内的汉传佛教史未作记载, 只是就有关藏传佛教史的内容作了极为简略的叙述:“坪垭藏族乡藏族群众所信奉的藏传佛教的传入,约在唐、宋之间。”[⑧]这就是说,佛教传入武都当不晚于唐代(实际可能更早)。位于今武都区城关镇的水帘洞石窟的宗教活动在唐代即很兴盛,原有窟龛、塑像较多(现已无存,“现存楼阁为清代康熙年间所建”)。[⑨]近年武都区城关镇药王殿发现中国

①宕昌县县志编纂委员会编纂《宕昌县志》,第 539 页。

②“唐孝文帝”,误,应为“唐昭宗”(全称为“昭宗圣穆景文孝皇帝”)。

③《康县志》编纂委员会编纂,黄俊武主编《康县志》,第 780 页。

④此处“佑”应为“祐”。下“元佑”之“佑”也应写作“祐”。

⑤“敕”,原为“勅”,今改正。

⑥《康县志》编纂委员会编纂,黄俊武主编《康县志》,第 721—723 页。

⑦《康县志》编纂委员会编纂,黄俊武主编《康县志》,第 721—723 页。

⑧甘肃省武都县地方志编纂委员会编纂,曾礼主编《武都县志》,第 1076—1080 页。

⑨甘肃省武都县地方志编纂委员会编纂,曾礼主编《武都县志》,第 977 页。西北师范大学古籍整理研究所编《甘肃古迹名胜辞典》,第 171—172 页。王百岁《甘肃陇南石窟寺》,第 167 页。

佛教禅宗初祖达摩只履西归画像。[①]“经有关人员考证，该幅壁画创作时间早于宋代，可能是隋朝时期作品”。报道称“佛教在这一地区早期传播的历史文化渊源值得史学家研究”。今武都区三河镇重建广严院（柏林寺），《福津县广严院记》碑文曰：

> ……有僧庵曰广严院，直峰之趾。竹树蒙密，殿屋崇丽，杰出树杪，宜其地势，堂皇楼阁，广袤相称，像设严备，徒侣繁集，钟鼓梵呗之音……“院故名弥陀旧庐起于绍兴三十一年，落于乾道九年[②]，凡十二年。为屋八十□，为□一，为堂二，为寮十，庖湢浴，无不咸具。又以余力，为大钟楼而悬之。度弟子十有二人，皆普兴之为之也。”……[③]

由此碑文可知，南宋时期，虽有时遭受自然（或人为）的破坏，但广严院能够灾后重建，寺院宏大、殿宇壮丽、塑像庄严、设施齐备、大钟高悬、梵音时闻，官民信仰、僧侣众多，证明今武都区及其周围地区于隋唐五代宋时期佛教活动长期兴盛。

位于今徽县江洛镇的广佛寺石窟，有学者认为始凿于唐代。[④]笔者考察后认为，目前我们没有掌握该石窟开凿于唐代的证据，现存塑像基本上

---

①李廷贤（陇南市委报道组新闻信息中心）《甘肃陇南武都城区药王殿发现达摩只履西归画像》。

②崔阶将“乾”写作“干”，误。或是繁简转化致误。见崔阶《张维〈陇右金石录〉录文补校二则》，《宁夏师范学院学报（社会科学）》2009年第1期，第69—71页。

③《福津县广严院记》碑全文请参：[民国]张维编著《陇右金石录》，第16066页；中国西北文献丛书编辑委员会编《中国西北文献丛书》第七辑《西北考古文献》第3卷《陇右金石录（上）》（1943年甘肃省文献征集委员会），兰州：兰州古籍书店，1990年，第561—563页；崔阶《张维〈陇右金石录〉录文补校二则》，第69—71页；甘肃省武都县地方志编纂委员会编纂，曾礼主编《武都县志》，第969页。

④张宝玺主编《甘肃石窟艺术壁画编·甘肃石窟一览表》，李永良主编《河陇文化——连接古代中国与世界的走廊》，第275页。

为现代新塑，但不排除唐朝时即有佛事活动的可能性。

位于今徽县虞关乡的罗汉洞石窟始凿于宋代。洞中原塑“石佛及罗汉像”[①]，今俱无存。但说明宋代在今徽县南部，陕、甘交界一带佛教活动受到人们重视。另据《徽县志》载：“……北禅寺，南宋淳熙（1174—1189）年间重修。”[②]可知南宋前期今徽县一带亦有佛教开窟造像的活动。

据《两当县志》载，佛教“唐代传入……位于城南云屏乡的西姑庵，建于唐朝天宝年间。据传，安史之乱唐明皇入川时有一宫女出家于此。”[③]据此可知，佛教传入两当当不晚于唐代。

《两当县志》载：

> 西姑庵石龛：此窟位于云屏乡西沟峡村西姑山半腰，始建于隋代，盛于唐代，为一处天然形成的洞穴，深3.6米，宽2.8米，高2.4米，体积为24.19立方米，现存小佛像十几尊，有石雕、泥雕、木雕3种，其（中）最大的两尊为泥塑佛，高1米，宽0.45米，有3尊带有莲花座的石佛像，其中1尊座下有一石像。据考证，均系隋朝以至清代的雕塑。
>
> 董真庵石窟：位于杨店乡土峰沟村北山庵沟，为唐代石窟，此石窟群分布在长30米，宽25米的石岩上，共有4窟两寺，寺外有山门，窟为人工开凿，寺则利用石岩壁依势建造，窟内有石佛、泥塑佛，寺内尚有残存神像，寺庙的土墙壁上均有唐代壁画留存。[④]

①［明］孟鹏年修，［明］郭从道纂《徽郡志》，第15页。

②徽县志编纂委员会编《徽县志》，第906页。

③甘肃省两当县志编纂委员会编纂，刘瑞、杨永红主编《两当县志》，兰州：甘肃文化出版社，2005年，第761页。

④甘肃省两当县志编纂委员会编纂，刘瑞、杨永红主编《两当县志》，第712—713页。

此处点明位于今两当县云屏镇的西姑庵石龛“始建于隋代，盛于唐代”(但县志记载有相互矛盾的地方，如称佛教“唐代传入”、西姑庵“建于唐朝天宝年间”，又称西姑庵石龛“始建于隋代”，笔者以为当从“隋代”说)；位于今两当县杨店镇的土峰沟(董真庵)石窟“为唐代石窟”，“寺庙的土墙壁上均有唐代壁画留存”。笔者于2013年9月考察两当县石窟时只在西姑庵石龛发现1身无首石雕菩萨和1身木雕神像残骸，未发现其他雕像、塑像和隋唐壁画；在董真庵石窟发现尚存7个石窟，未发现石雕像，也未发现唐代壁画(现存为明清壁画)，唯见残损泥塑造像及造像零部件，造像遗迹遗物甚多。两处石窟均有明显的人为破坏迹象。无论如何，这些状况说明，位于陕、甘交界处的两当县一带至迟在隋唐时期佛教就十分流行，人们大量开窟造像，塑像与壁画很多，寺院香火旺盛。

据《两当县志》载，原有的佛教寺院包括亮池寺、月亮寺、高坪寺、鱼池寺、云屏寺、野林寺、白佛寺、法林寺、兴国寺、观音院、孔雀寺等。这些寺院(庙)多已不存，甚或原址无考。白佛寺、法林寺、兴国寺、观音院、孔雀寺等系依据清乾隆元年(1736)《甘肃通志》所载而知。因为鱼池寺、云屏寺、白佛寺、法林寺俱建于南宋时期，[①]故知南宋时期两当县——陕、甘交界一带佛教兴盛。

综上所述，唐宋时期，虽有唐武宗、后周世宗的灭佛、限佛等短暂破坏活动，或有较长时期的社会动乱(如战争等)，但陇南一带的佛教往往受到官民的普遍重视，信徒很多，寺庙林立，寺院规模很大，造像众多且不乏精品；佛事活动长期隆盛；佛教在教化民众，缓和阶级、民族矛盾，维护社会秩序等方面具有无可替代的作用；唐代安史之乱爆发后不久，吐蕃一度占领陇南的大部分地方，客观上有利于汉、蕃文化的交流，亦有利于佛教及其石窟寺的保护，随后藏传佛教逐渐在今宕昌县、武都区等地流行。

①甘肃省两当县志编纂委员会编纂，刘瑞、杨永红主编《两当县志》，第704—706页。

第三节　元明清时期陇南石窟与佛教

元明清时期的陇南佛教虽然仍在延续，但已属于其古代史上发展的晚期或衰落时期。就佛教活动而言，主要有法镜寺、八峰崖、佛孔、金莲洞、甸山、广佛寺、真空寺、西姑庵、千佛洞、土峰沟、朝阳洞、水帘洞等石窟。

一、西和、成、徽、两当等县的佛教发展与石窟寺凿建

据《西和县志》载："康熙丁亥年(1707)《法禁寺碑记》、康熙岁次戊辰(1688)孟夏三月《复建五台山法镜寺碑》、雍正三年(1725)四月立《重建五台山发镜寺碑》。"[①]法镜寺石窟寺原属五台山下整个法镜寺的一部分，因"明清之际，崖前建筑毁于大水，寺院遂移建五台山"[②]。孙晓峰先生根据考察结果将这三通碑之名分别记录为《法禁寺碑记》《复建五台山发镜寺碑立叩献》《重建五台山发镜寺碑》。[③]碑文不仅记载了清康熙、雍正年间重建

①"西和县地方志编纂委员会编"卷第3《西和县志》，第733—734页。康熙丁亥年即康熙四十六年(1707)，康熙戊辰年即康熙二十七年(1688)，雍正三年即雍正乙巳年(1725)。

②"西和县地方志编纂委员会编"卷第3《西和县志》，第644页。

③孙晓峰《甘肃陇南几处中小石窟调查简报》，第10—11页。

法镜寺“一举而众喜,共襄效力”“补葺宫殿,圣像辉煌”的情况,而且载明组织者、参加者、功德主有“新任知县”“原任知县”“恩贡生”“生员”“监生”“客商”等类人,其中包括临潼县(区)、高陵县(区)、韩城县(区)、礼泉县、咸宁县、渭南县、伏羌县等地人。这些地方,除了伏羌县在今天水市境内以外,其余均在今陕西省境内,可见,清朝前期,石堡法镜寺(含石窟寺)佛教受到官、学、农、工、商的普遍信仰,佛教活动受到重视,影响范围跨今陕、甘两省。

八峰崖石窟现存第 5 窟中的三佛塑于元代;第 5 窟中的十六罗汉,第 9 窟中的华严三圣,第 10 窟中的布袋和尚(罗汉),第 13 窟中的东方三圣,第 14 窟中的普贤菩萨、观世音菩萨、文殊菩萨等塑于明代;第 2 窟中的哼将,第 3 窟中的四大天王等塑于清代。[①]由此可见,明清时期,八峰崖石窟及其周围一带的佛教活动是非常兴盛的,佛教造像水平也较高。

据佛孔寺碑载,佛孔寺再建于明嘉靖年间(1522—1566)。位于今西和县马元镇的佛孔石窟始凿于明万历年间(1573—1620),原有塑像全毁。该石窟恰在陇南市西和县、礼县、成县、徽县及天水市秦州区的交界处,现存 7 窟,可登临者 5 窟,其中的大悲殿内塑观世音菩萨、文殊菩萨、普贤菩萨等,明清时期所立碑 4 通,足证自北魏至明清时期,虽经历了历史的风云变幻,但位于突出交通地位的佛孔石窟寺及其周围一带佛教长期受到推崇。[②]

据《西和县志》载,创建于明代的佛教寺院(庙)有马元镇佛孔(石窟)寺、卢河乡歇台寺、蒿林乡广法寺(明弘治十三年重建),创建于清代的有西峪乡白雀寺(乾隆时重建)、汉源镇侯家庙凝禧寺等,始建于民国时期的有兴隆乡象龟寺(民国四年、十三年重建)等。[③]

---

①王百岁《八峰崖石窟内容总录新编》,第 29—34 页。“西和县地方志编纂委员会编”卷第 3《西和县志》,第 733—734 页。

②王百岁《甘肃西和佛孔石窟调查与研究》,第 115—123 页。

③“西和县地方志编纂委员会编”卷第 3《西和县志》,第 653、734—735 页。

位于今成县店村镇的金莲洞石窟于元世祖至元十四年(1277)动工兴建,至成宗大德五年(1301)基本告竣,道士刘道通、罗道隐于成宗元贞丙申(1296)至大德壬寅(1302)间修复古迹、创建洞观,此后屡次修补扩建,明、清时香火旺盛,清末至民国间残破。现存造像遗迹多处,原有塑像全毁,老君殿北壁东端壁画纵 219 厘米、横 80 厘米,元、明、清、民国碑 8 通。[①]该石窟虽然是以道教(全真道)为主要内容,但包含一定的佛教内容,如三大菩萨(观世音菩萨、文殊菩萨、普贤菩萨)殿、地藏菩萨殿、燃灯古佛像、达摩祖师像等,亦说明元、明、清时期陇南一带佛教长期兴盛。

位于今成县红川镇的甸山石窟 1 号窟达摩洞以达摩祖师塑像为主尊。达摩是否曾经来到陇南?禅宗何时传入陇南?我们目前无法证实。专门为“中国禅宗之初祖”[②]达摩开窟造像供养在陇南较为罕见。“清道光年间(1821—1850)碑文载,徽县佛教属禅宗派”[③]。今成县红川镇达摩洞、店村镇金莲洞,成县鸡峰镇鸡峰山寺庙群,徽县伏镇达摩洞,西和县稍峪乡塔山寺庙群等都供奉有达摩塑像,前述武都区城关镇药王殿宋代达摩只履西归画像迄今犹存,[④]且这些窟(寺)迄今香火旺盛,说明止于清代,今西和县、成县、徽县、武都区等地民众信仰禅宗是毋庸置疑的事实。

据笔者调查,今陇南绝大多数窟(寺)都供奉着观世音菩萨像。“有关观世音菩萨的经典很多,但最基本的是《法华经》[⑤]中的观世音菩萨普门

---

①以上内容主要依据笔者考察所获资料,另参:敦煌研究院编,卢秀文编著《中国石窟图文志·石窟志编》,第 241—242 页。李焰平、赵颂尧、关连吉主编《甘肃窟塔寺庙》,第 94 页。成县地方志编纂委员会编纂《成县志》,第 759 页。

②汤用彤著《汉魏两晋南北朝佛教史》(增订本),第 432 页。

③徽县志编纂委员会编《徽县志》,第 906 页。

④李廷贤(陇南市委报道组新闻信息中心)《甘肃陇南武都城区药王殿发现达摩只履西归画像》。

⑤[十六国·姚秦]鸠摩罗什译(长行),北天竺沙门阇那崛多译(重颂)《妙法莲华经观世音菩萨普门品第二十五》,《大正藏》第 9 册,第 56 页下栏—58 页中栏。

品”[①]。与成县邻接的西和县石峡镇境内的八峰崖石窟甚至保存有宋代的“华严三圣”塑像。这些情况说明天台宗和华严宗也曾在陇南一带流行。然自元、明以后,法华宗学者往往兼倡净土,形成“教在天台,行归净土”之风。清代内地佛教主要是禅宗和净土宗,而清初以禅宗最为活跃。新旧王朝交替使得禅宗的政治倾向日益鲜明。一般地说,今闽、粤、川、滇、黔、辽等地的禅众与明朝遗民联系紧密。笔者据此推断,清代前期今陇南市境内流行的禅宗很可能传自四川等地。后来雍正王朝给予具有反满情绪的禅系以毁灭性打击。乾隆皇帝大力扶持士大夫学佛运动,使念佛净土在社会上深入推广,成为世俗学佛的基本内容。[②]禅宗的地位逐渐为净土宗取代。事实上,今天徽县、成县等地的“大多数信徒修净土宗”[③]。今陇南市境内信仰净土宗、禅宗的佛徒不在少数。

乾隆及其以后时期,多数信众并不注意佛教宗派之别,即使对于本宗派的教义、特点甚至概念,也并不了解,相当一些信徒唯知称念“观音”或“弥陀”名号。可知清代以来在今陇南市境内流行禅宗,应主要出于民众对于佛教本身的虔诚,信仰“佛教”而非信仰“禅宗”。故达摩崇拜能顽强地延续和流行,实非易事,具有复杂的社会原因。

有学者认为“广佛寺石窟的开凿时代大致在明清之际”[④]。经考察获悉,明清时期造像遗迹尚存,据此可以肯定,地处徽县、成县、西和县、礼县、秦州区交界处的广佛寺,明清时期佛教亦曾辉煌,开窟造像活动还在延续。

---

①任继愈主编《中国佛教史》第3卷,第585页。

②杜继文主编《佛教史》,第455—459页。

③徽县志编纂委员会编《徽县志》,第906页。王百岁《甘肃成县达摩洞菩萨洞调查与研究》,第23—27页。

④孙晓峰《甘肃陇南几处中小石窟调查简报》,第9页。

位于今徽县柳林镇的真空寺石窟的始凿时间不晚于明弘治二年（1489），明清时期造像遗迹、残骸尚存。明凿大龛1个，中龛1个，完整石窟（平面近长方形，平顶窟）1个，造像残骸7身，造像衣裾残骸2身，壁画无存，明、清碑4通，碑文落款有“弘治”“道光”年号。故知包括今柳林镇在内的徽县及其周围一带，佛事活动和开窟造像活动明清时期长期活跃。

《徽县志》载：

元代文宗皇帝钦诏幼年出家精通经律的徽县籍僧人张氏至京师，授荣禄大夫、司徒，赐银印，赐号真慧国师，后归北禅寺。四方参拜的僧众很多。元代，天下僧籍贮藏于此，至明清时期依然保存完好……清末佛教衰落……1949年底，全县有和尚7人，尼姑7人，居士543人，信教群众300余人。有佛教寺院13处，分别为坐落在伏家镇北的北禅寺、水阳乡新寺村的南禅寺、柳林镇江口的真空寺和甘沟村的圣泉寺、永宁乡三泉村的三泉寺、泥阳镇的铁佛寺和福兴寺、江洛镇下寨村的广佛寺、麻沿河乡麻沿河村的清凉寺、榆树乡王庄村的东禅寺、东关乡石佛村的石佛寺、银杏树乡中川村的庆寿寺以及城关镇西寺村的兴善禅院。①

北禅寺铁钟：原为伏家镇北禅寺之物，1983年迁存县文化馆钟亭内。钟高1.48米，口径1.37米，厚0.12米，重约2000公斤，铸造于明成化16年（1480）……篆书“皇图永固，帝

①徽县志编纂委员会编《徽县志》，第906页。关于张氏僧人及北禅寺保存僧籍情况，《徽县志》前后记载不完全相同，同《志》又曰“元文宗时，钦诏张姓僧人（徽县籍，幼年出家，精通经律）至京，授荣禄大夫、司徒等职，赐银印一枚，赐号真慧国师，掌国师印。明初，天下僧籍贮藏于此”。见徽县志编纂委员会编《徽县志》，第824页。

道遐昌，佛日增辉，法轮常转”16个大字环布一周……[①]

由这两段材料并结合前面所述可知，元朝时皇帝曾诏令俗姓张氏僧人进京，授官、赐印、赐号，甚至贮藏天下僧籍于寺中，十方信众前来北禅寺参拜，足见北禅寺佛教地位之突出。元代以来，直至中华人民共和国成立前后，佛教虽有起伏，但总体上一直在延续，佛寺遍布县域各地，佛教活跃的寺院包括一些石窟寺，如留存至今的真空寺石窟、广佛寺石窟、佛爷崖石龛（与南禅寺邻接）等。另外，东禅寺与竹林寺石窟较近。这些寺院（庙）或石窟今存或只存遗址。明成化年间，佛教受到官方和民众的普遍重视（或信仰），佛教拥护朝廷，朝廷保护佛教。无论如何，不可否认的事实是，今徽县及周围一带元、明、清三代佛教在曲折中延续。

罗汉洞石窟西壁题记曰：“……行兵到此……／……百户萧／……守备金／……此此……明嘉□申……”说明明嘉靖年间乃至整个明清时期，今陇南乃至陕、甘交界一带佛教为官民信仰，窟寺香火旺盛。

《两当县志》载：

……至解放前夕有寺院32座，庵堂8座，大部分分布在山区……在本县历史上有影响的寺庙还有：金洞乡立渠村的周壁崖（寺）、兴化乡的兴化寺、云屏乡的云屏寺、显龙乡的显龙寺、鱼池乡的鱼池寺、城郊香泉村的香泉寺……等。这些寺院始建于明代，因年代久远，历经沧桑兵燹，圮废残破。[②]

香泉寺……始建于清康熙二十七年（1688）……原只“古庙一楹，仅奉观音像”，雍正乙巳年（1725），“始廓为三，又增文殊、

①徽县志编纂委员会编《徽县志》，第819页。

②甘肃省两当县志编纂委员会编纂，刘瑞、杨永红主编《两当县志》，第761页。

> 普贤两像”,乾隆壬午年(1762),知县冷文炜砌泉为池,增建印月轩、僧舍、山门,落成后立碑作志,亲书匾额曰“广济群生”。光绪癸巳秋(1893)募捐40余金重修。[①]

《两当县志》既谓鱼池寺、云屏寺等始建于南宋时期,又云“这些寺院始建于明代”,笔者推测明代实际上是进行重建。这些寺院(庙)现多已不存。可知明清时期,两当县及陕、甘交界一带寺院广布,虽经沧桑,然佛教流行未绝。

《两当县志》载:

> 千佛洞石窟:该窟位于广金乡政府北1.5公里,为清代石窟,窟分上、中、下三层,石窟内有为塑小佛像而在窟壁上开凿的站孔上千个,窟内第一层墙壁上仍残存有清代壁画图样,泥塑像均已残缺不全。
>
> 石刻:
>
> 古坛登禅师宝塔:位于张家乡寺沟村云屏山南坡(塔园),全塔为石雕工艺,顺治六年(1461[②])建成,塔高1.8米,由四部分组成,顶部为一个高0.93米,周长2.95米的圆柱;第二部分为一厚0.3米的莲花座;第三部分为一段厚0.27米的八棱台;塔底部为一厚0.27米的圆台形底座。现保存完好。
>
> 西沟峡石塔:位于云屏乡西沟峡,建塔年代不详,塔高2.5米,底周长约2.6米,塔顶为亭子形,全塔由石圆台、石方墩等

---

①甘肃省两当县志编纂委员会编纂,刘瑞、杨永红主编《两当县志》,第712页。

②“1461”,误。“顺治”为清世祖爱新觉罗·福临年号,时当公元1644—1662年,“顺治六年”应为公元1649年。

组成,底部有一莲花座,塔的石方墩上镌有文字,已被毁坏,无法辨识。在距该塔东 35 米处,又有一座残塔,造型与此塔一致,其上半部被毁。[①]

此处载明,位于今两当县广金乡的千佛洞石窟“为清代石窟”,所谓“窟分上、中、下三层,石窟内有为塑小佛像而在窟壁上开凿的站孔上千个,窟内第一层墙壁上仍残存有清代壁画图样,泥塑像均已残缺不全”,与笔者考察获知情况基本一致。所谓“古坛登禅师宝塔”“西沟峡石塔”均为佛教建筑,且名言前者建成于清顺治六年,可知清朝前期佛教即颇受重视。所谓“西沟峡石塔”应即指西姑庵佛教遗址中塔院坪石塔之一,虽说“建塔年代不详”,但可以反映古代史上尤其是明清时期徽县、两当县乃至陕、甘交界地区佛教兴隆的情况。

据笔者考察,两当县云屏镇棉老村西姑庵佛教遗址上,塔院坪现有两座石塔(其中一座塔上有文字,不可卒读),系今人重新组装。庄稼地里还有难计其数的石塔部件和寺庙建筑残件。西姑山上有西姑庵佛爷洞(石窟),现存 1 身无首菩萨像,还有 1 身木雕残神像。在新建骑龙寺放置一块残损八棱碑,上有文字,不可卒读。虽然碑文上说,迄至唐代,佛教长期发展,但现存遗迹遗物本身主要反映(或载明)明代的佛教活动情况。故西姑庵佛教遗址基本上反映了两当县、徽县乃至陕、甘交界一带佛教发展的悠久历史、明清时期的佛教发展概况。

千佛洞石窟现存大量的造像遗迹遗骸,一层西壁中部壁画(屏风)纵 160 厘米,横 290 厘米。虽然从千佛洞造像内容和新造神像来看,石窟内容以道教为主,但也包含了佛教内容,不过是佛、道俱奉罢了。

土峰沟石窟中保存至今的洞窟(殿堂)不少于 7 个,且有大窟(龛)残

①甘肃省两当县志编纂委员会编纂,刘瑞、杨永红主编《两当县志》,第 712—713 页。

迹及大佛造像遗迹，地藏殿外第一幅壁画纵200厘米，横158厘米。并非完全如以前所说的，两当县境内“东部地区以道教为主”“土峰沟石窟是一处道教石窟”，事实上土峰沟石窟中的佛教内容不少于道教内容，似有释、道平分秋色之状；也并非如以前所称“土峰沟石窟原有造像全毁”，事实上土峰沟石窟中存在着大量的原有造像遗迹、残毁造像、残损壁画等；碑文绝大多数可读，提供了一些重要信息。保存至今的观音殿、三佛窟、大佛殿、地藏殿、小禅窟、地藏殿、大佛造像遗迹等都说明，明、清之际，今两当县、徽县乃至陕、甘交界地区，佛教、道教都很兴盛，窟（寺）往往具有“释、道兼容”或“三教合一”特征。

二、陇南其他地方的佛教发展与石窟寺凿建

《康县志》载：

> 明代修建了朝圣寺（寺台乡境）、观音寺（寺台乡李家庵）、瞿凉寺（王坝乡境）、鸡冠山寺（大南峪乡境）等。据旧县志记载，全县至1935年共建寺院53所。县内佛像多为泥塑像；水洞寺、圆通寺、对对山寺有铁铸像；各地都有壁、纸和布上画像。佛名有释迦牟尼佛、如来佛、罗汉等。民国二十三年(1934)《康县社会调查纲要》载：“人民信仰以佛教居多。用跪拜仪式。”1947年省民政厅统计，康县共有佛教徒846人，其中男483人，女363人。①
>
> 全县共有寺庙84座。其中：寺院56座，庙25座，祠2座，庵1座。这些寺庙有的建态宏伟，规模很大，有的较小，但都雕梁画栋，十分精巧。佛像雕塑逼真，栩栩如生。②

①《康县志》编纂委员会编纂，黄俊武主编《康县志》，第780—781页。

②《康县志》编纂委员会编纂，黄俊武主编《康县志》，第721—723页。

现存“历史悠久，规模宏大”的寺院（庙）有罗汉院、水洞寺、朝圣寺、瞿凉寺、大蟒寺、元帝宫（包含佛教内容）、明月山寺等。[①]明代重修了水洞寺，修建了朝圣寺、观音寺、瞿凉寺、鸡冠山寺等多座寺院，其中瞿凉寺修建于明嘉靖年间（1522—1566），证明明代当地的佛事活动十分活跃。虽然圆通寺、对对山寺等建于何时尚不明确，但从水洞寺曾有古塔、现存石桥；朝圣寺原正殿曾有三尊大佛、四大金刚、十八罗汉等，左厢有送子娘娘，右厢有关圣帝君，倒殿有倒坐观音，瞿凉寺原有“庙宇四座，各种泥塑释迦牟尼、菩萨、十八罗汉、关圣帝君、马王爷、牛王爷等神像罗列各殿，昔日香火极盛”，大蟒寺“上修正殿护法堂，左右禅室廊房，有十八罗汉，大石巅即韦驮宫”，元帝宫原“有一座正殿，两座厢房，其规模气势居对对山庙群之首”，“宫前山腰有砖石结构5层塔一座，建于清咸丰五年（1855年）七月。塔高约7米。一层塔门横额上刻有‘光辉寂静’四个字。今依存”。据“旧有禅林一所，始建于明万历年间”，水洞寺、圆通寺、对对山寺有铁铸像，各地都有壁、纸和布上所画佛菩萨像，佛名有释迦牟尼佛、如来佛、罗汉等状况[②]可知，明清时期，佛教受到民众的信仰，释道兼容、三教合一现象比较普遍，而在漫长的古代史上，也多是佛教领先于道教，在趋向衰落的同时，仍显出盛况。

位于今武都区角弓镇的朝阳洞石窟，“似开凿于唐代”，明成化十六年（1480）有一老禅坐化于洞中。原有塑像、壁画皆毁，现存卧仙窟、三霄洞、玉皇殿、观音洞、瑶池窟等大小窟龛22个，明、清、民国碑各1通。[③]佛、道

①《康县志》编纂委员会编纂，黄俊武主编《康县志》，第721—723页。

②《康县志》编纂委员会编纂，黄俊武主编《康县志》，第721—723、780—781页。

③以上内容主要依据笔者考察所获资料，另参：敦煌研究院编，卢秀文编著《中国石窟图文志·石窟志编》，第242—243页；李焰平、赵颂尧、关连吉主编《甘肃窟塔寺庙》，第96—98页；西北师范大学古籍整理研究所编《甘肃古迹名胜辞典》，第176页；史轲《甘肃省陇南境内石窟寺概述》，第24—27页。

内容各占一定比例，说明明清时期今武都一带佛教活动兴盛。

据《宕昌县志》载："清代时大小寺院达60余座，其中修建宏大、僧侣众多、香火吐盛的有宕昌镇的大佛寺，新寨乡的普光寺，韩院乡的牛头寺，簸箕乡的崖寺等。""宕昌信仰佛教的主要是藏族群众。据统计，截至1985年底，信仰佛教的藏族群众有796户，3840人。部分汉族群众也信奉佛教。宕昌县信奉佛教的藏族群众远与西藏、夏河的寺院联系，近与舟曲的各寺院来往。"①从清代寺院、僧侣的数量，寺院曾经达到的规模，"香火旺盛"的状况可以看出，明清时期佛教兴旺。既然当代"信仰佛教的主要是藏族群众"且与涉藏州县佛教寺院有联系，那么清代一定有藏传佛教在流行。

据《文县志》载，县内佛教盛行于明、清时期，②故知迄今为止，虽然关于佛教初传文县的时间尚不明确，但明清时期却一度盛行。从"大小寺院，供奉释迦牟尼。城关的北禅寺和小西天、丹堡的凤凰山寺和大通寺、马莲河的铁禅寺、尚德的禅林寺，都有剃发修行和尚""清代同治中，四川僧人朱明芳主持丹堡凤凰山寺，开展佛教活动""文县佛教活动有两种形式……信佛后，吃长斋者，终身再不吃猪、鸡、牛、羊荤腥"，现在尚存圣寿寺、慈恩寺、金山寺、北禅寺、南海寺、清净寺、雄德寺、永宁寺、凤凰山寺、大通寺、铁禅寺、龙池山寺、回龙寺、清凉寺、五花寺、高天寺、牡丹寺、凹凸寺、龙凤山寺（遗迹）③，文州普明禅院（遗迹）④等记载可知，明清时期，佛教相当兴盛，信徒众多、寺院林立（20世纪六七十年代寺院遭拆除），信徒多严守戒规，且甘、川之间佛教活动是相互影响的。

---

①宕昌县县志编纂委员会编纂《宕昌县志》，第539页。

②文县志编纂委员会编纂《文县志》，兰州：甘肃人民出版社，1997年，第963页。

③文县志编纂委员会编纂《文县志》，第859—861页。

④文县志编纂委员会编纂《文县志》，第862页。

综上所述,元明清时期,陇南佛教总体上处于衰落时期,佛教活动与窟(寺)修建活跃程度起伏较大,但民众的佛教信仰却一直在持续,多宗逐渐衰落而净土宗一枝独秀,开窟造像、建筑寺庙活动仍在进行,屡圮屡兴。佛教与道教融合较为明显,一些窟(寺)兼有佛、道内容,"三教合一"现象较为普遍。藏传佛教在局部地区获得了一定发展。

本节通过对陇南诸石窟寺与相应的文献资料尤其是地方志资料进行结合研究,对陇南市古代佛教史作出粗略勾勒。在古代史上,今陇南市各县境内佛教传入的时间不同,发展规模和水平亦不同。根据大云寺石窟石刻题记,东汉明帝时期今成县境内已经有了佛教活动和佛教寺院,说明至迟在东汉初期佛教已经传入今陇南市境内。魏晋南北朝时期的陇南佛教获得了迅猛和长足的发展,是其发展的第一个黄金时期。隋唐五代宋时期的陇南佛教达到极盛,是其发展的第二个黄金时期。元明清时期的陇南佛教虽然仍在延续,但已属于其发展的晚期或衰落时期。

今陇南市在古代中原北方地区与川渝等西南地区之佛教与开窟造像活动中起着桥梁和纽带的作用,两大地区相互影响。

陇南佛教史有两个突出特色:第一,既有汉传系统,也有藏传系统;汉传传入早,藏传传入迟;汉传为主,藏传为辅。第二,宋代以后,陇南的开窟造像和佛教活动越来越夹杂着道教和儒教的内容,道教所占的比重越来越大,往往是释、道兼容或"三教合一",基本上没有纯粹的佛教石窟寺。

以上的认识是初步的、粗浅的。相信随着新的文献资料的面世及考古发掘、整体研究工作的推进,学界对于陇南古代佛教史的研究一定会达到新的水平。

第七章

陇南石窟与道教

陇南道教到底是从何时开始的，具体的发展情况如何？迄今尚未发现全面、准确、翔实的记载，也没有学者进行专业、系统的研究。所幸陇南市境内的一些石窟寺为我们保存了一些珍贵的资料，为相关问题的研究提供了方便。现存陇南各处石窟中，除了佛教内容以外，道教和儒教，尤其是道教的内容占有一定的比重。个别石窟没有道教内容，有的石窟包含一定比例的道教内容，有的石窟道教内容比较突出或占绝对优势，但罕见纯粹的道教石窟。本节主要依据陇南石窟寺所发现的材料，再结合一些文献资料（宗教史、地方志、今人研究成果等），对陇南道教史进行大致的勾勒。以此就教于方家。

第一节 陇南石窟与道教关系概览

道教传入陇南市境内部分地方的时间较早，传播于陇南大部分区域的时间晚于佛教，但至迟在隋唐以前，陇南大部地区就已经有了道教活动。唐宋时期,道教在陇南的活动十分活跃;元明清时期,道教虽然总体上趋于衰落,但在相当长时期内、较大范围内仍很兴盛。全真道成为明清时期道教的主流,陇南全真道主要是丘处机所创立的龙门派。在陇南道教史上,萨守坚、张三丰等人的活动异常引人注目。在古代陇南境内的石窟(或寺观),如八峰崖、佛孔、大云寺、仙人崖、五仙洞、金莲洞、水帘洞、朝阳洞、广佛寺、真空寺、罗汉洞、千佛洞、董真庵等中,道教均占有一席之地。古代晚期的陇南不再出现纯粹的道教(或佛教)石窟,基本上均呈现道、释并存或道、释、儒三教融合的现象,“三教合流”趋势空前加强。陇南石窟与陇南道教在传承古代文化方面发挥了重要作用。

关于陇南市境内古代道教发展情况,迄今未发现直接、系统的文字记载,此前也基本上没有学者进行研究（目前所见研究论文有赵逵夫先生的《萨真人墓与萨守坚》[1]和笔者的《甘肃省成县金莲洞石窟与全真道》),我们只能从宗教史、地方志、石窟寺庙遗迹遗物(含碑文)等中搜集资料并进行整理。

陇南石窟中除了西和县法镜寺、徽县佛爷崖、成县甸山1号窟达摩洞、2号窟菩萨洞等石窟的窟龛、塑像完全属于佛教内容以外,其余石窟(寺观)都或多或少包含一定的道教内容,个别石窟的道教内容更显突出。成县金莲洞中,道教占绝对优势,且主要是全真道的内容。[2]西和县八峰崖、成县大云寺等石窟的主要内容都是佛教,但道教内容均占有一定比例。八峰崖石窟中,第1窟中的王灵官,第4窟中的玉皇大帝、关圣帝君、华佗,第6窟中的送子娘娘、金花娘娘、催生娘娘,第7窟中的药王、太阳神、月亮神、侍者,第11窟中的真武大帝、金童、玉女、龟将、蛇将、文官、武官,第12窟中的天官、地官、水官,第13窟中塑绘结合的八仙等,都属于道教内容。大云寺石窟中的真武大帝、"药王"、鲁班、孟子等塑像属于道教或儒家内容。徽县广佛寺、罗汉洞等石窟都包含一定的道教内容。原来一般认为广佛寺石窟始凿于唐代,但孙晓峰先生考证后认为其为明或清代创建,[3]佛教内容居多,原塑俱毁,新塑像中的关圣帝君、关平、周仓、送子娘娘等属于历史人物或道教神尊,反映了明清以来石窟造像具有普遍性。罗汉洞始凿于宋代,本属于佛教洞窟,但后代增加了一些道教、佛教塑像(现存造像皆为当代新塑)。武都区水帘洞、朝阳洞原有造像荡然无存,从现存的文献资料(地方志、碑文等)、当代塑绘状况分析,佛教和道教内容所占比重大体相当。两当县千佛洞石窟原有塑像(现均已残)、壁画(现多已毁)中,道教内容所占比重很大;土峰沟(董真庵)石窟原有塑像和壁画破坏极其严重,但原有窟龛中极少数造像残骸、造像遗迹尚在,佛教和道教内容所占比重亦大体相当,道教内容略为凸显。

---

①赵逵夫《萨真人墓与萨守坚》,《中国道教》2006年第4期,第33—35页。

②王百岁《甘肃省成县金莲洞石窟与全真道》,第61—71页。

③孙晓峰《甘肃陇南几处中小石窟调查简报》,第3—11页。

第二节 汉魏至唐宋时期陇南石窟与道教

一、道教传入陇南的时间及其早期活动

据《甘肃省志》载:“由于统治阶级的尊崇和倡导,人民群众争相信仰,唐代甘肃的道教有了较大的发展。”[①]“唐代道教十分盛行……甘肃道教在唐代迅猛发展,甘肃的不少道观始建于唐朝。”[②]笔者认为,无论甘肃或陇南的道教活动开始于何时,这种叙说在一定程度上反映了唐代道教曾经鼎兴的史实。根据笔者多年来对陇南诸石窟和寺庙的考察及对地方志的阅览可知,古代陇南道教的建筑或设施较少且都相对较晚,道教活动大多集中在道教“鼎兴”的唐代、“高涨”的宋代、“发展”的元代、“世俗化和民间

①甘肃省地方史志编纂委员会、甘肃省志宗教志编纂委员会编纂《甘肃省志》第71卷《宗教志》,第12页。

②甘肃省地方史志编纂委员会、甘肃省志宗教志编纂委员会编纂《甘肃省志》第71卷《宗教志》,第11页。

化”的明代、“衰落”的清代。[①]

据《西和县志》载:“本县道教始于何时,没有确切记载。在北宋时已盛况空前,则无疑问。”[②]又载:

> 建国前本县庙观有八所,最有名的寺观是朝阳观、萨爷殿。朝阳观座落在县城东面观山上,创建时间无考,道光年间重建。尊奉的神祇是真武祖师、八仙、药王、三官等神。同治二年(1863),本县太平军曹灿章、赖云光合军围攻西和城,庙观尽毁,仅留古柏一株。民国5年(1916)重建朝阳观。正殿供真武祖师,右侧三阳祖师,后殿供关圣帝君。后又建天楼、天门。建国后朝阳观有房屋72间,1926年失火烧毁。萨爷殿位于县城南岷郡山,创建于唐朝,清乾隆时扩建。尊奉的神祇是萨公真人,附设瑶池、金钢[③]、华严三圣、一佛二菩萨、杨四将军,王灵官等。有房舍39间,戏楼一幢。[④]

这段记载没有说明道教传入今西和一带的时间,但使我们明确了道教在西和发展的曲折经历、西和寺观都供奉道教的哪些神尊;朝阳观创建时间不明,而萨爷殿创建于唐代;萨爷殿是一座佛、道合一的寺院。笔者认为,其虽名为“萨爷殿”,实际上在供奉“萨爷”以前,就已经在供奉其他的神灵了。另据《甘肃省志》载:“张掖开元观、玄元关帝庙、紫极宫,西和真武

---

①关于道教史,可参阅甘肃省地方史志编纂委员会、甘肃省志宗教志编纂委员会编纂《甘肃省志》第71卷《宗教志》;任继愈总主编,卿希泰、唐大潮著《道教史》,第84—345页;卿希泰主编《中国道教史》,第1卷第19页—第4卷第568页。

②“西和县地方志编纂委员会编”卷第3《西和县志》,第730页。

③“钢”,当为“刚”之误。

④“西和县地方志编纂委员会编”卷第3《西和县志》,第731页。

庙,正宁承天观等都始建于唐代。”[①]此处指明西和县真武庙始建于唐代。所谓“真武庙”,无疑是指上述西和县城(汉源镇)东面观山真武殿,既然该殿始建于唐代,那么说明在唐代今西和一带道教已经很兴盛。根据道教史、现存方志和石窟寺观资料综合分析可知,西和县境内道教流行很早,最迟于隋朝以前已经开展活动,并且唐代时已经建有规模可观的道观;整个古代史上道教兴盛的时间很长,道观(庙宇)的规模曾经较大,道教活动一直延续到清末、民国时期(乃至现在)。

据《成县志》载,成县境内道教“不知始于何时”[②]。唐代建唐公庙、宋代建轩辕庙,然大抵“多为崇祖之祠。宋宁宗嘉定七年(1214),乡官保义郎杨右兴状奏五仙山龙神之灵应事迹。嘉定八年(1215),尚书省牒赐庙额。则彼时于供奉祖宗之外,又有龙神为民间之尊崇神祇[③]。”可知唐宋时期成县境内民间信仰和道教活动渐兴。

《徽县志》载:

> 宋淳化(990—994)年间嘉陵铁山修建玉皇阁、祖师殿。元代,金莲洞道士刘道通以治病为生,医术高超。大德(1297—1307)年间,徽州管军元帅田守璋为其赐号清净真人。明代,著名道士张三丰隐居金莲洞,天顺二年(1459),诏授通微显化真人。正德(1506—1521)年间泰山庙道士杨崇惠创建玉皇殿、岱岳殿等。清康熙(1662—1722)年间,铁山道士瀛虚与其弟子任永祥募化十方,垒石伐木,扩大旧址,增建了观音、文昌、药王宫。从元代到清嘉庆年间,徽县道教兴盛,尤其是清嘉庆(1796—1820)年间知县张

---

①甘肃省地方史志编纂委员会、甘肃省志宗教志编纂委员会编纂《甘肃省志》第71卷《宗教志》,第12页。

②成县地方志编纂委员会编纂《成县志》,第837页。

③成县地方志编纂委员会编纂《成县志》,第837页。

伯魁重视佛道两教，在全县各地补修庙宇较多。清末，道教渐衰。[①]

可知徽县境内在宋以前道教活动情况无考，但既然北宋初年“修建玉皇阁、祖师殿”，那么说明至迟在唐、五代时期道教就在徽县一带流行，宋代有了新的发展，元、明、清时期兴盛，清末以后衰落。

据《武都县志》载，“道教、佛教在本县传播历史悠久，信仰者众，寺院道观随处可见”[②]。“唐、宋、元、明、清诸代，我县信道教者甚夥，城乡寺观不断修建”[③]。可知道教传入今武都区境内的确切时间目前无考，但当在唐代以前。

据《两当县志》载，“传入两当县的道教支流为瑶池道”[④]。笔者以为，这种记载存在错误，其并没有反映今两当县境内古代史上道教传入及发展的真实情况：首先，据同一县志记载，道教内容突出的董真庵石窟“为唐代石窟”[⑤]，可知两当道教活动不会晚于唐代；其次，瑶池道并非合法道教的一个支派，而是杂糅了佛、道等部分内容并加以改造利用的一种反动组织，且很晚（清代）才传入陇南市境内；第三，两当县距道教流行较早的汉中、关中等地区较近，道教一定会较早影响或传播到两当一带。

据《礼县志》载，“道教何时传入礼县无可稽考。礼县盐官镇城内盐井附近有一石碑《盐官镇重修真武殿记》，是南宋孝宗乾道八年（1172）十一月望日立”[⑥]。又据《甘肃省志》载，在唐代，今礼县境内道教就很兴盛，“扩建和新建了一些道观”[⑦]。可知礼县境内道教活动不晚于唐代。

---

①徽县志编纂委员会编《徽县志》，第 905—906 页。

②甘肃省武都县地方志编纂委员会编纂，曾礼主编《武都县志》，第 1076 页。

③甘肃省武都县地方志编纂委员会编纂，曾礼主编《武都县志》，第 1078 页。

④甘肃省两当县志编纂委员会编纂，刘瑞、杨永红主编《两当县志》，第 763 页。

⑤甘肃省两当县志编纂委员会编纂，刘瑞、杨永红主编《两当县志》，第 713 页。

⑥礼县志编纂委员会编纂《礼县志》，第 783 页。

⑦甘肃省地方史志编纂委员会、甘肃省志宗教志编纂委员会编纂《甘肃省志》第 71 卷《宗教志》，第 12 页。

《康县志》没有关于道教传入境内时间的明确记载，只是说“康县地处甘、陕、川交界处，与汉中接壤，受道教影响很大”[①]。大概是说，康县与东汉末年张道陵创立的五斗米道最初活动的今陕西汉中地区为邻，所以道教会在当时或稍后就影响到今康县一带。笔者以为这种分析是有一定道理的。据此推断，道教很有可能在魏晋南北朝时期就已传入今康县境内，只是没有或迄今尚未发现有关的文献资料，所以还不能得出肯定的结论罢了。

《文县志》没有关于道教传入时间及古代道教活动内容的记载。[②]据《宕昌县志》载，“道教在宕昌始于何时，没有确切记载”[③]。可知此二县迄今未见关于道教传入时间的有用资料。

二、两当县张果老洞与陇南道教

张果老洞又名登真洞，位于两当县杨店镇鹫鹭山，距县城15公里。据《两当县新志》卷之二《山川景物古迹陵墓附》载：“登真洞，东十五里鹫鹭山下，唐张果老修真处，洞高一丈，深百尺，有水自顶注于石池，俗名石鼓洞。”[④]又崔熙碑载：“两当邑之东有鹫鹭山，一洞嵌深，流水泠然，唐张果先生隐居所也。”登真洞由三洞（无量祖师洞、石鼓洞、三清洞）一阁相嵌而成，叠连成轴。洞分左右，左洞套一小洞，大洞宽9米，深8米，高4米；小洞宽6米，深20米，高2米，右洞宽20米，深26米，高4米，并有4个通风口。洞中残留刻字碑片及砖瓦等物。无量祖师洞和石鼓洞皆幽深莫测，内塑果老倚榻、八仙聚会与董真人造访等群像，各具姿态，意趣盎然。“三清阁”塑元始天尊、灵宝天尊和道德天尊。还有集休观和樵夫庙，虽毁于战乱，然遗迹尚存。洞中出土唐三彩、琉璃建筑残存物和部分钞币。洞内尚存

---

①《康县志》编纂委员会编纂，黄俊武主编《康县志》，第781页。

②文县志编纂委员会编纂《文县志》，第963—965页。

③宕昌县县志编纂委员会编纂《宕昌县志》，第540页。

④[清]德俊等纂修《两当县新志》，清道光二十六年（1846）抄本，第34—35页。

唐、宋以来各代记述传说中八仙之一的张果老在此修道建阁事迹的碑和历代文人墨客为该洞题写诗作的碑。1990 年在杨店镇农民家中发现了南宋中统五年(1260)[①]甲子正月刻制的碑。碑文详载修复登真洞的经过和登真洞史迹。碑义所记与现场勘测结果基本一致。《明皇杂录》《宣宝志》对他的方术加以渲染,使其事迹流传更广。[②]《旧唐书》在《方伎传》中将张果与袁天纲、孙思邈、叶法善、僧玄奘、神秀、慧能、普寂、一行等并列,可知张果确非等闲之辈。[③]《新唐书》亦有类似记载。[④]张果《题登真洞》诗载于《全唐诗》,诗曰:"修成金骨炼归真,洞锁遗踪不计春。野草谩随青岭秀,闲花长对白云新。风摇翠筱敲寒玉,水激丹砂走素鳞。自是神仙多变异,肯教踪迹掩红尘。"诗后小传云:"张果,两当人。先隐中条山,后于鹫鹫山登真洞往来。天后召之,不起。明皇以礼致之,肩舆入宫。擢银青光禄大夫,赐号通玄先生。未几,还山。"[⑤]《太平广记》亦详记张果事迹,似与《旧唐书》《新唐书》大同小异,又谓出自《明皇杂录》《宣室志》《续神仙传》。[⑥]可见,传说中虽有夸大之处,但张果不仅真有其人,而且是历史上很有影响力的道教人物,登真洞从唐代起直到明清时期是道教圣地。相关记载印证了初、盛唐时人们对于道教的重视及唐宋时期陇南道教之兴盛。

三、萨守坚与陇南道教

隋唐五代时期,受全国政治及宗教形势的影响,道教虽然取得了前所未有的发展,但是起伏不定。这一时期甘肃道教最兴盛的地区当数平凉、泾

①此据西北师范大学古籍整理研究所编《甘肃古迹名胜辞典》,第 183—184 页。该辞典所载此处内容有误,公元 1260 年当为南宋理宗赵昀景定元年、元世祖孛儿只斤忽必烈中统元年。

②西北师范大学古籍整理研究所编《甘肃古迹名胜辞典》,第 183—184 页。

③[后晋]刘昫等撰《旧唐书》卷 191(列传第 141)《方伎传》,第 5106—5107 页。

④[北宋]欧阳修、宋祁撰《新唐书》卷 204(列传第 129)《方技传》,第 5810—5811 页。

⑤张果《题登真洞》,[清]彭定求、杨中讷等修纂《全唐诗》卷 860,第 9718 页。

⑥李昉等编《太平广记》,北京:中华书局,1961 年,第 193—194 页。

川、陇西等地,[①]陇南的道教处于上升时期。宋代,陇南道教有了新的发展。

今西和县城南1.5公里处岷郡山上有供奉萨真人的"萨爷殿"和萨真人墓,萨真人墓即在萨爷殿中("萨爷殿"实为佛、道并存的一处寺观群)。赵逵夫先生查阅了大量文献资料进行考证,认为"萨真人即北宋末年著名道士萨守坚"。赵先生还认为萨守坚系今甘肃西和人,萨真人墓为其衣冠冢;萨爷殿"应初建于南宋时,清乾隆年间扩建"[②]。

作为一个在道教史上有一定影响力的人物,"修成正果的道教大师",[③]《道藏》等文献都有明确记载,《甘肃省志》却把萨守坚看作是唐代道士。[④]"西和县地方志编纂委员会编"卷第3之《西和县志》的记载似亦前后矛盾。在第六编《社会》第四章《宗教》第一节《道教》第二目《庙观》中云:"萨爷殿位于县城南岷郡山,创建于唐朝,清乾隆时扩建。"[⑤]《庙观》目下之《建国前寺观一览表》中,指明"观名"为"萨爷殿"者,其"坐落地点"为"岷郡山","原有房间"为"39","修建年代"为"唐朝","备注"为"现为宗教开放点,扩建补建,共42间"[⑥]。此处虽未明言"萨真人是唐朝人",但如果没有萨真人,怎么会有"萨爷殿"?言下之意是,"萨真人是唐朝或更早时代的人"。但同一版本的《西和县志》又载:

> 北宋时,西和有道教名师萨真人。据道教文献记载,萨真人为"蜀,西河人。"考宋以来历史,蜀无西河之地。而宋时西和州地

①甘肃省地方史志编纂委员会、甘肃省志宗教志编纂委员会编纂《甘肃省志》第71卷《宗教志》,第20页。

②赵逵夫《萨真人墓与萨守坚》,第33—35页。

③甘肃省地方史志编纂委员会、甘肃省志宗教志编纂委员会编纂《甘肃省志》第71卷《宗教志》,第12页。

④甘肃省地方史志编纂委员会、甘肃省志宗教志编纂委员会编纂《甘肃省志》第71卷《宗教志》,第11—12页。

⑤"西和县地方志编纂委员会编"卷第3《西和县志》,第731页。

⑥"西和县地方志编纂委员会编"卷第3《西和县志》,第731页。

> 属蜀，“河”为“和”之误，所以萨真人即是西和州人。宋徽宗宣和年间，萨真人住持西和碧楼里龙兴寺。萨真人(1101—？年)名守坚，号全扬子，曾云游江楚间，学道于龙虎山守真天师，后来西和传道，以符法医术，济沽世人。晚年住持岷郡山，“募化十方，重修庙宇。工竣，即羽化于此。”[①]

此处言明萨真人是北宋末年人。另据清乾隆年间邱大英等纂修之《西和县志》载：“唐萨真人墓，姓氏无考，在岷山[②]墓前，邑令王鸣珂立碑。”[③]此处复言明萨真人为唐朝人。

萨守坚是北宋著名道士，怎么会是唐朝人呢？故《甘肃省志》《西和县志》的上述不同记载，孰对孰错，自见分晓。据《中华道教大辞典》载：“萨守坚，北宋时西河(今山西汾阳市)人，一说南华(今山东菏泽市)人，自称汾阳萨客。师事第三十一代天师张时修，授以秘要，由是道法大显。后云游至闽中而卒。(《历世真仙体道通鉴续编》卷三)(俞晋)”[④]关于萨真人的事迹，载于《广列仙传》[⑤]《有像列仙全传》[⑥]《历代神仙通鉴》[⑦]《新刻出像增补搜神记大全》[⑧]《三教源流圣帝佛祖搜神大全》[⑨]《铸鼎余闻》[⑩]《新编连相搜神广记》[⑪]等书籍中。

---

①“西和县地方志编纂委员会编”卷第3《西和县志》，第731页。

②“岷山”，当为“岷郡山”之误。

③[清]邱大英等纂修《甘肃省西和县志》，第417页。

④胡孚琛主编《中华道教大辞典》，第121页。

⑤[明]张文介编辑《广列仙传》，台北：台湾学生书局，1989年，第472—475页。

⑥[明]汪云鹏编辑《有像列仙全传》，台北：台湾学生书局，1989年，第543—545页。

⑦[清]徐道纂集《历代神仙通鉴》，台北：台湾学生书局，1989年，第3361—3378页。

⑧[明]无名氏编辑《新刻出像增补搜神记大全》，台北：台湾学生书局，1989年，第134—137页。

⑨[明]无名氏编辑《三教源流圣帝佛祖搜神大全》，台北：台湾学生书局，1989年，第83—85页。

⑩[清]姚福均编辑《铸鼎余闻》，台北：台湾学生书局，1989年，第73—76页。

⑪[元]秦子晋撰《新编连相搜神广记》，台北：台湾学生书局，1989年，第72—74页。

有些记载虽有夸大不实之处，神话色彩浓厚，但萨真人在“历史上实有其人”[①]，其为北宋末年人则是确定无疑的。那么，为什么又说“萨爷殿”修建于“唐朝”呢，笔者推测，当是岷郡山上的寺庙(道观)初建于唐代，可能早期就不仅有道教塑像，还有佛教塑像，只是在北宋末年以后(或南宋时期)，才在同一道观(寺庙)中供奉萨真人，故后来笼统地称该道观、佛寺合一的寺庙群为“萨爷殿”而已。现在该处寺庙群佛、道俱奉，塑像众多，远近信徒、游人络绎不绝，香火旺盛，但西和民众迄今仍沿称之为“萨爷殿”。由此看来，《西和县志》称岷郡山寺庙群修建于“唐朝”，赵逵夫先生称“萨爷殿”初建于“南宋时”，各有各的道理。

虽然萨真人与石窟没有直接关系，但却具有间接关系。萨真人积极开展道教活动，宣扬道教思想，对西和一带道教(石窟寺)的发展，内丹学和道德修行、道教理论和养生理论研究方面作出了一定的贡献。[②]萨真人是宋代人，而恰好宋代及以后陇南的石窟寺中道教活动异常活跃，造像空前增多。以窟龛和造像为证，西和县八峰崖、佛孔，成县仙人崖、五仙洞、大云寺、金莲洞，武都区水帘洞、朝阳洞等石窟都有宋代及以后的道教造像(现多毁)。前述“碧楼里”也被称作“碧楼”或“碧流”，位于今西和县稍峪乡碧楼村，今“西和县稍峪乡九年制学校”即建于“龙兴寺”原址，当地百姓仍称此址为“萨爷殿”，当代新立碑记载了萨真人昔日住持该寺的经历。除了岷郡山寺庙群以外，西和县境内的马元镇佛孔(石窟)寺，稍峪乡云华山、塔山寺庙群，石堡镇五台山法镜寺(非五台山下法镜寺石窟)，汉源镇观山寺庙群，西峪乡白雀寺，石峡镇八峰崖石窟寺、烧香台金沙寺，西和县、礼县交界处的大香山寺庙群，成县鸡峰山寺庙群等，全为佛、道教(或兼有儒教)造像并存寺观(群)，道教氛围浓厚，迄今信徒众多、香火旺盛，包括萨真人在内的历史上

①马书田著《中国道教诸神》，北京：团结出版社，1996 年，第 322 页。

②赵逵夫《萨真人墓与萨守坚》，第 33—35 页。

无数道教界人士作出的贡献和影响是不可低估或否定的。

四、成县五仙洞石窟仙人崖寺观(石窟)与陇南道教

据《甘肃省志》载,宋代在陇南市境内兴建的道观主要有文县上清宫(洞)、成县狮子洞和成州五仙洞等。[①]据笔者考察及查阅地方志可知:文县上清宫《文县志》未载,今亦无存;成县狮子洞似与道教无关,推测此处所谓"狮子洞"或指与狮子洞很近的大云寺石窟;"成州五仙洞"即成县五仙洞。此外,徽县罗汉洞石窟开凿于宋代;西和县八峰崖、成县大云寺、武都区等石窟都是在原来的基础上重修、扩建并进行宗教活动的,各县区重修或始建了非石窟形的具有道教性质的寺庙、道观,表明陇南道教在宋代发展到了一个新的水平。

2014 年 5 月 29 日,笔者第一次考察了成县五仙洞石窟。五仙洞位于成县县城西南约 17 公里处的五仙山中。此处为鸡峰山西侧山系暨鸡峰山国家森林公园西南区域的组成部分,地形复杂,地貌奇特,道路崎岖,树木密布,人烟几绝,自古以来就有蛇洞、龟洞、白马洞、观音洞、相子洞、灵英洞、立佛洞、八仙洞、水洞、五仙洞、冰泉洞、灵隐洞、吴道子洞等,其中"五仙洞"可被视作一处集自然与人文因素于一体的代表性洞窟,洞高 6 米,宽 12 米。洞为平面梯形拱顶形窟,洞中塑像皆为当代新作,窟殿正中中心柱(未与洞顶相接)正面并列而坐、面南背北的两尊最高神是释迦牟尼佛和太上老君,背靠两侧壁和后壁的是羲皇、玉皇大帝、王母娘娘、地母、真武大帝、三官(天官、地官、水官)、文昌帝君、关圣帝君、送子娘娘、王灵官、观音菩萨、文殊菩萨、普贤菩萨、地藏菩萨、弥勒菩萨、天王等。将太上老君和释迦牟尼佛并列而塑,三教并存,佛道融洽,塑像多而杂乱,没有严格按

①甘肃省地方史志编纂委员会、甘肃省志宗教志编纂委员会编纂《甘肃省志》第 71 卷《宗教志》,第 13 页。

照等级次序或佛、道经典规范而塑，这种塑像方式颇具地方特色，在陇南诸石窟中较为罕见，尤其是将释迦牟尼佛与太上老君并肩而塑的方式，则是陇南石窟和寺观中所仅见。洞中现存两通碑，一为南宋嘉泰二年(1202)宣教部郎通判成州事赵希渊所撰《五仙洞碑记》，一为南宋嘉定八年(1215)参政郑昭先、左丞相史弥远奉敕赐《孚泽庙碑额碑》。此二碑对研究唐宋时期宗教尤其是宋代道教发展情况都具有积极意义。据《五仙洞碑记》载，“世传公孙氏五子，尝于此学轻举之术”“为之室庐，安处徒众”。又造观音像，创塔亭，建童门、丈室、僧寮，且从成都置四大部经，归镇山门。今遗迹无存。①

2014 年 7—8 月，笔者 3 次考察了成县仙人崖寺观(因古代人们就在仙人崖依崖建庙塑像，故也可将仙人崖寺观视作石窟寺)。仙人崖也称“道士崖”“七仙崖”“仙崖积雪”“仙醉灵岩”等。从成县城关镇河东区北部到县城南山仙人崖，全程实际约 5 公里。在县城通往鸡峰山的车路经过南山北侧自东向西折转的最高弯道处，沿通向养猪场的车路向东走一段路程，再沿通向仙人崖的水泥台阶向南(上)再折而向东(上)走，就到仙人崖；或沿通向养猪场的车路向东走较短一段路程后再沿近年修通的通向仙人崖寺庙区的斜向上(东)的车道就到仙人崖。因为 2008 年“5·12”大地震将仙人崖巅峰处的巨石震落，并将崖下原有的玉皇楼震裂，塑像也受到一定程度的破坏，通往原玉皇楼的道路因高处巨石垮塌下来破碎后形成的石块阻塞而无法到达，地震后崖下不时有石块掉落，险象环生。而远望原来的玉皇楼，还可以看见楼外的三官塑像，似乎还有其他残存塑像，详情未知。从崖下向东行进，不几步就看到三世佛殿、三大士殿、真武殿、圣母殿、关帝殿、黑八爷殿、地母殿、玉皇殿，连同原来的玉皇殿，共有 9 座寺庙，2 座(僧、尼、道等)住房。寺庙中儒、释、道神皆供，塑像有玉皇大帝，山神、土

①西北师范大学古籍整理研究所编《甘肃古迹名胜辞典》，第 180—181 页。

地，三官（天官、地官、水官），释迦牟尼佛，东方药师佛，西方阿弥陀佛，桃山圣母，观音菩萨、文殊菩萨、普贤菩萨，送子娘娘，关圣帝君，二郎神，文昌帝君，真武大帝，雷神，药王，黑八爷，地母等。因原来的玉皇阁破裂且悬崖掉石，当地信众遂在靠东的山峁上（地母殿对面）新建了玉皇阁，新建玉皇阁正壁悬挂一幅玉帝画像，目前尚无塑像。笔者据塑像构成分析，从历史上看，仙人崖似以道教为主、佛教为次；但现今已经佛、道并立，呈现儒、释、道三教合一状况，其中道教占有很大比重。第一次考察时笔者遇见了正在主持修建寺院接待室的庙会会长、成县书法家“陇南左臂”钟亮先生以及其他几位当地信众和民工。笔者向他们了解情况，得知仙人崖原本寺庙规模较大，塑像甚多，香火旺盛，但 1958 年以后——尤其是 20 世纪六七十年代破坏严重，清代以前庙宇、塑像被破坏殆尽，现存庙宇和神像皆为改革开放时期新建、新塑。仙人崖古代建寺及塑像年代已难准确考证。据崖间残存宋乾道元年（1165）和元代至元辛卯年（1291）两块摩崖碑刻记述内容判断，寺庙建筑最迟始于唐代。[①]又据宋乾道九年（1173）道士崖（仙人崖）《王康题记》[②]推断，仙人崖至迟于唐代已有道教活动和建筑。宋朝陕西提刑游师雄诗[③]亦可证仙人崖的道教活动是比较早的。

据笔者考察，仙人崖实际上有 3 通碑刻，一曰《王康题记》[④]，二曰《岳世英题记》[⑤]，三曰《重修北极宫记》[⑥]。

---

①政协成县文史资料委员会编《成县览胜》，第 29 页。

②《王康题记》文曰：有宋乾道九年、岁在壬辰暮春之月，甘露降于成州仙崖之下，野大来告，邦人聚观，咸曰，太守王公逾年政成，讼无留庭，盗不警野，治尚宽大，神人以和，雨旸弗愆，年谷屡稔，和气发育，嘉祥并臻，龟蛇见于坎宫，瑞露零于仙境，与汉武都守李翕所纪颇同。彼以治险便民，此以至诚格物，不可无述，昭示方来云。前同谷令晋安王康书之，公名中止，字子直，河州枹罕人。”见成县地方志编纂委员会编纂《成县志》，第 777—778 页。

③见“仙崖积雪”条，成县地方志编纂委员会编纂《成县志》，第 756 页。

④成县地方志编纂委员会编纂《成县志》，第 777—778 页。

⑤成县地方志编纂委员会编纂《成县志》，第 778 页。

⑥成县地方志编纂委员会编纂《成县志》，第 944—945 页。

第三节 元明清时期陇南石窟与道教

一、元明清时期陇南道教的发展

虽说中国道教在元明清时期已趋衰落，但从陇南道教史上来看却是进入了又一个重要发展期。

据地方志载，中华人民共和国成立前后或当代尚存的道教宫观（寺庙、祠堂），其创始年代，只有极少数可以上溯到唐宋时期，大多数是元明清时期的（包括元明清时期重修的）。西和县有朝阳观、萨爷殿、青阳观、泰山庙、城隍庙、关帝庙，太华山道观、云雾山道观、阴阳山道观、凤凰山道观、云华山寺庙群（含道观）等；[①]成县有关帝祠、文昌祠、奎星阁、马神庙、轩辕庙、土地祠、三官庙、雷神庙、真武庙、东岳庙、感应庙、湫神庙、兴泽感应庙、

①西和县地方志编纂委员会编纂《西和县志》，第731页。

利泽庙、唐公庙、忠烈庙、玉阳宫[1]、龙洞[2]、五仙洞[3]、仙人崖寺庙群（含道观）[4]、金莲洞[5]、甸山寺庙群（含道观）[6]、云梯崖道观[7]、温凉寺（含道教塑像）[8]等；徽县有玉皇阁、祖师殿、泰山庙、玉皇殿、铁山道观、文昌宫、药王宫、城隍庙、迎旭观、鹁鸪崖道观、火焰山道观、中华山道观、[9]青龙观、青泥河道观、黑龙潭道观、三泉寺（含道教造像）、青阳山道观、真空寺（含道教造像）、鱼洞子、青龙观、火山古井（含道教造像）等；[10]武都区有麻池大爷石庙[11]、马街泰山庙[12]、水帘洞红女祠[13]、陈家坝玉皇观[14]、高家村傅王庙[15]、城北药王殿[16]、赤砂详渊庙[17]、朝阳洞石窟[18]、通济庙[19]、关帝庙[20]、圣母庙[21]、万象洞[22]、五

---

①成县地方志编纂委员会编纂《成县志》，第770，838页。
②成县地方志编纂委员会编纂《成县志》，第762页。
③成县地方志编纂委员会编纂《成县志》，第756页。
④成县地方志编纂委员会编纂《成县志》，第756页。
⑤成县地方志编纂委员会编纂《成县志》，第759页。
⑥成县地方志编纂委员会编纂《成县志》，第777页。
⑦成县地方志编纂委员会编纂《成县志》，第770页。
⑧成县地方志编纂委员会编纂《成县志》，第762页。
⑨徽县志编纂委员会编《徽县志》，第905—906页。
⑩徽县志编纂委员会编《徽县志》，第824页。
⑪甘肃省武都县地方志编纂委员会编纂，曾礼主编《武都县志》，第923页。
⑫甘肃省武都县地方志编纂委员会编纂，曾礼主编《武都县志》，第923页。
⑬甘肃省武都县地方志编纂委员会编纂，曾礼主编《武都县志》，第923页。
⑭甘肃省武都县地方志编纂委员会编纂，曾礼主编《武都县志》，第923页。
⑮甘肃省武都县地方志编纂委员会编纂，曾礼主编《武都县志》，第923页。
⑯甘肃省武都县地方志编纂委员会编纂，曾礼主编《武都县志》，第923页。
⑰甘肃省武都县地方志编纂委员会编纂，曾礼主编《武都县志》，第924页。
⑱甘肃省武都县地方志编纂委员会编纂，曾礼主编《武都县志》，第924页。
⑲甘肃省武都县地方志编纂委员会编纂，曾礼主编《武都县志》，第924页。
⑳甘肃省武都县地方志编纂委员会编纂，曾礼主编《武都县志》，第924页。
㉑甘肃省武都县地方志编纂委员会编纂，曾礼主编《武都县志》，第924页。
㉒甘肃省武都县地方志编纂委员会编纂，曾礼主编《武都县志》，第924—925、975—976页。

凤山寺庙群(含真武观、老殿等)[①]、祥渊庙[②]、三官殿[③]、净身殿、风伯殿、新殿子、坪顶观、二天门、三天门[④]等;两当县有周公庙、泰山乡泰山庙、左家乡泰山庙、祖师庙、文昌宫、集休观、兴龙观[⑤]、县城龙王庙、乳洞龙王庙[⑥]、县北东岳庙、孔崖寺东岳庙、真武庙、崇圣祠、名宦祠、乡贤祠、忠孝祠、节义祠、文昌祠、关帝庙、城隍庙、厉坛、西姑庵道观、董真庵石窟、千佛洞石窟等;[⑦]礼县有崖石镇东岳庙[⑧]、盐官镇真武殿、大元崖石镇东岳庙、长生观、五龙宫、火神庙、风神庙、雷神庙、孚佑帝君庙、仓圣庙、黑池龙王庙、西江神庙、岳公祠、三圣祠、清海庙、三官庙、玉泉观、大元观、青龙观、玉皇庙、洞清观、药王庙、玉皇殿、灵湫观、香山道观、[⑨]祁山武侯庙[⑩]、至圣庙[⑪]、雷王庙[⑫]、盐官盐神庙[⑬]等;文县有武庙、城隍庙、龙王庙、文王庙、慈沛庙、玉皇观、元帝庙、祖师殿、东岳庙、药王宫、龙溪洞[⑭]、文昌楼[⑮]、文昌宫、洋汤庙、西京观、双龙观、柴云宫[⑯]、玉虚山元帝殿[⑰]等;宕昌县有韩院清微

---

①甘肃省武都县地方志编纂委员会编纂,曾礼主编《武都县志》,第925、976—977页。

②甘肃省武都县地方志编纂委员会编纂,曾礼主编《武都县志》,第968—969页。

③甘肃省武都县地方志编纂委员会编纂,曾礼主编《武都县志》,第970—971、974页。

④甘肃省武都县地方志编纂委员会编纂,曾礼主编《武都县志》,第1076页。

⑤甘肃省两当县志编纂委员会编纂,刘瑞、杨永红主编《两当县志》,第705页。

⑥甘肃省两当县志编纂委员会编纂,刘瑞、杨永红主编《两当县志》,第705—706页。

⑦甘肃省两当县志编纂委员会编纂,刘瑞、杨永红主编《两当县志》,第706页。

⑧礼县志编纂委员会编纂《礼县志》,第609页。

⑨礼县志编纂委员会编纂《礼县志》,第783页。

⑩礼县志编纂委员会编纂《礼县志》,第803—804页。

⑪礼县志编纂委员会编纂《礼县志》,第804—805页。

⑫礼县志编纂委员会编纂《礼县志》,第809—810页。

⑬礼县志编纂委员会编纂《礼县志》,第811页。

⑭文县志编纂委员会编纂《文县志》,第860页。

⑮文县志编纂委员会编纂《文县志》,第860—861页。

⑯文县志编纂委员会编纂《文县志》,第861页。

⑰文县志编纂委员会编纂《文县志》,第862页。

宫[①]、上埃梓潼文昌帝君宫[②]等；康县有元帝宫，明月山寺真武殿、吕祖阁、圣母宫、三星殿、灵官殿、关帝庙、土地庙，[③]关圣帝君庙[④]等。这些道观（寺庙、祠堂）或已不存，或已重建新建；或专为道教宫观，或为佛、道、儒三教合一，或释、道二教合一的宫观、寺庙、石窟（部分三教合一或二教合一的寺、观、窟此处皆略），但都以实物的形态说明了元明清时期道教较为兴盛。

据《甘肃省志》载："甘肃因为有邱[⑤]处机及其弟子的活动，元代甘肃道教的传播没有中断，各地修建了一些道观，信徒不少。当时道教在全国有正一、真大、太乙、全真四个门派，甘肃道教主要是全真龙门派和正一派。"[⑥]

据《甘肃省志》载："著名道士张三丰，不愿赴明太祖之召，西行来甘肃，在平凉、兰州、陇西、成县、张掖等地传播道教，并行医看病，对甘肃道教的发展，也起了一定的推动作用。"[⑦]"明代，儒释道三教并立传播。以后又崇奉道教，道教逐步得到发展……到明宪宗时，更加崇奉道教……明世宗时，道教愈加发展……穆宗以后，对道士队伍进行了清理、整顿，道教活动和发展一度受到抑制。"[⑧]"甘肃道教在明代有较大发展……金天观第一任住持孙碧云，是著名的武当山道士……他主张'三家原来是一家'，用道家统一儒释二教，人称'榔梅派真人'。……他要求道士住观修炼，静坐求

①宕昌县县志编纂委员会编纂《宕昌县志》，第634页。

②宕昌县县志编纂委员会编纂《宕昌县志》，第636页。

③《康县志》编纂委员会编纂，黄俊武主编《康县志》，第720页。

④《康县志》编纂委员会编纂，黄俊武主编《康县志》，第896—897页。

⑤"邱"，《甘肃省志》原文为"邱"，"邱"应为"丘"。

⑥甘肃省地方史志编纂委员会、甘肃省志宗教志编纂委员会编纂《甘肃省志》第71卷《宗教志》，第14页。

⑦甘肃省地方史志编纂委员会、甘肃省志宗教志编纂委员会编纂《甘肃省志》第71卷《宗教志》，第15页。

⑧甘肃省地方史志编纂委员会、甘肃省志宗教志编纂委员会编纂《甘肃省志》第71卷《宗教志》，第14页。

定,修身养性,严肃戒律。孙碧云之前,甘肃道教中正一派较盛行,孙碧云来后,积极传播全真派,使道教全真派在甘肃得到进一步发展。”[①]张三丰曾经到达或路过陇南市境内的成县、徽县、康县、武都区、宕昌县等地,直接影响了陇南道教(全真道)的发展;张三丰的弟子孙碧云,在甘肃境内积极传播全真道,他的努力也在一定程度上影响了陇南一带全真道的发展。

据《甘肃省志》载:“清代,儒释道三教表面上处于并立状态,但由于清朝统治者崇信佛教,又十分重视祭祀本民族祖先,禁止正一真人传度,道教传播受到了很大影响。甘肃道教也不例外,但个别地方仍有发展。全真道中的嵛山派,清代后期在甘肃崛起。”[②]另据兰州金天观第二十任住持韩壬泉先生说,由孙碧云担任第一任住持的金天观传下的就是嵛山派。[③]由此可见,清朝统治者推行重佛轻道、限制正一道的政策,给甘肃全真道嵛山派的发展提供了很好的机会。

据《甘肃省志》载:“清代,甘肃各地又修建了一些道观,有些原有的道观也得到维修……清代甘肃各地也出现了一批著名道士……甘肃道教在清代从总体上说呈衰微之势,但由于道教在民间影响深远,道教的祈祷、斋醮、医卜及一些仪范,不少已成为民间习俗,长盛不衰。”[④]事实上这些习俗一直保留到现在,不仅与道教有密切关系,而且多是释、道混杂,在陇南境内较为普遍。

---

①甘肃省地方史志编纂委员会、甘肃省志宗教志编纂委员会编纂《甘肃省志》第71卷《宗教志》,第14—15页。

②甘肃省地方史志编纂委员会、甘肃省志宗教志编纂委员会编纂《甘肃省志》第71卷《宗教志》,第16页。

③孙希国《兰州金天观第一任住持孙碧云的哲学思想》,《兰州学刊》1987年第1期,第53—58页。

④甘肃省地方史志编纂委员会、甘肃省志宗教志编纂委员会编纂《甘肃省志》第71卷《宗教志》,第16页。

据《甘肃省志》载："民国时期，从总体来看道教虽然衰败，但是，道教在甘肃仍得到一定的发展，新修和维修了一批道观……甘肃道教在民国时期虽未能得到大的发展，但道观和信众数目不少……"[①]民国时期陇南道教的情况也不例外。

与陇南市最为接近的天水玉泉观是著名的道教宫观，其内容以全真道为主，是陇东南一带全真道历史发展的一个典型和缩影。现已确认，陇南市成县店村镇金莲洞石窟、红川镇甸山寺庙群、城关镇仙人崖寺庙群（含石窟）、城关镇泰山庙，两当县杨店镇董真庵石窟，西和县河口乡和礼县雷坝乡交界处的香山寺庙群，西和县赵五乡岷郡山寺庙群等，在元明清时期皆以全真道为主要内容。[②]

《徽县志》记载了宋淳化（990—994）以来道教的发展状况以及元代全真道士刘道通、明代全真道士张三丰等的事迹，并说"解放后，徽县道士多为云游道士，道派以正一道和全真道为多"[③]，反映了元、明、清以来全真道在徽县和周边地区的活动情况。

据《阶州直隶州续志》载，明初，全真道士张三丰"遍著灵迹。尝寓阶州城东五仙洞（即万象洞）"[④]。可知这一时期陇南全真道活动的范围较广。

二、成县金莲洞石窟、甸山寺庙群及全真道在陇南的活动

陇南市成县金莲洞石窟是陇南诸石窟中体现道教和全真道历史的一个典型。据元成宗大德六年（1302）《感应金莲洞记》碑载，金莲洞石窟于世

①甘肃省地方史志编纂委员会、甘肃省志宗教志编纂委员会编纂《甘肃省志》第71卷《宗教志》，第17页。

②樊光春《明清时期西北地区全真道主要宗派梳理》，《全真道研究》2011年第1期，第218—236页。

③徽县志编纂委员会编《徽县志》，第905—906页。

④［清］叶恩沛修，［清］吕震南纂，曾礼、樊执敬校点《阶州直隶州续志》，第309页。

祖至元十四年(1277)动工兴建,至成宗大德五年(1301)基本告竣。据明武宗正德二年(1507)《新修九皇洞记》碑载,元代道士刘道通、罗道隐于成宗元贞丙申(1296)至大德壬寅(1302)间修复古迹、创建洞观。金莲洞碑文揭示了全真道内容,金莲洞原有或现存殿宇、塑像等凸显全真道内容,“金莲”之名源自全真道经典、由元代高道李道谦命名,金莲洞突出反映的“三教合一”思想与全真道宗旨相吻合,所涉主要人物皆为全真道士。明代高道张三丰曾到金莲洞这一史实,与史籍记载相吻合,金莲洞碑文有详尽记述,符合张三丰游处无恒的特征,其活动及练功的遗迹迄今尚存,《甘肃省志》及陇南市多地的方志有明确的记载,陇南当地民间传说也能够印证之。[①]

红川镇甸山寺庙群迄今佛、道俱奉,道教内容占据绝对优势。据《成县新志》载:“玉阳宫,县东南四十里横川镇。宋祥符间建,祀‘无为真人’,明万历间张天师访此题额。”[②]《成县志》载明甸山“宋代已建道观”,延续了“祀无为真人”之记载。[③]“无为真人”即全真道创始人王重阳的弟子马钰,其为王重阳临终前所托付之掌教者。明万历五年(1577)和万历三十五年(1607)由明神宗朱翊钧两次赐封张国祥,张国祥成为第五十代天师。实际上,“从总体上看,道教仍向着各派融合的路子走,而且差别日渐缩小,各教派之间已无严格的宗教隔阂,互相间交融的倾向却日趋明显”[④],“不但许多正一派的有道之士都深受全真道的影响,即使是那些获得明统治者青睐的正一道高道,都兼承全真道北宗之传”[⑤],故作为正一道领袖的张天师无一例外地已经把全真道的思想作为自己的思想。故甸山寺庙群道教方面以全真道为主要内容。

---

①王百岁《甘肃省成县金莲洞石窟与全真道》,第 61—71 页。

②[清]黄泳纂修《成县新志》,第 373 页。

③成县地方志编纂委员会编纂《成县志》,第 760 页。

④任继愈总主编,卿希泰、唐大潮著《道教史》,第 322 页。

⑤任继愈总主编,卿希泰、唐大潮著《道教史》,第 312 页。

据《甘肃省志》载，“元代……在成县仙人崖重建了北极宫”①。据《成县志》载，元世祖至元中曾于崖下广平之地建道观一所，称北极宫。②据载，摩崖刻石《重修北极宫记》碑今存仙人崖北壁，“字迹漫漶，泐损者约十之三”③，笔者考察时亦见到该石刻，果真如《成县志》所记，相当一些文字不能释读。《重修北极宫记》碑云：“有武信军逢溪县谢先生者，因丙申蜀难，漂泊陇西临洮间。见时世未宁，遂舍俗出家，后礼自然子为师，得通元法。”④此处所谓“自然子”，据《终南山祖庭仙真内传》载：“任守一……道号自然子……诣刘蒋祖庵丹阳宗师门下，求受道业……丹阳怜之，指授真诀……”⑤故知“自然子”乃全真七子之一马钰之弟子，而“谢先生”在仙人崖所宣扬者当为全真道。

东岳泰山庙于明武宗正德年间（1506—1521）由邑令武鉴始建，清世宗雍正十三年（1735）邑令吴浩修葺。⑥据笔者考察，泰山庙几经兴衰，迄今香火旺盛，佛、道俱奉，现在的住观道士仍为全真道士，此亦可证明明、清、民国以来成县及其周围地区全真道的活动延续至今。

三、两当县千佛洞石窟、土峰沟石窟与陇南道教

（一）两当县千佛洞石窟与道教

初创于清代的两当县广金乡贺家坝村千佛洞是融佛、道于一体，道教

①甘肃省地方史志编纂委员会、甘肃省志宗教志编纂委员会编纂《甘肃省志》第71卷《宗教志》，第14页。

②成县地方志编纂委员会编纂《成县志》，第756页。

③成县地方志编纂委员会编纂《成县志》，第769—770页。

④成县地方志编纂委员会编纂《成县志》，第944—945页。

⑤[元]李道谦编《终南山祖庭仙真内传》卷中，[明]张宇初、张宇清编修，[明]邵以正校正增补，[明]张国祥编修《道藏》第19册，第525页。

⑥成县地方志编纂委员会编纂《成县志》，第760页。

内容所占比重不亚于佛教的一处洞窟,这从原有(残迹)及当代新做的窟龛、殿堂、塑绘的内容构成上可以看得出来。千佛洞是一处面东背西、呈北一南走向的通窟,通窟内能够辨识的现存较小殿宇由北向南(且自下而上)依次为三清殿(下层)、观音殿(下层)、灵官殿(中层)、关帝殿(上层)、三世佛殿(上层)等,三清殿和观音殿同在一个大殿,关帝殿和三世佛殿同在一个大殿,各小殿中的完整塑像皆为当代在原有窟龛、殿堂基础上的新作,基本上继承了原有的塑像内容。原有的窟龛、坛台皆坍塌、毁坏,塑像皆损毁,现只见一堆堆原有塑像的零部件,原有塑像的身份全部难以确认,多数似为道教形象,但也不排除有佛教塑像的可能性。举例来说,道教有真武大帝、马赵温关四大元帅、关圣帝君、王灵官等,佛教东南西北有四大天王、韦驮护法等,两教中此类塑像的装束相近,如果原来这些塑像共存但后来皆被捣毁,那么在没有其他参照物且没有文字说明的情况下,面对杂乱的原有塑像残骸、毁弃物(遗物)时,就很难判断原有塑像属于佛教还是道教。三清殿和观音殿共同所在的大殿靠西壁的坛台中段(近新塑三菩萨处)有 13 副牌位,上书“福地仚山银山天尊”“千千雄兵”“万万猛将”“雷神公公”“闪电娘娘”“白云代海”“小儿龙王”“行雨天官”“黑赤通天”“黑赤盖国副王侯”“黑赤都督”“镇江天子”“通江天子”“金花圣母”“百花圣母”“马灵官”“青云大帝”“普云人地”“惠民大帝”“土主大帝”“万天川主”“药王大帝”“大花公主”等,可见这些牌位主要供奉道教神、民间神和地方神。坛台中段南侧有一无头小佛像,身(残)高 20 厘米。西壁中段壁画横 290 厘米,纵 160 厘米,此壁画属原绘,似屏风画;西壁北段壁画辨识不清,横 250 厘米,纵160 厘米。通窟中其余残壁或可见零星壁画。所有壁画模糊不清,目前尚难准确解读。可能窟中原来的壁画中佛、道内容都有,但现存残损壁画似道教类居多,不过有些壁画既不属于佛教性质也不属于道教性质。虽然“千佛洞”的名称本身属于佛教性质,但不排除当地百姓不分佛、道,笼统地称该佛、道融合的洞窟为“千佛洞”的可能性。早在魏晋南北朝时期，就有用儒家、道教的概念去称呼佛教概念的情况且较为普遍。如北魏“高宗践极”后复法，乃下诏曰：“……况释迦如来功济大千，惠流尘境，等生死者叹其达观，览文义者贵其妙明，助王政之禁律，益仁智之善性，排斥群邪，开演正觉。故前代已来，莫不崇尚，亦我国家常所尊事也。……朕承洪绪，君临万邦，思述先志，以隆斯道。……各当局分，皆足以化恶就善，播扬道教也。”[①]帝王将相、贵胄豪强、文人士子尚且如此，何况平民百姓！即使在唐、宋以后，直到今天，也有相当一些人佛、道不分，佛、道概念（称呼）混乱的情况并不少见。关帝殿门口有一通清碑，碑阴无字，碑阳无碑额，其文曰：

> 古今来凡为良因必勒碑录名非所以要誉而扬其善者也益将以励世之道者而动其乐善之心耳今/此千佛洞左右仙迹照映下有倒江寺回龙绕抱二佛洞似若天降敕钟迥异□常山宝寔是蓬莱洞府/我当乐助共结良因兹则神威浩荡慈悲普照刻立碑纪启发后辈愈为勴□真（？）美洞府神威更彰万福/无边是为序/□会首人……信士……大清乾隆五十二年……

这段话的大意是清楚的。文中“仙迹”“蓬莱”“洞府”等是道教概念，“二佛”“千佛”等是佛教概念，“寺”“慈悲”“普照”等概念多用于佛教，因此碑文反映了两当东部一带清朝前期佛教、道教的发展状况，可知此碑刻立于清乾隆五十二年（1787）；明清时期，今两当县乃至整个陇南东部地区道、佛二教的发展大体相当，俱很兴盛。

（二）两当县董真庵石窟与全真道

现在如果从两当县城沿 316 国道再转乡村道路去董真庵石窟，大约

①［北齐］魏收撰《魏书》卷 114《释老志》，第 3035—3036 页。

需走25公里。但据《两当县新志》载："董真菴(庵),东南二十里。"[①]此前有学者认为,两当县杨店镇土峰沟村土峰沟董真庵石窟开凿于清代;[②]又据《两当县志》载,该石窟"为唐代石窟""寺庙的土墙壁上均有唐代壁画留存"[③]。孙晓峰先生认为,明清时期两当县境内"东部地区以道教为主"。[④]经笔者考察得知,该石窟道教内容突出,同时包含一些佛教内容;未见唐代塑像和壁画;亦非完全如以前一些学者所称"原有造像全毁",事实上还存在着大量的明清时期的造像残骸(或零部件)、残毁造像、(残损)壁画等;碑文虽不可完全释读,但大部分尚能看清,文中含有诸如"华岳""五指""云台""丹穴""仙洞""真人""炼汞""贞观""成化""全真羽客""仙境""康熙三十五年""龙门丘祖门下全真道人""兵燹""道友""凤县" 等十分重要的信息。事实上,土峰沟董真庵石窟保持于原址的洞窟(殿堂)现存7个,包括观音殿、财神殿、三世佛窟、三清殿、大佛殿、地藏殿、娘娘殿(内含白云洞),其中佛教窟4个,道教窟(殿)3个,地藏殿外有道教壁画3幅。第一幅,横158厘米,纵200厘米;第二幅,横54厘米,纵(残)200厘米;第三幅,横(残)78厘米,纵200厘米。诸窟上方为大龛残迹和大像残骸残迹,大龛壁正中大像背光仍存(3大2小),崖壁有很多桩眼,其中一身造像残骸上有董真人牌位(新置画像)。地藏殿前《重修董真庵碑记》文曰:"全真羽客……龙门丘祖门下全真道人张清□皆徒……"这就是说,董真庵(石窟)中自元代以来尤其是明清时期的道教属于全真派,且系"北七真"之一的丘处机所创立的全真龙门派。碑记中"康熙三十五年"等语多少反映了明清时期道教(全真道)的传播及发展演变情况。在道教史上,明代的全

①[清]德俊等纂修《两当县新志》,清道光二十六年(1846)抄本,第57页。

②史轲《甘肃省陇南境内石窟寺概述》,第26页。

③甘肃省两当县志编纂委员会编纂,刘瑞、杨永红主编《两当县志》,第713。

④孙晓峰《甘肃省两当县西姑庵佛教遗址考察》,第24—36页。

真道士“隐栖苦修”;然而自清代以后,龙门派便成为全真道的主体。[1]清初,在王常月的振兴下全真道仍未能得到清廷的特别重视、扶植,其发展走向民间,江浙、东北、西北、西南等地都有不少龙门支派或宗嗣,故在民间的发展比较兴盛。[2]综上所述,董真庵石窟的开创和窟中的宗教活动开始于李唐王朝时期,只是在元明清以后逐渐以全真道为主要内容,且明清时期道教活动长期兴盛,现存大量明清时期道教造像残骸当为明证;石窟中道教为主,佛教为次。这些表明,明清时期,今陕、甘两省交界地区,甘肃省陇南市及两当县境内,全真道中的龙门派最为盛行。这正印证了“近代以来龙门派在西北占据主要地位”[3]的史实。这对于研究相关社会历史、地理交通、道教史、全真道史、道教石窟史及本洞窟历史等具有积极意义。

小结

从总体上来看,古代史上道教在陇南市境内的普遍流行晚于佛教,发展规模和水平亦皆逊于佛教。陇南道教在魏晋南北朝时期处于初始阶段,在社会上产生的影响有限;初、盛唐时期一度鼎盛,中晚唐乃至宋代在曲折中发展,兴旺的时间较长;元明清时期出现了一定程度的发展,世俗化和民间化倾向明显,但最终走向衰落。晚期的陇南石窟造像“三教合一”,尤其是佛、道融合现象较为普遍,极少有单一的道教或佛教石窟了。陇南市境内的一些石窟寺与道教有着不可分割的关系。自魏晋至清代,道教在今西和县八峰崖、佛孔寺,成县大云寺、仙人崖、五仙洞、金莲洞,两当县董真庵、千佛洞,武都区水帘洞、朝阳洞,徽县广佛寺、真空寺、罗汉洞等石窟

---

①任继愈总主编,卿希泰、唐大潮著《道教史》,第343—344页。

②任继愈总主编,卿希泰、唐大潮著《道教史》,第343页。

③樊光春《明清时期西北地区全真道主要宗派梳理》,第218—236页。

都占有一席之地。

北宋末年著名道士萨守坚曾先后在今西和县稍峪乡碧楼里龙兴寺和西和县城南郊岷郡山道观担任住持;岷郡山“萨爷殿”初建于南宋、扩建于清代,作为萨真人衣冠冢的萨真人墓现存于该“萨爷殿”中。萨守坚对于促进宋代及以后西和—陇南一带道教(文化)的传播与发展,道教的活跃,道观、窟龛、造像的修建与保护作出了积极贡献,所以萨守坚是陇南道教史上的重要人物。

元代以来,全真道逐渐成为陇南道教的主流。成县金莲洞石窟创始于元代,主要体现全真道内容;明代全真高道张三丰曾到金莲洞,这在道教史、全真道史上是一个不应被忽略的环节;两当县董真庵石窟等是明清时期全真道龙门派活动的重要场所。由此可知,明清时期陇南境内的全真道主要是全真龙门派;礼县香山寺庙群、西和县岷郡山寺庙群、成县泰山庙、成县鸡峰山寺庙群等迄今仍是全真道的重要活动场所。

陇南石窟是陇南道教史的重要载体,是陇南宗教文化的重要组成部分,我们今天研究陇南道教史和陇南历史文化,陇南石窟(含窟形、建筑、塑像、壁画、碑文等)是一种不可或缺的特殊资料。

第八章

陇南石窟与儒、释、道三教合一研究

儒、道、佛是对中华传统文化的高度概括。“故自晋至今，言中国之思想，可以儒释道三教代表之”[①]。而大多数陇南古代晚期石窟[②]具有儒、道、佛三教合一特征，三教即儒家、道教、佛教。三教是中国传统思想文化的主体，主导着中国全部的思想文化，[③]贯穿、渗透于中国历史上几乎所有的文化领域，经济、政治领域也体现着这种特征。我们可以通过陇南石窟管窥中国历史上三教合一的历史进程及其本质。

①陈寅恪著《陈寅恪集·金明馆丛稿二编》，第 283 页。

②晚期石窟一般是指宋代及其以后开凿的石窟。

③陈寅恪著《陈寅恪集·金明馆丛稿二编》，第 279—285 页。

第一节　陇南石窟与儒、释、道三教

一、陇南石窟与儒、释、道三教

陇南古代石窟的开凿可以上溯到北魏时期①，下迄清代。陇南古代石窟大多数分布在西和县、成县、徽县、武都区、两当县等，主要包括八峰崖石窟、法镜寺石窟、佛孔石窟、大云寺石窟、五仙洞石窟、金莲洞石窟、佛爷崖石窟、广佛寺石窟、竹林寺石窟、真空寺石窟、罗汉洞石窟、朝阳洞石窟、水帘洞石窟、西姑庵石窟、千佛洞石窟、土峰沟石窟等，开凿时代从北魏一直到清代。②古代晚期石窟占多数，而这些石窟大都具有三教合一特征。

陇南石窟是历史上当地（或邻近地区或过路的）人们宗教信仰和宗教活动的重要载体。无论是天水石窟群、宁陕诸石窟、川渝诸石窟，还是陇南

---

①孙晓峰《甘肃陇南几处中小石窟调查简报》，第 3—11 页。王百岁《陇南石窟研究》，第 1—227 页。王百岁《八峰崖石窟内容总录新编》，第 29—34 页。王百岁《甘肃省西和县法镜寺石窟调查与研究》，第 154—167 页。王百岁《成县大云寺石窟调查与研究》，第 21—26 页。

②史轲《甘肃省陇南境内石窟寺概述》，第 24—27 页。王百岁《陇南石窟研究》，第 1—227 页。

石窟群，宋代以后都有一个共同特点，那就是儒、道、佛结合——尤其是佛、道融合倾向渐趋明显和普遍，而陇南石窟中佛、道并存或儒、道、佛三教合一地域特征明显，是地方历史文化的写照。迄今未见关于陇南三教的系统、专门的研究成果，但是我们可以通过对于陇南石窟三教合一现象的研究，大致勾勒出陇南三教史、陇南石窟三教合一史，我们不仅要从艺术史、宗教史方面，还应该从经济、政治、文化、社会方面观察和研究。

大多数陇南晚期石窟属于佛、道合一或儒、道、佛三教合一石窟。陇南石窟总体上佛教内容多于道教内容，汉传佛教占绝对优势，没有纯粹的儒教石窟。就某一具体石窟或寺庙而言，从形式上看是石窟或寺庙之造像或壁画的三教合一，即儒、道、佛三教在空间上并存，但从实质上看是三教合一思想渗透于该石窟或寺庙的几乎所有环境、外观、建筑、塑像、绘画、法器、对联、碑文以及宗教活动之中。

陇南石窟中的三教造像、壁画有以下五种组合：

第一，佛教塑（雕）像（壁画）：法镜寺石窟①、黑虎桥石龛②、甸山石窟（达摩洞、菩萨洞）③、佛爷崖石龛④、竹林寺石窟⑤。

第二，道教塑像（壁画）：张果老洞石窟⑥。

第三，以佛教为主，兼具儒教、道教塑像（壁画）：八峰崖石窟⑦、大云寺

---

①王百岁《甘肃省西和县法镜寺石窟调查与研究》，第 154—167 页。

②王百岁《陇南石窟研究》，第 34—37 页。

③王百岁《甘肃省成县甸山石窟调查与研究》，第 91—97 页。

④王百岁《甘肃省徽县佛爷崖石龛研究》，第 78—84 页。孙晓峰《甘肃陇南几处中小石窟调查简报》，第 3—11 页。

⑤王百岁《徽县竹林寺石窟调查与研究》，第 54—60 页。

⑥王百岁《陇南石窟研究》，第 119 页。蔡副全《张果事迹新考》，《世界宗教研究》2019 年第 4 期，第 92—105 页。

⑦王百岁《八峰崖石窟内容总录新编》，第 29—34 页。王百岁《八峰崖石窟与仇池国》，《天水师范学院学报》2020 年第 4 期，第 26—33 页。

石窟[①]、五仙洞石窟[②]、朝阳洞石窟[③]、水帘洞石窟[④]、真空寺石窟[⑤]、罗汉洞石窟[⑥]、广佛寺石窟[⑦]、西姑庵石窟[⑧]、仙人崖石龛[⑨]。

第四,以道教为主,兼具儒教、佛教、民间信仰塑像(壁画):佛孔石窟[⑩]、金莲洞石窟[⑪]、千佛洞石窟[⑫]、土峰沟石窟[⑬]。

第五,儒、道、佛教塑像(壁画)并存:龙洞石窟、泥功山石窟[⑭]。

以上所列,从狭义上说,第三至第五组合即属于三教合一石窟;从广义上说,在陇南,或在陕、甘、川三省交界地域,五种组合全是三教合一石窟,反映了中国历史上不同时代三教合一的特征和历史轨迹。

陇南与天水紧密相连,两处的石窟联系密切、相互影响,有的学者干脆将两处石窟总称为陇南石窟[⑮]。天水武山水帘洞石窟[⑯]与木梯寺石窟[⑰]等是三教合一石窟,天水麦积仙人崖石窟是明清时期陇南、天水三教合一石

---

①王百岁《甘肃西和佛孔石窟调查与研究》,第 115—123 页。

②王百岁《甘肃省成县五仙洞石窟与南宋禅宗》,第 107—116 页。

③王百岁《陇南石窟研究》,第 108—115 页。

④王百岁《陇南石窟研究》,第 115—116 页。

⑤王百岁《陇南石窟研究》,第 105—106 页。

⑥王百岁《陇南石窟研究》,第 106—107 页。

⑦孙晓峰《甘肃陇南几处中小石窟调查简报》,第 3—11 页。王百岁《陇南石窟研究》,第 103—105 页。

⑧孙晓峰《甘肃省两当县西姑庵佛教遗址考察》,第 24—36 页。史轲《甘肃省陇南境内石窟寺概述》,第 24—27 页。王百岁《陇南石窟研究》,第 116—117 页。

⑨王百岁《陇南石窟研究》,第 83—84 页。

⑩王百岁《甘肃西和佛孔石窟调查与研究》,第 115—123 页。

⑪王百岁《甘肃省成县金莲洞石窟与全真道》,第 107—116 页。

⑫王百岁《陇南石窟研究》,第 117—118 页。

⑬史轲《甘肃省陇南境内石窟寺概述》,第 24—27 页。王百岁《陇南石窟研究》,第 118—119 页。

⑭王百岁《陇南石窟研究》,第 84—86 页。

⑮张弓《汉唐佛寺文化史》第 566—570 页。董玉祥著《梵宫艺苑——甘肃石窟寺》,第 212—242 页。胡同庆、安忠义著《佛教艺术》,2004 年,第 3 页。

⑯宋元《水帘洞石窟群的艺术特点和文化内涵》,西北师范大学硕士学位论文,2009 年。赵世金《甘肃武山水帘洞石窟群研究》,兰州大学硕士学位论文,2017 年。

⑰孙晓峰、臧全红《甘肃武山木梯寺石窟调查简报》,《敦煌研究》2008 年第 1 期,第 27—34 页。

窟的一个典型。将西和八峰崖石窟与麦积仙人崖石窟约略作一比较可知，麦积仙人崖石窟与西和八峰崖石窟均受到麦积山石窟的影响，开凿都比较早，但古代晚期三教合一愈加突出。而麦积仙人崖石窟与西和八峰崖石窟在天然基础与人工开凿的结合上，儒、道、佛三教的组合上，宗教、历史人物的构成上，窟龛建筑、塑像、壁画的时代、风格上，艺术水平上都有很多相似之处，现存八峰崖石窟宋、元、明、清造像与壁画极有可能受到麦积仙人崖石窟窟龛、塑像、壁画、内涵、风格的影响。麦积仙人崖石窟是甘肃省东南部的一处重要石窟，石窟中的内容具有儒、道、佛三教融为一体的性质，各种宗教、教派、思想、文化和谐、自然地结合，又各自保持自己的独立性。三教兼容并存，是一座多元化的宗教道场。现存造像与壁画在一定程度上代表了明清时期儒、道、佛三教发展的趋向与特点，是前人留下来的一笔丰厚文化遗产。[①]西和八峰崖石窟、麦积仙人崖石窟及陇南、天水其他石窟三教合一问题的研究有待深入，尤其是三教合一的历史文化背景、发展历程和三教合一的实质等，且最好是把天水、陇南石窟，甘、陕、川三省石窟之三教合一问题联系起来进行研究，那样一定更科学、更有意义。

二、陇南石窟中主要的三教合一石窟

就古代陇南石窟总体而言，从时间上看，佛教早于道教；从规模上看，佛教盛于道教。宋代以后的石窟道教和儒家内容越来越多，明清尤甚，石窟中儒、道、佛融合，尤其是佛、道融合倾向愈益突出，除个别情况（如甸山达摩洞和菩萨洞为纯粹的佛教石窟）外，三教合一石窟普遍，清一色的佛教、道教或儒教石窟较为罕见，地域特征鲜明。陇南石窟中主要的三教合一石窟有八峰崖石窟、佛孔石窟、朝阳洞石窟、水帘洞石窟、大云寺石窟、五仙洞石窟、千佛洞石窟、土峰沟石窟、广佛寺石窟、真空寺石窟等。

---

①董玉祥《仙人崖石窟（上）》，第32—37、111—115页。董玉祥《仙人崖石窟（下）》，第23—26、116页。

第二节　从陇南石窟看三教合一及其历史发展进程

一、中国历史及陇南石窟之三教合一发展进程

中国古代历史三教合一进程可分为四段:三教形成(秦汉)—三教一致(魏晋南北朝)—三教鼎立(隋唐五代)—三教合一(宋元明清)。陇南石窟之三教合一与中国古代历史上之三教合一发展进程相适应，二者是一致的,陇南石窟是陇南历史的反映。

从隋唐到明清,专制主义中央集权制度发展到登峰造极的状态,它需要以儒家为核心的统治思想将其宗教化与神圣化，三教合一成为一种时代趋势;由于受春秋至秦汉时期思想趋向一致惯性的影响,儒、道、佛之间长期并存交流,彼此的认同随时间推移而加深,使得三教合一有了更为充要的条件,三教相互融合的现象遍及当时上层建筑各个领域;佛教在印度的瓦解客观上加速了中国儒家与道、佛二教的融合;中国民众在宗教上具有兼收并蓄传统,三教已有的思想观念被整合出新,民众普遍接受。[①]故从

①严耀中《论“三教”到“三教合一”》,《历史教学》2002 年第 11 期,第 5—10 页。

三教到三教合一的历程反映了中国社会历史发展的轨迹和趋向。

二、陇南石窟中三教合一的典型——禅宗和全真道

保存着南宋时期禅宗活动遗迹的五仙洞石窟和元明时期全真道活动遗迹的金莲洞石窟都在今陇南成县境内，二者相距25公里。宋元之际，陇南石窟中的禅宗和全真道大体在同一时期、同一地域产生和兴盛绝非偶然，是相应社会历史的反映。[①]

禅宗和全真道分别是佛、道教中的精华部分，体现了佛、道教的最高水平，是古人智慧的结晶，是中国佛、道教文化的代表。陇南石窟中禅宗、全真道活动遗迹和碑文是陇南宗教文化的亮点，可丰富中国儒、道、佛三教及三教合一史内容。

禅宗、全真道的出现是中国宗教史、思想文化史上的里程碑，也是陇南宗教史、思想文化史、道教艺术发展史、佛教艺术发展史上的里程碑。三教相通，道佛相通，禅宗与全真道相通。虽然宋元明清时期儒家思想与道、佛思想各成体系，有所不同，但无论是理学还是心学，都借鉴吸收了佛、道思想，佛教和道教中亦渗入了儒家思想。“王守仁深受先秦思孟学派和佛教禅宗思想的影响，又直接继承了南宋陆九渊主观唯心论的心学，形成了庞杂的哲学思想体系。”[②]可知当时佛、道思想对儒家思想影响之大，儒家思想之登峰造极，以及三教相互融合程度之深。“禅宗与全真道是中国释道文化中具有代表性的流派，是中国文化的重要组成部分，在很大程度上代表了中国宗教的特色。”[③]“禅宗曾以其特殊的方式在中国历史上发生过

---

①王百岁《甘肃省成县五仙洞石窟与南宋禅宗》，第107—116页。王百岁《甘肃省成县金莲洞石窟与全真道》，第61—71页。

②朱绍侯主编《中国古代史（下）》，福州：福建人民出版社，1991年，第213页。

③余虹著《禅宗与全真道美学思想比较研究》，导言第1页。

特殊的影响。”“像这样一种世界史上罕见的宗教派别，竟在中国特定的历史阶段滋长发展千余年，其史实本身就需要清理，并得到合理的说明。”[①]禅宗是中国化的佛教派别，是儒、道、佛三教结合的一个典型，它在坚持佛教立场、观点和方法的同时，融入了道家自然主义哲学、儒家心性学说。[②]金、元以后，全真道以三教合一为创教宗旨。全真道在思想上将儒、道、佛交融，内丹学发生了根本性改变，将佛教理论和修行实践直接建立在心性基础之上，内丹与心性紧密结合，使得内丹心性学变得更为成熟。[③]后来实现了修炼方式与目标的飞跃。[④]王重阳在创立全真道时虽然也讲长生不死，但并不强调肉体不灭，已经完全抛弃了轻举飞升之类的无稽之谈。[⑤]在修炼心性的看法上，全真教与禅宗极为相似。[⑥]

---

①杜继文、魏道儒著《中国禅宗通史》，第 2—3 页。

②黄心川《“三教合一”在我国发展的过程、特点及其对周边国家的影响》，《哲学研究》1998 年第 8 期，第 25—31 页。

③赖永海主编《中国佛教通史》第 10 卷，第 133 页。

④张广保著《全真教的创立与历史传承》，第 201 页。

⑤卿希泰《全真道是道教发展史上的一个革新派》，第 198—202 页。

⑥赖永海主编《中国佛教通史》第 10 卷，第 134 页。

第三节　从陇南石窟看三教合一的本质

一、结合陇南石窟解读三教合一的五种含义

(一)从三教各自角度理解和观察三教合一

即从儒教角度观察理解三教合一,从道教角度观察理解三教合一,从佛教角度观察理解三教合一。在陇南石窟中的体现分别是以儒教内容为主的石窟,以道教内容为主的石窟,以佛教内容为主的石窟。

(二)从三教整体融合角度理解三教合一

即客观地理解三教合一。在陇南石窟中体现为儒教、道教、佛教三教内容共存且大体相当的石窟。

(三)三教各自独立,和而不同

三教在典籍、论著、义理、仪式方面各异而共存,你中有我,我中有你,亦即儒中有道,道中有儒,道中有佛,佛中有道,佛中有儒,儒中有佛,三教

相互渗透。可谓“和而不同，共生共荣，互渗互鉴，聚同化异”[1]。三教在思想与形式上既相互吸纳、相互作用、相辅相成，又相互对立、相互排斥、相反相成。在中国古代史上，这两种情况并行不悖，呈现出对立统一、三教合一、与时俱进的发展趋势。越是相互对立，越需要并能够相互吸纳；越是相互吸纳，越需要并能够相互对立。虽然历史上、社会上或学术上存在三教合一的概念或说法，但事实上，相互吸纳、相互融合促成三教各自更加完善、更加圆满，更加具备、强化了足以相互对立、相互排斥的因素，以致更有力地压倒或制胜对方，使自己居于优势地位。佛教中国化的过程所形成的特点，也是它与儒、道二教长期斗争、竞争与融合的结果。作为建制性宗教，儒、道、佛都旨在为各自信众提供完备的社会合作伦理及其均衡解释。但是在三教的长期竞争与融合中，它们逐渐强化了自己的侧重点，由此形成了各具优势的社会合作伦理，进而使中国社会通过融合三教各自优势伦理构建“社会合作伦理的整体均衡”[2]。

（四）三教亦此亦彼

儒、道、佛三教融合为一，我即是你，你即是我，儒即道也，道即儒也，道即佛也，佛即道也，佛即儒也，儒即佛也。从思想上看，体现为人的认识、哲学与宗教义理之三教融合为一，也体现为思想文化之三教融合为一。同时，部分信众儒、道、佛不分——无法区分或不想分别，均只表虔诚之心而已，即其例也。比如，有的信徒进了石窟或寺庙，见了佛、菩萨塑像，就口称“神仙”“天神”；见了关公、玉帝、灵官塑像，就口称“佛爷”“菩萨”，等等。

（五）名为三教合一，实质上是儒家一统，即以儒家学说统揽且主导三教

包括明晚期林兆恩创立的三教合一的三一教在内的诸多民间宗教的

①段海宝、李攀《多元通和释古鉴今——读牟钟鉴先生〈儒道佛三教关系简明通史〉》，《光明日报》2018 年 8 月 25 日第 11 版。

②彭睿《退却、出新与融合：试探社会合作视域下的佛教中国化》，《世界宗教研究》2018 年第 6 期，第 34 页注释 1。

社会道德标准均来自儒家的价值观念，而当时儒家的价值观念来自新儒学。元明以后，在佛、道教衰落的同时，以孔子的伦理思想为核心，在相当程度上摄取大量佛、道教哲学思想和修持方法的新儒学勃兴。作为社会主流思想，新儒学既强化了自己的宗教气息，又使三教融为一体，故其本身就体现着三教合一。三教合一概念在明代出现，宋明新儒学成为一头独大的社会统治意识，完全改变了魏晋南北朝以来的三教格局，佛、道二教逐渐沦居配角地位。三教合一一词开始出现在《四库全书》中的明代文书中。《四库全书》所收宋代以后的书籍文献基本上以儒家思想为基调。故儒、道、佛提出三教合一虽都是立足于本教而融摄其它两教，但归根结底还都是以儒为主，佛、道为辅的组合形式。①由于儒家长期被封建统治者尊奉为正统，部分学者往往只强调以儒家作为中国文化的代表，而忽视或轻视佛、道两家在中国传统文化中的巨大作用。因此儒家“一直处于统治的地位”②。

二、陇南石窟、三教合一与中国历史文化

（一）陇南晚期石窟中儒、道、佛三教合一现象反映了中国（陇南）历史文化与宗教文化的发展趋势

佛、道教石窟随佛、道教兴衰而兴衰。陇南石窟是历史上人们社会活动和文化艺术的体现，大致反映了古代陇南三教的历史轨迹。通过对陇南石窟及相关文献的研究，可大致勾勒出陇南儒、道、佛三教合一的一般历史进程。就整个陇南石窟而言，宗教及历史文化内涵十分丰富，无论从文物保护，考古、宗教、历史、艺术、文化的研究、传承、弘扬角度，还是从推进旅游业、经济社会发展角度，都应该引起人们的高度重视。

---

①卿希泰《重温鲁迅先生“中国根柢全在道教”的科学论断》，《社会科学研究》2002 年第 1 期，第 66—70 页。

②黄心川《“三教合一”在我国发展的过程、特点及其对周边国家的影响》，第 25—31 页。

(二)陇南石窟中三教合一的思想背景

鲁迅先生曾作出“中国根柢全在道教”的科学论断①。郭沫若先生认为“道家思想可以说垄断了二千年来的中国学术界”②。在宗密“数以百计的浩大著作中,在佛教内部会通禅与教,在佛教外部力图调和儒释道三教。是佛教内首开三教合一思潮的先河”③。道教自魏晋南北朝时起,就有了关于三教合一的问题。道教虽土生土长,与儒家思想有冲突,但与佛教冲突最为激烈。佛教作为一种外来宗教,与儒家、道教都有冲突,佛教只有走进、融于儒家或道家、道教才能为中国人信仰,才能立足于中国社会,所以佛教变换方式在中国传播。那时候佛教僧侣也叫“道人”。佛教在魏晋南北朝时期获得第一次大发展;在隋唐时期获得了第二次大发展,隋唐是佛教在中国的辉煌、顶峰时期,以后宋元明清时期,佛、道教趋向衰落,虽有发展,但都没有超过隋唐。在隋唐以后,三教融合加快了步伐。继程朱理学和阳明心学之后,泰州学派一度被统治阶级扶持为显学。④作为泰州之学重要传人的焦竑,“身处明代中后期三教合一思潮甚为强劲之时,又得乃师耿定向融会儒佛思想的诱引,及泰州学派平民讲学中融合儒释道三教之风的促进,故倡和会三教之旨。……数十年之手不释卷,研究探讨,数十年之广泛涉猎,学攻多门,造就了他宏阔之眼光,深湛之识度,融通之学力。焦竑在明代后期学界,领袖群伦,造成风气,以其精英学术与平民化时代相呼应,亦泰州学派结出之一大硕果”⑤。“新儒家比道家、佛家更为一贯地坚持道家、佛家的基本观念。他们比道家还要道家,比佛家还要佛家”⑥。陈

①卿希泰《重温鲁迅先生“中国根柢全在道教”的科学论断》,第66—70页。

②《名人名家看老子——中国人论老子》,中华老子网,2013年5月12日。

③徐湘灵《宗密是禅教一致的弘法先驱》,《五台山研究》1999年第4期,第22—24页。

④朱绍侯主编《中国古代史(下)》,第216页。

⑤汤一介、李中华主编《中国儒学史》第六卷,北京:北京大学出版社,2011年,第201页。

⑥冯友兰著《中国哲学简史》,第255页。

致虚所言“古之圣人，立教分三，师乃合三教而归一家。夫如是矣，道唯一乎，抑有三乎？上阳子曰：天下无二道也。昔者孔子曰：参乎吾道，一以贯之；老子曰：万物得一以生；佛祖云：万法归一。是之谓三教之道，一者也。圣人无两心。佛则云：明心见性。儒则云：正心诚意。道则云：澄其心而神自清。语殊而心同。是三教之道，惟一心而已”[①]。和王重阳所说“释道从来是一家，两般形貌理无差”[②]“儒门释户道相通，三教从来一祖风。悟彻便令知出入，晓明应许觉宽洪”[③]“心中端正莫生邪，三教搜来做一家。义理显时何有异，妙玄通后更无加”[④]，即是三教相互融通的反映。虽然王重阳和陈致虚为道教人物，但其思想不拘囿于道教，而是已经远超道教本身，立足、贯通、归一三教。宋元时期，儒、道、佛相互影响、相互包容、相互吸收、相互融通的步伐加快。迄至元明，三教合一概念的出现可以说是三教间关系已经具有内质演变[⑤]的反映。在宋明时期，儒学经过了第二次改造，出现了理学。宋明理学包括程朱理学和陆王心学。理学仍然以孔孟创导的伦理思想为核心，它虽然竭力排斥佛、道，特别是佛、道的出世主义与虚无主义，但实际上仍然“出入于儒道”。宋明理学的思想体系中吸收了佛教“空有合一”的本体论，“顿渐合一”的认识论，“明心见性”“返本复初”的修持观等，因此，有人说理学是“阳儒阴释”或“三教合一”的新形态。宋元以后，儒、

---

①[元]陈致虚撰《上阳子金丹大要发真卷之十四》，[明]张宇初、张宇清编修，[明]邵以正校正增补，[明]张国祥编修《道藏》第24册，第56页。

②[南宋]王重阳撰《重阳全真集卷之一》，[明]张宇初.张宇清编修，[明]邵以正校正增补，[明]张国编修《道藏》第25册，第691页。

③[南宋]王重阳撰《重阳全真集卷之一》，[明]张宇初.张宇清编修，[明]邵以正校正增补，[明]张国编修《道藏》第25册，第693页。

④[南宋]王重阳撰《重阳全真集卷之一》，[明]张宇初.张宇清编修，[明]邵以正校正增补，[明]张国编修《道藏》第25册，第696页。

⑤卿希泰《重温鲁迅先生“中国根柢全在道教”的科学论断》，第66—70页。

道、佛三教之间的融洽关系日益见深，“合一”的思潮成为中国学术思想发展的主流。陇南石窟窟龛、塑像、壁画所展示的历史风貌和艺术特征，与陇南石窟三教合一的历史进程与思想内涵基本上是吻合的。[①]

（三）根据陇南石窟解析儒家思想在明清时期居于主导地位的原因

表面上看，古代晚期陇南石窟中大多数是佛、道教造像或壁画，儒家的造像或壁画很少。对此，笔者根据对陇南石窟的考察与研究，提出以下四条解析：

第一，陇南石窟明代以前造像中不见有孔子像，而明清时期出现了孔子像，儒家人物的造像也逐渐增多，孔子像从无到有、儒家人物塑像由少到多，这已经是前所未有的现象。

第二，从总体上看，中国从来不是宗教主导的国家，且历来重视社会现实，还所谓佛可以治心，道可以治身，儒可以治国也。故孔子敬鬼神而远之，“子不语怪、力、乱、神”；历史上极力崇佛的梁武帝为孔子立庙、置五经博士、下诏以儒学为首等就是明证。按照三教合一发展的历史进程，明清时期陇南石窟中的佛道塑像与绘画其实是以另一种方式展示着儒家的内容。

第三，明清时期，从总体上来说，石窟的开凿呈现衰落的趋势，但从陇南现有的石窟与造像看，明清时期出现新的开窟造像高潮，三教各自的石窟与造像均比以前增多，这既是地方特色，也在一定程度上反映了当时复杂的社会、政治、民族、阶级形势。

第四，由宋至清，佛、道教趋于衰落，而三教合一的最终结局是成就了儒家的统揽三教，配合和维护了皇权的登峰造极。实际上儒家思想已经深深地贯彻、渗透、融入佛教和道教，间接体现了儒家独尊、儒家统摄道教和

---

①黄心川《“三教合一”在我国发展的过程、特点及其对周边国家的影响》，第25—31页。

佛教的格局。陇南石窟中大部分直接属于佛、道教文化，少部分直接属于儒家文化，但归根结底，佛、道教内涵反映的是儒家内涵。

故占据绝对优势地位的是儒家思想体系，与我国自秦汉以来大一统的国家制度及其发展趋势是相一致的，这才是三教合一的本质所在。

研究三教合一的种种关系，使我们可以了解中国学术思想发展的总趋势和规律以及三教合一在封建皇权控制下所起的社会作用。①

（四）由陇南石窟三教合一观察中国历史文化

我们可以通过观察陇南石窟，了解中国的历史文化。

儒家学派和道家学派产生于春秋时期；西汉武帝采纳了董仲舒提出的“罢黜百家、独尊儒术”建议后，儒家思想成为此后中国封建社会的统治思想；东汉时期产生了道教；两汉之际，佛教从印度传入中国。佛教引入中国后，与儒家、道家（道教）相互接触、碰撞、斗争、并立、交融、渗透、融合。两千年来，道、佛两大传统宗教不断进行互动。东汉时期，佛教被人们视为黄老道的支派；南北朝时期，佛教的传播借助了老庄玄学的影响。后来禅宗的宗旨方法深受庄子学说的启发，密宗的修行方法大量借助了神仙方术。②禅学自引入中国起便积极吸收儒、道思想，终于在唐代形成中国化的佛教——禅宗；宋明理学、阳明心学以儒学为根本而吸纳佛、道思想，成为新儒学；金元之际合一三教的全真道出现。这样，佛教、儒学、道教相继完成三教合一。③由此可见，三教圆融，多元通和，由多种宗教有机融合在一起的宗教形态，在世界文明史上都十分罕见。④

从魏晋南北朝至隋唐，中国逐渐确立了以儒家为主体，儒、道、佛既各

①黄心川《“三教合一”在我国发展的过程、特点及其对周边国家的影响》，第25—31页。

②李绿野编著《道教图文百科》，西安：陕西师范大学出版社，2008年，第535—537页。

③余虹著《禅宗与全真道美学思想比较研究》，导言第3页。

④彭睿《退却、出新与融合：试探社会合作视域下的佛教中国化》，第34—44页。

自独立又互相融合以适应社会的基本格局，这一格局一直延续到19世纪末20世纪初，在这1600年的时间里，中国传统文化三家鼎足而立、互融互补。[①]以儒家学说为基础的三教合一构成了中国长期以来思想文化发展的总画面。[②]牟钟鉴先生将中华文化的整体结构概括为“一、二、三、多”，“一”指儒家主导，“二”指儒、道互补，“三”指儒、道、佛合流，“多”指包纳其他外来文化。以儒为主，佛、道为辅，三教思想体系发展曲折漫长，三教体系渐行渐近，又渐扩渐广。这一文化三角间架的柱石作用使得中华民族文化共同体拥有巨大内聚力，能够长期延续发展。[③]从时空总体上看，固然儒家思想占据主导地位，然而佛、道二家思想亦具有举足轻重的地位，三家之间相互影响、相互渗透、相互吸取、相互作用，虽然各家有其自身相对独立的思想观念和理论体系，但三家融合的趋势逐步增强。

小结

陇南石窟中三教合一的发展历史与中国历史上三教合一的发展历史是完全相对应的，陇南石窟展示了中国历史上三教合一的一般历史进程：

儒家、道家与从先秦至秦汉中华文明的起源密切相关，孔老并生、儒道互补构成中华精神发展的轴线；

汉代末年，儒、道、佛三教之间开始发生关系；

魏晋南北朝时期，儒、道、佛三教互动，并在论争中求同，陇南石窟中以法镜寺石窟为代表；

隋唐时期，儒、道、佛三教鼎立具全国规模并成为常制，陇南石窟中以佛爷崖石龛、八峰崖石窟、大云寺石窟为代表；

---

①楼宇烈《中国文化中的儒、释、道》，《佛学研究》2017年第1期，第20—32页。

②黄心川《“三教合一”在我国发展的过程、特点及其对周边国家的影响》，第25—31页。

③段海宝、李攀《多元通和释古鉴今——读牟钟鉴先生〈儒道佛三教关系简明通史〉》，《光明日报》2018年8月25日第11版。

宋、辽、金、西夏、元、明时期，儒、道、佛三教理论深层融合并出现学说创新高潮，陇南石窟中以八峰崖石窟、金莲洞石窟、五仙洞石窟、大云寺石窟、朝阳洞石窟、水帘洞石窟为代表；

明清时期，儒、道、佛三教融合思潮下移并加以扩展，陇南石窟中以八峰崖石窟、佛孔石窟、大云寺石窟、朝阳洞石窟、水帘洞石窟、金莲洞石窟、五仙洞石窟、西姑庵石窟、千佛洞石窟、土峰沟石窟为代表；

民国及以后时期，儒、道、佛三教被边缘化，但相关人士奋力复兴，陇南石窟中八峰崖石窟、佛孔石窟、大云寺石窟、朝阳洞石窟、水帘洞石窟、金莲洞石窟、五仙洞石窟、西姑庵石窟、千佛洞石窟、土峰沟石窟、香山寺庙群、鸡峰山寺庙群、甸山寺庙群、法镜寺（非法镜寺石窟）等都是代表性石窟（或寺庙）[①]。

我们应该以辩证唯物主义和历史唯物主义的态度对待陇南石窟，儒、道、佛三教和中国历史文化。三教合一是一个由来已久的话题，但是研究陇南石窟中三教合一问题的成果此前没有，国内外研究中国文化中三教合一问题的学者也不多。本节只是对陇南石窟三教合一问题进行探索性研究。陇南石窟为我们研究三教合一提供了实物资料。

陇南石窟展示的儒、道、佛三教文化很值得我们注意和借鉴。儒、道、佛三教都具有慈悲济世的情怀，都追求真、善、美。虽然不同时代、不同阶级、不同民族的人们对儒、道、佛三教和三教合一的理解有所不同，但三教及三教合一本身蕴含丰厚的文化内涵和巨大的能量，诸如“仁者爱人”[②]；“道可道，非常‘道’，名可名，非常‘名’”[③]；“色不异空，空不异色；色即是

---

①牟钟鉴著《儒道佛三教关系简明通史》，北京：人民出版社，2018 年，第 1—614 页。

②[南宋]朱熹注《孟子集注》卷八《离娄章句下》，上海：上海古籍出版社，1987 年，第 65 页。

③陈鼓应著《老子注译及评介》（修订增补本），北京：中华书局，2009 年，第 53 页。

空，空即是色”[①]，“菩提本无树，明镜亦非台；本来无一物，何处惹尘埃”[②]等，皆体现出超凡的智慧和对人生理想的追求。我们应该批判地继承儒、道、佛文化遗产，剔除糟粕，吸收精华，[③]洋为中用、古为今用，使之转化为现实的力量。借鉴三教之有益成分对我们今天和今后为之奋斗的事业是大有裨益的，学者们应该关注中国特色宗教文化发展历史的内在路径，[④]坚定文化自信，传承弘扬中华优秀传统文化，为建设社会主义现代化强国作出应有的贡献。

①[唐]玄奘译《般若波罗蜜多心经》，《大正藏》第8册，No.0251，1925年，第848页下栏。

②[元]宗宝编《六祖大师法宝坛经》，《大正藏》第48册，No.2008，第348页中栏。

③毛泽东著《新民主主义论》，《毛泽东选集》第2卷，北京：人民出版社，1968年，第668页。

④李利安《中国特色佛教文化的战略地位及其现代转型》，《宗教学研究》，2019年第1期，第83—91页。

第九章

陇南石窟与古道交通

古代佛教信徒们禅修、开窟造像，绝大多数都远离喧闹的城镇，选择偏远僻静的山林，正所谓“凿仙窟以居禅，辟重阶以通述”[①]。故早期“中国北方一些著名石窟的开凿多与禅僧有关”[②]。《禅秘要法经》云：“出定之时，应于静处，若在冢间，若在树下，若阿练若处。”[③]又《付法藏因缘传》云：“常着商那衣，成就五支禅，山岩空谷间，坐禅而念定，风寒诸勤苦，悉能忍受之，心善得解脱，智慧自庄严，犹如空野象，坦然无忧患。”[④]正如李裕群先生所说：“佛教石窟的开凿地点一般选择远离城市喧嚣、依山傍水、环境幽静的地方。开凿石窟的目的与佛教徒的修禅有着非常密切的关系。禅定是佛教徒的一种修行方式。僧人习禅，要进行禅思，需要有安静的环境。”“随着佛教势力的扩展，佛教文化广泛传播，石窟及其建筑雕塑艺术通过闻名于世的丝绸之路，由西向东逐渐传播到中国内地。”[⑤]佛教石窟总是位于重要交通线近处，或重要交通线沿线地方的高山深谷、河岸江边之悬崖峭壁，或城镇（市）边缘的崖壁上（如敦煌莫高窟、大同云冈石窟、洛阳龙门石窟、天水麦积山石窟、武威天梯山石窟、甘谷大像山石窟等）。“丝绸之路上的各条线路是古代中西经济文化交往的主要通道，佛教从西域向中国内地的传播路线，事实上也是循着丝绸之路的各条线路渐次向东传播的，今

---

①［北魏］高允撰《鹿苑赋》，［唐］释道宣撰《广弘明集》卷第 29，No.2103，《大正藏》第 52 册《史传部类》，第 339 页中栏第 11 行。

②任继愈主编《中国佛教史》第 3 卷，第 666 页。

③［后秦］鸠摩罗什等译《禅秘要法经》，No.0613，《大正藏》第 15 册，第 252 页上栏。

④［元魏］吉迦夜共昙曜译《付法藏因缘传》，No.2058，《大正藏》第 50 册，第 304 页中栏。

⑤李裕群著《古代石窟》，第 4—8 页。

天河陇境内遗存的大大小小的石窟寺,即分布在古代丝绸之路的沿线。"[①]甘肃境内的丝绸之路沿线,有数量众多的石窟寺分布,这为我们确定丝绸之路在甘肃境内的具体走向提供了可资判断的考古学依据。[②]两晋南北朝时期河陇佛教地域特色鲜明,"河西地区受西域风格的影响较深,而陇右地区在风格上与中原接近"[③]"河陇地区的众多的石窟沿着丝绸之路开凿,同时这些石窟距离城市也不太远"[④]"十六国北朝时期河陇地区修建的石窟,有些距离城市很近,本身就在丝路线上"[⑤]"有些石窟尽管距离城市较远,但也在丝路经过的河谷两岸"[⑥]。不少石窟距离城市较远,"这是因为虽然城市周边或者交通沿线能为石窟的开凿提供诸多便利,但有些经济发达、佛教繁荣的城市附近缺乏开凿石窟的地质条件,所以不得不将石窟开凿在离城市较远而又偏离交通线的地方"[⑦]。"十六国北朝时期河陇地区的石窟基本上是以丝路为轴线、城市为依托、沿线集中分布的,后世亦然"[⑧]。换言之,甘肃境内石窟寺的分布,都与丝绸之路、古道交通有关,无一例

---

①杨发鹏著《两晋南北朝时期河陇佛教地理研究》,第 281 页。

②吴景山《丝绸之路在甘肃的线路述论》,《兰州大学学报(社会科学版)》2013 年第 3 期,第 1—10 页。

③杨发鹏著《两晋南北朝时期河陇佛教地理研究》之"中文摘要"部分,西北师范大学博士学位论文,2010 年。

④杨发鹏著《两晋南北朝时期河陇佛教地理研究》,第 281 页。

⑤杨发鹏著《两晋南北朝时期河陇佛教地理研究》,第 282 页。

⑥杨发鹏著《两晋南北朝时期河陇佛教地理研究》,第 282 页。

⑦杨发鹏著《两晋南北朝时期河陇佛教地理研究》,第 282 页。

⑧杨发鹏著《两晋南北朝时期河陇佛教地理研究》,第 283 页。

外。道理很简单,石窟离不开佛教,是佛教的组成部分,石窟之间相互影响,相互依托;石窟既离不开信徒,也离不开俗世。使石窟、佛教、文化、经济、政治、城市、村落、俗世相互之间建立联系的,就是道路交通。交通路线是佛教及其石窟艺术得以产生、维持、传播的重要途径和媒介,如果没有道路交通,就不会有佛教和佛教艺术的东来,也就不会有其向国内各地及其他国家的传播。

两汉之际,中外经济文化交流频繁,在这一过程中,佛教从古印度向西北邻国传播,并越过葱岭传入中国西北地区,最后传入中国内地。[①]"在佛教向北传入中国的过程中,汉对西域交通的开辟起了促进作用。"[②]而西域交通的开辟,又极大地便利了以后中外僧人们的西去东来和佛教持续不断地向中国传播。史念海先生在谈到石窟与重要交通线路的关系时说:

> ……丝绸之路沿途经过的地方多有石窟寺院的建立……如敦煌的莫高窟,肃州的文殊山石窟,张掖的马蹄山石窟,武威的天梯山石窟,甘谷的大像山石窟,天水的麦积山石窟,彬县的大佛寺,皆为世人所称道。当时佛教传播广远,缁流兰若散布各处。来往于丝绸之路的行旅客商,感念于长途跋涉的艰苦,亦往往随处祷告,乞求佛陀的法力,以保佑途中的平安。丝绸之路沿途的

①任继愈主编《中国佛教史》第1卷,第67—106页。

②任继愈主编《中国佛教史》第1卷,第68页。

石窟寺院的兴建率由于此。[①]

史念海先生的这段话,说明了"行旅客商"、佛教石窟与古代交通线路有着不可分割的关系,中国及甘肃境内的石窟基本上都是如此。佛教东传进入我国新疆地区后,国内遂出现了最早的一批石窟,新疆多塔庙(即中心塔柱)窟(等多种窟形)。[②]毫无疑问,只有通过丝绸之路,才能从新疆地区经过河西走廊,辗转到达甘肃南部和川蜀地区。魏晋南北朝时期的敦煌在河陇地区佛教发展最为繁荣,主要原因是"敦煌郡占据地理位置的优势""地接西域,是中西文化汇流之地,佛教向内地传播,也以敦煌为向东推进的桥头堡,故敦煌聚集了众多的释门人才"[③]。"炳灵寺石窟,历史上是汉族与羌、匈奴、吐谷浑、吐蕃、党项等民族、部落的杂居交融地带,具有重要的交通和军事地位。尤为重要的是其地处'丝绸之路'东段五条主要干道即秦陇南道、吐谷浑道、唐蕃古道、大斗拔古道、洪池岭道交汇的枢纽之地。从这里过永靖、下民和,可与武威过来的'丝绸之路'汇合于张掖。这里是通往中亚西亚的重要途径,是当时黄河的重要渡口,也是商贾僧侣往来的必经之地。十六国时期,尽管中国北方处于割据状态,但'丝路'通畅。"[④]虽然刘满先生认为"那种以为炳灵寺一定和丝路相通相连的想法,甚至认为石窟必定和丝路相通相连说法,实际上是一种误会",但他并不

①史念海著《唐代历史地理研究》,北京:中国社会科学出版社,1998年,第188—189页。

②马世长、丁明夷著《中国佛教石窟考古概要》,第14页。李裕群著《古代石窟》,第9页。

③杨发鹏著《两晋南北朝时期河陇佛教地理研究》,第99页。

④祁永龙《浅析炳灵寺石窟开凿的原因》,《西北民族大学学报(哲学社会科学版)》2005年第4期,第113—115页。

能否定炳灵寺石窟一定与丝绸之路有关系。无论刘满先生所言是否为普遍现象，不可否认的事实是，炳灵寺近处还有别的路，此即“进出炳灵寺的崎岖山间小道”①。况且，如果不是丝绸之路的作用，佛教和石窟艺术怎么会由古印度传入中国呢？如果不是道路交通的作用，又怎么会在国内不同地区进行传播（如由南亚、中亚传到西域，再由新疆传到河西、陇右、中原地区，然后或同时传到天水、陇南和川蜀地区等）呢？北方丝绸之路沿线的石窟、陇南石窟多少都与之有关联。再说，不管是何处的石窟，其周围环境、交通情况古今变化往往都比较大，不能因此而否定道路交通的作用。

道教作为中国土生土长的宗教，虽然不会像佛教那样必须经由丝绸之路传入国内并在内地传播，但它也必须经由丝绸之路、丝路支线、交通古道的传播才能在国内普及并开凿出相应的石窟。在道教传入陇南及建立道教石窟方面，和佛教传播、佛教石窟开凿的过程应该没有太大差别。五斗米道就产生于四川，道教从四川沿陇蜀古道向陇南传播，应该更加便捷。现存陇南大多数石窟中，佛教和道教是并存的。

今陇南市境内古代佛教的传入、传播、兴盛，道教的传播、流行，石窟的创始、发展，均离不开古代重要交通道路的作用。兹以陇南主要石窟为例，探讨陇南石窟与古代主要交通线路的关系。敬请方家赐教。

---

①刘满《北朝以来炳灵寺周围交通路线考索》，《敦煌学辑刊》2014年第3期，第1—24页。

第一节 陇南佛教、道教,石窟与古道交通

陇南地理交通和战略地位极其重要，自古以来是大西北通往大西南等地的交通要道,为佛教、道教及其石窟艺术的传播提供了极大方便。

古代经由陇南入川的主要线路包括:由两当越故道山(今太阳山)经陕西勉县入川线路；由徽县过大河店经陕西略阳再沿嘉陵江河谷入川线路;由武都沿白龙江河谷经文县碧口入川线路。高天佑先生将陇、蜀之间的主要古道分为祁山道、嘉陵道、沓中阴平道、洮岷迭潘道等。[①]苏海洋先生将陇南石窟与陇蜀交通联系起来研究,主要着眼于西和县法镜寺石窟、唐代石刻《新路颂并序》,徽县佛爷崖石窟、宋代石刻《新开白水路记》。[②]我们可以将陇南石窟与陇蜀交通的关系加以深化和扩展。

陇南石窟无一例外地处在甘、川、陕之间重要的交通线上或交通线附近,直接或间接地与祁山道、嘉陵道、沓中阴平道、洮岷迭潘道相关。一条古道或支道可能关联多处石窟,一处石窟可能关联多条古道或支道,不能

①高天佑《陇蜀古道考略》,第60—67页。

②苏海洋《试论陇南石窟、石刻与陇蜀交通》,第14—17页。

孤立、静止、片面地断言某处石窟就仅仅与某条古道相连，某条古道就仅仅与某处石窟相连。但每处石窟，总有与其自身直接相关的古道或支道；每条古道或支道，总有与其自身直接相关的石窟。

仅《高僧传》《续高僧传》记载的魏晋南北朝时期的高僧中，河陇籍高僧就有竺法护、竺佛念、释智严、释宝云、于道邃、释慧虔、释僧詧、释道温、释慧义、释道猛、释僧镜、释僧远、释僧慧、释弘充、释玄畅、释法瑗、单道开、释保志、释慧览、竺昙猷、释贤护、释道法、竺僧显、释法颖、释僧隐、释普明、释僧侯、释超辩、释法进、释法光、释法献、释法照、释慧远、释静端、释僧朗等。[①]见于《高僧传》《洛阳伽蓝记》《续高僧传》《开元释教录》，曾经驻锡或云游河陇的高僧有帛远、昙摩难提、佛陀耶舍、鸠摩罗什、昙无谶、浮陀拔摩、释智猛、昙摩密多、法显、昙无竭、康法朗、竺法乘、释僧宗、释昙霍、释玄高、释慧达、支施仑、释惠生等。[②]在这些高僧中，有西去东还的，有南来北往的，虽详情不可尽知，但总有人会经过陇南一带，或经过陇南的近处，或在全国各处"宣化"，直接或间接影响陇南，所以佛教和石窟艺术在陇南传播是必然之事，显然，这一切都与道路交通有关。

"在西晋及其以前，佛经翻译所需费用人多来自民间赞助，而赞助者当为家境富裕的地主或商人。河陇地处东西交通的要道，商旅往来频繁。来自西域的商人信仰佛教自不必论，就是与西域商人发生贸易的内地商人，受西域胡商信仰佛教的影响，也成为了中国内地较早信仰佛教的一批人。"[③]可见，商贸活动对佛教、佛经、佛教艺术的早期传播，对民众的佛教信仰的作用是不可低估的，而这种商贸活动是与沟通东西交通的丝绸之路不可分割的。

①杨发鹏著《两晋南北朝时期河陇佛教地理研究》，第101—106页。

②杨发鹏著《两晋南北朝时期河陇佛教地理研究》，第109—112页。

③杨发鹏著《两晋南北朝时期河陇佛教地理研究》，第161页。

据《高僧传》载:“高乃杖策西秦,隐居麦积山。山学百余人,崇其义训,秉其禅道。时有长安沙门释昙弘,秦地高僧,隐在此山,与高相会,以同业友善。”[①]由于陕西、四川、天水距陇南很近,所以陕西、四川、天水的佛教或其活动与三地的高僧自然会对陇南的佛教产生影响。事实上,我们还应该重视“河南道”在沟通南北之间、陇蜀之间的往来,在佛教及其石窟艺术传播方面的巨大作用。“河南道”也叫“吐谷浑道”“青海道”“青海路”。“丝绸之路河南道成为中西交通的中心之一,在南北朝时期具有重要的地位”[②]。作为辅道的“河南道”曾经取代了河西走廊主道的地位,成为了4至7世纪中国陆路交通的重要路段。“吐谷浑境内有着悠久深厚之佛教渊源”,“吐谷浑之国内及四境”有着“广泛、浓厚的佛教氛围”,“河南道”佛教文化交流“极其隆盛”。据不完全统计,魏晋南北朝时期共有单道开、法显、法绪、佛陀耶舍、昙弘、道汪、慧睿、昙无竭、佛陀什、昙摩密多、畺良耶舍、智猛、耆域、僧伽跋摩、慧览、沮渠安阳、僧隐、法献、玄畅、明达、宋云、阇那崛多等数十位佛教僧侣经行“河南道”。[③]河南道经过陇南近处,沿河南道传播的佛教、佛经、佛教艺术自然也会对陇南产生影响。

“杨氏建立的仇池国曾经一度占领了天水,把天水作为其二十部护军镇之一”[④]。麦积山第78窟佛坛右侧坛基上有18身仇池镇供养人画像及墨书榜题“仇池镇……□(经)生工□□供养十方诸佛时清信士……”[⑤]或

---

①[南朝·梁]释慧皎撰,汤用彤校注,汤一玄整理《高僧传》,第409—410页。

②张泽洪、焦丽锋《丝绸之路河南道多元宗教文化传播研究》,《世界宗教文化》2015年第6期,第41—49页。

③郭盛《青海“河南道”佛教传播源流考释》,《青海师范大学学报(哲学社会科学版)》2010年第1期,第91—99页。

④郑炳林《仇池国二十部护军镇考》,第207—215页。

⑤麦积山石窟艺术研究所编《中国石窟·天水麦积山》,第281页。麦积山石窟志编纂委员会编纂,张锦秀编撰《麦积山石窟志》,第138页。魏文斌《20世纪早中期甘肃石窟的考察与研究综述》,第75页。

“仇池镇杨□□□养□□□□□”。[①]该榜题“是北魏太平真君七年(446)至太和服饰改制(486)期间的作品”[②]。而仇池国氐人欲在麦积山开窟造像或麦积山的佛教信仰、开窟造像之风影响到西和石堡法镜寺石窟、石峡八峰崖石窟的开凿,都只有经过祁山道的传播才能实现。

宋代西和高僧海渊乃当时长道人。《岷州禅院碑》载:“初,岷州之复也,诏以秦州长道、大潭二县隶之。长道有僧曰海渊,居于汉源之骨谷。其道信于一方,远近归慕者众。州乃迎海渊以主其事。”[③]杜斗城先生对此注曰:“长道:古县名。故城在今甘肃礼县东南。”“汉源:古县名。故址在今甘肃西和县北。以近西汉水源,故名。”[④]今礼县、西和县当时皆属岷州管辖,今礼县祁山镇和西和县长道镇相邻。由于长道高僧海渊佛学修养很深,远近闻名,皈依者甚众,于是海渊“受命兴建广仁禅院”[⑤]。虽然这是宋代的事,且法镜寺石窟和八峰崖石窟的开凿都要早于海渊所处的时代,但它说明了魏晋南北朝、隋唐以至宋元明清时期,祁山道中段的地理位置及交通线路十分重要,同时期陇南的佛教和石窟艺术必定得益于此。不要说汉唐盛世时期陇蜀之间的宗教文化交流频繁，就是在魏晋南北朝分裂动荡时期,南、北佛教的交流仍然很频繁,正如蒲向明先生所说:“东晋南北朝时期,地位有所下降,但南北贸易与佛教交流活跃。”[⑥]而法镜寺石窟和八峰崖石窟正好开凿于北朝时期,[⑦]所以,陇蜀古道交通之畅通正好与两处石

①金维诺《麦积山石窟的兴建及其艺术成就》,第 166 页。同文见郑炳林、魏文斌主编《天水麦积山石窟研究文集》(上册),第 369 页。

②麦积山石窟志编纂委员会编纂,张锦秀编撰《麦积山石窟志》,第 107 页。

③[民国]张维编著《陇右金石录》,第 16038 页。

④杜斗城编著《陇右高僧录》,第 176 页注释第①、②。

⑤赵逵夫《宋代西和高僧海渊》,第 73—75 页。

⑥蒲向明《祁山古道:沟通南北丝路之陇蜀要津——以陇南祁山古道的文献和文学考察为视角》,第 35 页。

⑦孙晓峰《甘肃陇南几处中小石窟调查简报》,第 3—11 页。王百岁《八峰崖石窟内容总录新编》,第 29—34 页。

窟的开凿在时间上相吻合。

由于河陇大部分地区具有干燥少雨的气候特点，因而对于佛教石窟的风雨侵蚀较弱，境内石窟受到自然环境方面的危害较小，这种状况对于佛教石窟艺术的保存较为有利，所以自十六国北朝以来的石窟大部分能保存至今。[①]但是实际上天水、陇南地区特别是陇南地区，由于气候比省内其他地区相对湿润，石窟的保存要困难一些，故陇南石窟中中古以前的造像能原封不动地保存至今的寥若星辰。

---

①杨发鹏著《两晋南北朝时期河陇佛教地理研究》，第55页。

第二节　陇南石窟与主要陇蜀古道

与陇南石窟直接关联的交通古道最主要的当属祁山道，其次还有嘉陵道、沓中阴平道等。按照苏海洋先生的观点，祁山古道中段分为“寒峡支道”和“黑谷支道”；[①]按照蒲向明先生的观点，祁山古道中段两支呈“一辅一主”分布。[②]

一、法镜寺、八峰崖诸石窟与祁山道、嘉陵道、沓中阴平道直接相关

西和法镜寺石窟和八峰崖石窟位于祁山古道[③]中段“龙门径”沿线或

①苏海洋《祁山古道中段研究》，《西北工业大学学报(社会科学版)》2010年第1期，第56—60页。

②蒲向明《祁山古道：沟通南北丝路之陇蜀要津——以陇南祁山古道的文献和文学考察为视角》，第30—36页。

③关于祁山古道，苏海洋先生作了较全面而详细的调查与研究，见苏海洋《祁山古道南秦岭段研究》，《西北工业大学学报(社会科学版)》2009年第2期，第48—52页；苏海洋《祁山古道北段研究》，《三门峡职业技术学院学报》2009年第4期，第69—73页；苏海洋《祁山古道中段研究》，第56—60页。

祁山古道中段主支沿线。关于祁山古道的重要战略地位和交通意义，严耕望先生有明确的认识：

> 自仇池、洛谷城(今有洛谷镇)北出百里至历城，后改名建安城(今西和西北约三四十里)，在建安水(今白水河)北。又北经祁山(今礼县东南四十里，西和北七十里)达上邽(今天水)。是由西汉水上源度入渭水河谷。此仇池、秦陇间进出之孔道也。魏蜀交兵，蜀据建威(在历城稍西)，屡出祁山，即进出此道之先例也。[①]

祁山既是一个具体的地名，又指一方“地域”，至迟在汉魏南北朝时期，是指以今陇南市西和县和礼县交界处、介于西和县长道镇和礼县盐官镇之间的祁山(堡)(今属礼县祁山镇)为中心，北至今天水市甘谷县和武山县，南至今陇南市武都区和文县的广大区域。蒲向明先生“经过文献和文学的考察”，认为“在陇蜀道中最具代表性的是祁山古道”，而祁山古道正处于“沟通南北丝路的陇蜀要津地位”。[②]古代佛教及其石窟艺术自中原北方向陇南西和法镜寺、八峰崖等石窟所在地的传播，最重要、最直接、最便捷的路线也只能是丝绸之路、陇蜀通道、祁山道等。显而易见，陇蜀古道中的祁山道起着极为重要的作用。

---

①严耕望撰《唐代交通图考》第3卷，第813页。

②蒲向明《祁山古道：沟通南北丝路之陇蜀要津——以陇南祁山古道的文献和文学考察为视角》，第30—36页。

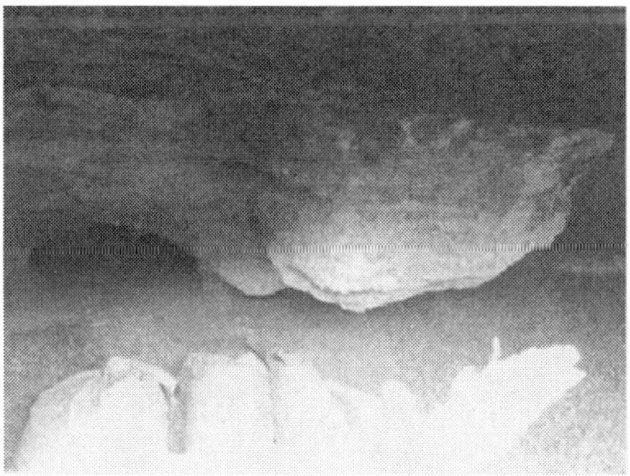

图 9-1　法镜寺石窟第 20 窟（中心塔柱窟）（局部）

图 9-2　黑虎桥石龛所在地古代军事要隘——鹫峡

陇南佛教石窟的开凿，一定受到河陇等地佛经翻译、传布的影响，据《出三藏记集》载，“普曜经，永嘉二年，太岁在戊辰，五月，天竺菩萨沙门法护在天水寺手执胡本，口宣晋言。时笔受者沙门康殊、帛法炬”[①]。法镜寺石窟和八峰崖石窟乃至陇南的所有石窟，其所在地的佛教信仰和开窟造像不可避免地受到近在咫尺的天水麦积山石窟的影响，而无论麦积山石窟创始于西秦还是后秦时期，其开窟造像受到后秦姚兴大力弘扬佛教的影响则毫无疑义，后秦在麦积山开窟造像的遗迹迄今尚存，《甘肃石窟志》在综合了多种文献资料后得出结论，“麦积山石窟的开凿当始于十六国后秦时期”[②]；麦积山石窟又受到“关中佛教”的影响；[③]关中、麦积山等地的佛教乃至全国各地的佛教均受到后秦时期在关中弘法的“佛典汉译之泰斗”[④]鸠摩罗什所译佛经及其大乘佛教思想的影响。佛教经典的翻译、佛教思想

①[梁]释僧祐撰《出三藏记集》，北京：中华书局，1995 年，第 267 页。

②敦煌研究院、甘肃省文物局编《甘肃石窟志》，第 275 页。

③杜斗城《麦积山早期三佛窟与姚兴的〈通三世论〉》，第 119—124 页。孙晓峰、曹小玲《长安与麦积山石窟北周佛教造像比较研究——以西安北草滩出土的北周白石龛像为中心》，《敦煌研究》2014 年第 1 期，第 53—61 页。

④项一峰《鸠摩罗什与秦陇石窟艺术》，《丝绸之路》1996 年第 3 期，第 48 页。

的弘传、麦积山石窟的开凿，最后都影响到陇南地区流行的佛教思想及当地群众对佛教的信仰，法镜寺、八峰崖等石窟的开凿。毫无疑问，这些影响主要是通过祁山道实现的。

开凿于北魏中晚期的法镜寺石窟位于西和县城以北 12 公里处的石堡镇石堡村五台山支脉崖壁上。在陇南诸石窟中，法镜寺石窟不仅开凿最早，而且规模最大、窟形独具特色，其中心塔柱窟为天水、陇南境内迄今发现的石窟中所仅见。第 20 号窟为平面方形平顶中心柱窟，高 1.7 米，宽 4.82 米，进深 3 米，造像无存，窟形残损，前壁坍塌，左、右壁大部残毁，仅窟内中心柱的上半部分保存较完整。[①]

法镜寺石窟的中心塔柱窟被发现(存在)本身就具有重要意义，说明古代陇南(西和)之佛教至迟在北朝时期就已经非常兴盛了，也证明了法镜寺石窟开凿于北朝(北魏)时期是有一定根据的。佛教石窟艺术从河陇、天水向川蜀的传播，肯定要经由陇南这个中间地带。天水与四川两地的石窟及造像具有许多共同特征。[②]四川广元地区 6 世纪的石窟，形制虽多属佛殿窟，但也有少量的塔庙窟。[③]广元皇泽寺北魏第 8 号窟[④]、西魏第 45 号窟[⑤]、重庆大足北山南宋第 136 号转轮经藏窟[⑥]等俱为中心塔柱窟。作为陇蜀交通要道之祁山道上的法镜寺石窟中心塔柱窟的发现进一步证明了这一交通要道在早期佛教及石窟艺术由西北、中原地区向西南地区传播过程中具有极为重要的意义。

---

①孙晓峰《甘肃陇南几处中小石窟调查简报》，第 3—11 页。

②项一峰《试论天水与四川佛教石窟之关系》，第 104—108 页。

③马世长、丁明夷著《中国佛教石窟考古概要》，第 20 页。

④中国美术全集委员会编《中国美术全集·雕塑编·12，四川石窟雕塑》，第 3 页。

⑤刘长久主编，中国石窟雕塑全集编辑委员会编《中国石窟雕塑全集》第 8 卷，第 4 页。

⑥中国美术全集委员会编《中国美术全集·雕塑编·12，四川石窟雕塑》，第 160 页。

中心塔柱窟起源于印度，经中亚、新疆、河西、甘宁黄河以东等地辗转传至陇南[①]，法镜寺石窟平面长方平顶中心塔柱窟虽然难免具有一定的地方特点，但还是多少带有印度、中亚、西域、河西的风格，与“凉州模式”的窟形接近，故法镜寺石窟中心塔柱窟反映了陇南佛教石窟艺术中印度风格的遗留及佛教石窟艺术由印度风格向中国风格的转化，是佛教和石窟艺术传播路线的重要明证。蒲向明先生认为，祁山古道广泛的历史文化显于三段：北段、中段和南段。以长道—天水为主的北段，附着有早秦文化发展的痕迹，至明清一直为军商要地；以长道—汉武都（今成县）为主的中段呈主辅分布，文化遗存广泛，连接着南北丝路并发挥着枢纽作用；以汉武都—川蜀为主的南段，有较多分支和走向，发挥着沟通丝路南、北的作用。“法镜寺今存佛窟（中心柱窟）表明，祁山道自汉魏至唐宋时期处于河西走廊、四川北部连接线的文化、经济、军事重要关节点上，属于联系川蜀与河陇地区的要道。”[②]作为陇南市境内代表性石窟的法镜寺石窟和八峰崖石窟恰好都位于祁山古道中段，八峰崖石窟位于西和南境，法镜寺石窟位于西和北境，杜甫陇蜀纪行诗中也正好有关于这两个石窟的诗作，[③]这种情况印证了蒲向明先生所言“文化遗存广泛”“在南北丝路的连接和枢纽方面有重大作用”的古代历史文化、地理交通状况。法镜寺石窟当是祁山道中段文化遗存的一个典型。

八峰崖石窟西南与仇池山相望，东南面与西高山乡相邻。笔者推测，八峰崖石窟的开凿，极有可能与仇池国有关。但目前我们只能做出猜测与推理，不能做出“毫无疑问”“无疑就是”的论断。氐人建立的仇池国曾经统

---

①李裕群著《古代石窟》，第 8—13 页。

②蒲向明《祁山古道：沟通南北丝路之陇蜀要津——以陇南祁山古道的文献和文学考察为视角》，第 30—36 页。

③李济阳《杜甫陇右诗中的地名方位示意图》，第 44—51 页。

治甘、川、陕交界地域，“自杨驹居仇池开国至杨永安亡国，期间凡五国，三十三主，约三百八十余年”[①]。判定八峰崖石窟的开凿与仇池国有关，这从地理交通上顺理成章。八峰崖石窟的开凿，或与嘉陵道、沓中阴平道有关，但最直接的则是祁山道。据高天佑先生解释，祁山道水路兼行，始于秦州，依次经牡丹、罗家堡、盐官、祁山堡、长道、石堡、汉源（今西和城关镇）、石峡关（即古龙门关）、太石渡（入西汉水）、镡河渡、白马关（寺台）、大南峪、两河口、横现河、略阳、汉中，或从石峡关又依次经纸坊、成县（经青泥河、飞龙峡入嘉陵水道）、略阳、汉中。[②]

1989 年，唐代石刻《新路颂并序》被发现。“双石寺石龛”位于今石峡镇石峡村以北约 5 公里处的坦途关村靠南的河西山麓，据《西和县志》载：“双石如笋耸立，高约 10 米，中宽约 2 米，早年建筑无存，但遗迹犹在，上下 5 道桩眼很规则地依次排列，清晰可辨。杜甫路过此地时所留诗句：‘驱车石龛下’，即指此龛。唐《新路颂》摩崖就镌刻在南侧壁岩上。”[③]但经笔者的考察与对碑文、相关背景的分析得知，“双石寺石龛”与宗教（佛教）有无关系目前还不能肯定（无法登临两巨石顶部）。且县志此处的记述中，认为《石龛》诗是为“双石寺石龛”所写（多数相关学者已经倾向于认为《石龛》诗与八峰崖石窟有直接关系）。苏海洋先生也认为“龙门戍应该在西和县石峡镇的坦途关”[④]。杜甫于乾元二年（759）自秦州南下向同谷进发途中，在西和境内，他先后写出关于法镜寺石窟和八峰崖石窟的诗篇《法镜寺》《石龛》，还有《寒峡》《青阳峡》《龙门镇》等。其中《龙门镇》诗所谓之龙门镇学界有不同看法。李济阻先生认为坦途关就是杜诗《龙门镇》中之龙门镇，

①杨建新著《中国西北少数民族史》，第 176—186 页。

②高天佑《陇蜀古道考略》，第 63—64 页。

③西和县志编纂委员会编纂《西和县志》，第 645 页。

④苏海洋《祁山古道中段研究》，第 56—60 页。

他主要是通过对历史地理文献、杜诗排序和考古材料等进行严密考证后得出的结论，目前我们还没有掌握更有力的证据来否定“龙门镇为坦途关”的观点。[①]高天佑先生认为杜诗《龙门镇》中之龙门镇当在今成县纸坊镇东南。[②]蔡副全先生以为“仅凭此摩崖便断定《龙门镇》诗写坦途关，亦不能完全令人服膺”，但他没有正面表明他是倾向于认为《龙门镇》之龙门镇是指坦途关还是石峡关。[③]开辟新路及镌刻文字均在唐代。[④]不过今坦途关村以南东、西两侧依旧高山耸立，公路贯通南北，十天高速从双石寺旁边经过，迄今仍控扼着南北、东西，为一交通咽喉，不失为重要关隘。因坦途关处于南下巴蜀、西控仇池、北通陇右的要冲，历来为兵家所重视。

今石峡镇政府所在地石峡村（石峡关，古龙门关）地处甘、川交通要塞，“实为祁山道之咽喉所在”[⑤]，“陇蜀大道必经之地”[⑥]。今石峡河（古龙门水）由西北向东南与石峡镇街基本平行而过，两岸高山耸峙，石坝河在石峡镇上游注入石峡河，土桥水、八峰沟水、黑沟水、焦山沟水俱汇入石峡河，条条大小道路（高速公路、国道、汽车道、农用车道、人行道等）辐辏石峡，古道、国家高速公路网之十天高速、国道567穿镇而过，与外界的连接较为通畅。西和县、成县，石峡镇、六巷乡、西高山乡、纸坊镇等地的农民和商人聚此交易，商旅往来频繁，文化交流活跃，从来如此。南下四川省（成都市），东赴陕西省（西安市），北上甘肃中北部（兰州市），或近走天水市、

---

①李济阳《杜甫陇右诗中的地名方位示意图》，第44—51页。

②高天佑编著《杜甫陇蜀纪行诗注析》，第85页《龙门镇》注释①。

③蔡副全《唐〈新路颂并序〉摩崖释考》，第12页。

④李济阳《杜甫陇右诗中的地名方位示意图》，第44—51页。高天佑《陇蜀古道考略》，第60—67页。苏海洋《试论陇南石窟、石刻与陇蜀交通》，第14—17页。蔡副全《唐〈新路颂并序〉摩崖释考》，第10—13页。何健《西和发现唐代石刻〈新路颂〉》，《甘肃日报》1989年10月29日第2版。西和县志编纂委员会编纂《西和县志》，第839页。

⑤高天佑《陇蜀古道考略》，第64页。

⑥苏海洋《试论陇南石窟、石刻与陇蜀交通》，第16页。

武都区、广元市、汉中市等，通向外部世界，都可经过石峡关。刘满先生认为“杜甫《龙门镇》诗中的龙门镇即《水经注》中的龙门戍，其位置在今甘肃西和县东南的石峡”，石峡“既是交通要道，又地势险要”，即使“对于唐人而言”也“完全可以说是名副其实的古镇”。[①]张希仁先生亦认为“西和县石峡镇石峡街是杜诗‘龙门镇’的现地”[②]。今石峡镇所在地亦称石峡关，石峡关控扼交通要冲，自古以来就是军事要隘，其重要性不言而喻。石峡道（姑如此称）在石峡关又可分叉：一路向西南翻越部家山（或经八峰沟翻越八峰崖垭豁口）至大桥乡仇池山下，走这条路就会通过八峰崖（石窟）。另一路向东南再分叉：一路是顺六巷河而下，经太石渡入西汉水，再经西汉水支流平乐河、白龙江支流北峪河过武都区至文县，然后顺白龙江河谷南下入川；还有一路，向东南经成县、徽县至陕西略阳，再由略阳辗转入川。西汉水与洛谷水（即今洛峪水）汇合后，继续向东南方向流去，与洛溪水（六巷河）汇合。据《水经注》载：

> 汉水（此指西汉水）又东合洛溪水（六巷河上源），水北发洛谷，南迳威武戍南，又西南与龙门水（石峡河）合，水出西北龙门谷，东流与横水会，东北穷溪，即水源也。又南迳龙门戍东，又东南入洛溪水。又东南迳上禄县故城西，修源濬导，迳引北溪，南总两川，单流纳汉。[③]

---

①刘满《杜诗地名龙门镇的位置考证》，《中国历史地理论丛》1992年第2期，第163—171页。

②张希仁《杜甫陇右纪行诗〈龙门镇〉考》，《社科纵横》2010年第8期，第94—97页。张希仁《杜甫陇右诗〈龙门镇〉考》，《天水行政学院学报》2010年第3期，第119—123页。张希仁《杜甫陇右诗〈龙门镇〉再考》，《天水行政学院学报》2011年第4期，第57—64页。张希仁《杜甫陇右诗〈龙门镇〉考·三》，《天水行政学院学报》2011年第4期，第117—122页。

③[北魏]郦道元著，陈桥驿校证《水经注校证》，北京：中华书局，2007年，第481页。

又史载，东晋太元十九年(394)，氐帅杨盛“以郡县不足以强国”[①]，于是“分诸四山氐、羌为二十部护军，各为镇戍，不置郡县”[②]，龙门戍即当时镇戍之一。北魏曾置龙门戍，[③]唐代置龙门镇。[④]

仇池国与刘宋之间，北魏与刘宋之间，仇池国与前赵、前秦、后秦、北魏、北周之间的多次战役，就发生在沿秦州(今天水市)—祁山—汉源—龙门关一线；杜甫于乾元年间(758—760)，从长安西行，经秦州—祁山—汉源—同谷(今成县)—栗亭(今徽县栗川)—河池(今徽县)，沿嘉陵江入川。诸葛亮北伐曹魏，曾经过石峡关和坦途关。“乾隆二十九年，年羹尧征金川，以西和为入川孔道，凡由甘调发之兵皆从西和过境，沿途所设营镇专驻之塘马，及他县拨协之腰站，络绎不绝。”[⑤]崇祯十年(1637)二月，李自成起义军攻陷阶州。不久，起义军“复由阶、成出西和”[⑥]。同年，李自成率部由秦州经陇南“犯四川”[⑦]。康熙十五年(1676)六月，“蜀贼吴之茂率众宵遁。(时将军王进宝等统满汉官兵会剿贼于秦州、洛门等处，贼不支乃遁，官兵进剿，败之于牡丹园，又败之于西和县，斩获甚众，吴之茂以十余骑遁，又追剿于红崖[⑧]等处……)”[⑨]

---

①马长寿著《氐与羌》，第55页。

②[南朝·梁]沈约撰《宋书》卷98《氐胡传》，第2405页。

③[北魏]郦道元著，陈桥驿校证《水经注校证》，第477—496页。

④《元和郡县图志》载：“元鼎六年平西南夷，置武都郡，今州界二郡之地。晋、宋间氐帅杨定、杨难当窃据仇池，自称大秦王，宋遣将军裴方明讨平之。后魏于此置仇池镇，理百顷岑上。后又改为郡。梁改为秦州，齐废帝改为成州。隋大业三年，改成州为汉阳郡。武德元年，复为成州。本属陇右道，贞元五年节度使严震奏割属山南道。”见[唐]李吉甫撰，贺次君点校《元和郡县图志》，第571—572页。

⑤西和县志办公室校点《西和县志》，第249页。

⑥[清]叶恩沛修，[清]吕震南纂，曾礼、樊执敬校点《阶州直隶州续志》，第145页。

⑦[清]张廷玉等撰《明史》卷23《本纪第二十三·庄烈帝一》，第321页。

⑧“红崖”即今石峡镇石峡村“崖嘴”。

⑨西和县志办公室校点《西和县志》，第237页。

从秦州传来的佛教与石窟艺术只有经过祁山道之石峡道才能到达八峰崖及其周围一带。孙晓峰先生说,“陇南山区地处陕、甘、川三省交会之处,是佛教南北交流的必经之路”,八峰崖石窟“造像风格同以天水麦积山石窟为中心的周边各地方石窟明清造像相比较而言,没有明显的差异。人物服饰与麦积山石窟明清彩塑服饰如出一辙……”①而实际上麦积山的窟龛及塑像又受到关中佛教及其艺术的影响，正如魏文斌先生在叙述了帛法祖和帛法祚兄弟二人的事迹后所说:“关陇佛法自开始就是相通的,可以说自成一体，也说明了秦州地区与关中地区的交通以及文化是密不可分的。这为后来十六国北朝时期秦州佛教及其艺术深受关中佛法的影响打下了坚实的基础。”②这证明自关中经天水过祁山道再到陇南,便利的交通是佛教和石窟艺术传播不可或缺的必要条件，八峰崖石窟的开凿与发展就如同水到渠成。

9-3 西和县石峡镇坛土村双石寺石龛崖壁古栈道遗址

图 9-4 西和县洛峪镇马河村黑虎桥石龛所在崖壁古栈道遗址

①孙晓峰《八峰崖石窟散记》,第 35—36 页。

②魏文斌《汉至北魏秦州佛教史料与麦积山石窟（一）》,《敦煌学辑刊》2013 年第 1 期,第 103—118 页。

二、佛孔、大云寺、金莲洞、甸山、广佛寺、竹林寺、真空寺、佛爷崖、罗汉洞诸石窟与祁山道、嘉陵道直接相关

位于今成县城关镇庙湾村[①]的大云寺石窟、店村镇新村村的金莲洞石窟、红川镇北渠村的甸山（达摩洞、菩萨洞）石窟，相互之间距离较近，佛、道教石窟艺术既可能是从秦州出发，过祁山、汉源、同谷，再经红川、河池，而后通过沿嘉陵江的陆路或水路入陕或入川，也可能是从秦州出发，过祁山、汉源、同谷，再经康县、武都区、文县入川；当然不排除由陕、川逆向传入文县、武都区、康县、徽县、成县、西和县、礼县、天水的可能性。东汉建宁四年（171），武都太守李翕修治"郡西狭中道"，亦即天井道。该道从郡治下辨始、出西狭经小川至太石（河口坝）入西汉水与水道相贯，向东入青泥河可通嘉陵水道。故以上三处石窟直接与祁山道、嘉陵道、沓中阴平道有关。

《重修金莲洞记》载：

> 大明永乐五年九月九日，敕封真人三伴张卢龙到此，留诗一首："卢龙复遇金莲洞，疑是重来一洞天。功成名遂还居此，了达天机入太玄。"……天乐李真人，遍访天下名洞，撒履至此。见其诸峰攒拱，幽玄古峭，坚刚不坏，离垢出尘，乃命名为金莲洞……忽一全真道人，张其姓、三丰其号者，自北地而来。

张三丰的云游、隐逸风格，金莲洞的地理位置，具备了张三丰到达金莲洞的条件。全真道出世思想非常浓厚，且张三丰惯过隐逸生活，"游处无恒，或云能一日千里""踪迹益奇幻"。张三丰的"'隐仙'风范，上承陈抟，而

---

①庙湾村原属支旗镇，2005 年支旗镇与城关镇合并后建立新的城关镇。

更显示出全真道风格之一面”[①]。金莲洞所在之陇南徽成盆地正好位于相邻三省之间的交通要道上，是自宝鸡入川的必经路径之一。当代学者研究证实了今成县、徽县等地唐代以来在陇、蜀、陕之间交通中的重要地位。[②]既然张三丰曾“居宝鸡之金台观……乃游四川，见蜀献王”，那么《重修金莲洞记》所谓其“自北地而来”或是指从陕西宝鸡而来(今宝鸡市在陇南市的东北方向)。又金莲洞距全真道祖庭今陕西西安鄠邑区重阳宫相对较近，距张三丰曾经长期修道之湖北十堰丹江口武当山亦不算很远。而对位于南下入川途经之地的全真道观，身为全真道士且“遍历荒徼”的张三丰无疑到过。

位于徽县江洛镇下寨村的广佛寺石窟，既可能是由天水直接传入该地的，也可能是由天水沿祁山道经由汉源而入同谷，再由同谷折向东北，将佛教艺术传入该地，还可能是由长安经宝鸡向西南，经由嘉陵道进入徽成盆地而将佛教艺术传入该地。位于徽县虞关乡穆坪村的罗汉洞石窟，本身就在嘉陵江边，无论是自陕、川入甘还是自甘入陕、川，无论是通过陆路还是水路传入或传出佛教艺术，都极便利，故直接与祁山道、嘉陵道相关。位于徽县柳林镇磨沟村的真空寺石窟和位于徽县榆树乡火站村的竹林寺石窟，二者相距较近，与二者相关的路径类似，佛教艺术既可能是由天水经皂角、娘娘坝直接传入，也可能是由天水沿祁山道经汉源而入同谷，再由同谷折向东南传入该地，还可能是由长安经宝鸡向西南，再经由嘉陵道进入徽成盆地而传入该地。

由于西秦岭横亘于陇、蜀古道上，重峦叠嶂，艰险异常，唐代大诗人李

---

①卿希泰主编《中国道教史》第 3 卷，第 467 页。

②严耕望撰《唐代交通图考》第 3 卷，第 755—800、811—861 页。苏海洋《试论陇南石窟、石刻与陇蜀交通》，第 14—17 页。孙晓峰《甘肃陇南几处中小石窟调查简报》，第 3—11 页。高天佑《陇蜀古道考略》，第 60—67 页。

白由是发出“蜀道之难，难于上青天”[①]之感叹。而青泥岭一段路是白水路修通前由陇入蜀之“嘉陵道”中最艰险的。鉴于此，北宋至和元年(1054)冬，凤州河池县[②]令王令图倡议、利州路转运使李虞卿奏请朝廷新修白水路，更改青泥道路线。李虞卿与兴州军州事刘拱，兴州判官李良祐，顺政县且代理长举县事县令商应祥、河池县令王令图发动兴、凤两州三县军民协同兴修。至和二年(1055)春动工，八月新路通行，年底完工，修成自河池驿(今徽县银杏乡银杏村)至兴州长举驿(今略阳县白水江镇长丰村)的新路51公里。不仅缩短了自甘入川的行程，而且也便利了佛教和石窟艺术的传播。佛爷崖石窟就位于徽县水阳乡姚坪村姚家山西侧，新开白水路正好在石窟近处。佛爷崖石窟开凿于原有青泥路旁，这正反证了青泥路在历史长河中所发挥的作用是无可替代的。

三、西姑庵、千佛洞、土峰沟诸石窟与嘉陵道直接相关

位于今两当县云屏镇棉老村的西姑庵佛教遗址(石窟)、两当县广金乡贺家坝村的千佛洞石窟和两当县杨店镇土峰沟村的土峰沟石窟，地处陕、甘、川交界地区，又地近嘉陵江。三处石窟中都有佛教因素，自然与佛教沿丝绸之路及陇蜀古道、秦陇古道、秦蜀古道的传播相关。但同时，道教在两当的传播是比较早的，西姑庵石窟中亦含有道教和民间信仰因素，而千佛洞石窟和土峰沟石窟中道教因素还比较突出，这是因为道教产生于四川和汉中，而两当接近四川和汉中，所以道教传入两当自然就比较早。具体地说，这三处石窟与嘉陵道直接相关。

---

①[唐]李白《蜀道难》，[清]彭定求、杨中讷等修纂《全唐诗》卷162，第1680—1681页。

②当时的河池县属秦凤路凤州管辖，参见谭其骧主编《中国历史地图集》第6册《宋·辽·金时期》，第20—21页。

四、五仙洞石窟与祁山道、嘉陵道、西狭栈道直接相关

成县五仙洞石窟，现存《五仙洞记》碑和《孚泽庙牒》碑，前者立于南宋宁宗开禧二年(1206)，后者立于南宋宁宗嘉定八年(1215)。无论是二碑的刻立，还是二碑所载史事，都发生于宋金对峙时期。依据《五仙洞记》碑和《宋史·地理志》的记载可知，当时五仙洞石窟所在的成州同谷县隶属于成都府利州路(或同庆府)，由"四川安抚制置使司"节制和管辖。笔者以为，连接五仙洞石窟的陇蜀要道主要是阴平古道，而阴平古道肯定和与五仙洞石窟近在咫尺、保留有东汉摩崖《西狭颂》的西狭古道是相连通的。西狭栈道"在汉后期占有极其重要的地位"[①]。《西狭颂》摩崖"为中国古代交通史(陇蜀古道)的研究提供了一些难得的可资凭信的资料，对于《后汉书》亦具有一定的补证作用……"[②]兹摘录《西狭颂》片段如下：

> 郡西狭中道，危难阻峻，缘崖俾阁。两山壁立，隆崇造云，下有不测之溪。阨笮促迫，财容车骑。进不能济，息不得驻，数有颠覆陨隧之害。过者创楚，惴惴其栗栗。……敕衡官、有秩李瑾，掾仇审，因常繇道徒，鐉烧破析，刻臼磪嵬。减高就埤，平夷正曲，柙致士石。坚固广大，可以夜涉。四方无雍。行人欢涌，民歌德惠，穆如清风。

材料说明，东汉时期，由于西狭一段道路艰险异常，在武都太守李翕的领导下，终于修通了西狭栈道，这为陇、蜀之间的交通作出了重要贡献，

①蒲向明《祁山古道：沟通南北丝路之陇蜀要津——以陇南祁山古道的文献和文学考察为视角》，第33页。

②高天佑编著《西狭摩崖石刻群研究》，兰州：兰州大学出版社，1999年，《绪论》第3页。

所以该事迹被刊刻于石，彪炳千秋。也说明东汉时期这条道路的重要性。东汉时期佛教就已经传入内地，并已传入成县。[①]时至今日，除了西狭侧翼，几乎与西狭平行的，沟通兰州、武都、西安、成都的成武高速，以及2015年修通并开始运营、和全国主要交通线路连通的十天高速路以外，五仙洞石窟近处并无能够替代经过西狭所在山谷的其他重要交通线路。毫无疑问，古代这条道路是陇南境内沟通东、西、南、北的重要交通路线之一，也是沟通陇、蜀的重要交通路线，所以，陇、蜀之间佛教及石窟艺术的交流，必然要通过这条道路。因此，与西狭近在咫尺、早在唐宋时期就已经佛事兴隆、宋代禅宗炽盛的五仙洞石窟与通过西狭的交通路线——西狭栈道有不可分割的关系。

图9-5　东汉摩崖石刻《西狭颂》所在成县西狭东侧峡口外"汉栈遗迹"

①王百岁《成县大云寺石窟调查与研究》，第21—26页。

五、黑虎桥、水帘洞、朝阳洞诸石窟与祁山道、嘉陵道、沓中阴平道直接相关

黑虎桥石龛一带佛教及石窟艺术的传播路线与八峰崖石窟、法镜寺石窟基本相同。位于武都区城关镇殿沟村的水帘洞石窟和位于武都区角弓镇陈家坝村的朝阳洞石窟,因为本身就位于嘉陵江支流的白龙江边,向南传播的佛教与佛教艺术,通过今武都区一带,再经文县到达四川。可知武都一带的佛教艺术主要是经由天水、祁山、汉源,再经过今成县(或由汉源直接)传入武都的;也可能是由长安、宝鸡等地传至徽成盆地,再由徽成盆地直接传入武都。还有一种可能性,就是佛教经北方丝绸之路,由河西、陇中传入今青海(沓中)一带,再由青海(沓中)传入今甘南,然后由甘南传入陇南武都、文县等地,并在这一基础上开凿出武都朝阳洞石窟和水帘洞石窟。因此武都这两处石窟与祁山道、嘉陵道、沓中阴平道等直接相关。

小结

佛教、道教及其与石窟艺术的传播之路,与丝绸之路、国内外各条交通线路相关,与中国和外国,国内各民族、各地区之间经济、政治、军事、外交、商贸、文化的传播交流息息相关。今陇南市境内佛教、道教的传播、兴盛及石窟的开凿、扩展均离不开古代重要交通线——丝绸之路及其他线路尤其是陇蜀、川陕甘古道所发挥的作用。陇南市境内所有的石窟皆与古代主要交通线相关联(见表1)。与陇南石窟相关的陇蜀古道主要有祁山道、嘉陵道、沓中阴平道。法镜寺、八峰崖石窟与祁山古道直接相关;佛孔、大云寺、金莲洞、甸山(达摩洞、菩萨洞)、广佛寺、竹林寺、真空寺石窟与祁山道、嘉陵道直接相关;佛爷崖、罗汉洞、西姑庵、千佛洞、土峰沟石窟与嘉陵道直接相关;五仙洞石窟与祁山道、嘉陵道、西狭

栈道直接相关；黑虎桥、水帘洞、朝阳洞石窟与祁山道、沓中阴平道直接相关。对这一问题的考察与研究，有助于我们对于佛、道教传播的时间和范围，石窟的始凿时间、开凿范围，佛、道教兴衰历史，社会背景等问题进行研究。

表 9-1　陇南市境内现存石窟及与其直接相关的古道简表

石窟名称	石窟地址	始凿朝代	直接相关古道
八峰崖	西和县石峡镇高灯村	北魏	祁山道、嘉陵道、沓中阴平道
法镜寺	西和县石堡镇石堡村	北魏中晚期	祁山道、嘉陵道、沓中阴平道
佛孔寺	西和县马元镇佛孔村	明	祁山道、嘉陵道①
黑虎桥	西和县洛峪镇马河村	明	祁山道、沓中阴平道
大云寺	成县城关镇庙湾村	北魏	祁山道、嘉陵道
金莲洞	成县店村镇新村村	元	祁山道、嘉陵道
达摩洞	成县红川镇北渠村	清	祁山道、嘉陵道
菩萨洞	成县红川镇北渠村	清	祁山道、嘉陵道
五仙洞	成县小川镇乱山村	宋	祁山道、嘉陵道、西狭栈道
广佛寺	徽县江洛镇下寨村	明	祁山道、嘉陵道
罗汉洞	徽县虞关乡穆坪村	宋	祁山道、嘉陵道
真空寺	徽县柳林镇磨沟村	明	祁山道、嘉陵道

①根据蒲向明先生的研究，祁山古道中段有两个分支，呈“一辅一主”分布，此“一辅”即指祁山—白关（官、环）堡（今属盐官镇）—汪川—苏城—黄渚—成县一路，宋代以后这条路被广泛地利用。参见蒲向明《祁山古道：沟通南北丝路之陇蜀要津——以陇南祁山古道的文献和文学考察为视角》，第 30—36 页。笔者以为，通过天水—祁山—长道—石堡—马元—黄渚—成县—徽县一路，可以将祁山道和嘉陵道连接起来。

续表

石窟名称	石窟地址	始凿朝代	直接相关古道
佛爷崖	徽县水阳乡姚坪村	初、盛唐	祁山道、嘉陵道
竹林寺	徽县榆树乡火站村	十六国,北魏早期	祁山道、嘉陵道
水帘洞	武都区城关镇殿沟村	唐	祁山道、沓中阴平道
朝阳洞	武都区角弓镇陈家坝村	唐	祁山道、沓中阴平道
西姑庵	两当县云屏镇棉老村	明	嘉陵道
千佛洞	两当县广金乡贺家坝村	清	嘉陵道
土峰沟	两当县杨店镇土峰沟村	清	嘉陵道

第十章

陇南石窟与唐诗

唐代诗人杜甫与今甘肃省陇南市西和县法镜寺、八峰崖，成县大云寺等石窟，李商隐与武都区水帘洞石窟各自结下了一段情缘，他们的一些诗篇或者直接以石窟为题（但不描写石窟），或者以石窟为描写对象，或者与石窟有某种关联。杜、李相互之间本来没有直接关系，但他们都留下了有关陇南几处石窟寺的诗篇，这就为我们以诗证窟、以窟阐诗，以窟、诗证史提供了有利条件。

第一节 杜甫及其诗作与陇南石窟

杜甫(712—770),字子美,别号少陵。原籍襄阳(今湖北省襄阳区),曾祖时迁居河南巩县(今河南省巩义市)。杜甫陇蜀纪行诗中与陇南市西和县法镜寺石窟和八峰崖石窟,成县大云寺诸石窟有直接关系的是《法镜寺》《石龛》《宿赞公房》[①]《西枝村寻置草堂地夜宿赞公土室二首》[②]《寄赞上人》[③]《别赞上人》[④]等。

①[唐]杜甫《宿赞公房》,见[清]彭定求、杨中讷等修纂《全唐诗》卷 225,第 2419 页。另见[唐]杜甫《宿赞公房》,宋刻本《杜工部集》第 10 卷,上海图书馆藏。

②[唐]杜甫《西枝村寻置草堂地夜宿赞公土室二首》,见[清]彭定求、杨中讷等修纂《全唐诗》卷 218,第 2288 页。另见[唐]杜甫《西枝村寻置草堂地夜宿赞公土室二首》,宋刻本《杜工部集》第 3 卷,上海图书馆藏。

③[唐]杜甫《寄赞上人》,[清]彭定求、杨中讷等修纂《全唐诗》卷 218,第 2288 页。另见[唐]杜甫《寄赞上人》,宋刻本《杜工部集》第 3 卷,上海图书馆藏。

④[唐]杜甫《别赞上人》,[清]彭定求、杨中讷等修纂《全唐诗》卷 218,第 2293—2294 页。另见[唐]杜甫《别赞上人》,宋刻本《杜工部集》第 3 卷,上海图书馆藏。

一、《法镜寺》诗与法镜寺石窟

《法镜寺》诗是杜甫从秦州赴成州途中经过法镜寺石窟时所写，对我们研究法镜寺石窟和陇南其他石窟具有积极意义。

首先，我们可以从《法镜寺》诗中窥探到法镜寺石窟始凿的大致年代。诗中有“身危适他州，勉强终劳苦。神伤山行深，愁破崖寺古”等句，揭露了现实政治生活的黑暗腐败，反映了安史之乱带给国家和人民的灾难，表露了作者的苦闷与忧愁。明末清初著名学者仇兆鳌注云：“首叙路经法镜。伤神之际，见崖寺苍古，故愁怀顿破。”[①]杜甫长期以来命途多舛、贫困潦倒、四处奔波，当他游览法镜寺（石窟）时，心情从阴郁沉重的“身危”“勉强”“终劳苦”“神伤”“山行深”“愁”诸痛苦一下子变成了“愁破崖寺古”的兴奋，真是拨云见日、柳暗花明，正如清代学者何焯所说：“畏途之中，忽得清凉世界。前此山行深寂，悄然神伤。乍经崖寺，旅愁顿破。故清晨而入，亭午而出，遂忘前路之久待也。”[②]这种转变是因为诗人亲眼见到了法镜寺石窟“崖寺苍古”之景况，把全诗各句作为一个整体理解，联系其他诗篇，可知颠沛流离、忧国忧民的诗人，竟被“崖寺古”所“破愁”，足见法镜寺（石窟）之“古”对诗人的震憾很大。据此可以推知，法镜寺石窟在盛唐时期看起来就已经是开凿于很早以前的古窟古寺了，开凿时间甚至比隋唐以前还要早很多（因为确认是北朝时期开的窟）。今《西和县志》所载和近年来一些学者调查和研究的结果都显示，法镜寺石窟开凿于北魏中晚期。[③]据

---

①［唐］杜甫著，［清］仇兆鳌注《杜诗详注》，北京：中华书局，1979年，第682页。

②［清］何焯著，崔高维点校《义门读书记》卷51，北京：中华书局，1987年，第1029页。

③西和县志编纂委员会编纂《西和县志》，第643—644页。张宝玺主编《甘肃石窟艺术雕塑编》，第184页。敦煌研究院编，卢秀文编著《中国石窟图文志·石窟志编》，第244页。孙晓峰《甘肃陇南几处中小石窟调查简报》，第3—11页。孙晓峰《甘肃天水、陇南地区中小石窟的初步考察》，第42—51页。王百岁《甘肃陇南石窟寺》，第154—180页。

《西和县志》载，法镜寺石窟“窟形有长方平顶形，方楣四面坡形，穹隆形，中心塔柱形四种。中心塔柱形窟是早期自印度传入我国的一种，敦煌、云冈石窟中亦有。法镜寺石窟由于石质松散，不宜精雕细刻，故采用‘石雕’‘石胎泥塑’‘彩塑’创作。造像凝练简括，大劈大开，形成写意传神的风格”①。“据窟形与造像特点看，初定为北魏中期”建造②，或认为法镜寺石窟“建造于北魏太和年间(447—499)”③。这种记载大致反映了实际情况。笔者随导师等一行共8人于2012年5月考察法镜寺石窟时，施萍婷、刘永增、王惠民等先生则认为该石窟的开凿不晚于北周时期。况且研究者迄今也没有一个绝对准确一致的时间限定，有分歧是正常的，因为他们所依据的理由各有不同，但都能够说明法镜寺石窟的开凿比杜甫生活的时代要早得多。可见，杜诗所反映的情况和近年相关领域学者调查、研究的结果是大致相同的。这种情况的出现，证实了杜诗所反映的“崖寺苍古”的情况，从而进一步证实了法镜寺石窟的开凿的确很早。

其次，我们可以通过《法镜寺》诗窥知法镜寺(石窟)当年的规模之大和佛教活动之盛。“婵娟碧藓净，萧摵寒箨聚。回回山根水，冉冉松上雨。泄云蒙清晨，初日翳复吐”描绘了法镜寺妩媚多姿的幽雅情景。“朱甍半光炯，户牖粲可数”描绘了盛唐时期法镜寺(石窟)雄伟壮丽的情景。“拄策忘前期，出萝已亭午。冥冥子规叫，微径不复取”反映了崖寺的沧桑古拙和优美环境，乃至诗人的流连忘返，间接反映了“崖寺”的历史悠久和规模宏大。正如鲁克兵先生说，“从‘朱甍半光炯，户牖粲可数’来看，法镜寺并非全是石窟，而是有房屋的。杜甫在法镜寺从日出一直游到中午，只是观看

①西和县志编纂委员会编纂《西和县志》，第733页。

②西和县志编纂委员会编纂《西和县志》，第733页。

③西北师范大学古籍整理研究所编《甘肃古迹名胜辞典》，第188页。此处“北魏太和年间(447—499)”，公元纪年有误，应为“北魏太和年间(477—499)”。

了法镜寺的主要部分，可知当时法镜寺的规模不小；还有小路所通的地方没看，但旅途迢迢，虽然流连不已，也只好作罢了”。[①]既然盛唐时已有如此巨大的规模，佛教活动盛况空前，则知必有悠久的历史，此亦可证石窟开凿时间之早。

二、《石龛》诗与八峰崖石窟

（一）《石龛》诗与八峰崖石窟的关系

1. 关于《石龛》诗所谓“石龛”所处位置的不同观点。陈贻焮等认为，《石龛》诗中“石龛”并不是指今天西和县石峡镇八峰崖石窟，只是指“自秦州到同谷途中经过之处，不可确指”。[②]《西和县志》则认为，“驱车石龛下”所云“石龛”即今西和县石峡镇坦途村的“双石寺石龛”[③]。民国时期《重修西和县志》也将八峰崖石窟与杜甫的《石龛》诗联系起来。[④]李济阻等先生在其所注析之《杜甫陇右诗注析》中对《石龛》是否指八峰崖石窟不是很确定，但也不反对“‘石龛’西和说”，他说：“石龛……这里是杜甫经过的一个地方。旧注无考”。[⑤]他还说：“遗址在今甘肃西和县南八十里石峡公社西山上，又名八峰石龛。据此，《石龛》诗应在《龙门镇》诗之前。”[⑥]既然说“《石龛》诗应在《龙门镇》诗之前”，那么这种推测是和当时他们对于《龙门镇》中之“龙门镇”位于今“成县纸坊镇府城集”的这种认识相对应的。但李先生后来纠正了原来的这种说法，他在给《杜甫陇蜀纪行诗注析》作序时说：“关于龙门镇的所在，旧注都指为今成县府城集，我在《杜甫陇右诗注析》

---

①鲁克兵《杜甫与佛教关系研究》，复旦大学博士学位论文，2007 年，第 50 页。

②陈贻焮主编《增订注释全唐诗》第 2 册，第 56 页。

③西和县志编纂委员会编纂《西和县志》，第 645 页。

④西和县志办公室校点《西和县志》，第 52 页。

⑤李济阻、王德全、刘秉臣注析《杜甫陇右诗注析》，第 269 页。

⑥李济阻、王德全、刘秉臣注析《杜甫陇右诗注析》，第 269 页。

及《杜甫陇右诗研究论文集》中均沿袭不变,《杜甫陇蜀纪行诗注析》也依此说。其实这一论断是有问题的。首先,府城集在成县西北七十里,而位于《龙门镇》《石龛》两诗之后的《积草岭》中却有‘卜居尚百里’的句子。这就是一个难以说清的矛盾;其次,依了旧注,我们在《杜甫陇右诗注析》中便提出《龙门镇》与《石龛》排错了位置的说法,在没有更充分的证据以前作这种臆断,显然是轻率的。近年来,西和县杜诗爱好者中有认同龙门镇在今西和县坦途关的说法,而坦途关的位置正好在青羊峡(即青阳峡)和石峡(石龛就在石峡乡境内)之间,如能在这方面找到更充分的论据,一切迷雾都会廓清”。[①]李先生并在其论文《杜甫陇右诗中的地名方位示意图》中就新的观点作了全面阐述。[②]赵国正、张炯之二位先生认为“石龛”是指成县沙坝镇的观音崖石龛,高天佑先生似倾向于此说,认为“石龛”“故址在今甘肃省西和县南40公里之石峡乡西山,又名八峰龛,亦即八峰崖石窟。然察之地理,若确定石龛为今西和县石峡镇八峰崖石窟,则应置《石龛》诗于《龙门镇》诗之前,与杜诗编次不符。今有人考证:成县沙坝乡‘观音崖石龛,自然景观和地理特征与杜诗《石龛》诗意相符,故今日圣泉寺,即杜甫诗中的《石龛》’(详见赵国正、张炯之《杜甫同谷诗编》24页)。此为新见,聊备一说”[③]。看来高先生并不十分肯定,不过他似乎是倾向于“‘石龛’成县说”的。蔡副全先生也倾向于其为成县沙坝镇的观音崖石窟。[④]

2. 从八峰崖石窟周围环境的古今对比看《石龛》诗与八峰崖石窟的关系。因笔者经常考察八峰崖石窟,多次晚归,发现今八峰崖石窟周边环境与从石峡村(街道)过石峡河经八峰沟通往八峰崖石窟的道路与《石龛》诗

①高天佑编著《杜甫陇蜀纪行诗注析》,《序二》第3页。

②李济阳《杜甫陇右诗中的地名方位示意图》,第44—51页。

③高天佑编著《杜甫陇蜀纪行诗注析》,第87页。

④蔡副全《从叶昌炽〈缘督庐日记〉看杜甫陇右行踪》,第62—72页。

中描绘的景观大致相符。从石峡村(街道)经八峰沟到八峰崖石窟沿途,及石窟周围大片区域,迄今荒坡野岭、高山深谷、植物茂密、野兽时鸣、人烟几绝、风景优美,可以体验到近似“熊罴哮我东,虎豹号我西。我后鬼长啸,我前狨又啼”的感觉。由“驱车石龛下,仲冬见虹霓”诗句可知,那时从现在的石峡村(街道)去八峰崖还是可以坐车去的,诗人是坐着车去八峰崖山脚下,然后步行上山的。当然,从现在的山形看,当时不会有上山的车路——目前也没有从正东面上山的路,而诗人是否沿着羊肠小道登山进入八峰崖石窟,从现有的资料看不出来。从现在由石峡村(街道)过石峡河经由八峰沟到达八峰崖山脚下,大约 5 公里,行走较艰难,且会花费一些时间;因是山谷地带,其地形地貌可以通车。不过,那时的车只能是马车或牛车等,宽度可能和现在的农用车差不多,因而车路也就只能是相应的农用车路宽度。可见《石龛》诗所反映的八峰崖石窟周围自然环境的原始性和自然性今天在一定程度上仍然存在。

3. 从《石龛》的佛教因素看《石龛》诗与八峰崖石窟的关系。那么,什么是“石龛”呢?据仇兆鳌注云:“龛,苦含切,石塔也。《阿育王传》:山龛石室。沈佺期诗:危峰石作龛。”仇引沈炯诗曰:“山龛拟夜禅。”仇引《地志》云:“龙门石壁,凿为龛,石佛数千。则知石龛乃人工所为者”。[①]李济阻先生解释道,“石龛:犹石室,在石壁上凿成的洞阁”。[②]所谓“石塔”“山龛石室”“危峰石作龛”“山龛拟夜禅”“凿为龛”“在石壁上凿成的洞阁”,都与佛教(活动)有关,符合今天八峰崖石窟佛教为主的状况,而且八峰崖周围数县范围内再没有与八峰崖石窟一模一样或相当近似的“危峰石龛”,即使有也与杜甫行程的实际情况不相符,这就为《石龛》诗专写八峰崖石窟提供了又一有力证据。另据山东大学中文系古典文学教研室所著之《杜诗选注》

①[唐]杜甫著,[清]仇兆鳌注《杜诗详注》(第 2 册),第 687 页。

②李济阻、王德全、刘秉臣注析《杜甫陇右诗注析》,第 269 页。

中注云,“石龛是凿山岩而成的石窟”,并说“这是杜甫从秦州到同谷途中经过的一个地方”,[①]看来注者也不能确定该石龛所在究竟是什么地方,但既然是经过人工开凿的石窟,那一般就是用作佛教活动的场所了,也就是说,所开凿的“石龛”实际上是佛教“石窟寺”。关于唐诗、杜诗中“石龛”与佛教、石窟的关系,刘雁翔先生考证甚详,令人信服。[②]而在今西和县石峡镇和成县沙坝镇(前述观音崖石龛所在处)之间(纸坊镇位于石峡镇和沙坝镇之间)仅有25公里左右的路程,两镇之间再无稍大的石窟,更别说如八峰崖石窟这样历史悠久、规模相对较大、自古以来在当地和周围有一定影响,迄今保存宋、元、明、清窟龛、塑绘作品较多,塑造水平较高的石窟寺了,地方志亦再无类似或等同于八峰崖石窟这种状况的窟寺的记载。从这个意义上说,《石龛》诗中“石龛”所指也只能是石峡镇八峰崖石窟了。诗人驱车前往八峰崖石窟,说明诗人对“石龛”之看重,该石龛历史之悠久、在当地影响之大,佛教流行之早,以及佛教在北朝、隋、初盛唐时期的辉煌。

4. 从八峰崖石窟的地理位置和杜诗排序看《石龛》与八峰崖石窟的关系。据《方舆胜览》云:“石龛在成州近境。”[③]笔者以为,今成县不等于当时成州,不能据此条记载认为“石龛”不是石峡八峰崖石窟。因为:一则,石峡镇所在地当时就在成州境内。[④]据史书记载,成州,“隋汉阳郡。武德元年,置成州,领上禄、长道、潭水三县。贞观元年,以潭水属宕州,又割废康州之同谷县来属。州理杨难当所筑建安城。天宝元年,改为同谷郡。乾元元年,

①山东大学中文系古典文学教研室选注《杜甫诗选》,北京:人民文学出版社,1980年,第145页。

②刘雁翔《杜甫〈石龛〉诗与八峰崖石窟》,第141—150页。

③[南宋]祝穆撰,祝洙增订,施和金点校《方舆胜览》(下),第1223页。

④西和县志编纂委员会编纂《西和县志》,第123—132页。

复为成州”[①]。二则，今西和县石峡镇与今成县纸坊镇相接壤，诗中所指与现实正相吻合。由于高先生认为杜甫《龙门镇》和《石龛》两首诗中所指“龙门镇”和“石龛”分别在今天的“成县纸坊镇府城集”[②]和成县沙坝镇圣泉寺，也就是等于事先假定了“《龙门镇》中之‘龙门镇’在今成县纸坊镇府城集”，石峡镇靠北而纸坊镇靠南，杜甫又是由北向南行走的，所以当别的学者认定《石龛》所指“石龛”为今八峰崖石窟时，必然得出“与杜诗编次不符”的结论。其实，部分学者已研究证实，杜诗《龙门镇》所指“龙门镇”在今西和县石峡镇坦途关村。前揭刘满、张希仁、苏海洋等先生认为龙门镇即今石峡村（石峡关），杜诗的排序也不会变，因为肯定是诗人先到石峡（龙门镇），再去八峰崖石窟。“石龛”即指西和县石峡镇八峰崖石窟，则杜诗编次为“……→《青阳峡》→《龙门镇》→《石龛》→《积草岭》→……”次序自然错不了。时至今日，凡是记述或研究八峰崖石窟及其相关史事者，往往都把八峰崖石窟与杜诗《石龛》联系起来，多数相关学者认为《石龛》诗写的“石龛”就是八峰崖石窟。[③]刘雁翔先生明确说：“杜甫所咏石龛就是八峰崖石窟。”[④]长期从事古代文学和乡土文化研究的西和籍当代著名学者赵逵夫先生认为，“杜甫写的《石龛》，是指现在的八峰崖（石窟），（这一点）应该是毫无疑问的，那么由这一点就说明，这个八峰崖（石龛）是在唐代以前就已经有了的”。笔者认为，八峰崖石窟的开凿可以上溯到隋及南北朝时期，

①［后晋］刘昫等撰《旧唐书》第40卷《地理三》，第1631页。

②高天佑编著《杜甫陇蜀纪行诗注析》，第85页。

③高天佑编著《杜甫陇蜀纪行诗注析》，第269—271页。西北师范大学古籍整理研究所编《甘肃古迹名胜辞典》，第188页。李焰平、赵颂尧、关连吉主编《甘肃窟塔寺庙》，第101页。孙晓峰《八峰崖石窟散记》，第36页。敦煌研究院编，卢秀文编著《中国石窟图文志·石窟志编》，第243页。高天佑编著《杜甫陇蜀纪行诗注析》，《序二》，第3页。王百岁《陇南八峰崖石窟内容总录》，第88页。王百岁《甘肃陇南石窟寺》，第156页。李济阻《杜甫陇右诗中的地名方位示意图》，第44—51页。

④刘雁翔《杜甫〈石龛〉诗与八峰崖石窟》，第141—150页。

始凿于北魏时期的可能性是存在的。如果有关氐王杨茂搜建寺祈雨的传说[①]有据可查,则八峰崖石窟始凿时间当更早。

(二)《石龛》透露了什么信息

出人意料的是,该诗虽名为《石龛》,但实际上对“石龛”本身没有作任何直接的介绍与描述。其实,怪而不怪,不言而喻,诗中“仲冬见虹霓”句已经昭示了天现异常,正如仇引《月令》云,“孟冬之月,虹藏不见,仲冬见之,纪异也”。[②]大概是杜甫慕名而去游览八峰崖石窟寺,途中遇见百姓服徭役痛苦之状,便无心观赏悬崖古龛,故于诗中未记载。又清代学者浦起龙注曰:“上下各八句,石龛本面无写。但前写龛边呼啸阴霾之象……后又因龛边所值之人事,触手生出文情。”[③]据仇注云:“杨慎曰:起得奇壮突兀,末段深为时虑。”[④]那么末段说什么呢?末段云:“奈何渔阳骑,飒飒惊烝黎。”意思是安史叛匪飒飒奔驰的骑兵部队,严重惊扰了广大的无辜平民百姓,给他们造成深重灾难。明代学者王嗣奭云:“起来数语,全是写其道途危苦颠沛之怀。非赋石龛也。即伐竹者亦以悲歌当泣。未美箭而云直簳尽,见用兵之久也。五岁纪其时。”[⑤]诗中的“熊罴”“咆”“虎豹”“号”“鬼”“长啸”“狨”“啼”比喻安史叛军及其暴行,或暗喻当时唐朝当政者及诗人所经历的艰苦环境;“天寒”“昏无日”“山远”“道路迷”“仲冬见虹霓”“伐竹”“悲歌”“上云梯”“为官”“采美箭”“五岁”“供梁齐”“苦云”“直笴尽”“无以充提携”“奈何渔阳骑”“飒飒惊烝黎”,每一词句都表达了痛苦和无奈,流露出不满和抱怨,蕴含着同情和希望。言在诗中,意在诗外。正所谓,“杜陵有

①西和县志编纂委员会编纂《西和县志》,第743页。

②[唐]杜甫著,[清]仇兆鳌注《杜诗详注》(第2册),第687页。

③[清]浦起龙《读杜心解》卷1至3,北京:中华书局,1961年,第78页。

④[唐]杜甫著,[清]仇兆鳌注《杜诗详注》(第2册),第688页。

⑤[清]王嗣奭《杜臆》卷8,续修四库全书编纂委员会编纂《续修四库全书·集部·别集类》,上海图书馆藏稿本,上海:上海古籍出版社,2002年,第443页。

句皆忧国”！

三、致赞公诗篇与大云寺石窟

按赞公或称赞上人，本名李衔，曾为唐长安大云寺住持。杜甫与赞公交情甚厚。至德二载（757）秋，安史叛军陷京师，赞公掩护杜甫在大云寺避难。据《长安志》载，大云寺“在怀远坊东南隅。本名光明寺……武太后初幸此寺，沙门宣政进《大云经》，经中有女主之符，因改为大云经寺……”[①]因赞公与宰相房琯相亲善（两《唐书》有记），后琯罢相遭株连，被远谪陇右成州同谷县大云寺。乾元二年（759）秋冬，书约杜甫从秦州赴游成州，遂有杜甫同谷之行，“同是天涯沦落人”的杜甫与赞公相见同谷。杜甫曾到“赞公土室”（与大云寺石窟相距二三里[②]），也到过大云寺石窟，写了《宿赞公房》《西枝村寻置草堂地夜宿赞公土室二首》《寄赞上人》《别赞上人》等与赞公有关的诗篇。按大云寺，原名凤凰山寺。载初元年（689），“有沙门十人伪撰《大云经》，表上之，盛言神皇受命之事。制颁于天下，令诸州各置大云寺，总度僧千人”[③]。武则天据此于天授元年（690）“壬申，敕两京、诸州各置大云寺一区，藏《大云经》，使僧升高座讲解，其撰疏僧云宣等九人皆赐爵县公，仍赐紫袈裟、银龟袋”[④]。凤凰山寺石窟当在这种背景下始有“大云寺”之名。关于《大云经》及大云寺石窟详情前已述及。杜诗《乾元中寓居同谷县作歌七首》之《其七》中“山中儒生旧相识，但话宿昔伤怀抱”或指杜甫与赞公相遇同谷时悲喜交集的情景。与上述诗篇相联系，杜甫初入长安大云

①［元］骆天骧撰，黄永年点校《类编长安志》，第132页。

②高天佑编著《杜甫陇蜀纪行诗注析》，第222页。

③［后晋］刘昫等撰《旧唐书》卷6《本纪第六·则天皇后》，第120—121页。

④［北宋］司马光编著，［元］胡三省音注《资治通鉴》卷240《唐纪二十·则天顺圣皇后上之下》，第6469页。

寺时曾作《大云寺赞公房四首》。[①]杜甫离开同谷3年后，赞公也离开同谷。后陇右陷于吐蕃，赞公就近赴蜀，云游江南。[②]大历五年(770)，杜甫在长沙再遇赞公，时赞公更名李衔。往事犹昨，情意愈浓。在《长沙送李十一(衔)》中，杜甫感言："与子避地西康州，洞庭相逢十二秋……"[③]然"位卑未敢忘忧国"，杜甫在《凤凰台》诗中道出了他的心声："再光中兴业，一洗苍生忧。深衷正为此，群盗何淹留。"总之，杜甫所作有关赞公、大云寺石窟的诗篇反映了诗人与赞公的不幸遭遇，以及诗人对叛军的痛恨、对人民所受痛苦的忧虑、对国家中兴重建的期盼。

---

①[清]彭定求、杨中讷等修纂《全唐诗》卷 216，第 2269 页。

②高天佑编著《杜甫陇蜀纪行诗注析》，第 205 页。

③[唐]杜甫《长沙送李十一(衔)》，[清]彭定求、杨中讷等修纂《全唐诗》卷 233，第 2571 页。另见[唐]杜甫《长沙送李十一》，宋刻本《杜工部集》第 18 卷，上海图书馆藏。

第二节　李商隐及其诗作与陇南石窟

一、李商隐的诗《圣女祠》(杳霭逢仙迹)与《重过圣女祠》诗

李商隐(813—858),字义山,号玉谿生、樊南生;怀州河内(今河南省沁阳市)人。文宗开成二年(837)进士。其诗作中被认为与武都区水帘洞石窟有关的是《圣女祠》(杳霭逢仙迹)和《重过圣女祠》。①

生活在晚唐时代的李商隐,对于朝政深为不满,企望改革。然朋党倾轧,终被排斥,唯充幕僚,抑郁早逝。②崔珏《哭李商隐》诗云:"虚负凌云万丈才,一生襟抱未尝开。"③

武都红女祠(红女祠即指圣女祠)见载于清代许容等监修《甘肃通志》,葛时政纂修《直隶阶州志》,吴鹏翱纂修《武阶备志》,叶恩沛修、吕震

①[唐]李商隐《圣女祠》(杳霭逢仙迹),[清]彭定求、杨中讷等修纂《全唐诗》卷540,第6197页。[唐]李商隐《重过圣女祠》,[清]彭定求、杨中讷等修纂《全唐诗》卷539,第6144—6145页。[唐]李商隐《圣女祠》(松篁台殿蕙香帏),[清]彭定求、杨中讷等修纂《全唐诗》卷540,第6184页。

②[唐]李商隐著,周振甫注《李商隐选集》,南京:江苏教育出版社,2006年,第1—62页。

③[唐]崔珏《哭李商隐》,[清]彭定求、杨中讷等修纂《全唐诗》卷591,第6858页。

南纂《阶州直隶州续志》,曾礼主编《武都县志》等,然而这些方志并非全部记载或承认红女祠与李商隐的《圣女祠》《重过圣女祠》诗有关。胡大浚先生说:"把真武山等同于青冈山,把红女祠与李商隐诗直接联系起来的,就个人所见资料,大抵由叶恩沛始。"①据《武都县志》称(《武阶备志》亦有载),《武阶备志》收录了上述二诗,并断言二诗所述圣女祠即今武都区"水帘洞"红女祠。②

那么上述二诗中的"圣女祠"究竟是不是写武都水帘洞石窟?笔者阅览了清同治年间刻本《武阶备志》,有部分内容可将《圣女祠》(杳蔼逢仙迹)和《重过圣女祠》与武都水帘洞直接联系起来。依笔者分析,《武阶备志》若要收录关于武都水帘洞与上述二诗关系的内容,只可能编入《山水》《祠祀 寺观 古迹》《碑碣》(一)、《碑碣》(二)或《杂录》等卷中。然而,《山水》卷载:

> 水帘洞,在真武山麓,悬崖瀑布,时如千尺白练垂空而下,时如万斛贝珠倾囊而出,时如环珮琴筑,啴缓杂鸣,下则壁崖环折,俨若断玦,内有怪石错出,间以桃柳,恍如武陵仙境。(《陈志》)③

《祠祀 寺观 古迹》载:

> 红女祠,在真武山麓,祀贞女红氏,(《通志》)神红氏生不知时,嫁不知姓,相传神夫早丧,舅姑强之嫁,神不从,舅姑遇不以礼,督以苦工,神气益奋、志愈坚,忽风雨大作,神遂飞去,人后迹

①胡大浚《千古香魂何处觅——李商隐〈圣女祠〉诗志疑》,《社科纵横》2002年第3期,第60—62页。

②甘肃省武都县地方志编纂委员会编纂,曾礼主编《武都县志》,第977页。

③[清]吴鹏翱纂修《武阶备志》卷1《山水》,清同治十二年(1873)新刻本。

之，坐化于武真[①]山麓石岩洞中，后人立祠祀之。(《陈志》)[②]

《碑碣》卷(有两卷)未载相关内容。

《杂录》卷载:

《望喜驿别嘉陵江二绝》　　李商隐

其一

嘉陵江水此东流，　　望喜楼中忆阆州，
若到阆州[③]还赴海，　　阆州应更有高楼。

其二

千里嘉陵江水色，　　含烟带月碧于蓝，
今朝相送东流后，　　犹自驱车更向南。[④]

《武阶备志》共22卷，书中收录了“李商隐”“过圣女祠”“重过圣女祠”等条目。另外，依笔者看来，李诗《望喜驿别嘉陵江水二绝》似与红女祠无直接关系。因此，《武阶备志》关于李商隐曾到武都水帘洞以及其所写二诗与武都水帘洞有直接关系的记载应该进一步研究，并须有相关记载作支撑。

实则二诗中所谓“圣女祠”位置所在，迄今尚无定论。除李商隐著、冯浩笺注《玉谿生诗集笺注》[⑤]以外，张采田会笺《玉谿生年谱会笺》[⑥]，安徽师

①“武真”，当为“真武”之误。

②[清]吴鹏翱纂修《武阶备志》卷16《祠祀、寺观、古迹》。

③“州”，《全唐诗》作“中”，见[清]彭定求、杨中讷等修纂《全唐诗》卷539，第6177页。

④[清]吴鹏翱纂修《武阶备志》卷22《杂录》。[唐]李商隐《望喜驿别嘉陵江水二绝》，见[清]彭定求、杨中讷等修纂《全唐诗》卷539，第6177页。

⑤[唐]李商隐著，[清]冯浩笺注《玉谿生诗集笺注》，上海：上海古籍出版社，1979年，第369—371、693—694页。

⑥张采田著《玉谿生年谱会笺》(外一种)，上海：上海古籍出版社，1983年，第42—50、191—194页。

大中文系古代文学教研组选注《李商隐诗选》[1]，叶葱奇疏注《李商隐诗集疏注》[2]，李商隐著、王汝弼和聂石樵笺注《玉谿生诗醇》[3]，吕明涛校注《李商隐》等所记都大同小异，显然存在先后继承或参照的关系。

刘学锴、余恕诚两位先生《李商隐诗歌集解》中于《重过圣女祠》后集注云：

> 【冯注】《水经注》："故道水合广香川水，又西南入秦冈山，尚婆水注之。山高入云，悬崖之侧，列壁之上，有神像若图，指状妇人之容，其形上赤下白，世名之曰圣女神，至于福应愆违，方俗是祈。故道水南入东益州之广汉郡界。"[4]按：合《水经注》《通典》《元和郡县志》诸书，两当水源出陈仓郡之大散岭，西南流入故道川，谓之故道水。其云"西南入秦冈山"者，在唐凤州之境，州西五十里，则两当县也。凤州南至兴元府几四百里，东南至褒城县几三百里。而唐时兴元至上都，或取骆谷，或取斜谷，若从驿路，则一千二百余里，其途较纡也。此为自兴元至凤州，出扶风郡之陈仓县大散关时经之无疑也。【按】圣女崖在陈仓县、大散关之间。近人或谓圣女祠即女道士观之代称。陈贻焮谓圣女祠即指玉阳山王真公主之灵都观。考唐代确有圣女祠。[5]

---

①安徽师范大学中文系古代文学教研组选注《李商隐诗选》，北京：人民文学出版社，1978年，第151—153页。

②叶葱奇疏注《李商隐诗集疏注》，北京：人民文学出版社，1985年，第3—5、266—268页。

③王汝弼、聂石樵笺注《玉谿生诗醇》，济南：齐鲁书社，1987年，第313—316页。

④此处所引内容与《水经注》原文有出入。请参：[北魏]郦道元著，陈桥驿校证《水经注校证》，第477—486页。

⑤刘学锴、余恕诚著《李商隐诗歌集解》（增订重排版），北京：中华书局，2004年，第1480—1481页。[唐]李商隐著，[清]冯浩笺注《玉谿生诗集笺注》，第92页。

《李商隐诗歌集解》并引许浑、张祜、储嗣宗诗进行考证，得出结论说："故朱鹤龄、冯浩谓圣女祠在陈仓、散关间，当可信。李商隐此前已作圣女祠五排、七律各一首，作年不详。此篇张氏会笺系大中十年自梓还京途次，兹从之。据'一春梦雨'句，当在暮春时。"[①]可见，《李商隐诗歌集解》之集解者确信"圣女祠在陈仓、散关间"。

近年吕明涛先生在《李商隐》一书中评注云：

> 圣女祠《水经注·漾水》："武都秦冈山，悬崖之侧，列壁之上，有神像若图指，状妇人之容，其形上赤下白，世名之曰'圣女神'。"[②]武都，在今甘肃武都，是唐代由陕西到西川的要道。义山开成二年(837)冬自兴元回长安时途经这里，作《圣女祠》诗。大中十年(856)义山随柳仲郢自梓州还朝重过此地，故题为"重过"。[③]

看来吕先生肯定二诗是写武都水帘洞的，不过行程之遥远、曲折、艰巨似有可疑。胡大浚先生认为："离开圣女祠的所在地和商隐的行踪路线，难以说清诗人作诗的直接动机，凭空推断其诗心，挖掘其寓托，难以避免牵强附会的妄说。""搞清唐时兴元至长安的道里途程……《圣女祠》诗三首，只能作于义山出入蜀道途中当无疑义。""观贞女红氏故事似可与李商隐诗内容相附会，然而，秦冈山不在阶州(唐武州)，也不见有别称真武山的记载，由武都东至徽县、两当县交界处的秦冈山尚有一二百里的

---

①刘学锴、余恕诚著《李商隐诗歌集解》(增订重排版)，第1481页。

②此处所引内容与《水经注》原文有出入。请参：[北魏]郦道元著，陈桥驿校证《水经注校证》，第477—486页。

③吕明涛评注《李商隐》，北京：中华书局，2011年，第92页。

路程……把商隐的足迹硬拉到武都(阶州)来,可视为是借名人光耀乡里的手段,是旧志常见的通病。”他又说:“广香川水今称‘庙河’,当地百姓叫两当河;尚婆水,即今天的永宁河,在今甘肃徽县东境,南流至徽县、两当交界处汇入嘉陵江(故道水),便是青冈山圣女崖所在的地方。”①也有学者认为二诗“意境扑朔迷离,托寓似有似无,比有些无题诗更费猜详。题内的‘圣女祠’,或以为实指陈仓(今陕西宝鸡市东)的圣女神祠,或以为托喻女道士居住的道观”②。

二、李商隐与武都水帘洞石窟

我们目前尚无充足的理由否定李商隐曾到武都水帘洞一说,及李诗与水帘洞可能存在的关系。故关于“《圣女祠》(杳蔼逢仙迹)和《重过圣女祠》写的就是武都水帘洞”一说,不妨姑使之存,详情尚待进一步研究。事实上关于二诗即写武都水帘洞的观点已为很多人认同或运用。③周振甫先生就说:“商隐事迹记载疏略,有不易详考的。”④虽然李商隐具体在什么背景下、怀着怎样的动机到武都水帘洞的,我们尚不得而知(张氏会笺说可供参考),但据李商隐生活于晚唐,可以断定武都水帘洞石窟至迟于中唐以前就已存在,这和地方志的记载是一致的。《武都县志》卷十《文化》之第二节《古建筑》中《武都县主要文物保护单位一览表》将“水帘洞红女祠”“编号顺序”编为“99”,“编号分类”定为“C08”,“时代及文化类型”断为“始建北魏,唐宋明清至今都有修葺”,“地点”标为“城郊水帘洞”。⑤《武都县

①胡大浚《千古香魂何处觅——李商隐〈圣女祠〉诗志疑》,第60—62页。

②萧涤非等撰《唐诗鉴赏辞典》,上海:上海辞书出版社,1983年,第1128—1129页。[唐]李商隐著,周振甫注《李商隐选集》,第106页。

③韩博生、陈启生著《陇南风物志》,第63—65、226—227页。西北师范大学古籍整理研究所编《甘肃古迹名胜辞典》,第175页。

④李商隐著,周振甫注《李商隐选集》,第56页。

⑤甘肃省武都县地方志编纂委员会编纂,曾礼主编《武都县志》,第923页。

志》卷十第四节《风景名胜》载，水帘洞“北魏以来，即驰名陇右，不少名人在此驻足题记。《武都县志》还载录了李商隐、黄文炳、邢澍、郭维城等人赞咏水帘洞的好诗佳赋”[①]。倘若李商隐真的曾到彼一游，从时间上讲是完全有可能的。唐末国家处于混乱中，但阶州地方相对偏僻，或适于其游。李商隐一生壮志未酬，仕途坎坷，失意潦倒，情绪低落。其“春蚕到死”“心有灵犀”一类诗“借艳情来寄志托事”。“另一类诗……亦复善于设喻，工于征事，寄慨遥深，意在言外……都是琢炼晶莹，而真情流露”。“人必疑为痴情，哪知都是血泪呢”。他亦曾“平居忽忽不乐，始克意事佛”。“义山之诗……盖得子美之深而变出之者也”。[②]《行次西郊作一百韵》诗[③]的“风格接近杜甫，这样反映民生疾苦是商隐诗中罕见之作”。[④]故李商隐在二诗中借“圣女”形象以自喻，此亦为商隐曾经信道、学道的实例，表露出作者对现实的不满、内心的痛楚和对美好未来的向往。刘学锴先生一语道破玄机：“有的研究者认为诗人是托圣女以自寓，有的则认为是托圣女以写女冠。实际上圣女、女冠、作者，不妨说是三位而一体：明赋圣女，实咏女冠，而诗人自己的‘沦谪归迟’之情也就借圣女形象隐隐传出。所谓‘圣女祠’，大约就是女道观的异名，这从七律《圣女祠》中看得相当清楚。所不同的，只是《圣女祠》皆咏圣女而寄作者爱情方面的幽渺之思，而《重过圣女祠》则借咏圣女而寄其身世沉沦之慨罢了”。[⑤]

---

①甘肃省武都县地方志编纂委员会编纂，曾礼主编《武都县志》，第 924 页。

②[唐]李商隐著，周振甫注《李商隐选集》，第 58 页。

③[唐]李商隐《行次西郊作一百韵》，见[清]彭定求、杨中讷等修纂《全唐诗》卷 541，第 6245 页。

④[唐]李商隐著，周振甫注《李商隐选集》，第 49 页。

⑤萧涤非等撰《唐诗鉴赏辞典》，第 1130 页。

小结

本节探讨了杜甫的诗作与陇南法镜寺石窟、八峰崖石窟、大云寺石窟的关系，以及李商隐的诗作与水帘洞石窟的关系。

唐代大诗人杜甫与西和县法镜寺、八峰崖，成县大云寺等今陇南市境内部分石窟寺有着独特的历史因缘。与这些石窟直接相关的诗篇主要是杜甫的《法镜寺》《石龛》《宿赞公房》《西枝村寻置草堂地夜宿赞公土室二首》《寄赞上人》《别赞上人》等。这些诗篇不仅为石窟增添了色彩，而且渲染了历史文化氛围。我们通过研究石窟，了解了更多关于诗人及其诗作、唐史的相关内容，也通过诗作了解了更多石窟的昔日状况，又通过这种状况窥知当时当地的社会历史、诗人的处境和精神面貌等。同时，通过对诗人、诗作、社会历史的分析，了解了更多关于陇南石窟的开凿背景、时代特征和文化内涵，如从杜甫诗篇中，我们能够探知石窟开凿的大致时间范围、石窟的历史沧桑、石窟（寺院）曾经达到的规模、相应时代的佛教发展状况、以石窟为题的“弦外之音”、诗人的所思所想等。无论李商隐是否曾到武都红女祠，杜、李二位诗人的作品均是时代背景的投影。故部分陇南石窟是诗人人生苦难和唐朝社会史实的反映。虽然杜甫、李商隐二人所处时代不完全相同，背景、个性、诗风亦不尽相同，但就他们的经历和命运而论，从他们的诗作来看，他们有着非常相似的境遇和心情。由此看来，陇南石窟寺不仅留下了唐代诗人的足迹和心迹，而且留下了古代佛道衍变和唐朝国运兴衰的历史印记。

余　论

余论

本书在公布对今陇南市境内石窟寺调查所获资料的同时对有关问题进行了初步研究。但这只是研究陇南石窟的新的开始、新的起点，我们期待进一步的调查和研究，以作为本研究的延续、扩展、深化。今后继续推进陇南石窟或相关问题的研究，我认为应该特别注意以下几个方面，力争取得突破：

一、石窟关系。通过对陇南石窟和相关石窟的研究进一步分析中原北方地区石窟与西南地区石窟，尤其是天水麦积山石窟群和川渝石窟群的关系问题。需要具体弄清陇南外围石窟的历史、内容、特征及其对于陇南石窟的影响，尤其是西北、华北、长安佛教及其石窟艺术对于陇南、川渝地区的传播和影响。当然，这涉及社会历史、民族关系、佛教道教、历史地理诸多问题。笔者个人认为并经常思考的问题之一，是麦积山及其周围石窟对于陇南石窟具有决定性的影响，但实际上目前尚未进行深入、具体的探究。

二、石窟年代。对于一些石窟的开凿年代、现存塑绘作品的创作年代诸问题的研究有待深入。在这一问题上最突出的莫过于近年来对于八峰崖石窟开凿时间的探讨和争论。如，八峰崖石窟是陇南石窟中最具代表性,保存古代塑像、壁画最多,涉及社会历史最独特,艺术水平又相对最高的石窟,但尚未找到最能直接说明问题的材料。又如,法镜寺石窟的开凿时间也有争议,方志记载和一些学者研究多认为石窟开凿于北魏中晚期,但2012年5月我们考察陇南石窟时施萍婷、刘永增、王惠民等先生俱认为法镜寺石窟是北周时期开凿的,这又给我们提出了新的课题。

三、碑文方志。石窟碑文研究大有可为。本文调查和研究的20多处石窟中保存有宋、元、明、清碑的有一半以上。碑文往往包含着很多重要的历史信息。如金莲洞石窟,现存元、明、清碑8通,对于石窟的历史、有关人物的活动、有关全真道内容记述颇详,且书法隽秀、雕刻精美,其研究、观赏、保护价值都很大。另外,一些历史、宗教等方面的内容,正史没有记载,或石窟破坏严重,或无其他材料,而方志类书籍或有记载,恰好碑文有不同程度的记载。所以,我们展开研究,一定要结合其他资料,仔细阅读、认真琢磨碑文、方志记载的内容,往往会有“山重水复疑无路,柳暗花明又一村”的效果。

四、三教融合。陇南石窟“三教合一”的情况比较突出。前文重点调查和研究的十多处石窟中具有佛、道并存或“三教合一”性质的石窟就有10处以上,也就是说,大多数陇南石窟具有三教共存情况。虽然三教融合并不是明清才有的,三教融合的石窟也并不是只有陇南才有,但陇南石窟中的三教融合状况更凸显了本地区的地域特征和历史风貌。如有的石窟佛道共存、佛道不分、亦佛亦道、儒释道一家等,反映了元明清时期地方石窟的一般特征。而且三教信仰和一般的民间信仰混杂在一起,形成了独具特色的状况。更值得注意的是,陇南石窟中具有佛教禅宗和道教全真道的石窟及其相应的内容,这就不是偶然的。禅宗与全真道又恰是中国佛道文化中具有代表性的流派,是儒、释、道三教合一的典范,是我们研究三教关系的重要切入点。关于三教关系的哲学、宗教、社会历史问题和石窟融合问题是很复杂的问题,以后需进一步调查研究,深入实际地进行论证。

五、民族历史。需要研究陇南石窟中蕴含的民族因素。陇南石窟中包含有关历史上的民族或者今天的少数民族的一些因素，但本书中没有进行专门挖掘和深入研究。如前文提及，八峰崖、法镜寺二石窟的开凿与曾经统治过甘、陕、川的氐族杨氏所建立的仇池国有关，也肯定与迁都洛阳、实行汉化政策、大力推行佛教的鲜卑拓跋氏建立的北魏政权有关。另如，唐代安史之乱以后，吐蕃曾经占领今陇南市的大部分地方，吐蕃是信仰佛教的民族，那么在其统治陇南期间，对于佛教、道教、石窟寺到底做了些什么？元朝统治时期在陇南石窟中到底留下了怎样的印记（如在金莲洞石窟）？所有这些，有关研究基本上都是空白，需要我们挖掘、搜集和整理相关材料。相信能够找到一些积极线索，得出重要的结论。

六、石窟保护。保护、研究、开发陇南石窟，是促进文化大发展大繁荣，传承、弘扬祖国优秀传统文化，促进陇南自然人文旅游，推动经济社会发展的需要。陇南石窟是古代人民勤劳和智慧的结晶，是古代社会的间接反映，是宝贵的文化遗产，是石壁上的“图书馆”，是我们今天研究中古社会史，历史地理，佛教史，道教史，民族关系，雕塑，绘画，书法，建筑等不可或缺的重要材料，也是我们今天进行文化建设的重要领域。特别需要指出的是，陇南一些县（区）对石窟寺基本没有保护措施。笔者建议：成立专门单位或指定专人负责保护；遵守党和国家的法律制度，制定具体的管理办法，并严格遵守；对各石窟寺进行封闭性、开放式、科学化、专业化管理；像天水麦积山石窟那样，对每个石窟都挂上编号牌子，便于研究；加强宣传，把各石窟寺的开发与县内其他相关项目的开发联系起来，实行文化兴县、文化强县，文化兴市、文化强市，招标投资，进行旅游开发，以此来发展经济、振兴文化、美化环境；组成专门团队，或指定专人，或邀请市外专家进行研究等。

附　录

附录一 陇南市境内石窟部分碑文

(一)西和县法镜寺(石窟)碑[①]

五台山当代新建法镜寺现存5通碑，其中前3通清碑即大清康熙岁次戊辰(1688)孟夏之月《复建五台山发境寺碑文叩献》、大清康熙岁次丁亥(1707)仲吕梅月《法禁寺碑记》、雍正三年(1725)四月初八《重建五台山法境寺碑》。因明、清之际崖前建筑被大水冲毁，遂将法镜寺移建于石窟西北方向、今西徐(西和至天水徐家店)公路西侧的五台山上。[②]此处公布4通碑碑文。

①此处主要依据笔者考察时所作录文，并参考了孙晓峰先生论文。孙晓峰先生录文，请参：孙晓峰《甘肃陇南几处中小石窟调查简报》，第3—11页。孙晓峰先生所作录文，以下简称“孙录”。

②西和县地方志编纂委员会编《西和县志》，第644、733页。

1.《复建五台山发境寺碑文[①]叩献》（清朝康熙二十七年即公元1688年）[②]

［碑阳］

依（？）次（？）[③]

□□[④]耸翠，穷[⑤]岛屿之萦回；[⑥]彩彻云霄，列冈峦之体势。来／[⑦]山洪武建设，及后民俗丕变，竟成荆林矣。我[⑧]／朝定鼎以来，复经修葺，虽宇廊成灵，丹雘[⑨]未施。于是臣道兴[⑩]二三父老，忾□起修，化众补葺，会卜谈，奉／子孙娘娘老爷忏殿之，候[⑪]建牌垂统[⑫]千载，使后之瞻拜者／睹[⑬]森严而善心生，风规所及，不亦远乎？／玄门弟子化主[⑭]陈守常、赵太玄、刘一明、赵铎／承像人　张守智　汤氏　吕氏　幼女小旺／承像人　刘尔夫　和氏　曾氏　男刘源澄　赵氏　刘源澈　白氏　孙男药师佑／承像人　王凤魁　吕氏　男立赤儿　超僧子　跟僧子　拾□娃　□女喜娃／许那金（？）　许天才　许国瑞　许成金　许世金　许国治　白氏　王□才／铁君□　铁福　何福　郭秉成　崔加惠　□意大　陈启元　刘呀□／史祥

①“文”，孙录为“立。”

②三通清碑皆被镶嵌于五台山寺院墙壁中，各碑只留一面朝向寺院外，另一面我们现在已经看不到了。

③依（？）次（？），孙未录此二字。

④“□□”，此处似有二字，原碑难以释读，孙未录。

⑤孙录文中，“穷”后有“峰”字，而原碑无“峰”字。

⑥“□□耸翠，穷岛屿之萦回”，孙录为“耸翠穷峰，岛屿之萦回”。

⑦孙录文此处缺“／”。

⑧孙录文“我”后有“□□”，但笔者认定本行“我”后无字。

⑨“雘”，孙录为“□”。

⑩“兴”，孙录为“长”。

⑪“候”，孙录为“侯”。

⑫“统”，孙录为“□□”。

⑬“睹”，孙录为“观”。

⑭“化主”，孙录为“承像人”。

苏氏　张大臣　赵恒　石和玉　张汶石　王三木　张可得　陈耀／杨福　李可才　刘□哲　姚氏　王有志　王启祥　李春旺　赵杰　任有时／苏民敬　王氏　苏世定（？）　刘汴芳　张守旺　张守碧男　单智　王德懋　赵恕　刘氏／崔连芳　崔如畏　杜（？）氏　李淇福　符登龙　汤兴儒　范天锡　杨□朝　李门郭氏／崔连德　王氏　崔如光　武士　潘旺　范天禄　魏如荣　□□尚荣／郭光吉　王□太　□二年耳□云／礼县文音主忠……／旹／[①]　／大清康熙岁次戊辰孟夏之月吉日生寅二[②]……／献／。

［碑阴］

（略）

2.《法禁寺碑记》（清朝康熙四十六年即公元 1707 年）

［碑阳］

圣境重新／[③]

西邑西北境，号曰石堡镇古郡。五台山北依耸峰，俨然崆峒形势，西南涧[④]流直停[⑤]汉水渊／[⑥]源。依欹休哉，何风之景也。昔有诸圣，颜貌创之先代，迄[⑦]经有千余载，不意损坏。于是，诸／真弟子赵先同[⑧]连乡[⑨]善信人等，阅历其际[⑩]，目击心伤，不忍失前人之遗志，而竟听其倒置乎？[⑪]／恃约领受

---

①孙录文中从“刘一明、赵铎”到“旹”，皆省略。

②孙录文中无“二”字。

③“圣境重新”，此为篆额，孙未录此 4 字。

④“涧”，孙录为“润”。

⑤“停”，孙录为“注”。

⑥孙录文中无“／”，故笔者加之。下同。

⑦“迄”，孙录为“讫”。

⑧“同”，孙录为“倚”。

⑨孙录文中无“乡”字。

⑩“际”，孙录为“陨”。

⑪孙录文中无“乎”字。

生□输胤资[1]，积少成多，补葺宫殿，圣像辉煌。一举而众喜，共襄效力，相与[2]有／成，今则厥功告峻，[3]丕振重新。诚十方朝山、焚香、作善之福址[4]也。先等特援笔刻石，遂传不／朽云。／修真弟子陈守常领会弟子赵先室　梁氏　男　赵生　赵大任　次男　赵大造　四女子　恩赐　子侄真人　卧室人　马氏　率徒赵青云　室人　刘氏　孙　双喜　于随楼子／大祥室人苏氏　男　史大龙　赵氏　侄　史大忠　汤氏　孙　史朝栋刘氏　代僧见信善见李家信三界　赵夺　赵氏　男　赵大业　王氏　赵大兴　祁氏　赵大武　何氏　赵大睿　马氏　□庄子　三庄子　小庄子／张可法　室人　王氏　男　张凤朝　刘氏　孙　福润　子……赵辉张氏　男　赵正宋　马氏　赵开宋　王氏　赵延宋　孙　赵简取　赵简□赵□□三招见／赵门刘氏　男　赵大宗　刘氏　孙　楼娃　子　跟楼子□□楼子　四五　楼见　李名扬　叶氏　男　□王小玉　杨氏庆寿子赵氏　季玉敬　季玉……林……／赵弟　史氏　男　赵大禀　赵□　闫氏　男　跟□子……赵门□□　男　赵绪宋　赵氏　孙　招生儿　子招儿　赵□经　王氏　男……／刘门王氏　男　刘□良　田氏　陈氏　买客达　聂世□石氏　男　□崇吉□□永智尤氏陈氏　男　汤世魁　开洛保……张乾　李氏　男　张□□□氏／门□能　□氏　男　白生彩　郭氏　□凤　□汤氏　孙　曾□子　福会子　银会子　□□子　□会子王　□禄杨氏　男　王……孙壬申子王居相□王氏□王拥将商学／刘门张氏　男　□员　刘源□　赵氏　□氏……刘□随……汤大成　陈氏男　岁寺　□　戊寅子　三儿子／□大定（？）元／大海赵氏／李可□杜氏／□汉贵　姚氏／承像人　苏世荣(？)　李氏　男　苏社周　苏继

---

①“输胤资”， 孙录为“谕”。

②“与”，孙录为“□”。

③“峻”，孙录为“竣”。

④“址”，孙录为“祉”。

夏 □□阳儿 李蓬林 豆氏 男 跟那儿 小那儿李门 张氏 男 李□ 李氏……/杜(?)□鹏 乔氏……杜国楹 孙 杜□ 曹氏 重孙 尽信子 苏世泰 刘氏 男 苏殿琳 苏殿珣 押头丙子 绞济鬼/□绿施主张学智 汤氏 男 遇责子 刘翰杰 张氏道八王清李李氏 王恩尧 苏氏/王宠女 男 王凤翔 小目子 苏世定 王氏 男 苏殿臣 李氏 苏殿弼 酉生儿 遂见 □戊寅儿壬于子□记保宁宋信 □赵保用……/木匠 白生彩/塑匠 焦必成[①]/铁匠 齐家良 泥水匠 赵大宗 石匠 宁百福 聂世友[②] 刘大成/ 旹[③]/ 皇清康熙岁次丁亥年仲吕梅月 谷旦立石 书生 方腥[④] 苏世凤 董沐 献文书刻[⑤]

［碑阴］

(略)

3.《重建五台山法境[⑥]寺碑》(清朝雍正三年即公元1725年)

［碑阳］[⑦]

古今来□,忠臣孝子烈女节妇,无不记之□史,载之于策,以使后之募风者,闻之莫不兴起。吾以为多积阴功,广种/福田者,亦宜勒之于石,书之于匾,以使后之向善者,视之咸为则效。郡城之南廿余里,有山名曰“五台”。观其形峨然/,视其状巍然,谓别是人间,真堪入画者是耶。□命昔之会,建梵宇于其上,代远年湮,莫核所目。但相传以为“法镜/寺”云。中所

---

①孙录文中从“梁氏 男 赵生 赵大任”至“塑匠 焦必成”皆省略。

②孙录文中无“宁百福 聂世友”6字。

③孙录文中无“旹”字。

④“腥”,孙录为“煋”。

⑤孙将“书生 方腥 苏世凤 董沐 献文 书刻”录为“书生 方煋 董沐献文 苏世凤(董沐)书石”。

⑥“境”,孙录为“镜”。

⑦孙录无“碑阳”二字,系笔者所加。

构造，虽无层楼，虽无高阁，其殿亦非一所，无奈年远日久，风雨摧残，遂致檐瓦败坏，垣墉倾圮。至康熙丁亥年，倘分修真赵先，念古迹之不易而重，必杳然无踪，自重建后，多历年所扬无，仍然败坏，垣墉仍然倾圮。/有赵大造张荣宗等，爰发洪愿，矢志重修，约同志共图盛举。许至三年以完工，今已三年，愿将施财之大众，皆勒之/于石，俾侈认咸曰：某年某月某人，重建之于其先；某年某月某人，补修之于其后。倘有崩颓，亦复如是。则西邑之胜/境，永垂万世矣。噫！人人皆有如是之善念，圣神岂无默佑之福祉。此故笔之于石，以俟将来之好善者。/新任知县杜启运、恩贡生王爵、生员张翅遥……原任知县贾泽浩、监生赵大□、生员王永盛、临潼县……/客商高陵县张文珍……韩城县……礼泉县吴奇生……咸宁县田生斗……渭南县……功德主赵大造、张荣宗/……/□碑石匠　□大成、□大德、木匠白生彩、何生龙、白成福、白珍、泥水匠赵养志、扬子奉/十方　□会善人等，张官人坡会首张成……/王家崖会首郭士成……/崔家沟会首陈起圣……/雍正三年四月初八谷旦　伏羌县庠生刘继章题并书。[1]

［碑阴］

同结良缘[2]

水磨川会首　王懋德　王茂功　王朝龙　王万敖　王海威　王□宁　白璞　李工培　王敬　王朝阳　白珩　王建　王自明　王自琳　王登/白映瑞　王登敖　王茂周　王成敖　王泰祥　白生彩/张家河会首　李弘都　张永祥　张孝竭　张文爵　李之都　李荣都　张居正　张弘相　张居上　张朝宰　张奉祥　马天才　张甫成/高家山会首　□品极　高居极　高峻极　高运极　高重武杨天衡/徐家山会首　徐□良　赵登先

①此段为该碑另一面即镶入寺庙院墙并朝向院落一面的文字，笔者抄录原碑文并参考了孙录文。依据碑文内容分析，当为碑阳文字，下面笔者所录应为碑阴文字。

②“同结良缘”为楷额。

赵养志 赵加进徐□福／刘家庄会首 张□可 王荣 刘满良 刘荣 刘福／宋家山会首 周金□ 周显文 姚世芳 姚世金 周福泰 高进良 谢金太 谢金王 李之圣／刘家庄会首 刘元登 赵元鼎 马奉龙 ／祁家庄会首 王良□ 祁□义 祁振 谢君辅 祁猷 王继绪／汤家庄会首 汤大库 汤青 汤德 汤大定 卢廷 徐天聚 汤王德 芦显 贾弘义 徐奉龙 贾自福 徐重成 贾工 贾门静（？）／药王家会首 王奉恺 王国重 王奉宗 王秦朝 王连节 王连第 王奉皇 王奉集 王奉禄 王刚 王国殿 王奉飞 王节 王表／石堡镇会首 许登金 王宗贤 赵张运 张可世 范师圣 李可兴 李万功 王得贤 杨必成 铁国正 杨廷石 杨成 张奉彩 张奉格／王廷贵 许良舟 王美□ 杨必法 杨有成 王正贤 王石贤 张问仁(？) 张奉义 马得成 吴进财 王礼贤 杨必隆 叶自荣／杨廷宣 郭文学 张奉□ □绪臣／苏家团庄会首 苏世泰 宁大用 苏殿□ □奉义 苏殿珍 宁大成 李作梅 苏殿林 苏继唐 苏殿辅 白润色／大杜家庄会首 杜文耀 杜文郁 杜文璋 □朝重 杜国楹 杜應奇 杜茂动 杜国柱 杜国栋 杜国良 杜朝卿 杜应福 杜国泰 杜国得／杨天聚 王国昌 王国定 随缘人 孔彦学 宋崇德黄氏／史刘二庄会首 史显龙 史大才 史文军 □□□ 刘聚都 刘聚明 刘聚顺 刘希舜 陈光有 刘士宗 刘介／龙王山会首 叶天宁 叶天爵 叶自金 □自发 叶自仁 叶自卿 叶自禛 叶天时 叶天阳 唐寿祥 叶自强 叶自起 叶君爱 叶自兴 ／叶明 叶自林 叶金秀 □天良 叶天能 叶自厚 叶自勤 叶扑 叶开动 叶应阳 叶寅正／深沟儿（？）会首 王勇 赵大睿 赵大节 王京 王绪 王伟 李明金 李统 李都 赵大斌 赵大相 张真凤 包金有 赵兴／马家沟会首 蒲成金 马文奇 马文先 武□才 武殿邦 武三周 马食福 马聚仓 马文成 马文弼 马文王 马文寅 张弘琳 马奉旨（？）／王仓有 武奉良 马进昌 马□祥／三家□会首

王奉奇　赵青囊(？)　王奉世　刘□四　王宗　王准/马跑泉会首　李天佑　李维良　李大才　刘安邦　刘天福　李天荣　朱加朝　朱加荣(？)　朱维舟　朱登魁　李玉春　梁君宰/画匠　金成(？)　岳(？)奉高住持　僧普林　普成/雍正三年四月初八谷旦/伏羌县庠生刘继章题兼书

(二)西和县八峰崖石窟碑

八峰崖石窟现存7通碑(含明碑1、清碑2、民国碑2、缀合碑2)。

灵官殿以东的崖壁上,镶嵌(或并立)着1排碑。据多处文献资料记载,石窟并立6通碑,明万历时1通,清光绪及宣统时5通。这种说法并不准确。据笔者2003年以来多次考察得知,八峰崖石窟现存12通碑,其中完整碑10通(包括八峰崖石窟山脚下寺湾里1通字迹已非常模糊的碑,但不包括石窟栈道靠崖壁所立1通当代待刻无字碑以及刻有杜甫《石龛》诗的当代摩崖刻石),缀合碑(此指将两个或两个以上碑残块连接在一起的"碑")2通。[①]实际上,现存明代碑至少有1通;光绪时碑能确认的有2通,宣统时碑尚难以确认有无(即使有也难以确定其具体年代);民国时碑不少于2通(能确认的有2通。另外,笔者于2005年考察时看见一大块残碑上有"中华民国"字样,如今这几个字已不见于"缀合碑");当代碑2通。此前未见完整录文(基本上没有录文)。7通碑及其碑文依次是:[②]

①笔者于2003—2005年间考察时尚见多块残缺碑,如今已被用水泥粘合成2通貌似完整的碑,可以理解残碑缀合者的良苦用心,然而缀合需要一定的根据、方法和程序,用水泥随意或强制粘连,使得粘联在一起的残块相互之间未必吻合,有些甚至风马牛不相及(如不属于同一时代,而且水泥有时会掩盖一些本来可以释读的文字,恰恰是这些被掩盖的文字可能会提供某些重要信息。

②此处所列碑,碑阴俱无文字(多数已无法看到碑阴),故所录文字皆刻于碑阳。本文所录碑文依原碑多用繁体,个别文字凡与现代简化体相近或直接用现代简化体者(有些文字古今通用、不分繁简或古人简用),亦依原碑照录。

1. 明朝碑一(明朝万历年间?)

八峰崖石窟山脚下寺湾里的荒地中现存 1 块碑,下端埋于地下,露出地面的部分宽 99 厘米,碑首半圆凸出部分高出地面 155 厘米,碑阳粗糙,字迹漫漶,正面上部 4 个大字,当为碑额,笔者"释读"出 4 个字,碑阳余部及碑阴似有密密麻麻的小字,颇难释读,最后只勉强认得碑阴几个字。根据文献记载、实地调查,并综合各碑碑文推测,此碑即所谓明朝万历年间碑,未知其详。

[碑阳]

万事戬磬(?)

[碑阴]

……石……西……历施修……石……而□八佛……

2. 清朝碑一(单面碑)(清朝光绪四年即公元 1878 年)

[碑阳]

碑额:众会首

碑文:

重修八府岩吉祥寺碑序/尝闻莫作之前虽美不彰莫为之后虽善弗继忆西国所有　八府岩吉祥寺不/知创于何代考自大明嘉靖年间寺壔重建名曰八峰名曰八佛岩碑金钟犹有/存者及至大清士民相传有江南道郑真人募化八府之善资彩寺建修于岩/面名八府岩寺之称名不一而为善之心则一今者年湮日久庙貌亦非辉煌更/有成邑僧邀请合境会首同心协力好善乐施无量福德功果告竣以志不朽云/功德主/吴法祥　六千文/成惠芳　二千文/住持　米广慈　银二两四/吴法尧　六千文/杨　魁　六千文/王奇　四千文/杜生桂　六千文/冯义祥　三千文/刘福全　二千四百文/李自美　二千四百文/高泰　一千二百/吕田　二千二百文/李长海　一千五百文/王体泰　一千二百文/住持　碓嘴山僧　源舟徒　广魁/画匠　李遇林　一千/化主/成万荣　上　四千/寇生秀

四千／李登贤　四千／王保库　四千／王富美　三千／汪举　二千四百／王丕文　二千四百／房寓士　二千四百／王起祥　二千四百／刘生祥　二千四百／黄世全　二千四百／增生　王海晏　二千／王好文　四千／王安朝　二千／化主／高世万　一千二百／张朝选　一千二丈／王宗孔　一千二百／王安国　一千二百／王益　一千二百／李折桂　一千二百／李应　一千二百／　王好学　一千二百／尹起　一千二百／尹增暘　一千二百／吴法海　一千二百／　吴永邦　一千／张万荣　一千／王满朝／高芳　三千／吴万邦　三千／寇克义　三千／　房寓贤　三千／李登科　三千／青发举　三千／李稳　三千／　任生荣　三千／吴兴顺　三千／狄道　陈善　三千／李登科　三千／　冯好德　三千／瑞隆昌　三千三百／李兴旺　二千四百／复盛魁　二千四百／　增盛福　二千四百／晋阳干　二千四百／王生荣　二千四百／王文耀　二千四百／　王好芳　二千四百／王周　二千四百／王进喜　二千四百／高文　二千四百／　吴安全　二千四百／李荣　二千四百／李正　二千四百／高应海　二千／　张迎福　二千／德兴长　二千／刘全　二千　上／张殿甫　二千／　青登旺　二千／青发太　二千／李希玉　二千／李福海　二千／吴安义　二千／房寓招　二千／雍尚彩　二千／杨世魁　二千／大清光绪四年冬月十九日立

［碑阴］

（无法看到）

3. 清朝碑二（单面碑）（清朝光绪四年即公元 1878 年）

［碑阳］

碑额：众会首

碑文：

王体相　二千／杨朝举　二千／黄生彩　二千／王发祥　二千／宁廷彦　一千二百／王万邦　一千二百／生员　王泰　一千六百／王生魁

一千六百／宁朝举　一千／杜[①]万功　一千／吕琏　六千四百／高世库　四千／张起堂　五千／靳世荣　四千／房瑞朝　四千／甯万魁　四千／寇生福　四千八百／寇克俭　三千六百／陈文辉　三千六百／李生旺　二千四百／李彦和　二千四百／王起泰　二千四百／李希杰　二千四百／李自文　二千四百／成惠武　二千四百／房寓官　二千四百／王万仓　二千四百／王大上　二千四百／李自辉　二千四百／吴登祥　二千四百／王世晏　二千四百／冯俊德　二千四百／杨发魁　二千四百／张凤林　二千四百／蓝万全　二千四百／任支禄　二千二百／王安成　二千／陈克礼　二千二百／冯好俊　二千二百／王起贤　二千二百／黄万力　一千八百／常秉福　一千八百／李永朝　一千六百／王进泰　一千六百／吴兴仁　一千六百／吴法翠　一千六百／王凤章　一千六百／牛具财　一千六百／何自芳　一千六百／蔺登明　一千六百／罗生清　一千六百／任大举　一千六百／郜满银　一千六百／杨大玉　一千六百／王安居　一千六百／魏大栒　一千六百／魏元富　一千六百／任支福　一千五百／龚青龙　一千五百／李希成　一千五百／李自和　一千五百／李长文　一千五百／李应朝　一千五百／成惠通　一千五百／杨殿仓　一千五百／杨宗功　一千五百／成万进　一千五百／黄凤全　一千五百／王意春　一千五百／任支义　三千六百／冯天家　一千五百／冯天富　一千五百／雍尚书　一千二百／滕传贵　一千四百／王生贵　一千四百／马成斌　一千四百／李希义　一千四百／王好进　一千二百／高広来　一千二百／王好周　一千二百／高应富　一千二百／王好通　一千二百／高田　一千二百／王好满　一千二百／高忠　一千二百／王进义　一千二百／高世德　一千二百／王尚选　一千二百／高世旺　一千二百／王海满　一千二百／高奇　一千二百／高仲　一千二百／王富银　一千二百／刘

①“杜”字右（本文所言“左”“右”均立足于观察对象本身）上有一个很小的“王”或“主”字。

汉东　一千二百 / 杜生成　一千二百 / 赵生荣　一千二百 / 常金玉　一千二百 / 吴登汉　一千二百 / 高辉　一千二百 / 高美　一千二百 / 高绪　一千二百 / 寇克举　一千二百 / 胡正寿　一千二百 / 王升祥　一千二百 / 宁朝升　一千二百 / 苏登祥　一千二百 / 李惟邦　一千二百 / 房自稳　一千二百 / 王天福　一千二百 / 王遇祥　一千二百 / 王明章　一千二百 / 李通　一千二百 / 王殿永　一千二百 / 李自苍　一千二百 / 吕世英　一千二百 / 木匠　李茂桂　一千 / 王朝位　一千二百 / 王朝海　一千二百 / 汪满海　一千二百 / 汪满太　一千二百 / 汪满江　一千二百 / 杜有成　一千二百 / 杜阳奇　一千二百 / 吕世贤　一千二百 / 胡张氏　一千二百 / 牛兴义　一千二百 / 王高有　一千二百 / 杨万和　一千二百 / 孟万德　一千二百 / 孟守全　一千二百 / 王万祥　一千二百 / 王万高　一千二百 / 王万世　一千二百 / 王体文　一千二百 / 张起魁　一千二百 / 张万彩　一千二百 / 张起隆　一千二百 / 李长贵　一千二百 / 李条祥　一千二百 / 李自生　一千二百 / 李保成　一千二百 / 王安业　一千二百 / 郭现举　一千二百 / 汪满库　一千二百 / 房自珍　一千 / 房自豪　一千二百 / 房寓堂　一千 / 房自银　一千二百 / 王自有　一千 / 何自仲　一千 / 宁万俊　一千 / 宁万秀　一千 / 王富成　一千 / 张用朝　一千 / / 杨招　一千 / 王光科　一千 / 班头　何永高　一千 / 　班头　何廷成　五百 / 滕传金　一千 / 杨俊　一千 / 王有禄　一千 / 　王遇贤　一千 / 石匠　杜世林　四百 / 大清光绪四年冬月十九日立

［碑阴］

（无法看到）

4. 民国碑一（单面碑）（公元 1926 年）

［碑阳］

碑额：众会首

碑文：

□（尝）闻有为于前者无贵善继于后也忆八府岩寺云吉祥寺松长山尖□□□□不知创□／□朝兴于何代自从嘉靖以至宣统屡次补葺庙宇增添神像焕乎其可观矣不料民国九／年时移世易冬月地震庙宇有坏神像有损因而会内仁人君子心切不忍募化十方资财／建兴山门振修庙宇维石岩岩帝尧之彩眉堪寓岩穴魏魏（巍巍）伏羲之卦图可藏神恩浩／荡四方之人源源而来山青水秀万兽之迹洋洋而聚甚而寺有神噬（蓍）吉凶可卜者其卦／传其义可传焉云尔／功德主／杜进元　施钱五十仟文／吴发超　施钱四仟文／王俊生　施钱一十八仟文／成起德　施艮（银）洋一[①]个钱五仟／吴明福　施艮（银）洋一[②]个钱四仟／高现章　施钱一[③]仟五仟文／王自明洋元一[④]个钱十仟文／高　彦　施钱二[⑤]十六仟文／成全德　施钱三[⑥]千艮（银）洋一[⑦]个／主（住）持　觉姓　施钱艮（银）洋一[⑧]个文／方永忠　钱十五／杜进举　钱十千／汪永清　钱十三千二[⑨]／李占保　钱二[⑩]千／成栋宇　洋元二[⑪]个钱一千上／成栋贤　洋元一个文／汪自学　钱八仟弍佰／王俊堂　钱五十千／成仲德　洋元一个钱十二千／成定德　洋元一[⑫]个／杜进田　钱十千／杜永杰　钱五千／杜永德　钱十千／杜进银

①此处将1道竖线判定为“一”。
②此处将1道竖线判定为“一”。
③此处将1道竖线判定为“一”。
④此处将1道竖线判定为“一”。
⑤此处将2道竖线判定为“二”。
⑥此处将3道竖线判定为“三”。
⑦此处将1道竖线判定为“一”。
⑧此处将1道竖线判定为“一”。
⑨此处将2道竖线判定为“二”。
⑩此处将2道竖线判定为“二”。
⑪此处将2道竖线判定为“二”。
⑫此处将1道竖线判定为“一”。

钱二千上／杜进选　钱二千上／吴进泰　钱三千／吴树英　钱三千／王应章　王现明　钱六十仟文／杜钟灵　钱二千上／杜进玉　钱二千／成举德　元一个钱8(八)千／成旺德　钱8(八)千三／成恩德　钱8(八)千／成页德　钱五千／成可德　钱五千／成世娃　钱五千／成尚德　钱五千／成栋祥　钱一[①]千／芦(卢)起忠　钱二[②]千／芦(卢)张　娃　钱二[③]千／杜进禄　钱五千／成进儆　四千／成栋海　一[④]千／杜进宝　五千／杜进武　五千／杜吉祥　三[⑤]千五／杜中海　三[⑥]千五／杜益茂　二[⑦]千／杜魁元　三[⑧]千五／汪自进　五千／汪目彩　五千／中华民国十五年孟夏月吉日　立[⑨]

［碑阴］

(无法看到)

5. 民国碑二(公元1926年)

［碑阳］

碑额:会首

碑文:

八府岩　吉祥寺重建庙宇姓名开烈(列)于后／功德主／王五□／张发明二仟一百／魏辅廷　立／秦石匠／王明德石工／杨有财二人／高豪五十千／马世全　五千／王升世　五千／赵彦义□元／王则尚　五十千

---

①此处将1道竖线判定为“一”。

②此处将2道竖线判定为“二”。

③此处将2道竖线判定为“二”。

④此处将1道竖线判定为“一”。

⑤此处将3道竖线判定为“三”。

⑥此处将3道竖线判定为“三”。

⑦此处将2道竖线判定为“二”。

⑧此处将3道竖线判定为“三”。

⑨由于原碑末题记已被掩盖,故这里依据《陇南八峰崖石窟内容总录》补全。

／赵万全　五十三千／杨芹五千五／　张荣秀　二仟上／部银昌　五一□／武子纲□元／王生贵卄二千／　王懋德　十五千／王仲元　十千上／卢文现卄千／高正明十一千／　高长一千一／高为十一千／高进世一千下／高三卜十一千／高正十二千／高凤章十一千五佰／高廷十一千／高荣章十一千上／高魁章十二千／高秀章十千上／高耀章卄三千／高理卄一千／高建卄三千／高孝卄二千／高正元卄五千／高升五十二千／高焕章五十二千／王应宽十三千／王升堂十五千／王生明卄一千上／王升花卄三千上／王尚连卄四千／王全富三千／王成满文一千／王凤忠一千上／王凤仪一千上／王升银一千上／袁知旺五千／　王自忠一千上／王自元三千上／王生全五千／王凤章五千／　王银十千／王生杰十一千／王生银一五千／王忠　五千／　吴孔士五千／吴明德三[①]千／吴仲英二[②]千／吴明理二[③]千／　吴明孝二[④]千／吴发财　五千／吴登仓二[⑤]千／吴登明二[⑥]千／　吴忠义二[⑦]千／吴发功二[⑧]千／吴红吉一[⑨]千／何克义　五千／　王俊仓五千／刘永吉　五千／冯世宽　五千／冯步德二[⑩]千／　黄玉成三[⑪]千／杜掌禄一[⑫]千上／杜如意卄二千／张生贵二[⑬]千／

①此处将3道竖线判定为“三”。

②此处将2道竖线判定为“二”。

③此处将2道竖线判定为“二”。

④此处将2道竖线判定为“二”。

⑤此处将2道竖线判定为“二”。

⑥此处将2道竖线判定为“二”。

⑦此处将2道竖线判定为“二”。

⑧此处将2道竖线判定为“二”。

⑨此处将1道竖线判定为“一”。

⑩此处将2道竖线判定为“二”。

⑪此处将3道竖线判定为“三”。

⑫此处将1道竖线判定为“一”。

⑬此处将2道竖线判定为“二”。

黄中才十千 / 朱万鸿十二千 / 任仲彦廿五千 / 郑永泰十二千 / 　武生刘宗理廿五千 / 尹文辉二[1]千 / 李占怀十千 / 张克刘二[2]千 / 　梁顺仓三[3]千 / 张孝友廿五千 / 寇进财八千 / 寇进彩七十 / 　常永升廿八分 / 朱海明廿五千 / 郑生彩洋一元 / 德兴懋　五十千 / 　瑞隆昌十五千 / 郜仲全十三千 / 尹文顺一千五 / 高主顺一十二[4]千 / 　高柸十一千 / 高举十二千 / 高喜十一千 / 高哈哈十一千 / 高通　一[5]千 / 王进忠二[6]千 / 魏凤相一[7]千 / 李树元　五千 / 何克仓三千 / 何発永三千 / 　方仲清三[8]千 / 张世功三[9]千 / 张廷秀一[10]千五 / 李俊杰三[11]千 / 　李俊英　五千 / 尹芝昌一[12]千 / 方万魁碑披 / 王可益 / 　王满仓 / 赵彦海三人元一个 / 魏起魁一[13]千 / 刘志理一[14]日上 / 杨箴义　五日 / 马进海廿八卅一三千上 / 杨陵五千 / 吴世元二[15]千 / 高根保十一千 / 高□秀十一千 / 高朱义十一千 / 高兴进十一千 / 高兴顺十二[16]千 / 高生茂十二[17]千 / 高生元十二[18]千 / 高

①此处将 2 道竖线判定为“二”。
②此处将 2 道竖线判定为“二”。
③此处将 3 道竖线判定为“三”。
④此处将 2 道竖线判定为“二”。
⑤此处将 1 道竖线判定为“一”。
⑥此处将 2 道竖线判定为“二”。
⑦此处将 1 道竖线判定为“一”。
⑧此处将 3 道竖线判定为“三”。
⑨此处将 3 道竖线判定为“三”。
⑩此处将 1 道竖线判定为“一”。
⑪此处将 3 道竖线判定为“三”。
⑫此处将 1 道竖线判定为“一”。
⑬此处将 1 道竖线判定为“一”。
⑭此处将 1 道竖线判定为“一”。
⑮此处将 2 道竖线判定为“二”。
⑯此处将 2 道竖线判定为“二”。
⑰此处将 2 道竖线判定为“二”。
⑱此处将 2 道竖线判定为“二”。

生满十二千 / 吴明现一千 / 张俊秀一千 / 吴明清　一千 / 王进和…… / 吴于□…… / 吴登□…… / 吴登□…… / 吴玉春二…… / 吴毓英一千 / 吴登昌二千 / 吴登明二千 / 王德贵二千 /　吴荣芬一千 / 吴世忠一千 / 杨生旺二千上 / 李占怀…… /　王国冻　一…… / 杜进财…… / 蔚秀波　…… / 蔚尚生　…… /　蔚宇家　…… / 中华民国十五年孟夏月吉日　立[①]敬书人成天德碑志

［碑阴］

（无法看到）

6. 缀合碑一（单面碑）（年代不详）

此一缀合碑由 3 方小残块碑拼凑而成，原碑碑阳碑阴有时难以区分。

［外面］

碑额：

众会首

碑文：

（1）第一方小残块碑：

……　/ ……□□今成邑…… / ……山岩如壁山路…… / 寺佛洞□□石天远望其…… / 九年孟秋月内天降雹（当为“甘”之误）霖…… / 念以邀[②]大众廿二[③]年募化资…… / 神恩浩荡四方人民源源而…… /

功德主

黄忠义施洋二[④]元 / 王生俊施洋九元 / 成起德施洋十三元 / 高卷施洋二[⑤]元 / 吴世元施…… / 王自明施洋……元 / 吴明福施洋……

①由于原碑末题记已被水泥掩盖，故这里依据《陇南八峰崖石窟内容总录》补全。

②原碑此字模糊不清，且释读为“邀”。

③原碑此字模糊不清，且释读为“二”。

④此处将 2 道竖线判定为“二”。

⑤此处将 2 道竖线判定为“二”。

元／……施洋□元／　杜进举施洋□元／成恩德施洋 1(一)元／杜进元施洋……／住□（持） 何本增李……／黄维荷施洋□□／何应德施洋□元／冉永才施洋……／□□荣……／　冯进……／王□……／□……／□……／□……／……

（2）第二方小残块碑：

……□二[①]元／……洋二元／……　施洋五元／……生　施洋三十二[②]元／……林　靳花翠／□俊才　共施洋二百六二元正／……□　共施洋拾元／□□　施洋拾四元／……／　成……／成□□……／成栋隆洋……／成栋贤施洋三[③]元／成运熙施洋……／王殿杰施洋十一元……／王遐亘　施洋□元……／……／王……／　王……／王……／……／

□华……年季秋菊月……

（3）第三方小残块碑：

……初脉散落八方郡名八峰又名八府岩不知刻于何朝□／……□巍巍福地荡　高明莫为之前虽美弗彰莫为／……祥寺古迹圣(胜)景之地维石岩　帝尧之彩峯高岭秀／……左右松栢苍翠沟荫水清其音赫赫　掩映中有／……□年大德之人建修庙宇山间又造山门不料民国十／……门崩颓而我境有志之士不忍坐视袖手旁观竟动善／……吉期会众首同心协力以成其功卅年重兴山门功完告竣／……碑志千秋不替云尔／……廿三元／……□元／……八十几元／……二十五元／……／……王升世施洋一元上／……王仲元施洋二元二[④]／……王茂胜施洋二元二[⑤]／……王自孝

①此处将 2 道竖线判定为“二”。

②此处将 2 道竖线判定为“二”。

③此处将 3 道竖线判定为“三”。

④此处将 2 道竖线判定为“二”。

⑤此处将 2 道竖线判定为“二”。

施洋二元二[①] / ……王茂德施洋二元二[②] / ……王□施洋二元二[③] / □秀施洋三元二[④] / ……洋四元 / …… / 王风桐施洋一元一[⑤] / 王自忠施洋一元二[⑥] / 土进施洋一元 一[⑦] / 高[⑧]兴施洋一元二[⑨] / 杨勤施洋六元 / 高二杰施洋一元二[⑩] / 高明军施洋一元二[⑪] / □□娘 施洋四元二[⑫] / □□施洋二元 / ……元 / …… / 赵永德施洋一元上 / 尹清□施[⑬]洋□元 / 尹生旺施洋一元 / 常登进施洋一元 / 寇进彩施洋一元 / 蔺生隆施洋二[⑭]元 / 杜如士施洋一元 / 李占保施洋一元 / 张文才施洋一元 / 尹树堂施洋一元 / 冉士选施洋一元 / 汪自荣施洋 ·元 / 关登世施洋二元 / □□□施洋一元 / ……洋一元 / …… / 郜德昌施洋二元上 / 苏[⑮]永昌施洋一元 / 苏门贾氏洋三元 / 豆[⑯]桂香施洋二元 / 刘志荣施洋三元 / 鲁自明施洋二元 / 方生尚施洋二[⑰]元 / 魏正方施洋二元 / 汪自杯共施四元五 / 李应德施洋一元五 / 杜永德施洋一元 / 汪自贤施洋 ·元 / 杜进王施洋一元 / 石匠

---

①此处将 2 道竖线判定为“二”。

②此处将 2 道竖线判定为“二”。

③此处将 2 道竖线判定为“二”。

④此处将 2 道竖线判定为“二”。

⑤此处将 1 道竖线判定为“一”。

⑥此处将 2 道竖线判定为“二”。

⑦此处将 1 道竖线判定为“一”。

⑧原碑此字模糊不清，且释读为“高”。

⑨此处将 2 道竖线判定为“二”。

⑩此处将 2 道竖线判定为“二”。

⑪此处将 2 道竖线判定为“二”。

⑫此处将 2 道竖线判定为“二”。

⑬原碑此处“施”字残缺严重。

⑭此处将 2 道竖线判定为“二”。

⑮“苏”字残损严重，仅存轮廓，现通过联系上下文、对比、辨析读出。

⑯原碑此字模糊不清，且释读为“豆”。

⑰此处将 2 道竖线判定为“二”。

杨有才 / 张永宽…… / 方进君[①]…… / 方小义…… / 李枝[②]茂施…… / 郜嘉张[③]□…… / 卢炳[④]秀□…… / 窦[⑤]炳[⑥]学□…… / 德兴茂洋…… / 成栋才□…… / 魏忠贤□…… / 凤云彩…… / 王丕喜 …… / 冉生明 …… / …… 陈赟碑 ……

［里面］

（无法看到）

7. 缀合碑二（单面碑）（年代不详）

此一缀合碑由 4 方小残块碑拼凑而成。

［外面］

碑额：

（无）

碑文：

（1）第一方小残块碑：

□□□六千 / □花池三千 / 杨登科二千二百 / 马耀全二千二百 / 冉仲耕二千 / 张克武一千五百 / 张文选一千二百 / 马兴禄一千二百 / 马兴贵一千二百 / 萧起明一千二百 / 尹[⑦]广林一千二百 / 杜万全一千二百 / 杜遇禄一千二百 / 张学德一千二百 / 刘福堂一千六百 / 黄万福一千二百 / 黄生魁一千二百 / 王殿英一千二百 / 王好俊一千二百 / 高林翠一千二百 / 李芝朝一千二百 / 任支仓一千二百 / 黄生秀六百 / 杨永发一千六百 / 成惠学一千 / 魏登科一千二百 / 尹文明一千二百 / 王殿

①原碑此字模糊不清，且释读为“君”。
②原碑此字模糊不清，且释读为“枝”。
③原碑此字模糊不清，且释读为“张”。
④原碑此字模糊不清，且释读为“炳”。
⑤原碑此字模糊不清，且释读为“窦”。
⑥原碑此字模糊不清，且释读为“炳”。
⑦原碑此字模糊不清，且释读为“尹”。

清一千二百／王殿荣一千二百／ 杨海荣一千二百／杨生荣一千二百／靳万红一千二百／罗生魁一千二百／ 任大杯一千二百／王登俊一千二百／李旺春一千二百／王丕儒一千二百／ 王士休一千二百／王富秀一千二百／王富发一千二百／王孝礼一千二百／ 郑有魁一千二百／董惠一千二百／李法海一千二百／常福勤一千二百／ 鲁永强一千二百／靳万玉一千二百／芦凤鸣一千二百／苏文彩一千二百／ 刘长顺一千二百／张克勤一千二百／张朝俊一千二百／芦凤义一千二百／ 鲁永成一千二百／袁仲世一千二百／芦起翠一千二百／王安成一千二百／ 王遇成一千二百／刘勤一千二百／王有财一千二百／窦万禄一千二百／ 杜万成一千二百／王克昌一千二百／冯信德一千二百／冯好选一……／ 吴登稳……／杜生□……／李……／李……／□……／……／高世□……／高玉……／吴安朝□……／吴稳财□……／吴德用□……／王爵禄□……／ 王富德□……／王富有□……／赵鼎……／赵维秀□……／杨廷财……／胡海晏……／冉杯德……／尹美林……／张克……／张□……／ □……／□……／……

(2)第二方小残块碑：

……／……千二百／……／……□一千／……举一千／ □文斌一千／……明一千／□文顺二千／袁仓世一千／贺万全一千／赵生禄一千／……／……□一千／张登成一千／张明魁一千／张克惠一千／张永汉一千／张凌汉一千／刘彦禄一千／王万和一千／王富成一千／史秉堂一千／……

(3)第三方小残块碑：

……寺善士姓名开烈(列)于左／……邑二千二／……□ 一千二／……千□／……／□顺玉 二千／恒太和 三佰／王尚忠一[①]千／

①此处将1道竖线判定为“一”。

王喜德　二千／□□堂　一[①]千／□□□　一[②]千／……／高礼四千／高豪一千／张万俊二(千)四(佰)／王进秀八佰／王进明八佰／王升浪八佰／□□勤八佰／……／郜仲摧一千二／王自明一千一佰[③]／王生□八佰／马□贵一千／杨全子一千一／王俊生七佰／　车博学□□／王则天五佰／……军五佰／……／李英一[④]千／冯意祥一[⑤]千／杜永安一[⑥]千／成栋梁一[⑦]千／李占德一[⑧]千／杜玉社一[⑨]千／吴□里[⑩]二千二百／王满苍(仓)□佰／王起时□佰／……

(4)第四方小残块碑:

……／……千／……□□二千四／□□海□生财四佰二／吕存醉一千五十／……／□二栋一日／王化恒一日／王财勤一[⑪]千／王进义三日／王凤义一[⑫]千／王东满一[⑬]千／□□□一□□／王魁首一千／刘有财一千／李自辉一千／赵步朋一千／吕彦明　一千／王谢[⑭]□八佰[⑮]／……／王……／杨……／成……／尹……／……

……四月初八日　吉……

---

①此处将1道竖线判定为“一”。
②此处将1道竖线判定为“一”。
③原碑此字颇难释读,联系字形及上下义综合推断,当为“佰”。
④此处将1道竖线判定为“一”。
⑤此处将1道竖线判定为“一”。
⑥此处将1道竖线判定为“一”。
⑦此处将1道竖线判定为“一”。
⑧此处将1道竖线判定为“一”。
⑨此处将1道竖线判定为“一”。
⑩原碑此字模糊不清,且释读为“里”。
⑪此处将1道竖线判定为“一”。
⑫此处将1道竖线判定为“一”。
⑬此处将1道竖线判定为“一”。
⑭原碑此字模糊不清,且释读为“谢”。
⑮原碑此字模糊不清,且释读为“佰”。

［里面］

（无法看到）

（三）西和县佛孔寺（石窟）碑

1.“明清碑 1”：《佛孔寺碑记》（清朝光绪三十四年即公元 1908年）

［碑阳］

碑额：

（无）

碑文：

夫神赖人新而人遂得沐神庥是庙貌巍峩神威赫圣神与人二而一者也余邑佛孔寺碑记嘉靖创建／然隆庆年并无人迹也有碑记初知何人创建虽善无征欲考明元何……□太宗始非惜／先人无□传之故前后有千万年碑记最重今我朝大清及光绪年间代有修整惟今功大撰碑文叙其／事自明至今略见大明所以沐浴诸神圣□塑妆青龙土地及各庙佛殿重新改换皆有功程关帝庙因洪／水沿没神像邑人无不酸目念昔日忠扶□□恨鼎足之乾坤在今日义□国危拯亿兆于水火因请用杨／师画工共塑□□□六位新修山门一举两得领众几人勤劳省试十几月大功成就观庶民攻之欢悦如／子趋父事头人未尝武□□由来亦不茹刚亦不吐不侮鳏寡不畏强御其□及乎爰作歌曰祖师正北天／灵宫显应年石鱼腾空气圣母□旁边石门夜月照逾明大罗仙古碑韫翠玉菩萨南海泉钟鼓玉皇侧响／彻细雨传真神威之灵感□□□以庙貌所以神因人新而人共沐神庥也爰刻诸石以志万亿不朽云尔／邑考授修职郎廪贡生□□王亿鹏沐手□撰诵赵绪尧赵守清／邑增广生员寿山王化南……沐手□阅经鲍泮林荀怀珍／邑例授承德郎从九品芳弟玉锡德□恒昌／邑例授登仕郎京学监元中央鲍清洁沐手虔书子李绳武赵靖清／引主鲍清洁功胡绪化王美王化赵廷献化王蒲□工王□田工王巽花工赵廷助泥水赵茂林／领修王珍王廷贤孙迎义王廷□□鲍清洁赵进前蒲戒头赵□艰画工杨生学／化赵绪尧德胡满王穆赵熊总鲍锡举胡七良赵大楼

木王□□开工张鸿起蜀赵远／鲍锡举赵四元王生堂胡进田管赵廷献鲍桂林赵廷峰赵进前石匠赵海生石满／王赵廷辅王赵好学胡百守王奎工石满蒲彦赵正北郭随户膳夫王韦赵正北／功德王蒲芳管工亲典魁王玉彩主郑树清头张作□头刻见喜头赵朋匠赵朋住持李永成办王廷敬／光绪三十四年黄钟……中旬吉日谷旦谨立

［碑阴］

（无文字）

2.“明清碑 2”:《重建佛孔寺碑记》(年代不详)

［碑阳］

碑额:（无）

碑文:

余□□至佛孔镇游观……源／夜月映／佛前之灯光以辉(?)煌(?)西□之……雒……／设所不及忏□也……／□蔽嗟乎以……王……／首／捐其心木……告竣……／阿□如……／事有□殿……／……／□□府……／□□□学……／□□贾□王……／□善信士王……兴石氏／胡□益陈……得□王氏……王氏……闫氏……／□□庆王氏……吕氏　石应会王／□□氏□罗氏孙……氏……赵……张氏……／养德□氏……吴氏……毓秀喻□□马……／……才王氏□□朝仕李氏宋魁……／……诵经弟子□□禄杨百枝荀源□石匠胡进怀胡□□／木匠赵□□住……明……泥水匠王……／□□庆朔……已……立／……信虔……

［碑阴］

（无文字）

3.“明清碑 3”:《碑记》(明朝万历三十九年即公元 1611 年)

［碑阳］

碑额:

碑記

碑文：

巩昌府　西和县／佛孔寺　古察院／贪损坏　重发愿／开石洞　别改换／再生世　重想见／奉陕西巩昌府西和县地方打虎坝／佛孔寺古察寺院年久贪损有长者员外王浩发心重／叫化俗僧陈万喜　张氏王氏引领合会善男信女／舍工价米面开打石洞一座塑庄圣像以卑竖立碑记／开名讳于后／会首张万景　李氏　王尚青　刘氏　张讲／张孟元　王氏杨氏李氏　男张子强　张训／张应新　朱氏　王氏　男张子落　杨光其／张孟其　杜氏　李氏　男张子庄　魏林／张□□　杨氏　赵氏男张守梅／张应江　雷氏　张氏男张子权／张孟春　杨氏　引领人　陈万喜　张氏王氏等／旹大明万历三十九年十月十五日表忏记

［碑阴］

（无文字）

4.“明清碑 4”：《重建佛孔寺碑记》（清朝光绪六年即公元 1880年）

［碑阳］

碑额：

飞龙

碑文：

重建佛孔寺碑记／昔者庐山既辟振殿飞来汉观初开王梁自下凡田神异无籍经营然而龙宫象／塔非属天成白马青鸳皆缘人力此古寺之踪迹悉先民之创建也若佛孔寺者／泉名海眼桃记蠡测山号天柱旋讶手劈味美堪媲玉女洞峰奇争妍仙人堂兄／宫殿之巍峩兮远望而知其光明峻伟象貌之森严兮近瞻而见其赫声濯灵心／鹫到矣蓬莱至焉奈先遭兵燹之害又遇地震之灾竟使梵宫缥缈肖在虚无莲／座□依稀界乎灵荷今日者重建易以起功无财难以为悦呜呼掘井九轫不及／泉功亏一篑不成幽因思孤掌难鸣众志方可成城单丝不线集腋始能成裘所／吕善男输尺璧信士馈兼金而图厥如者亦克成厥经焉□不懿欤／廪生王化翔虔题化主增生王化鹏增生王化

南生员秦秉干生员王步青生员王之桓／增生功主赵协桂恭书廪生赵维鼎生员赵维□生员赵步陞／引领总管功德主／赵之海蒲交用赵生长王升祥赵笃胡成家蒲具才赵三元／功德主张问王继述鲍生理蒲建府胡灼化主王明善王言赵生甲／化主胡俊吴朝海赵兴义于俊成蒲宝财秦争花米忠豆□善王保成鲍全蒲万祥张玉头张力全赵生成鲍金元／胡□现郑□黄赵□才赵生槐赵发第／胡□义蒲建俊木王恩成石任泥鲍明元赵茂林赵鹏匾赵勇赵动画工王□堂苟煜石匠胡凤鸣邓槐／玄流周随音周之秀富好礼石匠王辅朝／诵经鲍俊鲍建元苟权家王升堂赵之库赵清清／大清光绪六年岁在上章执徐仲衡月中浣谷旦立

［碑阴］

（无文字）

（四）成县大云寺石窟碑（刻）

1.［唐］《佛顶尊胜陀罗尼经》石幢（残）[①]

（1）第一面：……／……急苦叹……／……信善恶业失正道众……／……此陀罗尼亦为一切诸天子故说此陀罗尼即付嘱……／……畜生阎罗王界阿修罗身夜叉罗刹鬼神布单那羯……／…… （楷书）

（2）第二面：……／……生……处善陕同会庚生成得……罗门家生或得大刹利……／……提道场最胜之处皆由赞美此陀罗尼功德如是天帝此陀罗尼名吉祥……／……陀罗尼亦复如是亦如阎浮檀金明净……以令人喜见不为秽恶之所染……／……闻供养能如是者一切恶道……清净一切地狱苦……皆……灭……佛告……／……塞优婆姨族姓男族姓女于幢等上或见或与相近其……身或风吹陀罗尼……／……人亦不为……垢……众生为一切诸佛之……记……不忍……／……罗尼……合掌……布

①参见佛陀波利译《佛顶尊胜陀罗尼经》，《大正新修大藏经》，第19册，第349页下栏—352页下栏。

施……行……天帝……人……/……夜分来诸佛所……妙华涂香……乘……严供养佛已绕……七匝……佛……/ （楷书）

(3)第三面：……护念之……时护世四天大王……三匝白佛言世尊……菩萨……愿如来为我广说持陀罗尼……/……圆满十五日时持斋诵此陀罗尼满其千遍……令短命众生还得增寿永离病苦一切业……/佛言若遇大恶病闻此陀罗尼即得永离一切诸病亦得消灭应堕恶道……/……佛言若人先造一切极重罪业遂即命终乘斯恶业应堕地狱或堕畜生……罗……/……尼二十一……散亡……尼二……生……若人能日日诵此陀罗尼二十一遍应消一切……/……常……会一处一切如来恒为演说微妙之义一切世尊即授其记身……/……一切……香右……陀罗尼印……/……赞言善哉……有真是佛子即得无障……心庄严三昧…… （楷书）

(4)第四面：……/……寿命天帝汝去将我此陀罗尼授与善住天子……其七日汝与善住俱来见……/依法受持一切愿满应受一切恶道等苦……得……菩提道增寿无量甚大……/……子将诸天众严持华鬘涂香……幢幡……天衣缨络微妙庄严往诣佛所……/……色臂摩善住天子顶而为说法授菩提记佛言此经名净除一切恶道佛顶……/使持节成州诸军事兼成州刺史侍御史充本州守捉使上柱……/……切德……盖幢亭子等于成州凤凰寺创……/……菏前…… （楷书）

2. 碑刻(残)

(1)石刻残块一：

……郡假守卑牧勉次/……提刑大着游山二诗韵/……乐乐融融十里旗穿晓日/……直寻兵穴外造幽更指碧/……接身□作□飞凤附翼惭非/……荣甚载名诗榜上归时犹/……空/……空双阙藤苍垂翠绅岩泉藏/……草木丽芳□久废……□山谁/……古人皇华因按部提挈与……/……共公余乐都捐□俗尘……/……刻吟咏泣山禂酌……/……檐可□边烽虽……/……整顿乾坤……/道兀…… （隶书）

(2)石刻残块二：

……作……郎知河池县李同／……比空山凝白云／……日犹认九苞文／……意叹歌徒尔云／……暗蝙蝠自成群／……寺／……仞危途转久盘／……腹楼殿出云端／……忍溪风过夏寒／……星斗挂栏干／……嘉祐庚子夏六月初三日……题／同谷县令牛逢源立石 （楷书）

(3)石刻残块三：

以一代循良公符……／西陲世有显人安……／既便矣彼黄龙……少须之公……／道之盖不必书／质库李…… （楷书）

(4)石刻残块四：

……／同游 （楷书）

(5)石刻残块五：

……／……心捐舍……／……佛纠首……／……栏头何……／……酒店王……／……屠户王……／……张彦……／……里屠户……／……／……众人各舍净财……／……释迦佛施主王……／质库钩立贾……／……都料王仲酒店王……／……户王俊王全税户／……人共施钱壹佰…… （楷书）

(6)石刻残块六：

蘂……／千峰……／洞隐……／夕阳…… （楷书）

(7)石刻残块七：

幸与……／断青云梯……／句石壁犹存……／楼台参栢栝山……／蓬藜／宪公诗笔动惊俗……／二下王琨／元祐三年三月十……／同谷县……／紫金山人…… （楷书）

(五)成县金莲洞石窟碑

金莲洞现存元、明、清、民国、当代碑共10通(当代碑文略)。

1.《感应金莲洞记》(元朝大德六年即公元 1302 年)

［碑阳］

碑额：

感应金莲洞记

碑文：

金莲之名提点秦蜀九路道教天乐李真人所命也鼎新此洞庄严圣像恢弘道境者重阳万寿宫洞观普济圆明高真人之门人刘道通罗道隐也记者纪其本末/徽州学校士合阳刘森所作也森道通季父也至元丁丑岁二道人者自重阳而来参访诸方道过泥阳欲别森而往青城修道焉森曰道无方何必青城但与尘俗迥/隔幽静之地可也乃询诸居人杜鼎新言泥阳之南山行六七里有洞阒寂诚修真之所盍往求之二人乃陟岗而望果见屏列诸峰嵯峨而拱北带连双涧适回而朝/东中有一峰林壑尤美峰有一洞端受朝阳遂披荆棘觅蹊径入洞而观外存垣墙数尺中有仙洞二字多留题者年既远而字罕存仅得一二乃宋人许居士之所筑/也二人喜其幽静之可取又难其粪壤之堆积然以修道为心固不惮其辛勤于是备糗粮具畚锸劳筋苦骨壅塞者开通之颓坏者修补之缺者填之高者平之凡三/阅月户牖庖湢皆有其所可以栖真而养静矣常徘徊于洞之侧林顾而言曰此洞虽迫近四山然地偏路绝有隔凡之势虽混处郊野然坡峻林深非可耕之地内则/受日月之辉焕灿于朝昏外则蔼云烟之瑞雰霏于左右遂于洞中塑太上圣容真人二像以为修真之所由是人皆睹像生敬有疾苦者咸往求救意谓修真之士/必有拯救之方而道人存心专于内修初不尚乎法箓之显然彼有所求岂忍弃之而不救必依太上流传随其请而施以符法听其缘如何耳故得符愈灵人愈信/盖有不期然而然者初施于乡境继及于邻郡虽秦巩之外于于而来者不惮山水之远非一朝一夕矣或日栗亭元帅田守节千户卜光辅乡长杜鼎新等感其玄化/入洞瞻仰而相谓曰此洞实吾乡之福地也贵贱老幼有疾苦者皆赖而安当妆銮以答　圣恩之万一有请于道人共为之二人谓修真之道奚假外饰不诺其请庚/辰冬

回重阳宫以白掌教李真人真人曰道之修成虽由乎内道之着显亦资于外宜从其请使彼此两利矣洞既朝东为命其名曰金莲　昔　吕祖师之授道也命／王祖师向东而观王君曰某见东方有七朵金莲结子吕公曰即丘刘谭马郝孙王是也命名之义盖取诸此况金者坚刚不坏之性莲者离垢出尘之物体此而行则／上契祖师相传之妙下成内外修进之功不亦宜乎遂承教而回先施金彩于　太上真人增塑　真武真君　太一救苦天尊及左右侍卫至元庚辰及癸未岁蒙／天乐真人仍给示榜文以为外护己丑载　行院汪公暨本路都道录　西岩冯真人偕访洞中重给据以示众　宣慰田公与其叔　府判虑道人终有四方之志眷／眷攀留道人为见田侯举族敬信终始不渝乃喟然叹曰吾侪求修内行必本于全真宗师传性命之诀求积外功者必赖乎符法　圣贤显救治之验会二者未有／奉香火之所于左创三洞法箓之院于右塑　五祖七真之像木工画工一时云集已备者就加妆饰未完者从而增修　玉相金容光辉一洞庶几乎为国有以祈祥为民有以祈福矣既而元帅田君义睹洞前隙地有建修楼门之志得　千户卜朝瑛总领杜永寿及乡境众信鸠工构材天水钟寔亦捐镪以助碧瓦米／甍辉映岩壑上则像长生大帝为甫昌下则列龙虎二君为护法井井规模良可观矣大德丙申田府判之子元帅守璋以符法救济之验闻于／王庭令旨赐额特加感应又赐号道通清静湛然真人继而　千户卜朝瑛冉奉／

王命以护持重立远门舍童子出家以备洒扫是洞也经始于丁丑之冬落成于壬寅之夏美轮美奂岂易为哉若夫庇祐教门主持洞宇皆徽城牧守僚佐之力也由／是观之大道之行岂虚行也哉且此洞隐乎万山之间昔日之墟洞也今乃廓开道境号曰金莲　天真之像森罗神仙之教流布救人疾苦列郡皈依实　圣凡交感／之地也且道人昔日之来瓢杖化斋人所不识今乃为当途取重远近瞻依甚至／

王命褒锡号曰真人自愚观之今之金莲楼台金彩香灯器用一一具足固非昔日之洞今之道人虽有洞宇之壮而不以为得虽有／　王命之锡而不以

自居粝食粗衣始终如一犹当来之贫道人也然自入洞以来至于今日修造之费钱不下数千缗工不下数十万彼何以致之皆远近信心之所出／也且贵贱舍财之心莫非感其符之灵符之灵　圣贤之阴相也而　圣贤阴相之心莫非取道人修道之心也方其入洞之初求积内行人有疾而求者以此修道之／心而救之也以此心对天而天应行符而符灵祛邪而邪退治病而病除由一诚之所感也故曰诚者天之道也思诚者人之道也至诚而不动者未之有也不诚未／有能动者也后之接踵者以此心行此道内以修身外以济人则足以动　天地感鬼神内功外行不日而成也众议森备知本末之由求字刻乃实迫于亲不容固／辞然岂敢阿之皆十手十目之所知也不惮学浅年衰勉为记云时大德壬寅夏合阳刘森谨记　前成州儒学正陈季篆成州儒学正张桐孙书／

开山洞主清虚玄静大师清虚湛然真人刘道通　师兄悟玄大师韬光子罗道隐乡长杜鼎新卜光国田　守之守琮　守璋　卜　朝玘朝珪杜率蒲忠孝刊／陕西五路西蜀四川道教提点兼重阳宫事孙德彧前巩昌路都道录葆光冲虚真人冯　世珍

巩昌路都道录任通玄　明真大师徽州道正黄应光／　从仕郎同知徽州兼诸军奥鲁干祐　进义副尉徽州判官兼诸军奥鲁丁　伯颜察儿　徽州管军元帅田帖木哥徽州管军千户卜　朝瑛　立石／承务郎徽州知州兼诸军奥鲁劝农事完颜朵立赤敦武校尉西和州知州兼诸军奥鲁劝农事田普令直将仕佐郎同知金洋州兼诸军奥鲁武祐／　功德主昭勇大将军四川等处行枢密院使汪清臣广威将军四川等处转运使田　守富　忠翊校尉徽州达鲁花赤兼诸军奥鲁劝农事　买的都功德主昭勇大将军巩昌平凉二十四处便宜都总帅兼巩昌府尹汪寿昌

［碑阴］

碑额：

金莲洞常清记

碑文：

皇帝圣旨里/

察忽真妃子/

揑木来大王令旨里徽州/

据道人刘道通状告于至元十四年间在本州所管地面泥/阳南山踏逐到古洞一所号额金莲刱业焚修立观度人行/符救治经今二十四载近于大德三年有本洞前后施主杨/仕信李志明卜世荣罗德新李福成等所有各家斫占置买/荒闲山坡沟谷土土木相连皆系本洞前后左右遂立舍/状开具四至情愿舍与　金莲洞永克常住助绿福田道通/思忖得前项所舍地土虽有各家情愿舍状在手爲无官司/印押公据文凭恐后别有诸人妄行争夺今将舍状抄连在/前告乞详状给据施行事得此行下据泥阳里正刘文进等/状申依上前去地头呼集众户并及地邻人等从实勘当得/杨仕信众户父子兄弟等除留养赡地土外情愿将金莲洞/周围生荒山坡沟谷地土土木相连不计亩目委是写立文/字已行舍施与金莲洞住持道人刘道通爲主永克常住中/间别无冒舍侵褁他人地土亦无违碍得此文进已耴讫各/人重甘执结文状保结是实乞照验得此使州相度既勘当/得前项地土元立舍状四至明白并无违碍出给公凭付道/人刘道通永为金莲洞常住所有公凭合行出给者今开四/至于后东至洞对面山后水沟出岭为界东南从/小石崚连大山岭至堨上水沟连洞上第三岭下古嶓出/山为界南从古嶓出山分岭直至南大山岭后大官/道为界西南从南岭后官道顺岭出山正西岭上小/道直至场窠为界北从场窠东山岭直至正东黑石/头下水沟滴水崖对照为界/

右给公据付道人刘道通收执准此/

押　押/

大德五年五月十六日(印)/

押/

押

开山立洞玄门法派具列于后/

师兄 涂 道寧门人 何道渊 白正仁 赵泰祥/

徒弟 刘 混先梁混仁 马混成 杨舍童/

护洞缘化道侣 万福宫住持 苟保真 俗兄刘德涛 保真子安德和/

希玄大师王应龙 明真讲师蒲道光 颐真保和大师马道冲 道判罗志聪/

冲和大师王吉祥 通玄大师南 师震 华嵓宫住持黎师全 提举马善真/

妙严宫住持何惠成 真武宫住持何德冲 弘道大师侯济缘 马善英/通玄大师王守真 道正郑守祯 罗德用 苟乃清 田清琏

蒲世玹 俗亲 儒士 梁道靡/溥谢诸方檀信/

刘道通罗道隐等向来以化饭道人云游诸方见此洞幽静修真/道境已功成矣今既立石岂可懵然无言及诸檀信且檀信者上自/总府诸衙院遍及诸郡(县)/

达鲁花赤 管军元帅/

知州相公 同知 州判经历知事守领官都日令史典吏诸/学士外而诸方千户百户都总领提控里正社长或军或民之头目/远方近境善男信女至于/讲主师德 教授学正学録 道録讲师等莫不舍财以备妆銮舍/木以备材植或施工粮或劳筋骨凡于此洞结缘者比比皆是若将/街御刻石为姓名繁多不可胜纪略致斯言以代备书伏望/钧慈 台慈咸赐宽量勿以有名无名而生艰难盖此洞实/檀信之福田也/

诸天大道众圣/

高目下耳悉知悉见众心愿望皆得圆满岂在有名而有善报耶所/以记末溥伸恳覆各希/炤量/

大德六年太岁壬寅七月中元节金莲洞刘道通罗道隐谨覆/

舍石 赵祥 涂桂先 王 子忠 刊/

画士赵 仲富

2.《重修金莲洞三元圣像记》(明朝弘治元年即公元 1488年)

[碑阳]

碑额:

重修金莲洞三元圣像记

碑文:

成县故官舍人山西闻喜县□政德述并书丹篆额/乾坤定□于斯时也普天之下名山大川奇峰异洞莫不有/之间□名曰泥阳有天成名洞曰金莲洞也□前代宋人许善人并/……后愈远而人继辑者鲜矣天运循环复及元朝当时/□教道人刘道通罗道隐涂道宁笔陟适此洞观其形势非常四围巍峰/簇拥□壑……涌东捧朝山耸峙诚可□修真慕道之福域也然而留心募工/肇□楼阁台榭绘塑诸神曩时感闻朝廷敕赐奖励当时名帅官僚士庶人等莫不协心督功工成毕竟更洞名曰金莲洞也恢宏光显既而勒碑见存镌文昭彰备录古/昔之事以昭后世宛然在目所可同日语哉迨我/天朝太祖高皇帝天纵之圣削平海宇一统其洞如常而无隳坏矣此感应之验也永乐/庚寅敕礼部尚书胡荣捧香书拜谒题诗壁记后复敕使张于恩监生韩鹏全真/□□真亦赍香书拜谒非灵应矣有此□今去先师二百余年之□逮□化癸□□夏/武都郡百户舍人任礼请本郡官舍道侣何守容酬缘醮□□洞建□来安传于本/洞神祇诸躬焚修李真人宅凡□在巳其愿未成如此于□岩□隙洞昔道人室可塑/三元圣像承诺之后果蒙圣庇康宁自□辰孟春启工拓土伐石坦基其年在乎饥馑之/际而□离扰攘□莩盈途捐施己资感此境擅信张文进吴俊秀樊友德□□等捐资/金银币帛马骡多寡不侔众各欣悦趋事赴功守容不惮艰险躬诣巩昌募工塑绘前/圣□□神悬塑一堂妆严金彩焕然一新期届己巳孟冬望日功周所以感/天地格神明显灵应于是雨旸特若五谷丰登一境之人福寿无疆嗟夫迈万而知天命/乏嗣五旬三三感生子二五旬七九复生子二也时人岂非宣播方名信为□灵□□/赐又照□功□有

阳报也悬至之心之所致也弘治戊申孟夏云游道人□□庆助缘／道侣樊教明观其□南峰□□堤隙洞称塑／三清九皇诸□□洞彩周备乃□□□滴水风雨摧淋虑毁圣像教明用土伐石 文县／ 旗士林友又施砖□垒大门俱为万古之□□宜勒金石于悠久而不磨名垂后世于／共穷而不□□□□□□□浅陋姑述其□后览□裁之是为记云耳／

……二日……微子何守容讳庸字守常 男 景成景盛景安 立石／本洞住持……清□法师 静贞子 樊教明门人樊演济 何□真……／……玄□道士……庆阳府宁州刊 字匠 李宗义镌石石匠 郑虎季及文□……

［碑阴］

碑额：

功德主

碑文：

铭曰／

大哉三元 □□天权／神通难测 变化无边／鉴察善恶 诛赏谗贤／遏施风雨 国祚万年／

功德主／

□／任□ 张氏 男 雷神保／张 二 男 张文进 刘氏 □氏 贾氏 孙□□□ 山□□／……僧人如教□僧□□／樊王屈氏 男 樊友德 □氏 孙 樊□□ 樊 溢 樊 满 樊教□ 樊 亮 ／吴廷秀 苟氏 男 吴存信 吴存礼 吴存仕 □□□／王 荣 庞氏 男 王 清 宋氏 孙 王□福……王廷寿 王廷□ 王廷□ 王六□□／……三 任氏刘氏 男 尹文祥 王氏 文 喜 王氏 女尹氏 文□德侄 尹□ 尹从福（？）／任 礼 他氏 男 任文□ 任 俊 任 泰 任 教 任 盛 任 长 任 玉 任 廷□□□……／

助缘人／

官舍　任……任　佐　张氏　任　佑　闫氏　任……任　广　任　镗　任　澄□……任　锺　任　能　任　镇　任　镐　任汉(？)飞……/军舍　王……任　现　任廷□　任　隆　樊□□士采□□乘（？)清　栾志纪　栾志洪　栾志海　栾□□　栾　恭　栾　英　栾　讲(？)/黑广　黑　顺　齐　升　齐　政　□人樊　锺　樊志得……樊□□张　真　张敖　王氏　熊□□　梁……/熊……云　升　云　忠　张氏　云□　云　恭……张……克成　□祥□志　和　张　昙　史□　刘景春　李儿/他　正　张　文　付　连　他　宁　他　晁　他　俊　安　燕　常儿　刘　鉴　王氏　常□　刘　冯氏　李　奉　马　宣　周　清　吴廷玉　任　志/刘　文　石　林　潘永浩　段得见　石廷礼　潘大纲　史永衷（？）□林　张敖　齐　枉　齐　□　熊　俊　熊思名　熊思文　熊思进　熊□/山西齐□海　王□　王　通　王　彪　□関　他……张氏　张太□　刘　鸾　刘凤　牟玺□　宣　熊□/黄□□　黄　成　花文升　史友才……威……菲　熊　胆　云世兴　云世央　云世隆　他恭　牟万才　云世永/……仁　刘　泰　马　通　王　福　□氏　王礼　高火连　石廷垒　云世旺　云世兴　熊　党　熊思宗　熊记祖/……曹□　史氏　男　任廷义　任廷智　任廷信　孙任裕　重庆……谢……念菩廷岩　石义美/……天纪　高　义　高　礼/……周氏张氏　牟德礼　牟德义/任何善　金众/三官圣像阶州道微子……何守容　偕家　王氏胡氏　□男……孙□重□□何金门　竖(□)/本洞修造道人樊虔(？)……

3.《新修九皇洞记》(明朝正德二年即公元 1507 年)

［碑阳］

碑额：

新修九皇洞记

碑文：

新修九皇洞记/

乡贡进士前四川叙州府儒学教授阶州崔观撰文/

赐进士第前户部郎中知徽州事知州东鲁张鸾书丹/

成县署县事本县典史四川泸阳赵洪篆额/

巩昌府徽州州治西六十五里有川曰泥阳川南入于山过峻岭有洞号金莲洞盖洞中有金莲而因以得名也且莲自开辟万亿年/之前而生于红岩之上琼茎玖藕珠蕋玉葩混然天成无假雨露霑濡风日暄畅之工四时蓓蕾千载敷荣是固可谓奇矣又有翠峰/青嶂曲水澄溪茂林修竹排闼环绕森耸其间秀异清绝依稀乎天台武陵之胜夫岂下于罗浮金华灵鹫者哉世传钟离洞宾诸仙/子尝为蓬莱三岛别业亦尝乘鸾骑(?)麟跨鳌而遨游也我/皇明永乐初/太宗皇帝接至人张三丰于宣政殿才数语忽瞑晦不知所之即遣礼部尚书胡荣遍天下名山古洞而旁访焉蹑迹至此守洞者报曰某/年某月某日有一赤脚道人披氅衣曳九节杖昂昂而来憩半饷问其姓名不荅径去随有异香芬馥经旬不散公曰此非三侓仙师/降临之时也即赍捧香书惆怅留题而返古今方士修真养性于斯地者 则得大住境寂静之资一则得夫真仙英杰之助而每精/于龙虎水火吐故纳新之术虽则未能羽化而上升亦克却老还童延年益寿至于龟龄鹤算而剑解也视殀殇短折生灭夜旦之人/直蜉蝣耳岂不大可伤哉载观斯洞幽深弘敞规模亦远大矣历汉唐宋几千余年修而废废而修往绩虽不可考遗址尚或可因迄/至于元贞丙申大德壬寅间道士刘道通罗道隐者当世伟人也云游寻真于斯慨然以复古为己责乃募资觅工抡材计料建/奉真之殿构飞空之楼圣贤有像经典有阁备豫有门偃仰有舍凢尔百具焕然维新而又指授生徒讲明道法斯教为之一阐矣自/元迄今又二百有余歳矣歳月积久制度湮微时无其人谁与兴理所以不能而不赖于奋发有为者于是陕右道人樊正玄与其/子教明者出而得官僚士庶舍财助缘于前丹青脱落者绘饰之于前栋宇倾颓者补其之细微曲折一皆因略致详推旧

为新也至于／九皇洞则规画创始而增修焉／三清四帝二后及诸真尊俱为塑像金容玉体圣完仙标凛凛起人敬畏斧斤斫凿之功尤为精致肇端者张文进叶谋者李明庆克终者／樊教明也若三道士者可谓追休先哲而启迪后进者欤斯教于是又再阐矣是役也经始于弘治戊午落成于正德丁卯遡戊午距／丁卯盖十年也是歳六月一日父老吴廷秀石林张翱辈谓予尝修子夏之业谒予请记予嘉其事遂纪其功而俾良工勒之坚珉併／功德主张文进樊友德王荣等若干人芳名附于碑阴以共悠久垂于不朽／大明正德二年歳次丁卯孟秋七月吉旦　上清大洞法师本洞住持　静贞子　樊教明　门人吕演清樊演济　玉清宫道士辛玄文　张景通　陈静明／阶州右千户所致仕百户任铎　军政百户　男任杲成县致仕主簿武纯　阴阳训术李泰义官贺隆袁志纪　魏亮／　钦荣寿官任礼　汪文聚　王灏致仕县丞　祁鹏／　致仕主簿　张宪　塑匠车原　车名　石匠许信　龙志恭　李升　杨受／九皇洞记(原碑此四字为篆体——笔者)　书士张秀　李玄真　泥水匠赵安　杨和／　授教恩师陆道清　黄道坚　杨守靖　陈崇玄　胡普明　金陵准庵张海镌男张效良侄男张绣　仝立石

［碑阴］

碑额：

（无）

碑文：

十方助缘施财善信商旅人等芳名开列于后／

功德主／

张文进　樊友德　男　樊　潮　樊　溢　樊　满　樊　政　樊　广樊谅　樊宗善　孙　樊成玉／功德主　王　荣　男　王　灏　孙　男王廷福　王廷寿　王廷极／功德主　吴廷秀　男　吴存信　吴存礼　吴存仁　吴存义　孙　吴　荣／功德主　张　翱　男　张　盛　张　四张　茂　张　虎　云世通／功德主　云　升　云　厚　云　忠　云　鏈

(？) 云世全 云 企 尹 能 阶州所掾 谭 鳌/秦州卫舍人 王俊 范 升 王 滇 马世伦 张永太 老人 尹文祥 尹 喜 尹文暹 小旗 齐 升 齐 宗 尹文庆 尹 宽/阶州舍所舍人 汪 洋 汪继宗 汪文恭 张 鄂 何 隆 牟志清 男 牟 玺 崔文举 赵廷福/百户舍人 任 镗 任 锺 任 镐 任 广 任彦澄 任彦清 任彦深 任彦得 任 企 任 敖 任 武 任 禄 任 隆 任 泰 任 虎 任廷智 任廷义 任廷信 任廷才 任廷贤 任廷殿 任秉干 任廷麟 任秉泰/旗士 栾志玘 男 栾 英 栾 招 栾志洪 男 栾 让 栾 顺 栾 贤 栾哲 任廷兰 任廷玺 百户舍人 刘崇明 男 刘 政 刘 海 刘 学 刘 成/处士 他 鉴 男 他进忠 他文升 安 厚 安 泰 安 文 张廷举 张 真 孙 宽 熊思忠 /张 受 张 文 张 潭 张 鉴 王 三 男 王宗政 张进良 张世荣 傅能 侯 英 侯廷敖 张进会 张世禧(？)/王 能 王益 王志贤 王 瑞 汪 鹏 汪 鳌 宋志得 宋志全 宋 钊 宋 钺 杜廷智/石仲荣 石仲华 石仲仁 石仲礼 樊 成 樊 荣 樊华 何 海 刘志广/成县信士 武 芳 男 武斌金 武廷进 袁志通 李 进 李 能 李 禄 李 增 袁 政 刘廷瑞 赵文祥/柴凤 柴德林 柴友智 柴得山 李 凤 武 潭 樊志学 李 棠 何文彪 袁 洪 张演治/樊景秀 严 明 严 洪 武 广 达 鼎(？)/末景全 末景秀 末仲祥 末仲深 末仲礼 末仲仁 莫仲荣 郭觉聪 李万才 栢景义 孙 铎/长峰河信士 赵文成 男 赵 信 赵 杰 赵 恺 赵 增 赵 惠 赵 贤 赵 端 李秀实 李 春 曹 逊/康 宁 赵 六 赵 智 罗 五 罗 会 罗汝恭 罗 瑛 苏仕英 马 能 马 隆 马思锐/马 骥 邓 四 男 邓 禄 邓受 邓 宽 邓 广 黎 秀 黎 政(？) 黎友仁 李 信 李 俊 /山西汾州商人 梁子真 任好古 孙 辅 陈 洪 杨得林 马克成

郭 政 乔得庄 薛 绒(?) 杨 柰/陕右西凤二府商人 冯 玉 徐景全 张 美 文 儒 张 锐 张景华 张友智 袁 名 黄友智 男 黄 诚 张 敖 本洞增添修置以助后世之用勒记乎(于?)石

灵官殿宇厨屋方丈碾磨水泉三门锅口等件俱教明增/诸寺院比丘 净 光 园 明 通 福 湛 威 园 晓 智 缨 相 海 能成 明 钟 法 寿 得 和/修三官洞 道侣 何守容 徽州泥阳川普照寺住持僧郡人悟钦 达志得 李思贤/修八仙洞 居士 张玄真 王通辛/文县施砖旗士 林友文/

正德二年岁在丁卯孟秋七月壬寅朔十五日 本洞住持樊教明

4.《重修金莲洞记》(明朝崇祯二年即公元 1629 年)

[碑阳]

碑额:

(无)

碑文:

大明永乐五年九/月九日/敕封真人三侔张/卢龙到此留诗/一首/卢龙复遇金莲/洞疑是重来一/洞天功成名遂/还居此了达天/机入太玄/

重修金莲洞记/

金莲仙洞开□□古之初昔未有以洞名者一经刘罗二君之手遂为千圣/栖真之所天乐李真人遍访天下名洞撒履至此见其诸峰掼拱幽玄古峭/坚刚不坏离垢出尘乃命名为金莲洞嗣是以后风飘雾荡彩像受兴蒙□/门□任□塌□往来名流靡不心嗟口咨幸而仙灵有感忽一全真道人张/其姓三丰其号者自北地而来酭者恬淡厌薄世棼药□济人每有效强报/之□利系毫不染飘□然物外高木洞玄真人泥阳居士张永胡等倾慕其/人旌为金莲洞住持一睹灵光辄生慈悲默自祝曰道不专于静养内而修/真还性外而修圣化愚其理一也督同二三道友资助十方士庶缺者补之/陷者平之狼狈

者整顿之前立大门一座中竖楼阁三间上塑雷祖真武菩／萨诸圣继而徘徊内殿谓左有五祖七真右乏仙班对塑乃于右边空隙之／地增塑北斗台位且也大彰彩色令塑像一新若天□□祐九耀星□又□／关圣帝君张祖胡老各出一像以受朝礼玉貌金荣焕然森然绘事甫就修／筑继作于洞门厚筑石墙一道以为全洞保障统计其期甫三岁而功遂成／矣斯时也青衿朱□连□而游揽刍叟黄童携杖而参谒俯仰其间恍□焉／如登瑶池之上会见玉藕复弟金莲重绽髣髴天际不复作人世想倚欤休／哉诚不负先天之开辟俾刘道君罗道隐之创造重光重润将永永勿替也／视近日修佛堪利造塔阶名者不迥若天别哉因镌之于石以志不朽／云旨□□三年十二月十三日钦□□备文县都指挥靖虏李□到此／

大明崇祯二年岁次已巳孟夏上浣吉日　武都后学生牟应瑞书　安开先／

功德施主／

阶州守御所　百户　任惟忠　折楼枝／庠生　尹乐道　先觉　柳迎彩　尹自任　闫名扬　他作□／恩贡　朱国俊　董汉杰　闫脩己　刘修麟　张师思／监生　张师禹　折翰姝　折桂枝　牟化虹　仝立石／府掾挩腾元　张思游　任义正　刘进王守志／耆老　张永湖　张悦

［碑阴］

碑额：

助缘勒铭

碑文：

开列十方军民施财功德姓名于后／

张永湖　张　悦　张永蛟　张　协　张（□）拱　张养高　张师记　张门第／张　怀(？)　张应宰　张师孟　张师奎　张应弼　张应秋　张济　张　浩／郑　荣　张师颜　蒋登科　王济明　汪济众　王嘉瑞　王嘉景(？)　李　连／寇一宗　寇　序　寇应良　折腾亨　折腾利　王一

告 王应霞 王应敬/王应忠 王应心 付清玉 折邦兴 折邦选 折梅扶 石(?)君受 石国珍/石(?)国玉 刘从孟 刘光远 张登霄 任讲 张养德 云 济 任思恭/任思义 张 闵 王 旺 尹加位 尹加选 尹志道 尹 访 罗登全/孙守道 孙守志 穆(?)遇信 张尚志 张 荣 任 敬 任光志 任光忠/任光儒 任光远 任 让 任宣 任 善 任 见 任 芳 任 向/任 相 任 免 刘 清 黑廷河 黑进元 黑进庄 黑进见 刘起连/刘起通 刘起高 刘起早 刘起亮 刘光第 刘 颁 马如龙 王句万/杨进孝 杨进弟 杨进福 杨进升 杨进连 杨进冲 栾进爵 栾进策/栾 伟 周应科 朱喜元 朱喜亨 朱 奎 朱 宣 冯守道 冯 学/安 蛟 安 宏 安 全 安 炳 安 善 安 重 安 恬 安光先/安光廷 安敬先 安进(?)光 安 位 安所受 安所禄 安所目(?) 他承(?)善(?)/王应成 王应亨 冯 瑞 冯 会 冯 言 冯登云 白尚文 柳应庄/柳迎良 闫名标 罗承福 莫从质 莫如美(?) 莫如高 王 云 王如岿/林起亨 林起茂 任自成 王登立 赵添福 王学德 王尚真 姚全/冉常(?)秀 冉 企 常应刹 常应举 常应福 常 治 樊应冈 王 雷/王 郧(?) 宋守田 吴守节 张师大 王日皞 张师孔 男张奇彩/女舍(?)施财姓氏/张永湖 王氏 张应坤 董氏 付邦礼 梁氏 张 协 王氏 史 荣 郭氏/张 拱 房氏 王门 张氏 张师游 栢氏 张师孔 刘氏 张门 刘氏/蒋登科 李氏 张门第 刘氏 穆(?)遇信 冉氏 张师孟 任氏 张门 闫氏谢 荣 梅氏/张悦 汪氏 张永蛟 乔氏 张 傅 张氏 张 济 墨氏 张 浩 熊氏/柳自茂 张氏 柳应彩 马氏 柳应良 杨氏 尹 序 李氏 张彩 柳氏/柳门 李氏 谢 彩 乔氏 张尚志 田氏 史应受 张氏郑 荣 侯氏/□□敬 贾氏 王门 赵氏 石门 王氏 安门 他氏冉门 尹氏/常住督工道人张真慧 孙 长安 闫长明 殿一亮 孙守

志 卢阳春／木（？）匠 郭贤 陈江 李金 付润屋 石匠 朱 全 朱 举 张(□)宽 田冒 仝立

5.《重修金莲洞碑记》(清朝道光十二年即公元1832年)

［碑阳］

楷额：

皇清

碑文：

重修金莲洞碑记／且修废者宜迪前光重新者勿忘旧制宜阳之正南一岭外有金莲洞诚徽成之胜景也石室层层／杂以丹楹而刻桷竹林娟娟美于翠柏与苍松山水昭环抱之形堪入图画神灵着森罗之象足／重品题古致已极清雅矣而具赫濯之声灵者惟灵官惟最马有感即通捷于影响赏善罚恶昭／若日星夫以如是之神而令水浸尘封减厥英武哉但历年久水淋沥因之神像消磨墙屋摧／颓匪特无由壮厥观实难以为福田所也爰集众人思重修轻财乐输无需募化之远鸠工它材不／惮蹀躞之劳故自大殿玉皇楼及诸神室悉经修理不载而功即告竣藉非协力同心能若是／之易易与第见藻彩纷披光华绚烂彰五采于金身星坛工座明神赖以凭依染四人于洞府金／阙琼楼士女藉之作福本自静穆清虚克垂三丰之妙手亦且威严壮丽聿征四民之善心真所谓／地灵者人自杰也人杰而地倍灵也呜呼后之经营或胜前人其即此也庙宇辉煌威灵显应其至／理也若夫代远年湮有缺必补有废必修更有望于后之能事者／

成邑儒学廪膳 生员 赵步衢 题并书／总领募化督二儒 学 武生 刘殿章／咸阳画匠董学诗／重庆石匠刘在顺／道光十二年岁次壬辰二月癸卯 穀旦 住持 李福高

［碑阴］

篆额：

碑记

碑文：

会首 樊存诚 会首 牟天名 会首 张治修 武生 张殿彪 会首 牟天佑 会首 刘成业 武生 张兴化 耆宾 张翼如 会首 吴获上 监员 王朝凤 会首 刘克运 会首 任在祥 会首 张步云 武举 胡绍英 贡生 何其健 刘成绪 张步奎 杨登魁 云凤翔 任有德 任在法 张文德 云希贤 刘崇德／任国兴 云凤岗 任大春 云有成 刘天德 刘致德 折复来 张可法 任 德 王殿魁 齐大来 齐 显 栾绍棱(？) 栾仁 吴获王 张 明 刘成名 张应申 张伟(？)青 刘 耀 刘 玲 刘大成 贺天福 樊登云／折俊健 云殿魁 尹儒恭 任时春 刘福德 任兴春 云 戊 任显信 任法荣 刘文德 任大乐 尹俊英 栾 造 杨 鹏 栾 锁 折正江 折正海 云殿义 栾国福 王金仓 栾国稳 席万世 栾凤魁 栾 豪／樊士成 栾三柱 贺登云 栾中魁 任大业 吴□彩 刘荣德 云步青 云士升 刘荣祖 云凤盖 齐大成 张凤舞 云大成 张鸿舞 任有法 张金元 任大运 张丕基 柳东阳 尉豊当 云凤奎 张桢(？)德 云 南／云 喜 黄管 张名法 云 瑶 张克成 刘远后 刘甫成 任有魁 张甫云 张凤鸣 张步青 张步蟾 张步赢 李 德 刘 瑶 任勤有 任视祥 任新仓 寇攀梅 寇攀龙 永春和 刘年娃 仜大兴 张逢儒／任世有 会首 任进有 任 厫 任国柱 任礼祥 生员 刘映元 剡王顺 赵法 乔攀桂 同聚和 恒兴合 信义成 正兴王 春和元 元兴魁 元兴当 永盛王 泰乡铺 复盛馆 四合积 广泰合 元正祥 蔚豊岫 永顺店(？)／蔚豊福 会首 云殿花 长兴合 人和馆 张凤岗 张学海 庆顺德 蔚豊明 全仁居 豊海园 晋阳公铺 任福寿 元兴隆 蔚豊峰 晋阳老 晋阳合 晋阳公 春和全 恒兴泰 晋阳裕 同泰和 义和隆 元兴隆 源豊海／任天眷 任克礼 任自美 王世业 任克祥 林发源 林发成 任绪有 林发荣 任兴有 任鸿业 任万业 任贞祥

任朝林 任朝信 任兆祥 任耆祥 任自成 任广业 任显原 高万春 任发明 任显和 陈 有/会首 张文礼 生员 尹天御 尹树德 生员 尹时俊 刘奉先 张文仲 生员 马积英 尹廷献 马树英 尹作衡 会首 生员 寇师准 蓝永贞 寇遵化 寇振清 寇国桢 寇应清 寇得宝 寇 卓 寇 顺 寇仲清 会首 柳元魁 于尔林 柳万象 周 顺/柳万福 马正贵 寇思玉 宋士有 刘荣辉 罗成福 任登云 寇遵礼 寇地清 寇思义 柳得时 任大谋 刘文元 刘成美 刘自理 任 强 任稳生 刘荣贵 张名杨 云 时 恒升茂 任天成 云士早 云从龙/云曲娃 云良魁 孙士业 任发春 张逢原 任显笃 任长毛 陈大名 樊 盈 董万银 云士正 刘秉德 黄周带 怀仁德 剡登科 冉汉章 王 四 杨 奎 黄牛儿 元兴程 久公合 云 立 云 欠

6.《计开善缘布施姓名于后》(清朝宣统四年即公元1912年)

[碑阳]

篆额:

金莲洞

碑文:

计开善缘布施姓名于后

生员 张松年 一两一分 张巨江 银一两四 张俊杰 一两六 张仔诚 四分 张 培 银七两 刘三峯 银三两 武生 刘维藩 银五分 刘体仁 二两三分 乐生 刘文堂 银三两 武 善 武有功 武应周……清……栢武……/张俊英 三两六分 张登科 三两二分 张如珍 二两四分 张永田 四分 张 恺 二分 刘维真 二两四分 刘清第 一两四分 刘存厚 一两八分 武 财 武福秀 武应招 武富林 武万财 武应朝 武万全 □银新 武世全……/张德涵 银七分 张永禄 一两二分 张志忠 会首 一两六 张连江 银二分 张尊美 四分 刘本唐 一两二分 刘清真 刘清廉 武福财 武吉祥

武立夏　武户仓　武积成　武　泰　武作协　武作林　武步成／张至诚　一两八分　张积诚　一两八分　张锦文　二两二分　张九江　四分　张百川　银四分　刘清保　六分　刘清直　银九分　刘得运　银一两　武福灵　樊　银　赵彦科　武富有　武福银　武福荣　武德元　武　有／张金有　一两一分　张世金　银五两　张耀宗　三两　张如娃　二分　张巨银　四分　刘清高　□分　刘清有　九分　刘福财　二分　丁　全　武应科　武应明　李凤鸣　武生荣　武廷泰　武仲恩　武仲荣／张秀珠　五两二分　张耀堂　二两四分　张会友　银一两　张　润　银五分　张�银四分　刘士功　银三分　刘永泉　六分　刘仲举　四分　刘清现　二分　武仲有　樊　王　武应学　武成德　武举　武万儿　赵娘保／张兴荣　□两五分　张生荣　二分　张巨源　四分　张世明　二　张　全　一两九分　刘百儿　四分　刘宝泉　四分　刘正端　四分　刘清林　二分　武生贵　武士俊　武富成　武廷荣　武安□　张福财　张保来／张俊秀　一两九分　张世珍　一两　张济川　一两　张时俊　张俊彦　一两　刘清和　银五分　刘清彦　银九分　刘福禄　剡尊贤　一两二分　武仲田　石正孝　武定美　武能儿　安仓娃　梁鸿有／张时杰　银一两　张时升　银五分八　张自有　银四分　张时英　四分　张续德　二分　刘正祥　四分　刘正统　四分　刘万朋　四分　何兴财　六分　曹　义　安现林　黄世明／张福美　张居江　张绪娃　张学文　张功荣　以上各二分　刘义庆　五分　刘有江　五分　刘万仓　银一两　谢宗贤　八分　张永儿　武败成

会首人名

牟顺成　武仲吉　武志良／樊金有　杨福堂　武邦成／武福元　武福成　武孝忠／武映堂　武万仓　武积成

木匠　刘正清　刘士学　张赦舒　安正清　姚子明　画匠　何耀灵　石匠　曾成有　龙飞大清宣统四年仲冬月众会人等　立

［碑阴］

楷额：

碑记

碑文：

四方会首助缘布施人名/岁贡　马步仁　银一两　耆　宾　王盛德……　武生　马步□……　监生　刘步□　守备　刘□……益……学……一两……银一两……枝　一两式　□生　折金林　二两四　□□　折桂林　银二分　□□　冉登晟　四两八　王喜荣　银四分　生员　冉可许　一两六　监生　刘耀廷　银一两　监生　刘锡铭　银四分　黑永财　银四分　生员　莫玷品　一两式　王□睿　一两式　莫玷廉　银三分　生员　银五分/监生　刘□第……银一两……茂　银一两　□□□一两式　王瑞麟　银一两　□□位　银一两　云杯玉　银一两　武继贤　银一两　张恩才　银四分　张士吉　银四分　吕彦荣　银四分　吕凤鸣　银四分　武殿义　银六分　武殿选　银六分　杨存厚　银六分　杨存德　银四分　闫起蛟　银四分　杨现章　五分式　晋升当　银一分　/……海　银四分　……裕成　银六分　钟听琴　银四分　……德　银四分　尹顺福　银四分　敬信炉　银六分　毛俊林　银六分　毛俊壬　银六分　毛生光　银四分　安俊明　银四分　武卫邦　银四分　武丕烈　银四分　安兴魁　银四分　安兴福　银五分　安兴邦　银五分　张世兴　一两一　田万良　银一两　本　会　娘娘会　银式两　普贤会　银式两　关圣会　银一两　关圣会　一两五/关圣会　一两二　灵官会　银三两　文昌会　银一两　八仙会　银二两　关圣会　银五分　张爷会　银六分　八仙会　银四分　何永武　一两五　张存德　银一两　赵登贵　银一两　张世康　二两四　武应周　银二两　董发荣　银一两　监生　张永康　一两二　安维俊　一两二　寇效五　一两六　张思文　银一两　罗月云　银一两　莫玷声　一两式　郭　成　银二两　张玉美　银二两　彭遇成

银一两／寇作孝　张世荣　黑起明　刘自学　冉自端　任安邦　任治邦　张世财　张凤楼　恩生　尹　慧　尹华国　刘登元　常佐廷　刘忠善　刘建功　王生贵　折建梁　张　举　安思明　张兴德　王志贤　赵世全　以上各六分／赵彦科　席方元　武俊德　黄峻德　张克俭　任益俊　以上各六分　廖汉王　廖廷选　廖廷福　新积海　李生翠　郭林儿　永成海　袁尽忠　袁绍先　石廷玺　袁敬贤　袁珍秀　安起荣　王永福　任芝林　任怀德　以上各五分／陈世财　刘文炳　以上各五分　任富有　林生财　尹三多　尹三仁　尹登科　张世英　张自远　尹就三　常好礼　王生禄　刘延福　王存德　胡生有　刘建邦　谢万财　冉继先　冉穴定　冉绪贤　冉克科　冉陞禄　以上各四分／监生　折清林　折定国　折万魁　石琼玉　石□延　王喜荣　寇向善　朱生财　冯万廷　冯自福　冯清修　寇德新　何兴财　任作成　石文秀　永盛隆　刘世全　左明堂　王峻德　王峻义　张保儿　张志荣　以上各四分／王志荣　任树吉　张东海　张世功　马清山　任树堂　任树林　莫挟成　张登荣　冯世林　冯鸿莺　张金铭　赵万银　王永清　朱先德　尹好贤　闫好礼　闫明道　安正伦　王起荣　安进脩　林贵堂　以上各四分／闫清珍　银六分　朱泗永　林意气　王国正　王殿珍　常整在　刘杯江　燕国顺　张玉泉　以上各四分　刘珍福　张平顺　各六分　安兴元　银三□　寇永息　银八分四　冯简文　三分六　李德福　银六分

7.《重修金莲洞碑序文》(民国六年即公元 1917 年)

［碑阳］

楷额：

金莲仙洞

碑文：

重修金莲洞碑序文／成邑东三十里宜阳之下南入于山过峻岭名曰金莲洞盖洞有金莲也前有修竹茂林二水流／而一脉相通后有五凤朝山岩石

垒而龙虎相辅左环高峰宝堡右岭并揷三尖洞居中央四面／旋绕系徽成两邑之胜境也始于宋元李刘罗三位真人建造诸洞玉体金像极其灵矣上洞／太上老君左真武祖师右太乙救苦天尊中洞长生大帝左七星送子菩萨右五祖七真张三丰尊／神中文昌帝君玉皇楼青龙白虎对门左有关圣帝君殿娘娘殿灵官殿三大士菩萨楼阁门外／山神土地庙九皇洞三清四帝二后两厢十大真尊右四圣宫药王火星牛王马王尊神瑶池楼／阁中瑶池圣母左燃灯佛像右达摩佛像三官洞上三官大帝中杨夫子神位右洞东岳神位右／钟楼一座八仙洞上五老尊神左有八仙右有十大明医尊神洞下歌台一座至于大清咸丰／已属重修迄本代远年湮神像污秽楼阁败坏而神之所以默佑生民者犹然如故也刘公之恒／不忍仝会商议协力兴工报答神恩也本会人等施财助工四方虔心共结善缘楼阁兴振神／保复新焕然灿然一则前人之功德继续二则会首之诚意昭著而且新修瑶池楼四圣宫菩萨／楼斯时也四海被其厚泽八方沐其深恩有功德于天堂人世者可胜道哉自光绪三十四年／兹值民国六年一切告竣立碑为记以垂万世不朽云／

成邑儒学生员刘遇英撰文　孙　柳上林　书丹／

督工会首／

武生　张锦堂　张金有　张世财　樊殿升　云山刚　张世海／

黄效忠　杨天锡　张永新　贺俊升　云先知　栾得玉／

刘正伦　刘现唐　刘清秀　武福成　武士俊／

武生　刘世月　施银壹百两　张聚元　武应堂／

任新祯　任遇泰　任尽孝　武万苍／

杨福堂　牟进孝　安有财　张巨川／

樊金有　武仲吉　武志粮　武孝忠／

木匠　张登第／

画匠　朱炳章／

石匠　范瑚／

住持　张方德/

中华民国六年仲春上浣日

[碑阴]

楷额:

万善同归

碑文:

四方会首助缘布施人名/监元　柳凤鸣　施银四两　讲生　柳文鼎　施银四两四　武生　尹定邦　施银弍两四　张世英　施银一两　武生　张映斗　施银弍两　恩生　谢宗文　施银一两　恩生　任俊贤　银一两　张巨江　银四两　监元　冯俊英　一两弍　生员　王搢挺　银一两　监元　王获麟　银一两　拔贡　郑俊明　银一两　刘本堂　银十三两　安?谦　银一两　武亚烈　银一两　李德顺　银四两　张世忠　一两六　安自仁　一两六　杨起花　银一两　寇瑞林　一两一/李德时　银三两　王殿魁　银三两　监元　郭维新　银□两　袁好信　银四两　折梁栋　樊集义　张具善　张福兴　柳世林　各二两　监元　王树芳　银三两　剡尊贤　四两六　张杯珠　一两五　任宗富　任芝彦　各一两四　郭万福　弍两四　张世忠　一两六　寇效五　一两六　恩生　柳作舟　一两二　恩生　邵作良　银一两　寇匡宗……/折生福　银弍两　永盛昌　监元　刘维鼎　段登礼　段登财　莫让仓　王富荣　张居江　安世有　张文斌　日里疆　张金林　刘清高　张登第　尹荣邑(?)　马金翠　尹起士　冉福翠　冉渭各一两二二合成一两二/冉禄成寇文见一两一分三合成协盛合各一两六王治国李凤祥闫永瑞各弍两耆宾闫三珍恩生常宗海各一两袁茂财银六两杜生常(?)……杨正福……张思文罗月云余得福彭季旺彭殿能彭永常王恩普各一两自得成一两六分/郭德杜硕董克全张聚银任尚财任宗富任秀林常世德刘自有杜生泰张月星张登科柳文花杜如贵任俊士任俊兴李箱主张鼎铭董氏存顺德一两六分/王朝(?)中银一两刘

清高银二两王起荣安三张巨元杨起林安自礼安存仁安伸武各一两尹定美刘清直刘等第刘登瀛各一两二刘文堂银……安自招……安有为安忠富安自让各一两一樊积义施银式两张克昌／安维敬银一分安步月银八分安明科李来儿安根娃各六分安有全安代儿各四分郭魁林银五分武国柱银一两樊秀旺银六分席方元银六分武作林银一两张玉美银二两彭殿科银一两二彭殿英银三两彭义林银一两刘万银银一两马登海银六分任树林银五分寥黄玉银五分弓治明……／寥廷选银五分寥廷福银五分张玉金银□分 下丁上地会施银二两七 张有成银二分彭秀旺银六分张□有安廷俊代明庭各二分赵喜美银三分刘万喜各二分刘万朋银四分武万儿银二分张世忠银一两董发荣银一两永泰昌银一两二 武生贵 银四分 杨起花 刘清高各一两 继盛成 银一两 木匠 张布廷／刘仲学 二分 刘正端 二分 刘福禄 四分 武 勤 一两 樊 银 一两二分 自德成 银四分 张辛酉

8.《重修金莲洞神像庙宇碑记》(民国六年即公元1917年)

［碑阳］

篆额：

三位菩萨

碑文：

重修金莲洞神像庙宇碑记／大凡天壤间宜有而不宜无者前辈开端后辈增补先世建造后世振兴循环继续诚胜事也／彼万里终南山高水长惟仙境不可胜数独有鸡峰层凌畏尊又有尖山巍肤耸峻低昂呼吸／绵延而来脉结于山环水带之停有金莲洞一所路道崎岖庙宇大雅前有修竹屏藩后有岭／石遮掩清洁森严亦若别有天地间耳山不在高有仙则名其信然乎但历年久远屡屡振兴／以迄于今近来损伤至多要皆功程浩大非小补塞岂可缓图惟新修瑶池楼四圣宫菩萨／殿庙貌倾圮风雨莫蔽势不能已我会内人等重建鼎新楼阁高明日月之照临不爽神像／端肃山水之声音更佳由是诸神宫

阙晦暗而换旧新添隘险而袭故平原木石画工庶为／告竣焉所以然者鬼神非人实亲惟德是辅黍稷非馨明德惟馨要之有诚斯有神不媚神而／神斯正人斯福矣他若向阳伏暑淫雨凄风维持调护而四季咸若者岂非民和而神降之福／乎其在诗曰怀柔百神及河乔岳其在书曰丁未祀于周庙越三日柴望大告武成如谓人迩／神远恍惚杳冥置诸不议不论之列者毋乃娇世戾俗大不可乎予不揣固陋敢即其事而粗署将之是为序云／

邑　儒　学　生　员　子敏　尹懋功　沐手　敬　撰／

邑　儒　学　副　庠　慕之夏　景虞沐手　敬　书／

钦加同知衔特授直隶阶州成县正堂加五级纪录十次　王樾载　施银拾陆两／

会首人名／武生　刘世月　银二两　武生　张锦堂　四分　任新贞　银四两　黄孝忠　银四两八云先知　银一两八／刘正伦　银四两　刘宪唐　银五两　张世才　银一两八　杨天锡　银二两四　云山刚　银三两　／任遇泰　银二两　武生　刘维翰　银二两八　张金有　银二两二　吴元吉　银二两二　云出秀　银一两　／任万镒　银二两　武生　张庆堂　银十两　张巨川　银五分　齐正东　银一两二　任尽孝　银一两二／刘清秀　银一两四　张永新　银二两八　张世海　银四分　张高琴　银六分　任益宗　银一两二／樊殿升　银一两　贺俊先　银一两二　李树新　银二两四　栾玉堂　银一两二　孙步堂　银六分

［碑阴］

隶额：

好善乐施

碑文：

武生　王俊士　银四两　齐国姜　一两四　齐正清　一两一　齐正生　一两　王宗显　三两　乐生　任俊贤　银　一两　任俊士　银一两　任自顺　任万聚　一两　武生　陈占邦　银四两　栾步堂　栾惟清　监

元 柳凤鸣 银二两 武生 刘会瀛 银一两 佾生 尹定邦 一两二钱 马平彦 一钱 李德顺 银一两二钱 尹就三 银六分 安志仁/新兴成 银一两四 乔 多 一两一 云长意 一两 冯万有 三分 林守财 一两四 任步星 一两 任正贤 五分 任福财 九分 石堂 银四分 栾德儿 栾兴泰 柳文花 银一两 郭维新 银四两 尹训 张凤楼 一钱 李德时 安有财 安存仁/王邦元 银一两二 折自然 一两三 齐正合 五分 杨有朋 八分 吴荣先 四分 任益存 一两二 任益宽 八分 任有儿 银四分 任尽忠 六分 樊仲升 樊在仁 樊俊升 讲生 柳文鼎 二两 毛俊林 一两 尹登科 傅树清 五钱 李德福 银六钱 杨永禄 安中富/王宗美 银二分 韩凤鸣 一两六 钟清平 五分 张正美 一两 刘尽美 银六分 任万吉 一两二 任耀先 六分 任尚德 任治邦 银二分 樊永时 贺顺仓 贺顺元 柳士林 六钱 尹固国 尹贵德 杜万荣 三钱 张继宗 弍钱 杨正福/罗俊先 一两 折守元 银一分 冯进有 三分 温和平 一两 李生林 任义成 任茂盛 任宗福 任时中 以上各二分 贺承先 赵自迎 银一两 赵自福 银一两 柳作梁 二钱 尹三多 寇积成 六人各二钱 李志贵 寇炳耀 银四钱 杜万财 王海成/郭平儿 六分 锺子荣 二分 任交泰 四分 冯万有 王正娃 银二分 任步理 五分 任闩儿 五分 任启泰 三分 任宽海 银二分 倪现琴 银二两四 倪现宝 银六分 尹见元 银一两 柳士贤 二钱 尹起士 乐生 尹 慧 李如翠 高有才 二钱 强万清 孙万堂/杨福堂 三分 王 元 苟万玉 吴耀先 一两 朱万有 一分 任世魁 银二分 任步月 银二分 任步文 二分 任知礼 二分 龚东儿 张弋俊 银一两二 曹殿忠 银一两 柳士珍 一两二钱 张志选 尹尚志 九钱 李如林 周于美 一两二钱 强万德 赵福成/冉自有 二分 冯 珍 陈世才 马德成 二分 王益美 二分 任步实 二分 任时美 五分

任树堂　银二分　任芝灵　银六分　曹殿平　银五分　曹殿成　银六分　韦世清　银四□　柳天成　四钱　张世英　尹世德　李步荣　晋阳永　杨桂林　张福星／云世全　一两　云生财　一两　云茂兴　一两　云禄成　四分　云福成　八分　任世堂　银六分　任选儿　一两二　任好儿　银六分　任宗高　银六分　韦运章　银一两二　武殿选　银四分　武殿义　银四分　侯生瑞　二钱　马含翠　尹贵三　李葆蕚　刘万仓　一两　张福元　监生　张永康　银二两／云挑过　三分　云代保　四分　云金长　六分　云海玉　二分　云满行　六分　任志俊　任生财　任时礼　任定邦　张禄儿　宋代儿　陈世五　以上七人银各四分　侯树德　五钱　尹灼三　五人各四钱　张珍儒　刘富成　尚万玉　六分　杨义清　牟尽孝／云生贵　云成儿　云沛泽　三分　栾有才　吴成龙　任志功　任志才　任福堂　任益俊　王金儿　李翠花　李含翠　以上各五分　侯树鹏　尹训汤　马进财　杜凌云　任吉善　安志昭　任福旦　叚益文　银一两／

张户外来施银弍拾两　刘户外来施银弍拾两　任户外来施银弍拾两　小户外来施银弍拾两　云户外来施银弍拾两／栾旗里共来施银一拾弍两　李家沟罗会施银五两

（六）成县甸山石窟摩崖石刻

1. 甸山达摩洞石窟北壁题记：《创修祖师庙宇记》（清朝嘉庆十七年即公元 1812 年）

创修祖师庙宇记／乾隆十八年九月初五日夜余祖梦一道士披发／跣足肩□草履与语终宵而别寤觉平心静思憬／然悟曰此必／达魔（摩）祖师也但不知洞府何在待旦欲询乡老以求实／迹边有一叟向余祖而言曰河池豆家坪岩穴中／有遗像焉畴昔之夜入梦而与语者是耶非耶余／祖忻然领之因每岁十月间不惮冰霜辄步履以／供香火其后余祖眼目昏花举步艰难因卜筮以／请神于玉阳宫乃三筮而从之三于是构工于／峭壁间凿小室以妥神焉余父率祖□攸丁敬／奉益虔乃又增修之较前之石室更巍焕矣近来

／岩水浸渍渐有倾颓之患恐非神所凭依也余／以为劳而弗□何如建一庙宇久则易于补修□／于是即择吉鸠工众小儿等各踊跃赴功不延月／而落成焉兹值告竣之辰爰谨识其始末俾余子／子孙孙永傅勿替焉是为记／生员何现玜沐手敬书／嘉庆壬申夏五月吉旦　弟子郭呈祥

2. 甸山达摩洞石窟南壁郭氏家族题记：开窟建寺造像简况（清朝道光二十四年即公元1844年）

虔心弟子郭遇瑞男　貤封　武德骑尉　斌　孙／长门　兆祥　宪泰　效泰　师泰　毅　荣　贤　翰　介　润邦　升邦　福厚／二门　诰封　武德骑尉　呈祥　曾孙　生员　庆成　监生　庆安　卫□　庆清　监生　庆元　玄孙　监生　昭　福邦　振邦　善邦　正邦　卫邦　俊　杰　垣　美　秀　敬　芬　芳　六世孙　辅邦　佐邦　佑邦　□气社儿／三门　吉祥　出嗣徽邑本家／四门庠生　凤祥　法泰静　守　周　全　含春　仲春　正春　迎春／住持　罗□云　石匠　马应　郑登财　马元福／大清道光二十年四月吉日起修　修岩刻洞神像献殿三间　观音楼重修地藏楼建修　二十四年二月上浣　第子　郭庆清　告竣

（七）成县五仙洞石窟碑

1.《五仙洞记》碑[①]（南宋开禧二年即公元1206年）

［碑阳］

篆额：

五仙洞记

①关于《五仙洞记》碑，碑文提到三个年份，即绍熙五年（1194）、嘉泰二年（1202）和开禧二年（1206），碑当立于开禧二年，碑文云，"绍熙五年五月日，住持董宗辩状"，"旨（指）挥支给赏钱，其庵舍、产业尽行籍没，入官施行。嘉泰二年　月日给。付董宗辩"，"遂书之以为记。时开禧改元南至日也。宜教郎、通判成州军州事、崇国赵希潜父撰并书""开禧二年岁次丙寅十月二日，任山、任普"。

碑文：

同谷以景名者八，五仙洞其一也。世传公孙氏五子尝于此学轻举之术。往往灵蛇曝[①]日、神鱼泳渊。其事虽不经见，然意其林峦扶舆磅礴，必有如杨[②]子云所谓“山泽之臞”者居之。闰八月，余被檄，虑囚武阶，因往游焉。爱其雪崖苍古，烟岩隐翳，翠篠寒松，流泉飞瀑，映带左右，萧然若离尘浊。有道者宗辩揖余而言曰：“昔吾晦庵禅师，崛起关西，道价甚高，飞锡南游，辄关禅林之口而夺之气。茶马赵公、太守毋公深相敬重。有《语录》行于世。游师门者众矣，而宗鉴实[③]为上首。异时，五仙洞蔽于榛棘苍莽中，鹿豕昼游，狐狸夜嗥，蹊术[④]不通，人迹罕至，独樵叟、猎师，斧斤罝蔚，时肆蹂践。自鉴筚路蓝缕，以启山林，为之室庐，安处徒众，里人屈仕颜又举环洞之木章竹箇，愿助清供，气象蓊郁。于是，五仙之胜，遂与鸡凤争雄。继鉴者曰宗岳、曰宗显，显又造观音像，为阁三间以覆之。显既游方，乃命宗辩主扫洒[⑤]

①“曝”，碑刻不清晰，似为“暴”；字左上侧碑面部分有天然残损，似在刻字时故意避开残破之处。《陇右金石录》录为“曝”，《成县新志》录为“暴”，《成县志》录为“暴”。见[民国]张维编著《陇右金石录》，第16077页；[清]黄泳纂修《成县新志》，第409页；成县地方志编纂委员会编纂《成县志》，第942页。

②“杨”，碑刻为“杨”，《陇右金石录》录为“扬”，《成县新志》录为“扬”，《成县志》录为“杨”。见[民国]张维编著《陇右金石录》，第16077页；[清]黄泳纂修《成县新志》，第409页；成县地方志编纂委员会编纂《成县志》，第942页。

③“实”，碑刻为“实”，《陇右金石录》录为“实”，《成县新志》录为“实”，《成县志》录为“实”。见[民国]张维编著《陇右金石录》，第16077页；[清]黄泳纂修《成县新志》，第410页；成县地方志编纂委员会编纂《成县志》，第943页。

④“术”，碑刻为“术”，《陇右金石录》录为“術”，《成县新志》录为“径”，《成县志》录为“径”。见[民国]张维编著《陇右金石录》，第16077页；[清]黄泳纂修《成县新志》，第410页；成县地方志编纂委员会编纂《成县志》，第943页。

⑤“扫洒”，碑刻为“扫洒”，《陇右金石录》录为“扫洒”，《成县新志》录为“洒扫”，《成县志》录为“洒扫”。见[民国]张维编著《陇右金石录》，第16077页；[清]黄泳纂修《成县新志》，第410页；成县地方志编纂委员会编纂《成县志》，第943页。

之役。宗辩不量力，营新葺旧，辛勤[1]累年，始克创[2]塔亭，建重门、丈室、僧寮，粗若备具。且诱化信士，从成都置四大部经归镇山门。繇鉴迄今，盖三十余年矣。每惟开山之勤，未有纪述，使来者无所考信，愿以为请。”则告之口：“子之师晦庵，余不得而见之，于鉴也，又尢晤言之暂，然尝读毋、赵二公若铭若赞，则知晦庵之为高；以其师信其徒，则知鉴之为贤。自昔佛家者[3]流，草衣木食，宅幽而阻深，盖欲屏远嚣尘，离诸染着，以学苦、空、寂灭之道，末世比丘[4]，知此者鲜。鉴也，侍晦庵巾瓶最久，乃能于戒律陵迟之际，笃志自修，结茅岩洞，不与物接，其胸[5]中所得，必有过人者。今子又增而大之，甍栋参差，户牖依约，炉香卷经，绝去俗累，视前人可谓无负。吾闻，善学于师者，不于其迹于其心。谈空析妄，设为问答，剪荒除秽，化为殊

①“勤”，碑刻为“勤”，《陇右金石录》录为“苦”，《成县新志》录为“苦”，《成县志》录为“苦”。见[民国]张维编著《陇右金石录》，第16077页；[清]黄泳纂修《成县新志》，第411页；成县地方志编纂委员会编纂《成县志》，第943页。

②“创”，碑刻为“创”，《陇右金石录》录为“创”，《成县新志》录为“刱”，《成县志》录为“创”。见[民国]张维编著《陇右金石录》，第16077页；[清]黄泳纂修《成县新志》，第411页；成县地方志编纂委员会编纂《成县志》，第943页。

③“者”，碑刻此处有“者”，《陇右金石录》无“者”，《成县新志》无“者”，《成县志》无“者”。见[民国]张维编著《陇右金石录》，第16077页；[清]黄泳纂修《成县新志》，第411页；成县地方志编纂委员会编纂《成县志》，第943页。

④“丘”，碑刻为“丘”，《陇右金石录》录为“邱”，《成县新志》录为“邱”，《成县志》录为“丘”。见[民国]张维编著《陇右金石录》，第16077页；[清]黄泳纂修《成县新志》，第411页；成县地方志编纂委员会编纂《成县志》，第943页。

⑤“胸”，碑刻为“胸”，《陇右金石录》录为“胸”，《成县新志》录为“胸”，《成县志》录为“胸”。见[民国]张维编著《陇右金石录》，第16077页；[清]黄泳纂修《成县新志》，第412页；成县地方志编纂委员会编纂《成县志》，第943页。

胜，此皆其迹而非其心也。子诚能[①]不忘鉴之勤，与夫子之师所以付嘱[②]，盍自其心焉者，求之精进不已，则晦庵一灯之传，虽与此洞相为无穷可也。”辩曰：“唯。”遂书之以为记。时开禧改元南至日也。[③]开禧元年，[④]宜教郎、通判成州军州事、崇国赵希渊[⑤]潜父撰并书，朝奉大夫、知成州军州事，嘉定辛槱之明[⑥]父篆额。

按此碑高二尺六寸，广二尺二寸，凡二十二行，行三十二字，额篆“五仙洞记”四字，书法极挺秀。旧志所录碑文脱误数字，今依拓本正之。[⑦]

［碑阴］

隶额：

（碑首有一阴刻菩萨像，菩萨像以下是碑额——笔者注）遵奉圣旨住庵文据

---

①“能”，碑刻此处有“能”，《陇右金石录》无“能”，《成县新志》有“能”，《成县志》有“能”。见［民国］张维编著《陇右金石录》，第 16077 页；［清］黄泳纂修《成县新志》，第 412 页；成县地方志编纂委员会编纂《成县志》，第 943 页。

②“嘱”，碑刻为“嘱”，《陇右金石录》录为“嘱”，《成县新志》录为“属”，《成县志》录为“嘱”。见［民国］张维编著《陇右金石录》，第 16077 页；［清］黄泳纂修《成县新志》，第 412 页；成县地方志编纂委员会编纂《成县志》，第 943 页。

③《陇右金石录》此处在“改元南至日也”后有“《成县新志》《五仙洞碑记》在县西南三十里五仙山”一句话。见［民国］张维编著《陇右金石录》，第 16077 页。

④《成县新志》《成县志》此处无“开禧元年”四字。见［清］黄泳纂修《成县新志》，第 412 页；成县地方志编纂委员会编纂《成县志》，第 943 页。

⑤“渊”，碑刻为“逌”，《陇右金石录》录为“渊”，《成县新志》录为“逌”，《成县志》录为“逌”。见［民国］张维编著《陇右金石录》，第 16077 页；［清］黄泳纂修《成县新志》，第 412 页；成县地方志编纂委员会编纂《成县志》，第 943 页。

⑥“明”，碑刻为“明”，《陇右金石录》录为“明”，《成县新志》录为“明”，《成县志》录为“口”。见［民国］张维编著《陇右金石录》，第 16077 页；［清］黄泳纂修《成县新志》，第 412 页；成县地方志编纂委员会编纂《成县志》，第 943 页。

⑦此据《陇右金石录》。《陇右金石录》只收录《五仙洞记》碑碑阳碑文，未收录该碑碑阴碑文。见［民国］张维编著《陇右金石录》，第 16076—16077 页。

碑文：

上部：

成州

据同谷县五仙山灵光洞住持董宗辩状，伏缘五仙山系古迹名山，自来求祷雨暘所在。洞傍建立龙神、观音庙宇，庵舍，众人请到宗辩住持、看管，今来本州，坐奉朝旨。指挥许行陈首给据，伏乞判下。本案给据施行者，右契勘近准。

提刑使衙牒，准四川安抚制置使司牒。嘉泰二年八月空日，行在尚书刑部，符准检会案连送。嘉泰二年八月一日，敕中书门下省检会；嘉泰二年六月十三日，敕即文臣寮札子奏："比年以来，有非给降度牒僧道所为，白衣道者私相庵舍，乞严立约束。"

三省同奉圣旨，令逐路监司，各行下所部州县，日下多出文榜，晓示道民：私置庵舍有逆条法，自指挥到日，限半月许，令经本州、自陈出给公据，付住庵人收执；如出限不行，自陈出给公据及再有创置之人，许人告首，支给尝钱壹阡（仟）贯，先以官钱代支，都挨犯人名下，追纳其庵舍、产业，尽行籍没入官，候出给公据足口，逐州置籍，中监司类聚。

申尚书省，奉敕，如右牒到，奉行；牒请，遵奉。候出给公据足日，置籍，供申本州，以凭类聚。申尚书省，使州除已遵奉出榜。本州并二县镇，晓示道民，去后，今据前项状陈呈奉知府、朝散，判给。今出给公据，付五仙洞住持董宗辩收执照用，自今后不许创置庵舍，许人告首，以凭遵从前项。旨（指）挥支给赏钱，其庵舍、产业尽行籍没，入官施行。　嘉泰二年　月日给。

付董宗辩。

迪功郎定差成州司法兼签厅公事丁正，

文林郎就差成州知录参军兼检察仓库孙庄，

承直郎、通判成州军州事兼管内劝农营田事赵□，朝散大夫、权知成州军州事兼劝农营田事公边都巡检使李□。

中部：

立舍状人、青渠保税户屈仕颜父子等，今切见保内。五僊洞系州图所载，古迹名山。诸保人户，祈祷常获感应。监司□无不留题，守臣到，得□诗颂。次有乡村人，各舍己财，修立观音、龙神阁，妆塑尊像。仕颜等遂将本户所佃通判衙职田内，摘豁山地一叚(段)，系在遶洞，开坐四至，永舍于五僊，用充赡副图，乞住人久为看管，无致伤于拆毁。仕颜等先以请到僧岳南回住持。自后本僧游礼于他处，不住此山。仕颜等乡村连名邀请到本州报恩寺住持、丹长老门人董宗辩于此扫洒焚献。及具状，经赴同谷县，及使州陈告，给到就请住持。公牒约束文榜：如有斫毁林木之人，把拽赴官根治。今开具四至、下项，东至承宣地及王宅职田地，岭西至孟家谷岭及九般谷大岭，南至上仙洞大岭及九般谷源岭，北至杨家地大岭为界右。仕颜等今将四至内山地委是，不堪耕种殊无出产，更不椿坐，胜合官税，亦无诸般夫役。如有无图人毁斫林木，令住持一面作主。恐人无信，故立此舍状为凭。绍熙五年四月初八日立，撰瞻舍状文字人，屈仕颜，并同男屈友谅。右伏缘，系兴州管下长举县税户，自乾道八年间，年一十五岁，父母同议，令宗辩参礼丹长孝为师。自后本师游，南到临安府，不委身化。宗辩在诸山住庵，昨来州西，税户屈仕颜及众人等，举请宗辩看守五仙山龙神阁 所，令宗辩扫洒焚献。及屈仕颜舍到绕洞山林地叚(段)，舍状文字粘连，谨具状上判县中，太伏乞台慈判，押令宗辩执照，庶免无图之人毁斫林木，伏候台旨。绍熙五年五月日，住持董宗辩状。

下部：

谨具。修造会首，御位于后：僧普畯、屈友□、屈友□、屈友□、杨晖、杨威、杨祐、侯仲禧、李信、潘源、魏元、宋宗霞、樊宗遇、郝浩、郝济，都会首杨惠。开禧二年岁次丙寅十月二日，任山、任普。

2.《孚泽庙牒》碑[①]（南宋嘉定八年即公元 1215 年）

［碑阳］

行额：

尚书省牒[②]

碑文（大字）：

牒奉[③]敕

宜赐孚泽庙为额牒至准[④]

敕故牒[⑤]

嘉定捌年贰月日牒[⑥]

签书枢密院事兼权参知政事郑正[⑦]

右丞相正

碑文（小字）：

礼部状准都[⑧]省批下利州路转运司状奏，照对本司，昨于嘉定七年五月拾壹日据成州申据同谷县申备，据本县乡官保义郎杨祐兴等状，“伏见本县五仙山龙神，广有灵应事迹，乞备申转运司保奏朝廷颁降庙额，州司

---

①《孚泽庙牒》碑，于嘉定八年（1215）由参政郑昭先、左丞相史弥远奉敕赐。碑当立于嘉定八年，碑文云，“嘉定八年二月日牒　签书枢密院事兼权参知政事　郑正　右丞相正”。

②《陇右金石录》此处有“行一”二字。见［民国］张维编著《陇右金石录》，第 16078 页。

③《陇右金石录》此处有“行二”二字。见［民国］张维编著《陇右金石录》，第 16078 页。

④《陇右金石录》此处有“行三”二字。见［民国］张维编著《陇右金石录》，第 16078 页。

⑤《陇右金石录》此处有“行四”二字。见［民国］张维编著《陇右金石录》，第 16078 页。

⑥《陇右金石录》此处有“四行书（？）字稍小”六字。见［民国］张维编著《陇右金石录》，第 16078 页。

⑦《陇右金石录》此处有“行五”二字。见［民国］张维编著《陇右金石录》，第 16078 页。

⑧“都”，碑刻为“都”，《陇右金石录》录为“□”，《成县志》录为“□”。见［民国］张维编著《陇右金石录》，第 16078 页；成县地方志编纂委员会编纂《成县志》，第 944 页。

保明是实申乞施行，本司重[①]行勘验，保明是实。今开具灵应事迹一复[②]实。得成州同谷县□[③]嘉青渠一保，境内有五仙山龙洞一所，灵光瑞露，示现非常，实列仙之居，神仙之宅也。自古以来，乡村祈祷，凡遇岁霖岁旱，民必祈求，时旸时雨，应如影响。兼自去冬及今春以来，民间祈祷，春干得雨，秋涝获晴，稔成丰熟，以助美政，委有功迹显著，惠利及民，无不感应。乞赐颁降庙额，伏候敕旨。后批送部勘，当申尚书省。本部寻行下太常寺勘，当依条保奏，取旨加封。本寺照得今来本路转运司已依条差官体究，复[④]实保奏了当，应得加封条法。今勘，当乞从建炎叁年正月陆日，已降指挥合行拟封。下项数内一成州同谷县五仙山龙洞神合先拟赐庙额，合行降敕，伏乞省部备申，朝廷[⑤]取旨加封，赐额施行由部。本部今勘，当欲从太常寺勘当到事理，伏乞朝廷指挥施行，伏候指挥。”

［碑阴］

（无文字）

《陇右金石录》云：

按此碑高五尺，广二尺余，字作行书，大五寸，小者三寸余。其右侧有寸楷十四行，行二十九字。[⑥]

---

①“重”，碑刻为“重”，《陇右金石录》录为“□”，《成县志》录为“□”。见［民国］张维编著《陇右金石录》，第 16078 页；成县地方志编纂委员会编纂《成县志》，第 944 页。

②“复”，碑刻为“复”，《陇右金石录》录为“覆”，《成县志》录为“复”。见［民国］张维编著《陇右金石录》，第 16078 页；成县地方志编纂委员会编纂《成县志》，第 944 页。

③“□”，碑刻此字已看不清楚，似人为剥落；《陇右金石录》录为“□”，《成县志》录为“□”。见［民国］张维编著《陇右金石录》，第 16078 页；成县地方志编纂委员会编纂《成县志》，第 944 页。

④“复”，碑刻为“复”，《陇右金石录》录为“覆”，《成县志》录为“复”。见［民国］张维编著《陇右金石录》，第 16078 页；成县地方志编纂委员会编纂《成县志》，第 944 页。

⑤“朝廷”，碑刻为“朝廷”，《陇右金石录》录为“□□”，《成县志》录为“□□”。见［民国］张维编著《陇右金石录》，第 16078 页；成县地方志编纂委员会编纂《成县志》，第 944 页。

⑥［民国］张维编著《陇右金石录》，第 16078 页。

碑末有“五仙山住僧普敏、工匠江杨德”十二小字。考《宋史》，嘉定八年，参政为郑昭先，左丞相为史弥远，其二正字，盖即名押。此碑旧志失录，今尚完好。皋兰马紫石拓以相寄，亟录存之。惟《宋史》，弥远以嘉定元年为右丞相；二年转左丞相，此牒既嘉定八年所下，何以仍署右丞相，疑为刻石之误。右丞相下不著其姓，当是令式如此，前录广严、仁济二院牒，俱韩魏公为平章事而俱系姓衔下，与此不同，或以是时弥远独相多年，遂省其[①]姓欤？[②]

（八）成县仙人崖（石窟）摩崖石刻

仙人崖今存《王康题记》《岳世英题记》《重修北极宫记》3 方摩崖石刻，《王康题记》《岳世英题记》较清晰，而《重修北极宫记》“字迹漫漶，泐损者约十之三”[③]，已很难释读。

1.《王康题记》（南宋乾道九年即公元 1173 年）：

有宋干道九年、岁在壬辰暮春之月，甘露降于成州仙崖之下，野夫来告，邦人聚观，咸曰，太守王公逾年政成，讼无留庭，盗不警野，治尚宽大，神人以和，雨旸弗愆，年谷屡稔，和气发育，嘉祥并臻，龟蛇见于坎宫　，瑞露零于仙境，与汉武都守李翕所纪颇同。彼以治险便民，此以至诚格物，不可无述，昭示方来云。前同谷令晋安王康书之，公名中正，字子直，河州抱[④]罕人。[⑤]

2.《岳世英题记》（清朝光绪二十九年即公元 1903 年）：

耆学叶昌炽命成县训导岳世英访古殓此，光绪癸卯闰夏记。[⑥]

---

①“其”，《陇右金石录》录为“其”，《成县志》录为“具”。见［民国］张维编著《陇右金石录》，第 16078 页；成县地方志编纂委员会编纂《成县志》，第 944 页。

②［民国］张维编著《陇右金石录》，第 16078 页。

③成县地方志编纂委员会编纂《成县志》，第 770 页。

④“抱”，《成县志》原文作“抱”，疑当为“枹”。

⑤成县地方志编纂委员会编纂《成县志》，第 777—778 页。

⑥成县地方志编纂委员会编纂《成县志》，第 778 页。

3.《重修北极宫碑》(元朝至元辛亥年即公元 1251 年):

重修北极宫记:同谷对景南山,青嶂环列,东顾凤凰,西接鸡峰,仰参云霄,俯瞰龙峡,壁立万仞,远眺如道士之容,此其所以得名也。转运游公留题云云,此诗写尽奇境。悬崖置屋,有元帝及朱真人并和真人圣像,崖下旧有祥云观基,拟欲重修。大宋干道壬辰,甘露将于仙崖,龟蛇见于圣境,岂非真游之瑞应耶?自兵燹后,殿阁隤圮,道路荆棘,圣像虽存,香火之奉阙如也。有武信军逢溪县谢先生者,因丙申蜀难,漂泊陇西临洮间。见时世未宁,遂舍俗出家,后礼自然子为师,得通元法。时以济生渡死为念,行符设药,治病救人无不效者。见大兵经过处,横尸满路,在在暴骨,动怵惕恻隐之心。自陇西临洮诸州,遍巡道隰原野,自负畚插,掩骼埋骸十有余年,不知几千人矣。比至西康州,王老元帅武侯见其积功修行,请住道士崖,同陈先生焚献。不幸陈早归化,后得顺庆何意贞、垫江何正真协力同心,率徒众栉风沐雨,自效木石之功,补废支倾,修建玉皇殿,北极宫祠,厨房仓库,一一全备。栋宇翚飞,楼阁壮丽,迥出烟霞之表,显昭仙灵之古迹,真西康之胜境也。迩来有游山荐香者,于崖壁间时闻钟磬之声,此地与仇池不远,无乃亦通于小有洞天者乎?落成索余为记,予不文,爰记其始末,以诏来兹云!至元辛亥年秋普慈盘溪子记①

(九)《成县鸡山祷雨灵应记》碑(明朝万历三十五年即公元1607 年)

[碑阳]

篆额:

成县鸡山洞祷雨灵应记

碑文:

成县鸡山洞祷雨灵应记:……设□渝□何□西……撰/……凤□□地……卫民□/夫□泽□□何处无人有近酒无益于民诸神山……/头

①成县地方志编纂委员会编纂《成县志》,第 944—945 页。

□山隆上际直入雷□□记黄帝巡狩□□基□名……/幽香深澄冬至一如信乎为神物之□□四岁遇旱辄祷之故考之于碑则灵/于宋绍兴中稽之钟则灵于我成化前钟碑皆为祷雨有应而造固非无征不信/者顷岁忧两阅月不雨黄者将槁种者未布百姓嗷嗷载途……/□□高公不胜矜关爰率众庶于□□五月祈祷于南玹亭素巾服暴卧于地不顶/政事专心叩吁越九日步行于此山入洞取杖仆□□君亦役其□□□□民/为神所降传神意曰官与神阴阳表里雨泽□明惟神之善□官忧蒙□□之/□无意于民也何以香火为谷有下山当胜途□十……优屋霑足则/□普贤浴兰时益□□九日□邑众皆□□头仆亦以□幻□□后之凤□不/□公感而信之即□□此日捐俸银伍两今□二千会应修□□□庄严圣像/□□□□甫动三五邑处□□洞中□出□□□散遐□□之……之□/神而神从格公也住持僧众……胜……/□□□之一□够德之……云……/□四……桷……

——明神宗万历三十五年(1607)刻石[①]

[碑阴]

(无文字)

(十)徽县真空寺石窟碑

1.1号碑(清朝道光二十二年即公元1842年)

[碑阳]

碑额:万古千秋

碑文:

……/……于今之后乐在平安古至今□/善叟□奋□□□□针空寺……/□明福往□□之唯恒常唸嗟口念……/□□□□□建修道路□神有感……/福……/……佛弟□黄□□□王□□丁……/……文□佛光元各死文……/……荐福出/……滕□□□龙铁张光彩……/李□□□丘创比

①成县地方志编纂委员会编纂《成县志》,第769页。

岳山赟□□□住持兼侵察 / 佛□□□升李进□有□□□/ 蒋会首是服□/ 真周大一□首□奎□务将 / 皇清道光式拾式年九月廿八日　全立

［碑阴］

（无文字）

2.2 号碑(清朝道光十年即公元 1830 年)

［碑阳］

碑额:永垂不朽

碑文:

盖闻莫沟之前……神……历□代远且属腐朽……永……/ 改旧然一木不□□大厦而……丘一于慈天化……振助功……圣……/ 下洞泥佛二尊众像培满福有攸所勒石刊碑名垂不朽是序　长顺□□□□兴隆……/ 佛子□总会首唐在兴　叁千　五四□每□屋……伍□山……/　会首人 / 李　成　陈金喜　各名助钱　陈生朝　五伯（佰）文　唐在愚　唐万福　各人四伯(佰)文　曹大寿　三百(佰)文　陈先福　二伯(佰)四千　范大成　唐空信　余必赐　每名乙(一)千二佰文　唐君用　乙(一)千文　石朝福　莫万忠　各人八伯（佰）文　孙文伟　五百文　滕中臣　六百文　生员　蔚文超　(乙)一百廿文　监生　彭元清　一百廿文　付顶凤　一百文 / 周定六□□二佰加　□友□　二伯（佰）廿文　匡先贵　郭文仲　共助钱四伯(佰)文　张□品……郭彩荣　许　强　陈伯先　邓开道　丁凤　董　超　陈先昱　王　学　韦廷华　刘正序　李正吉　任朝凤　□□增　□盛号　名(各)助钱乙(一)伯(佰)二十文 / 彭在兴　马万强　陈宗林　袁得文　张正杨　邓天明　吴(?)玉(?)太　曹　贵　邓三才　安正魁　安朝荣　吴大背(?)　邓元龙(?)　铁君奇　田宗富　钟世清　李永清　唐吉祥　鄢质文　各名助钱乙（一）百二十文/ 张顺□　王忠卯　蒋官祚　蒋星□　赵　琏　李应宗　何世华　熊玉汉　苏文学苏文杰　陈仰榜　余学加　张兴玉　谢　艾　乔定保　陈汉逢　骆朝兴　唐元郎

艾海祥 蒋天才 每名助钱一伯（佰）廿文/屈 辱 马 钊 王容成 郭永俛 杨北海 黄三元 张仕美 唐万祁 陈容坤 任朝用 贾文滔 曹世林 廖才华 韩俊章 唐万善 王 文 王 益 秦永贵 张有朋 人出助钱乙(一) 百文出八千又□八□六千□□/伍□天 伍孝仲 张富有 张天龙 何文凤 董正西 鄢 兴 张愈明 张宗金 罗进有 张凤 丁俸维 杨胜林 钟传斌 张凤斌 张大民 □□□ 苏 顺 各一千文各□人□□出钱五千文出钱乙(一)千

……师……师玉登寺……

大清道光……拾年庚寅□□中秋……

［碑阴］

(无文字)

3. 3 号碑(明朝弘治二年即公元 1489 年)

［碑阳］

碑额：

(无)

碑文：

佛/会首 刘 整 任 智 杜宗右 杜宗兴 杜宗作(？) 杜宗志 段 鳌 勤 师 晶 间(？)/段 春 张 智 张 巡 宋友得 马 志 张 胃 段 八 冯友信 杜 约高 颜/徐 友 徐 进 李友学 李 怀 李文进 杨 雄 朱友智 杨志宗 刘 玘 刘 凡 /刘文昇 宋 青 李 五 张 玘 杨 氏 李 宗 王景和 汪受 高 全 左文广 张 善 左 通/杨景春 万中祥 张 成 普文见 张 田 张 勤 雷 忠 高五儿 郑居士 杨 海 苟 玉/妙 满 能 真 王景宣 高 能 周 成 贺 深 贺智海 贺 钊 张志国 汪 全 雷 全 周 郎/武百林 丁 完 万重祥 穆 秀 杜 学 田 酬 李军汉 王 昧 左阴阳 张 学 李 宗/张友贤

老 成 圆 青 刘志才 王 能 刘景智 杜宗槃 王 虎 罗□□ 王天□ □□□/老 德 杜 絮 邹 祥 常 续……/王□□ □□□ □□□ 李□□ 全□□ 张 深 孙 怀 张 青……/刘文贵 杜 炎 杜 海 白 玉 杜 兴……

［碑阴］

碑额：

（无）

碑文：

山境/重卢(炉)高殿右石礌/锦秀(绣)乾坤戏山河/石佛岩前圣补晓/日往月来川娑过/□龙秀山古真空/前有出厓独眼见/道广/发心僧人定真/北有道观普陀岩/一对金刚□前□□/又东南西北数里多/五胡(湖)四海进相合/不是佛境同聚会/曾得留名到龙角/□义/□秀/□□/□福/往保/地消/□坠/性觉/得□/秀本/俞僧/保僧/千佛保/明月/圆海/性钊/□□/立见/段兴/段□/段玉/段训/老朱/张文里/……/……/……/道□/得成/张志起/宋俊/张万/……/……弘治二年正月吉日石匠张善万造……

4. 4 号碑(明朝弘治二年即公元 1489 年)

［碑阳］

碑额：

（无）

碑文：

佛/菩萨罗汉护法……/本境乡老会首其□助缘 杜宗贤 李志缘 韩文进 暇(段？)志本 两当县老人贺真空小寺□佛施主□□名/李志缘 能 太 刘 得 周 昌 杜宗逊 杜 进 杜 显 李景季 胖 广 刘 文 刘景秀 雍居士 □文忠 张 广 李 郎/ 申广 缲(？) 景 □ 海 □ 陈 陈 能 李志学 □ 圆 □ 学 圆

名　王　全　进　满　杜　梅　□　长　杜志通　杜志□　杜志林／刘志思　李右　□□　陈　兴　承佛毕　出工(价)　铁　施　主　花　孙居士　进　海　李居士　杜宗贤　杜宗莫　张　先　杜　兑　杜云成杜宗吉　徐　山　周志聪／贾景人　杜才一　杜宗祥　成　仓　唐　虎杜　虎　杜　虎　杜　招　杜　春　李　林　杜　显　杜宗玄　唐　先张志聪　刘　志　罗　歆　黄□□／周志亭　杜宗起　张士连　刘　翠张　生　张　云　李　缘　张　能　张　云　杜宗全　杜宗右　杜　龙贺　志　刘居士　唐　忠　王大福　李　广／□□　张　□　□　贤任　智　浦　长　衡　宋　任　结　任志肯　李　文　任　和　任　玘任　志　张志□　任　全　罗东□　保　师　赵　然／韩　福　韩　悉李　三　张　通　李　本　韩　晶　韩　玉　韩　文……魏高□／……／惠源海成月通上报四恩利益存亡法界有情愿成佛道……见在者吉如意各增寿／……弘治二年正月吉日石匠张善万造……

［碑阴］

碑额：

(无)

碑文：

日　月／真空寺／佛田地／东下／至何(河)地／南至何(河)西至山真共道／地北至山上一里地／皇□(基)永固／帝道遐昌／佛日增辉／法轮常转／伏以人生在世善恶……／三教圣人周朝出□□……／累□□玉帝帝前□……／……不津文……／□□佛弟子意□……／圆光寺僧人见遇天明四年好方□□……／□打石坑一所铸铁佛二□□□□□……／行参圆海　□玉　师丝　助……／本师齐满□何以智因王　僧人……／戒得□□□喜田保□□……／殿正文徒□李□□佛徒□□□……／正兴生□□□能果李居士段志强……／觉亮性晟性□□□□□□□……／十方便让性招性治□□畏……／义得性广□□□山□……

（十一）朝阳洞石窟碑[①]

朝阳洞观鹤楼前 4 通碑（含 1 块残碑），从北向南依次编为 1—4 号碑。

1. 1 号碑（清乾隆四十三年即公元 1778 年）

［碑阳］

碑额：

（无）

碑文：

……积（？）福功德碑……／伏□……／随地原民刺（？）……／佛光普照念觉路（？）……／□□感迷津之普……／闻（？）秀因得见……／下（？）水（？）地乙炯永……／……思得……／佛恩浩荡之□……/……／乾隆四十三年十二月……

［碑阴］

（无文字）

2. 2 号碑（明朝成化十六年即公元 1480 年）

［碑阳］

碑名：

明故大善知识端竹大士省告脱化记

楷额：

永垂千古

---

①关于朝阳洞石窟碑文，《金石萃编》（［清］王昶辑，北京：中国书店，1985 年）《陇右金石录》（［民国］张维编著，兰州：甘肃省文献征集委员会，1943 年）未收录。本文所列碑文，来自笔者对石窟碑文的抄录，后参考了赵逵夫先生主编的《陇南金石校录》全四册（北京：社会科学文献出版社，2018 年）（《陇南金石校录》只收录《明故大善知识端竹大士省告脱化记》）和牛利利博士考察时拍摄的照片（2020 年）。在此向赵先生及牛博士谨表谢忱！

碑文:

明故大善知识端竹大士省告脱化记 / 知识乃[①]乃陕西西安府咸宁县白良村 / 人士,苏敬次男。天顺七年正月内[②]本县 / 石佛寺出家,受礼瞿昙至□□大恩师 / 剌麻金敦领占为师。成化元年四月内,授剃 / 为僧。番教十五年,云游阶州陈家坝龙兴 / 寺住持应教,俗徒闫玉、刘全、董思恭、王志祥、李恕、/ 李宽、闫成、张文显,李明兴等受戒供斋。/ 时在十六年正[③]月十五日入禅,三月十五日出禅,本月[④]二十五日早 / 辞别众施主。二十六日,同门徒□□。日正 /"良时",登仙洞崖,无病而脱化。众赴仙境,而僧俗来吊 / 望者千有余人,三日不绝。□□□□□□[⑤]/ 成化十六年六月初九日阶庠生□□敬叩

[碑阴]

(无文字)

3. 3 号碑(民国十六年即公元 1927 年,此碑为仿制明成化十六年碑)

[碑阳]

碑额:

(无)

碑文:

明故大善知识端竹大士脱化碑记 / 盖大士乃陕西西安府咸宁县白良村人氏,苏敬次男,/ 天顺七年正月内本县石佛寺出家,受礼大恩师喇嘛金敦领占为师,成化元年四月内削发为僧,番教十五年,云游 / 阶州陈家坝

①原碑此处模糊不清,《陇南金石校录》此处释读为"知识乃"。

②《陇南金石校录》此处"内"后有"由"字,原碑此处"内"后无"由"字。

③《陇南金石校录》此处"时在十六年正",原碑文为"本"。

④《陇南金石校录》此处有"本月",原碑文此处无"本月"。

⑤原碑此处模糊不清,《陇南金石校录》此处为"惟此,众士因念仙风之体,勒碑刻铭,万古不朽云。"

龙兴寺住持应教，俗徒闫玉、刘全、董思恭、王志 / 祥、李恕、李宽、闫成、张文显、李明兴等受戒供斋，时在十六年正 / 月十五日入禅，三月十五日出禅，本月二十五日早辞别众，登 / 仙洞崖，日正良时，无病而脱化，二十六日门徒暂知，众赴仙境，/ 而僧俗来吊望者千有余人，三日不绝。惟此，众士因念仙风之 / 体，勒碑刻铭，万古不朽云。信士赵锡恒石含秀　住持　曹良弼首人　苏会花　董世元侯光平/ 中华民国十六年正月下浣仝立董士俊书丹

（此碑为功德碑，既为仿明碑，则文字有出入——笔者）

［碑阴］

（无文字）

4. 4 号碑（清雍正二年即公元 1724 年）

［碑阳］

碑额：

（无）

碑文：

修建朝阳洞观音洞碑记 / 尝观音大地之尊功以真空无相立相而非至真之真圣道，无言绝言而非殊妙之 / 妙，欲明实相必假壮严。今雍正二年二月初八日合会动工协力原因：/ 观音洞殿居于岩前。诚恐日后被岩所崩，因此，统约合会众姓各施微资，就 / 功德重建洞殿，须至碑者：/ 会长：王明德李　踪郭万斗　十月保王　旭田三奇　善娃子李　奎 / 徐万寿　郭建都李迎扬豆元儿　郭万朝刘朝良孙先荣　孙善人 / 举士：王世种郭正都白光要　王世宗郭家保田保权　杜朝先李　连 / 王　选　朱大成陈大圣陈自文　郭　露郭宁都 / 随缘：马　龙郭天公庆　壬　郭凉都 / 画匠陈典男陈自礼 / 迁书童生郭建都 / 雍正二年润(闰)四月十七日谨立

［碑阴］

（无文字）

(十二)两当县西姑庵佛教遗址碑(刻)

1.《题立禅林碑记》(明朝弘治七年即公元1494年)

(以下第一面)题立禅林碑记之叙云水□□杨道□□/维大明国陕西道巩昌府徽州两当县重/石里大门/阳山西城宝峰院云平/寺中峙山观音堂至唐朝年间古迹道/

(以下第二面)场□□景泰五年开山于弘治三年重/建僧□性月号古松发心修造锺鼓□□石装盆竖立爲纪/大又连□未□盖古圣 无极□太森罗/

(以下第三面)万像乾坤世界包含大道日月之正也/无圣之恩也伏羲神农轩辕儒教以穷理/书性释教以明心见性道教以修真练/性□□□□授禅宗五派□教演三乘/□明心□运了越死超生划住世物此/

(以下第四面)红□□□□□空同合□之僧众登天/□之宝受十方之善□众信之诚心/国泰风调之雨顺宇宙□□之安妥过去/高流登宝地见□合院僧重智曰艺曰/

(以下第五面)毕同赴龙华之三□□□乃孙早登□/道□真陇咒文冂毕焉哉乎也/□弘治七年季粤□□立石 石匠田志季/智道祟广福惠圆□生妙用悟了真□/祖爷惠□圆□师长明□□□朝明迟明涛□/

(以下第六面)师弟□香 来妙/住持性月好古松徒 □妙/道友□秀 □妙 方妙造/

(以下第七面)□□ 用顺 用心/用禅/沐然/(僧)会司道天□□□□□/□□□□□东至□□□□北□□□□□□□□山爲记/□□ □□□□烟锐/

(以下第八面)造像功德主 李青 刘恕 冯俊 汪□ □见 张贵/杨忠礼 李忠 杨超 王恩 □□ 田贵/刘安 李峰 汪□ □□

田杰／韩通　李章／□诞　李左　王□　李文　李祥　李汪[①]

2.《题禅林竖塔记叙》(明朝弘治十四年即公元 1501 年)

(以下第一面)题立禅林竖塔记叙／维大明国陕西巩昌府徽州两当／县重石里天门后川阳山西城宝峰／院云平山观音堂至唐朝年间古／迹道场后于(景)泰五年开山爲记后以／□月号(古)松入山养道思暮□棠／□□□立／佛祖之幸愿□□□相起不见诸祖立／□山间林下□禅诫修心炼／性光前绝后问般若月朗清风／重念古松十八岁瘗陀归／空而亦去如梦一帘乃孙发心／舍财依从建立宝塔爲记／伏□混吨未分天地玄圣无极□／大森罗万像乾坤世(界)包含／天日月之正也　无山峰之悬也／又依神农轩辕儒教以穷□／尽性释教以明心见性道教／

(以下第二面)修定炼性乃有士□□□□／五派二教演三乘悟明心圆通／越死超生□住世物红起□之□／□□同合院僧众登大／雄之宝殿受十方之善缘□／孝徒孝孙等同供□／寺塔吉祥如意／发心孝徒　海顺／海得／海原　妙芳／妙恩／妙凤／妙玉　妙空／妙惠／妙坚　妙遐／妙演／用童　用铎

(以下第三面) 祈保／国泰风调之雨顺宇宙／宽洪之安妥过去高流□／宝地见府合院增重□□／尊单同赴龙华之三会□／□洁乳早登利托之□□／祝文以□毕焉□□也／祖／慧云圆　通　明端　明益　明潮　明清／性忍　性满　法敬　意进／性永　性善　性甯　性香　性贤　性□　性泰／法琅　法连　法闰　法传　法□　法□／大明弘治十四年己亥月乙未日

(以下第四面)施主／□□文□／□清　□□／道证　觉洁　觉□／周通　王让　觉森　任□／韩通　胡□　□□／刘安　刘泉　李□　马□　李□／李景　李通　赵举／冯见　刘善　李进　杜□／杨克　刘廷

①请参阅孙晓峰《甘肃省两当县西姑庵佛教遗址考察》,第 25—26 页。

王千／徒／海祥　海宪　海锐／妙容　妙来　妙果　妙真　用英　用安／侄男　王(景)山／石匠　文登全[1]

(十三)两当县千佛洞石窟碑(清朝乾隆五十二年即公元1787年)

［碑阳］

碑额:永垂万古(碑额所在处——碑首中间部位附小字:倒江寺　东北至水渠　西南至大河　大山岭介滥柴垮)

碑文:

古今来凡为良因必勒碑录名非所以要誉[2]而扬其善者也益将以励世之道者而动其乐善之心耳今／此千佛洞左右仙迹照映下有倒江寺回龙绕抱二佛洞似若天降敕钟迥异□常山宝实是蓬莱洞府／我当乐助共结良因兹则神威浩荡慈悲普照刻立碑纪启发后辈愈为勛□真(？)美洞府神威更彰万福／无边是为序／□会首人　谢金礼　刘氏　二两　邹元林　蒋氏　刘景科　张福魁　各乙两　蒋自超　五钱　邓二敏　乙两二钱　张　源　五百八十文　邓二元　黄氏　乙两五钱　信士　李友德　王氏　钱五千乙百文　唐在学(？)　九百文　李儒相　六百文　何绍宗　五百六十文又五十　莫振南　六百文　卓达朝　四百文　龙荣贵　五百文　谢长远　黄旭先　谢金禄　各出钱四百　屈德金　四百五十文／蒋振万　四百　田起盛　马邦正　各出钱四百文　邱门王氏　三百四十文　苏淮林　闫门李氏　蒋门左氏　王达君　王宗孝　邓二贞　汪平章　韩炳臣　二百四十文　颜直道　黄光豪　余兴周　吴朝明　黄登位　黄　标　官　学　饶世能　沉大圣　卓达成　各钱二百文／　欧正梁　谢金福　陈尔玺　董朝贵　陈友华　李武周　江云万　廖正山　李朝先　李进禄　各出钱二百文　蒲君凤　黄朝相　柯在天　钟文儒　谌绍廷　吴汉云　乙百六

[1]请参阅孙晓峰《甘肃省两当县西姑庵佛教遗址考察》,第27—28页。

[2]碑文中此处“誉”为异体字(刻作“䛙”),录文时转为本体。

十文　邬会支　张　魁　余惟一　王金坤　莫若荣　一百廿 / 张龙山　陈义和　徐可圣　黄　明　李万章　张文一　唐守国　刘忠信　王立山　张正礼　李胜友　龙明万　任孔贵　王　金　黄　益　鄢朝元　王世明　黄元贵　杨国祥　朱五色　林　□　各出出钱乙百廿文 / 何良恺　杨奇质　杨奇资　何能一　高若康　杜枝柱　邓云义　吴朝萃　许永昇　黄塘　王玉美　罗美誉[①]　杨子凤　池　荣　林学忠　杨天栢　刘进才　程永祥　范君睬　景门张氏　邓工忠　各出钱乙百文 / 王扈山　吴朝选　尹廷支　张南山　彭凤周　伍景山　何学诗　成求福　袁尚凰　黄门彭氏　曾坤元　石秀腾　刘志浪　廖秀荣　查世表　各出钱乙百文　黄玉山　任万美　刘光禄　李朝正　出钱八十文　蒋门何氏　胡成义　邓秀章　乙百五十文 / 余子金　吴士体　邓三品　各出八十文　赖运洪　张廷贵　钱乙百文　蒋国能　何士表　周大友　黄大臣　何伯玉　滕纯武　党宗美　何自达　何宾昌　周并山　王宗虎　姚荣才　张友一　各出钱八十　蒋方荣二百文支(又)(？)　二百文　一百文　六十　蒋方栋　梁天瑞　黄永亮　乙百文 / 大清乾隆五十二年　吉旦　山主　谢福礼　邓寿命　蒋振万　□友德　□登位　石匠　雷光秀　出钱五百　住持　道周云山　仝立

［碑阴］

（无文字）

（十四）两当县土蜂沟（董真庵）石窟碑（清朝康熙三十五年即公元1696年）

［碑阳］

碑额：

重修碑记

---

①碑文中此处“誉”为异体字（刻作“[异体字]”），录文时转为本体。

碑文：

重修董真蓭(庵)碑记

昔唐柳子厚云凡物美不自美因人而彰愚则诸(？)物固有之境□宜然□天下之胜概多矣如□华嵩泰五指／云台诸名山□不遑论□语两邑昔丹穴与仙洞天门与大夫花园春色之宜□真陵晚渡之乐琵琶赋晴岚乳／洞报恩湫迄今相传不□然孰非因人而彰厥美也然此已献当守荣舆图矣虽□览之而不生其慨可慨者／□慈董真菴(庵)一境去县廿余里时□东郊□乃真人炼汞处也大不兴□叶等开□胜小不与丹文诸景齐名／屹立幽谷之中上有崇峰峻岭下有激湍清流野芳□而风香嘉木畅而荫隆朝晦交(？)暝变态万状四时之景／无不可乐登探者往□以养之弗彰为叹焉然而□□□唐贞观之元年再暄于明□成化之末世其山之钟灵／卒不以求(？)彰厥美为损也革流寇兵燹后殿宇□□□□莫不心切补之而未□真人变在丙子有全真羽客／曰清澄其徒以一学游踏至此目击心赏受高（？）本境之会首□十□之檀非共□□晚各捐资力不赀自两匠／事告成余合二三知友步山撤而顾之如□金阙洞开高敞玉楼丹清(青)错落栋宇雕□乃歌曰水不在深有龙／则灵山不在高有仙则名其文曰此山之美今得因人而彰邑余曰夫美之因人而彰者宁独此为然哉岩此／境两抱潜□之由光者可以想见其为人矣澄也指予而言曰俺欲勒石以志然于不朽敢信居为文子辞不／已□不儒□技而胃(？)为之记□作□句以赞之云／层峦迭章四巅连　虎豹蛇龙洞口旋雨散虹消春色艳　鸟飞花放秋波□／崖边古柏生虬秀　坡底牧童吹笛□坐卧庵中真乐□　诚哉仙境属天然／时／康熙三十伍季岁次丙子中秋之月上浣日武都后□廪膳生员王天贵沐浴顿首谨识／两邑儒学廪膳生员刘逢造沐浴顿首　谨书／龙门丘祖门下全真道人张清澄偕徒董一学任一云孙陆田阳智金薰稽首募化／道友申真悟　喜真玉　徒张常耀　□来信马一□／凤县生员李天植　施□一／大西(？)赵守……／……世德　陈立　朝□／石匠王宗善敬勒(？)

［碑阴］

（无文字）

《题立禅林碑记》：[1]

（以下第一面）题立禅林碑记之叙云水□□杨道□□／维大明国陕西道巩昌府徽州两当县重／石里天门／阳山西城宝峰院云平／寺中峙山观音堂至唐朝年间古迹道／

（以下第二面）场□□景泰五年（1454）开山于弘治三年（1490）重／建僧□性月号古松发心修造钟鼓□□石装盆竖立为纪／大又连□未□盖古圣　无极□太森罗／

（以下第三面）万像乾坤世界包含大道日月之正也／无圣之恩也伏羲神农轩辕儒教以穷理／书性释教以明心见性道教以修真练／性□□□□授禅宗五派□教演三乘／□明心□运了越死超生划住世物此／

（以下第四面）红□□□□□空同合□之僧众登天／□之宝受十方之善□众信之诚心／国泰风调之雨顺宇宙□□之安妥过去／高流登宝地见□合院僧重智曰艺曰／

（以下第五面）毕同赴龙华之三□□□乃孙早登□／道□真陇咒文□毕焉哉乎也／□弘治七年（1494）季粤□□立石　石匠田志季／智道崇广福惠圆□生妙用悟了真□／祖爷惠□圆□师长明□□□朝明迟明涛□／

（以下第六面）师弟□香　来妙／住持性月好古松徒　□妙／道友□秀　　□妙　方妙造／

（以下第七面）□□　用顺　用心／用禅／沐然／（僧）会司道天□□□□□／□□□□□东至□□□□北□□□□□□□山为记／□□

---

① 文字模糊不清，为笔者考察时笔录，参照孙晓峰《甘肃省两当县西姑庵佛教遗址考察》，第25—26页。

□□□□烟锐／

(以下第八面)造像功德主　李青　刘恕　冯俊　汪□　□见　张贵／杨忠礼　李忠　杨超　王恩　□□　田贵／刘安　李峰　汪□　□□田杰／韩通　李章／□诞　李左　王□　李文　李祥　李汪

《题禅林竖塔记叙》:[①]

(以下第一面)题立禅林竖塔记叙／维大明国陕西巩昌府徽州两当／县重石里天门后川阳山西城[②]宝峰／院云平山观音堂至唐朝年间古／迹道场后于(景)泰五年(1454)开山为记后以／□月号(古)松入山养道思暮□棠／□□□立／佛祖之幸愿□□□相起不见诸祖立／□山间林下□禅诫修心炼／性光前绝后问般若月朗清风／重念古松十八岁瘗陀归／空而亦去如梦一帘乃孙发心／舍财依从建立宝塔为记／伏□混沌未分天地玄圣无极□／大森罗万像乾坤世(界)包含／天日月之正也　无山峰之悬也／又依神农轩辕儒教以穷□／尽性释教以明心见性道教／

(以下第二面)修定炼性乃有士□□□□／五派二教演三乘悟明心圆通／越死超生□住世物红起□之□／□□同合院僧众登大／雄之宝殿受十方之善缘□／孝徒孝孙等同供□／寺塔吉祥如意／发心孝徒　海顺／海得／海原　妙芳／妙恩／妙凤／妙玉　妙空／妙惠／妙坚　妙遐／妙演／用僮　用鐸

(以下第三面）祈保／国泰风调之雨顺宇宙／宽洪之安妥过去高流□／宝地见府合院增重□□／尊单同赴龙华之三会□／□洁乳早登利托之□□／祝文以□毕焉□□也／祖／慧云圆　通　明端　明益　明潮明清／性忍　性满　法敬　意进／性永　性善　性宁　性香　性贤　性

①文字模糊不清，为笔者考察时笔录，参照孙晓峰《甘肃省两当县西姑庵佛教遗址考察》，第27—28页。

②“城”，孙晓峰先生释读为“域”。

□　性泰／法琅　法连　法闰　法传　法□　法□／大明弘治十四年(1501)己亥月乙未日

(以下第四面)施主／□□文□／□清　□□／道证　觉洁　觉□／周通　王让　觉森　任□／韩通　胡□　□□／刘安　刘泉　李□　马□　李□／李景　李通　赵举／冯见　刘善　李进　杜□／杨克　刘廷　王千／徒／海祥　海宪　海锐／妙容　妙来　妙果　妙真　用英　用安／侄男　王(景)山／石匠　文登全

附录二 与陇南石窟(或道教、佛教、民俗、交通、文学、社会历史等)有关的部分文献资料

(一)《三教源流搜神大全》与《历世真仙体道通鉴续编卷之四》关于萨守坚的记述

1.《三教源流搜神大全》片段

萨真人,名守坚,蜀西河人也。少有济人利物心,长学医,误用药,杀人,遂弃医道。闻江南三十代天师虚静先生及林王二侍宸道法,步往师之。至陕,行囊已尽。见三道人来问坚:"何所往?"坚告以故。道人曰:"天师羽化矣。"复问王侍宸,曰:"亦化矣。"再问林灵素,曰:"亦化矣。"萨方怅恨,一道人曰:"今天师道法亦高,吾与之有旧,当为作字,可往访之。吾有一法相授,日间可以自给。"遂授以咒枣之术。曰:"咒一枣可取七文,一日但咒十枣,得七十文,则有一日之资矣。"一道人曰:"吾亦有一法相授,乃雷法也。"真人受辞,用之皆验。一日凡咒百余枣,止授七十文为日用,余者复以济贫。及到信州,见天师投信,举家皆哭,乃虚静天师亲笔也。信中言:"我与王侍宸、林天师遇萨君,各赐一法授之矣,可为参录奏名。"真人后法愈大显。尝经潭州,人闻神语曰:"真人提刑。"来日至次日,人伺之,只见真人携瓮笠至,有提点刑狱之牌,人异之。继至湘阴县,浮梁见人用童男童女生

祀本处庙神。真人曰:“此等邪神,即焚其庙!”言讫,雷火飞空,庙立焚矣,人莫能救。但闻空中有云:“愿法力常如今日。”自后庙不复兴。真人至龙兴府,江边濯足,见水有神影,方面之巾金甲,左手拽神,右手执鞭。真人问:“尔何神人也?”答曰:“吾乃湘阴庙神,天善神。真人焚吾庙后,今相随一十二载,只候有过则复前雠。今真人功行已高,职隶天枢,望保奏以为部将。”真人曰:“汝凶恶之神,坐吾法中,必损吾法。”其神即立誓,不敢背盟。真人遂奏帝,收系为将,其应如响。后真人至涪州。忽一日,诸将现行环侍,告曰:“天诏将临,召真人归天枢领位。”真人方起身而立,即化。后举棺,轻如常木,众异而开视,则已空棺,且知真人得尸解之道也。①

2.《历世真仙体道通鉴续编卷之四》片段

萨真人名守坚,南华人也,一云西河人,自称汾阳萨客。少有济人利物之心。尝学医,误用药杀人,遂弃医。闻江南三十代天师虚静先生及林、王二侍宸道法之高,欲求学法,出蜀至陕,行囊已尽。方坐石冈,忽见三道人来。萨问此去信州远近,道人问所欲,萨云:欲访虚静天师,参学道法。道人曰:天师羽化矣。萨方怅恨,一道人云:今天师道法亦高,吾与之有旧,当为作字,可往访之。吾有一法相授,日间可以自给。遂授以咒枣之术。曰:咒一枣可取七文,一日但咒十枣,得七十文,则有一日之资矣。一道人云:“吾亦有一法相授。”与之棕扇 柄,曰:“有病者则搧之,即愈。”一道人云:“吾亦有一法相授,乃雷法也。”萨拜而受之,用之皆验。一日凡咒百余枣,止取七十文为日用,余者复以济贫。及到信州,见天师,投信,举家恸哭,乃三十代天师亲笔也。信中言:“吾与林侍宸、王侍宸遇萨某,各以一法授之矣,可授以未尽之文。”萨由是道法大显。尝寓某处城隍庙数日,太守梦城隍告之曰:“萨先生数日寓此,令我起处不安,幸为我善遣之。”太守至庙,逐萨使

①此据不著撰人,徐崇立署,郎园校刊《三教源流搜神大全》,《郎园先生全书》,长沙:中国古书刊印社汇印本,1935 年,第 24—25 页。

去。萨行数十里,遇人舁豕往庙酬愿,萨以少香附之,曰:去酬愿毕,为置炉焚之。其人如诫,迅雷一声,火焚其庙,更不延烧民居。越三年,萨至某渡,无操舟者,举篙自渡,置三文钱于舟中以偿渡金。因掬水浣手,见一人铁冠红袍,手执玉斧立于水中,萨诃之曰:“汝乃何人,速见形?”其人立于侧曰:“我王善,即某州城隍也,昨真官焚我庙,我家三百余口无依,我实无罪,诉于上帝。帝赐玉斧,令我相随,遇真官有犯天律,令得便宜施行后奏。我随真官三年,并无犯律者,今日渡舟,真官乃置钱舟中,则真官无可报之时矣。今愿为部将,奉行法旨。萨曰:“更相从三年,亦只如是。”萨遂奏玉帝,擢为部将。每有行持,报应若响。尝有诗云:道法于身不等闲,寻思戒行彻心寒。千年铁树开花易,一日酆都出世难。又诗云:“言清行浊休谈道,不顾天条法谩行。但依本分安神气,何虑仙都不挂名。真人得道后,游闽中,一日端坐而化。[①]

(二)《旧唐书》与《新唐书》关于张果的记载

1.《旧唐书·方伎传·张果传》的记载

张果者,不知何许人也。则天时,隐于中条山,往来汾、晋间,时人传其有长年秘术,自云年数百岁矣。尝著《阴符经玄解》,尽其玄理。则天遣使召之,果佯死不赴。后人复见之,往来恒州山中。开元二十一年,恒州刺史韦济以状奏闻。玄宗令通事舍人裴晤往迎之,果对使绝气如死,良久渐苏,晤不敢逼,驰还奏状。又遣中书舍人徐峤赍玺书以邀迎之,果乃随峤至东都,肩舆入宫中。

玄宗初即位,亲访理道及神仙方药之事,及闻变化不测而疑之。有邢和璞者,善算人而知夭寿善恶,玄宗令算果,则懵然莫知其甲子。又有师夜光者,善视鬼。玄宗召果与之密坐,令夜光视之。夜光进曰:“果今安在?”

①[元]赵道一修撰《萨守坚》,[明]张宇初、张宇清编修,[明]邵以正校正增补,[明]张国祥编修《道藏》第5册,1988年,第436页。

夜光对面终莫能见。玄宗谓力士曰:“吾闻饮堇汁无苦者,真奇士也。”会天寒,使以堇汁饮果。果乃引饮三卮,醺然如醉所作,顾曰:“非佳酒也。”乃寝。顷之,取镜视齿,则尽燋且黧。命左右取铁如意击齿堕,藏于带。乃怀中出神仙药,微红,傅坠齿之断。复寐良久,齿皆出矣,粲然洁白,玄宗方信之。

玄宗好神仙,而欲果尚公主,果固未知之,谓秘书少监王迥质、太常少卿萧华曰:“谚云娶妇得公主,真可畏也。”迥质与华相顾,未晓其言。即有中使至,宣曰:“玉真公主早岁好道,欲降先生。”果大笑,竟不奉诏。迥质等方悟向来之言。后恳辞归山,因下制曰:“恒州张果先生,游方外者也。迹先高尚,深入窈冥。是浑光尘,应召城阙。莫详甲子之数,且谓羲皇上人。问以道枢,尽会宗极。今特行朝礼,爰畀宠命。可银青光禄大夫,号曰通玄先生。”其年请入恒山,锡以衣服及杂彩等,便放归山。乃入恒山,不知所之。玄宗为造栖霞观于隐所,在蒲吾县,后改为平山县。①

2.《新唐书·方技传·张果》的记载

张果者,晦乡里世系以自神,隐中条山,往来汾、晋间,世传数百岁人。武后时,遣使召之,即死,后人复见居恒州山中。开元二十一年,刺史韦济以闻。玄宗令通事舍人裴晤往迎,见晤辄气绝仆,久乃苏。晤不敢逼,驰白状。帝更遣中书舍人徐峤赍玺书邀礼,乃至东都,舍集贤院,肩舆入宫。帝亲问治道神仙事,语秘不传。果善息气,能累日不食,数御美酒。尝云:“我生尧丙子岁,位侍中。”其貌实年六七十。时有邢和璞者,善知人夭寿。师夜光者,善视鬼。帝令和璞推果生死,懵然莫知其端。帝召果密坐,使夜光视之,不见果所住。

帝谓高力士曰:“吾闻饮堇无苦者,奇士也。”时天寒,因取以饮果,三

①[后晋]刘昫等撰《旧唐书》卷191(列传第141)《方伎传》,第5106—5107页。

进，颓然曰："非佳酒也。"乃寝。顷视齿燋缩，顾左右取铁如意击堕之，藏带中，更出药傅其断，良久，齿已生，粲然骈絜。帝益神之。欲以玉真公主降果，未言也。果忽谓秘书少监王迥质、太常少卿萧华曰："谚谓娶妇得公主，平地生公府，可畏也。"二人怪语不伦。俄有使至，传诏曰："玉真公主欲降先生。"果笑，固不奉诏。有诏图形集贤院，恳辞还山，诏可。擢银青光禄大夫，号通玄先生，赐帛三百匹，给扶侍二人。至恒山蒲吾县，未几卒，或言尸解。帝为立栖霞观其所。①

（三）《全唐诗》所收李白《蜀道难》

李白《蜀道难》曰：噫吁戏危乎高哉，蜀道之难难于上青天。蚕丛及鱼凫，开国何茫然。尔来四万八千岁，不与秦塞通人烟。西当太白有鸟道，可以横绝峨眉巅。地崩山摧壮士死，然后天梯石栈相（一作方）钩连。上有六龙回日之高标（一作横河断海之浮云），下有冲波逆折之回川。黄鹤之飞尚不得过，猿猱欲度愁攀援（一作缘）。青泥何盘盘，百步九折萦岩峦。扪参历井仰胁息，以手抚膺坐长叹。问君（一作征人）西游何时（当）还，畏途巉岩不可攀。但见悲鸟号古（一作枯）木，雄飞雌从（一作呼雌，一作从雌）绕林间。又闻子规啼夜月，愁空山。蜀道之难难于上青天，使人听此凋朱颜。连峰去天不盈尺（一作入烟几千尺），枯松倒挂倚绝壁。飞湍瀑流争喧豗，砯崖转石万壑雷。其险也如（一作若）此，嗟尔远道之人胡为乎来哉。剑阁峥嵘而崔嵬，一夫当关，万夫（一作人）莫开。所守或匪亲（一作人），化为狼与豺。朝避猛虎，夕避长蛇。磨牙吮血，杀人如麻。锦城虽云乐，不如早还家。蜀道之难难于上青天，侧身西望长咨（一作令人）嗟。②

---

①[北宋]欧阳修、宋祁撰《新唐书》卷 204（列传第一百二十九）《方技传》，第 5810—5811 页。

②[清]彭定求、杨中讷等修纂《全唐诗》卷 162，第 1680—1681 页。

（四）《旧唐书》与《新唐书》关于唐代大诗人杜甫的记载

1.《旧唐书·文苑传下·杜甫传》的记载

杜甫，字子美，本襄阳人，后徙河南巩县。曾祖依艺，位终巩令。祖审言，位终膳部员外郎，自有传。父闲，终奉天令。

甫天宝初应进士不第。天宝末，献《三大礼赋》，玄宗奇之，召试文章，授京兆府兵曹参军。十五载，禄山陷京师，肃宗征兵灵武，甫自京师宵遁赴河西，谒肃宗于彭原郡，拜右拾遗。房琯布衣时与甫善。时琯为宰相，请自帅师讨贼，帝许之。是年十月，琯兵败于陈涛斜。明年春，琯罢相。甫上疏言琯有才，不宜罢免。肃宗怒，贬琯为刺史，出甫为华州司功参军。时关畿乱离，谷食踊贵，甫寓居成州同谷县，自负薪采梠，儿女饿殍者数人。久之，召补京兆府功曹。

上元二年冬，黄门侍郎、郑国公严武镇成都，奏为节度参谋、检校尚书工部员外郎，赐绯鱼袋。武与甫世旧，待遇甚隆。甫性褊躁，无器度，恃恩放恣，尝凭醉登武之床，瞪视武曰："严挺之乃有此儿！"武虽急暴，不以为忤。甫于成都浣花里种竹植树，结庐枕江，纵酒啸咏，与田畯野老相狎荡，无拘检。严武过之，有时不冠，其傲诞如此。永泰元年夏，武卒，甫无所依。及郭英乂代武镇成都，英乂武人粗暴，无能刺谒，乃游东蜀依高适。既至而适卒。是岁，崔宁杀英乂，杨子琳攻西川，蜀中大乱。甫以其家避乱荆、楚，扁舟下峡，未维舟而江陵乱，乃溯沿湘流，游衡山，寓居耒阳。甫尝游岳庙，为暴水所阻，旬日不得食。耒阳聂令知之，自棹舟迎甫而还。永泰二年，啖牛肉白酒，一夕而卒于耒阳，时年五十九。

子宗武，流落湖、湘而卒。元和中，宗武子嗣业，自耒阳迁甫之柩，归葬于偃师县西北首阳山之前。

天宝末诗人，甫与李白齐名，而白自负文格放达，讥甫龌龊，而有饭颗山之嘲诮。元和中，词人元稹论李、杜之优劣曰：

予读诗至杜子美，而知小大之有所总萃焉。始尧、舜之时，君臣以赓歌相和。是后诗人继作，历夏、殷、周千余年，仲尼缉拾选拣，取其干预教化之尤者三百，余无所闻。骚人作而怨愤之态繁，然犹去《风》、《雅》日近，尚相比拟。秦、汉已还，采诗之官既废，天下妖谣民讴、歌颂讽赋、曲度嬉戏之辞，亦随时间作。至汉武赋《柏梁》而七言之体具。苏子卿、李少卿之徒，尤工为五言。虽句读文律各异，雅郑之音亦杂，而辞意简远，指事言情，自非有为而为，则文不妄作。建安之后，天下之士遭罹兵战，曹氏父子鞍马间为文，往往横槊赋诗，故其遒壮抑扬、冤哀悲离之作，尤极于古。晋世风概稍存。宋、齐之间，教失根本，士以简慢翕习舒徐相尚，文章以风容色泽、放旷精清为高，盖吟写性灵、留连光景之文也。意义格力无取焉。陵迟至于梁、陈，淫艳刻饰、佻巧小碎之词剧，又宋、齐之所不取也。

唐兴，官学大振，历世能者之文互出。而又沉、宋之流，研练精切，稳顺声势，谓之为律诗。由是之后，文体之变极焉。然而莫不好古者遗近，务华者去实，效齐、梁则不逮于魏、晋，工乐府则力屈于五言，律切则骨格不存，闲暇则纤秾莫备。至于子美，盖所谓上薄《风》、《骚》，下该沈、宋，言夺苏、李，气吞曹、刘，掩颜、谢之孤高，杂徐、庾之流丽，尽得古今之体势，而兼人人之所独专矣。使仲尼考锻其旨要，尚不知贵其多乎哉！苟以为能所不能，无可无不可，则诗人已来未有如子美者。

是时山东人李白，亦以文奇取称，时人谓之李、杜。予观其壮浪纵恣，摆去拘束，模写物象，及乐府歌诗，诚亦差肩于子美矣。至若铺陈终始，排比声韵，大或千言，次犹数百，词气豪迈，而风调清深，属对律切，而脱弃凡近，则李尚不能历其藩翰，况堂奥乎！

予尝欲条析其文，体别相附，与来者为之准，特病懒未就尔。

自后属文者，以稹论为是。甫有文集六十。①

①[后晋]刘昫等撰《旧唐书》卷190下《文苑传下·杜甫传》，第5054—5057页。

2.《新唐书·文艺传上·杜甫传》的记载

甫,字子美,少贫不自振,客吴越、齐赵间。李邕奇其材,先往见之。举进士不中第,困长安。

天宝十三载,玄宗朝献太清宫,飨庙及郊,甫奏赋三篇。帝奇之,使待制集贤院,命宰相试文章,擢河西尉,不拜,改右卫率府胄曹参军。数上赋颂,因高自称道,且言:"先臣恕、预以来,承儒守官十一世,迨审言,以文章显中宗时。臣赖绪业,自七岁属辞,且四十年,然衣不盖体,常寄食于人,窃恐转死沟壑,伏惟天子哀怜之。若令执先臣故事,拔泥涂久辱,则臣之述作虽不足鼓吹《六经》,先鸣数子,至沈郁顿挫,随时敏给,扬雄、枚皋,可企及也。有臣如此,陛下其忍弃之!"

会禄山乱,天子入蜀,甫避走三川。肃宗立,自鄜州羸服欲奔行在,为贼所得。至德二年,亡走凤翔上谒,拜右拾遗。与房琯为布衣交,琯时败陈涛斜,又以客董廷兰,罢宰相。甫上疏言:"罪细,不宜免大臣。"帝怒,诏三司亲问。宰相张镐曰:"甫若抵罪,绝言者路。"帝乃解。甫谢,且称:"琯宰相子,少自树立为醇儒,有大臣体,时论许琯才堪公辅,陛下国委而相之。观其深念主忧,义形于色,然性失于简。酷嗜鼓琴,廷兰托琯门下,贫疾昏老,依倚为非,琯爱惜人情,一至玷污。臣叹气其功名未就,志气挫衄,觊陛下弃细录大,所以冒死称述,涉近讦激,违忤圣心。陛下赦臣百死,再赐骸骨,天下之幸,非臣独蒙。"然帝自是不甚省录。

时所在寇夺,甫家寓鄜,弥年艰窭,孺弱至饿死。因许甫自往省视。从还京师,出为华州司功参军。关辅饥,辄弃官去,客秦州,负薪采橡栗自给。流落剑南,结庐成都西郭。召补京兆功曹参军,不至。会严武节度剑南东、西川,往依焉。武再帅剑南,表为参谋,检校工部员外郎。武以世旧,待甫甚善,亲入其家。甫见之,或时不巾,而性褊躁傲诞,尝醉登武床,瞪视曰:"严挺之乃有此儿!"武亦暴猛,外若不为忤,中衔之。一日欲杀甫及梓州刺史章彝,集吏于门。武将出,冠钩于帘三。左右白其母,奔救得止,独杀彝。武卒，崔旰等乱，甫往梓、夔间。大历中，出瞿塘，下江陵，泝元、湘以登衡山，因客耒阳。游岳祠，大水遽至，涉旬不得食，县令具舟迎之，乃得还。令尝馈牛炙白酒，大醉，一昔卒，年五十九。

甫放旷不自检，好论天下大事，高而不切。少与李白齐名，时号“李杜”。尝从白及高适过汴州，酒酣登吹台，慷慨怀古，人莫测也。数尝寇乱，挺节无所污，为歌诗，伤时桡弱，情不忘君，人怜其忠云。

赞曰：唐兴，诗人承陈、隋风流，浮靡相矜。至宋之问、沈佺期等，研揣声音，浮切不差，而号“律诗”，竞相袭沿。逮开元间，稍裁以雅正，然恃华者质反，好丽者壮违，人得一概，皆自名所长。至甫，浑涵汪茫，千汇万状，兼古今而有之，它人不足，甫乃厌余，残膏剩馥，沾丐后人多矣。故元稹谓：“诗人以来，未有如子美者。”甫又善陈时事，律切精深，至千言不少衰，世号“诗史”。昌黎韩愈于文章慎许可，至歌诗，独推曰：“李、杜文章在，光焰万丈长。”诚可信云。①

（五）与陇南石窟相关的唐诗

1. 杜甫的诗

（1）《寒硖》：行迈日悄悄，山谷势多端。云门转绝岸，积阻霾天寒。寒硖不可度，我实（一作贫）衣裳单。况当仲冬交，泝沿增波澜。野人寻烟语，行子傍水餐。此生免荷殳，未敢辞路难。②

（2）《法镜寺》：身危适他州，勉强终劳苦。神伤山行深，愁破崖寺古。婵娟碧鲜（一作藓）净，萧摵寒箨聚。回回（一作洄洄）山（一作石）根水，冉冉松上雨。泄云蒙清晨，初日翳复吐。朱甍半光炯，户牖粲可数。拄（一作杖）

①［北宋］欧阳修、宋祁撰《新唐书》卷201《文艺传上·杜甫传》，第5736—5739页。

②［唐］杜甫《寒硖》，［清］彭定求、杨中讷等修纂《全唐诗》卷218，总第2296页。另见［唐］杜甫《寒硖》，宋刻本《杜工部集》卷第三，上海图书馆藏。

策忘前期,出萝已亭午。冥冥子规叫,微径不复(一作敢)取。[①]

(3)《石龛》:熊罴咆我东,虎豹号我西。我后鬼长啸,我前狨又啼。天寒昏无日,山远道路迷。驱车石龛下,仲冬见虹蜺。伐竹(一作木)者谁子,悲歌上(一作拖)云梯。为官采美剑,五岁供梁齐。苦云直簳(一作笴)尽,无以充(一作应)提携。奈何渔阳骑,飒飒惊烝黎。[②]

(4)《宿赞公房》(原注:京师大云寺主谪此安置):杖锡何来此(一作久),秋风已飒然。雨荒深院菊,霜倒半池莲。放逐宁违(一作亏)性,虚空不离禅。相逢成夜宿,陇月向人圆。[③]

(5)《西枝村寻置草堂地夜宿赞公土室二首》之一:出郭眄细岑,披榛得微路。溪行一流水,曲折方屡渡。赞公汤休徒,好静心迹素。昨枉霞上作,盛论岩中趣。怡然共携手,恣意同远步。扪萝涩先登,陟眩反顾。要求阳冈暖,苦陟(一作步,一作涉)阴岭沍。惆怅老大藤,沉吟屈蟠树。卜居意未展,杖策回且暮。层巅(一作天)余落日,草蔓已多露。

(6)《西枝村寻置草堂地夜宿赞公土室二首》之二:天寒鸟已归,月出人(一作山)更(一作已,一作以)静。土室延白光,松门耿疏影。跻攀倦日短,语乐寄夜永。明燃林中薪,暗汲石底(一作泉)井。大师京国旧,德业天机秉。从来支许游,兴趣江湖迥。数奇谪关塞,道广存箕颍。何知戎马间,复接尘事屏。幽寻岂一路,远色有诸岭。晨光稍曚昽,更越西南顶。[④]

---

①[唐]杜甫《法镜寺》,[清]彭定求、杨中讷等修纂《全唐诗》卷218,总第2296页。另见[唐]杜甫《法镜寺》,宋刻本《杜工部集》第3卷,上海图书馆藏。

②[唐]杜甫《石龛》,[清]彭定求、杨中讷等修纂《全唐诗》卷218,总第2297页。另见[唐]杜甫《石龛》,宋刻本《杜工部集》第3卷,上海图书馆藏。

③[唐]杜甫《宿赞公房》,[清]彭定求、杨中讷等修纂《全唐诗》卷225,总第2419页。另见[唐]杜甫《宿赞公房》,宋刻本《杜工部集》第10卷,上海图书馆藏。

④[唐]杜甫《西枝村寻置草堂地夜宿赞公土室二首》,[清]彭定求、杨中讷等修纂《全唐诗》卷218,总第2288页。另见[唐]杜甫《西枝村寻置草堂地夜宿赞公土室二首》,宋刻本《杜工部集》第3卷,上海图书馆藏。

(7)《寄赞上人》:一昨陪锡杖,卜邻南山幽。年侵腰脚衰,未便阴崖秋。重冈北面起,竟日阳光留。茅屋买(一作置)兼土,斯焉心所求。近闻西枝西,有谷杉黍(一作漆,即黍)稠。亭午颇和暖,石(一作沙)田又足收。当期塞(一作寒)雨干,宿昔齿疾瘳。裴回虎穴上,面势龙泓头。柴荆具茶茗,迳(一作遥)路通林丘。与子成二老,来往亦风流。[①]

(8)《别赞上人》:百川日东流,客去亦不息。我生苦(一作若)漂荡,何时有终极。赞公释门老,放逐来上国。还为世尘婴,颇带憔悴色。杨枝晨在手,豆子雨(一作两)已熟。是身如浮云,安可限南北。异县逢旧友(一作交),初忻写胸臆。天长关塞寒(一作远),岁暮饥冻(一作寒)逼。野风吹征衣,欲别向曛(一作昏)黑。马嘶(一作鸣)思故枥,归鸟尽敛翼。古来聚散地,宿昔长荆棘。相看俱衰年,出处各努力。[②]

(9)《大云寺赞公房四首》(武后幸光明寺,沙门宣政进大云经,中有女主之符,因改为大云经寺。)之一:心在水精域,衣沾春雨时。洞门尽徐步,深院果幽期。到(一作倒)扉(一作屣,一作履)开复闭,撞钟斋及兹。醍醐长发性,饮(一作饭)食过扶衰。把臂有多日,开怀无愧辞。黄鹂(一作莺)度结构,紫鸽下罘罳(一作芳菲)。愚(作芳)意会所适,花边行自迟。汤休起我病,微笑索题诗。

《大云寺赞公房四首》之二:细软青丝履,光明白氎巾。深藏供老宿,取用及吾身。自顾转无趣,交情何尚新。道林才不世,惠远德过人。雨泻暮檐竹,风吹青(一作春)井芹。天阴对图画,最觉润龙鳞。

《大云寺赞公房四首》之三:灯影照无睡,心清闻妙香。夜深殿突兀,风

①[唐]杜甫《寄赞上人》,[清]彭定求、杨中讷等修纂《全唐诗》卷218,总第2288页。另见[唐]杜甫《寄赞上人》,宋刻本《杜工部集》第3卷,上海图书馆藏。

②[唐]杜甫《别赞上人》,[清]彭定求、杨中讷等修纂《全唐诗》卷218,总第2293—2294页。另见[唐]杜甫《别赞上人》,宋刻本《杜工部集》第3卷,上海图书馆藏。

动金银铛。天黑闭春院，地清栖暗芳。玉绳回断绝，铁凤森翱翔。梵放时出寺，钟残仍殷床。明朝在沃野，苦见尘沙黄。

《大云寺赞公房四首》之四：童儿汲井华，惯捷（一作健）瓶上（一作在）手。沾洒不濡地，扫除似无帚。明（一作晨）霞烂复阁，霁雾搴高牖。侧塞被径花，飘飖委墀（一作阶）柳。艰难世事迫，隐遁佳期后。晤语契深心，那能总箝口。奉辞还杖策，暂别终回首。泱泱（一作浃浃）泥污人，听听（与狺同）国多狗。既未免羁绊（一作寓），时来憩奔走。近公如白雪，执热烦何有。①

（10）《乾元中寓居同谷县作歌七首》：1. 有客有客字子美，白头乱（一作短）发垂过（一作两）耳。岁拾橡栗随狙公，天寒日暮山谷里。中原无书（一作主）归不得，手脚冻皴皮肉死。呜呼一歌兮歌已（一作独）哀，悲风为我从天（东）来。2. 长镵长镵白木柄，我生托子以为命。黄精（一作独）无苗山雪盛，短衣数挽不掩胫。此时与子空（一作同）归来，男呻女吟四壁静。呜呼二歌兮歌始放，邻（一作闾）里为我色惆怅。3. 有弟有弟在远（一作各一）方，三人各瘦何人强？生别展转不相见，胡尘暗天道路长。东飞驾鹅后鹙鸧，安得送我置汝旁？呜呼三歌兮歌三发，汝归何处收兄骨？4. 有妹有妹在钟离，良人早殁诸孤痴。长淮浪高蛟龙怒，十年不见来何时（一作迟）？扁舟欲往箭满眼，杳杳南国多旌旗。呜呼四歌兮歌四奏，林猿（一作竹林猿）为我啼清昼。5. 四山多风溪水急，寒雨（一作风）飒飒枯树（一作树枝）湿。黄蒿古城云不开，白（一作玄）狐跳梁黄狐立。我生何为在穷谷，中夜起坐万感集。呜呼五歌兮歌正长，魂招不来归故乡。6. 南有龙兮在山湫，古木巃嵸枝相樛。木叶黄落龙正蛰，蝮蛇东来水上游。我行怪此安（一作寒）敢出？拨

①［唐］杜甫《大云寺赞公房四首》，［清］彭定求、杨中讷等修纂《全唐诗》卷216，总第2269页。另见［唐］杜甫《大云寺赞公房四首》，宋刻本《杜工部集》第1卷，上海图书馆藏。“润”，《杜工部集》作“闰”。

剑欲斩且复休。呜呼六歌兮歌思(一作怨迟)迟,溪壑为我回春姿。7.男儿生不成名身已老,三(一作十)年饥走荒山道。长安卿相多少年,富贵应须致身早。山中儒生旧相识。但话宿昔伤怀抱。呜呼七歌兮悄终曲,仰视皇天白日速。①

(11)《发同谷县》(原注:乾元二年十二月一日自陇右赴剑南纪行):贤有不黔突,圣有不暖席。况我饥愚人(一作夫),焉能尚安宅。始来兹山中,休驾喜(一作嘉)地僻。奈何迫物累,一岁四行役。(夏发华州,冬离秦州。十一月至成州,十二月发同谷。)忡忡去绝境,杳杳更远适。停骖龙潭云,回首白(一作虎)崖石。临岐别数子,握手泪再滴。交情无旧深,(一作虽无旧深知,一作虽旧情深知)穷老多惨戚。平生懒拙意,偶值栖遁迹。去住与愿违,仰惭林间翮。②

(12)《凤凰台》(原注:山峻不至高顶方舆胜览。凤凰台在同谷县东南十里。二石如阙。汉有凤凰来栖。故名。):亭亭凤凰台,北对西康州。(武德初置)西伯今寂寞,凤声亦悠悠。山峻路绝踪,石林气高浮。安得万丈梯,为君上(一作居)上头。恐有无母雏,饥寒日啾啾(一作啁)。我能剖心出(一作血),饮啄慰孤愁。心以当竹实,炯然无(一作忘)外求。血以当醴泉,岂徒比清流。所贵(一作重)王者瑞,敢辞微命休。坐看彩翮长(一作举),举(一作纵)意八极周。自天衔瑞图(一作图谶),飞下十二楼。图以奉(一作献)至尊,凤以垂鸿猷。再光中兴业,一洗苍生忧。深衷正(一作止)为此,群盗何淹留。③

①[唐]杜甫《乾元中寓居同谷县作歌七首》,[清]彭定求、杨中讷等修纂《全唐诗》卷 218,总第 2298 页。另见[唐]杜甫《乾元中寓居同谷县作歌七首》,宋刻本《杜工部集》第 3 卷,上海图书馆藏。

②[唐]杜甫《发同谷县》,[清]彭定求、杨中讷等修纂《全唐诗》卷 218,总第 2299 页。另见[唐]杜甫《发同谷县》,宋刻本《杜工部集》第 3 卷,上海图书馆藏。“违”,《杜工部集》作“达”。

③[唐]杜甫《凤凰台》,[清]彭定求、杨中讷等修纂《全唐诗》卷 218,第 2297—2298 页。另见[唐]杜甫《凤凰台》,宋刻本《杜工部集》第 3 卷,上海图书馆藏。

(13)《长沙送李十一(衔)》:与子避地西康州,洞庭相逢十二秋。远愧尚方曾赐履,竟非吾土倦登楼。久存胶漆应难并,一辱泥涂遂晚收。李杜齐名(用杜密、李膺、李固、杜乔旧事为喻)真忝窃,朔云寒菊倍离忧。[①]

2. 李商隐的诗

(1)《圣女祠》:杳霭(一作蔼)逢仙迹,苍茫滞客途。何年归碧落,此路向皇都。消息期青雀,逢迎异紫姑。肠回楚国梦,心断汉宫巫。从骑裁寒竹,行车荫白榆。星娥一去后,月姊更来无。寡鹄(一作辽鹤)迷苍壑,羁凰(一作鸾)怨翠梧。惟应碧桃下,方朔是狂夫。[②]

(2)又《圣女祠》:松篁台殿蕙香帏(一作花阙),龙护瑶窗凤掩扉。无质易迷三里雾,不寒长著五(一作六)铢衣。人间定有崔罗什,天上应无刘武威。寄问钗头双白燕,每朝珠馆几时归。[③]

(3)《重过圣女祠》:白石岩扉碧藓滋,上清沦(一作论)谪得归迟。一春梦雨常飘瓦,尽日灵风不满旗。萼绿华来无定所,杜兰香去未移时。玉郎会此通仙籍,忆向天阶问紫芝。[④]

(六)与陇南石窟及陇南佛教史相关的碑

1. 岷县《岷州禅院碑》

在岷县广福寺,今存。

王师既开西疆,郡县皆复,名山大川,悉在封内。惟是人物之未阜,思所以繁庶之理;风俗之未复,求所以变革之道。《诗》《书》《礼》《乐》之外,盖有佛寺之道大焉,乃敕数州皆建佛寺。岷州之寺曰广仁禅院。于是,守臣为

---

①[唐]杜甫《长沙送李十一(衔)》,[清]彭定求、杨中讷等修纂《全唐诗》卷233,第2571页。另见[唐]杜甫《长沙送李十一》,宋刻本《杜工部集》第18卷,上海图书馆藏。“收”,《杜工部集》作“妆”。

②[清]彭定求、杨中讷等修纂《全唐诗》卷540,总第6197页。

③[清]彭定求、杨中讷等修纂《全唐诗》卷540,总第6184页。

④[清]彭定求、杨中讷等修纂《全唐诗》卷539,总第6144—6145页。

之力，哲僧为之干，酋豪为之助，虽经历累岁，而数百区之盛若一旦而就。初，前守种侯度爽垲之地于川(州)之西南，背山面川，规可以容数百区之广，以为不如是之宏大，则不足称佛宇之尊；今守张侯谓经营之既久，而恐勤者有惰，日加戒促，以底厥成功。

初，岷州之复也，诏以秦州长道、大潭二县隶之。长道有僧曰海渊，居于汉源之骨谷。其道信于一方，远近归慕者众。州乃迎海渊以主其事。其道勤以率下，爱人而及物。始至，则程其力之所及，必使力胜其事，事足其口。又有药病咒水之术，老幼争趋，或以车致，或以马驮，健者则扶持而至，人大归信。郡之豪酋曰赵醇忠、包顺、包诚，皆施财造像。荆榛雉而宫殿巍然，门扉辟而金人焕然。次则范钟以鼓其时。藏经以尊其道。徒有常居，客有攸舍，储峙有廪，涓洁有庖，最其凡四百六十区。其众瞻于高山大川、深水巨郭之际，来者趋，过者下，咸曰："壮哉!吾土之未尝有也。吾昔之所谓佛居而持其教，知为口矣。"

岷州故和政郡，通吐谷浑青海之塞，南直白马氐之地，大山重复以环绕洮水，荡潏于其中。山川之胜，可以言天下壮伟。前日之颓垣废垒，今雉堞楼橹以卫之；前日之板屋聚落，今栋宁衢巷以列之。又得佛宫塔庙，以壮其城邑。凡言阜人物变风俗者，信无以过此也。西羌之俗，自知佛教，每计其部人之多寡，推择其可奉佛者使为之。其诵贝叶傍行之书，虽侏䴕舌之不可辨，其音琅然，如千丈之水，赴壑而不知止。又有秋冬之间，聚粮不出，安坐于庐室之中，曰坐禅。是其心岂无精粹识理者，但世莫知之耳。虽然其人多知佛，而不知戒。故妻子具而淫杀不止；口腹纵而荤酣不厌，非中土之教。为之开示隄防而导其本心，则其精诚直质，且不知自有也。传曰："用夏变夷。"信哉其言乎！恭惟圣主之服远也，不以羁縻恍忽之道待其人，必全以中国法教驭之；故强之并弱、大之凌小，则有甲兵刑罚以威之；擅山泽、专障管，则或赋或禄以易之；鸟兽惊骇，则文告期会以束之；闲田沃壤，则置兵募士以耕之；书劳告勤，则金帛爵命以宠之；争讼不决，则置吏案法以平之；知佛而不知戒，则塔庙尊严以示之。日计之不足，岁计之有余。必世而后，仁尽在于是矣。

元丰初，予以市国马数至其郡，见海渊首其事。其后继之，则见其功之半。今年遂自来告其功毕，请予记其终始。予谓海渊既能信其众，又能必其成，复能知其终，必以示后，皆非苟且者，乃为书之。七年八月十四日记。[①]

2. 武都区《新修广严院记》碑

《陇右金石录》《武都县志》等载有《福津县广严院记》（碑额为《新修广严院记》），因广严院住持拒绝抄录碑文或拓碑，故摘引之，其文曰：

新修广严院记

在武都龙拽山，今存。

夏四月，别驾吕侯行县，径福津谷，至古兰皋戍，归而语其客魏鲸，曰："西距郡城七十里，并□东行两山间，曰福津谷。冈阜联络，若伏若起，约六十里许，突为一峰，蜿蜒□□旷平夷，可聚百家。众山环合，拱揖先后。有僧庵曰广严院，直峰之趾。竹树蒙密，殿屋崇丽，杰出树杪，宜其地势，堂皇楼阁，广袤相称，像设严备，徒侣繁集，钟鼓梵呗之音，□□□时，如通都□□□浮图之居。因召其主僧普兴，问起废所因，曰'院故名弥陀旧庐，谷□□□□□□□□始之。至嘉佑[②]末，改赐今名。绍兴中，为涨潦啮坏，无尺椽寸瓦留者。普兴与师道恩，始相今址，裒一方施金，迁而新之。起于绍兴三十一年，落于乾道[③]九年，凡十二年。为屋八十□，为□一，为堂二，为寮十，庖湢浴，无不咸具。又以余力，为大钟楼而悬之。度弟子十有二人，皆普兴之为之也。'其用力之难，且必如此。事之以难废，以不能坚忍坏者多矣。如普兴者，不亦异欤？吾儒皆宗圣人，而至于尊信其道，力行其说，用力之难，

①[民国]张维编著《陇右金石录》，第16038页。

②"嘉佑"，"佑"应为"祐"。

③"乾道"，崔阶将"乾"写作"干"。见崔阶《张维〈陇右金石录〉录文补校二则》，第67—71页。

且必未必浮图氏若也,可不为之叹息欤?明日,普兴果自状其始末,诣太守郭侯白状,又诣吕侯请焉,曰:“侯幸辱临于普兴之庐,若有意为普兴记所以迁而新之,故愿卒图之”。于是吕侯以属于鲸,而普兴亦因○请,至六七反,不倦。遂不辞而为之记,俾之有考焉。浮图氏之学,自后汉入中□□□,千有余年,其经先儒排摈攘斥,亦不知其几矣,而卒不可破。今试取其书而观其学,□□□忽□□推引天地未生四海九洲之外鬼神[怪]变,千态万状不穷诘,以至州城之□□,宫室之诡异,多人之所不能睹。殆庄周列御寇之书,寓言类也。齐梁以来,其徒因一时好尚,藉以侈□居室,穷极华靡,僭于尊上犹为未足,而若其师之苦空寂灭,则鲜有趋而为之者,岂其□□果不可继欤?抑人情苦难而乐易欤?抑侈靡之易溺而穷寂之难忍欤?然吾诚□感焉。□其师□□言,而其徒尊信力行,千有余年,牢固而不可破□□人之道,曰:“仁义礼乐者,如丝□五谷之用,不可一日废。而儒者或自谓其迂远而不□□□之难且□,果未必浮图氏若也,□不为之叹息欤?”普兴,郡人,本农家子,年十七,祝□□□图有公□吏用□□□□。辛巳,我师经略陕西,虏或进□□郡,民半警徙谷□。时普兴新相地,悉募徙民□□□□饮之,民喜就募,不旬而功□。在家时□□受□□□出为浮图,资以具土瓮材用,既毕,则推以与其侄,其侄不受,复以归普兴,普兴复不受,田废不耕者至一岁,卒强以推□侄,是尤可称云。淳熙十五年八月十四日,从事郎就差阶州州学教授魏鲸记并书隶额。

文林郎、知阶州福津县、主管劝农营田公事宇文景仁。

朝奉郎、通判阶州军州事、兼管内劝农营田公事、赐绯鱼袋吕符。

武经郎、权发遣阶州军州、兼管内劝农营田事、□边都巡检使郭詸。[①]

开山修造住持开山和尚道恩、小师修造住持赐紫沙门普兴立石。院基地主程□□刊。

①笔者以为末尾“郭”后一字应释读为“詸”。

宣统甘肃通志　福津县广严院记在阶州，碑末数行文多磨灭，不可读，淳熙十五年八月十二日，从事郎就差阶州州学教授魏鲸记并书

隶额

按此碑在武都县东六十里龙拽山，宋时州治福津，故碑云，西距郡城有福津谷也。①

3. 礼县《湫山观音圣境通济善惠王碑记》([元]牟守中撰文)

特□希玄□教大师、巩昌等处玄门知闲真人牟守中撰。

大中大夫、黄州路总管兼营内劝农事野峻台书并篆题。

运精□应灵，万物资生而资始。离为火，坎为水，四时或雨而或旸，□风□震发之威，而□□□之气，□□□其故，□究其□□□□化之良民，必有□□之主宰。今礼店军民元帅府部之内，有湫山者，危峰□乎霄汉，空谷蕴乎风霆，烟岚□□□□□云□张于湫隈，古柏苍松而蔽野，珍禽奇兽以喧林，中峰之间，山明水秀，天然玉井，俗□所传观音圣水碑。说□考。昔唐宋封为“通济正佑福安王”，历五代，更宋金两朝，约五百余载。□□□趾□然常在，及圣元御极，四海一统，国官秦国忠宣公按竺迩，□遇旱灾，亲率同僚父老。诣山祈请，甘澍无虚。延佑中，□奎章阁大学士、翰林学士承旨、银青荣禄大夫、知制诰兼修国史、中书平章政事鲁国公奏奉圣旨赠封“善惠王”，余号如唐。陕西路府州县，邱山□水，□□□□□□□□□，深山之中，有杜文□、□□□自□□系土居人氏，于中统□间，率化官民，具修庙宇，塑绘圣像，时纳香火，后为风雨剥摧，殿堂□漏。□□□、杜文昌、郭□等，翻修完整，祈请如故。自□□孙，□□、郭□□父祖之功，虑后沦没，

①[民国]张维编著《陇右金石录》，第 16066 页。甘肃省武都县地方志编纂委员会编纂，曾礼主编《武都县志》卷 11《艺文》之第三章《碑碣》，第 969 页。甘肃省古籍文献整理编译中心编，苗普生主编《中国西北文献丛书》第七辑《西北考古文献》第 3 卷《陇右金石录·宋下》，北京：线装书局，2006 年，第 561—563 页。崔阶《张维〈陇右金石录〉录文补校二则》，第 69—71 页。

故就山之平原，行殿之侧，永翰刊□，以传不朽。上以明观音之神化，叙通济之□功，□□□□克于神天□民，父祖□□□至末，既笼其贤，仍续以铭：

大道含元化育同，观音遂处显神通。

幽灵□山玄宫□，善惠龙□佐昊穹。

礼店湫山□□洪，□□□□碧霄□。

□□绿野受时雍，□□红□□□凶。

守正清朝天水公，□风□雨子孙□。

明□尚□□□□，□路讴讶德望崇。

□□□□□□功，□天昭□福田□。

翰□□□□□□，□□□□□□□。

大元至正，岁在已（己）丑。正月□□□望日纳石。

（背面）：

亚中大夫、甘肃等处行中书省郎中和尚，礼店文州蒙古汉军西番军民元帅府达鲁花赤□□纳石。

怀远大将军、礼店文州蒙古汉军西番军元帅府元帅翔鹑石麟，前元帅府经历张□用，令史杜鉴。

昭信校尉、礼店文州蒙古汉军西番民千户所千户奇延奴，脱恩麻巩昌、成都、汉阳等处民匠达鲁花赤长官所长官万家奴。

长官加同知杨元卿，前同知杜国琥。

吏目王思聪，司吏李君佑。

蒙古奥鲁官哈三，吏目王仲源。

司吏成世安，镇抚所镇抚张林。

礼店街施主总管　张荣祖等（二十四人名略）。

本处善友杜友文等（五十一人名略）。

煎茶观音院　法兴等（四人名略）。

施主(一百二十人名略)。

礼店晋觉寺住持沙门觉瑞、觉应。

宁远报恩寺住持圆吉祥。

本院住持悟吉祥书。

奉元路药阳县万年坊石匠赵信卿刊。

本处张金刚奴、刘和尚。①

(七)与陇南石窟及陇南交通史有关的碑

1. 成县《西狭颂》(仇靖撰《惠安西表》)摩崖石刻

汉武都太守,汉阳阿阳李君,讳翕,字伯都。天姿明敏,敦《诗》悦《礼》,膺禄美厚,继世郎吏。幼而宿卫,弱冠典城,有阿郑之化。是以三剖符守,致黄龙、嘉禾、木连、甘露之瑞。

动顺经古,先之以博爱,陈之以德义,示之以好恶。不肃而成,不严而治。朝中惟静,威仪抑抑。督邮部职,不出府门,政约令行。强不暴寡,知不诈愚。属县趋教,无对会之事;徼外来庭,面缚二千余人。年谷屡登,仓庾惟亿。百姓有蓄,粟麦五钱。

郡西狭中道,危难阻峻,缘崖俾阁。两山壁立,隆崇造云,下有不测之溪。阨笮促迫,财容车骑。进不能济,息不得驻,数有颠覆陨隧之害。过者创楚,惴惴其栗栗。

君践其险,若涉渊水。叹曰:"《诗》所谓'如集于木,如临于谷',斯其殆哉?困其事,则为设备。今不图之,为患无已。"敕衡官、有秩李瑾,掾仇审,因常繇道徒,鐉烧破析,刻臼確嵬。减高就埤,平夷正曲,柙致士石。坚固广大,可以夜涉。四方无雍。行人欢涌,民歌德惠,穆如清风。乃刊斯石。曰:

赫赫明后,柔嘉惟则。克长克君,牧守三国。三国清平,咏歌懿德。瑞

①礼县志编纂委员会编纂《礼县志》,第798—799页。

降丰稔,民以货稙。威恩并隆,远人宾服。鐉山浚犊,路以安直。继禹之迹,亦世赖福。

建宁四年六月十三日壬寅造[①]

2. 西和县《新路颂并序》摩崖石刻

路之垫隘者,即郡南阳衡輅。蜀门北之陬,控仇池之险。爰自开掘,十年于兹。阻国之要津,为人之艰途也。曲磴凌空,连白云而斜亘;危梁跨道,倚青□(山)而直□□是。劳駟骑,弊征轩。凄伤路隅,叹息江边。我太守赵公□□□(劳),上闻天聪,启乎新路。邮堂清闲,对朱岩以延敞,牧野□□□□而傍接。于是,询询黄发,佥鼓足以蹈之;蠢蠢黎人,皆咏歌以乐之。恭成颂云,式旌其事。颂曰:我太守兮化融融,坐甘棠兮易旧风。列郡苍生□(叹)来暮,越水登山兮辟新路。时不弊于艰危,人不劳于转输。冰壶挺操,霜镜凝心。刻石雕文兮……万岁兮扬□德音。时开元……近张乎梁齐……[②]

3. 徽县《大宋兴州新开白水路记》碑

摩崖高一丈七寸,广七尺二寸二。十六行,行三十七字,正书篆额。大宋兴州新开白水路记。宣德郎、守殿中丞、知雅州军州兼管内桥道、劝农事、管勾驻泊及提举黎州兵甲、巡检贼盗公事,骑都尉、僭绯,雷简夫撰并书篆额。至和元季冬,利州路转运使、主客郎中李虞卿,以蜀道青泥岭旧路高峻,请开白水路。自凤州河池驿至□州长举驿,五十一里有半,以便公私之行。具上未报,即预画财费,以待其可。明季春,□兴州巡辖马递铺、殿直乔达领桥阁并邮兵五百余人,因山伐木,积于路处,遂籍其人用讫。是役又

①笔者参考了高天佑先生的录文并进行了微调。请参:高天佑著《西峡摩崖石刻群研究》,兰州:兰州大学出版社,1999年,第33—34页。

②此据蔡副全《唐〈新路颂并序〉摩崖释考》,第10—13页。另参何健《西和发现唐代石刻〈新路颂〉》;西和县志编纂委员会编纂《西和县志》,第839页。

请知兴州军州事、虞部员外郎刘拱总护督作,一切仰给悉令为具。命签署兴州判官、厅公事、太子中舍李良祐,権知长举县事,顺正县令商应程度远近,按视险易,同督斯众。知凤州河池县事、殿中丞王令图首建路议。路占县地且十五余里,部属陕西,即移文令图通干其事。至秋七月始可其奏,然八月行者已走新路矣,十二月诸功告毕。作阁道二千三百九间,邮亭、营屋、纲院三百八十三间。减旧路三十三里,废青泥一驿,除邮兵驿马一百五十六人骑,岁省驿廪铺粮五千石,畜草一万围,放执事役夫三十余人。路未成,会李迁东川路。今转运使、工部郎中、集贤校理田谅至,审其绩状可成,故喜犹己出,事益不懈。于是斯役实肇于李而遂成于田也。嘉祐二秊三月,田以状上,且曰:"虞卿以至和二秊仲春兴是役,仲夏移去,其经营建树之状,本兴令图同,臣虽承乏,在臣何力?愿朝廷旌虞卿、令图之劳,用劝来者。又拱之总役应用,良祐应之,按视修创达之,采造监领,皆有着效,亦乞升擢。至于军士、什长而下,并望赐与,以慰远心。"朝廷议依其请。初,景德元秊,尝通此路。未几而复废者,盖青泥土豪辈唧唧巧语,以疑行路。且驿废则客邸酒垆为弃物矣,浮食、游手安所仰邪?小人居尝争半分之利,或睚眦抵死,况坐要路无有在我,迟行人一切之急,射一日十倍之贵,顾肯默默邪?造作百端,理当然尔。向使愚者不怖其诞说,贤者不惑其风闻,则斯路初亦不废也。大抵蜀道之难,自昔以青泥岭称首。一旦避险即安,宽民省费,斯利害断然易晓,乌用听其悠悠之谈邪!而后之人见已成之易,不念始成之难。苟念其难,则斯路永期不废矣!简夫之文虽磨崖镂石,亦恐不足其传。□□于《尚书》、《职方》之籍之图,则将久其传也。嘉佑二秊二月六日记。前利州路诸州水陆计度转运使兼本路劝农使、朝奉郎、守尚书、主客郎中、上轻车都尉、赐紫金鱼袋李虞卿。利州路诸州水陆计度转运使兼本路劝农使、朝奉郎、守尚书、工部郎中、充集贤校理、轻车都尉、赐绯鱼袋僭紫田谅。案白水路因江为名。白水江,《水经注》所称'浊水'者是也。青泥亦水名,《太平寰宇记》有'左溪水入嘉陵江'者即是。《水经注》汉水又东南,于槃头郡南与浊水合，水出浊城东流，与丁零溪水会，又东迳武街城南，故下辨县治也，又东宏休水注之，又东迳白石县南，又东南泥阳水注之，又东南与仇鸠水合，又东南与河池水合，又东南两当水注之，即故道水，又南注汉水。(《关中金石记》)按白水之名始于汉，有白水县与葭萌县，同属广汉郡，歷三国至西魏皆因之，隋唐改为景谷县，五代县废，惟葭萌存，宋时属利州路，此名白水路者或亦因其旧县而称之也。其路起于凤州河池县之河池驿，北宋时属陕西，与秦州同路，故开路须移交通干之也。开路至五十余里作阁道、亭屋，至二千六百余间。其功伟矣。自陕入蜀栈道之首途。雷简夫此文可与汉之鄐君开通褒斜道、魏之李苞通阁道题名并垂不朽。文纪李虞卿、田谅诸人之功，而李、田二人史无传，雷简夫传但载其知雅州，其于开路之事非其所专，故亦不书。《墨池编》称，简夫善真、行书，守雅州，闻江声以悟笔法，迹甚峻快，蜀中珍之，然不言其工篆书，据此碑则兼及篆额也。其闻江声事详见《书史会要》，云近剌雅安，昼卧郡阁，因闻平羌江瀑涨声，想其波涛番番、迅驶掀搕、高下蹙逐奔去之状，无物可寄其情，遽起作书，则中心之想出笔下矣云云，而独不言其尝书此碑，可知此碑之不传于世久矣。①

①见[清]王昶辑《金石萃编》卷134。说明《新修白水路记》碑位于徽县城南28公里处的大河店乡王家河村白水峡，碑刻于徽白公路左侧，距路面高约7米，碑通高2.83米，宽1.83米，碑面凹进石崖0.25米，右起竖写楷书26行，每行37字，撰书于北宋嘉祐二年(1057)；1993年被列为省级文物保护单位。参见徽县志编纂委员会编《徽县志》，第819页。

主要参考文献

主要参考文献[1]

一、专著类

[西汉]司马迁撰,[南朝·宋]裴骃集解,[唐]司马贞索隐,[唐]张守节正义《史记》,北京:中华书局,1982 年。

[东汉]班固撰,[唐]颜师古注《汉书》,北京:中华书局,1962 年。

[西晋]陈寿撰,[南朝·宋]裴松之注《三国志》,北京:中华书局,1959 年。

[西晋][月氏]竺法护译《佛说普曜经》,《大正新修大藏经》第 3 册。

[十六国·北凉][天竺]昙无谶译《大般涅槃经》,《大正新修大藏经》第 12 册。

[十六国·后秦]鸠摩罗什译(长行),(北天竺沙门)阇那崛多译(重颂)《妙法莲华经观世音菩萨普门品第二十五》,《大正新修大藏经》第 9 册。

[十六国·后秦] 鸠摩罗什等译《禅秘要法经》,《大正新修大藏经》第

[1] 关于“参考文献”的说明:第一,“参考文献”所列各条皆为本书作了参考的文献。第二,不列“古籍类”文献,将“古籍类”文献编入“专著类”文献部分。

15 册。

[北魏]高允《鹿苑赋》,《大正新修大藏经》第 52 册。

[北魏]郦道元著,陈桥驿校证《水经注校证》,北京:中华书局,2007 年。

[北魏]郦道元著,[清]王先谦校《水经注》卷 20《漾水》,成都:巴蜀书社,1985 年。

[元魏](西域三藏)吉迦夜共昙曜译《付法藏因缘传》,《大正新修大藏经》第 50 册。

[南朝·梁]沈约撰《宋书》,北京:中华书局,1974 年。

[南朝·梁]释慧皎撰,汤用彤校注,汤一玄整理《高僧传》,北京:中华书局,1992 年。

[南朝·宋]畺良耶舍译《佛说观药王药上二菩萨经》卷一,《大正新修大藏经》第 20 册《密教部类》。

[南朝·宋]昙无蜜多译《佛说观普贤菩萨行法经》,《大正新修大藏经》第 9 册。

[北齐]魏收《魏书》,北京:中华书局,1974 年。

[隋]天台智者大师说、门人灌顶记《摩诃止观卷第二》(上),《大正新修大藏经》第 46 册。

[隋]远法师《大乘义章卷第二十》,《大正新修大藏经》第 44 册。

[唐]道宣撰,郭绍林点校《续高僧传》,北京:中华书局,2014 年。

[唐]杜甫著,宋刻本《杜工部集》卷第 1 至卷第 20,上海图书馆藏。

[唐]杜甫著,[清]钱谦益笺注《钱注杜诗》,上海:上海古籍出版社,1979 年。

[唐]杜甫著,[清]仇兆鳌注《杜诗详注》,北京:中华书局,1979 年。

[唐]法崇述《佛顶尊胜陀罗尼经教迹义记》,《大正新修大藏经》第 39 册。

[唐]房玄龄等撰《晋书》,北京:中华书局,1974 年。

［唐］慧立、彦悰著，孙毓棠、谢方点校《大慈恩寺三藏法师传》，北京：中华书局，1983 年。

［唐］［罽宾国］佛陀波利译《佛顶尊胜陀罗尼经》，《大正新修大藏经》第 19 册。

［唐］李吉甫撰，贺次君点校《元和郡县图志》，北京：中华书局，1983 年。

［唐］李林甫等撰，陈仲夫点校《唐六典》，北京：中华书局，1992 年。

［唐］李商隐著，［清］冯浩笺注《玉谿生诗集笺注》，上海：上海古籍出版社，1979 年。

［唐］李商隐著，周振甫注《李商隐选集》，南京：江苏教育出版社，2006 年。

［唐］李泰等著，贺次君辑校《括地志辑校》，北京：中华书局，1980 年。

［唐］李延寿撰《南史》，北京：中华书局，1975 年。

［唐］令狐德棻等撰《周书》卷 5《帝纪第五·武帝上》，北京：中华书局，1971 年。

［唐］实叉难陀译《大方广佛华严经卷第六十》，《大正新修大藏经》第 10 册。

［唐］释道宣撰《续高僧传》，《大正新修大藏经》第 50 册。

［唐］武彻述《加句灵验佛顶尊胜陀罗尼记》，《大正新修大藏经》第 19 册。

［唐］玄奘、辩机原著，季羡林等校注《大唐西域记校注》，北京：中华书局，2000 年。

［唐］姚思廉撰《梁书》，北京：中华书局，1973 年。

［唐］义净著，王邦维注《大唐西域求法高僧传校注》，北京：中华书局，1988 年。

［唐］张彦远著，秦仲文、黄苗子、启功点校《历代名画记》，北京：人民

美术出版社,1963年。

[唐]志静述《佛顶尊胜陀罗尼经序》,《大正新修大藏经》第19册。

[唐]智昇撰《开元释教录》,《大正新修大藏经》第55册。

[后晋]刘昫等《旧唐书》,北京:中华书局,1975年。

[北宋]葆光子《物妖志(全一卷)·禽类·鸟》,书殿网电子书店《笔记小说大观》(全45编450册),五编第八册,台北:新兴书局(影印),1962年。

[北宋]李昉等编《太平广记》,北京:中华书局,1961年。

[北宋]李石撰,吴琯校《续博物志·卷第三》,[清]纪昀总纂《文渊阁四库全书》子部十二《小说家类三·琐记之属》(电子版),上海:上海人民出版社,1999年。

[北宋]欧阳修撰,[宋]徐无党注《新五代史》,北京:中华书局,1974年。

[北宋]欧阳修、宋祁《新唐书》,北京:中华书局,1975年。

[北宋]释契嵩编修《传法正宗记》,《大正新修大藏经》第51册。

[北宋]释契嵩编修《传法正宗记》,[日]藏经书院编纂《卍正藏经》第59册,台北:新文丰出版公司印行,1980年。

[北宋]司马光编著,[元]胡三省音注《资治通鉴》,北京:中华书局,1956年。

[北宋]薛居正等《旧五代史》,北京:中华书局,1976年。

[北宋]赞宁撰,范祥雍点校《宋高僧传》,北京:中华书局,1987年。

[南宋]赜藏主编集《古尊宿语录》,北京:中华书局,1994年。

[南宋]罗泌《路史》卷10,永瑢、纪昀等编纂《四库全书·史部·别史类》(文渊阁)第383册,上海:上海古籍出版社,2003年。

[南宋]王象之撰《舆地碑记目卷四·成州碑记》,[清]纪昀总纂《文渊阁四库全书》史部十四《史部目录类二》(电子版),上海:上海人民出版社,香港:迪志文化出版有限公司,1999年。

[南宋]王象之撰《舆地纪胜》(全8册),北京:中华书局,1992年。

[南宋]志磐撰《佛祖统记》,《大正新修大藏经》第49册。

[南宋]志磐撰,释道法校注《佛祖统纪校注》,上海:上海古籍出版社,2012年。

[南宋]朱弁著《风月堂诗话》,永瑢、纪昀等编纂《四库全书·集部·诗文评类》(文渊阁)第1479册,上海:上海古籍出版社,2003年。

[南宋]祝穆撰,祝洙增订,施和金点校《方舆胜览》,北京:中华书局,2003年。

[南宋]祖咏编《大慧普觉禅师年谱》,嘉兴藏(径山藏)整理出版委员会《嘉兴藏》第1册,北京:民族出版社,2011年。

[金]丘处机著,赵卫东辑校《丘处机集》,济南:齐鲁书社,2005年。

[金]王重阳著,白如祥辑校《王重阳集》,济南:齐鲁书社,2005年。

[元]孛兰肸等撰,赵万里校辑《元一统志》,北京:中华书局,1966年。

[元]骆天骧撰,黄永年点校《类编长安志》,西安:三秦出版社,2006年。

[元]念常集《佛祖历代通载》,《大正新修大藏经》第49册。

[元]秦子晋撰《新编连相搜神广记》,台北:台湾学生书局,1989年。

[元]脱脱等撰《宋史》,北京:中华书局,1977年。

[元]赵道一修撰《萨守坚》,[明]张宇初、张宇清编修,[明]邵以正校正增补,[明]张国祥编修《道藏》第5册,1988年。

[明]释如惺《大明高僧传》,《大正新修大藏经》第50册。

[明]宋濂等撰《元史》,北京:中华书局,1976年。

[明]王嗣奭《杜臆》卷8,续修四库全书编纂委员会《续修四库全书·集部·别集类》,上海图书馆藏稿本,上海:上海古籍出版社,2002年。

[明]汪云鹏编辑《有象列仙全传》,台北:台湾学生书局,1989年。

[明]无名氏编辑《三教源流圣帝佛祖搜神大全》,台北:台湾学生书

局，1989 年。

[明]无名氏编辑《新刻出像增补搜神记大全》，台北：台湾学生书局，1989 年。

[明]张文介编辑《广列仙传》，台北：台湾学生书局，1989 年。

[明]张宇初、张宇清编修，[明]邵以正校正增补，[明]张国祥编修《道藏》，北京：文物出版社，上海：上海书店，天津：天津古籍出版社，1988 年。

[明]朱时恩著《佛祖纲目卷第三十》，[日]前田慧云、中野达慧等编集《卍新纂续藏经》第 85 册，上海：上海涵芬楼（影印），1923 年。

[清]何焯著，崔高维点校《义门读书记》，北京：中华书局，1987 年。

[清]彭定求、杨中讷等修纂《全唐诗》，北京：中华书局，1960 年。

[清]浦起龙《读杜心解》，北京：中华书局，1961 年。

[清]王昶辑《金石萃编》，北京：中国书店，1985 年。

[清]吴鹏翱纂修《武阶备志》，清同治十二年（1873）新刻本。

[清]徐道纂集《历代神仙通鉴》，台北：台湾学生书局，1989 年。

[清]姚福均编辑《铸鼎余闻》，台北：台湾学生书局，1989 年。

[清]叶昌炽撰，韩锐校注《语石校注》，北京：今日中国出版社，1995 年。

[清]叶昌炽著《缘督庐日记》，南京：江苏古籍出版社，2002 年。

[清]张廷玉等撰《明史》，北京：中华书局，1974 年。

[民国]张维编著《陇右金石录》，兰州：甘肃省文献征集委员会，1943 年。

[日]释圆仁原著，[日]小野胜年校注，白化文、李鼎霞、许德楠修订校注《入唐求法巡礼行记校注》（原书名为《入唐求法巡礼行记の研究》），石家庄：花山文艺出版社，1992 年。

[英]约翰·马歇尔著，王冀青译《犍陀罗佛教艺术》，兰州：甘肃人民出版社，1989 年。

安徽师范大学中文系古代文学教研组选注《李商隐诗选》，北京：人民文学出版社,1978年。

陈贻焮著《杜甫评传》,北京:北京大学出版社,2003年。

陈贻焮主编《增订注释全唐诗》,北京:文化艺术出版社,2001年。

陈寅恪著《金明馆丛稿二编》,上海:上海古籍出版社,1980年。

陈垣编纂,陈智超、曾庆瑛校补《道家金石略》,北京:文物出版社,1988年。

陈启生编著《陇南地方史概论》,兰州:兰州大学出版社,1992年。

辰闻著《宗教与艺术的殿堂——古代佛教石窟寺》,大连:辽宁师范大学出版社,1996年。

程晓钟、杨富学著《庄浪石窟》,兰州:甘肃文化出版社,2003年。

丁福保编纂《佛学大辞典》,北京:中国书店,2011年。

董玉祥著《梵宫艺苑——甘肃石窟寺》,兰州:甘肃教育出版社,1999年。

杜斗城著《北凉译经论》,兰州:甘肃文化出版社,1995年。

杜斗城著《陇右高僧录》,兰州:兰州大学出版社,1993年。

杜斗城著《敦煌五台山文献校录研究》,太原:山西人民出版社,1991年。

杜斗城辑编《正史佛教资料类编》,兰州:甘肃文化出版社,2006年。

杜斗城主编《河西佛教史》,北京:中国社会科学出版社,2009年。

杜继文主编《佛教史》,南京:江苏人民出版社,2006年。

杜继文主编《佛教史》,南京:江苏人民出版社,2008年。

杜继文、魏道儒著《中国禅宗通史》,南京:江苏人民出版社,2008年。

段文杰著《段文杰敦煌艺术论文集》,兰州:甘肃人民出版社,1994年。

敦煌研究院、甘肃省文物局编《甘肃石窟志》,兰州:甘肃教育出版社,2011年。

敦煌文物研究所整理《敦煌莫高窟内容总录》，北京：文物出版社，1982年。

敦煌研究院编《敦煌石窟内容总录》，北京：文物出版社，1996年。

敦煌研究院编，卢秀文编著《中国石窟图文志·论著目录编》，兰州：敦煌文艺出版社，2002年。

敦煌研究院编，卢秀文编著《中国石窟图文志·石窟志编》，兰州：敦煌文艺出版社，2002年。

冯培红著《敦煌的归义军时代》，兰州：甘肃教育出版社，2013年。

冯友兰著《中国哲学简史》，北京：北京大学出版社，2010年。

甘肃省天水地区博物馆编《天水名胜》，天水：甘肃省天水地区博物馆内部资料，1984年。

高天佑编著《杜甫陇蜀纪行诗注析》，兰州：甘肃民族出版社，2002年。

高天佑著《西峡摩崖石刻群研究》，兰州：兰州大学出版社，1999年。

宫大中著《龙门石窟艺术》，上海：上海人民出版社，1981年。

广东、广西、湖南、河南辞源修订组，商务印书馆编辑部编《辞源》（修订本），北京：商务印书馆，1988年。

韩博文、陈启生著《陇南风物志》，兰州：兰州大学出版社，1996年。

何建明主编《中国地方志佛道教文献汇纂·人物卷》第131册《甘肃省·陇南市》，北京：国家图书馆出版社，2013年。

胡道静、陈耀庭、段文桂等主编《藏外道书》，成都：巴蜀书社，1992年。

胡孚琛主编《中华道教大辞典》，北京：中国社会科学出版社，1995年。

胡戟、傅玫著《敦煌史话》，北京：中华书局，1995年。

胡同庆、安忠义著《佛教艺术》，兰州：敦煌文艺出版社，2004年。

黄春和著《汉传佛像时代与风格》，北京：文物出版社，2010年。

皇泽寺博物馆编写、罗宗勇主编《广元皇泽寺文物保护维修工程报告》，北京：文物出版社，2010 年。

霍想有主编《伏羲文化》，北京：中国社会出版社，1994 年。

季羡林主编《敦煌学大辞典》，上海：上海辞书出版社，1998 年。

焦红原著《陇南文化》，兰州：甘肃人民出版社，2010 年。

介永强《西北佛教历史文化地理研究》，陕西师范大学博士学位论文，2004 年。

金维诺著《中国古代佛雕——佛造像样式与风格》，北京：文物出版社，2002 年。

雷家骥著《武则天传》，北京：人民出版社，2001 年。

雷玉华著《巴中石窟研究》，北京：民族出版社，2011 年。

李鼎霞、白化文编著《佛教造像手印》，北京：中华书局，2011 年。

李济阻、王德全、刘秉臣注析《杜甫陇右诗注析》，兰州：甘肃人民出版社，1985 年。

李商隐著，冯浩笺注《玉谿生诗集笺注》，上海：上海古籍出版社，1979 年。

李焰平、赵颂尧、关连吉主编《甘肃窟塔寺庙》，兰州：甘肃教育出版社，1999 年。

李永良主编《河陇文化——连接古代中国与世界的走廊》，上海：上海远东出版社，香港：商务印书馆（香港），1998 年。

李裕群著《北朝晚期石窟寺研究》，北京：文物出版社，2003 年。

李裕群著《古代石窟》，北京：文物出版社，2003 年。

李祖桓编著《仇池国志》，北京：书目文献出版社，1986 年。

刘长久主编，中国石窟雕塑全集编辑委员会编《中国石窟雕塑全集》第 8 卷（四川、重庆卷），重庆：重庆出版社，2000 年。

刘满著《河陇历史地理研究》，兰州：甘肃文化出版社，2009 年。

刘淑芬著《灭罪与度亡——佛顶尊胜陀罗尼经幢之研究》,上海:上海古籍出版社,2008 年。

刘学锴、余恕诚著《李商隐诗歌集解》(增订重排版),北京:中华书局,2004 年。

刘雁翔著《杜甫秦州诗别解》,兰州:甘肃教育出版社,2012 年。

刘佐才编著《朝阳洞——武都风景名胜丛书》,武都:陇南艺海印刷厂[准印证:甘新出 036 字总 82 号(2000)004 号],2000 年。

陆庆夫著《丝绸之路史地研究》,兰州:兰州大学出版社,1999 年。

吕建福著《中国密教史》(修订版),北京:中国社会科学出版社,1995 年。

吕明涛评注《李商隐》,北京:中华书局,2011 年。

马长寿著《氐与羌》,桂林:广西师范大学出版社,2006 年。

马德著《敦煌莫高窟史研究》,兰州:甘肃教育出版社,1996 年。

马利清主编《考古学概论》,北京:中国人民大学出版社,2010 年。

马世长、丁明夷著《中国佛教石窟考古概要》,北京:文物出版社,2009 年。

马书田著《中国佛教诸神》,北京:团结出版社,1994 年。

马书田著《中国道教诸神》,北京:团结出版社,1996 年。

马书田著《中国佛菩萨罗汉大典》,北京:华文出版社,2003 年。

马天彩著《甘肃旅游》,兰州:甘肃人民出版社,2002 年。

麦积山石窟志编纂委员会编纂,张锦秀编撰《麦积山石窟志》,兰州:甘肃人民出版社,2002 年。

莫砺锋著《杜甫评传》,南京:南京大学出版社,1993 年。

卿希泰主编《中国道教》,上海:上海知识出版社,1994 年。

卿希泰主编《中国道教史》,成都:四川人民出版社,1996 年。

卿希泰主编,詹石窗副主编《中国道教思想史》,北京:人民出版社,

2009 年。

任道斌主编《佛教文化辞典》,杭州:浙江古籍出版社,1991 年。

任继愈主编《佛教大辞典》,南京:江苏古籍出版社,2002 年。

任继愈著《汉唐佛教思想论集》,北京:人民出版社,1998 年。

任继愈主编《中国佛教史》第 1 卷,北京:中国社会科学出版社,1981 年。

任继愈主编《中国佛教史》第 2 卷,北京:中国社会科学出版社,1985 年。

任继愈主编《中国佛教史》第 3 卷,北京:中国社会科学出版社,1988 年。

任继愈主编《宗教大辞典》,上海:上海辞书出版社,1998 年。

任继愈总主编,卿希泰、唐大潮著《道教史》,南京:江苏人民出版社,2006 年。

任继愈总主编,钟肇鹏副主编《道藏提要》,北京:中国社会科学出版社,1991 年。

荣新江著《敦煌学十八讲》,北京:北京大学出版社,2001 年。

山东大学中文系古典文学教研室选注《杜甫诗选》,北京:人民文学出版社,1980 年。

史念海著《唐代历史地理研究》,北京:中国社会科学出版社,1998 年。

释印顺著《中国禅宗通史》,北京:中华书局,2010 年。

宿白著《中国佛教石窟寺遗迹——3 至 8 世纪中国佛教考古学》,北京:文物出版社,2010 年。

宿白著《中国石窟寺研究》,北京:文物出版社,1996 年。

孙修身著《敦煌与中西交通研究》,兰州:甘肃教育出版社,2002 年。

谭其骧主编《中国历史地图集》,北京:中国地图出版社,1982,1987年。

汤用彤著《汉魏两晋南北朝佛教史》(增订本),北京:北京大学出版社,2011年。

汤用彤著《隋唐佛教史稿》,北京:中华书局,2010年。

汤用彤撰《汉魏两晋南北朝佛教史》,上海:上海书店,1991年。

天水麦积山石窟艺术研究所编《中国石窟·天水麦积山》,北京:文物出版社,东京:株式会社平凡社,1998年。

王汝弼、聂石樵笺注《玉谿生诗醇》,济南:齐鲁书社,1987年。

王尚寿、季成家等编著《丝绸之路文化大辞典》,北京:红旗出版社,1995年。

西北师范大学古籍整理研究所编《甘肃古迹名胜辞典》,兰州:甘肃教育出版社,1992。

萧涤非等撰《唐诗鉴赏辞典》,上海:上海辞书出版社,1983年。

徐华铛编著《佛像艺术造型》,上海:上海文化出版社,2005年。

雪犁主编《中国丝绸之路辞典》,乌鲁木齐:新疆人民出版社,1994年。

严耕望撰《唐代交通图考》,台北:中央研究院历史语言研究所出版社,1985年。

阎文儒《中国雕塑艺术纲要》,桂林:广西师范大学出版社,2003年。

阎文儒《云冈石窟研究》,桂林:广西师范大学出版社,2003年。

阎文儒《中国石窟艺术总论》,桂林:广西师范大学出版社,2003年。

阎文儒、王万青编著《炳灵寺石窟》,兰州:甘肃人民出版社,1993年。

阎文儒主编《龙门石窟研究》,北京:书目文献出版社,1995年。

阎文儒主编《麦积山石窟》,兰州:甘肃人民出版社,1984年。

杨建新著《中国西北少数民族史》,北京:民族出版社,2003年。

杨曾文、温金玉、杨兵主编《东晋求法高僧法显和〈佛国记〉》,北京:宗教文化出版社,2010年。

叶葱奇疏注《李商隐诗集疏注》,北京:人民文学出版社,1985 年。

余虹著《禅宗与全真道美学思想比较研究》,北京:中华书局,2008 年。

张兵、李子伟著《陇右文化》,沈阳:辽宁教育出版社,1998 年。

张采田著《玉谿生年谱会笺(外一种)》,上海:上海古籍出版社,1983 年。

张弓著《汉唐佛寺文化史》,北京:中国社会科学出版社,1997 年。

赵向群著《五凉史探》,兰州:甘肃人民出版社,1996 年。

郑炳林编著《敦煌碑铭赞辑释》,兰州:甘肃教育出版社,1992 年。

郑炳林、花平宁主编《麦积山石窟艺术文化论文集》,兰州:兰州大学出版社,2004 年。

郑炳林校注《敦煌地理文书汇辑校注》,兰州:甘肃教育出版社,1989 年。

郑炳林、沙武田编著《敦煌石窟艺术概论》,兰州:甘肃文化出版社,2005 年。

郑炳林、石劲松主编《永靖炳灵寺石窟研究文集》,兰州:甘肃文化出版社,2011 年。

郑炳林、魏文斌主编《天水麦积山石窟研究文集》,兰州:甘肃文化出版社,2008 年。

郑炳林、魏迎春、赵青山主编《陇东河西石窟研究文集》,兰州:甘肃文化出版社,2014 年。

郑炳林主编《敦煌佛教艺术文化国际学术研讨会论文集》,兰州:兰州大学出版社,2002 年。

郑炳林主编《敦煌佛教艺术文化论文集》,兰州:兰州大学出版社,2002 年。

郑炳林主编《敦煌归义军史专题研究》,兰州:甘肃文化出版社,1997 年。

郑炳林主编《敦煌归义军史专题研究三编》，兰州：兰州大学出版社，2005年。

郑炳林主编《敦煌归义军史专题研究四编》，兰州：兰州大学出版社，2009年。

郑炳林主编《敦煌归义军史专题研究续编》，兰州：兰州大学出版社，2003年。

政协成县文史资料委员会编《成县览胜》，天水：天水新华印刷厂印刷，甘肃省内部图书准印证：甘新出037字，总001号(88)001号。

《中国佛教人名大辞典》编辑委员会编《中国佛教人名大辞典》，上海：上海辞书出版社，1999年。

中华人民共和国民政部、中华人民共和国建设部编《中国县情大全·西北卷》，北京：中国社会出版社，1993年。

中央美术学院美术史系中国美术史教研室编著《中国美术简史》(新修订本)，北京：中国青年出版社，2010年。

左玉麟编著《成县史话》，兰州：甘肃人民出版社，2001年。

二、论文类

鲁克兵《杜甫与佛教关系研究》，复旦大学博士学位论文，2007年。

[日]长广敏雄《中国的石窟寺》，敦煌文物研究所编《中国石窟·敦煌莫高窟》第1卷，北京：文物出版社，东京：株式会社平凡社，1982年，第3—7页。

蔡副全《从叶昌炽〈缘督庐日记〉看杜甫陇右行踪》，《杜甫研究学刊》2011年第4期，第62—72页。

蔡副全《唐〈李叔政题壁〉墨迹考略》，《敦煌研究》2009年第2期，第45—49、122页。

蔡副全《唐〈新路颂并序〉摩崖释考》，《天水师范学院学报》2011年第6期，第10—13页。

陈明、吕锡琛《全真道研究综述》,《世界宗教研究》2010 年第 5 期,第 179—182 页。

陈明、施萍婷《中国最早的无量寿经变——读支道林〈阿弥陀佛像赞并序〉有感》,《敦煌研究》2010 年第 1 期,第 19—27、128—129 页。

崔阶《张维〈陇右金石录〉录文补校二则》,《宁夏师范学院学报(社会科学)》2009 年第 1 期,第 69—71 页。

杜斗城《关于河西早期石窟的年代问题》,《敦煌学辑刊》1994 年第 2 期,第 101—111 页。

杜斗城《麦积山早期三佛窟与姚兴的〈通三世论〉》,《敦煌学辑刊》2007 年 1 期,第 119—124 页。

董广强《麦积山北朝帐形洞窟浅议》,《敦煌研究》2003 年第 6 期,第 42—47 页。

董玉祥《仙人崖石窟(上)》,《敦煌研究》2003 年第 6 期,第 32—37、111—115页。

董玉祥《仙人崖石窟(下)》,《敦煌研究》2004 年第 1 期,第 23—26、116页。

董玉祥、张铭《新疆、甘肃石窟艺术的传承与发展》,《龟兹学研究》第四辑,218—233 页。

樊光春《明清时期西北地区全真道主要宗派梳理》,《全真道研究》2011 年第 1 期,第 218—236 页。

冯培红《敦煌本〈国忌行香文〉及相关问题》,郑炳林主编《敦煌归义军史专题研究四编》,西安:三秦出版社,2009 年,第232—265 页。

冯培红《敦煌曹氏族属与曹氏归义军政权》,《历史研究》2001 年第 1 期,第 73—86 页。

冯培红《敦煌大族与前秦、后凉》,《南京师大学报(社会科学版)》2012 年第 2 期,第 54—59 页。

冯培红《关于归义军节度使官制的几个问题》,郑炳林主编《敦煌归义军史专题研究四编》,西安:三秦出版社,2009年,第183—215页。

冯培红《归义军镇制考》,郑炳林主编《敦煌归义军史专题研究四编》,西安:三秦出版社,2009年,第114—182页。

冯培红《汉晋敦煌大族略论》,《敦煌学辑刊》2005年第2期,第100—116页。

冯培红《五凉的儒学与佛教——从石窟的早期功能谈起》,《兰州学刊》2006年第1期,第50—54页。

高天佑《陇蜀古道考略》,《文博》1995年第2期,第60—67页。

何健《西和发现唐代石刻〈新路颂〉》,《甘肃日报》1989年10月29日第2版。

贺世哲《关于敦煌莫高窟的三世佛与三佛造像》,《敦煌研究》1994年第2期,第67—86页。

贺世哲《关于十六国北朝时期的三世佛与三佛造像诸问题(一)》,《敦煌研究》1992年第4期,第1—20、105、125、128页。

贺世哲《关于十六国北朝时期的三世佛与三佛造像诸问题(二)》,《敦煌研究》1993年第1期,第1—10页。

胡大浚《千古香魂何处觅——李商隐〈圣女祠〉诗志疑》,《社科纵横》2002年第3期,第60—62页。

胡同庆《从天上到人间:敦煌艺术中的弥勒信仰》,《法音》2014年第2期,第56—61页。

胡同庆《从西魏第249窟龙凤驾车图像论敦煌艺术的模仿性》,《敦煌研究》2014年4期,第23—29页。

胡同庆《甘肃石窟雕塑艺术概论》,《敦煌研究》1997年第4期,第58—72页。

胡同庆《甘肃石窟艺术概论》,《敦煌研究》1994年第3期,第153—

158 页。

黄可光、张勃《甘肃丹霞地貌的特征及其旅游开发》,《西北师范大学学报(自然科学版)》1994 年第 4 期,第 57—61 页。

黄英华《对大足石刻宋代观音造像艺术特征的探讨分析》,《文物鉴定与鉴赏》2015 年第 10 期,第 64—65 页。

金维诺《麦积山石窟的兴建及其艺术成就》,麦积山石窟艺术研究所编《中国石窟·天水麦积山》,北京:文物出版社,东京:株式会社平凡社,1998 年,第 165—180 页。

李济阻《杜甫陇右诗中的地名方位示意图》,《杜甫研究学刊》2003 年第 2 期,第 44—51 页。

李彦、张映莹《〈佛顶尊胜陀罗尼经〉及经幢》,《文物世界》2007 年第 5 期,第 76—80 页。

林从华、张兴国《巴蜀摩崖石刻中心柱窟探源》,《重庆建筑大学学报》2006 年第 3 期,第 1—3 页。

刘古平《氐羌遗韵:八峰崖石窟造像艺术的文化解析》,《成都大学学报(社会科学版)》2015 年第 4 期,第 73—78 页。

刘满《北朝以来炳灵寺周围交通路线考索》,《敦煌学辑刊》2014 年第 3 期,第 1—24 页。

刘雁翔《杜甫〈石龛〉诗与八峰崖石窟》,《敦煌学辑刊》2013 年第 1 期,第 141—150 页。

吕澂《杜甫的佛教信仰》,《哲学研究》1978 年第 6 期,第 40—42 页。

苗霖霖《北魏后妃出家现象初探》,《古代文明》2011 年第 1 期,第 72—76 页。

蒲向明《祁山古道:沟通南北丝路之陇蜀要津——以陇南祁山古道的文献和文学考察为视角》,《西南科技大学学报(哲学社会科学版)》2015 年第 1 期,第 30—36 页。

齐得利、肖星、陈致均《甘肃省丹霞地貌空间分析及旅游开发布局研究》,《地理与地理信息科学》2003 年第 3 期,第 88—93 页。

漆子扬《丝绸古道上的艺术奇葩——甘肃石窟艺术》,《中国典籍与文化》1994 年第 4 期,第 46—53 页。

卿希泰《全真道是道教发展史上的一个革新派》,《社会科学战线》2010 年第 10 期,第 198—202 页。

史轲《甘肃省陇南境内石窟寺概述》,《丝绸之路》2010 年第 2 期,第 24—27 页。

施萍婷《读〈净土教概论〉札记一则》,《敦煌学辑刊》2009 年第 4 期,第 127—129 页。

施萍婷《读〈翟家碑〉札记》,《兰州大学学报(社会科学版)》2009 年第 5 期,第 56—64 页。

施萍婷《敦煌经变画》,《敦煌研究》2011 年第 5 期, 第 1—13、125—129 页。

施萍婷《法照与敦煌文学》,《社科纵横》1994 年第 4 期,第12—14、6 页。

施萍婷《关于敦煌壁画中的无量寿经变》,《敦煌研究》2007 年第 2 期,第 1—5 页。

施萍婷、范泉《关于莫高窟第 217 窟南壁壁画的思考》,《敦煌研究》2011 年第 2 期,第 12—20 页。

施萍婷《关于莫高窟四二八窟的思考》,《敦煌研究》1998 年第 1 期,第 1—13 页。

施萍婷《新定〈阿弥陀经变〉——莫高窟第 225 窟南壁龛顶壁画重读记》,《敦煌研究》2007 年第 4 期,第 29—33 页。

施萍婷《支道林〈阿弥陀佛像赞并序〉注释》,《敦煌研究》2010 年第 1 期,第 28—31 页。

石少欣、陈洪《北魏世宗高皇后出俗为尼考——兼谈北朝后妃出家与宫廷政争》,《文学与文化》2012 年第 2 期,第 111—116 页。

苏海洋《祁山古道北段研究》,《三门峡职业技术学院学报》2009 年第 4 期,第 69—73 页。

苏海洋《祁山古道南秦岭段研究》,《西北工业大学学报（社会科学版）》2009 年第 2 期,第 48—52 页。

苏海洋《祁山古道中段研究》,《西北工业大学学报（社会科学版）》2010 年第 1 期,第 56—60 页。

苏海洋《试论陇南石窟、石刻与陇蜀交通》,《丝绸之路》2011 年第 16 期,第 14—17 页。

孙希国《兰州金天观第一任住持孙碧云的哲学思想》,《兰州学刊》1987 年第 1 期,第 53—58 页。

孙晓峰《八峰崖石窟散记》,《丝绸之路》2000 年第 5 期,第35—36 页。

孙晓峰、曹小玲《长安与麦积山石窟北周佛教造像比较研究——以西安北草滩出土的北周白石龛像为中心》,《敦煌研究》2014 年第 1 期,第 53—61 页。

孙晓峰《甘肃陇南几处中小石窟调查简报》,《敦煌研究》2008 年第 2 期,第 3—11、115、117 页。

孙晓峰《甘肃省两当县西姑庵佛教遗址考察》,《石窟寺研究》2012 年第 1 期,第 24—36 页。

孙晓峰《甘肃天水、陇南地区中小石窟的初步考察》,《敦煌学辑刊》,2006 年第 4 期,第 42—51 页。

孙晓峰《麦积山北朝窟龛形制的演变规律》,《敦煌研究》2003 年第 6 期,第 48—53 页。

孙晓峰《麦积山第 127 窟七佛图像研究》,《敦煌学辑刊》2012 年第 4 期,第 116—129 页。

孙晓峰《麦积山 127 窟〈西方净土变〉中的“建鼓”考释》,《考古与文物》2014 年第 3 期,第 97—102 页。

唐旭波《从西南到西北——历史时期武都郡地区区域归属考释》,《西北民族大学学报(哲学社会科学版)》2014 年第 6 期,第 68—77 页。

王百岁《白马人民俗文化:一种独特的的旅游文化》,邱正保、邱雷生、田佐主编《陇南白马人民俗文化研究》(论文卷),兰州:甘肃人民出版社,2009 年,第 36—45 页。

王百岁《八峰崖石窟内容总录新编》,《敦煌研究》2014 年第 5 期,第 29—34 页。

王百岁《成县大云寺石窟调查与研究》,《天水师范学院学报》2014 年第 4 期,第 21—26 页。

王百岁《甘肃成县达摩洞菩萨洞调查与研究》,《陇南师专学报》2013 年第 2 期,第 23—27 页。

王百岁《甘肃陇南石窟寺》,郑炳林主编《佛教艺术与文化国际学术研讨会论文集》,西安:三秦出版社,2009 年,第 154—180 页。

王百岁《甘肃省成县金莲洞石窟与全真道》,《宗教学研究》2014 年第 2 期,第 61—71 页。

王百岁《甘肃西和佛孔石窟调查与研究》,《敦煌学辑刊》2012 年第 3 期,第 115—123 页。

王百岁《徽县竹林寺石窟调查与研究》,《甘肃高师学报》2016 年第 1 期,第 54—60 页。

王百岁《陇南八峰崖石窟内容总录》,《敦煌学辑刊》2005 年第 4 期,第 88—91 页。

王百岁《仇池氐人汉化研究》,古元章、张金生、邱雷生等主编《首届中国白马人民俗文化研讨会论文集》,兰州:甘肃人民出版社,2013 年,第 492—505 页。

王百岁《唐蕃战争新探——兼论唐蕃关系》,兰州大学硕士学位论文,2006年。

王百岁《唐代吐蕃高僧法成研究》,郑炳林、樊锦诗、杨富学主编《丝绸之路民族古文字与文化学术讨论会会议论文集》,西安:三秦出版社,2005年,第477—484页。

王惠民《敦煌佛顶尊胜陀罗尼经变考释》,《敦煌研究》1991年第1期,第7—18页。

王惠民《敦煌莫高窟若干经变画辨识》,《敦煌研究》2010年第2期,第1—5页。

王莲《宋代"观音图"的美学流变及其在日本的传播影响》,《西北大学学报(哲学社会科学版)》2015年第6期,第73—77页。

王蓬《寻访仇池古国》,《丝绸之路》2005年第4期,第4—10页。

王玉芳、刘振刚《甘肃石窟寺佛教美术概述》,《兰州文理学院学报(社会科学版)》2014年第2期,第5—8页。

王宗光《甘肃石窟文化综述》,《西北民族学院学报(哲学社会科学版)》2002年第4期,第33—36页。

魏郭辉《佛陀波利译〈佛顶尊胜陀罗尼经〉相关问题考略》,《敦煌学辑刊》2007年第4期,第222—229页。

魏文斌《20世纪早中期甘肃石窟的考察与研究综述》,《敦煌学辑刊》2005年第1期,第72—81页。

魏文斌《汉至北魏秦州佛教史料与麦积山石窟(二)》,《敦煌学辑刊》2013年第2期,第62—76页。

魏文斌《汉至北魏秦州佛教史料与麦积山石窟(一)》,《敦煌学辑刊》2013年第1期,第103—118页。

魏文斌《麦积山石窟初期洞窟三佛造像考释》,《敦煌学辑刊》2008年第3期,第128—145页。

温玉成《蜀汉至隋代的四川佛教》,《重庆师院学报（哲学社会科学版）》1991 年第 1 期,第 10—13、9 页。

夏广兴、方海燕《佛顶尊胜陀罗尼信仰与唐代民俗风情》,《上海师范大学学报(哲学社会科学版)》2005 年第 6 期,第 81—86 页。

下野玲子著,牛源译,刘永增审校《莫高窟第 217 窟南壁经变新解》,《敦煌研究》2011 年第 2 期,第 21—32 页。

夏毅辉《北朝皇后与佛教》,《学术月刊》1994 年第 11 期，第 65—73 页。

项一峰《试论天水与四川佛教石窟之关系》,《敦煌学辑刊》2002 年第 2 期,第 104—108 页。

萧易《广元千佛崖　佛祖入川前码头》,《看历史》2010 年第 6 期,第 125—129 页。

许智银《论北魏女性出家为尼现象》,《许昌师专学报》2001 年第 6 期,第 42—45 页。

阎文儒《四川广元千佛崖与皇泽寺》,《江汉考古》1990 年第 3 期,第 85—91 页。

杨春雨《大足石刻宋代观音造像的艺术特征》,《艺术科技》2013 年第 4 期,第 76 页。

杨永兴《唐佛顶尊胜陀罗尼经幢》,《文博》2003 年第 5 期,第57—58 页。

殷光明《北凉石塔述论》,《敦煌学辑刊》1998 年第 1 期，第87—107 页。

殷光明《从释迦三尊到华严三圣的图像转变看大乘菩萨思想的发展》,《敦煌研究》2010 年第 3 期,第 1—10 页。

尤李《房山石经〈佛顶尊胜陀罗尼经〉及其相关问题考论》,《暨南学报(哲学社会科学版)》2009 年第 2 期,第 216—223 页。

张广保《全真教研究述评》,《中国史研究动态》2009 年第 4 期,第2—

10页。

张林源、刘朝阳《甘青地区丹霞地貌资源的特点与开发》,《热带地貌》1992年增刊,第153—161页。

张善庆《马蹄寺千佛洞第8窟法华造像观世音菩萨图像考》,《华夏考古》2012年第3期,第127—135页。

张善庆《马蹄寺千佛洞第1窟"梨车"榜题释论——甘肃马蹄寺石窟群千佛洞第1窟北朝壁画考(一)》,《敦煌学辑刊》2012年第4期,第109—115页。

张善庆《涅槃经变、金光明经变抑或降魔成道图——甘肃马蹄寺石窟群千佛洞第1窟北朝壁画考(二)》,《敦煌学辑刊》2013年第1期,第130—140页。

张善庆《〈吐蕃统治时期敦煌石窟研究〉介评——兼论石窟艺术研究方法》,《敦煌研究》2014年第1期,第131—139页。

张应超《李道谦与全真道》,《中国道教》1996年第3期,第12—15页。

张泽霖《张三丰与他创建的全真新教派》,《中国道教》1995年第2期,第14—16页。

张忠《记载我国古代护林法规的〈遵奉圣旨住庵文据〉碑》,《甘肃林业》2002年第2期,第38页。

张忠《仙山古刹胜迹多——成州大云寺唐代墨书题记和八棱碑发现记》,载甘肃《民主协商报》2001年9月7日第三版。

赵逵夫《论甘肃早期文化同华夏文明的关系》,《甘肃社会科学》,2013年第4期,第131—133页。

赵逵夫《仇生·仇维·仇池山》,《天水师范学院学报》2000年第4期,第40—41页。

赵逵夫《萨真人墓与萨守坚》,《中国道教》2006年第4期,第33—35页。

赵逵夫《宋代西和高僧海渊》,《天水师范学院学报》2006 年第 1 期,第 73—75 页。

赵声良《敦煌石窟北朝菩萨的头冠》,《敦煌研究》2005 年第 3 期,第 8—17、115 页。

赵声良《莫高窟第 61 窟五台山图研究》,《敦煌研究》1993 年第 4 期,第 88—107、124—127 页。

郑炳林《仇池国二十部护军镇考》,《西北民族研究》1991 年第 2 期,第 207—215 页。

郑炳林、沙武田《麦积山石窟北朝雕塑艺术体现的佛教人间化倾向》,郑炳林主编《敦煌佛教艺术文化论文集》, 兰州: 兰州大学出版社,2002 年,第 256—277 页。

塚本善隆著,施萍婷译,赵声良校《从释迦、弥勒到阿弥陀,从无量寿到阿弥陀——北魏至唐的变化》,《敦煌研究》2004 年第 5 期, 第 36—39 页。

三、方志类

[明]孟鹏年修,郭从道纂《徽郡志》,嘉靖四十二年(1563)抄本,台北:成文出版社有限公司,1970 年。

[清]德俊等纂修《两当县志》,[清]道光二十年抄本,台北:成文出版社有限公司(影印),1970 年。

[清]费廷珍纂修《直隶秦州新志》,乾隆二十九年(1764)刊本,台北:成文出版社有限公司,1976 年。

[清]黄泳纂修《成县新志》,乾隆六年(1741)刊本,台北:成文出版社有限公司,1970 年。

[清]邱大英等纂修《甘肃省西和县志》,乾隆三十九年(1774)抄本,台北:成文出版社有限公司,1970 年。

[清]叶恩沛修,吕震南纂,曾礼、樊执敬校点《阶州直隶州续志》,兰

州:兰州大学出版社,1987年。

[清]张伯魁纂修《徽县志》,嘉庆十四年(1809)刊本,台北:成文出版社有限公司,1976年。

成县地方志编纂委员会编纂《成县志》,西安:西北大学出版社,1994年。

甘肃省地方史志编纂委员会、甘肃省志民政志编纂委员会编纂《甘肃省志》第9卷《民政志》,兰州:甘肃人民出版社,1994年。

甘肃省地方史志编纂委员会、甘肃省志宗教志编纂委员会编纂《甘肃省志》第71卷《宗教志》,兰州:甘肃人民出版社,2005年。

甘肃省两当县志编纂委员会编纂,刘瑞、杨永红主编《两当县志》,兰州:甘肃文化出版社,2005年。

甘肃省岷县志编纂委员会办公室编《岷州志校注》,岷县:甘肃省岷县志编纂委员会办公室,1988年。

甘肃省武都县地方志编纂委员会编,曾礼主编《武都县志》,北京:生活·读书·新知三联书店,1998年。

徽县志编纂委员会编《徽县志》,西安:陕西人民出版社,2003年。

《康县志》编纂委员会编,黄俊武主编,雍维铭副主编《康县志》,兰州:甘肃人民出版社,1989年。

礼县志编纂委员会编《礼县志》,西安:陕西人民出版社,1999年。

罗卫东主编《陇南史话》,兰州:甘肃文化出版社,2004年。

《岷县志》编纂委员会编《岷县志》,兰州:甘肃人民出版社,1995年。

宕昌县县志编纂委员会编《宕昌县志》,兰州:甘肃文化出版社,1995年。

文县志编纂委员会编《文县志》,兰州:甘肃人民出版社,1997年。

西和县志办公室校点《西和县志》(清康熙三十六年王殿元撰《西和县新志》,清乾隆三十九年邱大英撰《西和县志》,中华民国36年朱绣梓撰

《重修西和县志》,三《志》合编本),西和:内部编印,2006年。

西和县地方志编纂委员会编《西和县志》,西安:陕西人民出版社,1997年。

政协成县文史资料委员会主编《成县览胜》,天水:天水新华印刷厂印刷,甘肃省内部图书准印证:甘新出037字,总001号(88)001号。

中国西北文献丛书编辑委员会编《中国西北文献丛书》第7辑《西北考古文献》第三卷《陇右金石录(上)》,1943年甘肃省文献征集委员会校印本,兰州:兰州古籍书店,1990年。

中国西北文献丛书编辑委员会编《中国西北文献丛书·西北稀见方志文献》第47卷《西和县志》,兰州:兰州古籍书店,1990年。

四、图录类

敦煌文物研究所编《中国石窟·敦煌莫高窟》第1卷,北京:文物出版社,东京:株式会社平凡社,1982年。

敦煌文物研究所编《中国石窟·敦煌莫高窟》第2卷,北京:文物出版社,东京:株式会社平凡社,1984年。

敦煌文物研究所编《中国石窟·敦煌莫高窟》第3卷,北京:文物出版社,东京:株式会社平凡社,1987年。

敦煌文物研究所编《中国石窟·敦煌莫高窟》第4卷,北京:文物出版社,东京:株式会社平凡社,1987年。

敦煌文物研究所编《中国石窟·敦煌莫高窟》第5卷,北京:文物出版社,东京:株式会社平凡社,1987年。

甘肃省文物工作队、炳灵寺文物保管所编《中国石窟·永靖炳灵寺》,北京:文物出版社,东京:株式会社平凡社,1989年。

中国美术全集委员会编《中国美术全集·雕塑编·12,四川石窟雕塑》,北京:人民美术出版社,1988年。

刘长久主编、中国石窟雕塑全集编辑委员会编《中国石窟雕塑全集》

第 8 卷,重庆:重庆出版社,2000 年。

龙门文物保管所、北京大学考古系编《中国石窟·龙门石窟》第 1 卷,北京:文物出版社,东京:株式会社平凡社,1991 年。

龙门文物保管所、北京大学考古系编《中国石窟·龙门石窟》第2 卷,北京:文物出版社,1992 年。

麦积山石窟艺术研究所编《中国石窟·天水麦积山》,北京:文物出版社,东京:株式会社平凡社,1998 年。

云冈石窟文物保管所编《中国石窟·云冈石窟》第 1 卷,北京:文物出版社,1991 年。

云冈石窟文物保管所编《中国石窟·云冈石窟》第 2 卷,北京:文物出版社,1994 年。

张宝玺编著《甘肃佛教石刻造像》,兰州:甘肃人民美术出版社,2001 年。

张宝玺主编《甘肃石窟艺术壁画编》,兰州:甘肃人民美术出版社,1997 年。

张宝玺主编《甘肃石窟艺术雕塑编》,兰州:甘肃人民美术出版社,1994 年。